USA
Der Südwesten

Manfred Braunger

DUMONT RICHTIG REISEN

Inhalt

Wissenswertes über den Südwesten der USA

Wissenswertes für die Reise

Unterwegs im Südwesten der USA

Kapitel 1 San Francisco und Südkalifornien

Inhalt

Inhalt

Kapitel 6 New Mexico

Kapitel 7 Colorado

Inhalt

Themen

Alle Karten auf einen Blick

Designerin Natur: die Vermilion Cliffs in Utah mit ihren wogenden Felswellen in spektakulärer Streifenoptik – die Region heißt treffenderweise Color Country

Wissenswertes über das Land

Naturwunder und Traumstädte

Der Südwesten der USA ist die außergewöhnlichste und spektakulärste Region des Landes. Gewaltige Felsformationen aus rotem Sandstein, Wüstenszenerien und Weltmetropolen machten auf der Kinoleinwand nicht nur wegen des Vermarktungsgeschicks von Hollywood Karriere. Hauptgrund war die überwältigende Schönheit der Natur und die Attraktivität insbesondere der Küstenmetropolen.

Im Herzen des Südwestens liegt mit dem Colorado Plateau eine gewaltige, durch die Kontinentalverschiebung schon vor über 10 Mio. Jahren angehobene Hochebene. Seit damals von Flussläufen, Wind und Wetter zerfurcht, entstanden legendäre Landschaften wie Monument Valley, Grand Canyon, Bryce und Zion Canyon – Namen mit magischem Klang, majestätische Szenerien mit bizarren Felsformationen, gewaltigen Schluchten und farbenprächtigen Gesteinsschichten wie Open-Air-Museen der Erdgeschichte. Im Süden des Plateaus weht der heiße Atem der Sonora Desert über endlose Kakteenwälder, windschiefe Geisterstädte und von Horizont bis Horizont reichende Ranches. Saguarokakteen ragen wie stachelige Wahrzeichen des Wilden Westens in den Himmel und erinnern daran, dass man sich an den realen ›Tatorten‹ illustrer Westernhelden wie Billy the Kid, Wyatt Earp und Butch Cassidy befindet. Durch die endlose Weite zieht sich unter stahlblauem Himmel die historische Route 66 – während der Weltwirtschaftskrise in den 1930er-Jahren Fluchtweg verarmter Menschen aus Oklahoma Richtung Kalifornien, heute unsterblicher Mythos und Projektionsfläche der Tagträume moderner Easy Riders auf chromglänzenden Harley Davidsons, die Freiheit und Abenteuer entgegenreiten wie einst der einsame Comic-Cowboy Lucky Luke auf seinem Pferd Jolly Jumper dem Sonnenuntergang. Außer einigen wenigen Originalabschnitten und Reminiszenzen wie beispielsweise Verkehrsschildern, Route 66-Dinern und Neontransparenten hat der Zeitenwechsel von Amerikas bekanntester Fernstraße vor allem eines übrig gelassen: Kultstatus und Highway-Nostalgie.

Die einzigartige Natur ist nicht das Einzige, was am amerikanischen Südwesten fasziniert. Hinzu kommen drei unterschiedliche Kulturen, die in der Region in den vergangenen 2000 bis 3000 Jahren ein heute noch vielerorts deutlich erkennbares Mosaik hinterließen. Uralte Spuren weisen auf die bemerkenswerte Wirtschaftsweise der Hohokam-Indianer hin, die im Raum Phoenix Maisfelder über ein ausgeklügeltes Kanalsystem bewässerten. Bei den Anasazi im sogenannten Four-Corners-Gebiet bildete sich vor ungefähr 1000 Jahren eine kulturelle Hochphase aus, während der die Indianer komplexe Gebäude und gewaltige Klippenwohnungen errichteten, deren Ruinen heute wie Schwalbennester in nur schwer zugänglichen Felsabbrüchen hängen und von einem erstaunlichen Kulturniveau zeugen. Die Nachfahren der Anasazi zogen seit dem 14. Jh. wahrscheinlich in das Tal des Rio Grande in New Mexico um, wo ihre Traditionen in 19 noch existierenden Pueblos fortleben. Ein Jahrhundert später hatten im Südwesten bereits aus dem hohen Norden zugewanderte Navajo Fuß gefasst, heute mit knapp 200 000 Menschen der größte Indianerstamm der

Filmkulisse und Synonym für den gesamten Südwesten der USA: das Monument Valley

USA und die prägnanteste Gruppe von *Native Americans* in der Region.

Grob um dieselbe Zeit tauchten mit spanischen Eroberern und Missionaren die ersten Weißen im Südwesten auf. Im Auftrag von Krone und Kirche drangen sie von Mexiko zunächst am Rio Grande entlang, später auch in Südkalifornien Richtung Norden vor, unterjochten die indianische Bevölkerung und setzten sich dort fest, bis Mexiko 1821 die Unabhängigkeit von Spanien erkämpfte. Doch die mexikanische Herrschaft über Teile des Südwestens dauerte nur wenige Jahrzehnte, denn bis Mitte des 19. Jh. schuf die Expansionspolitik der USA neue Verhältnisse bzw. wurden im Mexikanisch-Amerikanischen Krieg (1846–1848) und danach große Teile des Südwestens von den USA annektiert bzw. käuflich erworben.

Seit damals hat sich der Südwesten dramatisch verändert. In Südkalifornien löste der Goldrausch 1848 ein wirtschaftliches und demografisches Erdbeben aus, das in den folgenden Jahrzehnten den ganzen Südwesten erschütterte. An der Pazifikküste entstanden mit San Francisco, Los Angeles und San Diego traumhafte Weltstädte, denen weiter landeinwärts Ballungsräume folgten, die längst nicht mehr von Gold- und Silberminen profitieren, sondern von ihrer Attraktivität als Standorte der Computer- und Elektronikindustrie. Auch andere Unternehmen verlegten ihre Standorte etwa in die Bundesstaaten Utah, Colorado oder Arizona, die aufgrund ihrer natürlichen Voraussetzungen und ihrer hohen Lebensqualität mittlerweile zu den boomenden Teilen der USA gehören. Ohne moderne Errungenschaften wie Klimaanlagen, Staudämme, Aquädukte und eine zeitgemäße Verkehrsinfrastruktur wäre der Fortschritt in diesen Gebieten nicht möglich gewesen, die trotz Zivilisierung und Kultivierung viel von ihrer Natürlichkeit und Ursprünglichkeit behalten haben – beste Voraussetzungen für spannende Reisen durch ein Amerika, in dem es noch viel zu entdecken gibt.

Steckbrief zum Südwesten der USA

Daten und Fakten

Name: USA Südwesten

Fläche: knapp 1,6 Mio. km^2 (Südkalifornien 210 000 km^2, Arizona 295 000 km^2, Colorado 270 000 km^2, Nevada 286 000 km^2, New Mexico 315 000 km^2, Utah 220 000 km^2).
Hauptstädte: Kalifornien: Sacramento; Arizona: Phoenix; Colorado: Denver; Nevada: Carson City; New Mexico: Santa Fe; Utah: Salt Lake City.
Amtssprache: Amerikanisches Englisch.

Einwohner: 43 Mio. (Südkalifornien 24,5 Mio., Arizona 6,4 Mio., Colorado 4,9 Mio., Nevada 2,6 Mio., New Mexico 2 Mio., Utah 2,6 Mio.,).
Bevölkerungswachstum: Zunahme zwischen 2000 und 2005 in %: Kalifornien 6,7; Arizona 15,8; Colorado 8,4; Nevada 20,8; New Mexico 6,0; Utah 10,6.
Lebenserwartung: Männer 75,02 Jahre, Frauen 80,82 Jahre.

Währung: US-Dollar ($). Der Dollar ist in 100 Cents unterteilt. Banknoten sind als 1-, 2-, 5-, 10-, 20-, 50- und 100-Dollar-Scheine im Umlauf. Die bislang ausschließlich grünen Banknoten sind mittlerweile farbig geworden.

Zeitzonen: Pacific Time (Südkalifornien, Nevada MEZ –9 Std.) und Mountain Time (Arizona, New Mexico, Utah und Colorado MEZ –8 Std.).

Landesvorwahl: 001
Internetkennung: .us

Landesflagge: Sternenbanner (Stars & Stripes). Rote und weiße Streifen stehen für die 13 Gründungsstaaten. Die 50 weißen Sterne in blauem Feld symbolisieren die 50 US-Bundesstaaten. Farbensymbolik: Weiß (Reinheit, Unschuld), Rot (Tapferkeit, Ausdauer) und Blau (Wachsamkeit, Beharrlichkeit, Gerechtigkeit).

Geografie

Den Kernbereich des Südwestens bilden die Bundesstaaten Arizona, Nevada, New Mexico und Utah. Große Gebiete von Colorado können diesem Teil der USA genauso zugerechnet werden wie Südkalifornien, das sich die Sonorawüste, das Große Becken und den Colorado River mit der restlichen Region teilt. Die Weltstädte San Francisco und Los Angeles spielen als ›klassische‹ Anfangs- und Endpunkte durch den Südwesten eine touristische Hauptrolle. Davon abgesehen sind Nationalparks wie Yosemite, Kings Canyon, Sequoia, Death Valley und Joshua Tree, die wildromantische Pazifikküste zwischen San Francisco und San Diego und die Mojave- und Sonorawüste beliebte Ziele auf Touren durch den Südwesten.

Geschichte

Auf ein Alter von ca. 12 000 Jahren datieren archäologische Funde, mit denen die frühe Existenz prähistorischer Jäger und Sammler im Südwesten nachzuweisen ist. Zwischen 100 v. Chr. und etwa 1300 n. Chr. bildete sich dort die Kultur der Anasazi heraus, von der noch viele Ruinenanlagen zeugen. Nach deren Verschwinden drangen von Norden athabaskisch sprechende Indianergruppen wie die Navajo und Apachen in die Region vor, die seit 1540 von Neuspanien (Mexiko) aus auch Ziel spanischer Konquistadoren war. Eine systematische Kolonisierung durch Spanien begann aber erst im 17. Jh. und stieß bei den Pueblo-Indianern im Rio-Grande-Tal auf erbitterten Widerstand. Mexikos Unabhängigkeit im Jahr 1821 brachte das Gebiet unter mexikanische Kontrolle. Nach dem verlorenen Krieg gegen die USA trat Mexiko im 1848 unterzeichneten Frieden von Guadalupe Hidalgo große Gebiete im Südwesten an die USA ab, darunter Südkalifornien. 1850 wurde Kalifornien als 31. Staat in die USA aufgenommen. Nevada folgte 1864, Colorado 1876, Utah 1896 und Arizona bzw. New Mexico 1912.

Staat und Politik

Wie alle 50 Bundesstaaten besitzen auch die Staaten des Südwestens eigene Verfassungen und aus zwei Kammern (Senat und Repräsentantenhaus) bestehende Parlamente als oberste Organe der Legislative. Die Exekutive liegt in Händen eines jeweils auf 4 Jahre gewählten Gouverneurs, der sein Amt höchstens zwei Legislaturperioden lang ausüben darf. Höchste Instanz der Rechtsprechung ist jeweils der Oberste Gerichtshof *(Supreme Court)* unter Vorsitz eines Obersten Richters *(Justive Chief)*, der vom Gouverneur ernannt wird und sein Amt höchstens 10 Jahre lang ausübt. Administrativ sind die Bundesstaaten in *counties* (Landkreise) aufgeteilt.

Wirtschaft und Tourismus

Die Bundesstaaten des Südwestens gründeten ihre Wirtschaften im 19. Jh. hauptsächlich auf Bergbau und Rinderzucht. Legendäre Reichtümer aus Gold- und Silberminen beschleunigten den Prozess der Staatsgründung vor allem in Kalifornien und Nevada. Im 20. Jh. stieg das Central Valley in Kalifornien zu den produktivsten Agrarregionen der USA auf. In Arizona, Colorado, Utah und New Mexico sind Bodenschätze von Bedeutung. Überall im Südwesten spielt der Tourismus eine große Rolle. Kalifornien besuchen jährlich ca. 330 Mio. Menschen, die im Durchschnitt pro Tag und Person 120 $ ausgeben. In den USA schlägt die Reiseindustrie pro Jahr mit über 630 Mrd. $ zu Buch.

Bevölkerung und Religion

Von 9 großen Ballungsräumen abgesehen handelt es sich beim Südwesten um eine nur dünn besiedelte Landesregion mit einem überdurchschnittlich starken hispanischen Bevölkerungsanteil. Während in den gesamten USA ca. 15 % lateinamerikanischer Abstammung sind, beläuft sich dieser Anteil etwa in Kalifornien auf fast 35, in Arizona auf 28 und in New Mexico auf mehr als 43 % (http://quickfacts.census.gov). Damit hängt auch zusammen, dass der Anteil an Katholiken etwa in New Mexico mit 40, in Arizona mit 29 und in Kalifornien mit 32 % überdurchschnittlich hoch ist. In Utah bekennen sich nur 6 % der Einwohner zum Katholizismus, während 57 % Mitglieder der Mormonenkirche sind.

Natur und Umwelt

Zwischen der Pazifikküste und den Gipfeln der Rocky Mountains im Bundesstaat Colorado liegen große, zum Teil sehr unterschiedliche Naturräume, die den Südwesten zu einem überaus facettenreichen Landesteil machen. Über 4000 m hohe Gebirge, menschenleere Wüsten, tief eingeschnittene Flusstäler und von Erosionskräften in Jahrmillionen modellierte Hochebenen prägen die verschiedenen Gesichter der Region.

Pazifikküste

Steile und felsige Abschnitte mit Flussmündungen und zerklüfteten Halbinseln kennzeichnen die kalifornische Küste südlich von San Francisco. Je weiter man sich San Diego nähert, desto länger werden die Sandstrände und desto eher kann man sich wegen steigender Temperaturen ins Wasser wagen. An vielen Stellen wie beispielsweise im Año Nuevo State Reserve, an der Küste südlich von Big Sur oder in La Jolla nördlich von San Diego kann man hauptsächlich zwischen Dezember und März Robben und See-Elefanten beobachten, die sich in den kalten Monaten des Jahres zur Gründung neuer Familien an geschützten Sandstränden treffen. Die sich an der gesamten Meeresküste entlangziehenden Coast Ranges sorgen dafür, dass es sich beim südkalifornischen Küstenstreifen um ein schmales Gebiet handelt, in dem die klimatischen Unterschiede zwischen Winter und Sommer wegen der ausgleichenden Wirkung des Stillen Ozeans weit weniger prägnant sind als östlich des Küstengebirges.

Erdbebengefahr

Der südkalifornische Küstenstreifen ist nicht nur ein landschaftliches Glanzlicht im *Golden State,* sondern auch ein Katastrophengebiet. Entlang dem sogenannten San-Andreas-Graben verschieben sich Erdkrustenplatten von kontinentaler Größe. Die Pazifische Platte mit dem Stillen Ozean und einem Küstenabschnitt Kaliforniens inklusive Los Angeles driftet jedes Jahr etwa 2,5 cm nach Nordwesten. Die Amerikanische Platte mit dem restlichen Nordamerika samt San Francisco bewegt sich in etwas langsamerem Tempo nach Südosten. Dass diese Plattenkontakte alles andere als zu vernachlässigen sind, bestätigt die Wissenschaft. Erdbebenschreiber zeichnen im Jahresdurchschnitt in Kalifornien ca. 10 000 Klein- und Kleinstbeben auf, wenn sich die Platten auf ihrer Reise in unterschiedliche Richtungen im Bereich der oberen 10 km des Erdmantels verkeilen und dadurch Spannungen und Druckverhältnisse aufbauen, die eine tektonische Zeitbombe zum Ticken bringen. 1906 entluden sich urgewaltige Energien in San Francisco bei einem Beben der Stärke 7,8 auf der Richterskala, dem schätzungsweise bis zu 3000 Menschen zum Opfer fielen und in dessen Folge über 200 000 Einwohner obdachlos wurden. Auch in jüngerer Vergangenheit gab es mehrere Erdbeben, die zweierlei deutlich machten. Die von japanischen Ingenieuren übernommene Wolkenkratzerbauweise unter Verwendung von Dämpfern aus Stahl und Gummi zwischen Gebäudefundamenten bewährte sich. Neben dieser technischen Prävention zahlten sich andere, mittlerweile weit verbreitete Schutzmaßnahmen aus, die von der Befestigung von Mobiliar an den Wänden bis zum familieninternen Katastrophentraining und zu Einbauten von zentralen Absperrventilen für Gasleitungen reichen.

Colorado Plateau

Die einzelnen großen Naturräume auf dem Staatsgebiet der USA sind keine in sich geschlossenen Landschaften. Das gilt auch für das 330 000 km^2 große Colorado-Plateau, das damit fast die Fläche Deutschlands einnimmt. Zentrum der Hochebene ist das Four-Corners-Gebiet um den Schnittpunkt der Staatsgrenzen von Colorado, Utah, New Mexico und Arizona. Im Norden reicht das Plateau bis fast nach Wyoming, im Westen bis an die Grenze von Nevada und im Süden beinahe bis nach Phoenix in Arizona, während die Ostgrenze in New Mexico nicht ganz an den Rio Grande und in Colorado nicht ganz an die San Juan Mountains reicht.

Während des Paläozoikums vor etwa 375 Mio. Jahren und des folgenden Mesozoikums lagerten sich in diesem Teil des Südwestens mehrere Kilometer mächtige Sedimentschichten ab. Wegen der tektonischen Stabilität dieser Region überdauerten die Ablagerungen lange Zeiträume weitgehend ungestört, wurden aber durch Erosionsprozesse unterschiedlich weit abgetragen. Fachleute fanden heraus, dass auf etwa einem Viertel des Colorado-Plateaus die aus dem Mesozoikum stammenden Sedimentschichten und auf über 60 % der Gesamtfläche die der Kreidezeit nachfolgenden Ablagerungen bereits verschwunden sind. Wasserläufe gruben sich immer tiefer in die obersten Erdschichten hinein und legten neue Schichten und damit Zeugnisse längst vergangener Erdzeitalter offen. Am spektakulärsten treten diese Prozesse im Grand Canyon zutage, der vom Colorado River nach wie vor immer tiefer gegraben wird, u. a. weil das Colorado Plateau stetig angehoben wird. In der Riesenschlucht sind 13 Erdschichten offen gelegt, die 2 Mrd. Jahre in die Geschichte des Planeten Erde zurückführen und davon berichten, dass Arizona über lange Zeiträume hinweg abwechselnd beispielsweise ein Dünengebiet, eine Küstenlandschaft, ein Flussdelta und eine Wüste war.

Zum zerfurchten Gesicht des durchschnittlich 1500 m hoch gelegenen Plateaus trug das relativ trockene Klima bei. Das Gebiet ist nur auf den höchsten Erhebungen, etwa um den über 3500 m hohen Boulder Mountain im südlichen Utah oder auf dem Kaibab-Plateau um den Grand Canyon, von Wäldern bedeckt. In tieferen Lagen erlaubt das wüstenhafte Klima eine nur spärliche Vegetation, sodass Felsen den Einflüssen von Wind und Wetter fast ungeschützt ausgesetzt sind. Deshalb entstanden neben spektakulären Canyons an vielen Stellen einzigartige Formationen wie etwa die Naturbögen von Arches oder die steinernen Zaubergärten des Bryce Canyon.

Wasserprobleme

Der in den Rocky Mountains entspringende Colorado River schuf bis zur Mündung in den Golf von Kalifornien nicht nur spektakuläre Canyons, sondern verrichtet in den sieben Anrainerstaaten Colorado, Wyoming, Utah, Arizona, Nevada, Kalifornien und Mexiko seit über 100 Jahren auch Schwerstarbeit bei der Trinkwasserversorgung von 25 Mio. Menschen und der Bewässerung von 15 000 km^2 Ackerland, was etwa der Fläche von Schleswig-Holstein entspricht. Klimaforscher stellen aber seit Jahren einen besorgniserregenden Trend fest: Die Niederschläge im Einzugsgebiet des Colorado River gehen zurück, die Region wird immer trockener. Die im Lake Powell aufgestaute Wassermenge hat zwischen 2000 und 2007 um über 60 % abgenommen. Im Lake Mead, dem größten künstlich angelegten Wasserreservoir in Nordamerika, halbierte sich der Wasservorrat und ließ am nördlichen Ende des Sees die Überreste der Ortschaft St. Thomas aus den Fluten aufsteigen, die in den 1930er-Jahren geräumt werden musste. Langfristig könnten die Konsequenzen dieser Entwicklung verheerend sein, da etwa Kalifornien 14 % seines Wasserverbrauchs dem Colorado entnimmt. Aber sinkende Wasserstände in den Stauseen be-

einträchtigen nicht nur die Wasser-, sondern auch die Stromversorgung, da die Turbinen der Staudämme nicht mehr voll produzieren können. Selbst für den Tourismus ergeben sich Beeinträchtigungen, da der National Park Service z. B. Marinas wegen ›gestrandeter‹ Bootsstege umbauen muss.

Gebirge

Zu den Naturräumen des Südwestens gehören drei große Gebirgszüge, die wegen ihrer Nord-Süd-Ausrichtung Luftmassenströmungen, Temperaturen und Niederschlagsverteilung lenken und damit das regionale Klima in hohem Maße beeinflussen.

Das Küstengebirge

Als Teil eines von Feuerland bis nach Alaska reichenden Gebirgszuges verdanken die kalifornischen Coast Ranges (auch Coast Mountains) ihre Entstehung der Plattentektonik der Pazifischen Platte und der Nordamerikanischen Platte, wodurch Gesteinsschichten gestaucht und nach oben gepresst werden. Hauptsächlich als Klimabarriere ist das Küstengebirge von Bedeutung. Vom Pazifik kommende Wolken regnen in der Regel an diesem natürlichen Hindernis ab, sodass weiter landeinwärts gelegene Landstriche wie etwa das Central Valley viel niederschlagsärmer und trockener sind.

Sierra Nevada

Östlich des Central Valley bildet die 700 km lange und 120 km breite Sierra Nevada einen riesigen Granitklotz, der vor Urzeiten unter der Erdoberfläche durch flüssige Magma entstand, ehe er als zusammenhängender Gesteinsblock in die Höhe gedrückt wurde. Während die Gebirgskette nach Westen relativ sanft abfällt, ist die östliche, vom Owens Valley her zugängliche Flanke steil. Während der letzten Eiszeit strömten gewaltige Gletscher von den Gipfelregionen in die Täler und schürften spektakuläre Schluchten mit senkrechten Felswänden in den Granit. Bekannteste damals entstandene Landschaft ist das Yosemite Valley, in dessen Süden mit dem 4417 m hohen Mount Whitney die prominenteste Erhebung auf dem zusammenhängenden Staatsgebiet der USA liegt. Von aus dem Westen kommenden Luftmassen bekommt das Gebirge noch so viel Niederschlag ab, dass es im Winter regelmäßig im Schnee versinkt. Andererseits schirmt es das weiter östlich liegende Great Basin so stark von feuchter Pazifikluft ab, dass sich dort eine trockene Hochwüste ausbreitet.

Der Merced River im Yosemite Valley ist im Sommer wassersportlicher Tummelplatz für Jung und Alt

Rocky Mountains

Aus einzelnen Gebirgsketten wie etwa Uinta Mountains, Wasatch Range, Sangre de Cristo Mountains und San Juan Mountains bestehend, erstreckt sich das größte Gebirgssystem Nordamerikas vom Südwesten über 4500 km bis in den Norden von Alaska. Ähnlich wie das Küstengebirge verdanken auch die Rockies ihre Entstehung plattentektonischer Dynamik. Die höchsten auf US-Territorium liegenden Gipfel der Kette (außerhalb von Alaska) mit dem 4345 m hohen Long's Peak im Rocky Mountain National Park gehören zum Bundesstaat Colorado. Dort ebenso wie im benachbarten New Mexico fallen mit 1000 mm relativ geringe Niederschlagsmengen, hauptsächlich im Winter als Schnee. Die Vegetationszonen beginnen in grasbedeckten Tälern und Ebenen mit Beifußbüschen und reichen über montane und subalpine Wälder bis in eine Zone mit alpiner Tundra.

Die Wüste

Besonderes Interesse weckt bei Besuchern des Südwestens gemeinhin die Natur der heißen, wüstenhaften Landstriche. In der Sonnenhitze aufgesprungener Boden, von tosendem Wasser ausgehöhlte Canyons, windgebürstete Hochflächen und salzverkrustete Seen: Die natürlichen Voraussetzungen verlangen von Pflanzen und Tieren einen hohen Grad an Anpassung- und Widerstandsfähigkeit. Mit Dornen und geschickten Tarnmanövern wehren sich Sträucher und Bäume gegen unliebsame Feinde und drohende Austrocknung. Beispielhaft verhält sich der an den heißesten Wüstenflecken verbreitete Kreosote-Busch *(Larrea tridentata)*. Um den Wasserhaushalt zu kontrollieren sowie das Eindringen von Hitze und ultraviolettem Licht zu verhindern, sind seine Blätter von einer Wachsschicht überzogen. Die grünen Teile des Busches enthalten zudem so übel schmeckende Stoffe, dass sich kein Tier an sie heranwagt. Nach Regenfällen liegt meist ein eigenartiger Desinfektionsmittelgeruch über Wüstenstrichen, in denen der Kreosote-Busch gedeiht. In Mexiko trägt er deshalb den Namen *hediondilla* (kleiner Stinker).

Zur dekorativen Naturszenerie tragen mehrere unterschiedliche Yucca-Arten bei, die jedoch alles andere als harmlos sind. Vieh, Pronghorn-Antilopen und andere Tiere machen sich zwar im Frühjahr über die Blüten der Pflanzen her. Die Blätter werden aber tunlichst vermieden, weil sie einerseits mit nadelfeinen Spitzen ausgestattet und zum anderen mit einer wachsähnlichen Substanz überzogen sind, die selbst einem tierischen Maul nicht mundet. Wildschweine leisten an Yuccas ganze Arbeit. Mit scharfen Hufen graben sie die Pflanzen aus, um ungefährdet an die unteren Blätterstängel heranzukommen. Eine besondere Yucca-Art ist unter dem Namen Seifenbaum-Yucca *(yucca elata)* bekannt. Dieser ›Staatsbaum‹ von New Mexico verdankt seinen Namen dem Wurzelwerk, das schon von den alten Indianern als eine Art Shampoo zur Haarwäsche verwendet wurde. Aus den zerquetschten Blättern gewannen die Anasazi Fasern zur Herstellung von Seilen.

Die Flora

Unumstrittener Star der Pflanzenwelt des Südwestens ist ein von Stacheln übersäter, meist mit mehreren Armen ausgestatteter Riese, der sich an die natürlichen Bedingungen der heißen Wüstenstriche bestens angepasst hat. Der Saguaro-Kaktus *(Carnegiea gigantea)* ist die größte Kakteenart der USA. Er kann eine Höhe von mehr als 15 m erreichen und angesichts seiner ausgeprägten Fähigkeit zur Wasserspeicherung bis zu 6000 kg wiegen. Sein natürliches Verbreitungsgebiet beschränkt sich ausschließlich auf die nördliche Sonorawüste, die sich über die mexikanische Grenze hinaus etwa 120 Meilen weit nach Arizona erstreckt. In dieser Trockenzone schwankt der jährliche Niederschlag zwischen 25 und 300 mm.

Der Kandelaberkaktus kann bis zu 200 Jahre alt werden. Die typische Form eines Armleuchters bekommt er erst nach etwa 70 Jahren, wenn sich sein Stamm in Seitenarme zu verzweigen beginnt. Der Riesenkaktus hat ein flaches Wurzelwerk, das im dürren Boden über Hunderte von Metern ausgreift. Am schönsten sind die Saguaros etwa im Saguaro National Park bei Tucson im Mai und Juni, wenn sich die weißen, wachsartigen und fast untertassengroßen Blüten nachts öffnen und mit ihrem Duft die zur Bestäubung notwendigen Fledermäuse anziehen. Die Früchte sehen, wenn sie sich öffnen, wie rote Blüten aus. Aus dem Fruchtfleisch bereiten die Tohono-Indianer ein Getränk und ein schmackhaftes Kakteengelee.

Teddybear Chollas und Fasskakteen

Teddybear Chollas *(Opuntia bigelo-wii)* sind weit weniger beliebt als die Saguaros und werden trotz ihrer äußerlichen Attraktivität in Vorgärten von vielen als Unkraut behandelt. Aus der Ferne und vor allem bei günstigem Lichteinfall sehen sie mit ihrem dichten, gelblich-grünen Stachelfell aus wie in der Wüste sitzende Teddybären. Ihre zahlreichen kleinen Arme ähneln aber nur aus einiger Distanz einem glänzenden Pelz. Aus der Nähe betrachtet entpuppt sich das vermeintliche Fell als äußerst wirksamer Stachelpanzer. Die einzelnen ›Gliedmaßen‹ scheinen nur sehr lose miteinander verbunden zu sein. Die Teddybear Chollas umgeben sich mit abgefallenen

Die ältesten Lebewesen der Erde

Thema

Selbst gottverlassene Wüstengegenden sind Rummelplätze verglichen mit dem einsamsten Gebirgszug Kaliforniens, den White Mountains an der Grenze zu Nevada. Am Ostrand des Owens Valley trotzen dort einige Grannenkiefern seit Tausenden von Jahren Wind und Wetter und sind damit die ältesten Lebewesen des Planeten.

Am Anstieg zum 2216 m hohen Westgard Pass östlich der Ortschaft Independence zweigt von der Durchgangsstraße 168 die White Mountain Road in nördlicher Richtung zum Ancient Bristlecone Pine Forest ab, hinter dem der 4341 m hohe White Mountain Peak die umgebenden Gipfel überragt. Die asphaltierte Straße steigt auf 7 Meilen um 2000 Höhenmeter und führt dabei am Sierra View Point mit grandiosem Fernblick auf das Owens Valley und die sich darüber erhebende Sierra Nevada vorbei zur Schulman Grove auf 3048 m Höhe (mit größeren Mobilhomes sollte man die Strecke wegen ihrer engen Kurven nicht befahren). Beim Parkplatz gibt es Picknicktische, Toiletten und ein Informationszentrum. Auf zwei Wanderwegen kann man dem einzigartigen Naturwunder dieser abgelegenen Bergwelt einen Besuch abstatten – einem Wald mit uralten Grannenkiefern, nachweislich die ältesten Lebewesen auf der Erde. Vom Schulman Grove lässt sich der Abstecher um weitere 13 Meilen bis zu einem zweiten Grannenkiefernwald, dem Patriarch Grove, auf 3414 m Höhe fortsetzen. Man muss aber eine steile und steinige Piste in Kauf nehmen.

Grannenkiefern *(Pinus longaeva, Pinus aristata)* stehen überwiegend in Höhen über 2500 m. Sie vertragen keinen Schatten und sind deshalb Einzelgänger, die selten in Gruppen anzutreffen sind. Im Normalfall wachsen sie auf steinigem Untergrund an Bergflanken, wo der Schnee im Frühjahr schnell schmilzt. Unter Waldbränden haben sie im Grunde genommen nie zu leiden, weil sie nirgendwo anzutreffen sind, wo sich ein Feuer durchs Unterholz fressen könnte.

Ein Teil des uralten Zauberwaldes in den White Mountains ist nach dem Wissenschaftler Edmund Schulman benannt. Er befasste sich seit 1932 mit Dendrochronologie, um über Baumringanalysen mehr über die Klimaverhältnisse längst vergangener Jahrhunderte zu erfahren. 1953 hörte er Gerüchte über uralte Bäume östlich des Owens Valley und begann dort mit Untersuchungen, die zu spektakulären Ergebnissen führten. Auf Höhenlagen zwischen 3048 und 3354 m fand er die bis dahin ältesten Bäume der Erde. 1957 wurde seine detektivische Kleinarbeit gekrönt: Eine von Schulman auf den Namen Methusalem getaufte Grannenkiefer erwies sich als ältestes Lebewesen überhaupt – unglaubliche 4723 Jahre alt. Sie residiert am Methusalem Walk in der Schulman Grove, eine knorrige Skulptur mit verdrehten Ästen und einem Stamm, dem man die 100 000 Stürme seines Lebens anzusehen glaubt. Auch am Mount Charleston bei Las Vegas und im Great Basin National Park in Nevada (s. S. 254 ff.) stehen solche Bäume (White Mountain Ranger District, 798 N. Main St., Bishop, CA 93514, Tel. 760-873-2500. Kostenloses Campen das ganze Jahr am Beginn der White Mountain Road auf 2194 m und auf dem Grandview Campground auf 2621 m Höhe von Mai bis Oktober; kein Wasser).

Trieben, aus denen neue Exemplare wachsen und die Mutterpflanze mit einer fast unüberwindbaren Barriere umgeben. Bei Wanderungen in der Wüste ist stabiles Schuhwerk unabdingbar. Einzelne Teddybear-Stacheln durchdringen Sohlen von Sportschuhen so leicht wie ein Messer einen weichen Käse.

Wildblumen

Zwischen Februar und Mai entfalten die Wüsten des Südwestens während der Blütezeit vieler Wildblumenarten eine verschwenderische Pracht. Wann Kakteen, Wildgräser und vor allem Wildblumen wo blühen, ist langfristig nur ungenau vorherzusagen. Die Blütesaison zeigt sich von ihrer schönsten Seite, wenn im Winter ausreichend Niederschläge gefallen sind und sich der Frühling mit warmen Temperaturen anbahnt. Dann leuchten die glutroten Blüten der Chuparosa-Büsche *(Justicia californica),* der Wüstenlöwenzahn *(Malacothrix glabrata)* zaubert gelbe Flecken in die Landschaft, und die Sandverbene *(Abronia villosa)* fügt ein kräftiges Lila hinzu. Zu den bekanntesten Wildblumengebieten gehören in Südkalifornien der Anza Borrego Desert State Park (www.parks.ca.gov/?page_id=638) und das in der Mojave-Wüste nördlich von Los Angeles gelegene Antelope Valley California Poppy Reserve, in dem zwischen März und Mai der Kalifornische Mohn *(Eschscholzia californica)* ein ca. 7 km^2 großes Areal in eine orangerote Blütenorgie verwandelt (www.parks.ca.gov).

Die Fauna

Ähnlich wie viele Pflanzen sind auch zahlreiche Wüstentiere mit Tarnfarben, Zähnen, Klauen, Schnäbeln, Stacheln und giftigen bzw. übel riechenden Substanzen für den Überlebenskampf gerüstet. Eines der seltsamsten Tiere der Region ist das bis zu 45 cm lange Gila-Monster (*Heloderma suspectum*), das sich mit seiner perligen, pink- und schwarzfleckigen Haut eine äußerst wirkungsvolle Tarnung zugelegt hat. Unter den Echsen spielt das Monster eine Sonderrolle: Es ist die einzige Art mit giftigem Biss. Die Substanz wird während des Bisses aus Gifttaschen im Zahnfleisch des Unterkiefers in die Wundstellen der Beute gerieben.

Schlangen und Roadrunner

Am gefürchtetsten unter den Kreaturen des Südwestens ist die Klapperschlange *(crotalus),* von der in diesem Landesteil elf Unterarten vorkommen. Die Reptilien können ihren Fang um 180° öffnen – im Unterschied etwa zum Menschen, der den Mund nur um 40° aufsperren kann. Beim Biss werden die hohlen, zusammengeklappten Giftzähne des vorderen Oberkiefers nach vorne gebracht und in die Beute eingeschlagen. Das hochtoxische Gift (die Wirkung unterscheidet sich nach Unterarten) vermag kleinere Tiere in zwei bis fünf Minuten zu töten. Mit den losen Kieferknochen und flexiblen Rippen verschlingt eine Klapperschlange ihre Beute ganz, den Kopf voran. Den Namen gebenden Teil trägt sie ganz am Ende des Körpers: einige lose miteinander verbundene Hornteile, die hörbar klappern, wenn das Reptil den Schwanz schüttelt. Die Botschaft, die mit dem Geräusch verbunden ist, heißt »Verzieh dich schleunigst«!

Dass Reptilien und anderes Kleingetier nicht überhand nehmen, ist u. a. dem Roadrunner *(geococcyx californianus)* zuzuschreiben. In ein geflecktes Federkleid gehüllt, attackiert der mit hübschem Kamm und langem Schwanz ausgestattete furchtlose Matador der Wüste mit spitzem, florettartigem Schnabel Spinnen, Käfer, Eidechsen, Skorpione und sogar kleine Klapperschlangen. Seinen Namen verdankt er seiner Vorliebe zu laufen statt zu fliegen. Er besitzt lange Beine, die ihm über kürzere Distanzen beachtliche Sprints erlauben.

Kojoten und Bären

Früher ausschließlich in den weiten Räumen des Westens verbreitet, tauchen auf der Jagd in Meuten erscheinende Kojoten *(Canis latrans)* immer häufiger in stadtnahen Gebieten auf, wo die Nahrungsbeschaffung leichter fällt als in freier Wildbahn. Vielen Einheimischen spukt das Bild vom feigen Kojoten durch die

Schwarzbären sind in den bewaldeten Gebieten des Südwestens weit verbreitet

Köpfe. Tatsächlich zeichnen sich die zur Hunde-Familie zählenden Tiere aber durch Intelligenz und Lebensschlauheit aus. Sie ernähren sich zu etwa 60 % von kleinen Nagetieren, Insekten und Feldhasen. Die restliche Nahrung besteht aus pflanzlichem Material, was Kojoten nicht eben zu Freunden amerikanischer Gemüsebauern macht. Nicht einmal Chili-Schoten sind vor ihnen sicher. Farmer, die es wissen müssen, behaupten, dass die vierbeinigen Plünderer lediglich das Fruchtfleisch der Schoten verzehren und die höllisch scharfen Samenkörner meiden.

Kojoten sind äußerst soziale Tiere. Sie bleiben mit dem Partner ein Leben lang zusammen, ziehen die Jungen etwa ein Jahr lang auf und sichern die Familienterritorien gegen Eindringlinge. Zur Jagd auf größere Tiere oder zum Spielen verbünden sie sich miteinander. Häufig wird die Kommunikation durch Bellen und Heulen hergestellt. In der Sprache zahlreicher Indianergruppen heißen die Tiere deswegen auch ›singende Hunde‹. In den wüstenhaften Gebieten des Südwestens gibt es mit dem Wüstenkojoten eine besondere Art, die sich an die dortigen Lebensbedingungen angepasst hat. Die Tiere wiegen mit etwa 10 kg nur halb so viel wie andere Kojoten, tragen wegen der Hitze ein kürzeres und zwecks Tarnung ein helleres Fell.

Ähnlich wie Kojoten waren bis Mitte des 20. Jh. auch Grizzlybären *(Ursus arctos)* im Südwesten verbreitet. Mit der Entwicklung größerer Städte und dem Beginn der Viehzucht in ländlichen Gebieten wurde diese Tierart immer weiter in immer kleiner werdende Gebiete abgedrängt, bis sie in den 1930er-Jahren im Südwesten als ausgestorben galt. In den San Juan Mountains im südwestlichen Colorado erlegten Jäger 1979 ein letztes Exemplar. Danach wurden in der Region keine wilden Grizzlys mehr gesichtet.

Demgegenüber sind die kleineren, bis zu 220 kg schweren Schwarzbären *(Ursus americanus)* in bewaldeten Gebieten noch weit verbreitet. Das liegt in erster Linie an der Anpassung der Allesfresser an die menschliche Zivilisation. Nicht selten tauchen die Tiere in der Nähe von Siedlungen und Dörfern auf, wo sie leicht Nahrung auftreiben können.

Wirtschaft, Soziales und aktuelle Politik

Kalifornien bildet im Südwesten ein Schwergewicht: Als US-Bundesstaat mit der größten Bevölkerung ist der Golden State gleichzeitig wirtschaftlich die dominante Kraft in der Region, deren beherrschende Stellung auf die Nachbarstaaten ausstrahlt. Ein Beispiel dafür ist die progressive kalifornische Umweltpolitik.

Krise in Kalifornien

Immobilienkrise, Waldbrände, Erdrutsche, Stromausfälle, hohe Kriminalität, riesige Löcher im Staatshaushalt ... Man könnte meinen, das Schicksal habe sich gegen Kalifornien verschworen. Jahrzehntelang wurde die wirtschaftliche Vitalität und Dynamik des Landes dem kaum zu bremsenden Pioniergeist seiner Bevölkerung zugeschrieben. Spätestens nach dem Ende des Kalten Krieges, als das Pentagon Rüstungsprogramme zusammenstrich, stellte sich jedoch heraus, dass der Boom am Pazifik in erster Linie durch gigantische Staatssubventionen während des Zweiten Weltkriegs, des Korea- und Vietnamkriegs und während des Wettrüstens im Raketenzeitalter am Leben erhalten worden war. Das Ende der Konfrontation mit der Sowjetunion verwandelte den Strom der Gelder aus dem Verteidigungsministerium dann allerdings in einen kleinen Bach. Allein von 1990 bis 1993 gingen deshalb in der kalifornischen Rüstungsindustrie 800 000 Arbeitsplätze verloren.

Für Generationen von Amerikanern und Hunderttausende von Einwanderern aus vielen Teilen der Welt war Kalifornien lange Zeit das verheißene Land gewesen. Wo der nordamerikanische Kontinent am Pazifik endet, wähnten sie eine bessere, vielleicht sogar goldene Zukunft. Ganze Völkerscharen ließen ihre Existenz hinter sich und brachen auf in eine ungewisse Zukunft im fernen Westen, den lang gehegten Traum von Glück und Zufriedenheit vor Augen. Sie waren nicht die Ersten, die der magischen Anziehungskraft des Landes erlagen. Schon lange vor ihnen waren Seefahrer und Entdecker, Missionare und Abenteurer aufgebrochen, um das Geheimnis des unbekannten Paradieses jenseits aller Zivilisation zu entschlüsseln.

Kaliforniens Vorreiterrolle

Für sich genommen ist das Traumland am Pazifik heute die sechsgrößte Volkswirtschaft der Welt. Selbst während der Weltwirtschaftskrise in den 1930er-Jahren überzogen die Glitzer- und Glamourwelt des Films, der Bauboom und die blühende südkalifornische Landwirtschaft das Land mit einer Patina der Prosperität. Hunderttausende aus den Regionen des Mittleren Westens zogen damals mit Sack und Pack an den Stillen Ozean, um der Misere in ihren Heimatstaaten zu entrinnen. Unter diesem Zustrom hatte sich etwa die Bevölkerung von Los Angeles bis Ende der 1930er-Jahre auf 1,5 Mio. gesteigert. Die Massenproduktion von Flugzeugen und Rüstungsgütern ließ die Wirtschaft in den Kriegsjahren zusätzlich boomen. Dies hielt auch nach 1945 an, als die sich entwickelnde zivile Luftfahrt die Auftragsbücher der Flugzeugfirmen füllte und Städteplaner im Umkreis von Los Angeles tagtäglich 1200 ha landwirtschaftliche Nutzfläche opferten, um darauf Häuser, Parkplätze, Supermärkte oder Fabrikanlagen zu errichten.

Viele Amerikaner sind davon überzeugt, dass sich die Geschicke der Nation vor allem in Kalifornien entscheiden, das sich auf einem Polster wirtschaftlicher Prosperität zu einem Guru in Sachen Lifestyle, Denkungsart, Mode und Sport aufschwang. Der coole, scheinbar von allen Alltagsproblemen losgelöste südkalifornische Lebensstil eignet sich bestens als Exportschlager und stattete den Superstaat mit dem Nimbus eines unbezwingbaren Wirtschaftsgiganten aus, der neben Wohlstand auch Glück und Zufriedenheit zu garantieren schien. Bis die Krise auch den *Golden State* einholte.

Demografische Entwicklung

Weil Mieten und Immobilienpreise in astronomische Höhen kletterten, in der Energieversorgung Probleme auftraten, die städtische Kriminalität wuchs und einige urbane Ballungsräume drohten, an ihren Verkehrsproblemen zu ersticken, kehrten in vergangenen Jahren viele Kalifornier ihrer Heimat trotz der Verlockungen von Sonne, Sand und Meer den Rücken und zogen in andere Bundesstaaten des Südwestens, weil deren Lebens- und Arbeitsbedingungen als günstiger eingeschätzt wurden. Dass die Staatsbevölkerung trotzdem wuchs, lag in erster Linie an Einwanderern aus anderen Ländern, die in Kalifornien trotz aller Krisen und Engpässe immer noch eine bessere Zukunft erwarteten als zu Hause. Prognosen gehen davon aus, dass die Einwohnerzahl auf diese Weise bis 2030 um ca. 11 Mio. zunehmen und viele bereits existierende Probleme, z. B. mit der Wasser- und Energieversorgung, verschärfen wird.

Umweltpolitik

Seit der Jahrtausendwende zeigt Kalifornien trotz aller Unkenrufe Symptome der wirtschaftlichen Besserung. Ende 2006 lag die Arbeitslosenrate als Resultat einer seit fünf Jahren wachsenden Wirtschaft u. a. durch den boomenden Tourismus mit 4,5 % (2008: 7,6 %) auf einem 30-jährigen Rekordtief, was Gouverneur Arnold Schwarzenegger im November 2006 zu einer zweiten Amtszeit verhalf. Für viele Bürger war aber auch etwas anderes ein hinreichend triftiger Grund für seine Wiederwahl: die Umweltpolitik, mit der er sich von seinem republikanischen Parteifreund George Bush weit entfernte. Während die US-Regierung schon vor Jahren aus dem Kyoto-Protokoll ausstieg, obwohl die USA mit einem Ausstoß von etwa 5,5 Mrd. Tonnen Kohlendioxid pro Jahr der größte Treibhausgasproduzent der Welt sind, unterzeichnete ›Gouvernator‹ Schwarzenegger mit dem *Global Warming Solutions Act* ein energiepolitisches Gesetz, aufgrund dessen bis spätestens 2010 ein Fünftel des im Land verbrauchten Stroms aus Erdwärme, Sonne, Wind und Biomasse produziert werden muss. Auch Los Angeles, Hochburg stromintensiver Klimaanlagen, setzt zunehmend auf Sonnen- und Windenergie. Das solchermaßen bewiesene Ökobewusstsein hat in Kalifornien schon Tradition. Als in Europa Autos noch die Luft verpesten durften, hatte der kalifornische Gesetzgeber bereits strenge Abgasgrenzwerte festgeschrieben.

Sogar Großkonzerne setzen sich heute unter dem Druck der Öffentlichkeit und dem Imperativ globaler Verhältnisse für den Umweltschutz ein, weil sie der Überzeugung sind, dass sich Ökologie mit Ökonomie in Einklang bringen lässt. CEO Jeffrey Immelt vom Industriekonzern General Electric prägte das Motto *Green is green* (Grün ist grün), eine Anspielung einerseits auf ›grünes‹ Bewusstsein, andererseits auf die grüne Farbe von US-Dollar-Noten. Dass es Kalifornien ernst meint mit seiner Ökopolitik, bewies auch Schwarzeneggers Justizminister mit einer weltweit einmaligen Musterklage gegen drei US- und drei japanische Autobauer, weil die Unternehmen durch die Herstellung von Millionen, Riesenmengen an Kohlendioxid ausstoßenden Fahrzeugen eine öffentliche Belästigung geschaffen hätten.

Einsicht in Ökopolitik

Mittlerweile hat das kalifornische Beispiel im Südwesten Schule gemacht. Der Nachbarstaat Nevada erklärte, bis zum Jahr 2015 den Anteil alternativer Energien am Gesamtverbrauch auf 15 % zu erhöhen, während Colorado im gleichen Zeitraum auf 10 % abzielt. Auch in Arizona hört der Umweltschutz nicht bei speziellen Autokennzeichen auf, die das Motto »Protect our environment« (Schützt unsere Umwelt) tragen. New Mexico schloss sich einer Sammelklage von US-Bundesstaaten und US-Städten an, um von der wegen Untätigkeit ins Zwielicht geratenen nationalen Umweltschutzbehörde EPA (Environmental Protection Agency) eine schärfere Umweltgesetzgebung zu erzwingen.

Illegale Einwanderung

Als am 11. September 2001 – in den USA nur 9/11 genannt – nach dem verheerenden Terroranschlag die beiden Türme des World Trade Center in New York City in sich zusammensackten, waren die Erschütterungen nicht nur im ganzen Land, sondern weltweit zu spüren. Auch an der amerikanisch-mexikanischen Grenze im Südwesten. In den vorausgehenden Jahren war zwischen den Regierungen in Washington D.C. und Mexico City häufig über ein bilaterales Migrationsabkommen verhandelt worden, das illegalen Einwanderern unter anderem die elementaren Menschenrechte garantieren sollte. Die unter dem Motto »Humanisierung der Grenze« stehende Debatte endete nach 9/11 abrupt und wurde durch eine im Mantel der Terrorismusbekämpfung daherkommende Grenzpolitik mit schärferen Kontrollen und Abschottung ersetzt. Seither beherrscht das Thema die innen- und sicherheitspolitische Diskussion im Südwesten, polarisiert die Meinungen und vergiftet in manchen grenznahen Kommunen die Atmosphäre.

Nach Zahlen der US-Einwanderungsbehörde gelangen pro Jahr etwa 1 Mio. illegale Einwanderer in die USA. Ca. 70 % dieser Menschen stammten aus Mexiko, das durch eine von Patrouillen, Zäunen, Überwachungskameras, Nachtsichtgeräten, Bewegungsmeldern, Lasersystemen und Helikoptern gesicherte Grenze vom großen Nachbarn abgeschirmt ist. Trotzdem schaffen es viele, etwa mit befristeten Besuchervisa in die USA zu kommen und dort illegal zu bleiben. Andere überwinden die Hightech-Barrieren an der mexikanischen Grenze durch versteckte Tunnelsysteme wie etwa bei Nogales (Arizona). Wieder andere entfliehen der Arbeitslosigkeit und sozialen Not in ihrer Heimat mit Hilfe von kriminellen Schlepperbanden, die sie – natürlich nur bei Zahlung entsprechend hoher Summen – auf weniger gesicherten Abschnitten der 1100 km langen Grenze ins ›gelobte Land‹ schleusen.

Speziell in Arizona und New Mexico ist das Einwandererproblem seit langem ein heißes Thema und hat zu widersprüchlichen Situationen geführt. Während einerseits Gruppen von Freiwilligen bis an die Zähne bewaffnet Jagd auf illegale Immigranten machen, durchstreifen andererseits selbst ernannte Grenzsamariter die heiße Sonorawüste, um Verdurstenden oder Verletzten zu helfen. Die Fälle mehren sich, in denen sich ›Einwandererjäger‹ vor Gericht wegen Bedrohung, Freiheitsberaubung und Gewaltanwendung verantworten müssen. Und während manche Bevölkerungsteile darauf drängen, die ›Illegalen‹ hauptsächlich aus Kostengründen durch Volksabstimmungen von jedweder Art öffentlicher Unterstützung und medizinischer Vorsorgung auszuschließen, weisen andere darauf hin, dass diese Menschen etwa in der Baubranche, in der südkalifornischen Landwirtschaft oder in den Fabriken der Textilindustrie seit Jahrzehnten unverzichtbare Arbeitskräfte sind.

Grenzschutz in Hightechzeiten

Die Ausrüstung der *Border Patrols* mit Fahrzeugen und Hightech-Geräten verschlingt seit Jahren Unsummen an Steuergeldern. Trotzdem gelingt es Zehntausenden, sich illegal in den USA niederzulassen. Seit US-Unternehmen im Zuge der Globalisierung Arbeitsplätze nach Asien verlagern, fürchten viele Arbeitnehmer im Südwesten um ihre Jobs und machen für das sinkende Lohnniveau die ›Illegalen‹ verantwortlich, die gezwungenermaßen für Hungerlöhne arbeiten. Tatsache ist aber, dass aus Mexiko kommende Flüchtlinge häufig von Amerikanern abgelehnte Jobs annehmen, die ihnen im Exil ein besseres Leben ermöglichen als in der von Drogenkriegen und sozialem Chaos malträtierten Heimat. Tatsache ist aber auch, dass illegale Einwanderer über Schleichwege einreisen, die ebenfalls von Drogendealern für ihre kriminellen Geschäfte genutzt werden. Und beim Handel mit Narkotika ist üblicherweise so viel Geld im Spiel, dass der Grenzkonflikt in wachsendem Maße durch Korruption verschärft wird. Zwar werden Jahr für Jahr Kokain, Marihuana und Heroin tonnenweise beschlagnahmt, doch ist das nur ein Bruchteil dessen, was auf dem Land-, See- und Luftweg sowie durch Tunnel in die USA gelangt.

Lateinamerikanisierung

Der seit Jahren festzustellende massive Zustrom legaler wie illegaler Einwanderer aus Lateinamerika hat die USA mit ca. 40 Mio. Hispanics nach Brasilien, Mexiko und Kolumbien zum viertgrößten ›lateinamerikanischen‹ Land der Erde gemacht. Latinos sind vor Afroamerikanern zur größten Minderheit in den USA geworden, und ihre Zahl steigt weiter. Vor allem im Südwesten wurde die lange idealisierte Vorstellung vom amerikanischen Immigranten als WASP – weiße Hautfarbe, angelsächsische Abstammung, protestantische Religion – längst von der Realität überholt. In Arizona stammen mittlerweile fast 30 % der Gesamtbevölkerung aus Lateinamerika, in New Mexico liegt der Prozentsatz sogar bei knapp 44 % – Tendenz schnell wachsend, nicht nur wegen der hohen Migration, sondern auch infolge der weit über dem amerikanischen Durchschnitt liegenden Geburtenraten.

Veränderte Gesellschaft

Dieser demografische Prozess verändert nicht nur das Erscheinungsbild und Selbstverständnis der US-Gesellschaft, sondern bedingt auch grundlegende politische Veränderungen. Für viele in lateinamerikanischen Ländern lebende Familien sind Geldüberweisungen von in den USA arbeitenden Familienmitgliedern unverzichtbare ›Einkommen‹. In manchen Ländern sind solche Transfers noch vor Warenexporten zur wichtigsten Devisenquelle geworden. Aber auch auf nationaler und regionaler Ebene zeichnen sich Veränderungen ab. Latinos stellen etwa im Südwesten der USA mittlerweile ein umworbenes Wählerpotential dar. Von Exilkubanern abgesehen waren sie früher eine sichere Klientel der Demokraten. Mit burschikosem Auftreten, ein paar spanischen Halbsätzen, der Betonung katholischer Traditionen und konservativer Familienwerte gelang es George Bush bei den Präsidentschaftswahlen 2000, 35 % der Latinostimmen auf sein Konto zu buchen. Mittlerweile gelten die Latinos, die keine homogene Gruppe bilden, sondern sich eher nach nationaler Herkunft definieren, als Wechselwähler, und sowohl Republikaner wie Demokraten buhlen um ihre Gunst.

Soziale Ausgrenzung

In Los Angeles, das seit Sommer 2005 vom hispanischen Bürgermeister Antonio Villaraigosa regiert wird, waren im Jahr 2005 ungefähr 58 % der Gesamtbevölkerung Hispanics oder Afroamerikaner. In der ›Stadt der Engel‹ gibt es Stadtteile, in denen man kein einziges englisches Wort hört. An Kiosken liegen spanischsprachige Zeitungen aus, in Restaurants und Imbissen sind Tacos und Tortillas probate Mittel gegen den Hunger, und hie und da hat ein Wohnungsbesitzer die mexikanischen Nationalfarben auf seine Fensterläden gepinselt. Ein weiteres Kennzeichen dieser Gegenden sind durchschnittliche Pro-Kopf-Jahreseinkommen von weniger als 10 000 Dollar und damit etwa einem Drittel des nationalen Durchschnitts. Präziser ausgedrückt: Fast die Hälfte der Einwohner in diesen Vierteln lebt unter der Armutsgrenze. Das Elend grassiert aber nicht nur in gefährlichen *No-go-areas* wie Southeast oder South Central mit einer Bevölkerung überwiegend aus Schwarzen oder Hispanics, wo die Gesetze der Gangs gelten. Selbst eine kurze Wegstrecke vom Rathaus entfernt machen Behelfsunterkünfte aus Kartonage und Plastikplanen manche Straßenzüge zum Innenstadtslum.

Der Stadtsoziologe Mike Davis sieht in seinem 1999 erschienenen Buch »Casino Zombies« die Ursache für urbane Armut und Gewalt in Los Angeles in der sozialen Ausgrenzung hauptsächlich von Schwarzen und Einwanderern u. a. durch gekürzte Wohnungsbauprogramme, Budgetstreichungen bei Schulen und Universitäten und fehlende oder misslungene Integrations- und Fördermaßnahmen, mit denen manche Gruppen bzw. ganze Stadtteile an den Rand der Gesellschaft abgedrängt werden. Sogenannte *No-go-areas*, von denen man sich besser fern hält, gibt es aber nicht nur in Los Angeles, sondern in vielen anderen Ballungsräumen wie etwa Phoenix und sogar in Las Vegas jenseits der bestens gesicherten glitzernden Hotel- und Kasinopaläste.

Indianerreservationen

Der Südwesten ist die US-Region mit der zahlenmäßig stärksten Indianerbevölkerung. Sind in den gesamten USA ca. 1 % der 304 Mio. Einwohner Indianer, so liegt der Prozentsatz in allen Bundesstaaten der Region zum Teil weit über dem nationalen Durchschnitt (Kalifornien 1,2 , Arizona 5, Nevada 1,4, Colorado 1,1, Utah 1,3, New Mexico 10,1 %). Hinzu kommt, dass im nordöstlichen Utah (und in angrenzenden Gebieten in Utah und New Mexico) mit ca. 200 000 Navajo der größte Indianerstamm der USA lebt.

Dabei wären die Ureinwohner des Landes im Zuge der territorialen Expansion der USA fast ausgerottet worden. Die von 1790 bis 1891 gegen die Indianer geführten Kriege kosteten schätzungsweise über 400 000 Menschen das Leben. Hunderttausende fielen von den Weißen eingeschleppten Seuchen und der Zwangsarbeit zum Opfer. Die bis Ende des 19. Jh. Überlebenden wurden im Auftrag der Regierung in unfruchtbare Landstriche und Reservationen deportiert. Trotz erheblicher Zuwächse in den letzten Jahrzehnten bildet Amerikas Urbevölkerung heute die kleinste Bevölkerungsgruppe des Landes.

Hoffnungsträger Spielkasino

Während die Arbeitslosigkeit unter den Indianern ca. 50 % beträgt und ihre Lebenserwartung in den Reservaten bei 47 Jahren (im US-Durchschnitt 78 Jahre) liegt, haben es einzelne Stämme durch eine neue Einnahme-

Traditionell geschmückte Indianer der Navajo Nation Reservation (New Mexico) beim jährlich im August stattfindenden Stammesfest Powwow

quelle zu immensem Reichtum gebracht: das Glücksspiel. Der 1975 verabschiedete *Indian Self-Determination Act* räumt Stammesregierungen weitgehende Befugnisse in den Reservaten ein, was dazu führte, dass über ein Drittel aller von Washington D.C. anerkannten Indianerstämme mit den jeweils zuständigen Bundesstaaten Verträge über die Betreibung von Spielkasinos innerhalb ihrer Reservate abschloss.

Manche Stämme verteilen die zum Teil exorbitanten Gewinne auf Pro-Kopf-Basis, andere lassen das Kapital in Fonds und anderen Anlageformen arbeiten, finanzieren Infrastrukturmaßnahmen wie Ausbildungs- und Arbeitsstätten bzw. Altenheime oder investieren in medizinische Versorgung. Wie sich das indianische Glücksspiel in Zukunft entwickeln wird, ist unsicher. Seit fast jede Indianerreservation versucht, in dieses lukrative Geschäft einzusteigen, wächst natürlich auch die Konkurrenz unter den Kasinos.

Gefährlicher Uranbergbau

Vor 50 Jahren veröffentlichte eine medizinische US-Zeitschrift einen Artikel mit der Hypothese, die Navajo seien immun gegen Krebs, weil die Krankheit unter ihnen bis dahin nur selten auftrat. Die Situation änderte sich, als 1944 auf ihrem Stammesgebiet Firmen mit dem Uranabbau für den Rüstungssektor begannen. Bis 1986 waren im Navajoland über 1000 Privatfirmen aktiv, die insgesamt 3,9 Mio. Tonnen Uranerz für nur einen einzigen Kunden produzierten: den amerikanischen Staat. Als die Minen wegen der sinkenden Nachfrage nach dem Ende des Kalten Krieges nach und nach schlossen, blieb in der Heimat der Navajo eine Erbschaft aus radioaktivem Abraum und ungeschützten, strahlenden Gruben zurück, von deren Gefährlichkeit die Indianer nichts wussten. Regen und Wind verteilten kontaminierte Partikel überall. Während sich zwischen den frühen 1970er- und den späten 1990er-Jahren in den restlichen USA die Zahl krebskranker Personen verminderte, verdoppelte sie sich in der Navajo-Reservation.

Umso erstaunlicher ist, dass neuerdings wieder Bergbaugesellschaften versuchen, von den Indianern Mineralrechte zwecks Uranabbau aufzukaufen. Am Rande der Reservation schufen einige Firmen bereits vollendete Tatsachen und wollen in den nächsten Jahren mit der Produktion beginnen. Grund ist diesmal nicht die Produktion für Nuklearwaffen, sondern für Atommeiler zur Energiegewinnung. Nach wie vor hat das Land der Navajo mit seinen riesigen Lagerstätten den Ruf, das Saudi-Arabien des Urans zu sein. Auf öffentlichen Druck hin verabschiedeten im Juni 2008 mehrere Einrichtungen des Bundes, darunter die Environmental Protection Agency, einen Fünf-Jahres-Plan, um strahlende Altlasten aus dem früheren Uranbergbau nicht nur in der Navajo Nation, sondern auch in betroffenen Gebieten in Nevada und New Mexico zu beseitigen.

Aktuelle Politik

Widerstand gegen Endlager

Während Gouverneur Schwarzenegger in Kalifornien die Rolle einer ökologischen Galionsfigur spielt und erfolgreich mehrere Umweltschutzprogramme auf den Weg brachte, sieht sich sein Amtskollege Jim Gibbons in Nevada einem gewaltigen, von der Bundesregierung in Washington D.C. verursachten Umweltproblem gegenüber. Ca. 100 km nordwestlich von Las Vegas liegt um den Yucca Mountain eine Landschaft mit sanften Hügeln im Great Basin. Im Jahr 2002 segnete Präsident George W. Bush Pläne ab, das Wüstengebiet ab 2012 zum ersten nationalen Endlager für 70 000 bis 80 000 Tonnen hochradioaktiven Atommüll zu machen. Im Juli 2002 gab der US-Senat seine Zustimmung. Dass diese Entscheidung auf der Grundlage solider Wissenschaft getroffen wurde, zweifelten viele Wissenschaftler an. Im Frühjahr 2005 begannen zwei Bundesbehörden mit Untersuchungen, nachdem der Verdacht aufgetaucht war, die geologischen Expertisen über Yucca Mountain seien absichtlich mit falschen Daten ›geschönt‹ worden. Der federführende U. S. Geological Survey war zu dem Schluss gekommen, dass tief in den Gebirgsstock eingelassene Tunnel, die bislang über 6 Mrd. $ kosteten, Jahrtausende lang trocken bleiben und eine Verseuchung von Grundwasser ausschließen würden. Forscher am Los Alamos National Laboratory in New Mexico hingegen kamen zu anderen Ergebnissen.

Die Gegend war von 1950 bis 1992 Testgelände gewesen, auf dem mehr als 1000 nukleare Sprengsätze gezündet worden waren, bis 1962 auch oberirdisch. Damals kontaminiertes Regenwasser war bereits nach Jahrzehnten durch Felsspalten im vulkanischen Gestein gesickert. Offizielle Stellen in Nevada nahmen diese Befunde zum Anlass, auch andere Berichte anzuzweifeln, die dem Yucca Mountain eine von Vulkanismus und Erdbeben ungefährdete Lage bescheinigt hatten. Schon früher wiesen alternative Gutachten nach, dass es in der Region knapp drei Dutzend Erdbebenfalten und heiße Quellen gibt, die auf vulkanische Aktivitäten schließen lassen. Auch rechtlich steht das Endlagerprojekt auf wackligen Füßen. Eigentümer des Gebietes sind die Western Shoshone, die das Terrain weder an die USA abgetreten noch dem Staat eine Genehmigung erteilt haben, es für radioaktive Abfälle zu nutzen. Der Indianerstamm führt seit 2005 Klage gegen die US-Regierung. Auch der Bundesstaat Nevada will den Bau des Endlagers ab 2013 mit allen gebotenen Mitteln verhindern.

Konservative Hochburg Utah

Unter den 50 Bundesstaaten der USA gilt Utah als verlässlichste republikanische Festung. Nirgendwo sonst stehen konservative Werte im Verein mit religiösen Inhalten so hoch im Kurs wie im Mormonenreich, wo ca. 57 % der Bevölkerung Mitglieder der Kirche der Heiligen der letzten Tage sind, wie sich die Mormonen offiziell nennen.

Utah wurde 1847 als Gottesstaat Deseret von Mormonen gegründet, die das Land kolonisierten und die fruchtbaren Landstriche in eine blühende Oase verwandelten, die aber auch über die gesamte Geschichte des Staates hinweg einen bestimmenden Einfluss auf die gesamtgesellschaftliche Entwicklung behielten. Seit Mitte des 19. Jh. bildete sich ein eigenständiger mormonischer Kulturraum mit Zentrum in Salt Lake City heraus, der auf vielfältige Weise von geistlichen wie weltlichen Einflüssen des Mormonentums durchdrungen ist. Basis der Glaubenslehre ist neben der Bibel in erster Linie das »Buch Mormon«.

Die Kernaussagen der Lehre lassen sich so zusammenfassen: Der Mensch ist ein ewiges Wesen, erschaffen nach dem Abbild Gottes und ausgestattet mit einem heiligen Körper, dessen Gesundheit nicht durch den Genuss von Alkohol, Tabak, Kaffee oder Tee beeinträchtigt werden darf. Nach Ende des irdischen Daseins stirbt der Körper zwar, aber im Jenseits existiert der Mensch weiter. Aus diesem Grund spielen für die ›Heiligen‹ Familienbeziehungen eine ausschlaggebende Rolle. Denn Familien bleiben, sofern sie kirchlich ›versiegelt‹ wurden, auf ewig verbunden. Eheschließungen, die nur im Tempel von speziellen Bevollmächtigten vollzogen werden dürfen, gelten für immer. Der Ehebruch steht an Schwere gleich hinter dem Mord.

Die Mormonengesellschaft

In der mormonischen Gesellschaft haben Denkweisen aus dem 19. Jh., überkommene Moralvorstellungen und fragwürdige Weltanschauungen bis heute zum Teil unverändert überlebt. Das zeigt sich schon an Alkoholgesetzen, die nirgends auf US-Boden strikter sind als in Utah. Der Feldzug gegen sexuelle Freizügigkeit beginnt in Utah schon bei Schaufensterdekorationen, die etwa durch Modewerbung mit knapp bekleideten Modellen Tatortcharakter bekommen. Was auch nur Fleischeslust erahnen lässt, unterliegt in der Mormonengesellschaft einem rigorosen Tabu. Ein Unternehmen kam sogar auf die Idee, aus bekannten Filmen sexuell oder verbal anstößige und gewalttätige Szenen herauszuschneiden und die gesäuberten Streifen auf Video oder DVD anzubieten. Acht große Hollywood-Studios klagten erfolgreich gegen den Betrieb. Daraufhin begann eine andere Firma mit dem Vertrieb von DVD-Playern mit eingebauten Filtern, die handelsübliche DVDs nur zensiert abspielen.

Polygamie

Ein nach wie vor virulentes Problem ist die offiziell schon im 19. Jh. abgeschaffte und seit damals unter Strafe stehende Polygamie. Jahr für Jahr werden in Utah Fälle von Vielehen vor allem in ländlichen Gebieten bekannt, wo sich alternde Familienväter offenbar vorzugsweise Teenager als Zusatzfrauen ins Haus holen. 2005 ging der Polizei bei einer Verkehrskontrolle der Führer der erzkonservativen Fundamentalistischen Kirche Jesu Christi der Heiligen Letzten Tage ins Netz, der als Heiratsvermittler zwischen älteren Männern und minderjährigen Mädchen auf der Liste der 10 am meisten gesuchten Kriminellen der USA stand. In den grenznahen Ortschaften Hildale (Utah) und Colorado City (Arizona) hatte die von der mormonischen Mutterkirche abgespaltene Gruppe weitgehend abgeschirmt von der Öffentlichkeit ein diktatorisch geführtes Polygamistenzentrum aufgebaut, in dem der systematische Missbrauch Minderjähriger an der Tagesordnung gewesen sein soll.

Geschichte

Das eurozentrische Weltbild mag daran schuld sein, dass die ›Entdeckung‹ Amerikas durch Kolumbus 1492 unterschwellig als Beginn der Geschichte der USA angesehen wird. Doch als der in spanischen Diensten stehende Genueser auf seiner ersten Erkundungsfahrt in der Neuen Welt vor Anker ging, waren im Südwesten der USA über Jahrhunderte existierende Hochkulturen bereits wieder untergegangen.

Die auf Europa konzentrierte Sichtweise herrscht offenbar nicht nur in der Alten Welt selbst, sondern auch in den USA vor, wenn es sich um deren Landesgeschichte handelt. Das ist umso erstaunlicher, als es sich etwa bei den grandiosen Ruinenanlagen der indianischen Urbevölkerung im Chaco Canyon in New Mexico, den über 2000 Jahre alten Bewässerungskanälen der Hohokam in Zentralarizona oder den fantastischen Klippenwohnungen der Anasazi im Four-Corners-Gebiet um eindrucksvolle Beweise für kulturelle Hochleistungen präkolumbischer Indianer handelt. Aber amerikanische Schulkinder erfahren über die Geschichte von Griechen, Römern und Ägyptern in der Regel mehr als über die Urbevölkerung ihrer eigenen Heimat. Und wie die europäische Eroberungs- bzw. Kolonisationspolitik ebenso wie das nach Westen expandierende Amerika ureigene Interessen auf Kosten der *Native Americans* vorantrieben und die indianische Urbevölkerung dabei fast vernichteten, bleibt im Geschichtsunterricht sehr oft ausgeblendet.

Die Anasazi

Wegen erstaunlicher Architekturzeugnisse, Töpfereien, Kleidung und Schmuck gelten die alten Anasazi unter den Indianern des präkolumbischen Südwestens als die am weitesten entwickelte Gruppe. Der Begriff *Anasazi* stammt aus der Navajo-Sprache und bedeutet die Alten oder die früher einmal Dagewesenen. Wie sich die Menschen selbst nannten, ist unbekannt, da sie außer Felsritzzeichnungen keine schriftlichen Zeugnisse hinter- ließen. Ihre Kultur entwickelte sich seit dem 1. Jh. v. Chr. um das Vierländereck Utah, Colorado, New Mexico und Arizona. Über mehrere Stadien bildete sich schließlich zwischen dem 11. und 13. Jh. eine als klassisch bezeichnete Pueblo-Phase heraus. Als in Europa Baumeister der Gotik Kirchen und profane Paläste in den Himmel wachsen ließen, bauten die Anasazi in schwer zugänglichen Felsnischen spektakuläre Komplexe zum Teil mit mehreren hundert Klippenwohnungen und Kivas genannten unterirdischen Zeremonialräumen, die heutigen Besuchern großen Respekt abverlangen.

Das planerische und handwerkliche Können der damaligen Menschen dokumentierte sich auch in der Anlage ausgeklügelter Bewässerungssystemen, in der Herstellung von Gebrauchsgegenständen von bemerkenswerter Schönheit und frappierender Zweckmäßigkeit, in ihrer sozialen Organisation und ihren religiösen Bräuchen. Ihre Leistungen ließen sie, obwohl sie weder politisch noch ethnisch eine Einheit bildeten, zur größten und bekanntesten präkolumbischen Kultur im heutigen Südwesten der USA werden.

Seit dem ausgehenden 19. Jh. beschäftigt sich die Anthropologie mit den Anasazi und hat an Tausenden Fundstellen archäologische und ethnografische Daten gesammelt, die wie ein Puzzle zusammengesetzt ein vages Bild der damaligen Kultur ergeben. Danach erreichten die Anasazi zwischen dem 11. und 13. Jh. ihre Blütezeit. Um die Wende vom 13. zum 14. Jh. begannen sie innerhalb kurzer Zeit, ihre Klippenwohnungen, etwa in Mesa Verde, zu verlassen. Bis heute gibt dieser Exodus Wissenschaftlern Rätsel auf. Nachweise für eine eventuelle Bedrohung von außen und eine gewaltsame Vertreibung existieren offenbar nicht. Plausibler ist die Hypothese, dass sie aufgrund einer jahrzehntelangen Trockenperiode ihrer Heimat den Rücken kehrten und nach Süden ins fruchtbare Tal des Rio Grande zu den dort lebenden Pueblo-Indianern abwanderten.

Navajo und Apachen

Vermutlich um den Zeitpunkt der ›Völkerwanderung‹ der Anasazi rückten von Norden her mit den Navajo und verschiedenen Apachenstämmen neue Indianergruppen in den Südwesten vor, die in der Region in den folgenden Jahrhunderten eine wichtige Rolle spielen sollten. Ihre athabaskischen Dialekte weisen sie als Sprachverwandte der im hohen Norden lebenden Eskimos aus und lassen darauf schließen, dass sie aus diesem Raum über lange Zeitabschnitte nach Süden wanderten. Beide Gruppen wehren sich heute vehement gegen die These, sie seien erst vor einigen Jahrhunderten in ihre jetzige Heimat gekommen. Sie betrachten den Südwesten vielmehr seit prähistorischer Zeit als ihr Stammland. Archäologie und Anthropologie aber weisen nach, dass die ersten Gruppen von Navajo und Apachen frühestens um 1000 n. Chr. aus dem Norden zuwanderten.

Kolonialisierung

Sicher ist, dass beide Stämme den Südwesten bevölkerten, als die Spanier im 16. Jh. als erste Europäer in die Region vorstießen. Der mit einer von Francisco Vasquez de Coronado 1540–1542 geführten Expedition beginnende Kulturkontakt zwischen Indianern und Weißen leitete im Südwesten eine neue Ära ein. Sie war in den nachfolgenden Jahrhunderten durch ein immer problematischer werdendes Verhältnis zwischen Uramerikanern und Europäern gekennzeichnet und führte am Ende zur fast völligen Vernichtung der indianischen Kultur. Über fast das gesamte 16. Jh. hinweg hatten die Spanier auf ihren Erkundungszügen im Westen der Neuen Welt nur Edelmetalle vor Augen, die ihnen in Zentral- und Südamerika in riesigen Mengen in die Hände gefallen waren. Die auf einer gehobenen Kulturstufe stehenden Pueblos des Südwestens mit ihrem ausgeklügelten Bewässerungsfeldbau ließen ähnliche Reichtümer erwarten, enttäuschten die gierigen Konquistadoren aber letzten Endes auf der ganzen Linie.

Erst nach und nach begannen die Spanier meist in der Nähe der alten Pueblos ihre eigenen Siedlungen aufzubauen, um die ›Wilden‹ mit den Segnungen des eigenen Glaubens zu beglücken. Hintergrund des missionarischen Eifers war, zwischen den reichen mittelamerikanischen Kolonien Spaniens und den weiter nördlich und östlich liegenden Interessengebieten Frankreichs und Großbritanniens eine schützende Pufferzone aufzubauen. Den wirtschaftlichen Wert der Region schätzten die Spanier eher gering ein, was den Beginn einer effektiven Kolonialisierung des Gebiets bis ins ausgehende 16. Jh. verzögerte. Aber auch danach blieb die Ansiedlung spanischer Bauern spärlich. Weitreichende Konsequenzen hatte der spanische Einfluss auf die Pueblos etwa durch die Einführung von neuen Haustieren und Feldfrüchten, aber auch durch die Übertragung bislang fremder Krankheiten auf die indianischen Gemeinden, wie etwa eine im Jahr 1640 grassierende Pockenepidemie zeigte. Die Missionierungsbestrebungen nahmen immer rigorosere Formen der Unterdrückung an, sodass sich bereits im beginnenden 17. Jh. in New Mexico indianischer Widerstand formierte, der 1680 zur Pueblo-Revolte und zur

12-jährigen Vertreibung der Spanier aus dem Land führte.

Entwicklung in Kalifornien

In Südkalifornien begann die eigentliche Erschließung durch die Spanier erst 1769 mit einer Expedition unter Gaspar de Portola. Nachdem er den ersten Teil der Reise von Mexiko nach San Diego per Schiff unternommen hatte, ließ er dort eine Siedlergruppe und den Franziskanerpater Junipero Serra zurück, um mit der verbleibenden 64 Mann starken Truppe auf dem Landweg bis an die Bucht von San Francisco vorzustoßen. Damals lebten in ganz Kalifornien vermutlich nicht mehr als 275 000 *Native Americans*. Erstaunlich war daran nicht nur die in Anbetracht des riesigen Territoriums sehr kleine Zahl, sondern dass sie sich in etwa 135 Sprachgruppen und zwei Dutzend Sprachfamilien aufteilte. Über Stammesverbände hinaus existierten unter ihnen keine fest gefügten Bindungen, was es den Spaniern relativ leicht machte, die Indianer zu kolonialisieren. 1769 errichtete der von der Insel Mallorca stammende Franziskaner Junipero Serra in San Diego die erste von am Ende 21 kalifornischen Missionsstationen. Natürlich ging es den Patres um die Bekehrung der Urbevölkerung und die ›Rettung‹ von deren Seelen. Die jeweils im Abstand einer Tagesreise voneinander entfernt gelegenen Stationen waren aber auch für die Kolonialisierung des Landes bzw. den Aufbau einer Infrastruktur und die Untermauerung des spanischen Territorialanspruches von ausschlaggebender Bedeutung.

Ein Jahr nach der Gründung der Missionsstation in San Diego entstand mit San Carlos Borromeo eine weitere Niederlassung in Monterey, die 1771 nach Carmel verlegt und von Junipero Serra bis zu dessen Tod 1784 als Muttermission geleitet wurde. Allen Anstrengungen zum Trotz ging die Christianisierung in den frühen Jahren nur schleppend voran. Im Durchschnitt ließen sich pro Jahr und Mission nur etwa 40 Indianer bekehren. Andere Schwierigkeiten wie Versorgungsprobleme, Isolation und bürokratische Differenzen mit geistlichen und weltlichen Autoritäten gesellten sich hinzu. Später nahm die Bekehrungsrate zu. Bis 1833 wurden 88 000 Indianer getauft und 24 000 katholisch verheiratet. Über 30 000 *Native Americans* arbeiteten damals unter der Aufsicht von Padres und Soldaten auf den Stationen bzw. auf kleinen Niederlassungen in abgelegenen Gebieten. Man brachte ihnen Spanisch und handwerkliches Geschick bei, damit sie beispielsweise Lehmziegel und Hausdächer herstellen, Felder bewirtschaften, Vieh versorgen und Arbeiten wie Schmieden, Spinnen, Weben und Gerben erledigen konnten. Das kalifornische Missionssystem endete 1834, als die mexikanische Regierung die Säkularisierung durchzusetzen begann.

Verdrängung der Indianer

Dass einflussreiche Medien wie die New York Times und Newsweek im Jahr 1992 anlässlich der Festivitäten zur 500-Jahr-Feier der USA die Frage aufwarfen, ob dem Ereignis statt Jubel nicht eher eine nationale Trauerfeier angemessen wäre, hat mit einer historischen Tatsache zu tun. Seit die Urbevölkerung der USA mit Europäern in Kontakt gekommen war, kennzeichneten Ausbeutung, Diskriminierung und Unterjochung das Verhältnis. Unter dem Zeichen von Kreuz und Schwert verloren immer mehr Indianer neben Freiheit und Unabhängigkeit auch ihre Würde und schließlich sogar ihr Leben. Seit der Zeit der Spanier waren die *Native Americans* einem ständig wachsenden und verheerenden Druck seitens der weißen Zivilisation ausgesetzt.

Gleichzeitig begannen Assimilierungsprozesse und Kulturangleichungen auf die Urbevölkerung einzuwirken. Mit der Übernahme der Schafzucht von den Spaniern vollzogen die Navajo einen grundsätzlichen Wandel ihrer Kultur. Die Apachen, die erstmals Coronados Männer im Sattel sahen, verwandelten sich als Pferdebesitzer in ein aggressives, mobiles Reitervolk, das die traditionelle Sammelwirtschaft und Kleinwildjagd im Zuge des vergrößerten Aktionsradius aufgab, fortan von ausgedehnten Kriegs- und Beutezügen lebte und auf diese Weise zu einem neuen regionalen Machtfaktor wurde. Die Pueblo-Indianer nahmen weniger sekundäre Kulturelemente von den Spaniern auf und retteten mehr von ihrer materiellen Kultur, ihren sozialen Organisationen sowie ihrer Religion in die Gegenwart herüber.

Bis Mitte des 19. Jh. wurden die Indianer Schritt für Schritt vom sich territorial ausbreitenden weißen Amerika verdrängt. Als sich die USA nach dem amerikanisch-mexikanischen Krieg 1848 den gesamten Südwesten einverleibten, waren die Möglichkeiten erschöpft, die relativ starke Indianerbevölkerung in andere Regionen abzudrängen. Als Lösung des Problems sah die Regierung in Washington D.C. die Zusammenfassung und Umsiedlung von Indianern in bestimmte Gebiete, in denen sie getrennt von den Weißen leben konnten. Entsprechende Reservationen wurden auf der gesetzlichen Basis des *Indian Appropriation Act* von 1851 errichtet und treuhänderisch vom *Bureau of Indian Affairs* in Washington D.C. verwaltet. Leitgedanke dabei war aber keineswegs, Inseln für indianische Selbstverwirklichung zu schaffen. Grundidee war vielmehr, Amerikas Urbevölkerung in abgelegene, oft unwirtliche bzw. unfruchtbare Landstriche abzuschieben, sie dort in Isolationsverwahrung zu halten und als wirtschaftliche Konkurrenten weißer Siedler auszuschließen. Reservationen standen schon immer an der Spitze der strukturschwächsten Gebiete der Nation. Auf dem Gebiet der Navajo-Reservation etwa ist der größte Teil des Bodens so karg, dass er sich weder für Ackerbau noch für intensivere Weidewirtschaft eignet. Das für die Verwaltung zuständige *Bureau of Indian Affairs* erwies sich weniger als Instrument verantwortungsvoller Sachverwaltung, sondern eher als ein Organ weißer Vorherrschaft über eine rassische Minderheit. Zwar wurden den Indianern 1924 volle Bürgerrechte zugestanden. Bis in die 1930er-Jahre wurden sie aber gezwungen, in Reservaten zu leben.

Die Westwärtsbewegung

Neben der Geschichte der Indianer spielt in der Historie des Südwestens ein zweites Thema eine wichtige Rolle: die große, mythisch verklärte Westwärtsbewegung des 19. Jh. In Generationen von Western rollten auf Kinoleinwänden Pioniere mit Planwagentrecks durch die unendlichen Weiten dem verheißungsvollen Westen entgegen, von ›Rothäuten‹ bedroht, Versorgungsängsten geplagt und riesigen Entfernungen desillusioniert, aber am Ende des Trails dennoch siegreich, auch über sich selbst.

Um die Wende vom 18. zum 19. Jh. galt der Mississippi noch als Siedlungsgrenze zwischen dem zivilisierten Osten und den im Westen liegenden Indianerterritorien. Dass vor allem in den 1840er-Jahren eine gigantische Landnahme jenseits des Mississippi einsetzte, hatte seine Ursachen in der 1776 gewonnenen Eigenstaatlichkeit, dem fortschreitenden Aufbau eines Verkehrswesens und nicht zuletzt in der industriellen Revolution des amerikanischen Ostens, die immer mehr Schwungkraft bekam. 1803 erwarben die USA mit dem *Louisiana Purchase* ein riesiges Territorium im Westen und Mittleren Westen der USA. Von 1804 bis 1806 erforschte im Auftrag von US-Präsident Thomas Jefferson die sogenannte Lewis & Clark Expedition diese bis an den Pazifik grenzenden Gebiete. Ein Jahr später führte Zebulon Pike ein ähnliches Unternehmen an den oberen Rio Grande in New Mexico und Colorado durch. Das Ziel dieser Vorstöße ins Unbekannte bestand insbesondere darin, die Möglichkeiten für die Gründung einer bis an den Stillen Ozean reichenden amerikanischen Nation auszuloten.

Im Südwesten begann Washington D.C. nach der Annexion von Texas 1845 mit dem bis 1848 dauernden Amerikanisch-Mexikanischen Krieg neue Realitäten zu schaffen. Nachdem mit dem Amerikanisch-Mexikanischen Vertrag von Guadalupe Hidalgo auch diese Region Teil der USA geworden war, begannen sich die Siedlerströme dem Gebiet zuzuwenden, hauptsächlich nachdem Wa-

Der Wilde Westen der Goldsucher und Pioniere heißt willkommen: Heute sind Nevadas Geisterstädte beliebtes Ziel für Touristen

shington D.C. der Regierung in Mexiko im *Gadsden Purchase* 1853 einen 76 800 km^2 großen Korridor im südlichen Arizona und New Mexico zwecks Bau einer Eisenbahn um die Südausläufer der Rocky Mountains herum abgekauft hatte. 1847 kam ein kleiner Treck von Mormonen aus dem Osten am Rande des Großen Salzsees im heutigen Bundesstaat Utah an, um dort das Gottesreich Deseret zu gründen. Von Salt Lake City stießen Mormonenpioniere in den folgenden Jahren in nur von Indianern bevölkerte Gebiete des Westens vor und gründeten in Utah, Idaho, Wyoming, Arizona und Nevada über 300 Siedlungen, darunter Las Vegas.

Neue Bundesstaaten

Bereits in den 1850er-Jahren unternahmen die Mormonen Vorstöße, um ihren Gottesstaat an die amerikanische Union anzuschließen. Dem standen jahrzehntelang Religion, Lebensweise und vor allem die Polygamie entgegen. Erst 1894 wurde Utah zum 45. Bundesstaat proklamiert. Wie schnell und dynamisch ein solcher Prozess unter anderen Voraussetzungen ablaufen konnte, zeigte der Fall Kalifornien. Das seit der ersten Entdeckung von Gold 1848 scheinbar im Übermaß vorhandene Edelmetall wirkte sich auf den Prozess der Staatswerdung als beschleunigender Katalysator aus. Bereits zwei Jahre später durfte sich Kalifornien 31. US-Bundesstaat nennen.

Ein ähnliches Beispiel ist Nevada. Die eigentliche Öffnung des Landes begann erst 1844 mit den Expeditionen von John C. Fremont, der das Große Becken durchquerte, vielen Orten einen Namen gab, Karten anfertigen und Routen entwerfen ließ. Dass aus Nevada bereits 1864 ein eigenständiger US-Bundesstaat wurde, hat seinen Grund u. a. auch in den reichen Bodenschätzen. Seit 1859 waren in der sogenannten Comstock Lode um Virginia City die bedeutendsten Silberlagerstätten Amerikas im 19. Jh. entdeckt worden, deren Wert sich am Ende auf über

1 Mrd. Dollar belief. In Arizona war es die Kupferindustrie, die so viel produzierte wie die restlichen 49 Staaten zusammen und dem Land 1912 zur Eigenstaatlichkeit verhalf.

Als die hektische, epochale Expansion nach Westen um ca. 1890 abgeschlossen war, hatte sich das Gesicht des Südwestens innerhalb weniger Jahrzehnte grundlegend verändert. Zuvor in Hülle und Fülle vorhandenes Siedlungsland war schon um die Jahrhundertmitte knapp geworden. Manche Siedlungen hatten Bestand. Andere blühten, solange örtliche Bergwerke profitabel waren, wieder andere verschwanden schon nach wenigen Jahren von der Landkarte oder verfielen zu Geisterstädten.

Aber nicht nur äußerlich sichtbar hatte sich ein Wandel vollzogen. Die Westwärtsbewegung hatte auch die Mentalität der Menschen geprägt – eine durch und durch materialistische Grundhaltung, einen unerschütterlichen Glauben an den Fortschritt und eine tief verwurzelte Abneigung gegen jedwede staatliche Gängelung – Wesenszüge, die bis heute in der Bevölkerung erkennbar sind.

20. und 21. Jahrhundert

Schon im ausgehenden 19. Jh. waren Bohrtrupps im Großraum Los Angeles auf Erdöllager gestoßen, quasi gerade rechtzeitig, um dem beginnenden Automobilzeitalter auf die Sprünge zu helfen. Schon Mitte der 1920er-Jahre galt Los Angeles als die ›motorisierteste‹ Stadt der Welt, in der jeder dritte Einwohner ein Auto besaß. In dem Maße wie Kraftstoff verfügbar wurde, geriet die Trinkwasserversorgung in die Krise, weil sie mit dem phänomenalen Stadtwachstum nicht Schritt halten konnte. Um die Jahrhundertwende hatte Los Angeles ca. 100 000 Einwohner. Bis 1920 war die Zahl um fast das Sechsfache angestiegen.

Wirtschaftliche Prosperität verdankte sich nicht nur den Ölquellen und den riesigen Agrarflächen im Central Valley. Goldene Zeiten bescherte dem *Golden State* der Rüstungsboom nach dem Kriegseintritt der USA in der Folge des japanischen Überfalls auf die US-Pazifikflotte in Pearl Harbor auf Hawaii im Dezember 1941. Mit Milliardeninvestitionen initiierte die Regierung im südlichen Kalifornien verschiedene Rüstungsprogramme. US-Präsident Roosevelt hatte noch vor dem Kriegseintritt eine jährliche Produktion von 50 000 Maschinen gefordert. Allein 1944 schraubten und nieteten die Arbeitskolonnen aber mehr als 100 000 Militärflugzeuge zusammen. Auch in Nachbarstaaten wie Arizona, Nevada und Utah entstanden neue militärische Einrichtungen wie Training Centers, Flugplätze und Gefangenenlager und lösten einen Wirtschaftsboom aus.

Ausblick in die Zukunft

Bereits in den 1950er-Jahren begann südlich von San Francisco eine bahnbrechende Entwicklung, die das ländliche Santa Clara Valley bei San José unter dem Namen Silicon Valley zur Wiege einer gigantischen technischen Revolution werden ließen. Wenngleich zu Beginn des 21. Jahrhunderts mit der weltweiten Krise der IT-Industrie die Branche schwere Rückschläge hinnehmen musste, eilen Computer, Internet & Co. heute wieder von einem Sieg zum nächsten.

Stellt sich die Hightech-Industrie auch gerne als sauber und ökologisch unbedenklich dar, sehen sie Experten in Zukunft in einem anderen Licht. Millionen ausgemusterter PCs, Monitore und Drucker enthalten hochgiftige Substanzen wie Blei und Quecksilber. Und immer stärkere Prozessoren wollen mit immer mehr Strom versorgt werden, was in Zukunft bereits jetzt schon bestehende Versorgungsprobleme verschärfen und die jüngst vollzogene Hinwendung etwa Kaliforniens zu einem höheren Anteil erneuerbarer Energien zu einem wirtschaftlichen Imperativ auch für andere Staaten machen wird. Große Internetanbieter und Online-Dienste unterhalten längst sogenannte Serverfarmen, die rund um die Uhr im Einsatz sind und deren Energieverbrauch oft mit dem einer Kleinstadt vergleichbar ist.

Zeittafel Südwesten der USA

23 000–5 000 v. Chr.	Unterschiedliche Kulturen eiszeitlicher Jäger.
100–1300	Anasazi-Kultur bis zur klassischen Pueblo-Phase.
ab ca. 1300	Einwanderung von Süd-Athabasken (Navajo und Apachenstämme) in den Südwesten.
1540–42	Spanische Expedition unter Francisco Vasquez de Coronado von Mexiko bis zum Grand Canyon. Der Seefahrer Juan Rodriguez Cabrillo landet in der Bucht von San Diego.
1609–10	Gründung von Santa Fe durch den Spanier Don Pedro de Peralta.
1680	Revolte der Pueblo-Indianer in New Mexico gegen die spanische Herrschaft. Rückeroberung unter Diego de Vargas 1692.
1709	Gründung von Albuquerque durch spanische Kolonisten.
1769	Spanische Franziskaner gründen in San Diego die erste von insgesamt 21 Missionsstationen in Südkalifornien.
1776	Bau des Presidio in San Francisco als spanischer Vorposten.
1821	Beginnender Handel über den Santa Fe Trail zwischen Independence (Missouri) und New Mexico.
1824	Der Trapper und Pelzhändler James Bridger entdeckt den Großen Salzsee in Utah. Der US-Kongress gründet das *Bureau of Indian Affairs.*
1843	Der Entdecker John C. Fremont begibt sich auf eine vier Jahre dauernde Forschungsreise in den amerikanischen Westen.
1847	Mormonen gründen Salt Lake City.
1846–48	Amerikanisch-Mexikanischer Krieg. Im Vertrag von Guadalupe Hidalgo tritt Mexiko große Teile des Westens an die USA ab.
1851	Der *Indian Appropriation Act* schafft die Grundlage für die Zuweisungen von Reservationen an die Indianer.

Bei Virginia City (Nevada) werden die reichsten Gold- und Silberadern der Welt entdeckt.	**1859**
Feldzug der verbrannten Erde gegen die Navajo und »Langer Marsch« von 8000 Indianern in ein Internierungscamp.	**1863–64**
Gründung der Navajo-Reservation auf dem späteren Staatsgebiet von Arizona, New Mexico und Utah.	**1868**
Zusammenschluss der transkontinentalen Bahnstrecken bei Promontory Point in Utah.	**1869**
Erdbeben mit nachfolgenden Großbränden zerstört große Teile von San Francisco.	**1906**
Indianer bekommen die vollen Bürgerrechte.	**1924**
Die Golden Gate Bridge in San Francisco wird ihrer Bestimmung übergeben.	**1937**
In San Francisco findet die Gründungsversammlung der Vereinten Nationen statt. In New Mexico wird die erste Atombombe gezündet.	**1945**
Indian Self-Determination and Education Assistance Act schafft gesetzliche Grundlage für Selbstverwaltung der Indianerreservationen.	**1971**
Rassenunruhen in Los Angeles kosten viele Menschenleben und verursachen Schäden in Milliardenhöhe.	**1975**
Schweres Erdbeben im Großraum Los Angeles mit 61 Toten.	**1994**
Olympische Winterspiele in Salt Lake City (Utah).	**2002**
Neuwahlen in Kalifornien ersetzen den bisherigen Gouverneur Gray Davis durch den Ex-Schauspieler Arnold Schwarzenegger.	**2003**
Für seine zweite Amtszeit verspricht Schwarzenegger u. a. verstärkten Einsatz für Umweltschutz und infrastrukturelle Reformen.	**2007**
Die neumexikanische Hauptstadt Santa Fe feiert das 400-jährige Jubiläum ihrer Gründung im Jahr 1608 durch die Spanier.	**2008**

Gesellschaft und Alltagskultur

Demografische Faktoren wie eine starke Latinobevölkerung und vergleichsweise große Anteile an *Native Americans* prägen die Alltagskultur in den südwestlichen Bundesstaaten. Hinzu kommen spezifische historische und typisch amerikanische Einflüsse, die aus der Region etwas ganz Besonderes machen.

Der American Dream

Die Vision von Karriere und Wohlstand motivierte gerade im Südwesten der USA Generationen von Einwanderern, in Amerika ein neues Leben zu beginnen und sich nach dem häufig kolportierten Muster »Vom Tellerwäscher zum Millionär« so schnell wie möglich nach oben zu arbeiten. Waren es während der großen Westwärtsbewegung und im kalifornischen Goldrausch Menschen mit Mut zum Risiko, die sich auf den Weg an den Pazifik machten, so zogen in den Jahren der Weltwirtschaftskrise verarmte Menschen aus dem Mittleren Westen in Richtung *Golden State*, die nichts mehr zu verlieren hatten. Und heute noch entscheiden sich Einwanderer aus vielen Ländern der Erde für Kalifornien, um eine neue Existenz zu gründen. Für Millionen von Mexikanern sind Nachbarländer wie Arizona oder New Mexico das Ziel ihrer Wünsche. Sie alle träumten den *American Dream,* den süßen Traum von einem selbstbestimmten, arbeitsamen, erfolgreichen und glücklichen Leben in Würde und Freiheit. Der Erfolgsmythos des amerikanischen Traums ist schon lange im Bewusstsein der US-Gesellschaft verankert und Teil des amerikanischen Selbstverständnisses geworden. Speziell im Südwesten, wo sich viele Menschen in einer ihnen fremden Umwelt durchsetzen mussten, verankerten sich materialistisch geprägte Grundhaltungen. Am deutlichsten wird dies im südlichen Kalifornien, wo es wenige zu immensem Reichtum brachten, während viele andere am wirtschaftlichen und sozialen Aufstieg scheiterten und heute eine Existenz am Rand der Wohlstandsgesellschaft fristen.

Multiethnische Gesellschaft

Obwohl in den zurückliegenden Jahrzehnten im Rahmen unterschiedlicher Regierungsprogramme zum Abbau von Ungleichbehandlungen Fortschritte erzielt wurden, existiert nach wie vor eine evidente Kluft etwa zwischen Schwarz und Weiß. Ein Beweis dafür ist die nach wie vor bestehende Diskriminierung von Afroamerikanern, die in Bildungseinrichtungen und wichtigen Positionen des öffentlichen Lebens seit jeher unterrepräsentiert sind. Während ihr unter der Armutsgrenze lebender Anteil in den vergangenen 25 Jahren ständig gewachsen ist, hat im selben Zeitraum ihr Gewicht insbesondere in Sport und Musik kontinuierlich zugenommen.

Dass sich die hispano-amerikanische Bevölkerung in jüngster Zeit zur zahlenmäßig stärksten Minorität entwickelte, hat unterschiedliche Gründe wie die amerikanischen Gebietserweiterungen im 19. Jh., die in den betreffenden Landesteilen lebende mexikanische Bevölkerungsgruppen einbezogen, die Arbeiterzuwanderungen während der beiden Weltkriege, die Kubanische Revolution von

1959 und seit Jahrzehnten virulenten politischen und wirtschaftlichen Krisen in Lateinamerika. Die Aussichten dieser ständig wachsenden Gruppe, den *American Dream* zu verwirklichen, werden vermutlich in Zukunft noch sinken, weil der US-Arbeitsmarkt nach höher qualifizierten Personen sucht, aber nicht einmal die Hälfte der Hispanics über einen Highschool-Abschluss verfügt, Voraussetzung für einen Collegebesuch.

Außer in Oklahoma liegen sämtliche Siedlungsschwerpunkte der *Native Americans* im Südwesten und dort in Kalifornien, Arizona und New Mexico. Obwohl sich seit den 1960er-Jahren durch die Folgen der Selbstverwaltung der Reservate und durch die zunehmende Agitation indianischer Gruppen die wirtschaftliche Situation der Indianer verbesserte, zeigen Statistiken nach wie vor ein beklemmendes Bild. Mit anderen ethnischen Minderheiten verglichen, weisen die Indianer die höchsten Armuts- und Selbstmordraten und Arbeitslosenquoten auf und sind außerdem am anfälligsten für Krankheiten.

Lebensweisen

Trendsetter Kalifornien

Nirgends in den USA sind Ruhelosigkeit und Aufbruchstimmung, Spontaneität und Einfallsreichtum so unmittelbar spürbar wie am Pazifiksaum, wo Amerika sich selbst den Rücken zuwendet und über den Stillen Ozean nach Asien blickt. Wie eine nie versiegende Quelle produziert Kalifornien Ideen und Modeerscheinungen, Trends und Träume. Nirgendwo haben etwa Freizeitaktivitäten und Körperkult solche Blüten getrieben wie zwischen San Francisco und Los Angeles, wo die Menschen Begriffe wie Langeweile und Nichtstun schon vor langer Zeit aus dem Lexikon tilgten. Die kalifornische Idealvorstellung von totaler Mobilität prägt längst auch das Freizeitverhalten der Einwohner, die sich zu Weltmeistern unterschiedlicher Bewegungsarten machten – vom Surfen über das Inline-Skating und Mountainbike- oder Snowboardfahren. Was Kalifornier unter solchen Aktivitäten nicht selbst erfanden, stilisierten sie zumindest zum ultimativen Freizeittrend hoch und wurden damit ihren sprichwörtlichen Qualitäten als Trendsetter doch noch gerecht.

Southwestern Style

Hochglanzmagazine mit Fotos etwa von Adobehäusern in Terrakottafarben mit himmelblauen Türen und roten Fensterrahmen haben den Southwestern Style zu einem Modetrend gemacht, der sich hauptsächlich in Arizona und New Mexico herausbildete. Er definiert eine zwar rustikale, aber dennoch elegante Wohn- und Einrichtungskultur und bezieht sich, was Farben und Materialien anbelangt, vorzugsweise auf die Sonorawüste, die von Mexiko ca. 150 km weit in den Südwesten der USA hineinreicht. Andererseits bezeichnet er aber auch eine in der Region verbreitete Lebensart, die vom historischen spanisch-mexikanischen Erbe ebenso eingefärbt wurde wie etwa von indianischen Traditionen bzw. Bräuchen und der Rancher- und Cowboykultur. In keiner Stadt ist der Stil des Südwestens so auffällig wie in Santa Fe. Das gilt nicht nur für die im historischen Stadtkern dominante Adobearchitektur, sondern auch für die Gastronomie mit ihren mexikanisch geprägten Angeboten, für Design und Kunst und sogar für die Mode, die von vielen Einheimischen stolz getragen wird – von hübschen Accessoires aus Sterlingsilber wie etwa mexikanischen Conchagürteln bis zu Türkisschmuck und Westernhüten aus Filz oder Leder. Zum Southwestern Style gehört interessanterweise auch eine verbreitete Zweisprachigkeit, wie sie sonst in den USA selten ist. Selbst viele ›Anglos‹ können sich zumindest notdürftig auf Spanisch verständigen. Wahlzettel etwa sind in New Mexico schon lange zweisprachig.

Gated Communities

Vom Wunsch beseelt, einen sicheren und ruhigen Wohnsitz zu finden, ziehen sich viele Amerikaner in selbst gewählte *Gated Communities* zurück, wo sie, durch Mauern, Zäune und Kontrollmechanismen geschützt,

Navajo Code Talker

Thema

In der Navajo-Hauptstadt Window Rock und vor dem Pueblo Indian Cultural Center in Albuquerque erinnern zwei Denkmäler an die bedeutende Rolle, die Navajo-Indianer im Zweiten Weltkrieg spielten. Die US-Militärs entwickelten im Pazifik einen auf der Navajosprache basierenden Code zur Übermittlung von Botschaften, der vom Feind nie dechiffriert wurde.

Nachdem jeder unter der Ägide des amerikanischen Generalstabs ausgearbeitete Geheimcode im Pazifikkrieg von den Japanern schnell entschlüsselt worden war, rekrutierte die US-Marine 400 freiwillige Navajo-Indianer als Spezialeinheit. Sie übermittelten von 1942 bis 1945 Botschaften und Meldungen unverschlüsselt in ihrer eigenen Sprache und schlugen damit japanischen Dechiffrierungsexperten ein Schnäppchen. Niemand kam auf die Idee, dass es sich um keine geniale Verschlüsselung, sondern um die Alltagssprache eines Indianerstammes handelte, weil sie nahezu keine Ähnlichkeiten mit asiatischen oder europäischen Sprachen aufweist. Allerdings mussten die in Camp Pendleton an der kalifornischen Küste versammelten Navajo Code Talkers erst militärische Bezeichnungen und Wörter etwa für Dienstgrade, Flugzeug- und Schiffsbezeichnungen entwickeln, aber auch Ländernamen, weil es sie in ihrer Sprache bis dahin gar nicht gegeben hatte. Am Ende entstand das »Code Talkers Dictionary« mit 274 Bezeichnungen wie etwa Naturbezeichnungen für die Buchstaben des Alphabets von A (*Ant*/Ameise) bis Z (*Zinc*/Zink). Die Wortneuschöpfung *Besh-lo* bedeutet in der Übersetzung Eiserner Fisch und wurde für U-Boot verwendet. *Da-he-tih-hi* bedeutete in der Navajosprache Kolibri und bezeichnete ein Jagdflugzeug, während *Tkah-chae* (Schwitzhaus) für das Kapitol in Washington D.C. stand. Amerika tauchte unter dem Namen *Ne-he-mah* (Unsere Mutter) auf, während Japan als *Beh-na-ali-tsoisi* (schiefes Auge) und Hitler-Deutschland als *Besh-be-cha-he* (Eisenhütte) bezeichnet wurde.

Wenn ein Code Talker etwa die Nachricht »Feind bombardiert Berg Nummer zwei« zu übermitteln hatte, übersetzte er sie folgendermaßen. Auf Navajo heißt Berg *hill*, was der englischen Bezeichnung entspricht, aber zu gängig war. Deshalb wurde nur der alphabetische Buchstabe H des Wortes genommen, dem im Code *horse* (engl. Pferd) entsprach. Vom Wort Hill blieb dann noch *ill* (engl. krank) übrig, sodass am Ende Berg mit dem Navajo-Codewort *Klingdadsa* übersetzt wurde, was krankes Pferd bedeutet.

Die Idee, Navajo als Geheimcode zu verwenden, stammte von Philip Johnston, dem Sohn eines Missionars, der lange Zeit unter Navajo gelebt hatte. Er gehörte zu den wenigen Weißen, die die Sprache komplett beherrschten. Er wusste, dass die Sprache der Choctaw-Indianer bereits im Ersten Weltkrieg als Geheimcode verwendet worden war, und überzeugte die US-Marine Anfang 1942, Navajo im Pazifikkrieg einzusetzen. Dass es dazu kam, war in Anbetracht der Geschichte umso erstaunlicher. Denn in den USA selbst waren Kultur und Sprache der Navajo schon Jahrzehnte früher massiv unterdrückt worden. Zwangsweise auf weiße Schulen geschickten Indianerkindern war unter Strafe verboten, ihre Muttersprache zu sprechen.

abgeschirmt von ihrer Umgebung leben können. Vor allem seit den 1980er-Jahren sind solche gesicherten Wohnviertel aus dem Boden geschossen, in denen in der Regel wohlhabende Menschen wohnen, die kein Problem damit haben, sich bestimmten, für die Gemeinschaft geltenden Regeln zu unterwerfen. Üblicherweise legen die Betreiber solcher Siedlungen hohen Wert auf einheitliche Architekturstandards und das gepflegte Äußere von Häusern und Gärten. Wer sich mit den entsprechenden Vorgaben nicht anfreunden will, muss mit Sanktionen bis zum Ausschluss aus einer Community rechnen. Kritiker werfen solchen Wohnkonzepten vor, sie förderten die zunehmende Fragmentierung der Gesellschaft. Es sei vernünftiger, entsprechende finanzielle Mittel in Maßnahmen zu investieren, um etwa Städte und Gemeinden überhaupt sicherer und was Lebensqualität anbelangt attraktiver zu machen.

Religionen und Kulte

In den gesamten USA gab es im Jahr 2007 ca. 100 Mio. Protestanten, 67 Mio. Katholiken, 6 Mio. Juden und etwa gleich viel Anhänger des Islam. Speziell im Südwesten und dort vor allem in Kalifornien fanden von diesen etablierten Religionen abgesehen viele Sekten, Kulte und religiöse Bewegungen einen günstigen Nährboden. Der Grund dafür mag in der Toleranz gegenüber Andersdenkenden und nicht-konformistischen Minderheiten im *Golden State* liegen. Jedenfalls erlebten Sterndeuter, Meditationszirkel, pantheistische Glaubensbekenntnisse und kosmische Kulte in keinem anderen US-Bundesstaat seit den 1960er-Jahren einen solchen Boom wie in Kalifornien. Seit den 1980er-Jahren verzehnfachte sich der Umsatz mit New-Age-Literatur. Pendel-Seancen, Kräuterbehandlungen und Zukunftsvorhersagen erlebten einen wahren Höhenflug, was vermutlich prominenten Zugpferden einzelner Bewegungen zuzuschreiben war. Die Schauspielerin Shirley MacLaine etwa schrieb über Karma und Wiedergeburt mehrere Bücher. Hollywoodstar Tom Cruise ist seit Langem überzeugtes Mitglied der Scientology-Sekte und macht daraus keinen Hehl, selbst nachdem Paramount Pictures u. a. wegen aggressiver Werbung für Scientology seinen Vertrag nicht erneuerte.

Obwohl die amerikanische Verfassung eine strikte Trennung von Staat und Kirche vorsieht, wird die Politik von christlichen Werten beeinflusst. Im Staatsemblem taucht ebenso wie auf Münzen und Banknoten das Motto »In God We Trust« auf, und bei wichtigen Anlässen ist US-Präsidenten längst zur Gewohnheit geworden, ihre Reden mit den Worten »May God bless you« (Möge Gott Euch segnen) zu beenden. Präsident George Bush erkannte den immensen politischen Einfluss fundamentaler Christen in den USA und hofierte entsprechende Gruppen, die ihm zweimal zum Wahlsieg verhalfen.

Mega- und Gigakirchen

Manche Kritiker vertreten die Meinung, die USA seien nur deshalb kein Kirchenstaat geworden, weil es zu viele Religionen und Sekten gibt, die ihren eigenen Religionsstaat gründen wollten. Sogenannte ›elektronische Kirchen‹ entstanden seit der zweiten Hälfte der 1960er-Jahre, als religiöse Fundamentalisten die Zeit für den Kampf um Amerika gekommen sahen und sich moderner Medien wie etwa des Fernsehens zu bedienen begannen. Die sich als moralische Mehrheit verstehenden Evangelikalen lokalisierten ihre Feindbilder vor allem in Bereichen wie Abtreibung, Gleichberechtigung von Männern und Frauen, Bürgerrechts-, Schwulen- und Lesbenbewegung, Umweltschutz und Abrüstung. Bis heute bilden diese Themen zwischen Liberalen und Konservativen gewissermaßen die Demarkationslinie, die seit Beginn der Ära Bush Jr. viel deutlicher hervorgetreten ist als zu Zeiten seines Amtsvorgängers Clinton.

Ein neuerer Stern am amerikanischen Glaubenshimmel sind Mega- und Gigakirchen, die in ihren Gottesdiensten mehr als 2000 Besucher zählen bzw. ein in die Millionen gehendes Publikum haben. Davon gibt es auf US-Boden mittlerweile mehr als 1000.

Diese stark auf wirtschaftlichen Erfolg hin orientierten Kirchen sind konfessionell ungebunden und brauchen sich an keinerlei Vorschriften zu halten. Die meisten lehnen in ihren erzkonservativen Grundsätzen die Evolutionslehre ab, erachten die Bibel als unfehlbar und Homosexualität als eine Sünde. Diese Kirche bieten ihren Mitgliedern sogar Fitnessstudios, Geschäfte und Kinos und werden in den USA zu einem immer größer werdenden Machtfaktor, was sich vor allem die republikanische Partei zunutze macht.

Mobilität

In viel höherem Maß als in Europa wird von amerikanischen Arbeitnehmern Flexibilität und Mobilität erwartet. Neun von zehn US-Haushalten verfügen über ein Auto, was in einem Land, das sich über Mobilität definiert, fast unverzichtbar ist. Der Schriftsteller Louis Kronenberger bezeichnete den Möbelwagen als Symbol der amerikanischen Gesellschaft. Mobilität wird nicht nur als objektive Notwendigkeit, sondern als subjektiver Reiz empfunden, was u. a. mit der ungeheueren Größe des Landes zu tun hat. Amerikaner ziehen häufig um, wobei die Ortsveränderung nicht selten mit dem Wechsel des Jobs zu tun hat. Dem kommt das weit verbreitete mobile Heim entgegen, das sich per Tieflader schnell an einen neuen Wohnort bringen lässt.

Der gewaltige Individualverkehr in den USA führt seit einigen Jahren zu neuen Konzepten der Stadtplanung. In manchen Großstädten wurden Autobahnen in Boulevards umgewandelt und Radwege angelegt, um der fortschreitenden Automobilisierung Einhalt zu gebieten. Restriktionen gegenüber dem Autoverkehr wurden durch das Bevölkerungswachstum zwingend. Jahrelang konnten Städte und Gemeinden Bundeszuschüsse für Maßnahmen der Verkehrsinfrastruktur nur für Autobahnen verwenden. Erst eine 1991 verabschiedete Gesetzesänderung lässt heute auch die Kanalisierung von Bundesgeldern in Bus- und Bahnprojekte zu, was in vielen Städten dem öffentlichen Nahverkehr zugute kam. So kam etwa Los Angeles, jahrzehntelang Inbegriff des Individualverkehrs, schon vor einigen Jahren zu einer gegenwärtig noch im Ausbau begriffenen U-Bahn, die mittlerweile im Nahverkehr eine echte Alternative darstellt.

Kriminalität und Sicherheit

Das direkt an der mexikanischen Grenze liegende Organ Pipe Cactus National Monument in Arizona ist nicht nur ein Naturschutzgebiet für Kakteen, sondern auch Schauplatz des Drogenkrieges, der seit Jahrzehnten an der Südgrenze von Kalifornien, Arizona, New Mexico und Texas tobt. Der Fall eines 2002 von einem Drogenschmuggler erschossenen Parkrangers machte darauf aufmerksam, dass das Kaktusreservat wegen seiner Lage in einem fast menschenleeren Gebiet sowohl von illegalen Einwanderern als auch von Drogenkurieren als Zugangskorridor von Mexiko nach Arizona benutzt wird. Der dort verantwortliche National Park Service (NPS) registriert nach eigenen Angaben täglich bis zu 1000 ›Illegale‹, die das Parkgebiet unsicher und durch weggeworfenes Gepäck und liegen gebliebene Fahrzeuge zum Müllplatz machen. Innerhalb eines einzigen Jahres beschlagnahmte der NPS fast 7000 kg Marihuana. Östlich von Organ Pipe teilt die Tohono O'odham Indian Reservation eine 71 Meilen lange Grenze mit Mexico. Seit Jahren beklagt die Stammespolizei den illegalen, das Alltagsleben der Indianer risikoreich machenden Grenzverkehr nicht selten von Gruppen von über 100 Menschen, darunter nicht nur Mexikaner und andere Latinos, sondern auch Chinesen, Pakistani und Jemeniten.

Sport

Der Profisport ist in den USA ein Megageschäft. Viele Klubs befinden sich im Besitz von Unternehmern, die nicht nur über die Verpflichtung neuer Spieler befinden, sondern auch über die Heimbasis. Dass ganze Teams

Ein Football-Collegeteam aus Utah: Überall in den USA liebt man das raue Spiel

in eine andere Stadt umziehen, ist keine Seltenheit. Nährboden der Profiligen sind Universitäten und Colleges, an denen sportliche Ausnahmebegabungen mit Stipendien gefördert werden, bis sie den Sprung in den Profibereich schaffen.

Seit die Gesundheits- und Fitnesswelle von Kalifornien her Amerika überrollt, hat der Breitensport immer größere Bedeutung erlangt. In Fitnessklubs quälen sich Amateursportler bei schweißtreibenden Workouts. Wie sportverrückt die Amerikaner geworden sind, beweisen ganze Heerscharen von Freizeitsportlern aller Altersklassen auf großstädtischen Jogging- und Bikingpfaden.

Dass unter den zahlreichen Zuschauersportarten *American Football* an der Spitze rangiert, hat mit seiner kampfbetonten Natur zu tun. 32 Profimannschaften bilden die National Football League (NFL), unter ihnen die Arizona Cardinals, die Denver Broncos, die San Francisco 49ers und die San Diego Chargers. Auf der Popularitätskurve nimmt auch *Baseball* einen hohen Stellenwert ein. In der obersten Spielklasse Major League sind Teams aus Arizona, Colorado und dem südlichen Kalifornien vertreten. In der National Basketball Association (NBA) sind die spielstärksten Basketballteams versammelt, darunter ein halbes Dutzend Mannschaften aus dem Südwesten.

Die Formel 1 leistet sich in der alljährlichen Rennsaison nur einen einzigen Ausflug in die USA, wo das einzige Grand-Prix-Rennen in Indianapolis stattfindet – ohne amerikanische Piloten. Das ist auch der Grund, warum der Formel-1-Zirkus an der Popularität gemessen in den USA hinter der NASCAR (National Association of Stock Car Racing) zurücksteht. In den später 1940er-Jahren ins Leben gerufen, bestand die Grundidee der NASCAR darin, Rennen mit normalen Pkw auszurichten. Im Laufe der Zeit kamen aber immer mehr speziell konstruierte Boliden zum Einsatz, sodass heutige Spitzenwettbewerbe überhaupt nicht mehr mit Seriensportwagen gefahren werden. Rennkurse gibt es im Südwesten in Kalifornien bei Fontana, in Nevada in Las Vegas, in Arizona in Phoenix und in Colorado am Pikes Peak bei Colorado Springs.

Architektur und Kunst

Es mag abgedroschen klingen, aber es stimmt: Der Südwesten und vor allem Kalifornien ist ein Land harter Kontraste, auch und gerade in der Kunst- und Kulturszene. Ganz besonders augenfällig wird dies in der Architektur, die ein riesiges Spektrum von indianischen Klippenwohnungen bis zu dekonstruktivistischen Kulturkathedralen umfasst.

Moderne Architektur

Eine im New Yorker Museum of Modern Art veranstaltete Architekturausstellung Ende der 1980er-Jahre signalisierte das Ende der Postmoderne und präsentierte den Besuchern Arbeiten einer neuen Kunststilrichtung, des Dekonstruktivismus. Einige der damals vertretenen Baumeister wie Frank Gehry, Daniel Libeskind und Rem Koolhaas zählen heute zu den namhaftesten Gegenwartsarchitekten, deren Bauten in einigen Städten des amerikanischen Südwesten neue Akzente setzten.

Frank Gehry

Der 1927 im kanadischen Toronto geborene Frank Gehry ließ sich schon mit 20 Jahren in Santa Monica in Kalifornien nieder, wo er mit dem Einkaufszentrum Santa Monica Place erste Akzente seines Wirkens setzte. Mit der Walt Disney Concert Hall mitten in Downtown Los Angeles entstand in Gehrys Wahlheimat sein bisher eigenwilligster und umstrittenster Bau. Das neue Haus der Los Angeles Philharmonic Orchestra, nach einer turbulenten Baugeschichte 2003 eröffnet, verschaffte dem Geschäftszentrum der Stadt einen lange vermissten Mittelpunkt, an dem sich ein neues städtisches Bewusstsein aufrichtet, und neben dem berühmten Hollywood-Zeichen ein fulminantes neues Wahrzeichen. Von manchen Kritikern als typisch kalifornische Verrücktheit abgetan, sahen andere in Gehrys Bauwerk ein Symbol urbanistischer Erneuerung mit »wogenden Wänden« (Neue Zürcher Zeitung), einen »Stahlplatten-Wirbelwind« (Die Welt), eine »Eruption aus Edelstahl« (Süddeutsche Zeitung) oder »eine Rose für das kalte Herz« (Die Zeit) der Metropole. Mit etwas Fantasie kann man in Gehrys Geniestreich tatsächlich eine gigantische metallene Blüte erkennen, die in der anonymen Stadtlandschaft auf verführerische Weise ihre schimmernden Blätter entfaltet.

Rem Koolhaas

Mit radikalen Planungsmethoden und als einflussreicher Theoretiker hat sich der 1944 in Rotterdam geborene Rem Koolhaas bis in die Gegenwart allen Klassifizierungsversuchen entzogen – und gleichzeitig auf sich aufmerksam gemacht. Als die Mailänder Modefirma Prada um die Jahrtausendwende auf der Suche nach einem Architekten war, der neue spektakuläre Verkaufsräume am Rodeo Drive in Beverly Hills und an der Post Street in San Francisco entwerfen sollte, fiel die Wahl auf Koolhaas, der in der modernen Gesellschaft keinen Widerspruch mehr zwischen Konsum und Kultur sieht. Ihm traute das Unternehmen am ehesten zu, ein völlig neues Einkaufserlebnis zu generieren. Einen Abstecher nach Las Vegas krönte der Niederländer mit dem mittlerweile geschlossenen Kunstmuseum Guggenheim Hermitage, mit dem das im venezianischen Stil erbaute Kasinohotel The Venetian mitten im Reich von Glitzer und Glamour eine Oase für Kunstsinnige schuf.

Daniel Libeskind

Ca. 9000 Platten aus Titan verkleiden in der Hauptstadt von Colorado das 2006 fertiggestellte Denver Art Museum, das die Rocky-Mountains-Metropole mit einem futuristischen Komplex ausstattet, an dem sich Architekturkritiker und Schaulustige gleichermaßen reiben. Der Entwurf des aus Polen stammenden Stararchitekten Daniel Libeskind, dessen Name u. a. im Zusammenhang mit der Neubebauung von Ground Zero in Manhattan von den Medien immer wieder angeführt wurde, polarisiert und lässt mit seinem von Schrägen und spitzen Winkeln bestimmten Stil offenbar niemanden unberührt. Von »Scherbenhaufen« und einem unsinnigen Gebilde, »das in seinen Einzelteilen Zerstörung ästhetisiert«, ist die Rede. Von anderer Seite kommt Anerkennung, weil es nicht mehr nur Gemälde und Skulpturen sind, die Besucher in das Museum strömen lassen, sondern der Museumsbau selbst eine Attraktion darstellt.

Viktorianische Schönheiten

Als in Kalifornien um die Mitte des 19. Jh. der Goldrausch tobte, entstanden etwa in San Francisco ganze Straßenzüge im damals modernen viktorianischen Baustil. Obwohl das große Erdbeben des Jahres 1906 viele dieser Gebäude zerstörte, gibt es in der Stadt heute noch schätzungsweise 15 000 *Painted Ladies,* wie die Häuser wegen ihrer traditionell pastellfarbenen Anstriche auch genannt werden. Hauptsächlich um den Alamo Square, im Mission District und im Stadtteil Marina sind die reizvollen, nicht selten Millionen teuren Wohnhäuser gut erhalten. Über ein halbes Jahrhundert lang baute, wer es sich leisten konnte, viktorianisch und setzte dabei auf eine der vier populärsten Stilrichtungen: Stick Style, Italianate Style, Gothic Revival Style oder Queen Anne Style. Putzige Türmchen und Dachgauben, überdachte Veranden mit verzierten Brüstungen, geschnitzte Stützpfeiler und wunderschöne Gärten, in denen die blauen Köpfe blühender Hortensien über weiß getünchte Lattenzäune gucken, schaffen ein sehenswertes Ambiente. Viele viktorianische Beispiele sind auch in Pacific Heights zu sehen, wo als eines der schönsten viktorianischen Anwesen das 1886 erbaute Haas-Lilienthal-House der Öffentlichkeit zur Besichtigung offen steht (2007 Franklin St., www.sfheritage.org/house.html).

Indianisches Kunsthandwerk

Seit einigen Jahren erlebt die indianische Kultur in den USA eine Renaissance. Wenn man Medien Glauben schenkt, nimmt das Interesse der Amerikaner an Kultur, Religion und Sprache ihrer indianischen Mitbürger ständig zu. Als der kalifornische Gouverneur Arnold Schwarzenegger 2007 zu Beginn seiner zweiten Amtszeit den offiziellen Eid ablegte, trug seine Frau Maria Shriver ein Gebet der Hopi-Indianer mit dem Titel »Die Zeit des einsamen Wolfes ist vorbei« vor. Hinzu kommt, dass es viele Landeskinder als schick erachten, auf indianische Vorfahren verweisen zu können. Während viele Amerikaner früher ihre Abstammung leugneten, schmücken sie sich heute mit indianischen Blutsverwandten.

Das Geschäft mit indianischem Kunsthandwerk boomt seit Jahren. Allein in New Mexico geben Besucher Jahr für Jahr ca. 1 Mrd. Dollar für dekorative Souvenirs aus den Pueblos und aus Navajoland aus. Doch Laien sind kaum in der Lage, echte von unechten Produkten zu unterscheiden. Die *Native Indians* bemühen sich seit Jahren, dem Problem imitierter und aus dem Ausland importierter Waren Herr zu werden. Sogar der US-Kongress beschäftigte sich schon mit dieser Frage und schuf mit dem *Indian Arts and Crafts and Sales Act* gesetzliche Vorkehrungen zum Schutz des indianischen Kunsthandwerks. Die vor dem Governor's Palace in Santa Fe verkaufenden Indianer legten aus eigener Initiative das sogenannte *Native American Vendors Program* auf, demzufolge jedes Kunsthandwerk die Signatur des betreffenden Künstlers aufweisen muss.

Die ›Painted Ladies‹: viktorianische Wohnhäuser am Alamo Square in San Francisco

Korbflechtarbeiten

Zu den ältesten Formen indianischen Kunsthandwerks im Südwesten gehört die Korbflechterei. Während dieses Handwerk bei den Pueblo-Indianern durch den Import industriell gefertigter Waren an Bedeutung verlor, entwickelten die Hopi traditionelle Formen und Dekors sogar weiter. Zu den exquisitesten Produkten zählen die Weidenkörbe *(wicker baskets)* von Moenkopi und den Dörfern Oraibi, Hotevilla und Bacabi auf der dritten Mesa. ›Korbflechtspezialisten‹ sind auch die Pima und Tohono O'Odham. Letztere haben sich mehr und mehr auf die durch den Tourismus wachsende Nachfrage eingestellt und die Herstellung von Produkten aus Yucca-Fasern kommerzialisiert. Zu den gebräuchlichsten Farben bei Flechtwerken gehören Schwarz, Weiß und Grün. Traditionelle Arbeiten werden aus Weiden gefertigt, die schwerer zu verarbeiten, aber auch haltbarer sind. Körbe oder Teller mit Tier- und Menschenmustern erzielen wegen der großen Nachfrage hohe Preise. Die Tohono O'Odham haben sich auf Minikörbe und winzige, münzgroße Teller aus Rosshaar oder Yucca spe-

zialisiert, die etwa den fünffachen Arbeitsaufwand von großen Stücken verlangen und dementsprechend teuer sind. Zu den typischen Touristenartikeln gehören geflochtene Tierfiguren.

Schöne Flechtarbeiten stellen auch die Westlichen Apachen der San-Carlos- und White-Mountain-Gebiete in Arizona her – vor allem mit geometrischen Mustern verzierte Schalen und große Vorratskörbe in Krugform, sogenannte *ollas*. Teilweise strich man geflochtene Krüge mit Harz aus, um darin Wasser aufzubewahren. Eine Meisterin des Korbflechtens war um die Jahrhundertwende die Washoe-Indianerin Dat-So-La-Lee, deren Spiralwulst-Arbeiten im Nevada Historical Museum in Reno zu sehen sind.

Weberei

Die bekanntesten und kommerziell erfolgreichsten Webarbeiten stammen von den Navajo. Sie übernahmen schon vor Jahrhunderten von den Spaniern die Verarbeitung von Wolle. Touristen staunen häufig über die hohen Preise für Navajo-Teppiche, weil sie nicht wissen, dass ein etwa 2 m^2 großer *rug* in rund 400 Arbeitsstunden entsteht. Dabei gilt die Regel: je feiner die handgesponnene Wolle und die Webtechnik, desto wertvoller das Produkt. Neben pflanzlichen werden seit rund 100 Jahren auch chemische Farben verwendet. Seit Beginn des 19. Jh. entwickelte sich dieses Handwerk über unterschiedliche Stadien und Stile. Das häufig auftauchende Rautenmuster übernahmen die Navajo erst im ausgehenden 19. Jh., nachdem sie diese Dekortechnik in ihrer Verbannung in Bosque Redondo in New Mexico kennengelernt hatten. Damals entstanden auch die ersten aus synthetischem Garn gefertigten Decken mit sich teils überlagernden Zickzackmustern.

Webereien mit bildhaften Motiven wie Sandbild-Teppiche kamen erst zu Beginn des 20. Jh. in Mode, als das Interesse der Weißen an Navajo-Arbeiten zunahm und der Tourismus neue Märkte erschloss. Weberei ist auch bei den Hopi ein traditionelles Handwerk, im Gegensatz zu den Navajo aber Männerdomäne. Kennzeichen der Hopi-Webarbeiten sind Decken mit Streifenmustern sowie Brokatgewebe, wobei die Verzierungen durch von farbigem Garn umwundene Kettfäden entstehen.

Indianischer Schmuck

Die Verarbeitung von Silber, unterschiedlichen Schmucksteinen und Muscheln zählt im Südwesten zu den beliebtesten handwerklichen Künsten. Auf diesem Sektor haben sich Navajo, Zuni und Hopi sowie die Bewohner des Pueblo Santo Domingo in New Mexico besonders hervorgetan. Letztere sind für ihre Heishi-Ketten aus unterschiedlichen Steinen und Muscheln bekannt (*heeshee* = Muschel). Die Qualität dieser Ketten richtet sich danach, ob die Schmucksteine und Muscheln gut geschliffen und poliert sind – je mehr Steine eine Kette pro Zentimeter schmücken, desto wertvoller ist sie.

Silberverarbeitung

Meister des Silberschmucks sind die Navajo, die diese Kunst von den Mexikanern lernten und um das Jahr 1875 bereits einen eigenen Stil entwickelt hatten. Damals schmolzen sie zur Gewinnung von Rohmaterial Münzen ein; später wurde gekauftes Silberblech verwendet. Zu Beginn des 20. Jh. hatte sich die Schmuckherstellung aus Silber so weit etabliert, dass von einer Kommerzialisierung dieses Kunsthandwerks gesprochen werden konnte. Zu den typischen Produkten zählten früher silbernes Zaumzeug sowie aus Silber gefertigte Armschutzplatten für Bogenschützen, *ketohs* genannt. Häufig sieht man auch Concha-Gürtel (*concha*: span. Muschel), bei denen einzelne ovale, rechteckige oder quadratische, kunstvoll ornamentierte Silberstücke auf Gürtel aufgesetzt werden. Auch die Hopi stellen derartige Arbeiten her. Zu den extravaganten Schmuckstücken der Navajo gehören die *Squash blossoms*, die so bezeichnet werden, da man früher fälschlicherweise annahm, sie seien Kürbisblüten nachempfunden. Man erkennt diese Halsketten leicht an der ›Blüte‹, dem untersten Teil, das meist aus einem hufeisenförmigen Silberguss mit zum Teil eingelassenen Steinen besteht. Zuni-Schmuck unterscheidet sich von dem Schmuck anderer Indianer durch die Vielfalt der verwendeten Steine sowie deren aufwendigere Bearbeitung. Das gilt für die *Needlepoint*-Türkise, zapfenförmige, an beiden Enden zugespitzte Steine, die in breite Armreifen eingelassen sind. Auch gitterförmige Einlegearbeiten mit polierten Oberflächen sind beliebt. Die Hopi begannen erst gegen Ende des 19. Jh. mit der Silberbearbeitung. Heute sind vor allem durch sogenannte Auflagetechnik entstandene Stücke bekannt, die wie schwarze Silbergravuren aussehen.

Töpfereien

Ebenso wie die Ahnen der Anasazi fertigten auch die Hohokam- und Mogollon-Indianer Töpferwaren. Die Pueblo-Indianer hatten die Keramikkunst bis zur ersten Hälfte des 18. Jh. zur Blüte entwickelt, ehe die Erschließung des amerikanischen Südwestens gegen Ende des 19. Jh. die traditionelle Töpferei durch eine Schwemme von Industriewaren fast völlig verdrängte. Eine Renaissance zeichnete sich um 1920 ab, als der Tourismus neue Märkte schuf und die Töpferei in fast allen Rio-Grande-Pueblos einen Aufschwung erfuhr. Um diese Zeit wurde die vom Ehepaar Martinez im Pueblo San Ildefonso entwickelte schwarze Keramik zum begehrten Sammlerobjekt, die heute gut und gerne 10 000 $ pro Stück wert ist. Mittlerweile stellen auch andere Pueblos wie San Juan und Santa Clara schwarze Ware her, die Künstlerin Elisabeth Naranjo aus Santa Clara etwa mit vertieften Mustern wie Bärenpranken und gefiederten Schlangen sowie Tierfiguren und Hochzeitskrüge mit zwei Schnäbeln.

Wertvolle Keramik mit sehr dünnen Wänden, schwarz-weißen geometrischen Mustern oder Tiermotiven wird traditionell auch im Pueblo Acoma gefertigt. Figürliche Arbeiten wie Geschichtenerzähler-Figuren *(storyteller)* haben Cochiti Pueblo berühmt gemacht, wo Helen Cordero (1915–1994) um 1964 die hübschen Tonplastiken erfand, an denen kleinere Kinderfiguren hängen. Kunsthandwerkerinnen in den Pueblos Acoma und Jemez haben nach ihrem Tod ihre Nachfolge angetreten.

Navajo-Sandbilder

Handelte es sich ursprünglich um eine Zeremonialkunst, entwickelte sich im Laufe des 20. Jh. die Herstellung sogenannter Sandbilder bei den Navajo zur Souvenirware. Auf flachen Sandflächen entstehen aus zeremoniellen Motiven Bilder, indem Künstler unterschiedlich gefärbten Sand durch die Finger oder Strohhalme rieseln lassen und auf diese Weise Linien und Flächen streuen. Um etwa bei medizinischen Ritualen seine Funktion zu erfüllen, muss ein *sandpainting* nach der Fertigstellung verwischt und damit zerstört werden. Für Touristen werden derartige Gemälde längst als Massenware hergestellt, bei denen der Sand zwecks Haltbarkeit der Bilder auf Spanplatten geklebt ist.

Kachinapuppen

Im Gegensatz zur Weberei, Töpferei und Schmuckherstellung spielte bei den Indianern des Südwestens die künstlerische Bearbeitung von Holz keine große Rolle. Eine Ausnahme bilden die Kachinas, die in nennenswerten Mengen nur noch von den Hopi hergestellt werden. Weniger häufig fertigen die Zuni diese dekorierten Holzfiguren. Der Begriff Kachina (ausgesprochen wie Katsina) ist dazu angetan, Verwirrung zu stiften, da er Unterschiedliches bedeutet. Die Hopi verstehen darunter Geister, die in den San-Francisco-Bergen nördlich von Flagstaff zu Hause sind und als Boten bzw. Vermittler zwischen Menschen und Göttern fungieren. Der Hopi-Überlieferung zufolge lebten die Geister einst mit den Menschen zusammen, zogen sich aber zurück, als die Indianer ihnen nicht mehr genügend Respekt zollten. Vor ihrem Weggang brachten sie einigen jungen Männern bestimmte Zeremonien bei, sodass fortan menschliche Stellvertreter ihre Funktionen erfüllen konnten. Diese maskierten Tänzer, die heute bei entsprechenden Ritualen in Erscheinung treten, werden ebenfalls Kachinas genannt.

Die dritte Bedeutung des Begriffs bezieht sich auf die Kachina-Figuren (englisch: *kachina dolls*), welche die Hopi *tihu* nennen. Dabei handelt es sich um verkleinerte Abbilder der Kachina-Tänzer, die an Kinder verschenkt werden – nicht als Spielzeug, sondern um den Nachwuchs mit unterschiedlichen Typen und Funktionen der Kachinas vertraut zu machen. Jeder Kachina sind charakteristische Tanzschritte und Gesänge ebenso eigen wie bestimmte Aufgaben, etwa als Wächter, Spaßmacher, Verkörperung von Tieren und Pflanzen oder Kinderschreck. Wie und wann der Kachina-Kult entstand, lässt sich nicht genau sagen. Präkolumbische Felszeichnungen, Maskenmuster auf Töpfereien und Darstellungen in Kivas lassen jedoch den Schluss zu, dass er schon vor Ankunft der ersten Europäer in Nordamerika praktiziert wurde.

Die Herstellung von Kachinapuppen ist ausschließlich Männersache. Als Material dient das Holz von Cottonwood-Bäumen, einer im Südwesten weit verbreiteten Pappelart. Die Gliedmaßen der Puppen werden meist bis zur letzten Feinheit ausgearbeitet, oft getrennt angefertigt und dann angesteckt oder angeklebt. Als Farbgrundierung dient weißer Kalk, auf den heute chemische Farben aufgetragen werden. Bunte Baumwollröcke, Federn, Fichtenzweige, Perlen u. ä. schmücken die Figuren. Seit einigen Jahren stehen bei Sammlern sogenannte *Action Dolls* hoch im Kurs – Figuren, die eine Bewegungshaltung einnehmen. Die seit langem feststellbare Kommerzialisierung der Kachinakunst lässt sich auch daran ablesen, dass manchen Schnitzern mittlerweile selbst Mickey Mouse als Vorlage dient.

Malerei

Als bekannteste Malerin des Südwestens gilt die Amerikanerin Georgia O'Keeffe (1887–1986), die mehrere Jahrzehnte in der Ortschaft Abiquiu im nordwestlichen New Mexico lebte und arbeitete. In den 1920er-Jahren führte sie die amerikanische Gegenbewegung zur europäischen Avantgarde mit an. Ihre Landschaftsbilder und Naturmotive, häufig mit surrealistischem Einschlag, sind in vielen bedeutenden Museen der Welt ausgestellt. Nach ihrem Tod bestand ihr Gesamtwerk aus über 2000 Arbeiten. In Santa Fe ist ihr ein eigenes Museum gewidmet.

Einen hohen Bekanntheitsgrad haben auch die Arbeiten des Navajo-Künstlers R. C. Gorman (1932–2005), zu dessen Markenzeichen Gemälde von Navajo-Frauen gehören. Gorman wurde in Chinle in der Navajo-Reservation als Nachfahre des Indianerführers Manuelito geboren. Sein Großvater Peshlakai war der erste bedeutende Silberschmied des Stammes. Im Grunde genommen Autodidakt, erfuhr Gorman nur eine minimale Kunsterzie-

Multikulturelles Flair: Wandgemälde im Mission District von San Francisco

hung, wobei hauptsächlich ein Studienjahr an der University of the Americas in Mexico City prägend war. Neben der Malerei und Lithografie widmete sich der Künstler in späteren Lebensabschnitten auch der Bildhauerei. Die New York Times nannte ihn in einer Hommage den »Picasso der Indianerkunst«. Seine Werke sind in so renommierten Ausstellungen wie dem Metropolitan Museum in New York und den Museen der Smithsonian Institution zu sehen. In Taos in New Mexico gründete er eine heute noch existierende Galerie.

Murals: Kunst auf Mauern

San Francisco ist seit langem ein Eldorado der Wandmalerei. Besondere Beachtung verdient hinsichtlich der »Murals« der Mission District. Das hat historische Gründe. Bereits zu Anfang des 20. Jh. erlangten in dem aus der Revolution hervorgegangenen Mexiko Wandgemälde als politische Kunst eine besondere Bedeutung. Über mexikanische Maler wie Diego Rivera, der in die USA übersiedelte, verbreitete sich die Monumentalmalerei auch in Nordamerika, wo Präsident Roosevelt während der Weltwirtschaftskrise ein Programm zur Förderung wirtschaftlich gefährdeter Künstler initiierte. Nach Kriegsende 1945 erlebte diese Kunstrichtung außer in San Francisco vor allem in Los Angeles eine wahre Renaissance. Und wieder waren es hauptsächlich Maler mexikanischer Herkunft, die sich darin besonders hervortaten.

Kalifornische Literaten

Jack London und John Steinbeck

Kein aus dem *Golden State* stammender Schriftsteller hat den Bekanntheitsgrad von Jack London (1876–1916) erreicht, der in San Francisco zur Welt kam und in ärmlichen Verhältnissen im benachbarten Oakland aufwuchs, wo heute noch eine einfache Blockhütte an den Verfasser weltberühmter Romane wie »Ruf der Wildnis« und »Wolfsblut« erinnert. Über lange Zeiträume seines Lebens war der politisch aktive Sozialist dem Alkohol verfallen, ein Problem, das er im 1913 erschienenen Roman »Martin Eden« thematisierte. Sein Hauptthema, das sich durch sein ganzes Lebenswerk zieht, ist der Konflikt zwischen Natur und Kultur, den er zur Goldrauschzeit im Yukon und in Alaska kennenlernte. Die letzten Jahre seines abenteuerlichen Lebens verbrachte er zusammen mit seiner Frau Charmian in der Nähe von Sonoma, wo er vermutlich an einer Harnvergiftung starb und begraben liegt.

Neben Jack London war der aus Salinas stammende John Steinbeck (1902–1968) Kaliforniens erfolgreichster Schriftsteller des 20. Jh. In »Die Früchte des Zorns« schilderte er die Geschichte der verarmten Landarbeiterfamilie Joad, die während der Weltwirtschaftskrise ihre Heimat in Oklahoma aufgibt, um sich in Kalifornien nach einer neuen Existenz umzusehen. Die in dem Roman enthaltene Sozialkritik stieß in den USA auf Ablehnung und führte zu Protesten, gelegentlich hat man Steinbecks Text sogar als Aufruf zum Klassenkampf missverstanden. Versöhnlicher gingen seine Landsleute mit seinem Roman »Straße der Ölsardinen« um, welcher der Küstenstadt Monterey ein literarisches Denkmal setzte und für den Steinbeck 1962 den Literaturnobelpreis bekam.

Kriminalschriftsteller

Im Jahre 1943 machte Raymond Chandler (1888–1959) Bekanntschaft mit Los Angeles. Als Drehbuchautor hatten ihn die Paramount Studios für sich gewonnen. Big Ray, wie ihn Freunde und Kollegen nannten, schrieb zwar hervorragende Filmstoffe. Doch änderte das nichts an der Tatsache, dass er seine Arbeit für die großen Filmriesen verabscheute und Los Angeles nicht ausstehen konnte. Hinzu kam, dass er zum Teil unter hohem Zeitdruck produzieren musste und seinen Frust darüber in Alkohol zu ertränken versuchte. 1946 kehrte Chandler der ungeliebten Traumfabrik den Rücken und zog mit seiner kranken Frau Sissy nach La Jolla. In diesem Vorort von San Diego kaufte er das Haus Nr. 6005 an der Camina de la Costa mit Blick auf den Pazifik. Mit »Der lange Abschied« begann er dort sein letztes Werk, dessen Fertigstellung ein Wettlauf mit dem Tod werden sollte. Der Titel bezog sich nicht allein auf sein eigenes bevorstehendes Ende, sondern auch auf den langen Abschied von Sissy, deren Verfall schnell voranschritt. Kein Wunder, dass sich dieses Buch im Ton deutlich von Chandlers früheren Werken unterscheidet. Erstmals pflegt in diesem Roman sein Held, der Privatdetektiv Philipp Marlow, ein Verhältnis mit einer Frau. Die Verleger warfen Chandler einen Hang zum Romantischen vor und waren über das Manuskript entsetzt. Marlow, der seine Sätze früher mit rüdem Witz hinwarf und aus seiner Abscheu vor Heuchelei und seiner Verachtung für Engstirnigkeit nie einen Hehl machte, hatte in diesem Werk seine ausgekochte Härte plötzlich verloren. Am 26. März 1959 trat er zusammen mit Philipp Marlow, dem schnoddrigen, knallharten und doch romantischen Einzelgänger von der Bühne ab. »Chandler schrieb wie ein Engel, der sich unter das gemeine Volk gemischt hat«, sagte der Schriftsteller Ross MacDonald einmal über seinen Lehrmeister Big Ray.

Ross MacDonald wird häufig in einem Atemzug mit Raymond Chandler genannt. 1915 im kalifornischen Los Gatos geboren, lebte er die letzten 20 Jahre seines Lebens zusammen mit der Schriftstellerin Margaret Millar in Santa Barbara, wo er 1983 starb. Im Mittelpunkt seiner spannenden Geschichten steht seit dem 1949 veröffentlichten Krimi »Reiche sterben auch nicht anders« mit dem ehemaligen Polizisten Lew Archer ein Privatdetektiv, der nicht nur Mörder zur Strecke bringt, sondern auch nach Motiven für ihre Taten sucht. Einige seiner Bücher wurden verfilmt, darunter 1975 »Unter Wasser stirbt man nicht« mit Paul Newman und Joanne Woodward in den Hauptrollen.

Zusammen mit Chandler wird Dashiell Hammett (1894–1961) zu den geistigen Vätern des »knallharten Krimis« der sogenannten *hard-boiled school* gezählt, die ihre Schauplätze in eine verrohte Gesellschaft verlagert, der moralische Grundsätze fremd sind und in der es Privatdetektive mit Habgier, Betrug und Gewalt zu tun bekommen. Hammett war der einzige dieser Krimiautoren, der aus eigener beruflicher Erfahrung schöpfen konnte, stand er doch acht Jahre lang in Diensten der berühmten Detektivagentur Pinkerton, ehe er seinen Ermittlerjob aus gesundheitlichen Gründen an den Nagel hängte und zu schreiben begann.

In seinem wohl berühmtesten Roman »Der Malteserfalke«, mit Humphrey Bogart in der Hauptrolle erfolgreich verfilmt, setzt er seinen wichtigsten Protagonisten, den abgerissenen und ständig von Geldsorgen geplagten Privatdetektiv Sam Spade, in San Francisco auf einen komplizierten Mordfall an. Bei dieser Geschichte kam Hammett zugute, dass er in der Bay-Metropole in den 1920er-Jahren im Auftrag von Pinkerton einen mysteriösen Mord- und Vergewaltigungsfall untersuchen musste. Bahnbrechende Neuerung in diesem Roman waren u. a. die Schauplätze. Denn im Unterschied zu den Detektivgeschichten des viktorianischen Zeitalters schnüffelt Sam Spade nicht auf Landsitzen von Großgrundbesitzern, sondern fischte im trüben Hinterhofmilieu der Großstadt. Hammetts lakonischer und doch präziser Schreibstil wirkte sich in den USA als stilprägend aus und wurde etwa von Ernest Hemingway aufgenommen.

Von der Beat Generation bis T. C. Boyle

Mitte der 1950er-Jahre ließ sich mit Jack Kerouac, Allen Ginsberg und William Burroughs das dominierende Trio der sogenannten *Beat Generation* im Stadtteil North Beach in San Francisco nieder. Mit ihrer unverblümten Kritik an den Wertvorstellungen der US-Nachkriegsgesellschaft verstanden sie sich als Exponenten einer literarischen Alternativbewegung, deren Schauplätze von Marihuanarauch und Bierdunst geschwängerte Musikkneipen und Studentenkommunen waren, in denen diskutiert und eine neue Weltordnung entworfen wurde.

Sie thematisieren und praktizierten Drogenexzesse, sexuelle Abenteuer und verrückte Reisen, die in Prosatexten und Gedichten ihren Niederschlag fanden, so etwa in Kerouacs 1957 erschienenem Hauptwerk »Unterwegs«. Ginsberg hatte schon 1955 mit seinem Gedicht »Howl« für Aufsehen gesorgt, während Burroughs mit »Naked Lunch« das prüde Nachkriegsamerika empörte, vor Gericht aber in mehreren Verfahren mit Freisprüchen der künstlerischen Freiheit Raum verschaffte. Die *Beat Generation* hatte nachhaltigen Einfluss auf gesellschaftskritische Kulturentwicklungen und alternative Lebensformen in den USA und gilt in gewisser Weise als Vorbereiter der Hippie-Subkultur.

Für Liebhaber der Underdog-Literatur gibt es seit 1994 ein neues Pilgerziel etwa eine Autostunde von Downtown Los Angeles entfernt. Auf dem Green Hills Memorial Park in Rancho Palos Verdes liegt der 1920 in Andernach geborene und 1994 verstorbene Charles Bukowski begraben, der mit seinen vulgären, zum Teil autobiografischen Geschichten über Sex, Alkoholexzesse, Spielleidenschaft und miese Jobs Furore machte. Während manche Kritiker seine Literatur als Aufputschmittel für pubertierende Teenager verstanden, sahen andere in Bukowskis Geschichten den schonungslosen, ungeschminkten Realismus eines Literaten, der beim Schreiben keine große Fantasie bemühen musste, sondern voll aus seinem chaotischen Alltagsleben schöpfen konnte. Die einfache Grabplatte, die seine letzte Ruhestätte deckt, trägt als sein letztes Vermächtnis den Ratschlag an all jene, die sich mit dem Gedanken befassen, selbst Schreibzeug in die Hand zu nehmen: »Don't try« (versuch es erst gar nicht).

Unter den kalifornischen Gegenwartsautoren gehört T. C. Boyle seit den 1980er-Jahren zu den international bekanntesten. Die meisten Werke des 1949 im Bundesstaat New York zur Welt gekommenen Schriftstellers erschienen auch in deutscher Sprache. Seit längerer Zeit lebt er mit seiner Familie in den Bergen bei Santa Barbara. In seinen Werken lebt er seine Fabulierkunst sowie seine Vorliebe für unkonventionelle Charaktere und irrwitzige Situationen aus. Des Weiteren spielt das Thema Umweltschutz eine zentrale Rolle. Zu seinen jüngeren Romanen zählen »Drop City«, ein Text über die Zeit der Flower-

Power-Bewegung, und »América«, in dem es um das Leben illegaler Einwanderer aus Mexiko geht, die sich als moderne Arbeitssklaven verdingen müssen.

Film

Wie eh und je dominiert die Filmindustrie die urbane Kultur in Los Angeles. Seit in der damals noch eigenständigen Stadt Hollywood zu Beginn des 20. Jh. die ersten Studios aufgebaut und die ersten Stummfilme gedreht wurden, entwickelten sich die ›laufenden Bilder‹ zu einem riesigen Geschäft und zu einem weltweit verbreiteten Exportartikel. Nicht zu Unrecht gilt Los Angeles als größte und einflussreichste Fabrik für Träume aus Zelluloid. Wie andere Branchen, kannte auch die Filmproduktion ihr Auf und Ab. Erstaunlicherweise gelang es ihr aber, etwa durch die Einführung des Fernsehens verursachte Krisen zu überstehen und die Gunst des breiten Publikums zurückzugewinnen.

Nachdem 1927 mit »The Jazz Singer« der erste Tonfilm über die Leinwand geflimmert war und die 1930er-Jahre mit der wegweisenden Erfindung des Farbfilms aufwarteten, brach für Hollywood das goldene Zeitalter an. Nur noch große Gesellschaften waren in der Lage, die finanziellen Mittel für den erhöhten technischen Aufwand aufzubringen. Einer der Pioniere des Farbfilms war Walt Disney, der das Technicolorverfahren bei der Produktion seiner Zeichentrickfilme einsetzte. Nicht zuletzt das in den Südstaaten angesiedelte melodramatische Bürgerkriegsepos »Vom Winde verweht« von 1939 verhalf den farbigen Spielfilmen zum Durchbruch.

Seit Anbeginn hatten in der großen Illusionsfabrik deutschsprachige Filmschaffende ihre Hände im Spiel. Der 1884 in die USA eingewanderte Schwabe Carl Laemmle gehörte seit 1912 als Gründer der Universal Studios zu den einflussreichsten Filmproduzenten in Hollywood. In den 1920er-Jahren kamen berühmte Regisseure wie Friedrich Wilhelm Murnau, Josef von Sternberg und Ernst Lubitsch nach Südkalifornien. Lubitsch hatte in dem in Wien aufgewachsenen Billy Wilder einen engen Mitarbeiter, der später selbst bei zahlreichen bekannten Filmen Regie führte. 1936 gab Fritz Lang, der mit »Metropolis« und »M« zwei Klassiker geschaffen hatte, mit »Blinde Wut« sein Hollywooddebüt. Als erste deutsche Schauspielerin schaffte Marlene Dietrich in damaliger Zeit den Sprung nach Los Angeles, wo sich berühmte Exilliteraten wie Bert Brecht, Heinrich Mann und Alfred Döblin als Drehbuchschreiber verdingten.

Auch in jüngerer Vergangenheit trugen deutschsprachige Regisseure zum Renommee von Hollywood bei. Wolfgang Petersen (»Outbreak«, »Troja«), Roland Emmerich (»Stargate«, »Independence Day«), Katja von Garnier (»Engel mit Eisenkiefern«), Ulrich Edel (»Wir Kinder vom Bahnhof Zoo‹) und Oliver Hirschbiegel (»The Visiting«) haben sich im südkalifornischen Filmgeschäft ebenso etabliert wie etwa die Schauspieler Armin Mueller-Stahl, Jürgen Prochnow und Udo Kier.

Die Zeit nach dem Zweiten Weltkrieg war in Hollywood vom Niedergang des klassischen Hollywoodkinos gekennzeichnet, weil große Regisseure und berühmte Schauspieler ihre Schaffensphasen beendeten. Erst als das amerikanische ähnlich wie das europäische Kino sich stärker mit politischen und gesellschaftskritischen Themen beschäftigte, besserten sich die Zeiten. In den 1990er-Jahren machte die Branche mit dem Trickfilm eine trendsetzende Wiederentdeckung. Neueste Computertechnik hatte die Möglichkeit geschaffen, computeranimierte Streifen in Spielfilmlänge wie »Shrek«, »Findet Nemo« oder »Ice Age« zu produzieren und weltweit zu vermarkten.

Musik

Wenngleich Kalifornien mit der Pop Music eine ›leichte‹ Musikrichtung populär machte, hat die Begeisterung im *Golden State* für Klassik eine ins 19. Jh. zurückreichende Tradition. Ein Beweis dafür liefert San Francisco. Als sich die Bay-Metropole nach rauen Goldgräberzeiten vom Straßenmädchen in eine kultiviertere Dame verwandelte, schossen in den 1860er- und 1870er-Jahren kleine Bühnen und Theater wie Pilze aus dem Boden. Zum hoch bezahlten Star avancierte damals die Tänzerin, Schauspielerin und Sängerin Lotta Crabtree, die das Publikum zu Beifallsstürmen hinriss. Als sie 1875 ihren Glanzzeiten entgegenging, spendete sie der Stadt mit Lotta's Fountain einen Brunnen, der heute noch auf der Market Street steht.

Am Weihnachtsabend 1910 fand dort ein unvergessliches Kulturereignis statt. Die im Zenit ihrer Karriere stehende italienische Operndiva Luisa Tetrazzini hatte als eine Hommage an San Francisco und seine Bürger einen öffentlichen Auftritt versprochen. Während sie im Gebäude des San Francisco Chronicle ihr Make-up auffrischte, versammelte sich in den umliegenden Straßen eine in die Hunderttausende gehende Menschenmenge. Luisa Tetrazzini verzauberte an diesem denkwürdigen Abend ihr Publikum mit »I Would Linger In This Dream« und »The Last Rose of Summer« und gab das erste klassische Open-Air-Konzert in der Geschichte der Stadt, nach dessen Ende ihr die Bay-Metropole zu Füßen lag.

Klassik zum Genießen

Unter den großen Orchestern im amerikanischen Südwesten nimmt neben der schon 1911 gegründeten San Francisco Symphony das Los Angeles Philharmonic Orchestra einen besonderen Stellwert ein. Von 1992 bis 2008 stand das Ensemble unter der Leitung des Musikalischen Direktors Esa-Pekka Salonen, der sein Programm als Anreiz auch für ein jüngeres Publikum auf überwiegend zeitgenössische Kompositionen konzentrierte. Zu seinem Nachfolger wurde der aus Venezuela stammende Dirigent Gustavo Dudamel bestimmt. Heimbühne des Orchesters ist die berühmte Walt Disney Concert Hall. Im Sommer treten die Musiker aber auch in der offenen Hollywood Bowl auf.

Jazzgrößen

Zwar nahm Kid Ory (1886–1973) zusammen mit Mutt Carey (1891–1948) 1919 in Kalifornien die erste Platte einer schwarzen Jazz-Band auf. Doch gilt als Wiege dieser ersten in den USA entstandenen Musikform New Orleans. Seit dem frühen 20. Jh. breitete sich der Jazz über ganz Amerika aus. Kennzeichnend war seit den 1930er-Jahren der Swing, dem Größen wie der in Colorado ausgewachsene Glenn Miller, der am Ende seines Lebens in Kalifornien lebende ›Count‹ Basie und der eine Zeit lang am Großen Salzsee in Utah auftretende Tommy Dorsay zu großer Popularität verhalfen.

1946 traten Miles Davis, Charlie Parker und Dizzy Gillespie eine Zeit lang in Los Angeles mit Bebop-Kompositionen auf, um den amerikanischen Westen mit dieser Richtung bekanntzumachen. Bis zu seinem letzten Konzert 1991 in Hollywood gehörte Miles Davis zu den großen Stars des Jazz. Mit einem Stern auf dem Hollywood Walk of Fame ehrte die Filmmetropole den aus dem kalifornischen Concord stammenden Jazz-Pianisten Dave Brubeck, der zu den besten Interpreten des Cool Jazz gehörte.

Der Sound der Sixties

Kaum ein anderer Musiker hat die Pop- und Rockmusik seit Anfang der 1960er-Jahre so stark beeinflusst wie der in Malibu lebende Bob Dylan. Über Folk, Country, Gospel und Blues kam das musikalische Genie bis zum Rock 'n' Roll und wandte sich dabei mit zum Teil sehr komplexen, poetischen Texten sozialkritischen Themen zu, die ihn weltberühmt machten und der populären Rockmusik in den Rang einer ernst zu nehmenden Kunstform verhalfen. Dylans Leben und Schaffen ist von vielen Höhen und Tiefen durchzogen. Erstaunlich dabei ist, dass er selbst nach fast 50 Musikerjahren in der Szene nach wie vor präsent ist und als einer der bedeutendsten lebenden Popmusiker hohes Ansehen genießt.

Die 1961 im kalifornischen Hawthorne aus fünf Teenagern gegründete Pop-Gruppe The Beach Boys stürmte gleich zu Beginn ihrer steilen Karriere mit »Surfin' USA« die Hitparaden und transportierte das idyllische Bild vom sonnigen *Golden State*, Strandleben, hübschen Mädchen und vom allgegenwärtigen Autokult in die ganze Welt.

Stars der Hippie-Ära

Vier Jahre nach den Beach Boys entstand in Los Angeles mit The Doors ein Quartett um den Sänger Jim Morrison. Auf dem Höhepunkt ihrer Laufbahn machten die Doors mit ihren Platten Millionenumsätze und wurden an Popularität höchstens von den Beatles überboten. Wegen ihrer zum Teil gewagten Shows hatte die Gruppe in manchen US-Bundesstaaten Auftrittsverbot bzw. forderte Massendemonstrationen heraus. 1971 trennte sich der meist in schwarzer Lederkleidung auftretende und als Sexidol der Hippie-Generation verehrte Morrison von seiner Band. Im gleichen Jahr starb er in Paris an einem Herzschlag.

Als Jim Morrison noch zu den Doors gehörte, begann 1966 in der Musikkneipe Matrix in der Filmore Street in San Francisco die Gruppe Jefferson Airplane eine legendäre Karriere. Sie begründete den psdychedelischen San Francisco Sound, der während der Flower-Power-Bewegung auch unter dem Namen *Acid Rock* die lokale Musikszene beherrschte. 1971 veröffentlichte das einflussreiche Magazin Rolling Stone einen Artikel, in dem die Gruppe als ein Schiff bezeichnet wurde, das seine Passagiere zu den revolutionären Fantasien ihrer eigenen Gehirne bringe. Wenig später begann sich die Gruppe aufzulösen, um sich danach personell verändert unter dem Namen Jefferson Starship neu zu formieren. Mit dem Musikerwechsel ging ein stilistischer Wechsel von der Rockmusik zur kommerziellen Schlagermusik einher. Als Bandleader Jerry Garcia 1995 in San Francisco zu Grabe getragen wurde, versammelten sich Zehntausende Alt-Hippies zu seinem Abschied im Golden Gate Park.

Oldies und Neo-Hippies

Obwohl sie personell wie musikalisch eine erstaunliche Gruppendisziplin praktizierten, hielten The Eagles bei weitem nicht so lange zusammen wie etwa The Grateful Dead. Zum ersten gemeinsamen Auftritt der Eagles kam es 1970 anlässlich eines Konzerts der Sängerin Linda Ronstadt. Danach blieben die Musiker zusammen und erarbeiteten ein Repertoire, das vom ungeschminkten Rock 'n' Roll bis zur Bluegrass-Musik reichte. Schon nach dem 1976 veröffentlichten Ohrwurm »Hotel California« wurde ihnen ein nostalgieträchtiger, kommerzialisierter Sound vorgeworfen, was der Popularität der Gruppe keinen Abbruch tat. 1981 löste sie sich auf, als einzelne Mitglieder es vorzogen, eine Solokarriere zu beginnnen. Gut 13 Jahre später beschlossen fünf ehemalige ›Adler‹, die Gruppe neu entstehen zu lassen. Auf ihrer (endgültigen?) Abschiedstournee gastierten The Eagles 2006 auch in Deutschland. Im Oktober 2007 veröffentlichten sie mit »Long Road Out Of Eden« ihr neuestes Album (http://eaglesband.com).

Im Jahre 1964 gründeten sich in Los Angeles The Byrds, die auf elektrischen Instrumenten Folk Songs spielten und in Kalifornien schon nach wenigen Jahren zu Kultfiguren der Musikszene gehörten. Ihre literarisch ansprechenden Texte machten die Rockmusik auch für amerikanische Intellektuelle salonfähig. Der erste große Hit der Byrds war 1965 der von Bob Dylan stammende Song »Mr. Tambourine Man«, mit dem der Lead-Sänger und Gitarrist Jim McGuinn zu einem der populärsten Interpreten im Lande wurde. Die Gruppe löste sich in der ersten Hälfte der 1970er-Jahre endgültig auf, wenn auch McGuinn aus finanziellen Gründen später noch mehrmals vergeblich versuchte, die originale Besetzung wieder zusammenzubringen.

Howlin' Rain aus San Francisco (www.howlinrain.com) und die in Santa Cruz beheimateten Comets of Fire um den Gitarristen Ethan Miller (www.cometsonfire.com) sind Teil einer Musikszene, die sich erst in jüngerer Vergangenheit herausbildete und die sich ganz bewusst von der modernen Populärkultur abwendet. Dass sie als Neo-Hippies und Retro-Rocker bezeichnet werden, hat nicht nur mit ihrem äußeren Erscheinungsbild zu tun, das an die Flower-Power-Bewegung der 1960er-Jahre erinnert. Ebendort sind auch ihre spirituellen Wurzeln verankert, die sie nach neuen Lebensformen abseits von Kommerz und Hightech suchen lassen.

Essen und Trinken

Von wegen Hamburger mit in Ketchup eingeweichten Fritten: Die Küche im Südwesten zeigt sich so variantenreich wie in keinem anderen Landesteil der USA. Auch eine gehörige Portion von kreativen und innovativen Ingredienzien ist ihr eigen, wie etwa die gesundheitsorientierte *California Cuisine* beweist, die auf dem ganzen Kontinent Schule gemacht hat. Läuten dem Fast Food die Todesglocken?

Zugegeben: Saftige Steaks, das unvermeidliche Prime Rib, Pizzen, gebratene Hähnchen und Hamburger in Variationen sind nach wie vor die Klassiker unter den amerikanischen Gaumenfreuden, um die man kaum herumkommt. Aber an der nationalen und regionalen Küchenfront hat sich in jüngerer Vergangenheit einiges verändert.

California Cuisine

Als der italienische Gastronom César Cardini im mexikanischen Tijuana südlich von San Diego im Jahr 1924 aus Romana-Salat, in Knoblauch gerösteten Croutons, frisch geriebenem Parmesankäse und einem Dressing aus Olivenöl, Zitronensaft, Worcestershire-Sauce und Eigelb einen Salat kreierte, konnte er nicht ahnen, dass er mit dem Prototyp des Caesar Salad quasi einen Vorgänger der California Cuisine schuf – frisch und kalorienarm. Jahrzehnte später besannen sich Küchenchefs wie Alice Waters in ihrem Lokal Chez Panisse in Berkeley (www.chezpanisse.com) und der mittlerweile verstorbene Jean Bertranou im legendären Restaurant L'Ermitage in Los Angeles auf ebenjene beiden Charaktereigenschaften von Küchenzutaten und halfen der neuen kalifornischen Küche in die Steigbügel für einen Parforce-Ritt durch die amerikanische Gourmetlandschaft. Sie begannen sich von der herkömmlichen Zubereitung von Speisen etwa mit überall im Lande üblichen Dickmachersaucen zu verabschieden, um in Anbetracht der über das Land schwappenden Gesundheitswelle einen nicht schwer im Magen liegenden, sondern leicht verdaulichen Küchenzauber zu kreieren. Dabei galt das gerade im *Golden State* so populäre Motto »Anything goes« (alles ist erlaubt) auch für die kulinarischen Aspekte des Lebens und schlug sich in Fantasie, Abwechslung und Mut zum Außergewöhnlichen nieder.

Krabbensaison

In der California Cuisine spielen Fisch und Meeresfrüchte eine große Rolle, weil sie leicht verdaulich sind und einen hohen Eiweißanteil haben. Im neuesten Ernährungstrend heißt die Zauberformel ohnehin *low carb* – wenig Kohlenhydrate. Neben Spezialitäten aus dem Pazifik wie Mahi-Mahi (Goldmakrele), Snapper, Riesengarnelen sowie Schwert- und Thunfisch steht in der Krabbensaison zwischen Mitte November und Juni speziell in San Francisco die Dungeness Crab in der Gunst des Publikums an oberster Stelle. Der 1–4 Pfund schwere Kalifornische Taschenkrebs *(Cancer magister)* kommt in einem 800 km^2 großen Gebiet an der zentralkalifornischen Küste vor und löst Jahr für Jahr unter Gourmets einen Ansturm auf Fischlokale aus.

Höhepunkt der Saison ist das jeweils im Februar an mehreren Stellen stattfindende Krabbenfest, das zu Monatsbeginn mit Kochdemonstrationen und Weinproben beginnt und Ende Februar auf ähnliche Weise endet. Feinschmecker genießen das süßliche, saftige Krabbenfleisch direkt aus der Schale mit frischem Baguette und gut gekühltem Chardonnay. Es lässt sich aber auch auf vielfältige Art und Weise verarbeiten. Ein Klassiker ist etwa *Cioppino*, ein Meeresfrüchte-Eintopf in Wein-Tomaten-Soße mit frischem Fisch, Muscheln, Garnelen und Krebsfleisch. Restaurants in Chinatown servieren das Krabbenfleisch mit einer Beilage aus fermentierten schwarzen Bohnen und reichlich Knoblauch.

Mexikanische Küche

Auch im Südwesten ist der Pionierspeisezettel mit Kalorienbomben und Sattmachern einer internationalen Menü-Auswahl gewichen. Trotzdem ist die mexikanisch inspirierte Küche ein kulinarischer Renner geblieben bzw. hat über die Jahrzehnte sogar Terrain hinzu gewonnen. In Arizona verköstigen mittlerweile 25 % aller Restaurants ihre Gäste mexikanisch, in New Mexico liegt der Anteil sogar noch höher. Wer die Latinoküche schon einmal genossen hat, weiß von der geradezu rituellen Bedeutung, die in ihr eine wichtige Zutat hat: die Chili-Schote.

Chilis

Als »paprikaähnliche Beerenfrucht eines in Afrika, Indien und Japan angebauten Nachtschattengewächses« definiert das Lexikon den Begriff Chili. Im Südwesten und im benachbarten Mexiko wird darunter weniger ein agrarisches Erzeugnis als vielmehr eine Weltanschauung verstanden. Und zwar schon lange. Wahrscheinlich gelangten die ersten scharfen Schoten durch mexikanische Indianer mit der Coronado-Expedition 1540 auf heute amerikanischen Boden. Als die Spanier 1598 mit der Kolonisation von New Mexico begannen, standen auf ihrem Speisezettel jedenfalls schon unterschiedlich farbige Chilis. Sie waren so mild, dass sie von den Mäusen schneller gefressen wurden, als sie von den Bauern geerntet werden konnten. Mag sein, dass sich die neumexikanischen Farmer deshalb im Sinne einer landwirtschaftlichen Vorwärtsverteidigung auf den Anbau schärferer Sorten konzentrierten.

Schon im frühen 19. Jh. waren Chilis unverzichtbare Bestandteile der regionalen Küche. Wenn die Schoten nicht roh, geröstet oder gebraten gegessen wurden, schlichen sie sich zumindest in getrockneter und gemahlener Form in die täglichen Mahlzeiten, Frühstück inklusive. Von einem damaligen Händler sind Klagen darüber bekannt, dass die Chilischärfe viele Gerichte bis zur Unkenntlichkeit entstellte. Einheimische begegnen solchen Einwänden mit der Gelassenheit von Profis, die über Amateure zu befinden haben. Denn ihre langjährige Chili-Erfahrung hat sie mit einer Art Naturgesetz vertraut gemacht: Je mehr Chili man isst, desto größer wird das Verlangen danach.

Mund und Nase sind keineswegs die einzigen von Chilis angesprochenen Sinnesorgane. Im Spätsommer und Herbst dekorieren die Einwohner von New Mexico ihre Haustüren und Balkongeländer gerne mit *ristras*. Rot glänzende Schoten werden auf Schnüre oder Drähte gezogen und als feurige Girlanden aufgehängt – nicht nur als typischer Schmuck, sondern auch, um die Feldfrüchte auf diese Weise in der Sonne zu trocknen und haltbar zu machen. *Ristras* tauchen in New Mexico auf vielen Bauernmärkten und selbst in den Souvenirläden von Santa Fe und Albuquerque auf. Dennoch sind sie keine Erfindung des modernen Tourismus, sondern haben eine lange Tradition. In der spanischen Kolonialzeit waren sie in der damals üblichen Tauschwirtschaft Zahlungsmittel. Im 18. Jh. bekam man für eine Chili-Girlande etwa zwei Pfund Zucker, ein Pfund Schokolade oder ein Paar Schuhe. Waren die Schoten trocken, wurden sie als Würzmittel zermahlen, während die Hausfrau die Samen für die neue Saat aufbewahrte. In jüngster Vergangenheit hat sich bei manchen *ristras*-Herstellern eingebürgert, die Girlanden der Optik wegen mit

Lack zu besprühen. Das sieht zwar gut aus, macht die Schoten aber natürlich ungenießbar.

Von den speziell in New Mexico bekannten 5 kultivierten und 20 wilden Sorten eignen sich für die *ristras* vor allem die langen und spitz zulaufenden Schoten. Sie gehören zur Spezies *capsicum annuum*, während rundere, gedrungene Schoten häufig zur Gattung der *capsicum pubescens* zählen. Sie zeichnen sich durch eine derart extreme Schärfe aus, dass sie unter der hispanischen Bevölkerung unter dem Namen *levanta muertos* bekannt sind, weil sie Tote zum Leben erwecken können. Dennoch darf die Behauptung, dass das Fleisch eines ganzen Ochsen ungenießbar würde, falls ein Tier eine einzige Chili-Schote verschlänge, getrost als Übertreibung eingestuft werden.

Chili-Variationen

Chili heißt im Südwesten nicht nur die Pflanze, sondern auch das daraus geriebene Gewürzpulver. Für die Nationalspeise *Chili con carne* (Chili mit Fleisch) hat fast jede Familie ihr eigenes Rezept. Es gibt Chili-Kochwettbewerbe, eine eigene Zeitung, die nur über die Kochereignisse der Chili-Liebhaber berichtet, und die Gemüter erhitzen sich im Glaubenskrieg darüber, ob in das Chili Bohnen gehören oder nicht. Häufig sind die Spezialrezepte so scharf, dass Nichteingeweihten die Nase läuft, noch ehe das Probieren begonnen hat. Kenner wissen, dass man sich von den Tantalusqualen nicht durch eiskaltes Bier, sondern höchstens durch Milchprodukte oder *sopaipillas* (fritiertes Gebäck), die mit Butter und Honig gegessen werden, befreien kann. Auch Sauerrahm oder eine frische Avocadocreme mit Limonensaft *(guacamole)* besänftigen den brennenden Gaumen.

Vorsichtige Gemüter werden im Südwesten erst einmal mit den harmloseren Schätzen der Regionalküche vorlieb nehmen, etwa den aus Mais- oder Weizenmehl hergestellten *tortillas*. Je nach Weiterverarbeitung bzw. Füllung mit verschiedenen Fleischsorten, Tomaten, Chilis, klein geschnittenem Salat oder Käse kommen sie als *enchiladas, burritos, tacos* oder *tostadas* auf den Tisch, begleitet von einer Soße aus roten oder grünen Früchten. Man sollte nachfragen, welche davon die schärfere ist – denn entgegen landläufiger Meinung muss es nicht immer die rote sein.

Schnelle Mahlzeiten

Der Food Court

Als man in den 1980er-Jahren auf amerikanischen Flughäfen und in neuen Einkaufszentren über gastronomische Verpflegungskonzepte nachdachte, erlebte der Food Court seine Geburtsstunde. Dabei handelt es sich

Sushi-Restaurant in San Franciscos Chinatown: Fast Food auf hohem Niveau

um eine Ansammlung unterschiedlicher, in einer speziellen Zone liegender Küchen, an deren Tresen man sich fertige Gerichte und auch Getränke holen kann, um sie an gemeinsamen Tischen zu verzehren. In den meisten dieser Einrichtungen tauchen in der Regel immer dieselben Filialen auf, die Pizzen, chinesische oder griechische Gerichte, Sandwiches, Hamburger und Kaffee mit süßen Teilchen anbieten. Wer beim Einkaufen von Hunger geplagt wird oder ein Plätzchen zum Verschnaufen bei Tee oder Kaffee sucht, ist in einem Food Court gut aufgehoben. Dort findet man grundsätzlich auch öffentliche Telefone und Toiletten.

Take Away

Was man in den USA als Take Away bezeichnet, ist ähnlich wie die Einrichtung der Drive-Ins und generell das Fast Food offenkundig die kulinarische Begleiterscheinung einer durch hohe Mobilität gekennzeichneten amerikanischen Arbeitswelt. Imbisse und Restaurants sind in viel höherem Maße als hierzulande auf Gäste eingestellt, die ihr Essen nicht vor Ort genießen, sondern speziell verpackt mitnehmen. Das trifft auf viele ethnische Lokale, aber auch auf die in den USA populären Pizza-Bäckereien zu, deren Produkte sich von italienischen Pizzen durch ihren mächtigen Belag *(topping)* unterscheiden.

Als Hotel- oder Motelgast kann man sich eine Pizza problemlos telefonisch aufs Zimmer bestellen. Am sichersten ist es, eher auf die bekannten Pizzaketten zurückzugreifen, weil hier und da unkontrollierte Hinterhofküchen ihre Produkte zwar mit Zettelaktionen sehr gut anpreisen, hygienische Bedenken aber leider nicht immer aus der Luft gegriffen sind.

Gesünderes Fast Food?

Längst ist die Gesundheitswelle in den USA über Jogging-Programme und Aerobic-Kurse hinausgeschwappt und hat den Sektor Ernährung überschwemmt. Gesunde Küche ist der neue Imperativ in einem Land, das unter 60 % Fettleibigen in seiner Bevölkerung ächzt. Ein Umdenken scheinen nicht nur nationale Statistiken bewirkt zu haben. Der US-Filmemacher Morgan Spurlock drehte den provokanten Dokumentarfilm »Super Size Me« über einen heroischen Selbstversuch: Er verzehrte 30 Tage lang nur Hamburger einer führenden Imbisskette und hatte danach 12 Kilo mehr auf den Rippen. Eine andere Konsequenz des Dokumentarfilms war eine breit geführte Diskussion über gesunde Ernährung. Die betreffende Hamburgerkette entschloss sich unter dem öffentlichen Druck, kalorien-, fett- und zuckerreduzierte Gerichte anzubieten. Nachdem wissenschaftliche Untersuchungen festgestellt hatten, dass sogenannte Trans-Fettsäuren gesundheitliche Risiken bergen, entschied sich eine in den USA welt verbreitete Hähnchenbraterei, ihre Geflügelteile nicht mehr im bislang üblichen Fett, sondern in einem gesünderen Soyabohnenöl zu backen. Andere Fast-Food-Ketten, die bislang etwa Pommes frites nach bewährter Art herstellten, verabschieden sich ebenfalls vom ›Killerfett‹. In zahlreichen amerikanischen Großstädten ist die Verwendung von Ölen und Fetten mit Trans-Fettsäuren in Restaurants mittlerweile untersagt.

Alkoholische Getränke

Zwar hat der Weinkonsum im Land gewaltig zugenommen (s. u.). Dennoch sind die USA traditionell ein Land der Biertrinker. Vor allem Dosenbier steht hoch im Kurs, seit 1935 in Richmond (Virginia) der Gerstensaft erstmals in einer speziell beschichteten Metalldose auf den Markt kam. Seit damals hat der Sixpack (Sechserpack) seinen weltweiten Siegeszug angetreten. Dosen- und Flaschenbier gibt es in vielen Sorten und Größen. Neben amerikanischen Marken haben sich auch Importbiere aus aller Welt etabliert. Sehr beliebt, wenn auch etwas teurer als amerikanische Markenware ist mexikanisches Importbier. In Bierkneipen, Bars und Restaurants wird das helle oder dunkle Kühle auch vom Fass gezapft, ohne Schaumkrone. Amerikaner bevorzugen eiskaltes Bier. Häufig wird es sogar in gefrorenen Gläsern serviert. Der Alkoholgehalt liegt in der Regel unter 4,5 %, weil höherprozentiges Bier nur noch als *malt liquor* verkauft werden darf. Bei den weit verbreiteten Leichtbieren liegt der Alkoholgehalt unter 0,5 %. In den vergangenen Jahren sind im ganzen Land Mini- und Mikrobrauereien wie Pilze aus dem Boden geschossen und machen den Riesenkonzernen mit eigenen Produkten hauptsächlich lokal und regional Konkurrenz.

Neuere Trends

War es früher eher unüblich, Motel- und Hotelgästen Zimmer einschließlich Frühstück anzubieten, so änderte sich das in den letzten Jahren. Häufig wird dem Übernachtungsgast die Unterkunft inklusive *Continental Breakfast* offeriert. Allzu viel erwarten kann man davon nicht. In der Regel handelt es sich um ein in der Lobby aufgebautes ›Alibifrühstück‹ für Selbstbediener mit Kaffee aus dem Pappbecher und süßem Teilchen. In B & B-Unterkünften hingegen fällt die erste Mahlzeit des Tages nicht selten sehr reichhaltig aus.

Showküchen

Schon seit Jahren gibt es weltweit Restaurants, in denen eingeschworene Gästegemeinden unter geradezu konspirativen Bedingungen an Küchentischen Platz nehmen dürfen, um in intimer Nähe zu Öfen und

Kochtöpfen zu speisen. Manche amerikanischen Lokale haben die Idee in jüngster Zeit weiter entwickelt und ihre Küchen mitten in die Gasträume gestellt, um ihr kulinarisches Angebot um einen reizvollen Showeffekt zu erweitern. Mittlerweile werden in immer mehr Lokalen die Küchen zur Theaterbühne, die Köche zu Schauspielern und die hungrigen Gäste zu zahlendem Publikum, das sich von bislang geheimen Tricks und Kniffs etwas abzugucken erhofft. Allzu oft vergeblich, weil die Profis der Töpfe und Pfannen arbeiten wie Formel-1-Mechaniker bei einem Boxenstopp. In der Mehrzahl findet man offene Showküchen in Restaurants der höheren Preisklasse.

Wein-Kultur

In den 1980er-Jahren gab es Restaurants mit einer ernst zu nehmenden Weinkarte höchstens in einer Handvoll Großstädte, und meistens handelte es sich dabei um französische Lokale. Eine Generation später existiert in den USA eine Weinkultur mit guten Tropfen von Weinbergen aus aller Welt, mit einer erklecklichen Auswahl an Fachliteratur und Kursangeboten für Weinkenner oder solche, die es werden wollen. Ein akzeptables Weinangebot ist mittlerweile für viele US-Restaurants nicht nur eine Imagefrage, sondern ein unabdingbares Kriterium für wirtschaftlichen Erfolg, weil Gastronomen ca. 30 % ihrer Einkünfte mit Rot-, Rosé- und Weißwein bestreiten. Inzwischen hat sich der Weinkonsum sogar schon so weit etabliert, dass viele Lokale in San Francisco, Los Angeles und Denver händeringend nach qualifizierten Sommeliers Ausschau halten, die eine immer kenntnisreichere und anspruchsvollere Weintrinkerklientel umsorgen können. Einer Studie zufolge konsumierten Amerikaner im Jahr 2006 ca. 20 % des weltweit getrunkenen Weins, ein Anteil, der sich in Zukunft noch steigern und die USA zum größten Weinkonsumenten der Welt machen soll – vor traditionellen Marktführern wie Frankreich, Italien und Spanien. Mittlerweile bieten manche Fachgeschäfte sogar praktische Grundausrüstungen für Do-it-yourself-Winzer an, die ihren eigenen Wein herstellen.

Kaffee-Kultur

Wer mit Amerika oder zumindest amerikanischen Filmen vertraut ist, kennt die Szene. Egal ob im Western der Cowboy nach dem blechernen Kaffeetopf am Lagerfeuer greift, der überarbeitete Cop im Revier seine Kaffeetasse zwischen Aktenbergen sucht oder der Autofahrer mit einem Pappbecher aus der Tankstelle zurückkehrt: Seit den Pioniertagen begleitet der schwarzbraune Sud Amerikas Bevölkerung offenbar Tag und Nacht und ist für viele zur Obsession geworden. Anders lässt sich nicht erklären, warum etwa die Kette Starbucks in jeder amerikanischen Stadt Cappuccino und Macchiato braut und sich mit über 12 000 Kaffeehäusern in Nordamerika, Lateinamerika, Europa, im Mittleren Osten sowie im asiatisch-pazifischen Raum seit 1971 zum weltweit führenden Anbieter, Röster und Vermarkter aufgeschwungen hat. Kaffeeduft schwingt nicht nur durch Tankstellen, wo der Bohnensud meist vor sich hin köchelt, bis man am Nachmittag mit den eingedickten Überresten Dächer regensicher verfugen könnte. Cafés findet man mittlerweile auch in Buchläden, Food Courts, Supermärkten und Shopping Malls.

Europäer sagten den Zeitgenossen in der Neuen Welt früher gerne und nicht ganz zu Unrecht nach, dass dieses legendäre Gesöff den Namen Kaffee nicht verdiene. Seit die neue Welle den amerikanischen Kontinent überschwemmt, hat sich in Sachen Kaffee allerdings Bahnbrechendes verändert. Neuentdeckungen tragen Namen wie Espresso, Mocha oder Café Latte, und die frühere ›Blümchenplörre‹ musste einem höher konzentrierten, viel schmackhafteren Aufguss den Platz räumen. Gewohnheitsbedürftig sind zumindest für Traditionalisten Kaffees mit beigemischter Vanille und Orangengeschmack oder ein Mix aus Espresso und Coca-Cola. Sogar die auf dem Gesundheitstrip befindlichen Segmente der kalifornischen Gesellschaft sind der Kaffee-Attacke erlegen. Das ist umso erstaunlicher, als den Staatsbürgern Substanzen wie Nikotin oder Alkohol bereits per Dekret abgewöhnt wurden. Für Asketen kommen Eis- und Yoghurtsorten ohne Fett und Zucker auf den Tisch – geschmacklich eher fragwürdig, aber kalorienfrei. So bleibt zumindest beim schmackhaften Tässchen Espresso auch der kalifornischen Bevölkerung noch eine Droge, deren Konsum nicht unmittelbar in die Kriminalität führt.

Der Kaffeekult brachte nicht nur zum Teil abenteuerliche Varianten des Heißgetränks auf den Markt, sondern schuf eine neue Subkultur. Ohne Dichterlesungen, Kunstausstellungen, Happenings, Livemusik und Öffnungszeiten bis vier Uhr morgens kommen im Trend liegende Cafés nicht aus. Wer als Gastronom etwas auf sich hält, hat ein Kaffeemagazin mit Rezepten, Veranstaltungshinweisen und amüsanten Geschichten ausliegen. Auch Infos über Kaffeeröstereien, Kaffeesorten und neue Kaffeehäuser sind die ideale Lektüre bei einem Mocha oder einem koffeinfreien Kaffee mit Magermilch, der im neuen Jargon *unleaded and skinny* (bleifrei und dünn) heißt.

Neue Teekultur

Bis in die 1990er-Jahre wussten Amerikaner kaum mehr über Tee, als dass ihre Landesgeschichte mit der sogenannten *Boston Tea Party* eine Wende genommen hatte. In dieses Bild passt auch die Tatsache, dass der bei echten Teeliebhabern verpönte Teebeutel 1904 in den USA seine Geburtsstunde erlebte. Aber ähnlich wie mit Kaffee begann sich vor wenigen Jahren auch in Sachen Tee eine neue Szene zu bilden, die bis heute hauptsächlich in Großstädten gepflegte Teestuben entstehen ließ, in denen auch Amerika die Historie der seit 5000 Jahren aufgebrühten Blätter fortzuschreiben beginnt. Ob im gemütlichen Beehive Tea Room in Salt Lake City (12 West 300 South, Tel. 801-328-4700, www.beehivetearoom.com), in der Samovar Tea Lounge in San Francisco (730 Howard St., Tel. 415-227-9400, www.samovartea.com), dem Teánce Tea Room in Berkeley (1780 Fourth St., Tel. 510-524-2832, www.teance.com) oder HighSocieTea in Reno mit der Atmosphäre einer typisch englischen Bibliothek (131 California Ave., Tel. 775-329-8327, www.highsocietea.com): Grüner Tee, duftender Darjeeling, samtweicher Java, Jasmin und Oolong sind neuerdings en vogue.

Restaurantetikette

Wie es bei einem Abendessen in einem Restaurant zugeht, lässt sich am besten an einem konstruierten Beispiel zeigen. An diesem Abend verzichten Sie auf Badesandalen und Strandkleidung und haben sich dezenter gewandet – mit Schlips und Jackett wäre ein Herr nicht *overdressed* (zu gut angezogen). Auf die Krawatte kann ›man‹ aber auch verzichten. Bei Ihrer Ankunft mit dem Leihwagen erwartet Sie ein Angestellter vor dem Restaurant neben einem Schild mit der Aufschrift »Valet Parking«. Das bedeutet, dass der Angestellte Ihren Wagen auf den Parkplatz fährt und Ihnen einen nummerierten Parkschein aushändigt. Das obligatorische Trinkgeld von einem oder zwei Dollar bezahlen Sie aber erst, wenn Sie den Angestellten nach dem Restaurantbesuch um Ihren Wagen bitten.

In der Lobby fordert Sie das Schild »Wait to be seated« auf zu warten, bis Sie an Ihren Tisch gebracht werden. Sobald Sie Platz genommen haben, wird sich der *waiter* bzw. die *waitress* (Bedienung) namentlich bei Ihnen vorstellen und Ihnen die Menükarte reichen. Bei der Bestellung des Hauptgangs haben Sie mehrere Optionen. Erste Frage ist meist *Soup or salad?* (Suppe oder Salat). Falls Sie Salat wählen, kommt die nächste Frage What *kind of dressing do you prefer?* (Was für eine Salatsoße möchten Sie gerne?). Gängige Geschmacksalternativen sind French, Italian, Thousand Islands, Ranch, Blue Cheese oder Oil & Vinegar (Essig & Öl). Essen Sie Fleisch, können Sie wählen, wie Sie Ihr Steak gebraten haben wollen: *How would you like your steak cooked? Medium, well done or rare?* (Wie möchten Sie Ihr Steak? Medium, ganz durch oder blutig?). Danach geht es um die Beilagen, wieder nach dem Multiple-Choice-System: *baked potatoe* (eine Ofenkartoffel im Alufolienmäntelchen), *rice* (Reis), *french fries* (Pommes frites), *vegetables* (Gemüse) …

Die Nachspeise *(dessert)* besteht in den USA meist aus etwas Süßem, einem Eis oder vielleicht einem Stückchen Kuchen. Kaum hat man den letzten Bissen geschluckt, tritt die Bedienung oder der Kellner mit der letzten Fragen des Abends an den Tisch: *Anything else you want tonight?* (Möchten Sie noch etwas?). Bis man die Rechnung *(check)* auf dem Tisch hat, vergehen nur noch Sekunden. Nach dem Essen am Tisch bei einem Glas Wein sitzen zu bleiben, entspricht nicht amerikanischen Sitten. Wer noch etwas trinken will, zieht an die Restaurant-Bar um oder sucht sich in der Nachbarschaft das, was Amerikaner in Erinnerung an vergangene Pionierzeiten gemeinhin als *watering hole* (Wasserloch) bezeichnen: eine Kneipe.

Selbstversorgung

Ein fürstliches Lunch muss nicht immer im Restaurant stattfinden. Auf Picnic Areas mit Tischen und zum Teil fließendem Wasser kann man Mitgebrachtes verzehren. Für ca. fünf Dollar bekommt man eine Wegwerf-Kühlbox *(cooler)* aus Styropor. Eis zum Kühlen gibt es in jedem Supermarkt, an Tankstellen oder an Eismaschinen in Motels. Amerikanische Supermärkte sind gut sortiert, lange geöffnet und übersichtlich, und der Service wird groß geschrieben. Wartezeiten an Kassen werden Kunden nirgends zugemutet. Obst und Gemüse wiegt das Personal an der Kasse. Man kann sich die Einkäufe auch problemlos zum Auto bringen lassen. Wer von der betreffenden Supermarktkette eine kostenlose Kundenkarte besitzt, shoppt zu Schnäppchenpreisen.

Warenangebot und Preise sind mit großen deutschen Märkten vergleichbar. Frischmilch ist teurer, gutes Brot rar. Dafür kann man aus einer Galaxie an Süßgetränken auswählen. Einheimisches Mineralwasser wird meist als Club Soda angeboten. Viele Märkte besitzen eine heiße Theke, an der man nicht nur frischen Kaffee in vielen Geschmacksvarianten, sondern auch heiße Mahlzeiten von Schälrippchen bis Kartoffelbrei und Brathähnchen bis Gemüse bekommt. Suppen- und Salattheken sind seltener. An Wein und Bier herrscht kein Mangel. In manchen Bundesstaaten bzw. Landkreisen ist der Verkauf von alkoholischen Getränken am Sonntag nicht erlaubt. Wer nicht im fortgeschrittenen Alter ist, darf sich nicht wundern, wenn an der Kasse ein Personalausweis oder Führerschein verlangt wird (21 Jahre Mindestalter). Hie und da müssen sich selbst Rentner ausweisen, weil Verkaufskassen nur reagieren, wenn Verkäufer(innen) das Geburtsdatum des Kunden eingeben.

Kulinarische Abenteuer

In Denver soll 1944 in einem Lokal am Speer Boulevard der berühmte amerikanische Cheeseburger das Licht der Welt erblickt haben. Seitdem hat sich der Hamburger mit Käsescheibe wie eine Epidemie über den Globus verbreitet. Aber Denver ist noch für eine andere Küchenkreation bekannt, und zwar die Rocky Mountain Oysters. Austern aus dem Hochgebirge? Weit gefehlt, denn bei dem Gericht handelt es sich um frittierte, in Streifen geschnittene Stierhoden, die man selbst bei aller Liebe zu lokalen Gaumenfreuden nicht probiert haben muss, weil man sie riecht, bevor man sie zu sehen bekommt.

Salt Lake City ist nicht nur Weltspitze im Ketchupverbrauch. Die Burgerkette Arctic Circle verkauft ihre Angus-Burger und Pommes mit »Fry-Sauce«, einer Kombination aus Ketchup, Mayonnaise, Eiern und anderen geheimen Ingredienzien. Die Einheimischen schwören auf die rosafarbene Sauce, die sie mit Vorliebe über ihre Pommes träufeln. Eine andere lokale Spezialität sind salzige Bonbons. Die entsprechenden Verkaufsstellen erkennt man in der Regel an Knetmaschinen, die den zähen, karamellfarbigen Bonbonteig stundenlang in Bewegung halten.

Gute Steakhäuser bieten extrem fettarmes Fleisch vom Bison an, das wegen dieser Qualität in gesundheitsbewussten Küchen in den letzten Jahren immer beliebter geworden ist. 100 g Bisonfleisch haben nur gut 2 g Fett, während der Fettanteil bei der gleichen Menge magerem Rindfleisch 15 g beträgt.

Im Restaurant

Bitte warten, bis ein Tisch zugewiesen wird.	Please wait to be seated!
Essen nach Belieben zum Einheitspreis	all you can eat
Die Speisekarte, bitte.	The menu please.
bezahlen bitte	my check please
Wo bitte sind die Toiletten?	Where are the restrooms, please?
Vorspeise	appetizer
Frühstück	breakfast
Mittagessen	lunch
Abendessen	dinner
Hauptgang	entrée
Auf Ihr Wohl!	Cheers!
Zum hier Essen oder zum Mitnehmen?	For here or to go?
Bedienen Sie sich selbst!	Help yourself!
Bestellung	order
Trinkgeld	tip
Kellner/Kellnerin	waiter/waitress

Zubereitung/Spezialitäten

rare, medium rare, well done	blutig, rot, rosa, durch
boiled egg	hartes Ei
broiled	gegrillt
deep fried	frittiert (meist mit Panade)
eggs, sunny side up	Spiegeleier (Eigelb nach oben)
eggs, over easy	Spiegeleier (beidseitig gebraten)
fried	in Fett gebacken, oft paniert
stuffed	gefüllt
caesar's salad	Romanasalat mit Anchovisfilets und Parmesan
chef salad	Eissalat mit Schinken
cole slaw	Kohl-Karotten-Salat
onion rings	frittierte Zwiebelringe
scrambled eggs	Rühreier
burrito	mit Hack, Bohnen u. a. gefüllte Tortilla
chili relleno	mit Käse gefüllte Pfefferschoten
enchiladas	gerollte Tortillas mit Chili und Fleisch
guacamole	Avocadopaste
nachos	Tortilla-Chips
tacos	gefüllte Maistortillas
tamales	Chili und Hackfleisch in Maisblätter gehüllt
tortilla	dünne Fladen aus Mais- oder Weizenmehl

Fisch und Meeresfrüchte

bass	Barsch
clam chowder	Venusmuschelsuppe
cod	Kabeljau
crabs	Krebse/Krabben
flounder	Flunder
haddock	Schellfisch
halibut	Heilbutt
gambas	Garnelen
lobster	Hummer
mussels	Miesmuscheln
oysters	Austern
prawns	Riesengarnelen
salmon	Lachs
scallops	Jakobsmuscheln
shellfish	Schalentiere
shrimps	Krabben
sole	Seezunge
swordfish	Schwertfisch
trout	Forelle
tuna	Thunfisch

Fleisch

bacon	Frühstücksspeck
beef	Rindfleisch
ham	Schinken
porc chops	Schweinekoteletts
prime rib	saftige Rinderbratenscheibe
sausages	Würstchen
veal	Kalbfleisch
meatloaf	Hackbraten
ground beef	Hackfleisch vom Rind
spare ribs	Rippchen

Geflügel und Wild

duck	Ente
chicken	Hähnchen
drumstick	Hähnchenkeule
rabbit	Kaninchen
roast goose	Gänsebraten
turkey	Truthahn
venison	Reh bzw. Hirsch
wild boar	Wildschwein

Gemüse und Kräuter

french fries	Pommes frites
beans	Bohnen
cabbage	Kohl
carrot	Karotte
cauliflower	Blumenkohl
cole slaw	Krautsalat
cucumber	Gurke
eggplant	Aubergine
garlic	Knoblauch
lentils	Linsen
lettuce	Kopfsalat
mushrooms	Pilze
peppers	Paprika
peas	Erbsen
potatoes	Kartoffeln
hash browns	Bratkartoffeln
squash; pumpkin	Kürbis
sweet corn	Mais
onion	Zwiebel
pickles	Essiggurken

Obst

apples	Äpfel
apricots	Aprikosen
blackberries	Brombeeren
cantaloup	Zuckermelone
cherries	Kirschen
figs	Feigen
grapes	Weintrauben
lemon	Zitrone
melon	Honigmelone
oranges	Orangen
peaches	Pfirsiche
pears	Birnen
pineapple	Ananas
plums	Pflaumen
rasberries	Himbeeren
rhubarb	Rhabarber
strawberries	Erdbeeren

Käse

cheddar	kräftiger Käse
cottage cheese	Hüttenkäse
goat's cheese	Ziegenkäse
curd	Quark

Süßes, Gebäck, Nachspeisen

blueberry muffin	Rührteiggebäck mit Blaubeeren
brownie	Schokoplätzchen
pastries	Gebäck
cinnamon roll	Zimtschnecke
french toast	Toast in Ei gebacken
maple sirup	Ahornsirup
muffin	Kleingebäck
oat meal	warmer Haferbrei
pancake	Pfannkuchen
sundae	Eisbecher mit unterschiedlichen Zutaten
sweetener	Süßstoff
waffle with strawberries	Waffel mit Erdbeeren
whipped cream	Schlagsahne

Getränke

decaffeinated coffee (decaf)	entkoffeinierter Kaffee
tea (with lemon/milk)	Tee (mit Zitrone/Milch)
milk	Milch
lemonade	Limonade
root beer	dunkle Limonade
draught beer (on tap)	Bier vom Fass
icecube	Eiswürfel
iced tea	gekühlter Tee
juice	Saft
soda water	Selterswasser
light beer	alkoholarmes Bier
liquor	Spirituosen
mineral water	Mineralwasser
pitcher	Krug (Bier)
red/white wine	Rot-/Weißwein
sparkling wine	Sekt
brandy	Kognac

Die Golden Gate Bridge: Mythos und Wahrzeichen zugleich – keine andere Brücke besitzt eine vergleichbare Aura

Wissenswertes für die Reise

Der Südwesten im Internet

www.americansouthwest.net: Die bedeutendsten Naturwunder des Südwestens tauchen auf dieser Seite in Wort und Bild auf.

www.fhwa.dot.gov/planning/nhs: Wer keine Landkarte zur Hand hat, kann über diese Seite alle Informationen über das National Highway System abfragen und Karten als pdf-Dateien über sämtliche US-Bundesstaaten herunterladen.

www.local.live.com: Hervorragende Online-Landkarten und -Stadtpläne, auf denen man etwa nach Restaurants oder Sehenswürdigkeiten suchen kann.

http://usa.usembassy.de/dindex.htm: Umfangreiche, deutschsprachige Informationen über die USA von Geschichte über Regierung und Politik, Sport, Wissenschaft und Wirtschaft bis zu Reisen.

www.discoveramerica.com/de: Offizielle Reise- und Tourismusseite der USA mit Infos auf Deutsch.

www.nativetourism.org: Informative Seite über die ca. 550 auf US-Boden existierenden Indianerstämme und -reservationen mit Karten, Fotos und Hintergrundmaterial.

www.nativepeoples.com: Internetauftritt des *Native People Magazine*, des einzigen Magazins, das sich mit indianischen Angelegenheiten beschäftigt und in ganz USA verkauft wird.

www.legendsofamerica.com: Umfangreiche Materialsammlung über historische Reiseziele, Ereignisse und Persönlichkeiten, von Geisterstädten über berühmte Westernhelden und Indianerhäuptlinge bis zur Route 66.

www.westen-usa.de: Informationen über Reiseziele an der gesamten Westküste.

www.usatourist.com: Informationen über Bundesstaaten, Nationalparks, Städte, praktische Reisetipps

www.weather.com: Die Internetseite des amerikanischen Weather Channel informiert über das Wetter in allen Teilen der USA.

www.allabout-losangeles.com: Umfassendes Los-Angeles-Portal mit Informationen über Sehenswürdigkeiten, Hotels, Restaurants, Einkaufs- und Unterhaltungsmöglichkeiten in der Stadt.

www.americansouthwest.net: Umfassende englischsprachige Link-Sammlung zu Themen und Infos, welche die Staaten der Region bzw. die gesamten USA betreffen oder sich auf bekannte Sehenswürdigkeiten beziehen.

www.thingstodo.com/states/CA: Kalifornischer Webauftritt mit Informationen über die Landesgeschichte, einzelne Landesregionen, Daten, Fakten, Städte, Freizeitaktivitäten, Feste und Veranstaltungen, Unterkünfte.

www.firstgov.gov: Offizielles Webportal der US-Regierung mit einer Fülle an Informationen zu vielen Bereichen von Gesundheit über Kultur, Museen, Jobs und Politik bis zu Reise und Tourismus.

www.Ghosttowns.com: Übersichtliche Seite in einem riesigen Format über alle Geisterstädte in den USA, nach Bundesstaaten geordnet und mit einer anklickbaren Karte.

www.coloradobyways.org: Webseite über zwei Dutzend landschaftlich außergewöhnliche bzw. historisch bedeutende Straßen im Bundesstaat Colorado.

www.nps.gov/parks.html: Umfangreiche offizielle Seite des US-National Park Service.

Diplomatische Vertretungen der USA

... in Deutschland

Botschaft der USA
Pariser Platz 2
10117 Berlin
Tel. 030-2385-174, Fax 030-831-4926
Konsularabteilung:
Clayallee 170
14195 Berlin
Tel. 0900-185-0055, www.usembassy.de

Das neue Botschaftsgebäude liegt direkt beim Brandenburger Tor.

... in der Schweiz

Botschaft der USA
Sulgeneckstraße 19
CH-3007 Bern
Tel. 031-3 57 70 11, Fax 031-3 5773 44
http://bern.usembassy.gov

... in Österreich

Botschaft der USA
Boltzmanngasse 16
A-1090 Wien
Tel. +43 1 31 33 90, Fax +43 1 31 006 82
Konsularabteilung:
Parkring 12
A-1010 Wien, nur Fax +43 1 5 12 58 35
http://vienna.usembassy.gov

Diplomatische Vertretungen in den USA

Botschaft der Bundesrepublik Deutschland
4645 Reservoir Rd., N.W.
Washington, DC 20007-1998
Tel. 202-298-8140, Fax 202-298-4249
www.germany-info.org
Deutsche Generalkonsulate
6222 Wilshire Blvd., Suite No. 500,
Los Angeles, CA 90048
Tel. 323-930-2703, Fax 323-930-2805
www.germany.info
1960 Jackson St.
San Francisco, CA 94109
Tel. 415-775-1061, Fax 415-775-0187
www.germany.info

Schweizer Botschaft
2900 Cathedral Ave. N.W.
Washington, DC 20008
Tel. 202-745-7900, Fax 202-387-2564
www.eda.admin.ch

Österreichische Botschaft
3524 International Court N.W.
Washington, D.C. 20008
Tel. 202-895-6700,
Fax 202-895-6750
www.austria.org

Informationsstellen

... in Deutschland

Die USA unterhalten keine nationale Fremdenverkehrsvertretung in Deutschland, Österreich oder der Schweiz. In Hamburg, Kiel, München, Heidelberg, Stuttgart, Freiburg, Nürnberg, Saarbrücken und Tübingen haben Deutsch-Amerikanische Kulturinstitute ihren Sitz.

In Berlin, Köln, Frankfurt, Hamburg, Leipzig und München gibt es Information Resource Centers (IRC) der US-Botschaft und US-Konsulate, die Anfragen per E-Mail, Telefon, Fax oder Brief beantworten (U.S. Embassy Berlin, Information Resource Center, Clayallee 170, 14195 Berlin, Tel. 030-83 05 11 88, Fax 030-83 05 11 83, E-Mail: ircberlin@state.gov, http://germany.usembassy.gov/germany/irc).

Arizona Office of Tourism: c/o get it across Marketing, Neumarkt 33, 50667 Köln, Tel. 0221-2 33 64 08, Fax 0221-2 33 64 50, www.arizonaguide.com. Dieses Büro ist auch für **Colorado** (Tel. 0221-2 33 64 07), **Utah** (Tel. 0221-2 33 64 06) und **New Mexico** (Tel. 0221-2 33 64 06) zuständig.

California Tourism: Touristikdienst Truber, Schwarzwaldstr. 13, 63811 Stockstadt, Tel. 06027-40 11 08, nur Prospektversand, 7 €.

Las Vegas: c/o Aviareps Mangum, Sonnenstr. 9, 80331 München, Tel. 089-23 66 21 30, Fax 089-23 66 21 99, www.visitlasvegas.de

Palm Springs Bureau of Tourism: c/o BZ.COMM!, Robert-Bosch-Str. 28, 63225 Langen, Tel. 06103-8 33 56 60, Fax 06103-8 33 56 70, www.bz-comm.de

... in den USA

Jeder größere Ort hat ein Visitor Center (Informationsbüro) oder eine Chamber of Commerce (Handelskammer), wo man Näheres über den Ort, Sehenswürdigkeiten, Hotels, Restaurants erfährt. Diese Informationsstellen vermitteln manchmal auch günstige Hotelzimmer. In der Nähe von Staatsgrenzen gibt es an den Interstates Welcome Centers mit kostenlosem Informationsmaterial.

Arizona: Arizona Office of Tourism 1110 W. Washington St., Suite 155, Phoenix, AZ 85007, Tel. 602-364-3700, www.arizona guide.com.

Colorado: Office of Economic Development and International Trade, 1625 Broadway, Suite 2700, Denver, CO 80202, Tel. 303-892-3840, www.colorado.com.

Kalifornien: California Travel & Tourism Commission, P. O. Box 1499, Sacramento, CA 95812-1499, Tel. 916-444-4429, http://gocalif.ca.gov; auch http://california.areaguides.net.

Nevada: Nevada Commission on Tourism, 401 N. Carson St., Carson City, NV 89701, Tel. 775-687-4322, www.travelnevada.com.

New Mexico: New Mexico Tourism Department, 491 Old Santa Fe Trail, Santa Fe, NM 87501, Tel. 505-827-7400, www.newmexico.org.

Utah: Utah Office of Tourism, Council Hall-Capitol Hill, Salt Lake City, Utah 84114, Tel. 801-538-1900, www.utah.gov, http://travel.utah.gov.

Karten und Stadtpläne

Zur Routenvorbereitung zu Hause ist der auch in Deutschland erhältliche Autoatlas USA von Rand McNally empfehlenswert. In den USA bekommt man bei allen Touristeninformationen, Chambers of Commerce oder Welcome Centers (wo Interstates Staatsgrenzen überqueren) Gratiskarten über die jeweiligen Bundesstaaten.

Lesetipps

Ditton, Richard P. und McHenry, Donald E.: Yosemite Road Guide, Yosemite Association 1989. Mit Fotografien und Karten illustrierter praktischer Straßenführer für den Yosemite National Park in englischer Sprache.

Hillerman, Tony: Der Skelett-Mann, Rowohlt 2006, Das Labyrinth der Geister, Rowohlt 2005, Wer die Vergangenheit stiehlt, Rowohlt 2001, und Der Kojote wartet, Rowohlt 2001. Der in Albuquerque lebende Autor kennt das Land der Navajo wie kein anderer. Seine Krimis mit den Navajo-Polizisten Jim Chee und Joe Leaphorn als Hauptfiguren stimmen auf Land und Leute ein und machen mit vielen Bräuchen der Navajo bekannt.

Steinbeck, John: Früchte des Zorns, Zsolnay 2002. Dieser Klassiker der modernen US-amerikanischen Literatur beschäftigt sich mit der existenziellen Not vieler Farmer und deren Familien, die sich während der Depression in den 1930er Jahren auf der Route 66 auf den Weg nach Kalifornien machten.

McCarthy, Cormac: Grenzgänger, Rowohlt 1997. Die Geschichte zweier Söhne auf der Suche nach den Mördern ihrer Eltern spielt im Grenzgebiet von Texas, New Mexico und Mexiko und beschreibt einen Landstrich und dessen Menschen weit abseits des amerikanischen Traums.

Boyle, T.C.: América, dtv 2000. Der Roman des viel gelesenen Autors dreht sich um Ausländerfeindlichkeit, Armut, Umweltzerstörung und illegale Einwanderung im südlichen Kalifornien, ein brennendes, in den USA heiß diskutiertes Problem der Gegenwart.

Ders.: Drop City, dtv 2005. Der Roman handelt von einer Gruppe von Hippies aus der Flower-Power-Ära, die aus ihrem kalifornischen Refugium nach Alaska vertrieben werden.

Johansen, Hanna: Zurück nach Oraibi, Herder 1997. Roman der Schweizer Schriftstellerin nach der authentischen Lebensgeschichte einer Hopi-Indianerin.

Der Südwesten als Reiseland

Die aus Südkalifornien und den Bundesstaaten Arizona, Nevada, New Mexico, Utah und Colorado bestehende Region ist ein riesiges Gebiet von rund 1,6 Mio. km², was etwa der Fläche von Deutschland, Frankreich, Österreich, Schweiz, Spanien und Portugal zusammen entspricht. Wer von San Diego im südlichen Kalifornien nach Denver in Colorado reist, ist etwa so lange unterwegs wie von Hamburg nach Rom. In diesem gewaltigen Gebiet verliert sich die Bevölkerung von rund 43 Mio. Menschen geradezu, wenn man berücksichtigt, dass allein in den 9 Ballungszentren Los Angeles, San Francisco, San Diego, Denver, Phoenix, Tucson, Albuquerque, Salt Lake City und Las Vegas ca. 38 Mio. Menschen leben. Dieser riesige, außerhalb der *Metropolitan Areas* nur dünn besiedelte Raum gehört zu den faszinierenden Erfahrungen einer Reise durch diesen Teil Amerikas, weil Weite und Abgeschiedenheit dieses Territoriums für Mitteleuropäer fast nicht vorstellbar sind.

Die Dimensionen sind nur eine Charaktereigenschaft des Südwestens, atemberaubende Landschaftsszenerien und Naturwunder sind eine andere. Große Teile der Region liegen in geradezu lebensfeindlichen Trockenzonen, in denen die natürlichen Voraussetzungen eine Bewirtschaftung ganz verhindern oder zumindest erschweren. Andere Gebiete entziehen sich dem Menschen, weil etwa Canyons, Berge und Flusstäler eine Erschließung durch Verkehrswege unmöglich bzw. unbezahlbar machen. Wind und Wasser spielen als Erosionsdesigner seit Jahrmillionen eine entscheidende gestalterische Rolle, wie die berühmten Nationalparks auf dem Colorado Plateau mit Schluchten, Sandsteinbögen, Felsskulpturen und abgetragenen Tafelbergen beweisen.

Seit etwa 100 Jahren hat bei der Landschaftsgestaltung auch der Mensch die Hand im Spiel. Aus wirtschaftlichem Kalkül wurden gewaltige Dämme etwa am Colorado River gebaut und zum Teil riesige künstliche Seen geschaffen, die mittlerweile nicht nur unverzichtbare Trinkwasser- und Bewässerungsreservoirs für Millionenstädte bzw. Agrarflächen bilden, sondern aus Wüstenregionen innerhalb weniger Jahrzehnte populäre Badeoasen und Wassersportparadiese machten. Lake Mead und Lake Powell sind die besten Beispiele für die gigantische ›Flurbereinigung‹, die den Charakter ganzer Landstriche vollkommen veränderte und dem Amerikatourismus neue, attraktive Ziele bescherte.

Außer mit landschaftlichen Preziosen lockt der Südwesten mit einer einzigartigen Kultur, die einerseits durch die seit Jahrtausenden in der Region lebenden Indianer, andererseits durch die Nähe Mexikos geprägt wird. Teile von Arizona und New Mexico standen bis fast um die Mitte des 19. Jh. unter mexikanischer Herrschaft und üben noch heute auf hispanische Einwanderer große Anziehungskraft aus, was auf die ethnische Zusammensetzung der Bevölkerung nicht ohne Einfluss blieb. Und mit 200 000 Navajo hat Amerikas größter Indianerstamm um den Vier-Staaten-Schnittpunkt Arizona/New Mexico/ Utah/Colorado seine Heimat, von kleineren Gruppierungen von *Native Americans* wie etwa den im Rio-Grande-Tal lebenden Pueblo-Indianern und den Apachen abgesehen.

Was ist sehenswert?

Modernes Stadtleben

Wer den amerikanischen Südwesten bereist, muss Prioritäten setzen. Kaum jemand hat Monate Zeit, um sich alles anzusehen. Wer es auf modernes Citylife abgesehen hat, ist in den kalifornischen Küstenmetropolen San Francisco, Los Angeles und San Diego bestens aufgehoben, wo man mit allen Facetten des Großstadtlebens und mit einem fabelhaften Kulturangebot in Berührung kommt. Das neonbunte Las Vegas als weltgrößter Amüsierbetrieb setzt natürlich jedem Stadtabenteuer die Krone auf, gleichgültig ob es sich um Gambling an einem der unzähligen Spielautomaten und Pokertischen, aufwendige Shows, Hotellerie und Gastronomie oder um Museen handelt.

Naturschönheiten

Der Südwesten ist unschlagbar, wenn es sich um grandiose Landschaften und außergewöhnliche Wunder aus der Werkstatt von Mutter Natur handelt. Naturliebhaber finden in über einem Dutzend großartiger Nationalparks, zahlreichen National Monuments und State Parks Amerikas reizvollste Szenerien mit einem verlockenden Angebot an Freizeitaktivitäten. Wie vielfältig die Natur der Region ist, zeigt schon die Tatsache, dass sie Landschaftsformen von zerklüfteten, von der Brandung umspülten Meeresküsten bis zu über 4000 m hohen hochalpinen Zonen einschließt. Ähnlich abwechslungsreich präsentiert sich die Vegetation.

Kultur

Der Südwesten gehört zweifellos zu jenen Großregionen Amerikas mit einer stark ausgeprägten Identität. Kulturreisende haben im Südwesten meist die faszinierenden Überbleibsel alter indianischer Kulturen im Auge, wie sie am eindrucksvollsten im Mesa Verde National Park und im Chaco Canyon in New Mexico erhalten sind.

Es versteht sich von selbst, dass neben den historischen Spuren natürlich auch das moderne Leben der amerikanischen Urbevölkerung von Interesse ist. Einen Eindruck von der heutigen Lebensweise der *Native Americans* geben etwa Besuche in der Navajo-Reservation und auf den drei Hopi Mesas in Arizona, in den Pueblos zwischen Albuquerque und Santa Fe sowie bei den Mescalero-Apachen im südlichen New Mexico.

Tipps für die Reiseorganisation

Mietwagen oder öffentliche Transportmittel?

Der öffentliche Nah- und Fernverkehr ist in den USA weit unpopulärer als in Europa. Ein Beleg dafür ist beispielsweise die Tatsache, dass der Großraum Phoenix mit 3,8 Mio. Einwohnern nicht ans nationale Schienennetz angeschlossen ist. An der Pazifikküste zwischen San Francisco und San Diego gibt es ebenso Zugverbindungen wie auf Fernstrecken etwa zwischen San Francisco, Salt Lake City und Denver oder wie zwischen Los Angeles, Yuma und Tucson. Wer aber die Naturwunder außerhalb großer Städte besuchen will, hat weder mit der Eisenbahn noch mit Bussen eine Chance, sondern ist auf einen Mietwagen angewiesen. Auf Individualverkehr ist Amerika bestens eingestellt. Mietstationen gibt es in jeder größeren Stadt, und Autos stehen in jeder Preisklasse zur Verfügung (s. S. 78).

Im Voraus oder erst unterwegs buchen?

Nach einem strapaziösen Transatlantikflug tut sich jeder Reisende mit einem vorab gebuchten Hotel am Zielort einen Gefallen. Ansonsten kann man im Südwesten auf längerfristige Reservierungen verzichten, sofern man notfalls bereit ist, auf einfache Motels auszuweichen. Im Normalfall ist das Angebot an Unterkünften so groß, dass keine Engpässe auftauchen. Aber es gibt Ausnahmen. Wer in bekannten und stark frequentierten Nationalparks unterkommen will, sollte wie etwa im Falle von Yosemite National Park oder Grand Canyon National Park Wochen im Voraus Zimmer reservieren. Das gilt auch für Orte

Thor's Hammer ist eine der legendären Felsformationen im Bryce Canyon

und Städte, in denen große Veranstaltungen oder Feste stattfinden, wie etwa der Unabhängigkeitstag am 4. Juli oder der mexikanische Festtag Cinco de Mayo (5. Mai), zu dem viele Latinos nach Las Vegas reisen. Auch an amerikanischen Feiertagen können Zimmer an der südkalifornischen Küste oder in anderen touristisch interessanten Gegenden knapp werden.

Reiseveranstalter

Bequem reisen lässt es sich mit einem Pauschalarrangement inklusive einer professionellen Reiseleitung. Das hat den Vorteil, dass man sich organisatorisch um nichts zu kümmern braucht und Sprachbarrieren kein Hindernis sind. Der Nachteil: Man folgt einem fest gefügten Reiseplan und hat kaum Möglichkeiten zur individuellen Gestaltung.

Auf der von **Studiosus** angebotenen 20-tägigen Reise »USA – Goldener Westen« lernen Teilnehmer populäre Naturwunder wie Grand Canyon, Tal des Todes und Monument Valley kennen, aber auch sehenswerte Städte wie Santa Fe, Las Vegas und San Francisco. »USA – Naturwunder im Canyonland« bietet an 16 Reisetagen die schönsten Naturlandschaften im Südwesten der USA (Studiosus Reisen München GmbH, Riesstr. 25, D-80992 München, Tel. 089-5 00 60-0, Fax 089-5 00 60-100, www.studiosus.com).

Die von **Ikarus Tours** angebotene 14-tägige Reise »USA: der Goldene Westen« beginnt in San Francisco und hat Naturwunder wie Yosemite, Death Valley, Zion, Bryce Canyon und Grand Canyon ebenso zum Ziel wie Las Vegas und den Endpunkt Los Angeles. Ähnliche Schwerpunkte setzt die grandiose landschaftliche Highlights einschließende 23-tägige Reise »Nationalparks im Westen der USA« (Ikarus Tours GmbH, Am Kaltenborn 49-51, 61462 Königstein, Tel. 06174-29020, Fax 06174-22952, www.ikarus.com). Reisen in den Südwesten stehen auch beim Veranstalter Gebeco (www.gebeco.de) und bei Wikinger-Wanderreisen (http://wikinger-reisen.de) auf dem Programm.

Reisen mit Handicap

Viele Hotels und Motelketten verfügen über behindertengerechte Räume mit größeren Badezimmern und breiteren Türen. In großen Museen und Vergnügungsparks sind Rollstühle und Rampen eine Selbstverständlichkeit. Informationen finden Behinderte auf der englischsprachigen Internetseite der Society for Accessible Travel & Hospitality (SATH), einer gemeinnützigen Organisation für Behinderte auf Reisen (www. sath.org). Mietwagenfirmen stellen bei längerfristiger Reservierung speziell ausgerüstete Fahrzeuge zur Verfügung.

Reisen mit Kindern

Sind Kinder alt genug, um längere Autofahrten nicht als quälend zu empfinden, ist Amerika mit seiner ausgezeichneten Infrastruktur ein ideales Reiseland für Familien. Kinder bis zu 18 Jahren können in der Regel kostenlos im Zimmer der Eltern untergebracht werden. Selbst kleinere Motels haben Swimmingpools. Viele Museen haben für Kinder ein spezielles Ausstellungsangebot. Speziell der Südwesten bietet sich mit attraktiven Landschaften und hervorragenden Freizeitmöglichkeiten für Eltern mit Kindern an.

Im Hochsommer brennt die Sonne häufig gnadenlos vom Himmel. Kleine Wasserratten sollte man unbedingt mit entsprechender Badekleidung und entsprechenden Cremes gegen Sonnenbrand schützen. Kleine Kinder nackt baden zu lassen verstößt in den USA gegen die Sitten. Kinder jeglichen Alters, auch Babys, benötigen zur visumfreien Einreise einen eigenen maschinenlesbaren Pass (s. S. 77).

Deutsche, Österreicher und Schweizer, auch Kinder, benötigen für einen Aufenthalt bis zu 90 Tagen einen eigenen maschinenlesbaren Reisepass. Der vorläufige maschinenlesbare deutsche Reisepass (grün) wird nicht mehr für die visumfreie Einreise anerkannt. Der maschinenlesbare deutsche Kinderpass berechtigt nur dann zur visumfreien Einreise, wenn er vor dem 26. Oktober 2006 ausgestellt oder vor diesem Datum verlängert wurde. Nach dem 25. Oktober 2005 ausgestellte Pässe müssen über ein digitales Lichtbild verfügen wie die bordeauxfarbigen maschinenlesbaren deutschen Reisepässe (Europapässe). Nach dem 25. Oktober 2006 ausgestellte Pässe müssen zusätzlich mit biometrischen Daten in Chipform (sog. *E-passport*) ausgestattet sein. Jeder Reisende ist bei der Einreise zu einem digitalen Abdruck der Zeigefinger und einem digitale Porträtfoto verpflichtet. Ab Januar 2009 muss spätestens 72 Stunden vor der Abreise eine zwei Jahre gültige, gebührenfreie Einreiseerlaubnis eingeholt werden (über das Reisebüro oder online unter https://esta.cbp.dhs.gov).

Neue Bestimmungen für das Handgepäck

Seit November 2006 gelten auf allen in EU-Ländern und der Schweiz startenden Flügen neue Sicherheitsvorschriften fürs Handgepäck. Flüssigkeiten müssen in Behältnissen verpackt sein, die maximal 100 Milliliter (0,1 l) fassen. Fläschchen oder Tuben (max. 10 Stück) müssen in einem durchsichtigen, wiederverschließbaren Plastikbeutel mit maximal 1 l Fassungsvermögen transportiert werden (entsprechende Beutel gibt es auf den Flughäfen). In aufgegebenen Gepäckstücken dürfen weiterhin größere Flüssigkeitsmengen mitgenommen werden. Als Flüssigkeiten gelten nach den neuen EU-Regeln nicht nur Getränke, Speisen (Wasser, Suppen etc.) oder Parfums, sondern auch Gels, Sonnenlotionen, Sprays, Shampoos, Öle, Deoroller, Cremes, Feuchttücher, Zahnpasten, Lippenstifte und Lipgloss. Babynahrung, Medikamente oder Insulin und Säfte für Diabetiker dürfen, soweit während des Fluges benötigt, weiterhin ohne Mengenbeschränkung an Bord und müssen auch nicht in den Plastikbeutel, sind aber bei der Gepäckkontrolle vorzulegen. Für Medikamente ist ein ärztliches Attest oder eine glaubhafte Bescheinigung empfehlenswert. Alles, was nach dem Sicherheitscheck gekauft wurde, darf mit an Bord genommen werden. Man sollte sich bei seiner Fluggesellschaft erkundigen, welche Maße ein Handgepäck haben darf, um es problemlos in der Gepäckablage verstauen zu können. Aufgegebene Koffer dürfen nicht mehr verschlossen werden. Behörden sind berechtigt, Gepäckstücke zwecks Sicherheitskontrollen notfalls mit Gewalt zu öffnen.

Haustiere und Wareneinfuhr

Für Haustiere benötigt man ein amtsärztliches Zeugnis. Die Einfuhr von 200 Zigaretten, 1 l Alkohol sowie Geschenken, deren Wert 100 Dollar nicht übersteigt, ist für Erwachsene von mindestens 21 Jahren zollfrei. Geldsummen über 10 000 Dollar müssen deklariert werden. Die Einfuhr von frischem, getrocknetem, in Dosen eingemachtem Fleisch und Fleischprodukten ist nicht gestattet. Dasselbe gilt für Pflanzensamen. Bäckereiprodukte und haltbar gemachter Käse sind erlaubt. Die Einfuhr von Waffen ist verboten.

Anreise mit dem Flugzeug

Reisende aus Europa kommen im Südwesten mit dem Flugzeug meist in Los Angeles, San Francisco oder Las Vegas an, u. a. weil es in diese Zielorte von Frankfurt aus Nonstopflüge gibt. Salt Lake City, Denver, Albuquerque und Phoenix sind nur über Zwischenlandungen erreichbar. Da das Flugzeug in den USA wegen der gewaltigen Entfernungen ein gängiges Transportmittel ist, existiert innerhalb der Region ein dichtes Netz von Flugverbindungen. In der Hauptsaison des jeweiligen Zielgebiets sind Flüge teurer. Ein Schnäppchen kann man mit einem Air Pass machen. Große US-Fluggesellschaften bieten die Möglichkeit, in Verbindung mit einem Transatlantikflug mindestens drei inneramerikanische Flüge zu buchen, deren Abflugorte und Ziele vorab festgelegt werden müssen. Fluglinien wie etwa die Lufthansa und Chartergesellschaften wie LTU bieten Fly & Drive-Programme inklusive Flug und Mietwagen an. Über das Reisebüro oder das Internet (in Suchmaschine Fly & Drive eingeben) kann man solche Angebote buchen.

Verkehrsmittel im Land

Auto/Campmobil

Mietwagen reserviert man am besten im Heimatland rechtzeitig vor der Abreise. Bei Holiday Autos (Tel. 01805-179191, www.holiday-autos.de) kostet ein Kleinwagen inklusive Vollkasko- und Kfz-Diebstahlversicherung ohne Selbstbeteiligung, erhöhte Haftpflichtdeckungssumme, unbegrenzte Kilometer und lokale Steuern und Gebühren z. B. ab Los Angeles Airport ca. 170 $/Woche. Zur Übernahme des Fahrzeugs reicht der nationale Führerschein, am besten in Kreditkartenformat, und eine gängige Kreditkarte. Ältere Führerscheine mit Uraltfotos können zu Problemen führen. DDR-Führerscheine werden nicht anerkannt. Wer noch nicht 25 Jahre alt ist, sollte abklären, ob die jeweilige Firma ein Mindestalter verlangt. An allen Flughäfen und in größeren Städten gibt es Mietwagenfilialen von Alamo (www.alamo.com), Avis (www.avis.com), Budget (www.budget.com), Dollar (www.dollar.com), Hertz (www.hertz.com) und National (www.nationalcar.com). Rent-a-Wreck-Filialen (www.rentawreck.com) findet man nur in größeren Städten. Sie vermieten keine Autowracks, wie der Name vermuten lassen könnte, sondern ältere Modelle zu günstigeren Preisen. Allerdings lässt der Service hin und wieder zu wünschen übrig. Auch im Falle von Pannen fährt man mit einer etablierten Mietwagenfirma besser.

Einige Verkehrsregeln unterscheiden sich von europäischen. So darf an roten Ampeln grundsätzlich rechts abgebogen werden, falls nicht durch ein entsprechendes Zeichen ausdrücklich verboten. An ampelfreien Kreuzungen fährt als Erster, wer auch als Erster zum Halten kam. Gelbe Schulbusse dürfen, sobald sie anhalten und blinken, weder überholt noch aus der Gegenrichtung passiert werden. Höchstgeschwindigkeiten auf den Interstates variieren je nach Bundesstaat zwischen 65 und 70 Meilen/Std. Sicherheitsgurte sind für alle Insassen Pflicht. Kinder unter 12 Jahren müssen auf Rücksitzen Platz nehmen. Wer sich ans Steuer setzt, sollte unbedingt auf Alkoholkonsum verzichten. Wird man als Chauffeur mit einer ›Fahne‹ erwischt, ist mit drastischen Konsequenzen zu rechnen. Auf manchen Interstates ist der linke Fahrstreifen für ›Carpool‹ reserviert, d. h. nur Autos mit mindestens zwei Insassen dürfen die Spur während der Rush Hour benutzen.

Im Herbst 2008 lagen die Spritpreise etwa im südlichen Kalifornien bei 3,60 bis 4 $ pro Gallone (3,785 l). Preisvergleiche zwischen Tankstellenketten lohnen sich. Vor allem in abgelegenen Gebieten muss man mit extremen Preisaufschlägen rechnen. Mit Mietwagen tankt man ausnahmslos *unleaded* (bleifrei). Man kann meistens direkt an Zapfsäulen per Kreditkarte bezahlen. Bei Pannen setzt man sich telefonisch mit der Mietwagenfirma in Verbindung.

Wer sich per Campmobil *(RV = Recreation Vehicle)* auf den Weg durch den Südwesten machen will, belegt ein Fahrzeug besser nicht mit der maximal möglichen Personenzahl. Vor allem auf Reisen mit Kindern ist ausreichend Platz im Innenraum wichtig, weil sonst

Streckenweise führt die historische Route 66 durch ein Meer von zur Familie der Agavengewächse gehörenden Joshua Trees

Konflikte vorprogrammiert sind. Auch bei der Planung der zu fahrenden Meilen sollte man eher großzügig vorgehen. Die Weite des Landes verführt erfahrungsgemäß zu spontanen Abstechern und Ausflügen.

Bahn

Für Fernverbindungen zwischen Großstädten ist die Bahn ideal. Im Südwesten verkehren folgende Amtrakzüge:

California Zephyr: San Francisco – Sacramento – Reno (NV) – Winnemucca – Salt Lake City – Grand Junction – Denver (CO) – Chicago.

Capitol Corridor: San Jose – Oakland – Berkeley – Sacramento – Auburn (CA).

Coast Starlight: Los Angeles – Santa Barbara – San Jose – Oakland – Sacramento – Seattle (WA).

Pacific Surfliner: San Diego – Los Angeles – Santa Barbara – San Luis Obispo – Paso Robles (CA).

San Joaquins: Sacramento bzw. San Francisco – Stockton – Fresno – Bakersfield (CA).

Southwest Chief: Los Angeles – Needles – Kingman (AZ) – Flagstaff – Gallup – Albuquerque – Chicago.

Sunset Limited: Los Angeles – North Palm Springs – Yuma – Tucson – Benson (AZ) – Lordsburg (NM) – El Paso (TX) – Orlando (FL).

Passagiere können beim Ticketkauf auf mehrfache Weise sparen. Jede Woche bietet Amtrak auf der Internetseite bestimmte Routen an, auf denen man bis zu 70 % Preisnachlass bekommen kann, sofern man die Tickets online bestellt (http://tickets.amtrak.com/itd/amtrak/WeeklySpecials). Für normale Bahnreisen ist das Amtrak-Reservierungssystem im Internet nützlich (http://reservations.amtrak.com). Verbilligte Reisen sind mit unterschiedlichen Bahnpässen möglich. Der **California Rail Pass** ist 3 Wochen lang an 7 Reisetagen innerhalb von Kalifornien gültig

Highways, Freeways & Co.
Im Südwesten bekommen es Mietwagenfahrer mit zahlreichen unterschiedlichen Straßenkategorien wie Highways, Boulevards und Avenues zu tun, die sich meist nicht groß voneinander unterscheiden. Turnpikes und Tollways sind mautpflichtige Schnellstraßen. Deutschen Autobahnen entsprechen am ehesten Freeways und quer durch den Kontinent führende Interstates, die in Nord-Süd-Richtung ungerade, in Ost-West-Richtung gerade Nummern tragen. Expressways sind Schnellstraßen mit Kreuzungen. Vorwiegend dem Freizeitverkehr dienende, meist durch Parks oder Naturlandschaften führende Straßen, von denen der Güterverkehr verbannt ist, heißen Parkways.

(Erw. 159 $, Kin. 2–15 J. 80 $). Mit dem West Rail Pass kann man 15 (Nebensaison 329 $, Hochsaison 369 $) oder 30 Tage lang (359 bzw. 459 $) unbegrenzt in der Region reisen (www.amtrak.com).

Bus
Die Busgesellschaft **Greyhound Lines** betreibt das nationale Linienbussystem in den USA, verkehrt aber hauptsächlich zwischen größeren Städten (www.greyhound.com). Ausländische Reisende können verbilligt mit dem **Greyhound Discovery Pass** fahren, der für Zeiträume von 7 bis 60 Tage ausgestellt wird (www.buspass.de). **Green Tortoise** bietet Touren für junge Leute ab San Francisco etwa ins Death Valley, in den Yosemite National Park und durch den Südwesten inklusive Übernachtungen an (494 Broadway, San Francisco, CA 94133, Tel. 415-956-7500, www.greentortoise.com). Lokale und regionale Bustouren werden in vielen Städten von Hunderten Gesellschaften angeboten, nach denen man sich in den jeweiligen Visitor Informations vor Ort erkundigen kann.

Flugzeug
Ähnlich wie in Europa ist auch der Himmel über Amerika durch **Billigflieger** bunter geworden, die den herkömmlichen Fluglinien Konkurrenz machen. Der Discounter **JetBlue Airways** fliegt im inneramerikanischen Netz zahlreiche Städte im Südwesten an, darunter Phoenix, Las Vegas, Denver, Long Beach, San Jose und Tucson (www.jetblueairways.com). Die Hauptdrehscheibe von **AirTran** befindet sich in Atlanta (Georgia), von wo Flüge nach San Francisco, Los Angeles, Denver und Las Vegas angeboten werden (www. airtran.com). Noch dichter ist im Südwesten das Streckennetz der Linie **Ted**, das etwa Reno und Phoenix einschließt (www.united.com). Auch **Southwest Airlines** mit Basis in Burbank bei Los Angeles sind in der Region stark vertreten (www.southwest.com). **Frontier Airlines** fliegen von Denver aus viele Städte im Südwesten an (www.frontierairlines.com). Den einfachsten Überblick über Flugziele verschafft man sich auf den jeweiligen Internetseiten über die *Route Maps*.

Motorrad
Motorradreisen sind im Westen der USA populär. Das gilt in erster Linie für den Küstenhighway 1 in Kalifornien, aber auch für die Loneliest Road in America durch das Great Basin und die Abschnitte der historischen Route 66. Für viele Biker ist der Ritt auf einer Harley-Davidson das ultimative Urlaubserlebnis.

Bei der Organisation von solchen Touren auf eigene Faust ist das Reisebüro Kefalas behilflich, das auch geführte Touren anbietet (TUI TRAVELStar Reisebüro Kefalas, Postfach 37, 91339 Röttenbach, Tel. 09195-8760, Fax 09195-4943, www.motorradtouren-usa.de). Auch Edelweiss Bike Travel stehen Zweiradtouristen mit Rat und Tat zur Seite (Sportplatzweg 14, A-6414 Mieming, Tel. 043-5264-5690, Fax 043-5264-5690-3, www.edelweissbike.com).

Die bestens ausgebaute touristische Infrastruktur macht das Reisen im Südwesten leicht. Bei Unterkünften unterscheidet man zwischen Hotels (meist in der Stadt), Motels (praktisch, weil man direkt vor der Tür parkt), Inns (Häuser mit dem Charakter von Landgasthöfen), Bed & Breakfast (Privatunterkünfte meist in sehr gepflegten Häusern) und Ranches, auf denen man seine Tage geruhsam oder aktiv u. a. im Sattel verbringen kann.

In amerikanischen Unterkünften wird dem Schlafkomfort gemeinhin hohe Priorität eingeräumt. Betten mit einer Breite von 90 cm oder 1 m wie hierzulande begegnet man in den USA nirgendwo. Gäste haben in besseren Hotels und Motels die Wahl zwischen Queen-Size-Betten, was der Breite von ca. 1,40 m entspricht, und King-Size-Betten, die sich als königliche Liegewiesen mit Maßen von 2 x 2 m erweisen. Unter *twin beds* versteht man zwei Einzelbetten im Queen-Size-Format.

Praktisch sind in vielen Motels aufgestellte Waschmaschinen und Trockner, die man mit Münzen in Betrieb nehmen kann. Waschpulver zieht man aus Automaten oder bekommt ein Päckchen an der Rezeption. Notfalls muss man sich in den nächsten Supermarkt begeben. Öffentliche Münzwäschereien inklusive Trockner *(coin laundries)* findet man fast in jedem Ort. In besseren Unterkünften gehören Bügeleisen, Bügelbrett und Kaffeemaschine häufig zur Grundausstattung. Immer mehr Hotels bieten neben zum Teil beheizten Innen- bzw. Außenpools auch Fitness-Studios mit mehr oder weniger großem ›Maschinenpark‹ an. Sind Zimmer mit Minibars ausgestattet, informiert man sich vorab besser über die Preise des Gewünschten, die nicht selten ein Vielfaches dessen betragen, was man für ein Getränk oder einen Schokoriegel im Supermarkt bezahlt. Wertgegenstände bringt man im eigenen Safe im Zimmer unter oder kann sie an der Rezeption in Verwahrung geben.

Häufig trifft man in den USA auf Unterkünfte, die Zimmer inklusive mehr oder weniger gut ausgerüsteter Küchen vermieten. Je nach Hotelkategorie sind die zur Verfügung gestellten Utensilien sauber bzw. verwendbar. Küchenbenutzungen rentieren sich in der Regel nur bei mehrtägigen Aufenthalten, da sich der Einkauf von Putzmitteln (die oft nicht vorhanden sind) für einen einmaligen Gebrauch kaum lohnt. Ist man in den USA gegen Abend auf der Suche nach einem Zimmer, stellt sich eine typisch amerikanische Praxis als sehr hilfreich heraus. Viele Hotels und Motels schalten nach 18 Uhr Leuchtreklamen mit der Aufschrift *Vacancy* oder *No Vacancy* an, sodass man schon vom Auto aus ohne auszusteigen sehen kann, ob Zimmer verfügbar oder ausgebucht sind. Auf die Zimmerpreise werden überall die jeweils im Staat gültige Mehrwertsteuer und hie und da weitere lokale Steuern aufgeschlagen, sodass man als Faustregel mit einem ca. 10 % höheren Preis rechnen muss.

Hotelkategorien

Discount-Motels: Am preisgünstigsten sind große Motelketten wie Motel 6 (www.motel6.com), Super 8 (www.super8.com), Red Roof Inns (www.redroof.com), Econo Lodge, Comfort Inn, Quality Inn, Sleep Inn, Rodeway Inn (alle unter www.choicehotels.com) und Days Inn (www.daysinn.com), die in der Regel ordentliche Zimmer mit normalem Komfort anbieten.

Mittelklasse: Etwas teurer sind Unterkünfte von Ketten wie Travelodge (www.travelodge.com), Howard Johnson (www.hojo.com), Best Western (www.bestwestern.de), Embassy Suites (www.embassysuites.com), Hampton Inns (www.hamptoninn.com), Holiday Inn Express (www.ichotelsgroup.com), La Quinta (www.lq.com) und Ramada (www.ramada.com).

Luxushotels: Für anspruchsvolle Reisende eignen sich u. a. die Hotels von Hyatt (www.hyatt.de), Marriott und Courtyard by Marriott (http://marriott.com), Hilton (www.hilton.com), Radisson (www.radisson.com), Ritz-Carlton (www.ritzcarlton.com), Westin und Sheraton (www.starwoodhotels.com) sowie Fairmont Hotels (www.fairmont.com).

Bed & Breakfast

Bed & Breakfast-Unterkünfte sind im Südwesten stark verbreitet. Häufig handelt es sich um Privathäuser der gehobenen Kategorie mit antik oder plüschig eingerichteten Zimmern, in denen man TV oder andere Errungenschaften der modernen Technik allerdings oft vergeblich sucht.

Dafür kann man in Himmelbetten schlummern, für traditionsfixierte Amerikaner Sinnbilder der guten alten Zeit. Nicht selten sind diese Unterkünfte luxuriös ausgestattet und kosten ein halbes Vermögen. In ländlichen Gegenden kann man aber auch preisgünstige Häuser finden. Manche B & B's beherbergen nur Nichtraucher. Wer sich auf Englisch verständigen kann, wird seinen Spaß dabei haben, mit anderen Hausgästen beim Frühstück über Gott und die Welt zu plaudern.

Ranches

Der Aufenthalt auf einer Ranch macht jeden Amerikaurlaub zu einem besonderen Erlebnis, weil man nirgendwo sonst das wirkliche Westernflair der Region besser zu spüren bekommt. In die Rolle von Cowboys und Cowgirls zu schlüpfen ist zwar recht teuer, doch sollte man bedenken, dass neben den Mahlzeiten oft auch viele Freizeitaktivitäten im Preis enthalten sind. Unter **Working Ranches** versteht man Rinder- oder Pferdezuchtbetriebe, die meist nur wenigen Gästen Platz, aber auch Gelegenheit zum Anpacken bei der täglichen Arbeit bieten wie Ställe säubern und Vieh zusammentreiben. **Guestranches** richten sich stärker auf Fremde ein und bieten den Komfort von Hotels, unterhalten Gäste aber auch bei Lagerfeuern mit Musik und BBQ. **Ranch-Resorts** haben mit der Alltagsarbeit von Cowboys entweder nichts oder wenig zu tun, sondern demonstrieren

Die faszinierenden Landschaften des Südwestens sind wahre Campingparadiese und bieten einzigartige Naturerlebnisse

die Verwandtschaft mit echten Ranches in der Regel nur durch ein rustikales Ambiente (www.azdra.com; www.coloradoranch.com).

Ferienhäuser & Ferienwohnungen

Urlaubern steht in den USA ein gewaltiges Angebot an Ferienhäusern und -wohnungen zur Verfügung – von rustikalen Cottages für romantische Zweisamkeit bis zu luxuriösen Villen für mehrere Familien. Auch an Anbietern herrscht keine Not. Am besten gibt man in Internet-Suchmaschinen seine bevorzugten Ziele (Bundesstaat, Ort, Zeit) ein und sucht sich unter den massenhaften Angeboten das adäquate heraus (www.reisetasche.de/usa_uebersicht.html, www.ferienhausurlaub.com).

Jugendherbergen

Wer mit kleinem Budget reist, kann durch Übernachtungen in Jugendherbergen *(hostels)* viel Geld sparen. In Großstädten sind die Unterkünfte häufig rund um die Uhr geöffnet (ca. 30–40 $/Bett), während sie auf dem Land tagsüber geschlossen sind und erst spätnachmittags öffnen (ca. 15 $/Bett). In der Regel werden Betten in Schlafsälen angeboten, manchmal auch etwas teurere Privatzimmer. In Hostels kommen nicht nur junge Rucksackreisende, sondern ganze Familien unter. In den meisten Häusern ist ein eigener dünner Stoffschlafsack obligatorisch (Hostelling International-USA, 8401 Colesville Rd., Suite 600, Silver Spring, MD 20910, Tel. 301-495-1240, Fax 301-495-6697, www.hiayh.org/hostels).

Camping

Private, staatliche oder kommunale Campingplätze bzw. Stellplätze für Recreation Vehicles (Campmobile) gibt es wie Sand am Meer. Vor allem die Anlagen des National Park Service und Forest Service sind preisgünstig (ca. 5–15 $), wenn auch längst nicht so luxuriös ausgestattet wie etwa die im ganzen Südwesten verteilten privaten KOA-Kampgrounds (20–40 $/Nacht, www.koa.com), auf denen man häufig auch Cabins anmieten kann. Bei diesen Cabins handelt es sich um Holzhäuschen mit einem oder zwei Zimmern für bis zu 6 Personen. Noch komfortabler sind Camping Lodges und Camping Cottages inklusive Küche, Klimaanlage und Bad. Schlafsack und Küchenutensilien muss man selbst mitbringen. Ein Cottage für 2 Personen kommt pro Nacht inklusive Autostellplatz auf ca. 50–60 $. Wer mit dem Campmobil unterwegs ist, darf nicht an der Straße übernachten, sondern muss auf einen Campingplatz fahren. Die Chambers of Commerce sowie die Visitors Bureaus halten kostenlose Verzeichnisse über sämtliche Campinganlagen bereit.

Reservierungen

Reserviert man ein Zimmer telefonisch, wird es nur bis 18 Uhr freigehalten. Fest buchen kann man über eine Kreditkartennummer. Dann muss allerdings bezahlt werden, auch wenn man die Reservierung verfallen lässt. Doppelzimmer können gegen einen geringen Preisaufschlag von mehr als zwei Personen bewohnt werden. In vielen Hotels und Motels dürfen Kinder bis zum Alter von 18 Jahren kostenlos im Zimmer ihrer Eltern übernachten. Die Preise gelten immer für ein Zimmer und werden nicht nach Personen berechnet. Eine wertvolle Hilfe bei der Reservierung ist das Internet nicht nur von zu Hause aus, sondern auch unterwegs. Der Gang in ein Internetcafé oder die Benutzung eines PC im Hotel kann sich lohnen, weil Onlinepreise in der Regel am günstigsten sind.

Was die Zimmerreservierung anbelangt, gilt die Faustregel: In Großstädten besser vorab buchen. Findet zum Zeitpunkt des Besuchs zufällig ein Kongress oder ein wichtiges Sportereignis statt, kann man mit spontanen Hotelsuchen Pech haben. In ländlichen Gegenden ist diese Gefahr gering, sodass man sich auf eigene Faust auf die Suche machen und dabei noch versuchen kann, über Coupons oder Sonderangebote ein paar Dollar herauszuschlagen. Falls man nicht privat unterkommt, ist es unbedingt empfehlenswert, für die erste Nacht der Reise ein Zimmer vorab zu buchen, nicht zuletzt auch, weil nach den neuesten US-Einreisebestimmungen die erste Aufenthaltsadresse angegeben werden muss. Darauf sollte man sich schon vor dem Einchecken einrichten und eine entsprechende Adresse (inklusive *Zip Code* der Stadt und Postadresse) bereithalten.

Baden

Der erste Eindruck täuscht. Die Pazifikküste ist landschaftlich zwar einer der imposantesten Teile Südkaliforniens, ein ideales Baderevier ist sie jedoch nicht. Aufquellendes kaltes Tiefwasser sorgt dafür, dass etwa an den Stränden in San Francisco selbst im Hochsommer die Wassertemperaturen kaum über 13 °C steigen und die Golden Gate Bridge häufig bis um die Mittagszeit in dichten Nebel gehüllt ist. Weiter südlich erwärmt sich der Pazifik zwar etwas, was zum echten Badevergnügen aber kaum ausreicht. Anders sieht es an den Binnengewässern des Südwestens aus. Der Colorado River zwischen Lake Havasu City und Parker hat sich über die Jahre in ein Bade- und Wassersportparadies verwandelt. Allerdings muss man im Hochsommer mit sengender Hitze rechnen. Ein Badewannenvergnügen beschert auch der Lake Powell, in dem man fast überall baden darf.

Golfen

In weiten Teilen des Südwestens herrschen das ganze Jahr hindurch hervorragende Voraussetzungen für den Golfsport. Allein die Namen mancher Gegenden bzw. Anlagen lassen Golferherzen höher schlagen, wie beispielsweise Pebble Beach zwischen Monterey und Carmel, wo das 18. Loch auf einer von Meeresbrandung umspülten Felsnase liegt. Die Region bietet Hunderte Plätze und die einmalige Gelegenheit, seinen Schlag auf Anlagen im Besitz von *Native Americans* zu verbessern, auf denen man indianisches Flair zu spüren bekommt. Der wunderschöne We-Ko-Pa Golf Club im Fort McDowell Yavapai Nation Reservat östlich von Scottsdale empfängt seine Gäste etwa mit einem Klubhaus im indianischen Stil (www.wekopa.com). Der von dekorativen Saguaro-Kakteen bestandene Devil's Claw Course südlich von Phoenix gehört zum luxuriösen Sheraton Wild Horse Pass Resort, das von den Indianern der Gila River Indian Reservation betrieben wird (www. whirlwindgolf.com). Eine interessante Variante ist auch ein Nachmittag auf dem grünen Rasen mitten in der Glückspielmetropole Las Vegas, wo das Wynn Las Vegas Resort den einzigen 18-Loch-Platz der Stadt besitzt (www. wynnlasvegas.com). Golfausrüstungen kann man fast überall ausleihen. Wer sich Geräte kaufen will, bezahlt in den USA weniger als in Deutschland.

Hausbootferien

Der riesige Lake Powell ist nicht nur ein ideales Gewässer zum Schwimmen, sondern gehört zu den von Amerikanern bevorzugten Zielen für Hausbootferien. Der am leichtesten zu erreichende Startpunkt ist Wahweap Marina bei Page an der Grenze zu Arizona und Utah, wo man unterschiedliche Bootstypen mieten kann. Einen Bootsführerschein benötigt man nicht, ein gültiger Führerschein genügt. Nach einem Crashkurs in Sachen Navigation, Funk und Bedienung kann man das Abenteuer beginnen. Die normalerweise für 6 bis 10 Personen gebauten Boote sind mit mehreren Kabinen, Dusche, Küche mit Backofen, Mikrowelle und Kühlschrank ausgestattet. Für Aufenthalt und Aktivitäten an Deck gibt es viel Platz, inklusive Sonnendeck für Sonnenanbeter. Manche Boote sind darüber hinaus mit einer Wasserrutsche und einem Bordgrill ausgestattet. Vorgeschriebene Routen gibt es nicht. Man kann fahren, wohin man will. Hausbootferien sind kein preiswertes Vergnügen. Am teuersten sind sie von Juni bis August. Eine mehrere Monate im Voraus getätigte Reservierung ist unabdingbar (www.lakepowell.com; www.lakepowellvacations.com).

Mountain Biking

Die roten Sandsteinlandschaften um Moab in Utah gelten schon lange als unumstrittenes Mekka für Mountain Biker. Eingeweihte halten Slickrock Trail und Porcupine Rim für die schönsten Routen. Vor Ort gibt es mehrere Unternehmen, die Ausrüstung ausleihen (Informationen über Trails in Utah unter www.utahmountainbiking.com). In Colorado gelten die Gegend um Crested Butte nördlich von Gunnison und die Umgebung von Durango als Nonplusultra der Radbegeisterten. Mammoth Lakes in Kalifornien hat eigens einen Pendelbusservice für Mountain Biker eingerichtet, die sich im Mountain Bike Park auf den zahlreichen Trails am Mammoth Mountain in Form halten wollen. Wer plant, in den USA im Sattel aktiv zu werden, sollte eigene Schuhe samt Klickpedalen von zu Hause mitnehmen, da *Clipless-Pedals* kaum irgendwo vermietet werden. Einen Überblick über Mountain Bike Trails in den Bundesstaaten des Südwestens verschafft www.dirtworld.com.

Reiten

Man muss sich nicht auf einer Ranch einquartieren, um den Südwesten aus dem Sattel kennenzulernen. In der gesamten Region gibt es Reitställe in Hülle und Fülle, die Reitausflüge auf Stundenbasis anbieten. Lohnend sind solche Touren in erster Linie in attraktiven Landschaften wie etwa dem Yosemite National Park, wo es drei Reitställe gibt (Yosemite Valley Stable, Tel. 209-372-8348, Tuolumne Meadows Stable, Tel. 209-372-8427; Wawona Stable, Tel. 209-375-6502, www.yosemitepark.com), Zion National Park (März–Okt., Tel. 435-679-8665, www.canyonrides.com); Bryce Canyon National Park (April–Okt., Canyon Trail Rides, Tel. 435-679-8665, www.onlinepages.net/canyonrides), Grand Canyon (Maultierritte in den inneren Canyon: Bright Angel Transportation Desk, Tel. 303-29PARKS, www.grandcanyon.com/gcnmule.html) und Rocky Mountain National Park (National Park Gateway Stables, Fall River Entrance am Hwy 34, Tel. 970-586-5269, www.nationalparkgatewaystables.com). Unter indianischer Führung kann man durch das legendäre Monument Valley reiten (Blacks Monument Valley Tours, Tel. 928-429-0637, www.blacksmonumentvalleytours.com).

Surfen

Die Pazifikküste zwischen San Francisco und San Diego hat den Surfsport zum populären Freizeitvergnügen gemacht und in alle Welt exportiert. Kein Wunder, dass es dort fabelhafte Reviere gibt. **Surfrider Beach** liegt nördlich von Santa Monica in der Nachbarschaft des Malibu Pier und zählt unter Kennern zu einem der besten Surfstrände im südlichen Kalifornien. Nicht weniger berühmt ist **Mavericks** in Pillar Point Harbor nördlich der Stadt Half Moon Bay, wo ungewöhnliche Unterwasserfelsen hauptsächlich in der kalten Jahreszeit für gewaltige Wellen sorgen. Auch in Santa Cruz, Santa Barbara und zahlreichen Stränden bei Los Angeles bzw. zwischen Los Angeles und San Diego herrschen ausgezeichnete Bedingungen für Wellenreiter. An vielen Stränden gibt es Shops, in denen man Ausrüstung ausleihen kann.

Wandern

Der Südwesten wartet mit einer Vielfalt von Wanderpfaden auf. Vor allem auf Fernwanderungen sollte man sich gut vorbereiten, da das Wetter im Südwesten (Hitze, Stürme, Höhenlagen) eine harte Herausforderung sein kann. Vom **Bay Area Ridge Trail** um die Bucht von San Francisco, der nach seiner Fertigstellung 800 km lang sein soll, können

Nervenaufreibende Abenteuer garantieren von Profis veranstaltete Raftingtouren

bislang ca. 500 km von Wanderern, Reitern und Mountain Bikern benutzt werden (www.ridgetrail.org). Auch wer sich den insgesamt 1910 km langen **California Coastal Trail** von der mexikanischen Grenze bis nach Oregon nicht zutraut, kann die Pazifikküste auf beliebig ausgewählten Tagesetappen kennenlernen (www.coastwalk.org). Zu den berühmtesten Wanderrouten im Westen der USA gehört der 340 km lange **John Muir Trail** vom Yosemite Valley zum Mount Whitney, dem mit 4421 m höchsten Punkt auf dem zusammenhängenden Staatsgebiet der USA.

Die Route durch die hohe Sierra ist sehr anspruchsvoll und nimmt 2–3 Wochen in Anspruch. Der John Muir Trail ist Teil des **Pacific Crest Trail**, der sich von der kanadischen bis zur mexikanischen Grenze durch die Bergwelt des Westens zieht (www.pcta.org). In Süd-Nord-Richtung durchquert der 1200 km lange **Arizona Trail** den Bundesstaat Arizona. Der Pfad beginnt beim Coronado National Memorial in der Nähe von Sierra Vista und endet an der Arizona-Utah-Grenze (www.aztrail.org).

Wer für Fernwanderungen Höhenlagen bevorzugt, kann sich mit dem **Colorado Trail** anfreunden, der auf einer 766 km langen Strecke Denver mit Durango verbindet und dabei größtenteils auf Höhen über 3000 m verläuft. Höchster Punkt ist Coney Summit mit 4064 m. Am Weg liegen historische Bergbauorte, alte Indianerpfade und hin und wieder ein modernes Skigebiet (www.coloradotrail.org).

Wellness und Fitness

Viele größere Hotels bieten Fitness-Studios zum Teil in Verbindung mit Wellnessbereichen an, um der steigenden Nachfrage nach gesundem Leben entgegenzukommen. Spaß gibt es in Hülle und Fülle. Die jeweiligen Angebote umfassen unterschiedliche therapeutische Massagen und Behandlungen von Maniküre bzw. Pediküre bis Aromatherapien, Ayurveda und Haarentfernung. Einen festen Platz unter den 10 besten Spas der USA haben zwei im Großraum Phoenix. Royal Palms Resort & Spa ist im spanischen Stil eingerichtet und wirkt sehr romantisch (5200 E. Camelback Rd., Tel. 602-840-3610, www.alhi.com/RoyalPalmsResort). Asiatisch inspirierte Methoden setzt Sanctuary Camelback Mountain in Paradise Valley mit 14 Massage- und Wellnesseinrichtungen ein (5700 East McDonald Dr., Tel. 480-948-2100, www.sanctuaryoncamelback.com). Empfehlenswert sind des Weiteren: Spa Montage im Montage Resort (30801 South Coast Hwy, Laguna Beach, CA 92651, Tel. 866-271-6953, www.spamontage.com); Ojai Valley Inn & Spa (905 Country Club Rd., Ojai, CA 93023, Tel. 805-646-1111, www.ojairesort.com); Ten Thousand Waves (3451 Hyde Park Rd., Santa Fe, NM 87501, Tel. 505-992-5025, www.tenthousandwaves.com); Ojo Caliente Spa, 50 Los Baños Drive, PO Box 68, Ojo Caliente, NM 87549, Tel. 505-583-2233, www.ojocalientespa.com).

Wildwasser-Rafting

Der Südwesten der USA ist ein Paradies für Wassersportler. In allererster Linie gilt das für den Colorado River, auf dem von unterschiedlichen Startpunkten aus Wildwassertouren angeboten werden. In Moab (UT) bieten zahlreiche Unternehmen Flusstouren an (Moab Adventure Center, 225 S. Main St., Moab, UT 84532, Tel. 435-259-7019, www.westernriver.com). Populär ist auch der Abschnitt zwischen Glen-Canyon-Damm und Lees Ferry. Das ultimative Whitewater-Erlebnis ist jedoch eine Tour mit Gummiflößen durch den Grand Canyon. Die hauptsächliche Rafting-Saison im Nationalpark ist von April bis Oktober, Trips dauern zwischen 3 und 14 Tagen (Informationen über Teilstrecken und Anbieter unter www.gcroa.org).

Wintersport

Gleichgültig ob man einsame Pistenabenteuer, zünftigen Après-Ski-Spaß, Familienurlaub im Schnee, durch zauberhafte Landschaften führende Langlaufloipen oder nervenkitzelnde Abfahrten sucht: Mit den Rocky Mountains und der Sierra Nevada liegen im Südwesten die beiden bekanntesten Skiregionen auf amerikanischem Boden. Die Promi-Orte **Aspen** und **Vail** in Colorado sind für trockenen Pulverschnee ebenso bekannt wie **Park City** und **Deer Valley** in Utah, wo 2002 die Winterolympiade ausgetragen wurde. Bereits im Jahr 1960 war das kalifornische **Squaw Valley** westlich des Lake Tahoe zu olympischen Ehren gekommen. Etwas weiter südlich entwickelte sich in den letzten Jahrzehnten **Heavenly Valley** bei South Lake Tahoe zum größten Skiegebiet in Kalifornien (www.skiheavenly.com). Auch in New Mexico gibt es zahlreiche reizvolle Skigebiete. Zu den schönsten zählt die Region am Enchanted Circle bei Red River und die Mescalero Indian Reservation im südlichen Landesteil um den über 3600 m hohen Sierra Blanca Peak. Auch das Taos Ski Valley östlich von Taos garantiert in der kalten Jahreszeit ein weißes Vergnügen (www.skitaos.org; www.skinewmexico.com).

Zweierlei macht das Einkaufen im Konsumparadies Amerika so attraktiv: das riesige Angebot und die vergleichsweise günstigen Preise. Hinzu kommt, dass es in fast jeder größeren Stadt mindestens eine Shopping Mall und mehrere Supermärkte für den täglichen Bedarf mit Öffnungszeiten zum Teil rund um die Uhr gibt. Ein weiteres Argument zum Shoppen bis zum Umfallen: Auf Sommer- oder Winterschlussverkauf braucht man in den USA nicht zu warten. Sonderverkäufe *(sales)* und spezielle Feiertagsaktionen gibt es das ganze Jahr hindurch. Wer größere Anschaffungen tätigen will, sollte sich überlegen, in welchem Bundesstaat eingekauft wird, weil sich auf angegebene Nettopreise aufgeschlagene Umsatzsteuern *(sales taxes)* im Südwesten zwischen 7,25 % in Kalifornien und 2,9 % in Colorado unterscheiden. Längst ist Einkaufen im Einzelhandel oft mit Entertainmentangeboten verbunden, wofür Werbestrategen Begriffe wie *Retailtainment* und *Shoppertainment* erfunden haben. Am deutlichsten machen dies große, mit Kinos, Bowlingbahnen, Restaurants und Imbissen ausgestattete Shopping Malls, die im Innern häufig attraktiv mit Brunnen, Palmen und Blumenbeeten ausgestattet sind.

Factory Outlets

Mancherorts bilden Fabrikverkaufsstellen einzelner Firmen bzw. Marken ganze Stadtteile mit Parkplätzen so groß wie Fußballfelder. In der amerikanischen Knoblauchhauptstadt Gilroy haben sich in den **Gilroy Premium Outlets** fast 200 einzelne Geschäfte für Mode, Sportartikel, Kindermode, Schuhe, Schmuck, Haushaltswaren, Lederartikel und Gepäck angesiedelt, die ihre Waren zum Teil mit Preisnachlässen bis zu 70 % verkaufen. Weitere Outlets der Premium-Kette gibt es in Kalifornien bei Los Angeles, in Carlsbad und in Cabazon und in Nevada in Las Vegas. Als Hersteller von Freizeitmode war in den USA ein gewisser L. L. Bean (www.llbean.com) Pionier in Sachen Fabrikverkauf, der 1912 an der Ostküste die erste Filiale eröffnete. Mittlerweile folgte dem Verkaufsmuster so ziemlich alles, was auf dem US-Bekleidungsmarkt und international Rang und Namen hat, von Levis bis Calvin Klein und von Anne Taylor bis Timberland. Die in den Outlets angebotene Mode ist nicht immer der ›letzte Schrei‹. Neben Premium gibt es mit The Mills eine zweite Outletkette, die Niederlassungen u. a. in Tempe (AZ), Orange und Torrance (CA) und Lakewood (CO) hat (www.millscorp.com).

Öffnungszeiten

Die Öffnungszeiten von Geschäften variieren stark, da es in den USA kein Ladenschlussgesetz gibt. Kleinere Läden sind Mo–Sa von 9.30–17, Supermärkte oft bis 21 Uhr geöffnet. Vor allem in Großstädten gibt es zahlreiche, rund um die Uhr geöffnete Geschäfte. Malls öffnen in der Regel um 10 Uhr und schließen um 20 oder 21 Uhr, So 12–18 Uhr. Ein Sonderfall ist Utah, wo sonntags die meisten Geschäfte geschlossen bleiben.

Souvenirs

Westernkleidung ist im Südwesten groß in Mode. Stiefel etwa sind längst nicht mehr nur Teil der Arbeitskleidung von Cowboys, sondern kommen zum Teil in todschickem Design daher. Speziell in New Mexico und Arizona hat man in Sachen Silber- und Türkisschmuck bzw. Keramik und Töpfereiwaren die Qual der Wahl aus einem riesigen Angebot. Beim Kauf von Reisemitbringseln aus exotischen Fellen oder Tierhäuten heißt jedoch die Devise »Finger weg«, weil man am heimischen Zoll aus Artenschutzgründen unliebsame Überraschungen erleben könnte.

Ausgehen

Hauptsächlich die kalifornischen Küstenmetropolen, aber auch andere Großstädte der Region halten ein kaum zu überbietendes Angebot an abendlichen Unterhaltungsmöglichkeiten bereit, das von Theatern, Schauspielhäusern, Musical-Bühnen, Musikklubs und Kinos bis zu Museen und Kunstgalerien reicht, die an manchen Tagen bis 20 oder 21 Uhr geöffnet bleiben. Hinzu kommt selbst in kleineren Städten ein gemeinhin breites gastronomisches Angebot vom Schnellimbiss bis zum etablierten Restaurant oder zum Nobellokal. Nicht nur in ländlichen Gegenden nehmen die Chancen auf ausgedehnte Nachtschwärmerei ab. Utah gilt mit seinen strikten Alkoholgesetzen genauso wenig als Nightlife-Mekka wie etwa Santa Fe, wo trotz Hauptstadtwürden bereits gegen 22 Uhr die Gehsteige hochgeklappt werden. Eine Ausnahme bilden Spielkasinos, die außerhalb von Nevada in jüngerer Vergangenheit wie Pilze aus dem Boden vieler Indianerreservate schossen. Sie sorgen zum Teil rund um die Uhr für Unterhaltung (manche schließen zwischen 2 und 6 Uhr), wobei es nicht nur um Einsätze an Spieltischen und Automaten geht. Viele Glücksspieltempel bieten Shows, Auftritte von bekannten Bands bzw. Interpreten und ein beachtliches gastronomisches Angebot an Long-Drink-Bars und *All-you-can-eat-Buffets*, an denen man für günstige Preise opulent speisen kann. Die abwechslungsreichste Unterhaltung bietet natürlich Las Vegas mit vielen großen Kasinos, die noch nie geschlossen waren, seit der letzte Maurer die Kelle aus der Hand legte. Doch auch außerhalb der Spielkasinos ist das Amüsementangebot in jüngerer Vergangenheit stark angewachsen und spricht in steigendem Maße ganze Familien an.

In den Kasinos von Las Vegas gehören Shows mittlerweile zum Standard – das Venetian erinnert in seiner an Aladin und die Wunderlampe

Frauen alleine unterwegs

Amerikareisen stellen allein reisende Frauen vor keine besonderen Probleme. Selbstverständlich sollten sie wie in jedem anderen Land allgemein übliche Sicherheitsmaßnahmen beherzigen. Alleine zu trampen ist ebenso wenig ratsam wie nachts ohne Begleitung unterwegs zu sein. Bei Busreisen sollte man darauf achten, nicht mitten in der Nacht am Zielort anzukommen, weil Busstationen häufig in unsicheren Gegenden liegen.

Maße, Gewichte und Temperaturen

In den USA hat das metrische System noch nicht richtig Fuß gefasst. Schon vor Jahren hat man begonnen, auf metrische Maße umzustellen. Allerdings scheint die Bereitschaft dazu eher gering. Eine der wenigen Straßen in den USA mit Entfernungsangaben in km ist die Interstate 19 von Tucson nach Nogales.

Längenmaße
1 inch (in.) – 2,54 cm
1 foot (ft.) – 30,48 m
1 yard (yd.) – 0,9144 m
1 mile (mi.) – 1,609 km

Flächenmaße
1 sq mile – 2,5899 km^2
1 acre – 0, 4047 ha
1 sq foot – 0, 092903 m^2
1 sq inch – 6,452 cm^2

Raummaße
1 cubic yard – 0,765 m^3
1 cubic foot – 28,32 dm^3
1 cubic inch – 16,387 cm^3

Hohlmaße
1 pint (pt.) – 0,473 l
1 quart (qt.) – 0,946 l
1 gallon (gal.) – 3,785 l
1 fluid ounce – 29,5735 ml

Gewichte
1 ounce (oz.) – 28,35 gr
1 pound (lb.) – 453,592 gr (16 ounces)
1 short ton – 1,102 to

Temperaturen
Temperaturen werden in Grad Fahrenheit gemessen (°F). Für die Umrechnung gilt die Formel: Fahrenheit minus 32 dividiert durch 1,8 = °C. Umgekehrt: Grad Celsius multipliziert mit 1,8 plus 32 = Grad Fahrenheit.

°Fahrenheit	°Celsius
0	–18
10	–12
20	–7
30	–1
40	4
50	10
60	16
70	21
80	27
90	32
100	38

Nationalparkpässe

Nirgends in den USA liegen Nationalparks so dicht gedrängt wie im Südwesten, vor allem in Utah und Kalifornien. Die Eintrittsgebühren zwischen 5 und 20 $ pro privatem Pkw schlagen schnell zu Buche. Wer mehrere Parks besucht, kauft am besten am ersten Parkeingang den vom Tag der ersten Benutzung ein Jahr gültigen »America the Beautiful Pass« für 80 $ (http://store.usgs.gov/pass). Der Pass gilt auch für andere vom National Park Service verwaltete Stätten (z. B. National Monuments, historische Stätten). Für Höhlen wie die Kartchner Caverns und Carlsbad Caverns ist der Pass nicht gültig.

Offizielle Feiertage

New Year's Day: 1. Januar (Neujahr)
Martin Luther King jr. Day: 3. Mo im Januar (Geburtstag von M. L. King)
Presidents' Day: dritter Montag im Februar (Geburtstag von George Washington)
Memorial Day: letzter Mo im Mai (Totengedenktag; Beginn der Urlaubssaison)
Independence Day: 4. Juli (Unabhängigkeitstag)
Labor Day: 1. Mo im September (Tag der Arbeit; Ende der Urlaubssaison)
Columbus Day: 2. Mo im Oktober (Erinnerung an die Landung von Christoph Kolumbus in Amerika)
Veterans Day: 11. November (Gedenktag an Kriegsveteranen)
Thanksgiving Day: 4. Do im November (Erntedankfest)
Christmas Day: 25. Dezember (Weihnachten)

In Wahljahren kommt der Election Day am Dienstag nach dem ersten Montag im November hinzu. Fällt ein Feiertag auf einen Sonntag, ist der darauf folgende Montag arbeitsfrei. Einzelne Bundesstaaten begehen weitere Feiertage.

Rauchen

Rauchen ist in den USA ein ganz heikles Thema. In allen öffentlichen Gebäuden darf grundsätzlich nicht geraucht werden. In Kalifornien (u. a. San Francisco) besteht zusätzlich ein Rauchverbot in Restaurants und Bars. Auf allen Inlands- und internationalen Flügen ist Rauchen ebenfalls verboten. Erklärtes Ziel ist es, Raucher ins soziale Abseits zu drängen. Viele Amerikaner pflegen ihr Laster mittlerweile heimlich, weil sie sich nicht der öffentlichen Missbilligung aussetzen wollen. Die Preise für Zigaretten sind mancherorts deftig.

Trinkgeld

Unter *tip* bzw. *gratuity* versteht man in den USA Trinkgeld. Gepäckträger erhalten pro Gepäckstück 1 $. Taxifahrer erwarten ca. 15 % des Fahrtpreises. In Restaurants ist ebenfalls ein *tip* von 15 % obligatorisch, falls das Bedienungsgeld im Preis nicht enthalten ist. Ein Blick auf die Rechnung genügt. Auch der Zimmerservice erwartet einen Obolus von ca. 1 $ pro Nacht. Die ausgeprägte Trinkgeld-Mentalität in besseren Hotels vom *Valet-Boy* über den *Bell Boy* (Kofferträger) und den Zimmerservice bis zum Zimmermädchen kann das Budget ziemlich strapazieren. Allerdings handelt es sich dabei nicht nur um eine Anerkennung für hilfreichen Service, sondern um einen festen Bestandteil des Lohnes.

Zeit

Der Südwesten liegt in zwei Zeitzonen. Das südliche Kalifornien und Nevada gehören zur Pacific Standard Time Zone (MEZ –9 Std.), Arizona, Utah, New Mexico und Colorado zur Mountain Standard Time Zone (MEZ –8 Std.). Ähnlich wie in Deutschland gilt in der warmen Jahreszeit auch in den USA die Sommerzeit (*Daylight Saving Time,* DST), d. h. am 2. So im März werden die Uhren um 2 Uhr um eine Stunde zurückgestellt. Die Sommerzeit endet am 1. So im November um 2 Uhr morgens. Eine Ausnahme macht Arizona, das keine Sommerzeit kennt. Lediglich die Navajo Indian Reservation macht die Umstellung mit.

Im Unterschied zu Europa ist der Tag in den USA nicht in 24 Stunden, sondern in zweimal 12 Stunden eingeteilt. Zwischen Mitternacht und 12 Uhr mittags wird der Uhrzeit ein *am* (vor Mittag) hinzugefügt, in der übrigen Zeit ein *pm* (nach Mittag). In den USA wird zuerst der Monat, dann der Tag und das Jahr genannt. Für den 1. März 2007 würde das also bedeuten: 03/01/2007.

Reisekasse und Reisebudget

Geld/Währung

Dollarbanknoten, bislang wegen der grünlichen Farbe auch *greenbacks* genannt, gibt es seit 2003 in neuen Designs und im Fall von 10-, 20- und 50-Dollar-Scheinen sogar in roten, gelben und blauen Farben. 1-, 2-, 5-, 100-, 500- und 1000-Dollar-Noten sind bislang gleich geblieben. Zwei-Dollar-Noten sind ziemlich selten und deshalb beliebte Sammlerobjekte. 100-Dollar-Noten werden wegen der Falschgeldgefahr in vielen Läden und Geschäften argwöhnisch betrachtet bzw. gelegentlich gar nicht akzeptiert. Bringt man von zu Hause Dollar mit, sollte man gleich beim Kaufen auf der Bank Wert auf kleinere Stückelungen legen. Als Münzen gibt es 1 Cent, 5 Cents *(nickel)*, 10 Cents *(dime)*, 25 Cents *(quarter)*, 50 Cents und das Ein-Dollar-Stück.

Schecks und Kreditkarten

Dollar-Reiseschecks lassen sich wie Bargeld verwenden. Die Stückelungen sollten nicht größer als 50 $ sein. Kreditkarten machen das Bezahlen in vielen Geschäften, Hotels, Restaurants und sogar beim Tanken einfach, da man fast überall direkt an der Zapfsäule die Kreditkarte einstecken kann. Ohne ›Plastikgeld‹ ist beispielsweise das Anmieten eines Fahrzeugs nahezu unmöglich, zumindest umständlich, weil man eine größere Summe als Garantie hinterlegen muss. Mit der Eingabe einer PIN-Nummer *(personal identification number)* kann man an Geldautomaten *(ATM – Automatic Teller Machines)* Bargeld abheben. Dabei werden allerdings recht saftige Gebühren fällig. Auch mit der EC-Karte kann man an Automaten mit dem Cirrhus- und Maestro-Symbol Bargeld bekommen.

Sperrung von EC-und Kreditkarten bei Verlust oder Diebstahl*:

0049-116 116

oder 0049-30 4050 40509
(* Gilt nur, wenn das ausstellende Geldinstitut angeschlossen ist, Übersicht: www.116116.eu)
Weitere Sperrnummern:
- MasterCard: 0049-69-79 33 19 10
- VISA: 0049-69-79 33 19 10
- American Express: 0049-69-97 97 1000
- Diners Club: 0049-69-66 16 61 23

Bitte halten Sie Ihre Kreditkartennummer, Kontonummer und Bankleitzahl bereit!

Preisniveau

In den USA sind manche Waren bzw. Dienstleistungen preisgünstiger als in Deutschland, andere teurer. Niedrigere Preise bezahlt man z. B. für Benzin, obwohl die Spritpreise kräftig zulegten, Textilien (Jeans!), Schuhe und Obst. Besuche guter Restaurants, Eintrittsgebühren für manche Museen und Vergnügungsparks, Alkoholika und manche Lebensmittel wie etwa Frischmilch sind vergleichsweise kostspielig. Im Supermarkt kommt ein Pack mit 12 Dosen Bier auf 8 bis 10 $. Für ein Frühstück in einem Coffee Shop muss man zwischen 5 und 7 $ veranschlagen. Fällt die Wahl auf ein Café in einem großen Hotel, kann sich die Rechnung auf das Dreifache belaufen. Ein Mittag- oder Abendessen in einem Food Court ist inklusive einem nicht-alkoholischen Getränk für ca. 5 bis 7 $ zu haben. Eine Flasche Bier kostet in einer normalen Bar etwa 3 bis 4 $. Ein Abendessen in einem ordentlichen amerikanischen Restaurant schlägt inklusive einem Getränk mit ca. 15 bis 25 $ zu Buche. Bedeutend günstiger sind chinesische Restaurants oder Buffets, wo man für die Hälfte speisen kann.

Reisezeit und Reiseausrüstung

Zu den zahlreichen Naturwundern, mit denen der Südwesten lockt, gehören auch dramatische Wettererscheinungen

In Amerika liegt die Hauptreisezeit zwischen Memorial Day (letztes Maiwochenende) und Labor Day (erstes Septemberwochenende). In diesen Zeitraum fallen die Sommerferien der meisten Schulen, und viele Familien nutzen diese Monate zum Ausspannen. Sehenswürdigkeiten und landschaftlich interessante Gegenden wie Nationalparks und State Parks sind in diesem Zeitraum ebenso wie Badeorte dem Ansturm einheimischer Touristen ausgesetzt, was bei vielen Unterkünften zum Teil zu erheblich höheren Preisen und generell zu knapperen Zimmerangeboten führt.

An der kalifornischen Küste ist der Sommer die beste Reisezeit, während der Aufenthalt in den großen Trockengebieten des Südwestens im späteren Frühjahr und im Herbst wegen der geringeren Temperaturen angenehmer ist. Wer nicht zum Wintersport in die Sierra Nevada oder die Rocky Mountains fährt, ist dort im Hochsommer und im Frühherbst am besten aufgehoben. Das Great Basin in Nevada bzw. im westlichen Utah wird von mehreren Gebirgsketten durchzogen, deren Überquerung in der kalten Jahreszeit wegen Eis und Schnee Probleme bereiten kann. Auch die Sierra Nevada erweist sich im Winter als gewaltiges Verkehrshindernis, weil mit der I-80 nur eine einzige Ost-West-Verbindung über den Gebirgszug offen gehalten wird. Die Nationalparks auf dem Colorado Plateau liegen in den meisten Fällen so hoch, dass man dort außer von November bis März mit winterlichen Verhältnissen rechnen muss.

Klima

Der Südwesten weist angesichts seiner sehr unterschiedlichen geografischen Gegebenheiten und in Anbetracht der stark variierenden Lagen zwischen Meereshöhe und über 4000 m ein sehr uneinheitliches Klima auf. Das zeigt sich bereits in Kalifornien. Während San Francisco selbst im Hochsommer morgens in Nebel gehüllt ist und höchstens frühlingshafte Temperaturen aufweist, wird es nach Überquerung des Küstengebirges im Central Valley schlagartig wärmer. Auch Richtung Süden werden die Temperaturen höher, hauptsächlich ab Los Angeles. Und in San Diego steigt das Thermometer selbst im Januar und Februar tagsüber auf 15 °C.

Die großen Wüstengebiete schmoren im Sommer zum Teil in gnadenloser Hitze. In erster Linie gilt das für das Death Valley, wo 45 °C im Schatten eher die Regel als die Ausnahme sind. Auch das Colorado-Tal südlich vom Lake Mead und der Großraum Phoenix glühen unter intensiver Sonneneinstrahlung. Am schönsten sind diese Gegenden im kühleren Frühjahr, wenn Wildblumen und Sträucher blühen. Die Bergregionen des Südwestens liegen dann häufig noch in Schnee und Eis und werden erst ab Mai zugänglich. Will man etwa vom Yosemite National Park über die Tioga-Pass-Straße Richtung Osten über die hohe Sierra fahren, kann die Verbindung gelegentlich sogar noch Anfang Juni wegen Schnee gesperrt sein.

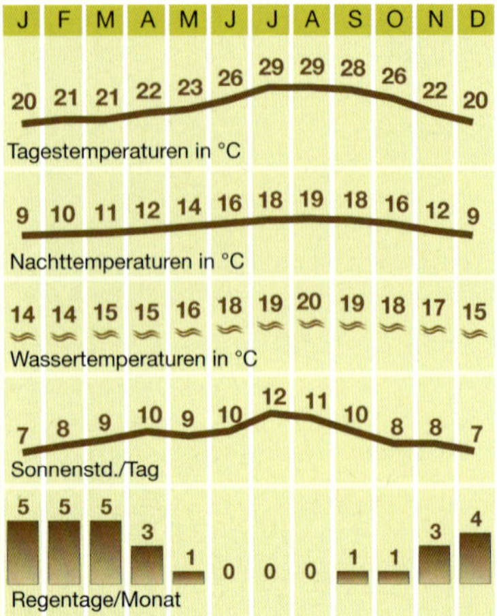

Klimadaten Los Angeles

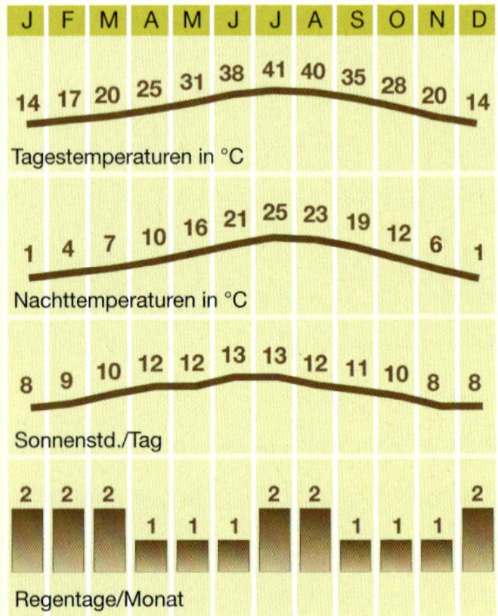

Klimadaten Las Vegas

Wettervorhersagen

Rund um die Uhr sendet der Weather Channel im Fernsehen Wetternachrichten über alle Landesteile, was auf einer nicht festgelegten Reiseroute die Möglichkeit bietet, Schlechtwetterfronten, Stürmen oder Dauerregen auszuweichen bzw. sich darauf vorzubereiten. Wetterwarnungen sollte man unbedingt ernst nehmen. Bereits zu Hause kann man sich über das Wetter am Zielort informieren (www.wetteronline.de/Nordamerika.htm). Die überregionale Tageszeitung USA Today veröffentlicht Mo–Fr eine übersichtliche Wetterkarte (im Internet: http://asp.usatoday.com/weather/weatherfront.aspx).

Kleidung und Ausrüstung

Wer seine Urlaubsreise in San Francisco beginnt, tut gut daran, warme Kleidungsstücke mitzunehmen. Die kann man auch auf den Hochlagen der Sierra Nevada und der Rockies bzw. in vielen Lokalen und Einkaufsmärkten gebrauchen, wo Klima-Anlagen zuweilen für arktische Temperaturen sorgen. Grundsätzlich ist in den USA legere Freizeitkleidung üblich. Konzerte oder ähnliche Kulturveranstaltungen sollte man aber auch im unkonventionellen Amerika nicht ohne adäquate Kleidung besuchen. Wichtige Reiseausrüstungen besorgt man zu Hause, um im Urlaub keine wertvolle Zeit zu vertrödeln, obwohl man in amerikanischen Geschäften notfalls alles an Ausrüstung nachkaufen kann.

Elektrogeräte

Da die Stromspannung in den USA 110 Volt beträgt, sind manche von zu Hause mitgebrachten Geräte nur zu betreiben, wenn sie von 220 Volt umgestellt werden können oder sich automatisch umstellen (wie Laptops). Ein Adapter aus dem Fachhandel ist auf jeden Fall notwendig, da deutsche Stecker nicht in US-Steckdosen passen.

Apotheken

Rezepte amerikanischer Ärzte werden in *Pharmacies* oder *Drugstores* angenommen, die sich oft in großen Supermärkten befinden. Dort bekommt man auch zahlreiche Medikamente von Grippetabletten über Schmerzstiller bis zu Reparatursets für Zähne, die es hierzulande nicht gibt oder die nicht frei verkäuflich sind. Ständig benötigte Medikamente gehören auf der Flugreise ins Handgepäck, falls der Koffer verloren geht. Muss man besondere Medikamente einnehmen, die in den USA unter Umständen als bedenklich eingestuft sind, kann ein ärztliches Attest oder ein Rezept eventuell auftauchende Missverständnisse ausräumen.

Ärztliche Versorgung

Das amerikanische Gesundheitswesen befindet sich auf hohem Standard, die Kosten stehen dem in nichts nach. Bei medizinischer Versorgung ist Vorauskasse üblich, was schnell sehr teuer werden kann. Gesetzliche Krankenkassen übernehmen keine in den USA anfallenden Arztkosten, sodass der Abschluss einer Auslandskrankenversicherung sinnvoll ist. Dabei sollte man auf die Konditionen achten und dafür Sorge tragen, dass auch eventuelle Rücktransporte im Versicherungskatalog enthalten sind. In den Gelben Seiten der Telefonbücher stehen die Adressen von Ärzten *(physicians)*, Zahnärzten *(dentists)* und Krankenhäusern *(hospitals)*. Auch große Hotels oder die Telefonvermittlung (Tel. 0) helfen bei der Adressensuche.

Gesundheitsrisiken

Mückenschutz ist in den USA wichtig, seit bekannt ist, dass das West-Nil-Virus von Stechmücken auf Menschen übertragen werden kann. Infektionen verlaufen in den meisten Fällen harmlos. Bei Kindern, alten und geschwächten Menschen kann es zu Komplikationen kommen. Einzige Prophylaxe ist bislang wirkungsvoller Schutz vor Stichen.

Notrufnummern

Landesweite Notrufnummer: Tel. 911.
Bei Pannen zeigt die hochgeklappte Kühlerhaube, dass Hilfe benötigt wird. Notrufsäulen sind in den USA dünn gesät. Dafür sind auf den Straßen mehr Streifenwagen unterwegs.

Sicherheit

Wie in den meisten Großstädten der Welt gibt es auch in US-Metropolen Viertel, die man besser meidet *(No-Go-Areas)*. Während der Fahrt sollte das Auto hauptsächlich in Städten, in denen man an Ampeln und Fußgängerüberwegen häufig anhalten muss, von innen verschlossen sein. Genügend Abstand zum Vordermann an Ampeln erhöht die Möglichkeit, im Notfall das Weite suchen zu können. Bei Unfällen, die suspekt erscheinen, nicht aussteigen, sondern zur nächsten Polizeistation oder zu einem großen Hotel weiterfahren. Der gesunde Menschenverstand sagt einem, dass man bei Dunkelheit Parks und einsame Gegenden besser meidet.

Die meisten Hotels besitzen in Zimmern oder an der Rezeption *safety deposits* (Schließfächer), in denen wichtige Dokumente, Flugscheine, Bargeld und Schmuck am besten aufgehoben sind. In das Handschuhfach oder den Kofferraum gehören keine Wertsachen.

Wer von der Polizei etwa wegen überhöhter Geschwindigkeit angehalten wird, bleibt im Auto sitzen und legt die Hände auf das Lenkrad, bis sich ein Officer dem Wagen nähert.

Internet

Auch im Urlaub per E-Mail erreichbar zu sein ist heute für viele Reisende unverzichtbar. In den meisten Städten gibt es Cybercafés und Internetcafés, in denen man gegen eine Gebühr online gehen kann. Unter der Bezeichnung Internetcafé firmieren zum Teil auch normale Cafés, die lediglich einen Internetzugang besitzen, den man mit dem eigenen Laptop nutzen kann. Kostenlos ist der Internetzugang in vielen öffentlichen Bibliotheken, wo man keine Attachments herunterladen kann. Auch große Computerzentren und Hamburgerketten bieten ihren Kunden die Möglichkeit, gratis E-Mails abzurufen oder zu schicken. Viele Hotels, Motels und Flughäfen verfügen mittlerweile über einen WLAN-Hotspot, über den man per Laptop Kontakt aufnehmen kann. Die Website www.wififreespot.com listet kostenlose WLAN-Spots von Flughäfen, Hotels und Campingplätzen auf.

Auf der Internetseite www.globalcomputing.com/CafesContent.htm sind Internetcafés in allen US-Bundesstaaten genannt. Die Cafékette Starbucks bietet in Kooperation mit T-Mobile High-Speed Wireless Internet Service an. Was Gäste selbst mitbringen müssen, ist ein mit einer Wi-Fi (802.11b) Wireless Card ausgestattetes Notebook oder ein Pocket PC.

Post

United States Postal Service (USPS) ist in den USA der Hauptanbieter neben zahlreichen privaten Firmen wie UPS, Fedex, Airborne und DHL. Eine Ansichtskarte nach Europa kostet 0,94 $, ein Airmailbrief 0,94 $ (Gewicht unter 1 ounce = 28,3 g) bzw. 1,74 $ (über 28,3 g). Briefmarken bekommt man in Postämtern, an Hotelrezeptionen und in Souvenirshops. Die meisten Niederlassungen von USPS sind von 8.30 bis 17.30 Uhr geöffnet, in großen Städten manchmal rund um die Uhr. Im Unterschied zu Deutschland hat die Post in den USA mit dem Telefonsystem, das in Händen privater Gesellschaften liegt, nichts zu tun. Auch Telegramme kann man dort nicht aufgeben. Dafür sind Gesellschaften wie ITT und Western Union Telegraph Company zuständig, deren Adressen und Telefonnummern man aus den Gelben Seiten erfährt.

Telefonieren

Das Telekommunikationsgeschäft liegt wie hierzulande in Händen von Firmen. Um vom Hotelzimmer oder vom öffentlichen Telefon zu telefonieren, gibt es mehrere Möglichkeiten. Am preiswertesten sind *Prepaid phone cards*. Diese Plastikkarten im Kreditkartenformat werden von Supermärkten, Souvenirshops, Tankstellen und Läden verkauft, wobei sich der Preis nach gekauften Einheiten richtet.

Wie viele Einheiten telefoniert werden können, steht auf der Rückseite, allerdings jeweils auf nationale Einheiten bezogen. Man wählt den aufgedruckten Code und wird dann aufgefordert, die ebenfalls auf der Karte frei gerubbelte Geheimzahl einzugeben. Danach folgt wie bei einem normalen Telefongespräch die Nummer des gewünschten Teilnehmers.

Vor dem Kauf einer Telefonkarte sollte man das Kleingedruckte des Kartenherstellers genau lesen. Der günstigste Anbieter für Anrufe innerhalb der USA muss nicht unbedingt auch die billigsten internationalen Verbindungen zur Verfügung stellen. Denn bei Anrufen von einem normalen öffentlichen Telefon werden unterschiedlich hohe Anschlussgebühren und zusätzlich Verwaltungsgebühren verrechnet. Will man sich vom Telefondienst *(operator)* vermitteln lassen, wählt man die 0. Für Auslandsgespräche gilt folgende Nummernfolge: 011 + Ländercode + Vorwahl (ohne 0) + Rufnummer (Ländercodes: Deutschland 49, Schweiz 43, Österreich 41). 800- bzw. 888-Nummern sind kostenlose Nummern etwa von Hotels und Restaurants. Man kann sie nur innerhalb der USA anwählen und muss grundsätzlich zuerst eine »1« wählen. Manche Hotels verlangen mittlerweile auch für das Anwählen dieser Nummern Gebühren.

Mobil telefonieren

Prepaid phone cards lassen sich in den USA auch mit dem Handy nutzen. Grundsätzlich benötigt man ein Triband-Handy, für das im Ausland eine erhöhte Minutengebühr fällig wird. Wichtig ist, ob in den USA 1-800er-Nummern kostenlos angewählt werden können. Falls das zutrifft, ist dies eine bequeme und preisgünstige Möglichkeit zum Telefonieren (s. o.). Die Bezeichnung ›Handy‹ ist übrigens eine deutsche Erfindung. In den USA spricht man von *cell phone* oder *mobile phone*.

Eine zweite ›Handy‹-Variante ist der Kauf eines *Prepaid-Telephone* ohne Vertrag, ohne Aktivierungsgebühr, inklusive Gesprächsguthaben ab 30 Minuten. Über eine Codenummer kann man die Geräte nachladen. Das funktioniert auch, indem man in Fachgeschäften eine neue Karte mit einer Codenummer nachkauft, wenn das integrierte Guthaben aufgebraucht ist. Solche Karten und passende Handys bekommt man in Filialen großer Computergeschäfte bzw. Radio- und TV-Fachgeschäfte wie CompUSA, Best Buy, Office Depot, Office Max, Radio Shack und AT&T Wireless Stores.

Mit dem Laptop unterwegs

Viele USA-Reisende haben mittlerweile einen Laptop oder einen Pocket-PC bei sich. Längst sind das nicht mehr nur Geschäftsleute, sondern auch Rucksackreisende, die technische Ausrüstungen wie Laptops, Handys, Adapter, Digitalkameras, Batterieladegeräte, MP3-Player und Kabel mit sich herumschleppen und für die in den USA bereits ein neuer Begriff erfunden wurde: *Flashpacker*. Viele Hotels und Motels haben sich auf die modernen Kommunikationsbedürfnisse ihrer Gäste eingestellt und bieten zum Teil kostenlosen Internetzugang mit oder ohne Kabel an.

Ist kein WLAN vorhanden, findet man im Zimmer ein Netzwerk-Ethernet-Kabel, das man mit dem Laptop verbindet. Wenn man den Browser öffnet, ist man im Internet. Man kann sich aber auch über die Telefonleitung einwählen. Die meisten Telefonapparate in den USA haben dafür einen speziellen Dataport, den man per Kabel mit dem Notebook verbindet. Notfalls lässt sich das Telefon auch abkoppeln, sodass man das Telefonkabel direkt in die Anschlussbuchse des Notebooks stecken kann. Provider stellen Nummern lokaler Einwahlknoten zur Verfügung. Wichtig ist, der Einwahlnummer die Zahl voranzustellen, mit der man vom Hotelzimmer aus Verbindung nach draußen bekommt (meist eine »9«). Danach folgt ein Komma wegen der notwendigen Zeitverzögerung, dann die eigentliche Nummer.

Zeitungen und Zeitschriften

Am weitesten verbreitet ist USA Today, die man entweder an Zeitungskiosks oder an Münzautomaten kaufen kann. Neben anderen überregionalen Zeitungen wie etwa der New York Times oder der Washington Post gibt es viele lokale und regionale Blätter, in denen man allerdings sehr oft vergeblich nach Weltnachrichten sucht. In großen Städten und auf internationalen Flugplätzen werden ausländische Tageszeitungen und Magazine in meist nur bescheidener Auswahl angeboten.

Allgemeines

Danke	Thank you
Gern geschehen	My pleasure, you're welcome
Wie bitte?	Pardon?
Guten Morgen	Good morning
Guten Tag	Good afternoon
Guten Abend	Good evening
Auf Wiedersehen	Good bye
Wann	When
Wie	How

Unterwegs

vierspurige Straße	Freeway
Autobahn	Interstate
Mautstraße	toll road, turnpike
Tankstelle	gas station
Benzin	gas
(Auto)-Werkstatt	garage
Bahnhof	railway station
Busbahnhof	bus station
Flughafen	airport
Touristeninformation	tourist information
Kirche	church
Museum	museum
Platz	square, place
Strand	beach
rechts	right
links	left
geradeaus	straight ahead, straight on
ein Auto/ ein Fahrrad mieten	rent a car/ a bike
eine Fahrkarte nach	a ticket to …
einfach/ hin und zurück	single, return

Zeit

3 Uhr (morgens)	3 a. m.
15 Uhr (nachmittags)	3 p. m.
Stunde	hour
Tag	day
Woche	week
Monat	month
Jahr	year
Montag	Monday
Dienstag	Tuesday
Mittwoch	Wednesday
Donnerstag	Thursday
Freitag	Friday
Samstag	Saturday
Sonntag	Sunday
Feiertag	public holiday
Winter	winter
Frühling	spring
Sommer	summer
Herbst	autumn, fall
heute	today
morgen	tomorrow
gestern	yesterday

Notfall

Hilfe	help
Notfall	emergency
Polizei	police
Unfall	accident
Autopanne	breakdown
Arzt	doctor
Zahnarzt	dentist
Medikamente	medicine, drugs
Apotheke	pharmacy
Krankenhaus	hospital
Rettungswagen	ambulance
Schmerzen	pain

Übernachten

Hotel	hotel
Einzelzimmer	single room
Doppelzimmer	double room
mit zwei Betten	twin
mit Bad	with bathroom
mit Dusche	with shower
mit WC	ensuite
Frühstück	breakfast
Halbpension	half-board
Gepäck	luggage

Einkaufen

Geschäft/Laden	shop
Bäckerei	bakery

Lebensmittel	food
geöffnet	open
geschlossen	closed
Briefmarken für	stamps for
einen Brief/	a letter/
eine Postkarte nach	a postcard to
... Deutschland/	Germany/
... Österreich/	Austria/
... in die Schweiz	Switzerland
Geldautomat	cash machine
Kreditkarte	credit card
bar	cash
teuer/billig	expensive/cheap
Quittung	receipt
bezahlen	pay
Wie viel	How many, how much

Zahlen

1	one	18	eighteen
2	two	19	nineteen
3	three	20	twenty
4	four	25	twenty-five
5	five	30	thirty
6	six	40	fourty
7	seven	50	fifty
8	eight	60	sixty
9	nine	70	seventy
10	ten	80	eighty
11	eleven	90	ninety
12	twelve	100	one hundred
13	thirteen	150	one hundred and fifty
14	fourteen		
15	fifteen	200	two hundred
16	sixteen	1000	a thousand
17	seventeen	2000	two thousand

Die wichtigsten Sätze

Allgemeines

Entschuldigen Sie!	Excuse me/Pardon
Sprechen Sie deutsch?	Do you speak German?
Ich spreche kein Englisch.	I do not speak English
Bis bald (später)	See you soon (later)
Ich heiße ...	My name is ...
Wie heißen Sie?	What's your name?
Ich komme aus ...	I come from ...
Wie geht's?	How are you?
Danke, gut	Thanks, fine
Schön, Sie zu sehen.	Nice to see you.

Unterwegs

Wo ist ...	Where is...
Wie komme ich nach ...?	How do I get to ...?
Wo finde ich ... ?	Where can I find ...?

Notfall

Können Sie mir helfen?	Could you help me?
Ich brauche einen Arzt.	I need a doctor.
Hier tut es weh.	Here I feel pain.

Übernachten

Haben Sie ein freies Zimmer?	Do you have any vacancies?
Wie viel kostet es pro Nacht?	How much is it per night?
Ich habe ein Zimmer bestellt.	I have booked a room.
Ich möchte abreisen.	I want to leave.
Die Rechnung bitte.	The bill please.

Einkaufen

Ich möchte Geld wechseln.	I would like to change money.
Wo kann man ... kaufen?	Where can I buy ...?
Wie viel kostet das?	How much costs ...?
Ich brauche ...	I need ...
Wann öffnet / schließt ...?	When opens/ closes ...?

Mountainbiker und Wanderer werden in den Bergen rund um Sedona (Nevada) mit prachtvollen Naturkulissen belohnt

Unterwegs im Süd-
westen der USA

Die berühmte Lone Cypress an der Panoramastraße 17-Mile-Drive zwischen Monterey und Carmel

Kapitel 1

San Francisco und Südkalifornien

Auf einen Blick: San Francisco und Südkalifornien

California Dreaming

Millionen Besucher aus aller Welt strömen Jahr für Jahr nach Südkalifornien. Als häufig besungener Garant für Sonne, Sand und Surf bildet die Region ein Urlaubsziel wie aus dem Bilderbuch. Pulsierende Weltstädte, Traumrouten wie der legendäre Highway No. 1 an der Pazifikküste, Gebirgsszenerien in der alpinen Sierra Nevada und in der Hitze flimmernde Wüstengebiete tragen zum Reiz des Landes ebenso bei wie viktorianische Häuserzeilen in historischen Stadtvierteln, windschiefe *Ghost Towns* in abgelegenen Bergregionen und vor Aktivitäten strotzende Badeorte an kilometerlangen Sandstränden.

Neben einer unglaublichen landschaftlichen Vielfalt machen schiere Größe, dynamische Wirtschaftskraft und eine Reputation als irdischer Garten Eden das südliche Kalifornien zu einem Superlativ und verwischen die Trennung zwischen Klischee und Wirklichkeit. Tourismusstrategen, Werbefachleute, Rock- und Popmusiker, Trendsetter, Fitnesspäpste und Industriekapitäne – sie alle greifen seit Jahrzehnten die Vision vom Paradies am Pazifik auf und münzen sie in ein glänzendes Image um, das Südkalifornien zum Inbegriff von Glück, Erfolg und unbeschwerter Lebensweise hochstilisiert.

Für Generationen von Amerikanern und Hunderttausende von Einwanderern aus aller Welt war Kalifornien seit der ersten Hälfte des 19. Jh. das verheißene Land. Sie waren nicht die Ersten, die dem Mythos erlagen. Lange vor ihnen waren Seefahrer und Entdecker, Missionare und Abenteurer aufgebrochen, um das Geheimnis des vermeintlichen Paradieses jenseits der Zivilisationsgrenze zu entschlüsseln. Heute sind im Südwesten Aufbruchstimmung und Veränderung und Spontaneität nirgends so unmittelbar spürbar wie in Südkalifornien.

Highlights

1 **San Francisco:** Die grandios gelegene Traumstadt bildet eine der attraktivsten Metropolen Amerikas (s. S. 108 ff.).

2 **Yosemite National Park:** Die von Gletschern geformte Landschaft in der Sierra Nevada gehört zu den populärsten Freizeitzielen im Land (s. S. 130 ff.).

3 **Hearst Castle:** Der ehemalige Zeitungskönig William Randolph Hearst ließ sich hoch über der Pazifikküste ein prunkvolles Schloss bauen (s. S. 158).

4 **Los Angeles:** Die zweitgrößte Stadt der USA ist eine weltberühmte Filmmetropole und ein Besichtigungs-, Shopping- und Unterhaltungsmekka (s. S. 164 ff.).

5 **San Diego:** Die Stadt zählt mit Attraktionen wie seinem weltberühmten Zoo und mit ihrer traumhaften Lage zu den schönsten Städten Kaliforniens (s. S. 200 ff.).

Empfehlenswerte Routen

Über die Sierra Nevada ins Todestal: Wunderschöne Route durch den Yosemite N. P. bis zum tiefsten Punkt der westlichen Hemisphäre (s. S. 130 ff.).

Traumstraße Amerikas: Von Santa Cruz führt der legendäre Küstenhighway No. 1 über Monterey, Carmel und Big Sur bis nach San Luis Obispo (s. S. 149 ff.).

Durch die südkalifornische Wüste: Eine exotische Route führt zwischen San Diego und Palm Springs durch extreme Landschaften (s. S. 210 ff.).

Reise- und Zeitplanung

In Südkalifornien könnte man Monate verbringen und hätte immer noch nicht alles gesehen. Wer etwa eine große Tour von San Francisco über Las Vegas nach Los Angeles und an der Küste zurück nach San Francisco unternehmen will, sollte sich dafür ca. 3 Wochen Zeit nehmen. Allein die drei genannten Städte beanspruchen im Grunde genommen schon eine Woche, selbst wenn man sie im Schnelldurchgang kennenlernen will. Eilige Reisende können die Strecke zwischen Los Angeles und San Francisco in 3 Tagen bewältigen.

Wer keine extremen Temperaturen verträgt, sollte den Besuch der Wüstenregionen lieber auf Frühjahr oder Herbst verlegen. An der Küste hingegen ist der Hochsommer klimatisch am angenehmsten, wenngleich dort im Juli und August der größte Besucherandrang herrscht – mit Begleiterscheinungen wie ausgebuchten Hotels und hohen Preisen.

Richtig Reisen-Tipps

Sequoia & Kings Canyon N. P.: Wer sich für Berglandschaften weit abseits der Zivilisation begeistern kann, kommt im Nationalparkduo Sequoia & Kings Canyon in der Sierra Nevada voll auf seine Kosten (s. S. 134).

Unterwegs auf dem 17-Mile-Drive: An der berühmten Küstenstraße zwischen Monterey und Carmel liegen 21 reizvolle Aussichtspunkte (s. S. 151).

Die Nacht der Zombies: Eines der schrillsten Feste in Los Angeles ist in der letzten Oktobernacht die Halloween-Parade auf dem West Hollywood Boulevard (s. S. 186).

Abstecher nach Klein-Afrika: Im Hinterland der Küste zwischen Los Angeles und San Diego liegt mit dem San Diego Zoo's Wild Animal Park ein Stückchen Afrika (s. S. 196 f.).

Klima und Reisezeit

In den Wüsten herrscht im Hochsommer ein Klima wie in einem Backofen. Erträglicher ist der Aufenthalt dort ab Herbst bis ins späte Frühjahr, wenn die Vegetation blüht. An der Küste kann man im Hochsommer mit dem angenehmsten Wetter rechnen, allerdings auch mit dem größten Besucherandrang.

1 San Francisco und Umgebung

Citypläne S. 110, 120

Keine Großstadt im amerikanischen Westen kann sich der ungeteilten Gunst ihrer Besucher so sicher sein wie San Francisco. Ein Hauptgrund dafür ist die fantastische Lage am Golden Gate, das die Bucht von San Francisco wie ein natürliches Tor zum Pazifik öffnet und von der weltberühmten Golden Gate Bridge überspannt wird. Zu den Reizen der Metropole gehört aber auch ihr eher unamerikanischer Charakter mit fast europäisch wirkenden Stadtteilen und nostalgischen Cable Cars.

Vom Dorf zur Weltstadt

Wo die Golden Gate Bridge im Norden endet, windet sich eine Serpentinenstraße eine fast baumlose Bergflanke hinauf. Der Blick vom obersten Aussichtspunkt auf das Goldene Tor ist atemberaubend. Vom Pazifik drücken graugrüne Wellenberge unter dem zerbrechlich wirkenden Brückengeflecht in die San Francisco Bay. Im Südosten säumt die Skyline der Stadt die Bucht, die hinter den beiden Inseln Angel Island und Alcatraz im Dunst verschwindet. Vom Wind zerzauste Nebelbänke treiben plötzlich vom Meer herein und lassen innerhalb von Minuten von der Golden Gate Bridge nur noch die Spitzen der lachsroten Pontons erkennen. Augenblicke später reißt der Himmel wieder auf und präsentiert die Stadt als in klares Sonnenlicht getauchtes Postkartenpanorama. San Francisco ist kein homogenes urbanes Konglomerat, sondern setzt sich aus sehr unterschiedlichen Stadtteilen zusammen. Chinatown präsentiert sich mit fernöstlichen Attributen als Schaufenster ins Reich der Mitte; im benachbarten Financial District brach sich mit Wolkenkratzern aus Stahl, Glas und Beton die ›Manhattanisierung‹ Bahn, während die Straßen in North Beach oder in Marina mit erkergeschmückten Fassaden an großstadtferne Villenvororte erinnern. Aus den Unterschieden ihrer Neighborhoods bezieht die Stadt viel von ihrer Attraktivität – ganz zu schweigen von liberalem Flair, mit der die Traumstadt ihre Besucher empfängt. Einen ausgezeichneten Überblick über die einzelnen Stadtteile bekommt man auf dem 49-Mile-Drive, einer gut ausgeschilderten Besichtigungsroute.

»The City«, wie die Stadt von ihren Einwohnern genannt wird, wurde 1776 mit dem Aufbau der Missionsstation San Francisco de Asis durch spanische Franziskaner und mit der Errichtung einer kleinen Garnison durch den spanischen Leutnant Jose Joaquin Moraga gegründet. Dem Flecken wäre wahrscheinlich ein normales Wachstum beschieden gewesen, hätte nicht die Entdeckung von Gold am American River 1848 die Weichen in eine hektische Zukunft gestellt. Der Goldrausch spülte 1849 Zehntausende von Glücksritter an die Gestade der Bucht von San Francisco. Auch die hohe Politik zeigte sich beeindruckt. Ohne längere Wartezeit nahm der US-Kongress den Golden State als Bundesstaat 1850 in die Amerikanische Union auf. Die Auswirkungen auf die Demografie der Stadt waren phänomenal. Von ca. 800 Einwohnern im Jahr 1848 stieg die Bevölkerung bis Anfang des 20. Jh. auf 400 000.

Am 18. April 1906 ließ frühmorgens um 5.12 Uhr ein Erdbeben der Stärke 8,2 auf der Richterskala die Halbinsel von San Francisco erzittern. Zwei Minuten lang schwankte die Erde und ließ ganze Häuserzeilen einstürzen.

Mit dem Autor unterwegs

Ein besonderes Erlebnis

Am durch blauweiße Schilder mit einer Seemöwe gekennzeichneten **49-Mile-Drive** liegen 49 Sehenswürdigkeiten. Die Route beginnt beim Civic Center (Cityplan S. 110/111, Nr. 20). Fahrtzeit mit dem Auto ca. 4 Std.

Klassischer Spaziergang

Die **Golden Gate Bridge** kann man sowohl mit dem Rad als auch zu Fuß kostenlos überqueren – an schönen Tagen ein überwältigendes Erlebnis (s. S. 123 f.).

Highlight für Stadtflaneure

Vom Marina Green im Stadtteil Marina führt der **Coastal Trail** für Radfahrer und Wanderer an der San Francisco Bay entlang bis unter die Golden Gate Bridge bei Fort Point, wo Jimmy Stewart im Hitchcock-Thriller »Vertigo« seine Filmpartnerin Kim Novak aus dem Wasser rettete (s. S. 123).

Tipps für Sparer

Im **TIX Bay Area Kiosk** erhält man Theater- und Konzerttickets für Veranstaltungen am jeweiligen Tag zum halben Preis. Auch Stadt- und Busfahrpläne werden dort ausgegeben (Union Square, Tel. 415-433-7827, www.theatrebayarea.org). Der neun aufeinander folgende Tage gültige San Francisco City-Pass beinhaltet nicht nur den Eintritt in zahlreiche Museen, sondern schließt auch an sieben Tagen unbegrenzte Fahrten mit dem Cable Car und einen Schiffsausflug in der Bucht ein (www.citypass.com, Erw. 59 $, Kin. 5–17 Jahre 44 $).

Gratistag in Museen

Zahlreiche Museen in San Francisco können jeden ersten Dienstag im Monat kostenlos besichtigt werden.

Thema Sicherheit

Im Zentrum von San Francisco gibt es für Touristen im Allgemeinen keine besonderen Sicherheitsprobleme. Die Stadtviertel Tenderloin südwestlich des Union Square und Western Addition zwischen Van Ness Avenue und Fillmore Street sollte man abends aber dennoch besser meiden.

Aus zerfetzten Leitungen entweichendes Gas entzündete sich und fraß sich durch die größtenteils aus Holz erbauten Viertel. Über die Hälfte aller Einwohner waren über Nacht ohne Dach über dem Kopf. Die Asche war noch warm, als sich die Menschen an den Wiederaufbau machten. Nach dem Ersten Weltkrieg veränderte ein Bauboom die Skyline der Stadt, ehe man in den Jahren der Weltwirtschaftskrise mit der Oakland Bay Bridge und der Golden Gate Bridge zwei Projekte verwirklichte, mit denen das auf einer Halbinsel liegende San Francisco seine bis dahin geografische Abgeschlossenheit aufbrach.

In den 1960er- und 1970er-Jahren verwandelte die Hippie-Bewegung die Stadt, ehe eine in der Stadt grassierende AIDS-Epidemie in den 1980er-Jahren das Thema Homosexualität in den Mittelpunkt der öffentlichen Diskussion rückte. AIDS, Erdbebengefahr, wirtschaftliche Probleme und wachsende Kriminalität verursachten im ausgehenden 20. Jh. den stärksten Bevölkerungsschwund, den die Stadt je erlebte. Trotzdem entstanden etwa mit South of Market Street und dem umgebauten Embarcadero attraktive Stadtteile mit neuem Gesicht.

Downtown

Citypläne: S. 110/111, 120/121
Reiseatlas: S. 1, A 4
Das Stadtzentrum von San Francisco erstreckt sich westlich der Van Ness Avenue bis zum Embarcadero und in der Nord-Süd-Ausdehnung von Fisherman's Wharf bis in

Downtown San Francisco: Cityplan

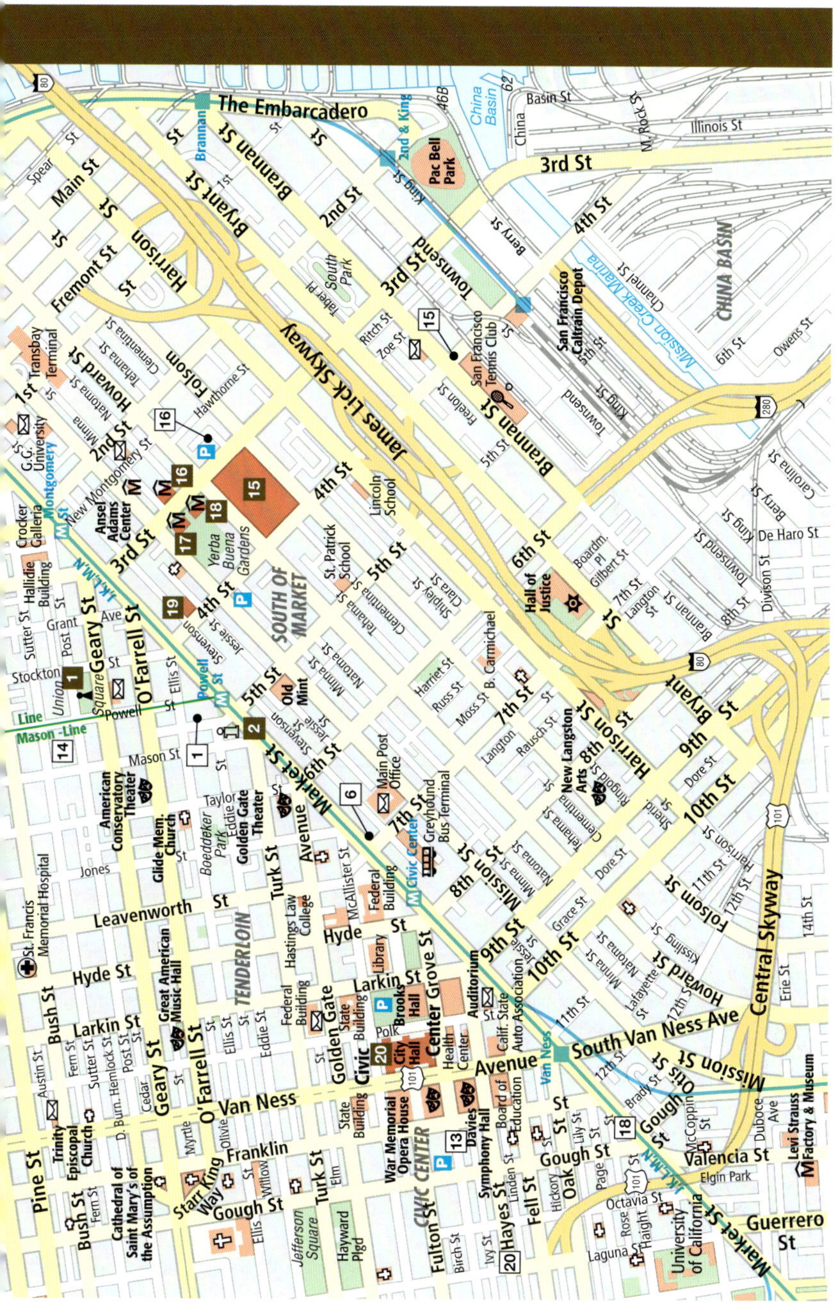
The Embarcadero
China Basin
Basin St
Illinois St
M. Rock St
China
3rd St
4th St
Pac Bell Park
2nd & King
King St
Berry St
CHINA BASIN
Mission Creek Marina
Channel St
San Francisco Caltrain Depot
6th St
Owens St
Brannan St
Bryant St
Main St
Spear St
Fremont St
Harrison St
1st St
2nd St
South Park
Taber Pl
3rd St
Townsend St
Ritch St
Zoe St
San Francisco Tennis Club
Feelon St
5th St
Transbay Terminal
Howard St
Natoma St
Minna St
Tehama St
Clementina St
Folsom St
Hawthorne St
James Lick Skyway
G.G. University
Montgomery
New Montgomery St
Crocker Galleria
Hallidie Building
Ansel Adams Center
Yerba Buena Gardens
4th St
Lincoln School
St. Patrick School
SOUTH OF MARKET
Hall of Justice
Boardm. Pl
Gilbert St
7th St
Langton St
De Haro St
Carolina St
Division St
8th St
Sutter St
Grant Ave
Post St
Stockton St
Union Square
Geary St
O'Farrell St
Ellis St
Powell St
Powell-Mason Line
Mason St
Jessie St
Stevenson St
5th St
Old Mint
Clara St
Shipley St
Harriet St
Russ St
Moss St
B. Carmichael
7th St
Rausch St
New Langston Arts
Ringold St
Sherid. St
Dore St
9th St
10th St
Market St
6th St
Main Post Office
7th St
Greyhound Bus Terminal
Civic Center
American Conservatory Theater
Taylor St
Eddie St
Golden Gate Theater
Boeddeker Park
Glide Mem. Church
Jones St
Turk St
Golden Gate Avenue
McAllister St
Federal Building
Hastings Law College
Leavenworth St
TENDERLOIN
Hyde St
Library
Larkin St
Brooks Hall
Grove St
Auditorium
Calif. State Auto Association
Mission St
Minna St
Natoma St
Jessie St
Grace St
Kissling St
Lafayette St
Howard St
11th St
12th St
Central Skyway
14th St
Erie St
South Van Ness Ave
Van Ness
Otis St
Mission St
Brady St
Gough St
McCoppin St
Duboce Ave
Levi Strauss Factory & Museum
Valencia St
Elgin Park
Guerrero St
St. Francis Memorial Hospital
Bush St
Austin St
Fern St
Sutter St
Hemlock St
Post St
Cedar St
Great American Music Hall
Polk St
Civic Center
City Hall
Health Center
Van Ness Avenue
State Building
War Memorial Opera House
Davies Symphony Hall
Board of Education
Pine St
Trinity Episcopal Church
Cathedral of Saint Mary's of the Assumption
D. Burn.
Myrtle
Olivie St
Franklin St
Starr King Way
Gough St
Willow St
Ellis St
Jefferson Square
Turk St
Elm St
Hayward Plgd
CIVIC CENTER
Fulton St
Birch St
Ivy St
Hayes St
Linden St
Fell St
Hickory St
Oak St
Lily St
Page St
Rose St
Octavia St
Haight St
Laguna St
University of California
Market St

San Francisco Downtown: Cityplan

Sehenswürdigkeiten

1 Union Square
2 Hallidie Plaza
3 Nob Hill
4 Chinatown
5 North Beach
6 Telegraph Hill
7 Lombard Street
8 Ghirardelli Square
9 San Francisco Maritime National Historical Park
10 Fisherman's Wharf
11 The Cannery
12 Pier 39
13 Financial District
14 Ferry Building
15 SoMa
16 San Francisco Museum of Modern Art
17 Cartoon Art Museum
18 Museum of the African Diaspora
19 Museum of Craft & Folk Art
20 Civic Center
21 – 31 s. Cityplan S. 120/121

Übernachten

1 Renaissance Parc 55 Hotel
2 Fairmont San Francisco
3 Orchard Hotel
4 Best Western Tuscan Inn
5 s. Cityplan S. 120/121
6 Renoir Hotel
7 Golden Gate Hotel
8 – 11 s. Cityplan S. 120/121
12 Green Tortoise Guest House

Essen und Trinken

13 Jardinière
14 Farallon
15 CoCo500
16 Ame
17 s. Cityplan S. 120/121
18 Zuni Café
19 Piperade
20 Suppenküche
21 House of Nan King
22 s. Cityplan S. 120/121

den Stadtteil South of Market Street. Kern dieses Stadtzentrums ist die Gegend um den **Union Square** 1 mit mehreren Theatern, großen Einkaufszentren, renommierten Hotels und lebhaften Straßenzeilen.

Während des Bürgerkrieges 1861 bis 1865 versammelten sich auf dem Platz häufig für die Nordstaaten eintretende Demonstranten, wovon der Union Square seinen Namen ableitete. Mit dem Dewey Monument erinnert eine 30 m hohe Säule an den Sieg der amerikanischen Pazifikflotte unter Admiral Dewey 1898 in der Schlacht bei Manila während des Spanisch-Amerikanischen Krieges. Der von Palmen bestandene, terrassenförmig angelegte Platz mit einem Café bildet inmitten des Geschäftszentrums eine kleine Oase zum Verschnaufen nach einer kräftezehrenden Besichtigungs- und Shoppingtour durch die Filialen von Macy's, Neiman Marcus, Saks Fifth Avenue, Tiffanys, Armani, Cartier und Gucci.

Wo die Powell Street auf die Market Street trifft, liegt mit der **Hallidie Plaza** 2 ein lebhafter Platz, unter dem sich mehrere Etagen unter anderem mit einer U-Bahn-Haltestelle und dem Visitor Information Center befinden. Auf Straßenebene ist die Wendeplattform der Cable Cars hauptsächlich dann eine Besucherattraktion, wenn die Wagen von Schaffner und Bremser mit vereinten Kräften umgedreht und erneut für eine Fahrt zum Nob Hill bzw. nach Fisherman's Wharf bereit gemacht werden.

Nob Hill

Am leichtesten ist der Aufstieg zum **Nob Hill** 3 mit dem Cable Car ab Hallidie Plaza. Der Platz ist nach dem englischen Ingenieur Andrew Hallidie benannt, der 1873 das erste von Stahltrossen gezogene Cable Car vorstellte, das die Voraussetzung für die Umwandlung des 103 m hohen Nob Hill in einen

Millionärshügel bildete. In diesem Stadtteil ließen sich Ende des 19. Jh. u. a. die vier Eisenbahnmagnaten Leland Stanford, Mark Hopkins, Collis P. Huntington und Charles Crocker noble Residenzen erbauen, die leider dem Erdbeben von 1906 zum Opfer fielen. Das 1907 eröffnete Fairmont Hotel war 1945 Schauplatz der Gründung der Vereinten Nationen. Mit Marmor und korinthischen Säulen ist die Lobby prächtig ausgestaltet. Vom 24 Etagen hohen Turm des Hotels hat man einen überwältigenden Blick auf die Stadt.

Chinatown

Am Fuße des Nob Hill dehnt sich gewissermaßen das Gegenstück zum vornehmen Hügelviertel aus. **Chinatown 4**, das sich hinter dem Löwentor an der Grant Street auf Höhe der Bush Street öffnet, bildet eine Stadt in der Stadt – ein zum Teil sympathisch unaufgeräumt wirkendes, exotisches Viertel, in dem wahrscheinlich weit über 100 000 Menschen aus dem Reich der Mitte und anderen Ländern des Fernen Ostens leben. Straßenschilder geben in Englisch und chinesischen Schriftzeichen Auskunft. Straßenlaternen und Telefonzellen verzichten auf den China-Look ebenso wenig wie viele Hausfassaden unter geschwungenen Pagodendächern. Windspiele bimmeln vor Läden voller bemalter Fächer, bronzefarbener Buddhas und Taschen mit gestickten Drachenmustern monotone Melodien. In von Küchendunst beschlagenen Schaufenstern von Restaurants und Imbissen warten in Reih und Glied aufgehängte lackierte Enten auf hungrige Gäste.

Kein anderer Teil von San Francisco ist so dicht bevölkert wie die Straßenzüge um die von Transparenten und flatternden Fähnchen überspannte Grant Street. Früher einmal rein chinesisch, ist das Viertel durch die Zuwanderung von Vietnamesen, Thais, Filipinos, Koreanern und Laoten in den vergangenen Jahrzehnten so stark angewachsen, dass sich sozialer Zündstoff anzuhäufen begann. Entlang der zentralen **Grant Street** locken dicht aneinandergedrängte Andenkenläden und Restaurants mit farbenfrohen Fassaden. Der Blick in Innenhöfe und versteckte Seitengassen zeigt aber, wie eingepfercht die Einwohner von Chinatown zum Teil in heruntergekommenen Blocks leben. Aus Kräuterläden dringt der fremde Atem Asiens, vermischt mit dem Duft von Räucherstäbchen und den Geruchswolken benachbarter Fischgeschäfte.

Erste Einwanderer aus China erreichten die amerikanische Westküste in den späten 1840er-Jahren. Viele flohen vor Hungersnöten und Opiumkriegen im eigenen Land und hofften auf eine bessere Zukunft in den Goldfeldern von Kalifornien. Eine zweite Einwanderungswelle schwappte in den 1870er-Jahren nach Amerika, als Eisenbahngesellschaften Arbeiter für den Bau der Gleise durch den Kontinent benötigten. Als die Schienenwege fertiggestellt waren, ließen sich viele von ihnen in San Francisco nieder, zum Leidwesen der Einheimischen, die ihre Jobs durch die ›billigeren‹ Asiaten gefährdet sahen. Rassistische Ausschreitungen und ein gesetzlich verhängter Einwandererstopp waren die Folge. Die Chinesen ihrerseits, traditionell in unterschiedliche und nicht selten verfeindete Tongs (Geheimgesellschaften) aufgeteilt, begannen ihren Widerstand gegen Diskriminierung und Übergriffe zu organisieren. Aus diesen Bündnissen entwickelten sich auch von Erpressung und Schutzgeldern lebende Gangs. Anschaulich dokumentiert ist die Geschichte von Chinatown bzw. der chinesischen Einwanderung in die USA in der **Chinese Historical Society of America** mit historischen Fotos, Werkzeug vom Eisenbahnbau und etwa einer von einem chinesischen Restaurantpionier erfundenen Maschine zur Reinigung von Shrimps (965 Clay St., Tel. 415-391-1188, www.chsa.org, Di–Fr 12–17, Sa 11–16 Uhr, Erw. 3 $, 6–17 J. 1 $).

Weniger um Geschichte als vielmehr um Kunst und Kultur geht es in den Ausstellungen im Chinese Cultural Center (750 Kearny St., 3. Stock, Tel. 415-986-1822, www.c-c-c.org, Di–Sa 10–16 Uhr). Vor dem Gebäude auf dem Portsmouth Square treffen sich alte und junge Menschen am frühen Morgen zur traditionellen Tai-Chi-Frühgymnastik und später am Tag vor allem ältere Männer, die im

Schatten der Bäume über Schachbrettern brüten.

North Beach

Am östlichen Broadway, wo neonbunte Sex-Boutiquen und Striptease-Bars das Straßenbild bestimmen, beginnt mit **North Beach** 5 einer der ältesten Stadtteile von San Francisco. Ursprünglich eine der besten Wohngegenden, verlor sie ihre Attraktivität schon in den 1870er-Jahren, als die Cable-Car-Linien andere Viertel zu erschließen begannen. Neben mittel- und südamerikanischen Einwanderern zogen in den folgenden Jahrzehnten viele Südeuropäer in das Viertel um den Telegraph Hill nieder und ließen allein die italienische Bevölkerung bis 1939 auf 60 000 Menschen anwachsen. Als nach dem Zweiten Weltkrieg viele aus dem eng gewordenen Viertel weggezogen waren, verwandelte sich North Beach neben dem Greenwich Village in New York und Venice Beach in Los Angeles zum dritten Standort einer Boheme-Kolonie um die sogenannte *Beat Generation.*

Exponenten dieser literarischen Richtung waren Jack Kerouac und Allen Ginsberg – der Erste ein moderner amerikanischer Hobo, der die Rastlosigkeit zum Lebensprinzip erhoben hatte, der Zweite ein respektloser Poet, der den im Besitz des Verlegers Lawrence Ferlinghetti befindlichen Buchladen **City Lights** (261 Columbus Ave., Tel. 415-362-8193, www.citylights.com, tgl. 10–24 Uhr) nach 1953 zum Literatentreff umfunktionierte. North Beach entwickelte sich damals zur Bühne der literarischen Avantgarde Amerikas, deren Hauptphilosophie aus einem Amalgam aus Anti-Bürgerlichkeit, Selbstmitleid und Hoffnungslosigkeit bestand. Im **Vesuvio Café** (255 Columbus Ave., Tel. 415-362-3370, www.vesuvio.com) saßen Dichter und Denker über Manuskripten und diskutierten neue literarische Entwürfe. Wer heute den Besuch dort stilecht gestalten will, bestellt entweder einen mit Brandy, Amaretto und Limonensaft verfeinerten Bohemian Coffee oder einen aus Rum, Tequila, Orangen- und Limonensaft gemixten Jack Kerouac. Nach dem namengebenden Verfasser des Kultromans »Unterwegs« wurde auch eine Gasse zwischen dem Café und dem benachbarten City Lights benannt.

Hauptverbindung quer durch North Beach ist die im Schachbrettmuster der Straßen schräg verlaufende Columbus Avenue. Sie beginnt im Stadtzentrum vor der Transamerica Pyramide. In der Nachbarschaft erhebt sich die patinagrüne Fassade des zu Anfang des 20. Jh. errichteten Columbus Tower, der auch Flatiron Building genannt wird. Die Columbus Avenue ist nicht nur eine pulsierende Verkehrsader, sondern auch eine Gourmetmeile mit Restaurants und Spezialitätengeschäften wie etwa der **Liguria Bakery** (Ecke Stockton und Filbert St., Tel. 415-421-3786, Mo–Fr 8–16, Sa 7–16, So 7–12 Uhr), in der Nachfahren genuesischer Einwanderer immer noch das italienische Fladenbrot *focaccia* in einem originalen Ziegelofen aus dem Jahr 1911 backen.

Um die Mittagszeit bilden sich Warteschlangen vor dem über 100 Jahre alten **Molinari Deli** (373 Columbus Ave., Tel. 415-421-2337, www.northbeachshop.com/pages/molinari.html, Mo–Fr 8–18, Sa 7.30–17.30 Uhr), wo flinke Hände zwischen von der Decke baumelnden Schinken und Vitrinen voller Köstlichkeiten himmlische Sandwiches zubereiten. Mit einer delikaten Knoblauchwolke macht das Traditionsrestaurant **The Stinking Rose** (325 Columbus Ave., Tel. 415-781-7673, www.thestinkingrose.com, tgl. 11–23 Uhr) auf sich aufmerksam, was u. a. auf die Hausspezialität *Forty Clove Garlic Chicken* (18,95 $) zurückgeht, die ihren unnachahmlichen Geschmack 40 Knoblauchzehen verdankt.

Auf dem Washington Square im Mittelpunkt von North Beach finden vor der neogotischen Fassade der **Church of St. Peter and St. Paul** häufig Feste und Kulturveranstaltungen statt. Ein Massenaufgebot an Presseleuten stürmte die Kirche, als der legendäre Baseballstar Joe DiMaggio in den 1950er-Jahren Marilyn Monroe heiratete. Unter der auf dem Rasen errichteten Statue von Benjamin Franklin wurde 1979 eine Kapsel mit einem Gedicht von Lawrence Ferlinghetti, einem Paar Jeans und einer Flasche Wein als

Anfang des 20. Jh. war der grüne Columbus Tower modernste Architektur, heute schielt er verstohlen auf die Transamerica Pyramide: the times they are changin' …

Symbole der damaligen Zeit in den Sockel gemauert. Erst nach Ablauf von 100 Jahren soll der ›Schatz‹ gehoben werden dürfen.

Telegraph Hill

Auf dem Washington Square erinnert ein Denkmal an die Feuerwehr von San Francisco, die beim Erdbeben 1906 viele Menschenleben rettete und seither hohes Ansehen genießt. Dieser Reputation zollte auch Lillie Hitchcock Coit Tribut. Als Kind war sie von Feuerwehrmännern aus einem brennenden Haus gerettet und als 15-jähriges Mädchen zum Maskottchen einer Feuerwehrbrigade erwählt geworden. Im Jahre 1929 stellte sie einen Teil ihres Vermögens für den Bau des runden, 64 m hohen Coit Tower auf dem **Telegraph Hill** 6 zur Verfügung. Von der Aussichtsplattform blickt man auf den Financial District, Russian Hill und Fisherman's Wharf. Die wie von riesigen Maulwürfen zerwühlte östliche Flanke des Hügels lieferte früher mächtige Felsbrocken, als leere Segelschiffe noch mit Ballast auf dem Weg in alle vier Winde beschwert werden mussten (1 Telegraph Hill Blvd., Tel. 415-362-0808, tgl. 10–17 Uhr).

Lombard Street

Vom Coit Tower stellt in westlicher Richtung die **Lombard Street** 7 die Straßenverbindung zum Russian Hill her. Sie ist die berühmteste, aber mit 21,3 % bei weitem nicht steilste Straße im Stadtgebiet von San Francisco. Den Rekord hält die Filbert Street zwischen Leavenworth und Hyde Street mit 31,5 % Steigung. Die Lombard Street ist nur bergab befahrbar und schlängelt sich in sehr engen, mit Ziegeln gepflasterten Kurven durch Vorgärten mit Hecken und Hortensienbüschen. Seitliche Treppen machen sie auch für Fußgänger zugänglich. Vom oberen Ende an der Hyde Street bietet sich ein wunderschöner Blick hinunter nach Fisherman's Wharf und auf die Insel Alcatraz im Hintergrund.

Die Seelöwenkolonie bei Pier 39 lockt Touristen ebenso wie Einheimische

Rund um Fisherman's Wharf

Am unteren Ende der Hyde Street liegt eine Cable-Car-Wendeplattform nur wenige Meter vom **Ghirardelli Square** 8 entfernt. Zwischen 1962 und 1967 verwandelten die Stadtplaner die ehemalige Schokoladenfabrik in ein von Innenhöfen und Passagen durchzogenes Einkaufs-, Restaurant- und Unterhaltungszentrum.

In der Nachbarschaft liegen im **San Francisco Maritime National Historical Park** 9 mehrere schwimmende Oldtimer vor Anker. Die Balclutha lief 1883 in Schottland vom Stapel und umsegelte das Kap Horn mehr als einmal, ehe sie in Alaska zur Konservenfabrik umfunktioniert wurde. Aus dem aktiven Verkehr gezogen, spielte sie im Abenteuerfilm »Meuterei auf der Bounty« mit. Die etwas jüngere C. A. Thayer von 1895 war das letzte kommerzielle Segelschiff an der Pazifikküste. Als der Schaufelraddampfer Eureka 1890 vom Stapel lief, war er das größte Fährschiff der Welt (am Ende der Hyde St., Tel. 415-447-5000, www.nps.gov/safr, tgl. 9.30–17.30 Uhr).

Fisherman's Wharf 10 ist eine der bekanntesten Touristenattraktionen der Stadt – typisch ist diese in Souvenirnippes beinahe versinkende Schaumeile nicht. Millionen Besucher flanieren Jahr für Jahr an den Hafenanlagen vorbei, die größtenteils erst in den 1960er-Jahren entstanden. Bevor das große Touristengeschäft begann, befand sich vor

Ort ein reger Fischereihafen, von dem heute nur Teile übrig sind. Statt Fischkutter zerpflügen Ausflugsboote nach Alcatraz die Bucht von San Francisco, und statt zünftiger Seemannskneipen haben sich auf Massentourismus eingestellte Restaurants zwischen Kirmesattraktionen etabliert (Embarcadero & Powell St., Tel. 415-956-3493, www.fishermanswharf.org)

Ähnlich wie Ghirardelli Square, besitzt auch **The Cannery** 11 eine industrielle Vergangenheit als Pfirsichkonservenfabrik. Auf mehreren Etagen verteilen sich Kunstgalerien, Restaurants, ein Kino und viele kleine Geschäfte. Im Sommer vergeht kein Tag, an dem nicht im Innenhof eine Band oder ein Solist die Gäste unterhält.

Pier 39

Ausgeprägter als sonst wo stellt sich die Kombination von Kitsch und Kommerz auf **Pier 39** 12 zur Schau. Um ein Kinderkarussell und einer Bühne für Straßenkünstler haben sich in aus groben Balken gezimmerten Geschäften Schnellimbisse und Souvenirshops, Billig-Pizzerien und Eisdielen sowie überteuerte Gourmettempel angesiedelt. Dem 1978 umgebauten Pier hauchte erst ein Zufall maritime Atmosphäre ein. Schon vor Jahren ließ sich auf den Bootsstegen nebenan eine Seelöwenkolonie nieder, die längst zu den populärsten Besucherattraktionen der Stadt zählt.

Zwei über 100 m lange Acryltunnel führen im **Aquarium of the Bay** in einem 2,7 Mio. l fassenden Becken durch die Unterwasserwelt der San Francisco Bay und machen Besucher mit den dort lebenden Lebewesen vertraut. An mehreren *Touch Tanks* kann man die Chance nutzen, kleine Rochen und Haifische zu streicheln (Pier 39, Tel. 415-623-5300, www.aquariumofthebay.com, im Sommer tgl. 9–20 Uhr, sonst kürzer, Erw. 14,95 $, Kin. 3–11 Jahre 8 $).

Alcatraz

Im Sommer bilden sich neben Pier 39 an den Anlegestellen der Ausflugsschiffe lange Warteschlangen, weil sich viele Stadtbesucher eine Fahrt auf die Insel Alcatraz nicht entgehen lassen wollen. »The Rock«, wie der prägnante Felsen in der Bucht auch genannt wird, wurde von den Spaniern nach dort lebenden Pelikanen auf den heutigen Namen getauft. 1934 entstand dort die erste offizielle zivile Haftanstalt – vom ersten Tag an kein Knast wie jeder andere. Einzelhaft war die Regel, was manche Kritiker als barbarisch anprangerten. Der offiziellen Version zufolge gelang es keinem einzigen Ausbrecher, von der Insel auf das zwei Kilometer entfernte Festland zu fliehen. Das verhinderten nicht nur ausgeklügelte Sicherheitssysteme, sondern auch das eiskalte, von gefährlichen Strömungen durchzogene Wasser in der Bucht.

Auf Alcatraz saßen Amerikas berüchtigtste Kriminelle hinter Schloss und Riegel. Zur Unterweltprominenz gehörte Gangsterboss Al Capone, der während der Prohibition in Chicago sein Unwesen getrieben hatte. Neben ihm zählte Robert Stroud zu den bekanntesten Insassen. Wegen zweifachen Mordes zu lebenslänglicher Einzelhaft verurteilt, züchtete er zum Zeitvertreib Vögel, schrieb ornithologische Fachbücher und widmete sich der Geschichte des Strafvollzugs. Bis heute hält das US-Justizministerium Strouds Manuskript unter Verschluss. Im Alter von 76 Jahren starb der Häftling 1963 hinter Gittern. Ein Happy-End findet die Geschichte nur im Kinofilm mit Burt Lancaster in der Hauptrolle.

Die Geschichte von Alcatraz als berühmtestem Gefängnis Amerikas endete 1963 mit der Schließung u. a. wegen der zu hohen Unterhaltskosten. Seit 1972 verwaltet der National Park Service The Rock und leitet bis zu 4000 Besucher täglich durch Gefangenenzellen und Hochsicherheitstrakte (www.nps.gov/alcatraz; Ausflugsschiffe: Alcatraz Cruises, Pier 33, Tel. 415-981-7625, www.alcatrazcruises.com, Erw. 26 $, 5–11 J. 16 $, es werden auch nächtliche Touren angeboten).

Financial District

Als Wall Street des Westens apostrophiert, dehnt sich der **Financial District** 13 zu Füßen der höchsten Gebäude der Stadt aus. In der Montgomery Street entstanden schon Mitte des 19. Jh. erste Banken, als der Goldrausch die Stadt mit Edelmetall versorgte. Den Durchbruch als Finanzzentrum schaffte San Francisco aber erst mit der Entdeckung riesiger Silberlagerstätten in Virginia City (Nevada) einige Jahre später. Das erste größere Bürogebäude stand lange Zeit dort, wo sich seit 1972 mit dem pyramidenförmigen Transamerica Building eines der modernen Wahrzeichen der Stadt erhebt. Die hitzigen Diskussionen über das 260 m hohe, mit 3678 Fenstern ausgestattete, futuristisch anmutende Bauwerk sind längst verebbt. Heute ist die Pyramide aus der Skyline von San Francisco nicht mehr wegzudenken.

Embarcadero

Der Grund und Boden des Finanzdistrikts wurde im 19. Jh. größtenteils durch Aufschüttung der Bucht gewonnen. Das gilt auch für den Untergrund des weiter östlich liegenden Embarcadero Center, ein Betonkomplex aus Geschäfts- und Büroräumen, zu dem ein Hotel und die Justin Herman Plaza mit einer brunnenähnlichen Skulptur des frankokanadischen Bildhauers Armand Vaillancourt gehören. Am **Ferry Building** **14** gegenüber kamen vor der Fertigstellung der Oakland Bay Bridge in den 1930er-Jahren täglich 50 000 Pendler per Fähre von der östlichen Bucht an. In späteren Jahrzehnten verlor der Terminal mit einem der Kathedrale im spanischen Sevilla nachempfundenen Campanile seine ursprüngliche Funktion und wurde schließlich in einen exquisiten Gourmettempel verwandelt. Den Platz im Erdgeschoss teilen sich vietnamesische, provenzalische und amerikanische Spezialitätenrestaurants mit Ständen, an denen Käseberge aus dem Marine County, unterschiedliche Kaffeesorten, nach Rezepten aus der alten Welt hergestellte Backwaren, Kräuter und Feinschmeckerzutaten wie Olivenöl und Bio-Gemüse verkauft werden. Vor dem Ferry Building bieten Bauern des Umlandes und Händler auf einem Farmers' Market frisches Obst und Gemüse an. An Wochenenden verwandelt sich das Areal entlang der Wasserkante hinter dem Gebäude in einen populären *Food Market*, auf dem einfallsreiche Köche Demonstrationen ihres Könnens geben und San Franciscos Bevölkerung schon am frühen Vormittag zum Probieren anrückt (Ferry Building, Mo–Fr 10–18, Sa 9–18, So 11–17 Uhr, Bauernmarkt Di und Sa 7–13 Uhr, www.ferrybuilding marketplace.com).

Bis in die 1990er-Jahre gab die Wasserkante nördlich und südlich des Ferry Building ein ödes Bild ab. Leere Lagerhallen und verlassene Piers reihten sich aneinander und warteten nur darauf, irgendwann wiederbelebt zu werden. Als das Erdbeben von 1989 eine dort verlaufende Hochstraße teilweise zum Einsturz brachte, entschloss sich die Baubehörde, den auf Betonstelzen stehenden Schandflecken abzureißen und das südliche Embarcadero in eine prächtige Palmenallee mit neuen Hotels und Wohngebieten zu verwandeln.

SoMa und Umgebung

Eine ähnlich erfolgreiche kosmetische Operation wie Embarcadero machte den sich weiter westlich anschließenden Stadtteil South of Market Street, von den Einheimischen **SoMa** **15** genannt, zum Trend- und Avantgardeviertel mit Kunst- und Kulturangeboten sowie Cafés, schicken Weinbars und exquisiten Restaurants der gepflegten Lebensart. Wo vor Jahren noch der Putz von altersschwachen Lagerhäusern bröckelte, eröffnete in den 1990er-Jahren mit den **Yerba Buena Gardens** ein 87 Mio. Dollar teurer Komplex, welcher der ethnischen und kulturellen Vielfalt der Bay-Metropole gerecht werden sollte. Grünanlagen mit einem künstlichen Wasserfall, Rasenflächen, einem Martin Luther King Memorial und Pflanzen aus allen Partnerstädten von Abidjan (Côte d'Ivoire) bis Schanghai (China) sind nur ein Teil der Naturoase. Dazu gehören auch das vom japanischen Architekten Fumihiko Maki entworfene Kunst- und Kulturzentrum **Yerba Buena Center for the Arts** für Ausstellungen und Aufführungen mit einem 750 Plätze großen Theater (701 Mission St., Tel. 415-978-2700, www.ybca.org) und das größtenteils unter der Straßenebene liegende **Moscone Convention Center** (www.moscone.com).

Kunstrefugium im Hochhausmeer: Mario Bottas Bau für das Museum of Modern Art ist eine Art Schweizer Denkmal inmitten der kalifornischen Metropole

Herzstück der Kunstszene in SoMa ist das vom Schweizer Architekten Mario Botta entworfene **San Francisco Museum of Modern Art 16**, ein gewaltiger Ziegelbau mit einem abgeschrägten zylindrischen Dachaufsatz im rötlich-weißen Streifenmuster. Die Qualität des Hauses mit seinen abstrakten, expressionistischen und postmodernen Sammlungen auf knapp 21 000 m² Ausstellungsfläche hat sich längst herumgesprochen und sorgte schon unmittelbar nach der Eröffnung im Jahr 1995 für einen Besucheransturm. Zu den über 15 000 Kunstwerken der ständigen Ausstellungen gehören Gemälde, Skizzen, Skulpturen und Kollagen, Fotografien, Architekturentwürfe, Modelle und Designstudien. Der Reigen der Künstler reicht von Henri Matisse über Paul Klee, Frank Gehry und Anselm Adams bis zu den amerikanischen Malern Clyfford Still und Jackson Pollock (151 Third St., Tel. 415-357-4000, www.sfmoma.org, Mo–Di und Fr 10–17.45, Do 10–20.45, Sa–So 10–19.45 Uhr, Mi Ruhetag, Erw. 12,50 $).

Häufig wechselnde Ausstellungen im **Cartoon Art Museum 17** beschäftigen sich mit bekannten Cartoon-Künstlern und deren Werken bzw. mit der Geschichte dieser aus einer Kombination von Bildern und Texten bestehenden Kunstrichtung. Wer schon immer wissen wollte, wie ein Zeichentrickfilm entsteht, ist in diesem einzigen Cartoon-Museum der Westküste an der richtigen Stelle (655 Mission St., Tel. 415-227-8666, www.cartoonart.org, tgl. außer Mo 11–17 Uhr).

Mit dem Beitrag der Nachfahren schwarzer Sklaven auf die Kultur in Nord- und Südamerika setzt sich das **Museum of the African Diaspora 18** auseinander. Dabei gehen die Ausstellungen auf die afrikanischen Wurzeln des Jazz ebenso ein wie etwa auf die Einflüsse des Sklavenhandels auf die brasilianische Küche. Der Museum Store verkauft

Großraum San Francisco: Cityplan

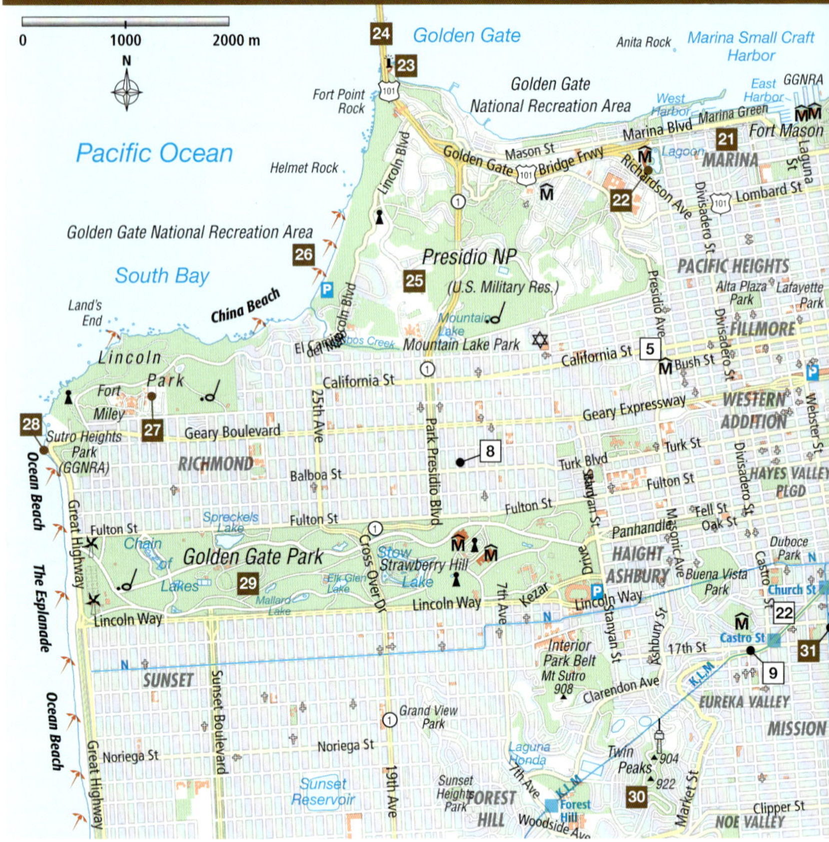

hübsches Kunsthandwerk (685 Mission St., 415-358-7200, www.moadsf.org, Mi–Sa 11–18, So 12–17 Uhr, Mo–Di Ruhetag, 10 €).

Im **Museum of Craft & Folk Art** **19** sind hauptsächlich Wechselausstellungen zu sehen, die sich mit weltweiter Volkskunst auseinandersetzen wie etwa im 19. Jh. entstandenen Einrichtungsgegenständen der kommunalen Shaker-Lebensgemeinschaft, US-amerikanischen Symbolen von der Freiheitsstatue bis zur Nationalflagge Stars & Stripes und mexikanischer Populärkunst (51 Yerba Buena Lane, Tel. 415-227-4888, www.mocfa.org, Mo–Fr 11–18, Sa–So 11–17 Uhr, Mi und feiertags Ruhetag, 5 $, Kinder unter 18 J. Eintritt frei).

Civic Center

Der im Zentrum des **Civic Center** **20** stehende Kuppelbau der 1915 erbauten City Hall ist dem Petersdom in Rom nachempfunden. Lobby und Korridore spiegeln sich in Marmor, während die barock gestalteten Treppen genauso gut in die Geschosse eines französischen Prunkbaus führen könnten. Im Unterschied zum Rathaus strahlt die davor befindliche, von symmetrischen Baumreihen bestandene Plaza eher nüchternes Flair aus.

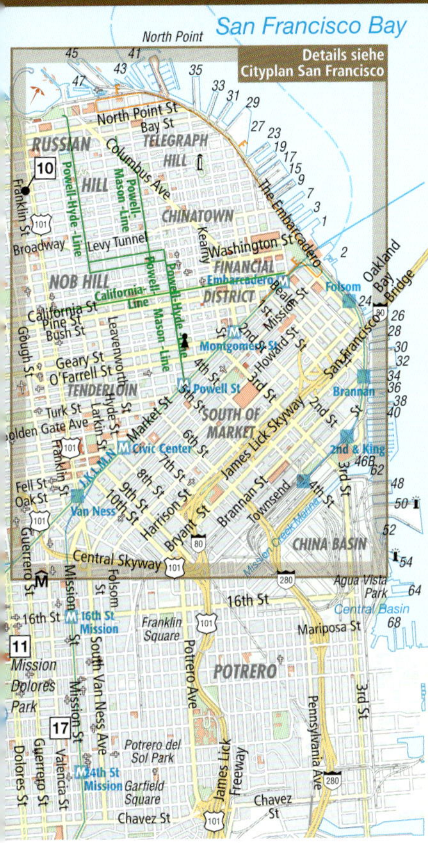

Sehenswürdigkeiten

- 1 – 20 s. Cityplan S. 110/111
- 21 Marina
- 22 Palace of Fine Arts
- 23 Fort Point
- 24 Golden Gate Bridge
- 25 Presidio
- 26 Baker Beach
- 27 California Palace of the Legion of Honor
- 28 Cliff House
- 29 Golden Gate Park
- 30 Twin Peaks
- 31 Mission Dolores

Übernachten

- 1 – 4 s. Cityplan S. 110/111
- 5 Monte Cristo
- 6, 7 s. Cityplan S. 110/111
- 8 Tenth Avenue Inn
- 9 Inn On Castro
- 10 Buena Vista Motor Inn
- 11 Country Cottage
- 12 s. Cityplan S. 110/111

Essen und Trinken

- 13 – 16 s. Cityplan S. 110/111
- 17 Foreign Cinema
- 18 – 21 s. Cityplan S. 110/111
- 22 Cafe Flore

Häufig flattern dort Plastikzelte von Wohnsitzlosen im Wind, was für eine tolerante Stadtverwaltung spricht.

Jenseits der Van Ness Avenue reihen sich mehrere Kultureinrichtungen von Rang aneinander. Mit einer modernen, gebogenen Fassade macht die **Louise M. Davies Symphony Hall** auf sich aufmerksam, in deren 2400 Plätze großem Auditorium von September bis Mai die Konzerte der San Francisco Symphony stattfinden (201 Van Ness Ave., Tickets Tel. 415-864-6000, www.sfsymphony.org). Das **War Memorial Opera House** in der Nachbarschaft machte 1945 Weltgeschichte, als dort die Vereinten Nationen gegründet wurden. Sechs Jahre später war das Gebäude Schauplatz der Unterzeichnung des Amerikanisch-Japanischen Friedensvertrags. Heute finden dort die Aufführungen der 1923 gegründeten San Francisco Opera und des San Francisco Ballet statt (301 Van Ness Ave., Tickets Tel. 415-864-3330, www.sfopera.com). Das von 1932 stammende und im Veteran's Building untergebrachte **Herbst Theater** für kleinere Veranstaltungen vervollständigt das kulturelle Triumvirat in der Nachbarschaft des Civic Center. Die acht überdimensionalen Wandgemälde im etwas weni-

ger als 1000 Zuschauer fassenden Theater stammen vom belgischen Künstler Frank Brangwyn, der sie für die Panama-Pacific International Exposition 1915 anfertigte (401 Van Ness Ave., Tel. 415-621-6600, http://sfwmpac.org. Führungen durch die genannten drei Kultureinrichtungen Mo 10 und 14 Uhr, Tel. 415-552-8338, 5 $).

Außerhalb des Zentrums

Stadtteil Marina

Die vom Russian Hill westwärts führende Lombard Street ist in San Francisco wegen der zahlreichen preiswerteren Unterkünfte auch unter dem Namen »Motel Row« bekannt. Sie zieht sich mitten durch den vornehmen Stadtteil **Marina** 21 mit hübschen viktorianischen, von Erkern und Türmchen geschmückten Häusern und gepflegten Villen im mediterranen Stil. Neben der Lombard Street ist die parallel verlaufende Chestnut Street die Hauptader des Viertels mit einer großen Auswahl von Restaurants und Cafés, Supermärkten und Spezialitätenläden, in denen etwa mexikanische und italienische Gerichte auch zum Mitnehmen verkauft werden. Im Nordosten des Stadtteils entwickelte sich das ehemalige Militärgelände **Fort Mason** seit Jahren zu einem Kulturzentrum mit mehreren Theatern und kleineren Museen sowie dem Hauptquartier der Golden Gate National Recreation Area (www.fortmason.org). Am westlichen Rand von Marina steht in einer kleinen Parkanlage der neoklassische **Palace of Fine Arts** 22, ein mit Säulen, Kolonnaden, Halbreliefs und Statuen geschmücktes Überbleibsel der Panama-Pacific-Ausstellung von 1915. Schon viele Hochzeitsgesellschaften haben den künstlich angelegten Teich vor dem Gebäude für Fotos ausgewählt. Im Palace selbst ist mit dem **Exploratorium** ein Wissenschaftsmuseum mit 650 interaktiven Einrichtungen etwa aus Biologie, Physik und Akustik untergebracht (3601 Lyon St., Tel. 415-561-0360, www.exploratorium.edu, Di–So 10–17 Uhr, Mo Ruhetag, Erw. 14 $, Kin. 13–17 Jahre 11 $, jeden 1. Mi im Monat Eintritt frei).

Blick vom idyllischen Baker Beach auf die Golden Gate Bridge

Golden Gate National Recreation Area

Vom Jachthafen führt der 3,5 Meilen lange Coastal Trail als asphaltierter Fußgänger-, Radfahrer- und Joggerpfad direkt am Ufer der Bucht entlang durch die Golden Gate National Recreation Area bis zum zwischen 1853 und 1861 erbauten **Fort Point** 23 direkt unter der Golden Gate Bridge, wo James Stewart im Hitchcock-Thriller »Vertigo« 1958 seine Filmpartnerin Kim Novak aus dem Wasser rettete. Die ursprünglich mit über 120 Kanonen ausgestattete Militäranlage diente früher einmal dem Schutz der Einfahrt in die Bucht, doch wurde von ihr nie ein Schuss abgefeuert. Heute bietet die meist windige und von hohen Wellen umspülte Stelle einen Blick aus dramatischer Perspektive auf die Golden Gate-Brücke und das Goldene Tor (Fort Point, Tel. 415-556-1693, www.nps.gov/fopo, Do–Mo 10–17 Uhr).

Golden Gate Bridge

Macht die lachsrote **Golden Gate Bridge** 24 mit ihren gewaltigen Stahlverstrebungen von Fort Point aus einen fast unheimlichen Eindruck, zeigt sich das Wahrzeichen von San Francisco vom Parkplatz kurz vor der südlichen Brückenauffahrt von ihrer Bilderbuchseite. In einer kleinen Grünanlage steht die Büste von Chefingenieur Joseph Strauss, nach dessen Plänen das Bauwerk nach 4,5-jähriger Bauzeit am 28. Mai 1937 eingeweiht wurde. Am Tag zuvor waren über 200 000 Menschen über die Brücke marschiert.

Nicht nur der optische Eindruck, sondern auch die technischen Maße sind beeindruckend. Vom einen zum anderen Ende misst die Brücke 2,7 km, wobei sie auf 1280 m zwischen den beiden 227 m hohen Pfeilern ohne Stützen auskommt. Die samt Gehwegen 27,5 m breite und 67 m über dem Wasser hängende Fahrbahn wird von zwei 2,3 km langen Stahltrossen mit einem Durchmesser von 92,5 cm gehalten.

Ein Palast der Schönen Künste: Der Palace of Fine Arts mit seinem künstlich angelegten See hat geradezu mediterranes Flair

Nachdem sich zwischen 1936 und 2007 über 1200 Menschen von der Brücke in den Tod gestürzt hatten, wurde beschlossen, das Bauwerk im Jahr 2009 mit einem ca. 50 Mio. $ teuren Fangnetz auszustatten.

Über 100 000 Fahrzeuge überqueren Tag für Tag das Goldene Tor, wobei die Fahrbahnen je nach Verkehrsaufkommen durch mobile Markierungen verändert werden. Bezahlen muss man nur auf dem Weg in die Stadt. Fußgängern steht der Gehweg auf der Ostseite der Brücke jeden Tag von 5 bis 21 Uhr gratis zur Verfügung. Radler dürfen diesen Weg nur montags bis freitags benutzen und müssen an Wochenenden auf die westliche Brückenseite ausweichen.

Presidio

Die reizvolle Hügellandschaft mit Wäldchen und Wiesen des **Presidio** 25 südlich der Brücke markiert jene Stelle, wo San Francisco mit dem Bau einer militärischen Befestigung 1776 kurz nach der Gründung der Mission San Francisco de Asis seine Geburtsstunde erlebte. In späteren Jahren war die Anlage von Mexikanern, dann von Amerikanern besetzt. 1994 zog sich das US-Militär von dem 600 Hektar großen Gelände mit Kavalleriebaracken, einem Militärfriedhof sowie einem Golfplatz zurück und überließ es dem National Park Service. Viele der über 800 Gebäude sind von gewerblichen Unternehmen angemietet wie von Filmemacher George Lucas, der dort sein Digital Arts Center einrichtete (William Penn Mott Jr. Visitor Center, 102, Montgomery St., Tel. 415-561-4323, www.nps. gov/prsf, tgl. 9–17 Uhr, Eintritt frei).

Baker Beach und Cliff House

An der Pazifikküste südlich der Golden Gate Bridge setzt sich die Golden Gate National Recreation Area mit dem Coastal Trail fort. Über den Lincoln Boulevard ist der reizvolle **Baker Beach** 26 mit wunderschöner Aussicht auf die Golden Gate Bridge zu erreichen, ein sehenswerter Sandstrand mit Platz zum Baden und Sonnen. Wanderer erreichen auf dem Coastal Trail in nördlicher Richtung Fort

Point, in südwestlicher Richtung Lands End im Lincoln Park, wo der im Beaux-Arts-Stil errichtete **California Palace of the Legion of Honor** 27 eine der größten Sammlungen hauptsächlich europäischer Kunst außerhalb Europas beherbergt (34th Ave. & Clement St., Tel. 415-863-3330, www.famsf.org/legion, Di–So 9.30–17 Uhr, Erw. 10 $, Kin. 13–17 Jahre 6 $, jeden 1. Di im Monat gratis).

Weiter südlich liegen dicht vor der Küste die Seal Rocks, jahrelang Heimat einer Seelöwenkolonie, ehe die Tiere nach Pier 39 umzogen. Vor allem abends lohnt sich der Blick auf die schwarzen Felsen vom **Cliff House** 28 , einem hoch über den Klippen stehenden Restaurantkomplex mit mehreren Lokalen, der seit 1863 mehrfach umgebaut wurde und wegen seiner fabelhaften Aussicht zu den attraktivsten Küstenflecken rund um San Francisco zählt. Sonntags kann man einen Besuch mit einem Gang ans Champagne Buffet im Terrace Room verbinden und bei Harfenmusik die angebotenen Köstlichkeiten genießen (1090 Point Lobos, Tel. 415-386-3330, www.cliffhouse.com, 10–15.30 Uhr).

Golden Gate Park

Der über 400 Hektar große **Golden Gate Park** 29 mit Wiesen, Seen, Rosengärten, Baumschule, Rhododendron-Tal, Kinderspielplätzen, dänischer Windmühle und Büffel-Koppel ist eine städtische Institution und die beliebteste grüne Oase in San Francisco. Neben Entspannung in freier Natur bietet der lang gezogene Park aber auch reichlich Kultur. Nachdem das **M. H. de Young Memorial Museum** beim Erdbeben 1989 schwer beschädigt worden war, entschloss man sich für einen dreistöckigen Neubau mit einem 44 m hohen Aussichtsturm und einem Skulpturengarten, um die unschätzbaren Kunstsammlungen von Masken aus Neuguinea über tibetischen Schmuck bis zu erlesenen Jadesammlungen unterzubringen (50 Hagiwara Tea Garden Dr., Tel. 415-750-3600, www. famsf.org/deyoung, Di–Do 9.30–17, Fr bis 20.45 Uhr, Erw. 10 $, Kin. 13–17 Jahre 6 $). Nebenan entstand für die California Academy of Science ein Gebäude mit Aquarium, Planetarium und Naturgeschichtemuseum unter einem von 1,7 Mio Pflanzen bewachsenen Flachdach (55 Music Concourse Dr., Tel. 415-379-8000, www.calacademy.org, Erw. 24,95 $, 12-17 J. 19,95 $). Im **San Francisco Botanical Garden** können Besucher 7000 Pflanzenarten bewundern (9th Ave. & Lincoln Way, Tel. 415-753-7090, www.sfbotanical garden.org, Mo–Fr 8–16.30, Sa/So 10–17 Uhr, Eintritt frei). Beschaulichkeit garantiert der 1894 angelegte **Japanese Tea Garden** mit Pagode, Buddha-Statue, Wasserfällen, Koi-Teichen und natürlich einem Teehaus (Martin Luther King, Jr. Dr., Tel. 415-752-1171, tgl. 8.30–18.30, Eintritt 3,50 $).

Twin Peaks

Die früher auf der Halbinsel von San Francisco lebenden Küstenindianer hielten die **Twin Peaks** 30 für ein streitendes Paar, das vom Großen Manitou durch einen Blitzschlag der besseren Harmonie wegen voneinander getrennt wurde. Die im 18. Jh. anrückenden Spanier tauften die Anhöhen auf den Namen »Los Pechos de la Chola« (Brüste einer Indianerin), weil sie, vermutlich unter den Einwirkungen ihrer unfreiwilligen Abstinenz, einen Mädchenbusen zu entdecken glaubten. Mit 278 und 275 m sind die beiden Hügelkuppen fast gleich hoch. Der höhere Gipfel mit Parkplatz und fantastischer Aussicht ist für die meisten Touristen ein Pflichtstopp im Besuchsprogramm. Gegen Abend herrscht auf dem Gipfel meist großes Gedränge, so- dass hin und wieder keine Autos mehr zugelassen werden.

Mission District

Im Osten der Twin Peaks breitet sich der Mission District aus, den die Spanier 1776 wegen seines sonnigen, meist nebelfreien Klimas als Standort für die **Mission Dolores** 31 auswählten. Das originale Missionsgebäude mit Säulenfassade und Holzbalkon besteht aus 1,30 m dicken Adobe-Mauern, die als Schutz gegen Niederschläge mit einer Kalk-Zementmischung überzogen wurden. Wahrscheinlich aufgrund des elastischen Baumaterials hat das Gebäude sämtliche Erdbeben seit 1776 überstanden. Auffällig ist die Decke mit dekorativen Mustern, wie sie von den alten Costanoan-Indianern bei Korbflechtereien verwendet wurden. Ein kleines Museum zeigt historische Artefakte und Manuskripte. Nebenan wurde 1918 eine Basilika mit üppigem Stuckdekor um Portal und Türme erbaut. Auf dem Friedhof neben der Kirche liegen 5000 Indianer, spanische Soldaten, mexikanische Geistliche und US-Pioniere begraben (3321 16th St., Tel. 415-621-8203, www.missiondolores.org, tgl. 9–16 Uhr, Eintritt als Spende nach eigenem Ermessen).

Der Mission District ist nicht nur wegen der Missionsstation ein lohnendes Besichtigungsziel. In den Straßen um die zentrale Mission Street herrscht wegen des hohen Latinoanteils eine Atmosphäre wie in einer südamerikanischen Stadt. Supermärkte kündigen ihre Angebote ebenso auf Spanisch an wie Restaurants und Imbisse. Kulturell gehört der Stadtteil seit Jahren zu den kreativsten Teilen von San Francisco, hat aber auch unter steigenden Kriminalitätsraten zu leiden. Zum Teil riesige Wandgemälde zeigen, dass viele Maler in der Tradition des bekannten mexikanischen Künstlers Diego Rivera (1886–1957) stehen, der in der ersten Hälfte der 1930er-Jahre auch in den USA arbeitete. In jüngster Zeit ließen sich im Mission District immer mehr fernöstliche Geschäftsleute nieder – ein erneuter Beweis für die schnelle und in der Vergangenheit schon häufig bewiesene Wandlungsfähigkeit des Stadtteils.

i **San Francisco Visitor Information Center**, untere Ebene der Hallidie Plaza, 900 Market St., Ecke Powell St., Tel. 415-391-2000, Informationen über Bandansage Tel. 415-391-2001, www.onlyinsanfrancisco.com.

Das Convention & Visitors Bureau betreibt ein Hotelreservierungs-System mit über 200 Hotels. Buchungen über Tel. 415-391-2000 oder online über www.onlyinsanfrancisco.com.

Renaissance Parc 55 Hotel [1]: 55 Cyril Magnin St., Tel. 415-392-8000, www.parc55hotel.com. Zwei Blocks vom Union Square entfernt gelegenes Hotel mit über 1000 Zimmern und Suiten, 4 Restaurants, Fitness Center, Spa mit Massageabteilung, teurer Parkplatz (man parkt besser in einer öffentlichen Garage). DZ ab ca. 230 $.

Fairmont San Francisco [2]: 950 Mason St., Tel. 415-772-5000, www.fairmont.com/sanfrancisco. Knapp 600 Zimmer großes First-Class-Hotel auf dem Nob Hill. Die exquisite Ausstattung wird schon in der Lobby mit ihrem klassischen Ambiente deutlich; zwei fürstlich dekorierte Restaurants und zwei Lounges, große Zimmer mit allem Komfort. DZ ab 199 $.

Orchard Hotel [3]: 665 Bush St., Tel. 415-362-8878, Fax 415-362-8088, www.theorchard hotel.com. Zentral gelegenes Stadthotel unter deutscher Führung mit modern eingerichteten Nichtraucherzimmern mit großen Bädern, WLAN-Anschluss und Mobiliar aus balinesischem Holz. DZ ab 195 $.

Best Western Tuscan Inn [4]: 425 Northpoint St., Tel. 415-561-1100, Fax 415-561-1199, www.tuscaninn.com. Eines der besten Hotels um Fisherman's Wharf mit toskanischem Ambiente und über 220 adretten Zimmern und Suiten mit Minibar, Kühlschrank, Kaffeemaschine. DZ ab 189 $.

Monte Cristo [5]: 600 Presidio Ave., Tel. 415-931-1875, Fax 415-931-6005, www.montecristosf.com. Viktorianisches Anwesen von 1875 mit 14 Zimmern, davon 3 mit Etagenbad. Holz- und Messingbetten im Stil des 19. Jh., Frühstücksbuffet. DZ 129–199 $.

Renoir Hotel [6]: 45 McAllister St., Tel. 415-626-5200, www.renoirhotel.com. Der von 1909 stammende Ziegelbau weist in seinem Innern unterschiedliche Stilrichtungen auf, von der viktorianischen Lobby bis zum Café do Brasil in den gelbgrünen Nationalfarben Brasiliens. Geschmackvoll eingerichtete Zimmer. DZ ab 119 $.

Golden Gate Hotel [7]: 775 Bush St., Tel. 415-392-3702, 415-392-6202, www.goldengatehotel.com. Hotel im Edwardian-Stil in bester Zentrumslage mit 25 charmanten Zimmern, 14 mit eigenem Bad, antikes Mobiliar, Internetanschluss, TV, Telefon und Satelliten-TV. Die Besitzerin spricht deutsch. DZ 98–150 $.

Tenth Avenue Inn [8]: 579 Tenth Ave., Tel.

415-751-6220, Fax 415-751-6220, www.ca-bnb-review.com. Drei große Doppelzimmer in einem 1919 erbauten B & B im Edwardian Style beim Golden Gate Park (110–120 $). Im aus 2 Räumen bestehenden Garden Apartment mit Küche kommen bis zu 4 Personen unter; eigener Eingang. DZ 95–135 $.

Inn On Castro [9]: 321 Castro St., Tel. 415-861-0321, www.innoncastro.com. Individuell und geschmackvoll mit Kunstwerken, Blumen und exotischen Pflanzen dekoriertes viktorianisches Haus im Schwulenzentrum der Stadt mit 7 Zimmern. DZ ab 105 $, Frühstück inkl.

Buena Vista Motor Inn [10]: 1599 Lombard St., Tel. 415-923-9600, Fax 415-441-4775, www.buenavistamotorinn.com. Älteres, aber ordentliches Motel mit gutem Preis-Leistungs-Verhältnis. Geräumige, klimatisierte Zimmer auf 3 Stockwerken mit Fahrstuhl, Morgenkaffee und Parkplatz gratis. DZ 74–129 $.

Country Cottage [11]: Dolores & 17th St., Tel. 415-899-0060, Fax 415-899-9923, www.bbsf.com. B & B mit 4 putzig eingerichteten Gästezimmern in einem ruhigen Wohnviertel, Etagenbäder, Dielenböden und rustikales Holzmobiliar, WLAN. DZ 99 $.

Green Tortoise Guest House [12]: 494 Broadway, Tel. 415-834-1000, Fax 415-956-4900, www.greentortoise.com. Herberge vor allem für junge Leute mit Frühstück, kostenlosem Internetzugang, Sauna, Münzwaschmaschinen und dreimal wöchentlich Abendessen. Pro Schlafplatz ab 24 $.

Jardinière [13]: 300 Grove St., Tel. 415-861-5555, www.jardiniere.com, Do-Sa 17–23.30, So–Mi 17–22.30 Uhr. Kalifornisch-französische Küche der preisgekrönten Köchin Traci Des Jardins, z. B. Entenconfit mit Salat aus grünen Bohnen und Schokoladen-Brotpudding mit Bananen zum Nachtisch. Hauptgerichte ab 17–60 $.

Farallon [14]: 450 Post St., Tel. 415-956-6969, www.farallonrestaurant.com, tgl. 17.30–22 Uhr. Gäste speisen in einem außergewöhnlichen Tiefseeambiente mit Glaslampen in Form von Quallen, das zuweilen an ein Aquarium erinnert. Die hervorragende Küche ist auf Fisch und Meeresfrüchte spezialisiert. Hauptgerichte 33–39 $.

CoCo500 [15]: 500 Brannan St., SoMa, Tel. 415-543-2222, www.coco500.com, Mo–Do 11.30–22, Fr bis 23, Sa 17.30–23 Uhr. Durch mediterrane Küche inspirierte Gerichte; raffinierte Drinks wie Lemongrass Bloody Mary und Hauscocktail CoCo500 aus thailändischem Basilikum, Kaffir Lime Wodka und frischem Limonensaft. Hauptgerichte ab 25 $.

Ame [16]: 689 Mission St., Tel. 415-284-4040, www.amerestaurant.com, tgl. 11.30–14 und 18–22 Uhr. Auf Sashimi spezialisierte japanische Küche (Fisch und Meeresfrüchte roh, im Unterschied zu Sushi ohne Reis), aber auch eher französische Gerichte. Das 5-gängige Probiermenü kostet inklusive Wein 65 $ (ohne Wein 55 $). À la carte 34–38 $.

Foreign Cinema [17]: 2534 Mission St., Tel. 415-648-7600, www.foreigncinema.com, Mo–Do 18–22, Fr 18–23, Sa–So 11–22 Uhr. Zu Austern aus Neuschottland, Oregon, British Columbia oder Kalifornien (18–22 $/Dutzend) bzw. wechselnden Menüs werden im Innenhof des loftähnlichen Restaurants Filme gezeigt. 15–30 $.

Zuni Café [18]: 1658 Market St., Tel. 415-552-2522, www.zunicafe.com, Di–Sa 11.30–24, So 11–23 Uhr. Legendäres Lokal mit Top-Austernbar und Menüs nach italienischen Rezepten. Hauptgang 15–29 $.

Piperade [19]: 1015 Battery St., Tel. 415-391-2555, www.piperade.com, Mo–Fr 11.30–15 und 17.30–22.30, Sa 17.30–22.30 Uhr. Gediegenes Lokal mit baskischen Fleisch- und Fischspezialitäten wie Krabbenfleisch in Crêpe. Hauptgerichte 18–30 $.

Suppenküche [20]: 601 Hayes St., Tel. 415-252-9289, www.suppenkuche.com, tgl. 17–22, So auch 10–14.30 Uhr. Nicht nur für Heimwehkranke Deutsche wird an groben Holztischen Bratwurst mit Rotkohl, Schnitzel, Frikadellen, Apfelstrudel und Kartoffelpuffer mit Apfelmus serviert. Die Auswahl an Bieren ist imponierend. 10–22 $.

House of Nan King [21]: 919 Kearny St., Tel. 415-421-1429, Mo–Fr 11–22, Sa–So 12–22 Uhr. Seit Jahren ein Geheimtipp für Liebhaber der fernöstlichen Küche. Man sollte sich keinesfalls durch das Imbissambiente täuschen lassen. Die Gerichte sind durchweg einfallsreich und ganz hervorragend. Was der Ober empfiehlt, sollte ruhig bestellt werden. 7–16 $.

Cafe Flore 22: 2298 Market St., Tel. 415-621-8579, keine Website, Mo–Do 7–22.30, Fr–So 7–23 Uhr. Für Kaffeehausliebhaber ist das hübsch begrünte Lokal mit seiner freundlichen Atmosphäre ein zweites Wohnzimmer. Neben den guten Backwaren sind auch die kleinen Gerichte wie Sandwiches und vegetarische Teller empfehlenswert. 6–15 $.

Um den Union Square liegen zahlreiche Kaufhäuser und Fachgeschäfte (www.unionsquareshop.com).

Crocker Galleria: One Montgomery St., www.shopatgalleria.com, Mo–Fr 10–18, Sa 10–17 Uhr. Architektonisch ansprechende Shopping Mall unter einem gewölbten Glasdach mitten im Finanzdistrikt mit allem, was das Herz begehrt.

Levis Flagship Store: 300 Post St., Tel. 415-501-0100, Mo–Fr 10–20, Sa 10–18 Uhr. Der Jeansträgerhimmel schlechthin mit viel Hightech-Schnickschnack auf vier Etagen. An ca. 60 Internetterminals kann man E-Mails abrufen oder schreiben. In einer speziellen Kabine können sich Kunden mit Spezialkameras vermessen lassen, auf der Grundlage der Daten wird ein individuelles Schnittmuster erstellt.

Westfield San Francisco Centre: 865 Market St., http://westfield.com/sanfrancisco, Mo–Sa 9.30–21, So 10–19 Uhr. Größtes Shopping Center westlich des Mississippi in SoMa mit Supermärkten, Kinos, Restaurants, Läden und einem Spa, 8 bzw. 9 Stockwerke.

Im Stadtteil North Beach liegen drei der besten Rythm & Blues Clubs:

Grant & Green Blues Club: 1371 Grant Ave., Tel. 415-693-9565, Mo–Do 17–2, Fr–Sa 12–2 Uhr).

The Lost & Found Saloon: 1353 Grant Ave., Tel. 415-981-9557, Mo–Do 12–2, Fr–So 16–2 Uhr. Sowohl Janis Joplin als auch die amerikanische Rockband Credence Clearwater Revival begannen in dieser Kneipe ihre Weltkarrieren.

The Saloon: 1232 Grant Ave., Tel. 415-989-7666, tgl. 12–2 Uhr. Das Lokal entstand in der Ära des Goldrauschs und besitzt Stammgäste, die aus der damaligen Zeit zu stammen scheinen.

Für Jazzfreunde:

Enrico's: 504 Broadway, Tel. 415-982-6223, www.enricossf.com, Restaurant, tgl. ab 19.30 Uhr mit Livemusik.

Moose's: 1652 Stockton St., Tel. 415-989-7800, www.mooses.com, tgl. ab 17.30 Uhr. Hier kann man ebenso gut bei Jazzmusik speisen wie einfach an der Bar einen Drink nehmen und der Musik zuhören.

Mezzanine: 444 Jessie St., SoMa, Tel. 415-625-8880, www.mezzaninesf.com, So–Do unterschiedlich, Fr 10–4, Sa 10–7 Uhr. Club mit mehreren Theken und mit Musik, die sich eher selten am Mainstream orientiert, von Hip-Hop, Soul und World Beat bis zum Jazz. Eintritt je nach Programm 15–25 $.

Die Theater- und Musikszene gilt als besonders kreativ und avantgardistisch. Über bevorstehende Veranstaltungen informiert die Seite www.sfstation.com.

Die **War Memorial Opera** ist die Hausbühne der **San Francisco Opera** (301 Van Ness Ave., Tickets Tel. 415-864-3330, www.sfoopera.com, Saison Sept.–Jan. und Juni–Juli) und des **San Francisco Ballet** (gleiche Adresse, Tel. 415-865-2000, www.sfballet.org, Saison Febr.–Mai und Dez.). Bekannteste Schauspielbühne ist das **Herbst Theater** (s. S. 121 f.).

Feste/Veranstaltungen:

San Francisco Carnaval (Ende Mai): Das größte und bunteste multikulturelle Fest der Stadt mit großer Parade im Mission District (www.carnavalsf.com).

Chinese New Year (Feb.): Chinesisches Neujahrsfest mit riesiger Parade in Chinatown (www.chineseparade.com).

North Beach Festival (Mitte Juni): Kunst- und Kulturfest im Washington Square Park im Stadtteil North Beach mit Musikgruppen, Kunst- und Kunstgewerbeausstellungen und

großem kulinarischem Angebot (www.sfnorth beach.org/festival).
San Francisco Pride (Ende Juni): Schwulen- und Lesbenfest mit großem Musikprogramm und Parade auf der Market Street (www. sfpride.org).

Stadtrundfahrten: Gray Line Tours, Fisherman's Wharf, Pier 43 1/2, Tel. 415-434 86 87, Reservierungen Tel. 888-428-6937, http://sanfranciscosightseeing. com. Tages-, Halbtages- und Abendtouren sowie Ausflüge in die Umgebung, tgl. Luxus-Stadttour mit Bootsfahrt, deutscher Kommentar.
Fahrradverleih: Bay City Bike, 2661 Taylor St., Fisherman's Wharf, Tel. 415-346-2453, www.baycitybike.com. Blazing Saddles, 1095 Columbus & Francisco St., Tel. 415-202-8888, www.blazingsaddles.com. Mietstationen für Fahrräder auf Stunden- oder Tagesbasis. Ab ca. 5 $/Std. bzw. 25 $/Tag.
Wassersport: City Kayak, Pier 38, The Embarcadero, Tel. 415-357-1010, www.city kayak.com. Kajakverleih für Touren in der Bucht von San Francisco.
Wellness: Re:fresh, 1130 Post St., Tel. 415-563-2316, www.refreshdayspa.com. Größter Tagesspa der Stadt mit einem vielseitig Angebot für hawaiianisch und asiatisch inspirierten Massagen und Therapien. Ab 60 $.

Flugzeug: San Francisco International Airport (SFO), Tel. 650-761-0800, www. flysfo.com,14 Meilen südlich von Downtown an der U. S. 101, von Frankfurt 12 Flugstunden entfernt, wird von vielen US- und internationalen Gesellschaften angeflogen. Jeder Terminal ist über die automatisierte Bahn AirTrain mit der Flughafenstation der BART (s. u.) verbunden. Die Fahrt in die Stadt kostet 5,20 $. Taxis kosten ca. 32 $. Für den SuperShuttle (Tel. 415-558-8500) sind je nach Fahrtziel zwischen 12 und 17 $ zu zahlen. Am billigsten kommt man mit dem SamTrans Bus 292 (Fahrtzeit 55 Min., 3 $) und dem KX (35 Min., 3 $, nur Kleingepäck erlaubt) in die Stadt.
Bahn: Amtrak, Tel. 800-872-7245. Fernzüge halten in Emeryville am östlichen Ende der Bay Bridge. Von dort verkehren kostenlose Busse zum Ferry Building in San Francisco. Bahnfahrkarten bekommt man im Ferry Building am Beginn der Market Street. Fahrzeiten: nach Los Angeles je nach Zug 8,5 bis 12 Std., San Diego 12 Std., Las Vegas 12 Std.
Bus: Greyhound Transbay Terminal, 425 Mission St., Tel. 415-495-1569 oder 1-800/231-2222, www.greyhound.com. Fahrzeiten: nach Los Angeles 10 Std., San Diego 12 Std.
Fortbewegung in der Stadt:
Für Busse, Straßenbahnen, U-Bahn und Cable Cars ist Muni zuständig (Municipal Railway System, Tel. 415-673-6864, www.sfm ta.com). Außer Einzelfahrscheinen für Busse, Metro und Straßenbahnen (1,50 $) gibt es verbilligte Fahrscheine für mehrere Tage. Cable Car 5 $, Ganztagespass für unbegrenzte Fahrten 11 $. Das Metro-Bahnnetz BART besteht aus mehreren Linien und verbindet San Francisco u. a. mit Oakland, Fremont und Berkeley. Züge Mo–Fr von 4 bis 23.45, Sa ab 6 und So ab 8 Uhr. Fahrscheine an Automaten an jeder Haltestelle, je nach Entfernung ab 1,40 $ (Bay Area Rapid Transit, Tel. 510-4 65-2278, www.bart.gov).
Die Muni-Busse fahren in der ganzen Stadt und haben ihren Namen, den Zielort und die Liniennummer vorne angegeben. Haltestellen sind durch Schilder, Bordstein- und Straßenmarkierungen gekennzeichnet. Die Muni Metro Streetcars (Schnellbahnen Linien J, K, L, M und N) fahren in der Innenstadt unterirdisch, in den etwas weiter außerhalb liegenden Gegenden aber auf der Straße. Mit historischen Waggons ist die Muni-Linie F ausgestattet, sie fährt von der Market Street am Embarcadero entlang zur Fisherman's Wharf (1,40 $). Mit Muni-Passports kann man unbegrenzt öffentliche Verkehrsmittel benutzen. Gültigkeit 1 Tag (11 $), 3 Tage (18 $) oder 7 Tage (24 $), erhältlich an den Verkaufsstellen der Cable-Car-Wendepunkte (www.sfmta.com).
Fähren der San Francisco Bay Area Water Transit Authority sowie einiger privater Anbieter verbinden die Stadt mit zahlreichen Zielen an der San Francisco Bay. Abfahrt Pier 1 neben dem Ferry Building (www.watertran sit.org).

Von San Francisco nach Las Vegas

Karten S. 132, 142

Selbst im landschaftlich so vielfältigen Kalifornien gibt es keine zweite Route mit ähnlichen Extremen wie die von San Francisco nach Las Vegas. Zwischen beiden Metropolen bildet die Sierra Nevada mit dem idyllischen Yosemite National Park eine grandiose hochalpine Landschaft, deren höchste Gipfel über 4000 m in den Himmel ragen, während sich im brütend heißen Tal des Todes die unter Meeresniveau liegende, tiefste Stelle der westlichen Hemisphäre befindet.

Von San Francisco führt die Oakland Bay Bridge an die östliche Bucht und weiter über den Altamont-Pass im Küstengebirge. Auf den fast baumlosen Höhenzügen stehen zahllose Windkrafträder, die die ständige Brise für umweltfreundliche Energiegewinnung nutzen und deren wirbelnde Rotoren gigantischen Freiluftkunstwerken ähneln. Sobald das Central Valley erreicht ist, wird der Klimaunterschied zur kühlen Küste deutlich spürbar. Mag sich die Golden-Gate-Brücke morgens bei der Abfahrt noch in kalte Nebel gehüllt haben: Um Stockton und Modesto liegen die Sommertemperaturen häufig bis zu 20 °C über den Werten am Pazifik.

2 Yosemite National Park

Karte: S. 132/133

Von Merced verläuft der Highway 140 durch eine von goldgelbem Gras bestimmte Bilderbuchlandschaft auf die sich im Osten abzeichnenden Höhenzüge der Sierra Nevada zu. Über Mariposa und El Portal erreicht man die zentrale Arch Rock Entrance Station in den 3082 km² großen **Yosemite National Park**, dessen touristisches Zentrum im **Yosemite Valley** 1 liegt.

Auf beiden Seiten von senkrechten Granitwänden eingerahmt, kommt das idyllische Tal mit satten Wiesen, Nadelwäldern und dem mäandernden Merced River der Vorstellung des Paradieses auf Erden recht nahe – sofern sich auf den Einbahnstraßen der Autoverkehr nicht im Stop-and-go-Rhythmus bewegt. Drei wunderschöne, zu den höchsten im Land zählende Fälle lassen ihr Wasser von der Taloberkante in die Tiefe donnern: die 491 m hohen Ribbon Falls, die 189 m hohen Bridal Veil Falls und die dreistufigen Yosemite Falls mit einem Höhenunterschied von insgesamt 739 m. Auf der Nordseite ragt der 2307 m hohe El Capitan in den Himmel, ein fast senkrechter Granitmonolith mit einer 1000 m hohen, fast senkrechten Wand – der Traum vieler Felskletterer, der Alptraum mancher Zuschauer, welche die Felsakrobaten bei ihren Abenteuern beobachten.

Die touristischen Zentren Yosemite Village und Curry Village mit Rangerbüros, Unterkünften, Campingplätzen und Geschäften liegen im mittleren bzw. hinteren Teil des gut acht Meilen langen Tals. Seine Form entstand durch langsam fließendes Eis während der Eiszeiten. Mit ungeheurem Gewicht wälzten sich damals gigantische Eismassen über die Sierra, hobelten Felszacken rund, arbeiteten sich in Senken hinein und vertieften sie zu U-förmigen Tälern, als in der Folge von Klimaveränderungen das Eis zurückwich. Schönstes Beispiel für die Kraft der Gletscher ist der **Half Dome,** das unverkennbare Wahrzeichen von Yosemite. Wie eine in der Mitte auseinandergebrochene Riesenkuppel erhebt sich der 2695 m hohe Berg im Osten des

Yosemite Valley, ein grandioser, grauer Buckel, dem die Eiszeiten ihren Stempel aufdrückten. Die dem Tal zugewandte senkrechte Wand entstand nicht etwa durch eine Spaltung des Berges, sondern durch Gletscherabrieb.

Imposant zeigt sich der Half Dome vor der Kulisse der grauen Sierra-Höhen bzw. der Vernon und Nevada Falls, wenn man den Blick vom **Glacier Point** 2 hoch über dem Tal über die Landschaft schweifen lässt. Bereits die Anfahrt auf der im Winter gesperrten Glacier Point Road kann durch eine Wanderung etwa zum 2476 m hohen **Sentinel Dome** zu einem Abenteuer werden. Über glatte Granitfelsen erreicht der Trail die von Gletschern abgerundete Kuppe des Berges, auf der sich eine vom Wind gebeugte, schon in den 1970er-Jahren abgestorbene Jeffrey-Kiefer mit ihren Wurzeln in den Felsen krallt.

Es gibt 1400 Pflanzenarten im Yosemite und zahlreiche Säugetiere, wie z. B. Streifenhörnchen, Murmeltiere, Maultierhirsche, Pumas, aber auch Pfeifhasen, Schwarzbären, Koyoten und Dickhornschafe. Außerdem sind ca. 230 Vogelarten eine Attraktion, die nicht nur Ornithologen in den Park lockt.

Der südliche Parkteil

Im Süden führt der Highway 41 durch **Wawona** 3, wo in den 1860er-Jahren eines der ersten Hotels im Park entstand, neben dem heute das Freilichtmuseum **Pioneer History Center** acht historische Blockhütten zeigt. Das bereits 1864 zum State Park proklamierte Yosemite-Tal erhielt 1890 zusammen mit umliegenden Gebieten höhere Weihen als zweiter US-Nationalpark nach Yellowstone. Vor allem der in Schottland geborene Naturkundler John Muir (1838–1914) erwarb sich unschätzbare Verdienste um den Landschaftsschutz in Yosemite, indem er die US-Präsidenten Grover Cleveland und Theodore Roosevelt für diese Aufgabe gewann. Nach John Muir ist einer der bekanntesten Fernwanderwege benannt, der als 340 km langer Teil des Pacific Crest Trail (www.pcta.org) Yosemite mit dem 4418 m hohen Mount Whitney in der südlichen Sierra verbindet.

Mit dem Autor unterwegs

Supertrail zum Dach Amerikas

Von Happy Isles im Yosemite National Park führt der 340 km lange **John Muir Trail** zum 4418 m hohen Mount Whitney, dem höchsten Gipfel Amerikas außerhalb von Alaska. Für die Gesamttour werden normalerweise 21 Tage veranschlagt. Die Wege sind nicht sehr gut markiert, die Verpflegungsstationen rar. Beste Zeit: Juli–Sept. (s. S. 135).

Grandioses Naturtheater

Der Sonnenauf- bzw. untergang am **Zabriskie Point** gehört zu den unvergleichlichen Naturschauspielen im Death Valley (s. S. 143 f.).

Vorsicht vor Bären

Wer im Yosemite National Park sein Auto für längere Zeit abstellt, sollte Lebensmittel entweder geruchsdicht verpacken oder nicht im Wagen lassen. Immer häufiger brechen Bären Autos auf bzw. beschädigen sie schwer, weil sie Fressbares schnuppern.

Ungefähr 36 Meilen südlich des Yosemite Valley haben im **Mariposa Grove** 4 einige Haine aus ca. 200 Mammutbäumen den Kahlschlag des 19. Jh. überlebt. Im Unterschied zu den Baumriesen an der Pazifikküste handelt es sich bei ihnen um die Art *Sequoia gigantea*, die mit einer rötlichbraunen, faserigen und fast feuerfesten Borke ausgestattet ist. Diese Giganten werden nicht ganz so hoch wie ihre Verwandten an der Küste, stellen sie aber gemessen am Stammumfang in den Schatten. Ein beeindruckendes Beispiel ist der 2700 Jahre alte Grizzly Giant. Nachdem er seinen Wipfel durch einen Sturm verloren hat, ist er ›nur‹ noch 64 m hoch, besitzt aber einen Umfang von fast 30 m. In der Nachbarschaft steht mit dem California Tunnel Tree ein historisches Zeugnis sinnloser Naturzerstörung. Der Stamm des Baumes wurde 1895 als Touristenattraktion ausgehöhlt – eine heutzutage ebenso verbotene wie verpönte Praxis.

Yosemite National Park

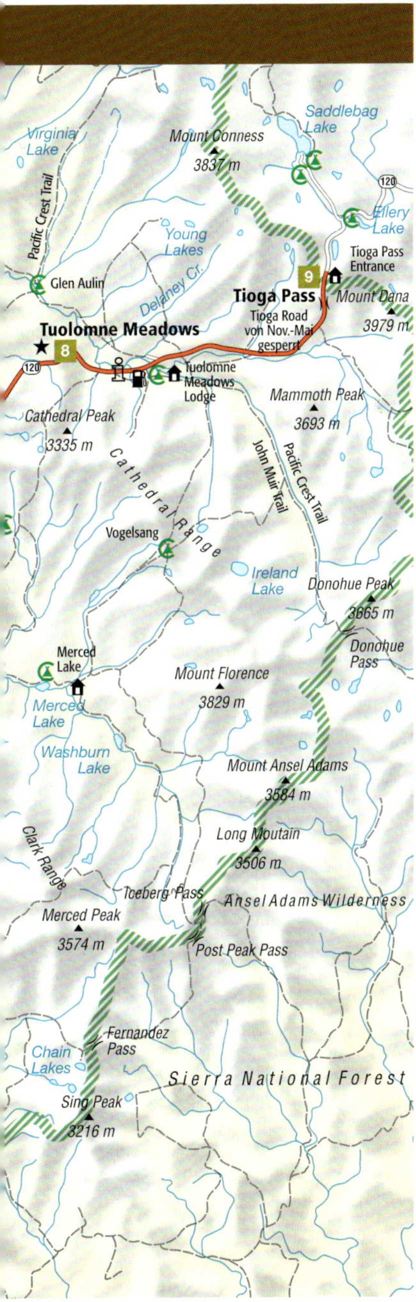

Nationalparks zum Schnäppchenpreis
Nirgends in den USA liegen Nationalparks so dicht gedrängt wie im Südwesten. Die Eintrittsgebühren zwischen 5 und 25 $ pro Pkw schlagen schnell zu Buche. Wer mehrere Parks besucht, kauft am besten am ersten Parkeingang den ein Jahr gültigen America-the-Beautiful-Pass für 80 $ (http://store.usgs.gov/pass). Er gilt auch für andere vom National Park Service verwaltete Stätten wie etwa National Monuments (nicht für Höhlen).

Der nördliche Parkteil

Reiseatlas: S. 2, E 3

Im Norden des Yosemite Valley klettert die vor über einem Jahrhundert als Zufahrt zu einem Bergwerk gebaute, nur zwischen Mitte Juni und November befahrbare Tioga Pass Road (Highway 120) auf ca. 60 Meilen durch Bergwiesen und Wälder langsam bergan. In **Tuolomne Grove** 5 stehen ähnlich wie in Mariposa Grove weitere Mammutbäume mit gewaltigen Stammumfängen.

Vorbei an Aussichtspunkten mit atemberaubenden Ausblicken gewinnt die Straße nach und nach an Höhe. **Siesta Lake** 6 ist einen Halt wert, weil es sich bei dem kleinen, malerischen See um einen *dying pond* handelt, der sich langsam in ein Moor verwandelt. Vom **Olmsted Point** 7 öffnet sich ein grandioses Panorama über die hohe Sierra mit ihren grauen Granitgipfeln, zwischen denen kristallklare Bergseen wie Tenaya Lake und Ellery Lake liegen. Eine ganz und gar veränderte Szenerie herrscht um die 2600 m hoch gelegenen **Tuolomne Meadows** 8 mit dem größten subalpinen Almengebiet der gesamten Sierra Nevada. Danach erreicht die gut ausgebaute Panoramastraße den östlichen Parkausgang auf dem 3030 m hohen **Tioga Pass** 9.

Hinter der Passhöhe ändert sich die Landschaft schlagartig. Karge Vegetation bedeckt die Bergflanken, an denen entlang die Serpentinenstraße die Ostflanke der Sierra Nevada talwärts in das wüstenhafte Great Basin führt.

Richtig Reisen-Tipp: Sequoia & Kings Canyon National Parks

Reiseatlas: S. 5, A 1–2
Das Nationalparkduo Sequoia & Kings Canyon zeigt sich mit Höhenlagen zwischen 400 und 4400 m landschaftlich ähnlich vielfältig wie Yosemite. Dennoch besteht ein prägnanter Unterschied. Während Yosemite von Besuchermassen überschwemmt wird, liegen die Wildnisgebiete von Sequoia und Kings Canyon abseits großer Touristenrouten. In den nördlicheren **Kings Canyon** führt mit dem Kings Canyon Hwy (Highway 180) nur eine einzige Autostraße, die in der Cedar Grove am südlichen Seitenarm des Kings River in einer stillen Bergszenerie endet. Über 1500 m hoch erheben sich um das Tal die schroffen Vertikalen der Sierra. Wer campen will, kann sich im Village verpflegen, wo es Versorgungseinrichtungen und eine Reitstation gibt. Stärker besucht ist der **Sequoia National Park** mit seinen berühmten Mammutbaumwäldern. **Grant Grove** am Highway 180 gruppiert sich um den ca. 2000 Jahre alten General Grant Tree, der es mit 1343 Festmetern Holz auf ein Gewicht von 1135 Tonnen bringt. Sein ebenmäßiger Wuchs machte ihn 1926 offiziell zum Weihnachtsbaum der Nation. Unmittelbar neben dem General's Highway wächst im **Giant Forest** mit dem 84 m hohen General Sherman Tree eine der größten Pflanzen der Erde. Ihr Stammumfang beträgt eindrucksvolle 31 m.

Ein lohnender Abstecher führt von dort zum **Moro Rock,** einem glattpolierten Granitblock, von dem aus man nach einem kurzen Anstieg einen wunderbaren Panoramablick über das Parkgelände genießt (47050 Generals Hwy, Three Rivers, CA 93271, Tel. 559-565-3341, Fax 559-565-3730, www.nps.gov/seki, Pkw 20 $/7 Tage, Teile der Parks sind im Winter geschlossen).

Yosemite National Park: Visitor information & Headquarters, P. O. Box 577, Yosemite National Park, CA 95389, Tel. 209-372-0200, Fax 209-372-0220, www.nps.gov/yose; in Tuolumne Meadows an der Tioga Pass-Straße gibt es eine Rangerstation.
Yosemite Sierra Visitors Bureau: 41969 Hwy 41, Oakhurst, CA 93644, Tel. 559-683-4636, Fax 559-683-5697, www.yosemitethisyear.com. 20 $ pro Privatfahrzeug.

The Ahwahnee: Yosemite Village, alle Hotelreservierungen unter Tel. 801-559-4884 oder online unter www.yosemitepark.com. 1927 aus Naturstein erbautes rustikales Nobelhotel mit 123 Zimmern und 24 Cottages. DZ und Cottages 394 $, Suiten 865 $.
Yosemite Lodge: Yosemite Village, Unterkunft mit knapp. 230 geräumigen Standardzimmern, beheiztem Pool (Ende Mai–Anfang Sept.), Restaurant, Food Court und WLAN-Anschluss. DZ im Sommer ab 123 $, in der Nebensaison unter der Woche ab 98 $.
Stoneman House: Curry Village, einfache Motelzimmer mit rustikaler Einrichtung ohne größeren Komfort. In der Hochsaison pro Pers. 123 $; Cabins mit Bad 108 $, fest installierte Zelte 78 $.
Camps/Camping:
In der Wildnis der hohen Sierra gibt es fünf nur zu Fuß oder im Sattel erreichbare Camps, die entlang einer Rundtour liegen. Start- bzw. Endpunkt sind Tuolumne Meadows bzw. White Wolf Lodge. Packages inkl. Verpflegung für für 1 Pers. 136 $. Man übernachtet in festen Zelten, Schlafsäcke und Handtücher muss man allerdings selbst mitbringen. Außerdem kann man innerhalb der Parkgrenzen auf insgesamt 13 Campingplätzen unterkommen, auf denen man maximal 30, in der Hochsaison im Valley lediglich 7 Tage bleiben darf. Reservierung online unter www.recreation.gov oder per Tel. 877-444-6777. Manche Plätze werden nach dem »First-come-first-served«-Prinzip (Wer zuerst kommt ...) belegt.

Vom Moro Rock genießt man einen einzigartigen Blick auf den Park

Alle größeren Hotels im Park sind mit Restaurants ausgestattet. Im Curry und Yosemite Village gibt es außerdem Imbissstände für Fast Food.

Mountain Room Restaurant: Yosemite Lodge im Yosemite Village, Tel. 559-252-4848, saisonal unterschiedliche Öffnungszeiten. Steaks, Seafood, Geflügel und Pastagerichte. 15–30 $.

Wawona Hotel Dining Room: Wawona Lodge in Wawona, Tel. 559-252-4848, je nach Jahreszeit unterschiedliche Zeiten. Frühstück, Lunch und Abendessen, sonntags Brunch im viktorianischen Speisesaal. Dinner ab ca. 18 $.

Curry Pavilion Cafeteria: im Curry Village, Frühstück 7–10, Dinner 17.30–21 Uhr. Frühstück ab 5 $, Dinner ab 14 $.

Rad- und Mountainbikefahren: Radverleih in der Yosemite Lodge s. o., April–Okt., sonst nur bei günstigem Wetter, und im Curry Village. Rad- und Mountainbikefahren ist nur auf befestigten Straßen und speziellen Radwegen erlaubt.

Bergsteigen: Yosemite Mountaineering School (Tel. 209-372-8344, Sept.–Juni).

Wandern: Ein Wanderwegnetz von 1200 km Länge durchzieht den Park. Wer in der Wildnis übernachten will, braucht eine Genehmigung (kostenlos, im Besucherzentrum). An Sommerwochenenden wird in populären Gebieten manchmal nur eine bestimmte Zahl von Wanderern zugelassen. Die Tour auf dem **John Muir Trail,** für den man 2–3 Wochen veranschlagen sollte, setzt Fitness und wegen der wenigen Verpflegungspunkte gute Vorbereitung voraus. Der **Panorama Trail** (13,6 km, ca. 6 Std., Ende Mai–Okt.) beginnt am Glacier Point, wo man sich vom kostenpflichtigen Hikerbus absetzen lassen kann, und endet in Happy Isles. Wer den Trail im Tal beginnt, hat zunächst 7 km Aufstieg über 900 Höhenmeter zum Glacier Point vor sich.

Reiten: Konzessionierte Unternehmen bieten im Yosemite Valley, in den Tuolumne Mea-

Junger Hirsch in den Tuolomne Meadows im Yosemite National Park

dows und in Wawona Reittouren auf Pferden bzw. Maultieren mit oder ohne Begleitung an (Yosemite Valley Stable, Tel. 209-372-8348; Tuolumne Meadows Stable, Tel. 209-372-8427; Wawona Stable, Tel. 209-375-6502, www.yosemitepark.com).

Wassersport: Ein beliebter Freizeitspaß für Familien mit Kindern sind Schlauchbootfahrten auf dem Merced River im Yosemite Valley (kostenloser Rücktransport per Shuttlebus). Im Curry Village kann man solche Schlauchboote auch ausleihen.

Wintersport: Populärstes Skigebiet ist die Badger Pass Ski Area an der Glacier Point Road mit Skilifts und Langlaufloipen (Mitte Dez.–Anfang April). Im Curry Village kann man Skiausrüstung ausleihen. Schlittschuhfreaks steht dort im Winter eine Eislauffläche zur Verfügung.

Organisierte Touren: Yosemite Sightseeing Tours, www.yosemitetours.com, Tel. 559-658-8687; Crossroads Tours, Oakhurst, Tel. 559-658-3799. Hikingtouren und Rundfahrten im Yosemite Park.

Mono Lake

Reiseatlas: S. 2, F 3

Die in Nord-Süd-Richtung verlaufende Sierra Nevada hält feuchte Pazifikluft wirksam davon ab, landeinwärts vorzudringen. Deshalb dehnt sich östlich des Gebirgszuges mit dem Great Basin Nordamerikas größte zusammenhängende Wüste aus – ein riesiger, staubtrockener, abflussloser Trog mit felsigen Bergrücken, ausgetrockneten Seen, Salzsümpfen und Straßen, die nirgends zu beginnen und nirgendwo zu enden scheinen.

Der **Mono Lake** am östlichen Fuß der Sierra Nevada bei der Ortschaft Lee Vining dehnt sich in dem gleißenden Licht der Wüstenlandschaft pastellblau mit weißen Salzrändern in einem Ozean aus blassen Beifußbüschen aus. Schon vor 700 000 Jahren existierte dieses Gewässer. Vor 13 000 Jahren war es noch fünfmal so groß wie heute. Nach dem Ende der Eiszeiten einsetzende Klimaveränderungen gingen auch am Mono Lake nicht spurlos vorbei. Eine äußerst dramatische, unnatürliche Veränderung erlebte der See seit den 1940er-Jahren, als der Großraum Los Angeles begann, die vier Zuläufe in das Tote Meer des Westens anzuzapfen, um Wasser nach Südkalifornien abzuleiten. Innerhalb von vier Jahrzehnten sank der Wasserspiegel um 14 m. Dadurch entstand vor allem am südlichen Ufer beim Navy Beach eine geradezu surrealistische Szenerie. Zum Teil mehrere Meter hohe, bizarre und bis zu 900 Jahre alte Kalkgebilde ragen wie bleiche Termintenhügel in den Himmel. Sie entstanden über lange Zeiträume infolge von chemischen Reaktionen durch das aus dem Boden in den früher noch höher stehenden alkalischen See eindringende Süßwasser. Während diese ›Tufas‹ am Südrand des Mono Lake überwiegend aus hohen, grazilen Türmen bestehen, haben sie am Nordufer aus ungeklärten Gründen gedrungene Formen angenommen.

Seit Umweltschutzorganisationen 1994 vor Gericht einen wichtigen Teilsieg gegen die Stadt Los Angeles erstritten, hat sich die Situation am See leicht entspannt. Die seit damals reduzierte Wasserentnahme ließ den Wasserspiegel um gut 2 m steigen – für die Ökologie der Region ein großer Fortschritt. Denn Jahr für Jahr machen aus dem Norden kommende Zugvögel im Winter am 280 Mio. Tonnen Salz enthaltenden See Zwischenstation, weil die dort vorkommenden Salzwassershrimps eine hervorragende Nahrungsquelle bilden. Auch der Tourismus hat das seltsame Gewässer entdeckt und dazu beigetragen, dass das ›Problem Mono Lake‹ einer breiten Öffentlichkeit bewusst wurde.

i **Mono Basin National Forest Scenic Area Visitor Center:** nördlich von Lee Vining an der Durchgangsstraße, Tel. 760-647-3044, www.monolake.org. Besucherzentrum mit Ausstellungen über die Geologie, Ökologie und Geschichte des Sees. Der Einstimmung dient der 20-minütige Film »Of Ice and Fire: A Portrait of the Mono Basin«.

Mammoth Lakes

Reiseatlas: S. 2, F 4

Die Hauptsaison in **Mammoth Lakes** beginnt im Herbst, wenn sich das Laub der Bäume zu verfärben beginnt. Sobald der erste Schnee die Bergrücken pudert, reisen aus Südkaliforniens Großstädten begeisterte Wintersportler an, denen der 7000 Einwohner große Ferienort eine ausgeprägte touristische Infrastruktur nach dem Vorbild der europäischen Alpen verdankt – Namen wie Kitzbühl Place, Garmisch Place oder Innsbruck Lodge sind ein Hinweis darauf. Doch auch außerhalb der von November bis Mai dauernden Skisaison hat die Gegend ihre Reize: Dutzende zum Teil traumhaft schöne Gebirgsseen, abwechslungsreiche Wander- und Mountainbiking-Routen, die höchsten Golfplätze Kaliforniens und die 30 m hohen Rainbow Falls am Fluss San Joaquin. Als hätten vorzeitliche Riesen gewaltige Pfeiler in die Erde gerammt, bilden durch vulkanische Aktivitäten entstandene symmetrische Basaltsäulen im **Devil's Postpile National Monument** eine knapp 20 m hohe Wand. Das Naturwunder liegt am Ende der State Road 203 und ist auf dem letzten Teilstück mit dem kostenlosen Shuttlebus zu erreichen (www.nps.gov/depo).

i **Mammoth Lakes Visitors Bureau:** am Hwy 203 am Ortseingang, Tel. 760-924-2712, www.visitmammoth.com. Dort gibt es u. a. detaillierte Karten mit Routen für Mountainbiker.

Die zentrale Hotelreservierung ist vor Ort zu erreichen: Tel. 1-800-321-3261.
Cinnamon Bear Inn: 113 Center St., Tel. 760-934-2873, www.cinnamonbearinn.com. Im Zentrum gelegenes B & B, Nichtraucherzimmer mit Himmelbetten und eigenem Bad, manche mit offenem Kamin. Wochenmitte DZ 130–200 $, Sa–So 160–230 $.
Edelweiss Lodge: 1872 Old Mammoth Rd.,

Die bizarren Felssäulen am Mono Lake wirken wie die Kulisse eines Science-Fiction

Tel. 760-934-2445, www.edelweiss-lodge.com. Die Lodge besteht aus 6 Cabins und liegt in einem bewaldeten Gebiet. Zur Ausstattung gehören Küche, mit Holz befeuerter Ofen und Kabel-TV. Im Sommer ab 65 $.

Camping:

Camp High Sierra: 869 Lake Mary Rd., Tel. 760-934-2368, nur im Sommer geöffneter Platz für Zelte und Wohnmobile. Man kann auch Cabins mieten.

Wintersport: In der Skisaison verkehrt zwischen dem Ort und der Mammoth Mountain Ski Area ein kostenloser Pendel-

bus, der Skihasen den Weg auf die Pisten auf praktische Weise verkürzt.

Wandern: Für größere Hikingtouren benötigt man eine Genehmigung. Auf manchen Wegen herrscht aus Naturschutzgründen eine Zugangsbeschränkung (Mammoth Ranger Station, Tel. 760-924-5500).

Das Owens Valley

Reiseatlas: S. 5, B 1–2

Von einer über 2000 m hohen Ebene stürzt sich der Highway 395 beim Sherwin Summit in weiten Serpentinen in das im Sommer heiße, über 800 m tiefer liegende Owens Valley hinunter. In der ersten Hälfte des 20. Jh. tobte in diesem abgelegenen Provinztal ein regelrechter Krieg zwischen lokalen Bauern und Agenten der Stadt Los Angeles, die zum Teil durch illegale Machenschaften Wasserrechte an sich brachten.

Laws

Seit 1883 führte mit der Carson & Colorado Railway eine Schmalspurbahn vom Lake Owens bis nach Carson City in Nevada und sorgte für den Abtransport von Gold, Silber, Zink und Kupfer aus Minencamps in der Umgebung. In der Ortschaft Laws erinnert das **Laws Railroad Museum** mit einem restaurierten Bahnhof von 1883, zwei Dampflokomotiven, historischen Waggons und einem historischen Dorf an die alten Zeiten (Hwy 6, Tel. 760-873-5950, www.lawsmuseum.org, tgl. 10–16 Uhr).

Bishop

Reiseatlas: S. 5, A 1

Der 5000 Einwohner große Hauptort im Owens Valley bezieht seinen Reiz nicht nur aus seinem typisch amerikanischen Kleinstadtflair, sondern hauptsächlich aus seiner traumhaften Lage zwischen den über 4000 m hohen Felszinnen der Sierra Nevada im Westen und den fast vegetationslos wirkenden, nur wenig besuchten Wüstenbergen der White Mountains im Osten.

Außer attraktiv gelegenen Golfanlagen gibt es ca. zwei Meilen nördlich von Bishop am Highway 395 das rund um die Uhr geöffnete **Paiute Palace Casino** (www.paiutepalace.com) des nur wenige Stammesmitglieder zählenden Bishop Paiute Tribe. Aber nicht nur wegen seiner mehr als 300 Spielautomaten ist der Gamblingtempel ein populäres Ziel, sondern auch wegen seiner weit und breit preisgünstigsten Tankstelle.

Man denkt an Goldgräber und Pioniere, doch das Packpferd ist für die Ranger im Owens Valley ein ganz alltägliches Transportmittel

Von der Ortsmitte sind über den Highway 168 der sehenswerte **Rock Creek Canyon** und am Ende der 20 Meilen langen Stichstraße die beiden von majestätischen Berggipfeln der Sierra eingerahmten Seen South Lake und Lake Sabrina erreichbar, wo mehrere Hiking Trails in die hochalpinen Regionen beginnen. Östlich von Bishop liegt in den White Mountains mit dem **Ancient Bristlecone Pine Forest** ein weit abseits jeglicher Zivilisation ge-legener, geradezu gottverlassener Wald mit den ältesten Bäumen der Erde (s. S. 21).

Death Valley National Park

Karte: S. 142/143
Westlich von Lone Pine gilt der Mount Whitney mit 4418 m als höchster Gipfel auf dem zusammenhängenden Staatsgebiet der USA. Luftlinie nur 100 Meilen weiter östlich liegt bei Badwater im **Death Valley National Park** die tiefste Stelle der westlichen Hemisphäre mit 86 m unter Meeresniveau.

Über das Tal des Todes kursieren Horrorgeschichten, wahre und erfundene. Zutref-

fend ist, dass diese extreme Landschaft ihren Namen von Pionieren bekam, die im Dezember 1849 auf dem Weg in die kalifornischen Goldfelder dem gnadenlosen Klima beinahe erlegen wären. Es stimmt auch, dass kein Flecken auf der westlichen Halbkugel von Sonnenwärme so überaus reichlich bedacht wird wie dieser. Die Schattentemperaturen klettern im Sommer nicht selten auf über 45 °C. Am 10. Juli 1913 stellte das Tal mit 56 °C einen neuen Hitzeweltrekord auf, der erst Jahre später von geringfügig höheren Temperaturen in der libyschen Wüste gebrochen wurde.

Irreführend ist die Bezeichnung Tal, weil es sich genau genommen nicht um eine durch fließendes Wasser entstandene Senke, sondern um ein Becken handelt, das im Zuge der Hebung der benachbarten Panamint und Armagosa Ranges gebildet wurde. Noch vor 25 000 Jahren bedeckte ein 187 km langer und 200 m tiefer See den Talboden. Überreste dieser Vergangenheit sind bis zu 1,80 m dicke Salzkrusten, die weite Teile der tiefsten Stellen des Death Valley bedecken. Archäologische Funde wie Speerspitzen und Handwerkszeug lassen darauf schließen, dass unterschiedliche Indianerkulturen in den vergangenen 10 000 Jahren in dieser Region gelebt haben. Selbst als die ersten weißen Goldsucher ins Death Valley vorstießen, gehörte der Landstrich noch zu den Jagdgründen der Shoshonen.

Bei Stove Pipe Wells am Highway 190 bilden sanft gewellte **Sanddünen** 1 mit messerscharfen Graten eine kleine Sahara. In der Frühe zeugen Spuren auf den vom Nachtwind geglätteten Sandflächen von kleinen Nagern und Reptilien, die sich in der Hitze des Tages selten sehen lassen. Kurz nach dem Tod des Schauspielers Marlon Brando im Jahr 2004 ging die Nachricht durch die Medien, seine Familie habe seine Asche in den Dünen des Death Valley als Hommage an die bizarre Landschaft an nicht bekannt gegebener Stelle bestattet.

Scotty's Castle

Am Fuße des Grapevine Canyon versteckt sich im äußersten Norden des Todestals mit **Scotty's Castle** 2 ein von Legenden umranktes, einem andalusischen Landsitz ähnelndes Schlösschen. Der aus Chicago stammende Versicherungsmillionär Albert Johnson hatte sich das Anwesen in den 1920er-Jahren aus gesundheitlichen Gründen bauen lassen. Die gemütliche Innenausstattung deutet auf einen gepflegten Lebensstil des ehemaligen Besitzers hin. Im großen Salon sickert Wasser zwecks Kühlung über eine Wand in ein Becken, und das Musikzimmer steht ganz im Zeichen einer Orgel, die zur musikalischen Erbauung herangeschafft wurde.

Berühmt wurde das Anwesen durch Walter Scott, den im ganzen Westen ob seiner abenteuerlichen Geschichten bekannten Freund des Besitzers. Scotty, wie er überall genannt wurde, ein ehemaliges Mitglied des Wildwest-Zirkus von Buffalo Bill, setzte das Gerücht in die Welt, er habe das Schloss im Death Valley über einer reichen Goldader aus eigenen Mitteln errichten lassen. Mit dieser Lügengeschichte erschwindelte er sich Geld leichtgläubiger Investoren, die auf den großen Goldsegen hofften. Johnson muss ihm auf die Schliche gekommen sein, aber er ließ Scotty gewähren, weil er es sich leisten konnte und weil er seinen privaten Entertainer mochte. Der ›Münchhausen aus dem Tal des Todes‹ überlebte seinen Mäzen um sechs Jahre. 1954 wurde er auf einer Anhöhe über Scotty's Castle an einer von einem Holzkreuz und einem Grabstein mit Büste gekennzeichneten Stelle zur letzten Ruhe gebettet (Tel. 760-786-2392, Anschluss 224, Führungen tgl. 9.30–16 Uhr, Erw. 11 $, Kin. 6–15 Jahre 6 $, von Nov. bis April muss man mit Wartezeiten rechnen).

Spuren der Industriegeschichte des Tales existieren in der Nähe der **Furnace Creek Ranch** 3. In den 1880er-Jahren produzierten die **Harmony-Borax-Werke** 4 aus kristallinen Ablagerungen das Mineral Borax. Von den ehemaligen Fabrikanlagen sind nur noch Ruinen übrig. Das auf der Erde sehr selten vorkommende Borax (Natriumborat) spielte schon in der Antike bei der Herstellung von Keramik eine Rolle. Mit den von Mulis gezogenen Karren wurden jeweils 33 Tonnen des Minerals in zehn Tagen zur nächstgelegenen Bahnverladestelle in das 180 Meilen entfernte Mojave transportiert, bis das Unternehmen die Produktion im Tal des Todes 1890 einstellte.

Zabriskie Point und Dante's View

Niemand, der einmal den Tagesanfang oder den spektakulären Sonnenuntergang am **Zabriskie Point** 5 erlebt hat, wird jemals auf

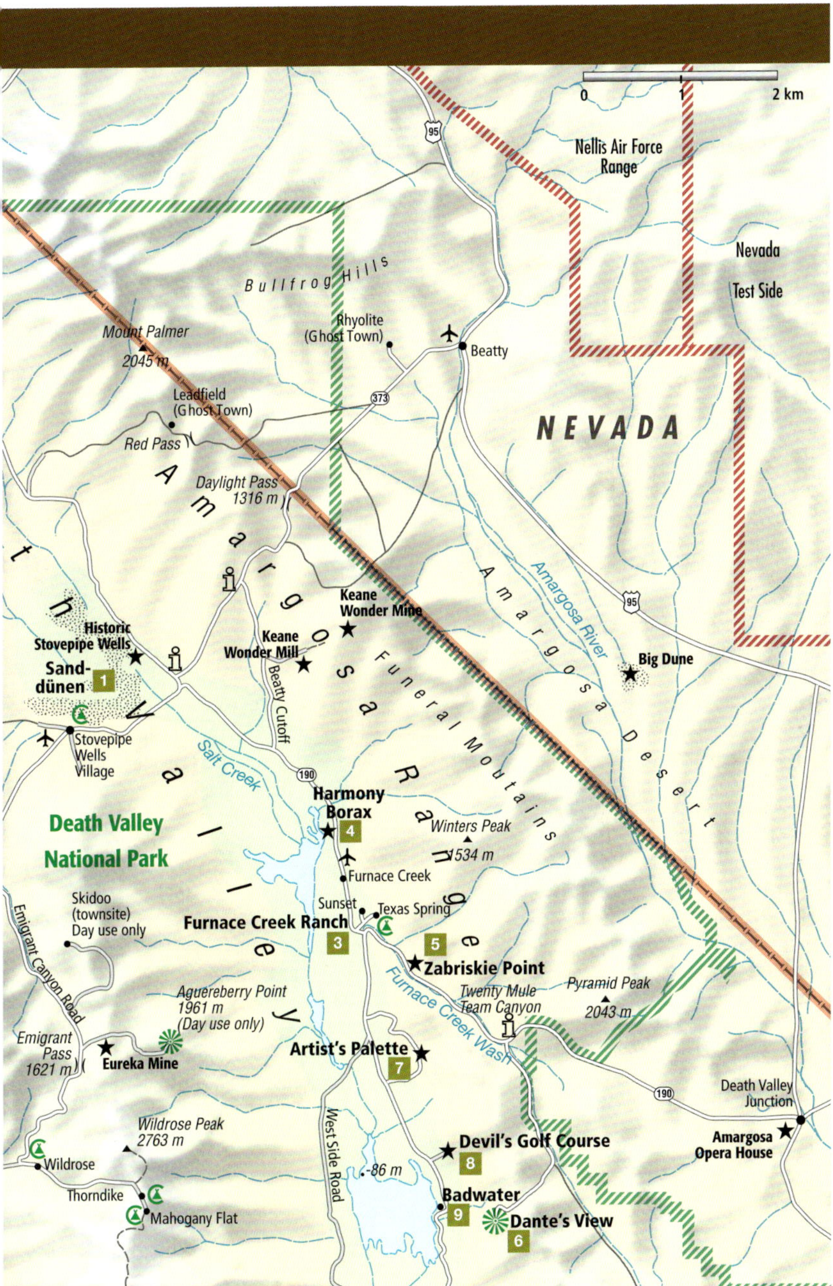
0
1
2 km
95
Nellis Air Force Range
Nevada Test Side
Bullfrog Hills
Rhyolite (Ghost Town)
Beatty
Mount Palmer 2045 m
Leadfield (Ghost Town)
373
Red Pass
NEVADA
Daylight Pass 1316 m
Amargosa Range
Amargosa River
Amargosa Desert
Keane Wonder Mine
Historic Stovepipe Wells
Keane Wonder Mill
Funeral Moutains
Big Dune
Sand-dünen
1
Beatty Cutoff
Stovepipe Wells Village
Salt Creek
190
Harmony Borax
4
Death Valley
Winters Peak 1534 m
Death Valley National Park
Furnace Creek
Skidoo (townsite) Day use only
Sunset
Texas Spring
Furnace Creek Ranch
3
5
Emigrant Canyon Road
Zabriskie Point
Furnace Creek Wash
Pyramid Peak 2043 m
Aguereberry Point 1961 m (Day use only)
Twenty Mule Team Canyon
Emigrant Pass 1621 m
Eureka Mine
Artist's Palette
7
Death Valley Junction
Wildrose Peak 2763 m
West Side Road
Devil's Golf Course
8
Amargosa Opera House
Wildrose
-86 m
Thorndike
Badwater
9
Mahogany Flat
Dante's View
6

Tanken nicht vergessen
Im gesamten Death Valley gibt es nur zwei Tankstellen, eine in Stovepipe Wells, die andere bei der Furnace Creek Ranch. Der Sprit ist dort extrem teuer. Viel billiger tankt man sein Fahrzeug auf, bevor man in den Nationalpark fährt.

die Idee kommen, das Tal des Todes für eine leblose Grusellandschaft zu halten. Wenn sich das farbige Licht über die vegetationslosen, erodierten Schlammberge eines alten Flussbettes tastet, beginnt die Szenerie zu leben und sich Minute um Minute zu verwandeln. Kein Wunder, dass Besucher mit Sinn für Naturschönheiten dieses Highlight zum Wallfahrtsort erkoren haben und sowohl morgens wie abends an diese Stelle pilgern, um das dramatische, hinreißend schöne Schauspiel zu erleben.

Ebenfalls faszinierend, wenn auch nicht ganz so spektakulär, ist der Blick vom 1669 m hoch über dem Tal gelegenen Aussichtspunkt **Dante's View** 6. Im Morgengrauen, wenn sich der Wind noch fast kalt anfühlt, zaubert der heller werdende Himmel zarte Farbpaletten auf die grandiose Tallandschaft. Sobald die Sonne höher steigt, ist der farbige Zauber dahin und das Death Valley versinkt bis zum späteren Nachmittag in brütend heißem Dunst.

Das südliche Tal des Todes

Auf einer Einbahnschleife ist abseits der Durchgangsstraße **Artist's Palette** 7 zu erreichen. An einer zerklüfteten Bergflanke treten unterschiedlich farbige Gesteinsschichten fotogen zutage. An der Straße, die in den südlichen Teil des Parks führt, liegt mit **Devil's Golf Course** 8 eine seltsame Landschaft. Um den Parkplatz dehnen sich aufgeworfene, wie zerpflügt aussehende Salzflächen aus, die bei der Verdunstung früherer Seen zurückblieben. Ein in die Salzschicht geschlagenes Loch zeigt, dass die weiße Kruste einen See aus konzentriertem Salzwasser bedeckt.

Bei **Badwater** 9, der tiefsten Stelle der westlichen Hemisphäre, spiegelt sich der 3368 m hohe Kamm der im Westen liegenden Panamint Range in je nach Niederschlag kleinen oder größeren Wasserpfützen. Über einen Holzsteg erreicht man die umgebenden Salzflächen, die stabil genug für einen Spaziergang sind.

Kurz nach dem 390 m hohen Jubilee Pass verlässt die Straße 178 das Death Valley. Über die Ortschaft Shoshone, wo man in der Crow Bar einen Erfrischungsstopp einlegen kann, und das bereits in Nevada liegende Städtchen Pahrump erreicht man die Neonmetropole Las Vegas.

i **Death Valley National Park:** Visitors Center, Hwy 190, P. O. Box 579, Death Valley, CA 92328, Tel. 760-786-3200, Fax 760-786-3283, www.nps.gov/deva, 12-minütige Diashow zur Einführung, Eintritt pro Pkw 20 $, Fahrräder und Motorräder 10 $ (7 Tage Gültigkeit).

Furnace Creek Inn: Hwy 190, Tel. 760-786-2345, www.furnacecreekresort.com, nur Mitte Okt.–Mitte Mai. Bestes Hotel im Nationalpark mit 66 klimatisierten Zimmern und dem am tiefsten gelegenen Golfplatz der Welt. DZ ab 305 $.
Furnace Creek Ranch: Hwy 190, Tel. 760-786-2345, www.furnacecreekresort.com, das ganze Jahr geöffnet. Klimatisierte Motelzimmer unterschiedlicher Kategorien sowie Cafeteria, Restaurant und Swimmingpool im Freien neben einer lauschigen Oase aus Dattelpalmen. DZ im Sommer ab 119 $, im Winter ab 123 $.
Stovepipe Wells Village: Hwy 190, Tel. 760-786-2387, www.stovepipewells.com, ganzjährig. Motelzimmer, Restaurant, Saloon, Pool, kleiner Supermarkt und Campingplatz für Wohnmobile. DZ ab 75 $, Deluxe-Zimmer 115 $.
Im Umkreis des Death Valley gibt es Zimmer in Beatty, Indian Springs, Amargosa Valley, Death Valley Junction und Shoshone.

Zabriskie Point im Death Valley

Küstenhighway No. 1 nach Los Angeles

Reiseatlas S. 1, 3, 9

Zwischen San Francisco und Los Angeles säumt eine Küste den Pazifik, die zu den bekanntesten Landschaften im amerikanischen Westen gehört. Meer und Festland treffen sich z. B. bei Big Sur oder am 17-Mile-Drive bei Monterey sprichwörtlich im Bilderbuchformat. Aus gutem Grund trägt der Highway No. 1 bzw. 101 auf den ca. 500 Meilen zwischen den beiden Küstenmetropolen den Beinamen Traumstraße Amerikas – mit jeder Meile wird er diesem Nimbus gerecht.

Silicon Valley und Stanford University

Reiseatlas: S. 1, A–B 4

Wer sich auf der Fahrt nach Los Angeles am ersten Reisetag für eine Inlandsroute entscheidet, bekommt es an der südlichen San Francisco Bay zwischen San Jose und Palo Alto mit bekannten Namen wie Sun Microsystems, Hewlett-Packard, Apple, Intel, Xerox und Google zu tun. Seit Ende der 1970er-Jahre herrschen sie im Silicon Valley über ein Soft- und Hardware-Imperium, dessen Macht und Einfluss längst in die entferntesten Winkel der Erde vorgedrungen ist. Zwar sind anderswo Konkurrenten entstanden, aber der Name Silicon Valley, wo in den 1970er-Jahren die Erfindung und Produktion von Mikroprozessoren die Welt revolutionierte, lässt Kommunikationsfachleute und Datenverarbeitungsamateure immer noch aufhorchen. Früher Standort winziger Klitschen, die in umgebauten Garagen am neuen Technologiezeitalter bastelten, mauserte sich das Silicon Valley zum industriellen Kraftpaket mit über 7000 Computer- und Multimediafirmen.

›Hauptstadt‹ des Silicon Valley ist das 60 000 Einwohner große Palo Alto. 1891 nahm dort die vom schwerreichen Eisenbahnkönig Leland Stanford gegründete Stanford University ihren Betrieb auf – neben Harvard, MIT, Princeton und Yale eine der fünf Eliteuniversitäten der USA, die vor allem in den Bereichen Informatik, Biotechnologie und Meeresforschung führend ist. Der von Grünflächen und Palmenalleen geschmückte Campus erinnert an das Gelände einer vornehmen Klosterschule. Gebäude wie der 87 m hohe Hoover Tower mit einer Aussichtsplattform (tgl. 10–16.30 Uhr, 2 $) oder die mit Mosaiken verzierte Memorial Church von 1903 strahlen ebenso würdevolle Distanz aus wie die neoromanischen Arkadengänge um den Memorial Court. Skulpturen, darunter die »Bürger von Calais« von Auguste Rodin, verwandeln das Campuszentrum in eine Open-Air-Galerie. Teile dieser Skulpturengruppe sind auch im Rodin Sculpture Garden zu sehen (Visitor Information Services, 551 Serra Mall, Tel. 650-723-2560, www.stanford.edu, Mo–Fr 8–17, Sa 12–16 Uhr, Campusführungen tgl. 11 und 15.15 Uhr).

San Jose

Reiseatlas: S. 1, B 4

Mit über 945 000 Einwohnern bildet der Großraum San Jose das Zentrum der südlichen Bay Area und rangiert unter den Metropolen Kaliforniens hinter Los Angeles und San Diego auf Platz 3. Der Boom im benachbarten Silicon Valley hat auch die ehemalige Agrargemeinde zu einem prosperierenden

Mit dem Autor unterwegs

See-Elefanten beobachten

An der südkalifornischen Küste gibt es zahlreiche Stellen, um diese beeindruckenden Tiere aus nächster Nähe zu beobachten. Wer dies unter professioneller Anleitung tun will, hat im **Ano Nuevo State Reserve** die beste Gelegenheit dazu (s. S. 149).

Natur pur

Die Steilküste von **Big Sur** zwischen Carmel und San Simeon gehört zu den landschaftlich schönsten Abschnitten der gesamten US-Westküste. Der legendäre Highway No. 1 verläuft dort direkt am Pazifiksaum und verschafft Reisenden an zahlreichen Aussichtspunkten einen atemberaubenden Blick (s. S. 155 ff.)

Traumhaftes Hearst Castle

Im Küstenort **San Simeon** ließ sich der extrovertierte Zeitungsmillionär William R. Hearst in der ersten Hälfte des 20. Jh. seinen steinernen Traum real werden – einen riesigen, in einer prächtigen Parkanlage stehenden Palast mit einer fantastischen Ausstattung: einem römischen Schwimmbad mit venezianischen Kacheln, Statuen, etruskischen Vasen, ägyptischen Figuren, Ritterrüstungen, Gemälden und Perserteppichen (s. S. 158).

Orgie in Sachen Kitsch

Das **Madonna Inn** in San Luis Obispo ist so kitschig und mit seinen ›Themen‹-Zimmern so außergewöhnlich, dass es längst zu den Sehenswürdigkeiten an der kalifornischen Küste gehört (s. S. 159 f.).

Abstecher in die Vergangenheit

In Santa Barbara ist die reizvoll gelegene historische **Mission Santa Barbara** unbedingt einen Besuch wert. Besonders schön ist es am Spätnachmittag, wenn die Sonne die Anlage in ein warmes Licht taucht (s. S. 160 ff.).

Gemeinwesen mit guten Restaurants, gemütlichen Straßencafés und einer beachtlichen Kulturszene mit Museen, Oper, Symphonieorchester und Ballett werden lassen. Außerdem empfiehlt sich San Jose als eine der sichersten Großstädte des Landes.

Im Jahre 1884 begann Sarah Winchester, die Witwe des schwerreichen Erfinders des legendären Mehrladegewehrs, mit dem Bau des **Winchester Mystery House.** Dem Glauben verhaftet, ihr Leben würde so lange dauern, wie sie an diesem Anwesen baute, soll die dem Okkulten zugewandte Millionenerbin 38 Jahre lang Architekten, Maurer und Zimmerleute beschäftigt haben. Zug um Zug verwandelten sie das ehemals einfache Farmerhaus mit Scheune in ein architektonisches Labyrinth im viktorianischen Stil mit 160 Zimmern, 40 Treppen, 10 000 Fenstern, 2000 Türen, geheimen Durchgängen und 40 Kaminen. Das Hämmern und Sägen der Handwerker hörte erst auf, als die Hausherrin 1922 im Alter von 82 Jahren einer Herzattacke erlag (525 S. Winchester Blvd., Tel. 408-247-2101, www.winchestermysteryhouse.com, Führungen im Hochsommer tgl. 9–17 Uhr, sonst kürzer, Erw. 23,95 $, Kin. 6–12 Jahre 17,95 $).

Die weltweit aktive Bruderschaft der Rosenkreuzer hat ihren Hauptsitz im Rosicrucian Park, wo das von der Gesellschaft unterhaltene **Rosicrucian Egyptian Museum & Planetarium** seinen Platz hat. Mumien, Grabsteine, Schmuck, dekorative Wandreliefs und der Nachbau eines Pharaonengrabs bilden eine der größten altägyptischen Sammlungen in den USA (1342 Naglee Ave., Tel. 408-947-3636, www.egyptianmuseum.org, Mo–Fr 10–17, Sa/So 11–18 Uhr, Erw. 9 $, Kin. 5–10 Jahre 5 $).

Wie Computer- und Kommunikationstechnik funktionieren, demonstriert das **Tech Museum of Innovation.** Zugleich wird hier deutlich, wie Hightech-Erfindungen das moderne Alltagsleben beeinflussen und verändern. Bei vielen interaktiven Einrichtungen werden Besucher zu mehr oder weniger risikofreudigen Akteuren, wenn sie etwa ein Raumschiff über die Oberfläche des Mars steuern oder eine virtuelle Fahrt mit dem Bobschlitten unternehmen. Im IMAX Dome Theater zeigt man auf der Großleinwand spannende Filme, z. B. über die Tour de France oder die Geheimnisse des Nils (201 S. Market St., Tel. 408-294-TECH, www.thetech.org, tgl. 10–17 Uhr, inkl. IMAX 8 $, zusätzliche IMAX-Filme 4 $).

Zu den Beständen des **San Jose Museum of Art** zählen Gemälde, Skulpturen, Fotografien, Zeichnungen, Drucke und neue Medien, die der zeitgenössischen Kunst zugeordnet werden können. Wechselausstellungen beschäftigen sich etwa mit den Werken des mexikanischen Malers Gustavo Ramos Rivera, mit Keramikskulpturen oder mit digitaler Kunst (110 S. Market St., Tel. 408-271-6840, www.sjmusart.org, Di–So 11–17 Uhr, Erw. 8 $, unter 6 J. Eintritt frei).

San Jose Convention & Visitors Bureau, 408 Almaden Blvd., San Jose, CA 95110, Tel. 408-295-9600, Fax 408-277-3535, www.sanjose.org.

Fairmont Hotel: 170 S. Market St., Tel. 408-998-1900, Fax 408-287-1648, www.fairmont.com/SanJose. Nobles Großhotel mit 540 Zimmern, 3 Restaurants, Bar, beheiztem Außenpool, Fitnessklub, Spa mit Sauna und Businesscenter. DZ ab 249 $.

Best Western Lanai Garden Inn: 1575 Tully Rd., South San Jose, Tel. 408-929-8100, www.lanaigardeninn.com. Freundliche Zimmer mit Kaffeemaschine, Mikrowelle, Highspeed-Internetzugang; beheizter Außenpool, Waschmaschinenbenutzung gratis. DZ ab 80 $ inkl. Frühstück.

Sanborn Park Hostel: 15808 Sanborn Rd., Saratoga (San Jose), Tel. 408-741-9555, www.sanbornparkhostel.org. In den Santa Cruz Mountains gelegene Herberge des Internationalen Jugendherbergsverbandes (HI) mit 39 Betten, Küchenbenutzung, max. Aufenthalt 3 Nächte. Mitgl. 14 $, andere 17 $, Kin. 7 $.

Le Papillon: 410 Saratoga Ave., Tel. 408-296-3730, www.lepapillon.com, Lunch Fr 11.30–14.30 Uhr, Dinner tgl., Dress Code. Das Lokal gehört zu den Spitzenrestaurants in der Region; preisgekrönte französische Küche; Fasanenbrust mit Cognac Jus, Pilzen und Rote-Bete-Pavé 29 $, Heilbutt in Kräuterkruste mit Safran-Basmati-Reis, Dill und Cocktailtomaten 28 $.

Emile's: 545 S. Second St., Tel. 408-289-1960, www.emilesrestaurant.com, Di–Sa 17.30 –22 Uhr. Eine Hochburg des guten Geschmacks mit europäisch inspirierten Gerichten aus frischen Zutaten der Region wie Kalb mit Rösti (26 $) oder Meeresfrüchte (32 $), 8-gängiges »Menu de Dégustation« ca. 75 $.

Great Mall: 447 Great Mall Dr., Milpitas, www.simon.com/findamall, Mo–Sa 10–21, So 11–20 Uhr. Eine der größten Malls in Kalifornien mit ca. 185 Geschäften. – Die südöstlich von San Jose in der Knoblauchhauptstadt Gilroy zu findenden **Gilroy Premium Outlets** präsentieren sich mit 145 hauptsächlich auf Mode spezialisierten Outletläden (681 Leavesley Rd., www.premium outlets.com, Mo–Sa 10–21, So 10–18 Uhr).

Im 1100 Zuschauer fassenden **California Theatre** von 1927 mit historischem Innendekor (Kristallleuchter, Buntglasfenster und gedrehte Säulen) sind die **Opera San Jose** (Tickets: 2149 Paragon Dr., Tel. 408-437-4450, www.operasj.org) und die **Symphony Silicon Valley** (Tickets: 467 S. First St., Tel. 408-286-2600, www.symphonysilic onvalley.org) untergebracht (345 S. First St.).

Feste/Veranstaltungen:

Cinco de Mayo (5. Mai): Fest mit Paraden zur Erinnerung an den mexikanischen Sieg über die Franzosen in der Schlacht von Puebla 1862 (www.sjgif.org/cincodemayo.html).

Juneteenth Festival (Mitte Juni): Afroamerikanisches Kulturfest zur Erinnerung an das Ende der Sklaverei (www.bayareajuneteenth.com).

Comcast San Jose Jazz Festival (Mitte Aug.): 4-tägiges Jazz-Festival (www.sanjose jazz.org).

Rock 'n' Roll Half Marathon (Anfang Sept.): Traditionelles Langstreckenrennen mit musikalischem Beiprogramm (www.rnrhalf.com).

Vergnügungspark: California's Great America, Great America Pkwy, Santa Clara, Tel. 408-988-1776, www.pgathrills.com, April–Okt., im Hochsommer 10–22 Uhr, sonst kürzer. Freizeitpark mit 3-D-Bewegungssimulatoren, nervenaufreibenden Achterbahnen und Attraktionen für kleinere Kinder. Erw. 53,99 $, Kin. 3–6 Jahre 34,99 $, bei Onlinebuchung 14 $ billiger.

Flugzeug: Mineta San Jose International Airport, Tel. 408-277-4SKY, www.sjc.org. Viele inneramerikanische Verbindungen auch mit dem Billiganbieter JetBlue (New York und Boston). Der VTA Airport Flyer pendelt zwischen Flughafen, Metro Light Rail Station und Santa Clara Caltrain Station.
Taxis nach Downtown kosten 14–20 $.
Bahn: Amtrak-Bahnhof, 65 Cahill St., Tel. 1-800-872-7245, www.amtrak.com.
San Jose liegt an der Schienenstrecke des Amtrak-Zuges Coast Starlight zwischen Los Angeles und Seattle.
Bus: Greyhound Terminal, 70 S. Almaden Ave., Tel. 408-295-4151, www.greyhound.com. Busse in alle größeren Städte.
Nahverkehr: VTA (Valley Transportation Authority, Tel. 408-321-2300, www.vta.org), Einzelfahrt Erw. 1,75 $, Kin. 5–17 J. 1,50 $; **BART,** 2000 Bart Way, Tel. 510-465-2278, www.bart.gov. Regionalzug nach San Francisco und Fremont an der East Bay; **Caltrain,** Railroad Ave., Santa Clara, Tel. 1-800-660-4287, www.caltrain.com. Regionalzug zwischen San Jose und San Francisco, zahlreiche Verbindungen.

Half Moon Bay und Pigeon Point Lighthouse

Reiseatlas: S. 3, A 1–C 4
Geruhsamer als über die viel befahrenen Interstates legt man die erste Reiseetappe entlang der Küste über die hauptsächlich beim herbstlichen Pumpkin Festival reizvolle Kürbishauptstadt **Half Moon Bay** und die sich anschließenden Pazifikstrände am Highway No. 1 zurück. Beim **Pigeon Point Lighthouse** mit einem 35 m hohen Leuchtturm aus dem Jahr 1872, vor dem bis dahin Dutzende Schiffe auf Grund gelaufen waren, ist die vibrierende Großstadtatmosphäre von San Francisco längst dem von salziger Meeresluft gewürzten Küstenflair gewichen.

Ano Nuevo State Reserve

Reiseatlas: S. 3, A 1
Dieses Schutzgebiet beheimatet die größte festländische Kolonie von See-Elefanten, die sich dort paaren und ihre Jungen zur Welt bringen. Die Männchen liefern sich in diesen Monaten zum Teil heftige Kämpfe um Partnerinnen, die an den Sandstränden und in den Dünen bis Februar Junge gebären. Bei Rangerführungen in kleineren Gruppen (hin und zurück ca. 5 km) erfährt man alles Interessante und Wissenswerte über diese massigen Meeresbewohner mit schwarzen Kulleraugen. Ab April kann man Besuche auf eigene Faust unternehmen. Die See-Elefanten lebten früher zu Hunderttausenden im Pazifik. Nachdem sie im 18. und 19. Jh. wegen ihres ölreichen Specks fast ausgerottet worden waren, gab es 1892 an der kalifornischen Küste nur noch 50 bis 100 Tiere. Durch Schutzmaßnahmen sind die Bestände bis heute wieder auf ca. 160 000 Exemplare angewachsen (zwischen Half Moon Bay und Santa Cruz, Rangerführungen 15. Dez.–31. März 9–16 Uhr, Tel. 1-800-444-4445, Online-Reservierung jeweils ab 20. Okt., www.parks. ca.gov, 5 $).

Santa Cruz

Reiseatlas: S. 3, B 1
Hauptsächlich Familien mit Kindern fühlen sich im Urlaub vom 55 000 Einwohner großen Santa Cruz an der nördlichen Monterey-Bucht angezogen. Der Grund: schöne Sandstrände und viele Freizeitmöglichkeiten. Weil das Wasser im Pazifik selbst im Hochsommer kaum

California Dream: Der Highway No. 1 zählt zu den schönsten Straßen der Welt

wärmer als 18 °C wird, ist statt Schwimmen eher Strandvolleyball, das Bauen von Sandburgen und Kajakfahren angesagt. Und natürlich das Adrenalinabenteuer **Beachboardwalk**. Früher gab es in vielen kalifornischen Küstenstädten Boardwalks mit Volksfestcharakter, Fahrbetrieben, Imbissbuden, Restaurants und Zuckerwatteständen. Die einzig übrig gebliebene Attraktion dieser Art befindet sich in Santa Cruz mit der 1924 aus Holz erbauten Achterbahn Giant Dipper, die sich zwischen Hightech-Anlagen mit Namen wie Cyclone, Tsunami und Hurricane ebenso wie ein nostalgisches Museumsstück ausnimmt wie ein Karussell von 1911 mit handgeschnitzten Pferden (400 Beach St., Tel. 831-423-5590, www.beachboardwalk. com, Ende Mai–Anfang Sept., tgl. ab 10 Uhr, Tickets: All-Day Unlimited Rides, 1 Tag unbegrenzte Fahrten 29,95 $, Einzelfahrten 2,25–4,50 $).

Mit Geschäften und Restaurants bildet der weit ins Meer hinausreichende **Municipal Pier** zahlreiche Möglichkeiten für einen Einkaufsbummel mit kulinarischen Akzenten. Zugleich ist er ein fabelhafter Aussichtspunkt, um aus der Entfernung den Jahrmarktrummel am Boardwalk zu verfolgen. Um die Pfeiler des Piers tummeln sich häufig Seelöwen im Wasser. Dort legen auch Schiffe für Rundfahrten in der Bucht und für ganzjährige Walbeobachtungstouren ab.

Am östlichen Ende des Boardwalk teilt sich der San Lorenzo River an der versandeten Mündung in glitzernde Rinnsale. Das dort liegende **Santa Cruz City Museum of Natural History** zeigt neben Ausstellungen über die Flora und Fauna der Region u. a. Exponate, die das Kulturschaffen der Ohlone-Indianer dokumentieren (1305 East Cliff Dr., Tel. 831-420-6115, www.santacruzmuseums.org, Di–So 10–17 Uhr). Westlich des Piers führt der Cliff Drive zum **Santa Cruz Surfing Museum**, das sich dem beliebtesten Freizeitvergnügen der südkalifornischen Küstenbewohner widmet (Mark Abbott Memorial Lighthouse, Tel. 831-420-6289, www.ci.santa-cruz.ca.us, tgl. außer Di 10–17 Uhr, im Winter kürzer).

Noch weiter westlich bietet der einsame **Natural Bridges State Beach** Gelegenheit, sich vom Boardwalk-Stress zu erholen.

Richtig Reisen-Tipp: Unterwegs auf dem 17-Mile-Drive

Als in grauer Vorzeit der Urkontinent Pazifika im Stillen Ozean versank, brachen die Götter einer Legende zufolge ein kleines Stück davon ab und retteten es wegen seiner unvergleichlichen Schönheit, um daraus die Monterey Peninsula zu formen. Heute führt am Küstensaum von Monterey bis Carmel eine Panoramastraße entlang, die unter dem Namen 17-Mile-Drive zu den schönsten Nebenstrecken des Landes zählt.

»Erst bezahlen, dann genießen«, heißt es auf dieser Strecke, weil es sich um eine Privatstraße im Besitz einer Hotelgesellschaft handelt. Hinter der Zahlstelle, an der ein Angestellter in Fantasieuniform die Maut kassiert, folgt die Asphaltstraße durch Kiefern- und Zedernwälder der Küstenlinie, meist nur einen Steinwurf von der mächtigen Brandung entfernt, die donnernd über die vorgelagerten Felsen herfällt. Knapp zwei Dutzend Aussichtspunkte reihen sich auf den 17 Meilen aneinander und präsentieren Südkaliforniens Küste von ihrer schönsten Seite. Der mitten in der Brandung liegende Seal and Bird Rock dient einer Robbenkolonie sowie Seemöwen, Pelikanen und Schwarzen Kormoranen als Refugium. Der bekannteste Aussichtspunkt befindet sich bei Lone Cypress, wo sich eine einzelne Monterey-Zypresse seit über 250 Jahren mit ihren Wurzeln auf einem von Wellen umtosten Felsen festkrallt. Am südlichen Ende des Drive liegt die 1919 erbaute Lodge at Pebble Beach mit einem der schönsten Golfplätze Amerikas (www.pebblebeach.com, Eintritt 9 $ pro Fahrzeug).

Monterey

Reiseatlas: S. 3, B 2

Das von John Steinbeck, der zeitweilig in Monterey lebte, in seinem 1945 erschienenen Roman »Die Straße der Ölsardinen« (engl. »Cannery Row«) beschriebene Monterey der 1930er-Jahre existiert nicht mehr. Nacht für Nacht kamen die Fischer damals mit Tonnen von Sardinen vom Meer zurück, die in über zwei Dutzend Betrieben verarbeitet wurden. Jahrzehntelange Überfischung dezimierte die Sardinenschwärme schließlich derart, dass Ende der 1940er-Jahre sämtliche Konservenfabriken schließen mussten.

Alte Lagerhallen und Fischverarbeitungsbetriebe entlang der berühmten Cannery Row haben längst Restaurants, Galerien und unüberschaubar vielen Souvenirshops Platz gemacht. Auf der schon vor Jahren modernisierten Meile üben sich Touristen unter den Augen der bronzenen Büste von John Steinbeck heute im Rikschafahren und Shoppen. Sardinen bekommt man nur noch im Restaurant zu Gesicht.

Monterey Bay Aquarium

Zentraler Anziehungspunkt im stark kommerzialisierten Viertel ist das viel gepriesene **Monterey Bay Aquarium**, vor dem sich im Sommer lange Schlangen bilden. Ein mehrere Stockwerke hohes Riesenbecken aus Acrylglas vermittelt den Eindruck, als stünde man auf dem Boden des Ozeans, über sich ein in sanftem Rhythmus fächelnder Kelpwald und Schwärme von Thunfischen, Barrakudas, Haien und Meeresschildkröten. In einem anderen Teil des Aquariums gebärden sich putzige Seeotter als Alleinunterhalter, indem sie sich ihre Shrimpsmahlzeiten auf den Bauch häufen und zur Gaudi der Zuschauer genüsslich kauend in Rückenlage ihre Runden drehen (886 Cannery Row, Tel. 831-648-4800, www.montereybayaquarium.org, in der Hochsaison 9.30–18, sonst 10–18 Uhr, Erw. 24,95 $, Kin. 3–12 Jahre 15,95 $, verbilligte Tickets bei Onlinebuchung).

Monterey State Historic Park

In den 1770er-Jahren eine der ersten europäischen Ansiedlungen an der US-Westküste, war Monterey zur Zeit der spanischen und mexikanischen Herrschaft Kaliforniens Hauptstadt. Nachdem 1849 vor Ort die kalifornische Verfassung verabschiedet worden war, trat der *Golden State* ein Jahr später der Amerikanischen Union bei. Im Stadtzentrum haben zahlreiche Bauten aus der Kolonialzeit überlebt und bilden heute den **Monterey State Historic Park.** In einzelnen historischen Gebäuden werden Führungen angeboten (20 Custom House Plaza, Tel. 831-649-7118, www.parks.ca.gov, tgl. 10–17 Uhr, Eintritt frei).

Das **Custom House** gilt als ältestes öffentliches Gebäude westlich der Rocky Mountains. Teile des ehemaligen Zollbüros stammen von 1827. Vor diesem Haus ließ Commodore John Drake Sloat 1846 erstmals in Kalifornien die US-Flagge aufziehen und beanspruchte damit ein Territorium von 1,5 Mio. km^2 für die Vereinigten Staaten. Navigationsinstrumente, Schiffsmodelle, Ausrüstungen der Küstenwache und ein 20-minütiger Film zum Thema »Monterey und der Pazifik« lohnen den Besuch im **Maritime Museum and History Center.** Eine spezielle Ausstellung geht auf die ehemalige Sardinenfischerei ein (5 Custom House Plaza, Tel. 831-375-1643, www.montereyhistory.org, tgl. außer Mi 10–17 Uhr, Erw. 5 $, Kin. bis 12 Jahre gratis).

Ursprünglich als Hotel erbaut, hatte das heutige **Stevenson House** 1878 einige Monate lang mit dem schottischen Schriftsteller Robert Louis Stevenson einen äußerst prominenten Gast. Auf einer Reise durch Frankreich hatte der Autor der »Schatzinsel« zwei Jahre zuvor Fanny Osbourne kennengelernt, in die er sich Hals über Kopf verliebte, obwohl sie verheiratet war. Er folgte der Angebeteten in ihre Heimat nach Kalifornien und heiratete sie nach ihrer Scheidung 1880. Das Anwesen beherbergt ein kleines Stevenson-Museum, das sich weniger mit den kalifornischen Zeiten des Schriftstellers als vielmehr mit seinen letzten Jahren auf der Insel Samoa befasst.

i **Monterey County Convention & Visitors Bureau:** 150 Olivier St., PO Box 1770, Monterey, CA 93942-1770, Tel. 831-649-1770, http://montereyinfo.org.

Old Monterey Inn: 500 Martin St., Tel. 831-375-8284, www.oldmontereyinn.com. Romantisches B & B in einem 1929 im Tudorstil erbauten, von einem Englischen

Exotisches Unterwasserleben im berühmten Monterey Bay Aquarium

Garten umgebenen Herrenhaus, stilvoll eingerichtete Zimmer mit eigenem Bad und offenem Kamin. DZ ab 250 $., inkl. Frühstück.
The Jabberwock: 598 Laine St., Tel. 831-372-4777, www.jabberwockinn.com. B & B mit 7 individuell eingerichteten Zimmern, 5 davon mit eigenem Bad, nur 4 Blocks von der Cannery Row entfernt und trotzdem ruhig, Highspeed-Internetanschluss, gutes Frühstück. DZ ab 169 $.
Bide-A-Wee Inn & Cottages: 221 Asilormar Ave., im Nachbarort Pacific Grove, Tel. 831-372-2330, www.bideaweemotel.com. Weiß getünchte Cottages auf einem bewaldeten Gelände mit einem oder zwei Schlafräumen, zum Teil mit Küche. Cottage ab 69 $.
Cypress Tree Inn RV: 2227 N. Fremont St., Tel. 831-372-7586, www.cypresstreeinn.com. Motel mit Wohnmobilstellplatz inklusive Strom, Duschen und Grillplatz.

Tarpy's Roadhouse: 2999 Monterey Salinas Hwy, Tel. 831-647-1444, www.tarpys.com, tgl. 11.30–22 Uhr. Familienrestaurant mit rustikalem Interieur. Kanadischer Lachs in Kräuterkruste mit Tomaten-Gurken-Chutney 20,20 $, Lamm in Burgundersauce 27,75 $. Hauptgerichte ab 15 $.
Joe Rombi's: 208 17th St., Pacific Grove, Tel. 831-373-2416, www.joerombi.com, Mi–So ab 17 Uhr, Mo/Di Ruhetage. Mit historischen Weinpostern dekoriertes Lokal, das hervorragende italienische Spezialitäten bietet, z. B. Linguine mit Gemüse 17,95 $, Auberginen mit Mozarella, Parmesan und Basilikum-Tomaten-Sauce 18,95 $; gut sortierte Weinkarte.

Old Monterey Market Place: Alvarado St., April–Okt. jeden Di 16–20 Uhr. Bauernmarkt mit frischen Produkten sowie Ständen mit Kunsthandwerk.
Del Monte Shopping Center: 1410 Del Monte Center, Tel. 831-373-2705, www.delmontecenter.com, Mo–Fr 10–21, Sa 10–19, So 11–17 Uhr. 85 Einzelhandelsgeschäfte und Boutiquen, Restaurants und Kinos.

Mucky Duck: 479 Alvarado St., Tel. 831-655-3031, www.muckyduckmonterey.com, tgl. 11.30–2 Uhr. Restaurant mit populärer Single Bar und riesiger Bierauswahl, Do–Sa Tanz zur DJ-Musik, Mo–Fr Happy Hour.

Third Thursday
Jeden 3. Do im Monat können Besucher zeitgenössische Kunst und Fotografien des Monterey Museum of Art kostenlos besichtigen und werden zudem mit Wein und Häppchen bewirtet (559 Pacific St., Tel. 831-372-5477, www.montereyart.org, 15–19 Uhr).

Red, White & a Little Blues Festival (Mitte Juni): Musikveranstaltung mit unterschiedlichen Bands (www.oldmonterey.org/RWB_festival.htm).
Annual Old Monterey Seafood & Music Festival (Ende Sept./Anfang Okt.): Seafood, kunsthandwerkliche Ausstellungen, Musik.

Walbeobachtung: Monterey Bay Whale Watch, 84 Fisherman's Wharf, Tel. 831-375-4658, www.montereybaywhalewatch.com. Von Meeresbiologen kommentierte, ganzjährig unternommene 4- bis 5-stündige Touren mit Chancen, Delfine, Grauwale, Zwergwale, Schwertwale, Buckelwale und Blauwale zu sehen. Vormittagstouren im Sommer, Erw. 45 $, Kin. bis 12 Jahren 35 $.

Waterfront Area Visitor Express (WAVE), kostenloser Pendelbus zwischen Downtown Monterey und Pacific Grove mit Stopps an Hotels und Sehenswürdigkeiten (Ende Mai–Anfang Sept. 9–18 Uhr, alle 10–12 Min., Monterey Salinas Transit, Tel. 831-899-2555, www.mst.org).

Carmel

Reiseatlas: S. 3, B 2
Das nicht einmal 5000 Einwohner große Städtchen lässt sich gerne als Künstler- und Bohemekolonie bezeichnen und hat in der Vergangenheit außergewöhnliche Schritte unter-

Idyllische Mission San Carlos Borromeo de Carmelo im Küstenstädtchen Carmel

nommen, um diesen Ruf aufzupolieren. So gelten in der Gemeinde Vorschriften, die etwa Neonreklamen vor Geschäften, die Straßenbeleuchtung in den Wohngebieten, sichtbare Hausnummern und die in Amerika sonst üblichen Briefkästen vor Häusern verbieten, um das Ortsbild nicht zu verschandeln. Das Flair des Besonderen umwehte die Stadt auch, als Westernstar Clint Eastwood der Stadt von 1986 bis 1988 als Bürgermeister vorstand.

Mission San Carlos Borromeo

Historischer Kern der Gemeinde ist die wunderschöne **Mission San Carlos Borromeo de Carmelo,** die 1771 von Monterey an diese Stelle verlegt wurde. Mitten in einem Wohngebiet gelegen, sieht das historische Anwesen aus wie ein im ausgehenden 18. Jh. vergessenes Stückchen Land. Im Garten ranken sich u. a. blühende Rosenbüsche und Bougainvillea-Sträucher in kräftigen Farben die Mauern hinauf. Der Haupteingang der Basilika mit seinem neobarocken Dekor wird durch ein sternförmiges Fenster geschmückt, und der angebaute Turm besitzt einen fast orientalisch anmutenden Aufsatz. Im Innern der Mora Chapel, wo selbst im heißesten Hochsommer angenehme Kühle herrscht, er-

innert ein Sarkophag mit den sterblichen Überresten des Franziskanerpaters Junipero Serra an den Gründer der ersten spanischen Missionen im Lande (3080 Rio Rd., Tel. 831-624-1271, www.carmelmission.org, Mo–Sa 9.30–17, So 10.30–17 Uhr, Erw. 5 $, Kin. unter 17 Jahren 1 $).

Point Lobos

Reiseatlas: S. 3, B 2

Punta de los Lobos (Platz der Seewölfe) nannten die Spanier die Halbinsel südlich der Bucht von Carmel. Davon leitet sich der heutige Name **Point Lobos** für ein Juwel unter den kalifornischen Naturschutzgebieten ab. Nirgends gibt es noch so viele Monterey-Zypressen wie an dieser wilden Küste mit kleinen Buchten, in denen der Blick durch das grünblaue Wasser bis auf den Meeresboden reicht. An senkrechten Klippen vorbei führen Wanderwege zu atemberaubenden Aussichtspunkten, von denen aus man Seelöwen und Robben beobachten kann. 1960 entstand vor der Halbinsel in einem 300 Hektar großen Areal das erste Unterwasserschutzgebiet der USA, das sich auch der Wiederansiedlung von Seeottern widmete. Im vergangenen Jahrhundert noch vom Aussterben bedroht, gibt es heute an der kalifornischen Küste wieder etwa 2500 dieser niedlichen Pelzknäuel (Hwy 1, Tel. 831-624-4909, www.parks.ca.gov, ab 9 Uhr, pro Pkw 8 $).

Big Sur

Reiseatlas: S. 3, B 2

Point Lobos gibt einen Vorgeschmack auf den im Süden folgenden 90 Meilen langen Küstenabschnitt Big Sur, der in San Simeon endet. Esselen-Indianer lebten vermutlich schon seit Jahrtausenden an diesem Pazifiksaum, bevor die ersten Europäer die vom Meer zerklüfteten Klippen und die sandigen Buchten zu sehen bekamen. Erst um die Mitte des 19. Jh. ließen sich dort die ersten Einwanderer nieder, gefolgt von Holzfällertrupps und Viehzüchtern, die sich weiter landeinwärts ihre Camps und Ranches aufbauten. Danach dauerte es fast nochmals ein Jahrhundert, ehe 1937 der legendäre Highway No. 1 fertiggestellt war.

Trotzdem blieb Big Sur ein isolierter Landstrich. Selbst heute zählt der gesamte Küstenstreifen zwischen Point Lobos und San Simeon kaum mehr als 2000 Einwohner, und nur vereinzelt tauchen am Highway No. 1, der wie eine zweispurige Achterbahn aus Asphalt zwischen den Santa Lucia Mountains und dem Pazifik nach Süden mäandert, Zeichen menschlicher Zivilisation auf wie die fotogene, 86 m hohe Bixby Creek Bridge, der Leuchtturm von Point Sur (3-stündige Füh-

Big Sur: legendärer Spot an der südkalifornischen Küste

rungen auch durch die reizvolle Umgebung des Küstenfleckens Mi, Do, Sa/So, Tel. 831-625-4419, www.parks.ca.gov, Anmeldung empfehlenswert) oder das in den Wäldern versteckte Dorf Big Sur, wo drakonische Vorschriften Hand in Hand mit gesalzenen Hotelpreisen den Bau- und Touristenboom bremsen. So blieb Big Sur im Großen und Ganzen eine unverfälschte Naturlandschaft. Vereinzelte Weiler wie Nepenthe, wo der Schriftsteller Henry Miller 18 Jahre lang lebte, fallen als Zivilisationsinseln kaum ins Gewicht. Dafür demonstriert die Natur majestätische Schönheit, etwa im **Pfeiffer Big Sur State Park,** von der Küste ca. eine Meile landeinwärts in einem schattigen Canyon gelegen. Der Big Sur River mit von Zedern, Eichen und Weiden bestandenen Ufern, die 20 m hohen Pfeiffer Falls, lauschige Wanderwege und die Big Sur Lodge laden dort zu einer Fahrpause ein.

i **Big Sur Chamber of Commerce:** P. O. Box 87, Big Sur, CA 93920, Tel. 831-667-2100, www.bigsurcalifornia.org.

Ventana Inn & Spa: Highway No. 1, Tel. 831-667-2331, www.ventanainn.com. Das Resort-Hotel mit 62 in luxuriös ausgestatteten Holzhäusern untergebrachten Zimmern und Suiten rangiert unter den 500 besten Hotels der Welt. Der Blick ins Gästebuch mit Einträgen vieler Stars ist beeindruckend. Der Wellnessbereich mit beheizten Pools, heißen Bädern und Sauna lässt keine Wünsche offen. Das Hotel wurde nach einem Brand komplett renoviert. DZ Nebensaison ab 390 $, sonst ab 460 $.

Big Sur Lodge: 47225 Highway No. 1, Tel. 831-667-3100, www.bigsurlodge.com. Zimmer in einfachen Cottages zum Teil mit Küche und offenem Kamin; der Außenpool ist in der kühleren Jahreszeit beheizt. Auf Telefon, TV und Klimaanlage wird bewusst verzichtet. DZ im Hochsommer ab 199 $, im Winter DZ ab 149 $.

Sierra Mar Restaurant: Post Ranch Inn, Hwy 1, Tel. 831-667-2800, www.postranchinn.com, tgl. 8–22.30 Uhr. Die kalifornisch, französisch und mediterran inspirierte Küche zählt zu den besten im Golden State. Tgl. wechselndes Probiermenü 100 $.
Restaurant Cielo: im Ventana Inn (s. o.), tgl. Lunch und Dinner. Spezialität des Hauses sind auf Eichenholz gegrillte Fleischspeisen. Obst und Gemüse stammen aus organischem Anbau. Neueröffnung nach einem Brand im April 2009. Hauptgerichte ab 35 $.

3 Hearst Castle

Reiseatlas: S. 3, C 3
Mit dem zu Stein erstarrten Traum eines Millionärs endet die Steilküste von Big Sur in San Simeon. Hoch in der westlichen Flanke der Santa Lucia Range thront das 165 Räume große Hearst Castle in einer gut 50 Hektar großen Parkanlage. Der kalifornische Zeitungskönig William Randolph Hearst, von seinem Vater mit einem riesigen Vermögen ausgestattet, beauftragte 1919 die Architektin Julia Morgan, auf einer Anhöhe einen bescheidenen Landsitz zu bauen. Über die Jahre uferten die Baupläne unter dem Einfluss des Bauherrn immer weiter aus, sodass schließlich ein im Westen der USA einmaliger fürstlicher Palast entstand. Nach dem Tod von Hearst vermachte die Familie den Besitz dem Staat, behielt aber im Umkreis etwa 32 000 Hektar Land. Am Hwy 1 ließ der National Park Service, der die Residenz verwaltet, eine Empfangsanlage für Hunderttausende Besucher bauen, die dem steinernen Vermächtnis von William Hearst alljährlich ihre Aufwartung machen.

Hearst kam 1863 in San Francisco als Sohn des schwerreichen Senators George Hearst zur Welt. Während ihn die Mutter im Geiste von Kunst und Kultur erzog, vererbte ihm der Vater ein rücksichtsloses Streben nach Macht und Geld. Von der Harvard-Universität abgewiesen, bekam er im Alter von 24 Jahren von seinem Vater die Zeitung San Francisco Examiner geschenkt, mit der er eine legendäre Pressekarriere startete. Die Medienmacht seiner Zeitung resultierte nicht zuletzt aus der Veröffentlichung von Sensationsnachrichten, die ihn zu einem Begründer der Boulevardpresse machten. Zumindest in der Anfangszeit schrieb er Sex-&-Crime-Geschichten selbst und machte sich zum Anwalt von Amerikas schweigender Mehrheit. Auf dem Höhepunkt seiner Karriere herrschte er über fast 40 000 Beschäftigte in 26 Zeitungen, 16 Zeitschriften, einem Dutzend Radiostationen, 5 Nachrichtenagenturen und einer Filmgesellschaft. 1902 wurde er für zwei Amtsperioden ins US-Repräsentantenhaus gewählt, scheiterte aber danach zweimal als unabhängiger Kandidat im Kampf um das Amt des US-Präsidenten. 1912 zog er sich aus der aktiven Politik zurück.

Hearst ließ von Julia Morgan eine Palastanlage entwerfen, die aus einer kathedralenähnlichen Casa Grande und umliegenden kleineren Villen für Gäste besteht. An Bau- und Kunststilen ist so ziemlich alles vertreten, was jemals als Architektur oder Dekor bezeichnet wurde – von byzantinischen Elementen über Nachbildungen griechischer und römischer Götter bis zu neogotischen Gebäudeteilen. Ein fantastisches Bild gibt der von antiken Tempelfassaden und Skulpturen eingefasste Swimmingpool in der sonnenverbrannten Berglandschaft ab. Die Ehefrau von Hearst wohnte nie im Schloss, da der Hausherr sein Leben lieber mit der Schauspielerin Marion Davies teilte. 1951 starb er in Beverly Hills (750 Hearst Castle Rd., San Simeon, Tel. 916-414-8400, Anschluss 4100, oder 1-800-444-4445, www.hearstcastle.com, unterschiedliche Thementouren, Erw. 24–30 $, Kin. 6–17 Jahre 12–15 $).

San Luis Obispo

Reiseatlas: S. 3, C 4
Den Grundstein der Stadt legten spanische Franziskaner 1772 mit der Gründung der **Mission San Luis Obispo de Tolosa**. Danach vergingen Jahrzehnte, ehe der Anschluss an die Southern Pacific Railroad

Prächtige Außenanlage des Hearst Castle am Küstenhighway No. 1 bei San Simeon

1894 den Beginn der modernen Entwicklung markierte. Die heute als Pfarrkirche genutzte Mission aus Adobeziegeln sieht nach ihrer Restaurierung mit Holzdecke und Empore so aus wie zu Beginn des 19. Jh. Die Ölgemälde stammen aus der peruanischen Hauptstadt Lima. Vor der Kirche dehnt sich die schattige Mission Plaza aus, wo zwei Bronzeskulpturen, ein kleines Mädchen und ein Grizzlybär, einen Brunnen schmücken, ein Hinweis darauf, dass die Region früher Bärengebiet war. Im Garten ist ein rekonstruierter Lehmofen zu sehen, wie ihn die Chumash-Indianer benutzten (751 Palm St., Tel. 805-781-8214, www.missionsanluisobispo.org, tgl. 9–17 Uhr).

Vom Highway 101 kann man am südlichen Stadtrand einen Blick auf eines der bekanntesten Hotels im Staat erhaschen. Äußerlich ähnelt das **Madonna Inn** einer Mischung aus viktorianischem Stil und Fred-Feuerstein-Architektur. Durch die Hotellobby gelangt man in den Gold Rush Dining Room, eine wahre Orgie in Pink und Samt. Goldene Halter mit elektrischen Kerzen recken sich wie Äste künstlicher Bäume an die rosa Decke. Einmaligkeit beansprucht das Motel aber hauptsächlich wegen seiner Gästezimmer. Keines ähnelt dem anderen. Jeder Übernachtungsgast hat Anspruch auf ein eigenes Thema. Man hat die Qual der Wahl etwa zwischen einem Höhlendesign mit Wänden aus braunen, grob behauenen Felsplatten und dem Zuckerbäckerstil der Österreichischen Suite. Andere Quartiere präsentieren sich im Safari- bzw. Westernlook oder verwöhnen die Gäste mit hawaiianischen Themen. Wieder andere verschaffen mit Wasserfällen Abkühlung oder gaukeln europäisches Barock vor (100 Madonna Rd., Tel. 805-543-3000, www.madon nainn.com, DZ in der Nebensaison ab 179 $, unbedingt rechtzeitig reservieren).

Das Salinas Valley

Reiseatlas: S. 3, B 2–C 4

Parallel zur Küste von Big Sur verläuft weiter landeinwärts zwischen Salinas im Norden und San Luis Obispo im Süden mit dem Salinas Valley die Heimat von John Steinbeck, der dem Provinztal in seinem Gesamtwerk ein literarisches Denkmal setzte. Der Schriftsteller kam 1902 im 80 000 Einwohner großen Agrarzentrum **Salinas** zur Welt, das sich mit seinem berühmten Sohn wegen dessen Kritik an den gesellschaftlichen Zuständen in den USA, wie etwa in seinem 1939 veröffentlichten Roman »Die Früchte des Zorns«, schwer tat. Erst 30 Jahre nach seinem Tod widmeten die Stadtväter dem Pulitzerpreisträger 1998 mit dem **National Steinbeck Center** eine Stätte, die Leben und Werk würdigt (1 Main St., Tel. 831-775-4721, www.steinbeck.org, tgl. 10–17 Uhr, Erw. 10,95 $, Jugendl. 13–17 Jahre 7,95 $). Sein viktorianisches **Geburtshaus** wird seit Jahren von einer gemeinnützigen Organisation als Restaurant betrieben (132 Central Ave., Tel. 831-424-2735, www.steinbeckhouse.com, tgl. 11.30–14 Uhr, wöchentlich wechselndes Menü ab 12 $).

Salinas bildet das nördliche Tor zum Salinas Valley, ein hauptsächlich agrarisch geprägtes Tal. Ein anderes prägnantes Kennzeichen sind vier historische Missionsstationen, die an die spanisch-mexikanische Kolonialzeit erinnern (www.californiamissions.com). 1797 entstand beim gleichnamigen Ort die **Mission San Juan Bautista,** auf der Alfred Hitchcock 1958 einige Schlüsselszenen des Thrillers »Vertigo« mit James Stewart und Kim Novak drehte. Durch technische Tricks wurde der Missionskomplex damals aber so verändert, dass sich kein Déjà-vu-Erlebnis einstellt. Schon sechs Jahre zuvor war die **Mission Nuestra Señora de la Soledad** bei der Ortschaft Soledad entstanden, die 1831 einstürzte und zum Teil wieder aufgebaut wurde. Älteste Mission im Salinas Valley ist **San Antonio de Padua** aus dem Jahr 1771 südwestlich von King City, die ihr historisches Flair und ihre Abgelegenheit am stärksten zur Geltung bringt. In den Weinanbaugebieten um das 16 000 Einwohner große Städtchen Paso Robles versteckt sich die **Mission San Miguel Arcangel** mit einer gut erhaltenen Kirche. Deren alte Fresken aus pflanzlichen und mineralischen Farben stammen von Indianern, die der spanische Künstler Esteban Munras anleitete. Neben der Kirche dehnt sich ein idyllischer Garten mit Palmen, Kakteen und Bougainvillea-Sträuchern um einen achteckigen Brunnen aus. In San Luis Obispo, wo der Highway 101 auf die Küstenstraße 1 trifft, endet das Salinas Valley.

Solvang

Reiseatlas: S. 9, B 1
Ein gutes Jahrhundert, nachdem die Spanier die **Mission Santa Ynez** aufgebaut hatten, gründeten in der Nähe dänischstämmige Lehrer aus Minnesota ein Dorf mit Schule. Daraus entwickelte sich mit Solvang eine Gemeinde, die ihren Skandinavien-Look touristisch erfolgreich vermarktet. Häuschen im Pseudo-Fachwerkstil, schindelgedeckte Giebel, Windmühlenattrappen und andere nordeuropäische Accessoires prägen das Straßenbild so konsequent, dass man sich wundern muss, warum an den Ortseingängen noch kein Eintritt zur Touristenerbauung erhoben wird.

Seit Robert Redfords 1998 in die Kinos gekommenem Film »Der Pferdeflüsterer« wurde Solvang zum Wallfahrtsort für Pferdeliebhaber und Pferdezüchter. Auf den **Flag Is Up Farms** baute der richtige Pferdeflüsterer Monty Roberts schon vor Jahren ein Trainings- und Zuchtzentrum für Rennpferde auf. Der ehemalige Rodeoreiter wurde durch seinen besonderen Umgang mit traumatisierten Pferden und seine Methode des gewaltfreien Pferdetrainings weltbekannt (901 East Hwy 246, Tel. 805-688-6288, www.montyroberts.com, tgl. 9–17 Uhr, Besichtigung gratis).

Santa Barbara

Reiseatlas: S. 9, B 1
Weiße Stuckfassaden, rote Ziegeldächer, von schmiedeeisernen Balustraden umgebene Balkone und Bananenstauden, die ihre Riesenblätter über Adobemauern hängen, verleihen der 88 000 Einwohner großen Küstenstadt mediterranes Flair. Im Zentrum sind die Straßenzüge zwar im Schachbrettmuster angelegt. Aber hie und da öffnen sich Passagen

und schmale Gassen, die in blumengeschmückte Innenhöfe mit Wasserspielen oder offene Shopping-Zentren mit Straßencafés führen. Ein Auto ist in Santa Barbara eher hinderlich, weil man es ohnehin kaum irgendwo preiswert abstellen kann.

Der spanische Baustil war in der Stadt durch die zwischen 1786 und 1820 fertiggestellte **Mission Santa Barbara** vorgegeben. Zu Beginn des 19. Jh. erhielt sie den Status einer kalifornischen Muttermission und wird ihrem Beinamen »Königin der Missionen« durch wohlproportionierte, harmonische Architektur gerecht, die sie zusammen mit der prachtvollen Lage auf einer Anhöhe über der Stadt zu einer der schönsten Missionsanlagen im Lande macht. Die aus hellen Sandsteinblöcken gemauerten Doppeltürme der Kirche wirken durch zweigeschossige Arkaden besonders leicht und dekorativ (2201 Laguna St., Tel. 805-682-4149, www.sbmission.org, tgl. 9–17 Uhr).

Zu Fuß durchs Zentrum

Das Stadtzentrum lernt man am besten auf eigene Faust auf der **Red Tile Walking Tour** kennen. An diesem Weg durch den zwölf Straßenblocks umfassenden Kern von Santa Barbara liegen zahlreiche Sehenswürdigkeiten wie das **Santa Barbara County Courthouse**, wo die Fußtour beginnt und wo man einen Stadtplan mit der Route bekommt. Wären seine Ausmaße nicht monumental, könnte man den Prachtbau für eine noble mexikanische Hazienda halten, die mit U-förmigen Gebäudetrakten einen Innenhof mit Grünanlagen umschließt. Der lokale Künstler Dan Sayre Groesbeck hielt auf dem ersten Obergeschoss in dramatischen Wandbildern Szenen aus der wechselvollen Geschichte Kaliforniens fest. Der Blick vom 30 m hohen El-Mirado-Glockenturm zeigt das Verwaltungsgebäude selbst und die Stadt von ihrer schönsten Seite (1100 Anacapa St., Tel. 805-962-6464, Mo–Fr 8–17, Sa/So 9–17 Uhr, Führungen Mo–Sa 14 und Mo, Di und Fr 10.30 Uhr).

Vier Jahre vor der Mission gründeten die Spanier mit **El Presidio de Santa Barbara** die letzte von insgesamt vier Befestigungsanlagen, von denen Missionare und Siedler vor Indianern und fremden Invasoren geschützt werden sollten. Das quadratische Presidio bestand aus mit Adobeziegeln gemauerten Gebäuden, die einen Exerzierplatz umschlossen. Davon sind nur noch mit El Cuartel ein ehemaliges Wohnquartier und mit Presidio Chapel Santa Barbaras älteste Kirche erhalten (123 East Canon Perdido St., Tel. 805-966-9719, www.sbthp.org, tgl. 10.30–16.30, 4 $).

Neben der historischen **Casa de la Guerra** von 1827, in der eine kleine Ausstellung über die damalige Zeit zu sehen ist, liegt an der Fußtour auch **El Paseo** von 1924 mit Geschäften und Boutiquen im Pueblostil, die wie in einem malerischen mexikanischen Dorf durch kleine Plätze und blumengeschmückte Passagen miteinander verbunden sind. Nur Schritte entfernt dokumentiert das **Santa Barbara Historical Museum** das reiche künstlerische und kulturelle Erbe der Stadt mit indianischem Kunstgewerbe, mit Fotografien, Mobiliar und Textilien zum Teil aus dem 15. Jh. Zum Museum gehört das 14 Zimmer große viktorianische Fernald Mansion aus den 1860er-Jahren (136 East de la Guerra St., Tel. 805-966-1601, www.santabarbaramuseum.com, Di–Sa 10–17, So 12–17 Uhr, Eintritt frei). Im **Santa Barbara Museum of Art** sind u. a. Werke von Georgia O'Keefe, Thomas Eakins, John Singer Sargent und Edward Hopper zu sehen (1130 State St., Tel. 805-963-4364, www.sbmuseart.org, Di–So 11–17 Uhr, Erw. 9 $, Kin. 6–17 Jahre 6 $, So Eintritt frei).

Promenade im Meer

Ein Brunnen mit drei Delfinskulpturen markiert am Fuß der State Street den Zugang zur auf Holzpfählen stehenden **Stearns Wharf,** die gut 800 m ins Meer hinausragt. Im Jahre 1872 erbaut, gingen an ihr früher Frachter und Passagierschiffe vor Anker. In den 1930er-Jahren stellten Wassertaxis und kleine Fähren die Verbindung zu schwimmenden Kasinopalästen vor der Küste her. Heute machen Geschäfte, Imbisse, Restaurants, Anglerstege und das **Ty Warner Sea Center** mit Ausstellungen zum kalifornischen Meeresleben den Pier zur Flaniermeile für jährlich fünf Millionen Besucher. Der Blick vom äußersten Ende auf die Stadt und die hinter ihr wie die Ränge eines Amphitheaters ansteigenden Berge ist eine Augenweide.

Santa Barbara Visitor Information Center: 1 Garden St., Santa Barbara, CA 93101, Tel. 805-965-3021, www.sbchamber.org; www.santabarbaraca.com.

Cheshire Cat Inn: 36 W. Valerio St., Tel. 805-569-1610, www.cheshirecat.com. In einem Garten gelegenes gepflegtes Anwesen im viktorianischen Queen-Anne-Stil mit sonnigen Zimmern und drei Cottages mit Dielenfußböden und orientalischen Teppichen, manche mit Balkon, offenem Kamin und Jacuzzi. Alle Unterkünfte besitzen ein eigenes Bad und Telefon. DZ 189–289 $.
Bath Street Inn: 720 Bath St., Tel. 805-682-9680, www.bathstreetinn.com. B & B mit einem viktorianischen Haus vom Ende des 19. Jh. und einem neueren Gebäude. Gäste logieren zwischen Blümchentapeten, antikem Mobiliar und hübschen Dekorationen. Den Tag beginnt man mit einem üppigen Frühstück. DZ 131–280 $.
Sandman Inn: 3714 State St., Tel. 805-687-2468, www.thesandmaninn.com. Motelkomplex mit 113 komfortablen Zimmern bzw. Suiten zum Teil mit Küche und Spa. Im mit Palmen bestandenen Garten liegen zwei schöne Außenpools. DZ ab 139 $.
Santa Barbara Tourist Hostel: 134 Chapala St., Tel. 805-963-0154, www.sbhostel.com. Budget-Unterkunft in Strandnähe mit Küchen- und Waschmaschinenbenutzung, Internetzugang, Radverleih. Zimmer ab 59 $, Schlafsaal ab 20 $/Bett, inkl. Frühstück.
Santa Barbara Sunrise R.V. Park: 516 S. Salinas St., Tel. 805-966-9954. Ca. 1 km vom Strand entfernter Platz mit Duschen und Picknicktischen.

Bouchon: 9 W. Victoria St., Tel. 805-730-1160, www.bouchonsantabarbara.com, tgl. ab 17.30 Uhr. Hoch gelobtes

Santa Barbaras hölzerner Stearns Wharf ist eine beliebte Promenade

französisches Restaurant mit exzellenter Küche und perfektem Service. In Blutorangen marinierter Lammrücken 32 $; in Tomaten und Thymian geschmorte Hähnchenbrust 24 $. Die Weinauswahl kann sich sehen lassen.

Brummis: 3130 State St., Tel. 805-687-5916, www.brummis-restaurant.com, Mo–Sa 17–21 Uhr. Kein Fernfahrertreff, sondern ein einfaches, aber gutes Familienlokal. Kartoffelsalat, Schweinebraten mit Soße, Rindsrouladen mit Klößen oder Spätzle, Jägerschnitzel oder Kartoffelpuffer: alles, was die gutbürgerliche deutsche Küche an Deftigem anbietet. 10–20 $.

Palace Grill: 8 E. Cota St., Tel. 805-963-5000, www.palacegrill.com, tgl. 11–15 und 17.30–22, Sa/So bis 23 Uhr. Typische Louisiana-Küche mit kreolischen Spezialitäten und Cajun-Gerichten wie sehr scharf gebratener und gewürzter Fisch *(blackened fish)*. Hauptgerichte 10–20 $.

Fishermen's Market: Santa Barbara Harbor, Sa ab 7.30 Uhr. Bauernmarkt mit erntefrischem Obst und Gemüse aus der Region; Kunstgewerbe und mexikanische Mariachi-Musik.

El Paseo Shopping Center: 812 State St. Erstes Einkaufszentrum Kaliforniens aus den 1920er-Jahren im mexikanischen Stil mit hübschen, kleinen Geschäften, verwinkelten Gassen und prächtigen Höfen.

Die kostenlose Wochenzeitung »Independent« (bei der Besucherinfo) ist eine verlässliche Quelle für alle Events in der Stadt.

Radverleih: Open Air Bicycles, 209 State St., Tel. 805-962-7000, http://openairbicycles.com; Big Gear Bike Gear, 324 State St., Tel. 805-962-5962, http://biggearbikegear.com.

Reiten/Ranchurlaub: Rancho Oso Guest Ranch & Stables, 3750 Paradise Rd., Tel. 805-683-5110, www.rancho-oso.com. Reitausflüge und übernachten, Cabins 89 $, in Planwagen auf Armeepritschen 59 $.

Walbeobachtung
An der Stadt schwimmen auf ihren jahreszeitlichen Wanderungen zwischen Dezember und März bis zu 28 000 Grauwale vorbei. Touren werden von zahlreichen Unternehmen angeboten: Captain Don's Whale Watching, 219 Stearn's Wharf, Tel. 805-969-5217, www.captdon.com, 4-stündige Touren, Erw. 75 $, Kin. bis 12 Jahre 40 $; Condor Cruises, 677 Miramonte Dr., Tel. 805-882-0088, www.condorcruises.com, 2,5-stündige Katamarantouren, Erw. 48 $, Kin. 28 $.

Bahn: Santa Barbara Rail Station, 209 State St., Tel. 805-963-7095, www.amtrak.com. Tgl. Verbindungen nach Los Angeles (Rückfahrkarte 34 $) und in die Bay Area.

Nahverkehr: Der State Street Shuttle verkehrt auf der State Street zwischen Sola St. und Waterfront und hält an jedem Straßenblock (10.15–18 Uhr, 0,25 $). Der Waterfront Shuttle pendelt im 30-Min.-Takt zwischen Hafen und Zoo (10–17.45 Uhr, 0,25 $).

Ventura

Reiseatlas: S. 9, C 2

Historischer Kern der 95 000 Einwohner großen Stadt ist die 1782 gegründete **San Buenaventura Mission,** die letzte von Junipero Serra persönlich aufgebaute Station am Camino Real. Die heutige massive Steinkirche entstand 1809, nachdem der Vorgängerbau ein Raub der Flammen geworden war. Wie einige andere Kirchen wurde auch diese im Innern von indianischen Malern mit Fresken ausgestattet. Ein übereifriger Pastor ließ das Interieur um die Jahrhundertwende weiß übertünchen. 1956 entschied man sich, den alten Innenschmuck wiederherzustellen. In einem kleinen Museum sind religiöse Gegenstände wie etwa eine hölzerne Missionsglocke und Gewänder ausgestellt (211 E. Main St., Tel. 805-643-4318, www.sanbuenaventuramission.org, Museum Mo–Fr 10–17, Sa 9–17, So 10–16 Uhr, 2 $).

4 Los Angeles

Citypläne
S. 166, 174

Manche geißeln den urbanen Moloch wegen des alltäglichen Verkehrsinfarktes, der Kriminalität und einer ständigen schwefelgelben Dunstglocke über dem Häuserteppich. Andere rühmen L. A. ob seiner kreativen, dynamischen und unkonventionellen Eigenschaften. Die Stadt entfacht keine Liebe auf den ersten Blick. Sympathien stellen sich erst ein, wenn sich klangvolle Namen wie Hollywood, Beverly Hills, Santa Monica und Venice mit facettenreichen Sehenswürdigkeiten füllen.

Downtown Los Angeles

Cityplan: S. 166/167, **Reiseatlas:** S. 10, D 2
Touristisch betrachtet ist Los Angeles ein riesiger Happen, der sich nur in kleineren Portionen konsumieren lässt. Das hat weniger mit der Zahl der Sehenswürdigkeiten als vielmehr mit ihrer Verteilung zu tun. Wer L. A. zu Fuß erkunden will, steht von vornherein auf verlorenem Posten. Von Downtown nach Hollywood sind es 10, nach Santa Monica 24, nach Venice Beach 26 und nach Disneyland in Anaheim 42 km. Touren zu Fuß bieten sich nur in einzelnen Stadtgebieten wie etwa im Pueblo um die Olvera Street, in Chinatown oder auf dem Hollywood Boulevard an.

El Pueblo

Für die lebenslustige Einstellung der Angelenos spricht, dass sie aus ihrem historischen Kern kein verstaubtes Openair-Museum, sondern ein lebhaftes Restaurant- und Kneipenviertel gemacht haben. Wo 1781 die ersten Siedler ihre Hütten bauten, nimmt **El Pueblo de Los Angeles** 1 ein 18 ha großes Areal um eine typisch mexikanische Plaza ein. Die Old Plaza Church geht auf das Jahr 1822 zurück und soll, wenn man der Legende glaubt, mit 7 Fässern Brandy bezahlt worden sein. Dreh- und Angelpunkt des historischen Zentrums ist die in den 1930er-Jahren durch Privatinitiative entstandene Olvera Street, eine von mexikanischen Läden, Restaurants und Verkaufsständen gesäumte Fußgängerzone, auf der es das ganze Jahr über hoch hergeht. Allabendlich lassen Mariachi-Gruppen und Stehgeiger, Bauchladenverkäufer und Folkloretänzerinnen zusammen mit von der Atmosphäre des Viertels begeisterten Touristen aus aller Welt ein äußerst lebendiges mexikanisches Straßenfest entstehen.

Die Stadtgeschichte kommt dabei nicht zu kurz. An der Fußgängerzone Olvera Street steht mit dem 1818 errichteten, 7 Zimmer großen **Avila Adobe** das vermutlich älteste Anwesen von Los Angeles, das im Innern aussieht wie das Zuhause einer Rancherfamilie vor über 150 Jahren (11 E. Olvera St., tgl. 9–17, im Winter 10–16 Uhr, Eintritt frei). Gegenüber befinden sich zwei weitere historische Häuser: Das Mitte des 19. Jh. aus gebrannten Ziegeln errichtete **Pelanconi House** beherbergt mit der Casa la Golondrina ein mexikanisches Restaurant (17 Olvera St., Tel. 213-628-4349, www.lagolondrina.com). Das viktorianische **Sepulveda House** von 1887 dient als Besucherzentrum und zeigt historische Ausstellungen (W. Olvera St., Tel. 213-680-2525, www.olvera-street.com, Videofilm über die Geschichte der Stadt, Mo–Sa 10–15 Uhr).

Chinatown

Vom mexikanischen Ambiente bis ins Reich der ›unlesbaren‹ Schriftzeichen sind es nur

Mit dem Autor unterwegs

Feiern auf Mexikanisch
Der **historische Stadtkern** von Los Angeles besteht aus zahlreichen historischen Gebäuden und überwiegend mexikanisch geprägten Läden, Kunstgewerbeständen und Restaurants, die sich für eine richtige *Fiesta Mexicana* bestens eignen (s. S. 164).

Ein Platz zum Verschnaufen
Wer beim Gang durch Downtown eine Pause einlegen und sich stärken will, hat dazu im **Grand Central Market** gute Gelegenheit. Dort herrscht nicht nur ein sehenswerter Einkaufstrubel, auch die kulinarischen Angebote können sich auch sehen lassen (s. S. 170).

Weltberühmtes Kinomekka
Der Name **Hollywood** steht für die größte und bekannteste Illusionsfabrik Amerikas. Nach Jahrzehnten der wirtschaftlichen Talfahrt und des Verfalls strebt der Stadtteil heute wieder alten Glanzzeiten entgegen, wie etwa der legendäre Hollywood Boulevard beweist (s. S.171 ff.).

Zweimal Getty
Aus der Kulturlandschaft der Stadt ragen das **Getty Center** und die **Getty Villa** mit ihren unschätzbaren Kunstwerken heraus. Beide Einrichtungen haben in jüngerer Vergangenheit dazu beigetragen, Los Angeles unter den US-Kulturmetropolen einen prominenten Platz zu sichern (s. S. 183).

Sparen mit dem »City Pass«
Der 59 $ teure »CityPass« macht den Eintritt zu zahlreichen Sehenswürdigkeiten, wo man ihn auch erhält, preisgünstiger. Er schließt außerdem eine Stadtrundfahrt ein (www.citypass.com). Die »See my LA Go Los Angeles Card« gewährt für zahlreiche Sehenswürdigkeiten bis zu 40 % Ermäßigung (je nach Geltungsdauer, Erw. 49–199 $, Kin. 3–12 Jahre 39–159 $, www.gocardusa.com).

wenige Schritte. Die nüchtern wirkende **Chinatown** 2 ist mit dem exotischen Pendant in San Francisco nicht zu vergleichen. Um den zentralen Sun-Yat-Sen-Platz liegen Dutzende asiatische Läden, Suppenküchen, Imbissbuden, Cafés und Restaurants, in denen schmackhafte Kost nach Originalrezepten nicht nur aus China, sondern auch aus anderen fernöstlichen Ländern angeboten wird (www.chinatownla.com).

Union Station
Im Umkreis von Spring und Hill Street entstand bis 1938 das heutige Viertel, nachdem der größte Teil der älteren Straßenzeilen abgerissen worden war, um dem Bau der **Union Station** 3 Platz zu machen. In der Architektur des heutigen Amtrak-Bahnhofs mit seinem großen Wartesaal und den Marmor- bzw. Terrakottaböden spiegeln sich der spanische Kolonial- sowie der in Kalifornien weit verbreitete Missionsstil wieder. Neues Leben hauchte der Bahnhofsgegend in den vergangenen Jahren der neue U-Bahnhof der roten Metrolinie ein.

City Hall
Südlich des Hollywood Freeway dient die 1928 im Art-déco-Stil erbaute 138 m hohe **City Hall** 4 als unübersehbarer Wegweiser ins Civic Center, den größten Verwaltungsbezirks Amerikas außerhalb von Washington D. C. Erst eine Volksabstimmung machte den 28 Stockwerke hohen Rathausturm mit Pyramidenspitze möglich, weil zur damaligen Zeit wegen der Erdbebengefahr nur maximal 13 Etagen hoch gebaut werden durfte. Vom Observation Deck reicht der Blick über den riesigen Stadtteppich bis ins Bergland (200 Spring Str., Tel. 213-485-2121, www.lacityhall.org, Mo–Fr 10–16 Uhr). Im Jahr 2005 wurde mit Antonio Villaraigosa der erste hispanische Bürgermeister seit 1872 an die Spitze der Stadt gewählt, deren Bevölkerung zu fast der Hälfte lateinamerikanischer Abstammung ist.

Downtown Los Angeles: Cityplan

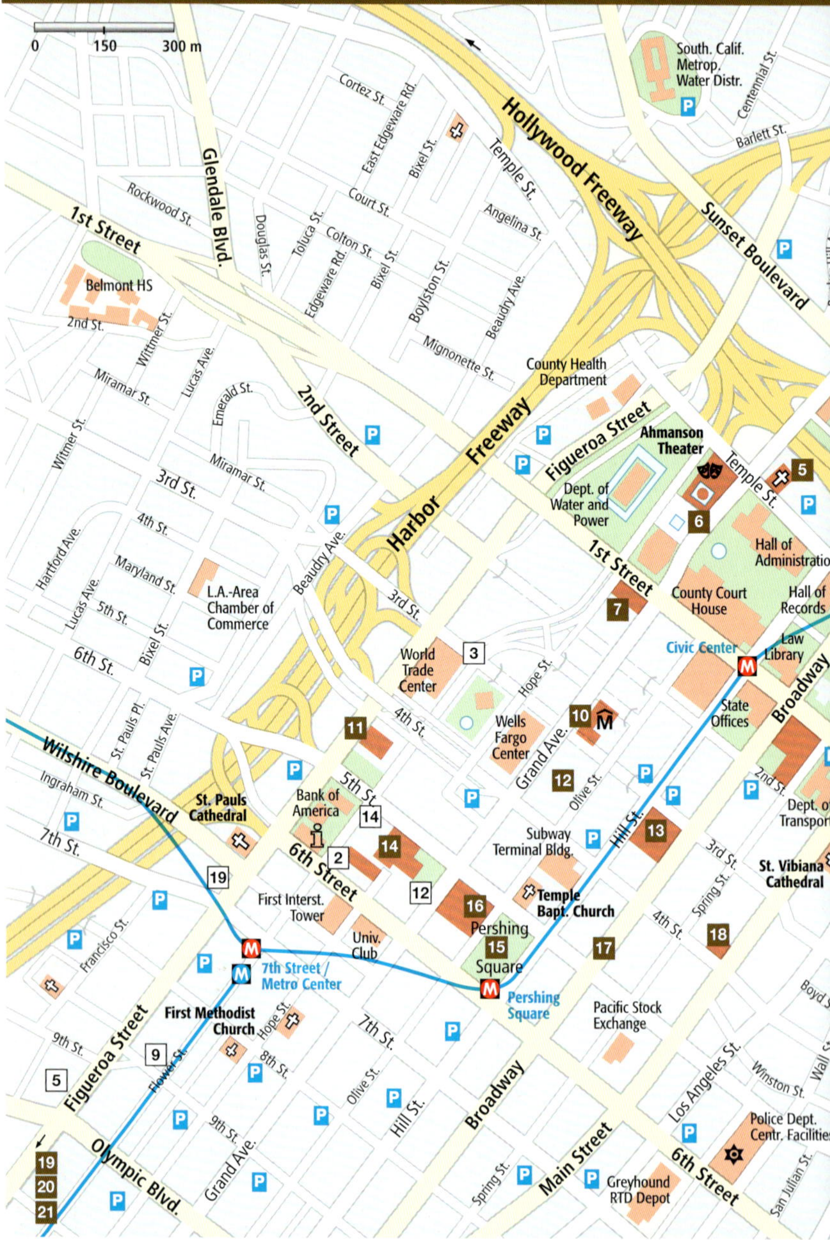

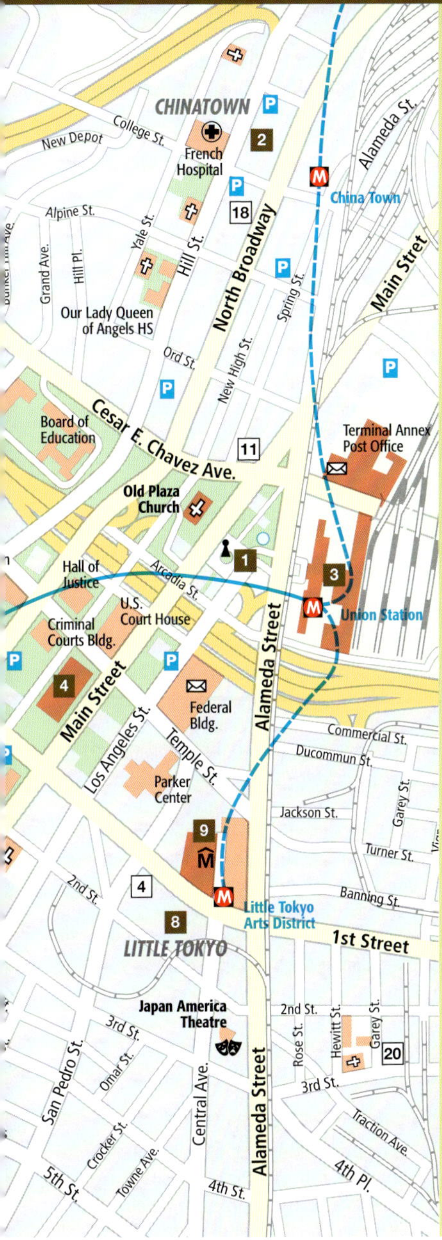

Sehenswürdigkeiten

1 El Pueblo de Los Angeles
2 Chinatown
3 Union Station
4 City Hall
5 Cathedral of Our Lady of the Angels
6 Music Center
7 Walt Disney Music Hall
8 Little Tokyo
9 MOCA at Geffen Contemporary
10 Museum of Contemporary Art (MOCA)
11 Westin Bonaventure Hotel
12 Angel's Flight
13 Grand Central Market
14 Central Library
15 Pershing Square
16 Millennium Biltmore Hotel
17 Broadway
18 Museum of Neon Art
19 Los Angeles Sports and Entertainment District
20 Staples Center
21 Exposition Park

Übernachten

1 s. S. 174/175
2 Standard Downtown
3 Marriott Downtown
4 Miyako Hotel
5 Figueroa Hotel
6–8 s. S. 174/175
9 Ritz Milner Hotel
10 s. S. 174/175
11 Days Inn Downtown

Essen und Trinken

12 Water Grill
13 s. S. 174/175
14 Café Pinot
15–17 s. S. 174/175
18 Yang Chow
19 Engine Co. No. 28
20 R-23

Our Lady of the Angels

Nachdem beim Erdbeben von 1994 die Kirche der größten katholischen Diözese in den USA beschädigt wurde, entstand bis 2002 die neue **Cathedral of Our Lady of the Angels** 5, die ebenso wie einige andere Bauwerke zur Wiederbelebung und kulturellen Aufwertung von Downtown beitragen. Mit einem herkömmlichen Sakralbau hat die 3000 Sitzplätze große Stahlbetonkonstruktion des spanischen Architekten José Rafael Moneo nichts gemein. Dass das Konzept der Gesamtanlage sich von üblichen Kirchenbauprojekten verabschieden wollte, zeigt auch der umgebende Garten mit einem Café (Grand & Temple St., Tel. 213-680-5200, www. olacathedral.org, tgl. 6.30–18 Uhr, Mi 12.45–13.15 Uhr kostenloses Orgelkonzert).

Music Center

In der Umgebung der City Hall werden nicht nur Aktenberge, sondern auch Partituren gewälzt. Die aus drei Auditorien bestehende Opern- und Theaterzitadelle **Music Center** 6 auf dem Bunker Hill entstand Mitte der 1960er-Jahre um eine weitläufige Plaza mit dem Peace-on-Earth-Brunnen des Bildhauers Jacques Lipchitz. Den **Dorothy Chandler Pavilion** teilt sich das Los Angeles Philharmonic Orchestra mit der Oper. Im 740 Plätze großen **Mark Taper Forum** kommen nicht nur konventionelle, sondern auch experimentelle Theaterproduktionen und Broadway-Stücke auf die Bühne, während das über 2000 Zuschauer fassende **Ahmanson Theater** auf Musicals und Konzerte spezialisiert ist (135 N. Grand Ave., Tel. 213-972-7211, www. musiccenter.org).

Walt Disney Music Hall

Jüngste Ergänzung der Kulturhochburg ist die **Walt Disney Music Hall** 7. Am Ende waren aus Privatspenden 270 Mio. Dollar zusammengekommen, 50 Mio. davon aus dem Vermögen der Witwe von Walt Disney. Stararchitekt Frank Gehry beschrieb das Design des futuristischen Bauwerks als eine sich öffnende Rose und als ein Schiff mit Spinnaker und Großsegeln. In Anbetracht der Kühnheit des Entwurfs kam es zu zahlreichen Auffahrunfällen vor dem Gebäude, was z. T. auch darauf zurückzuführen war, dass die schimmernden Stahlflügel der Halle die Sonne derart reflektierten, dass Autofahrer urplötzlich geblendet wurden. Eine nachträgliche Mattierung von Teilen der Fassaden löste das Problem. Das Auditorium wirkt wie eine in Terrassen angelegte Arena mit einer 6000 Pfeifen umfassenden riesigen Orgel, für welche die Einheimischen schnell einen volksnahen Namen parat hatten: Frittentüte (111 S. Grand Ave., Tel. 323-850-2000, www.laphil.org, Audiotouren an den meisten Tagen 10–14 Uhr, umsonst)

Little Tokyo

Das gesellschaftliche, wirtschaftliche, kulturelle und religiöse Zentrum der größten japanischen Gemeinde in den USA trägt den Namen **Little Tokyo** 8. Über 250 000 Menschen leben in den Straßenzügen südlich der First Street, wo sich die ersten Einwanderer aus dem Land der aufgehenden Sonne vor über einem Jahrhundert niederließen. Neben japanischen Restaurants, Geschäften und einem Theater gibt es in diesem Stadtteil ein **Japanese American Cultural and Community Center**, in dem hauptsächlich japanische und japanisch-amerikanische Kunst zu sehen ist (244 S. San Pedro St., Tel. 213-628-2725, www.jaccc.org, Di–Fr 10–17, Sa/So 11–16 Uhr). In einem neuen Gebäude des japanischen Architekten Gyo Obata befindet sich hinter gebogenen Glas- und Mauerfassaden das **Japanese American National Museum**. Sein Schwerpunkt liegt auf der Geschichte der aus Japan stammenden Amerikaner. Es thematisiert auch die Internierung von über 100 000 Menschen während des Zweiten Weltkriegs (369 E. First St., Tel. 213-625-0414, www.janm.org, Di–Mi und Fr–So 10–17, Do 10–20 Uhr, Erw. 8 $, Kin. 6–17 Jahre 4 $).

Financial District

Als das neue Museum of Contemporary Art gebaut wurde, lagerte das Haus einen Teil seiner Ausstellungen in eine umgebaute Polizeigarage aus. Auf viel Platz in Anspruch

Die Walt Disney Concert Hall verglich ihr Architekt mit einer sich öffnenden Rose

nehmende Kunstwerke spezialisiert, entwickelte sich aus dem Provisorium mittlerweile unter dem Namen **MOCA at Geffen Contemporary** 9 eine ständige Einrichtung (152 N. Central Ave.). Das aus zwei getrennten Trakten bestehende **Museum of Contemporary Art (MOCA)** 10, nach Plänen des japanischen Architekten Arata Isozaki aus roten Sandsteinquadern erbaut, zeigt eine ständige Sammlung mit Gemälden, Zeichnungen, Fotografien, Plastiken sowie Multimediawerken amerikanischer und internationaler Künstler seit den 1940er-Jahren sowie wechselnde Sonderausstellungen, die häufig einzelnen Künstlern gewidmet sind (250 S. Grand Ave., für beide Museen Tel. 213-621-1741, www. moca.org, Mo, Fr 11–17, Do 11–20, ab 17 Uhr Eintritt frei, Sa, So 11–18 Uhr, Di/Mi Ruhetag, 10 $, Kin. bis 12 Jahre Eintritt frei).

An Zahl und Höhe der Wolkenkratzer bzw. der dort konzentrierten Finanzkraft gemessen, bildet der Financial District das eigentliche Stadtzentrum von Los Angeles. Die Stein-, Glas- und Aluminiumriesen des Wells Fargo Center, des Hope Building, die Giganten um die California Plaza und weiter südlich um das 310 m hohe First Interstate World Center lassen auf der Straßenebene alles zur Miniaturlandschaft schrumpfen. Von ihrer extravaganten Seite zeigt sich die himmelstürmende Architektur am **Westin Bonaventure Hotel** 11. Bestehend aus fünf spiegelnden Glaszylindern gilt es in Downtown seit 1976 als bauliches Wahrzeichen, aber auch als attraktive Filmkulisse. Neben Szenen für »Rain Man« mit Dustin Hoffman und Tom Cruise wurden dort neben vielen weiteren Leinwanderfolgen auch die Thriller »Die zweite Chance« mit Clint Eastwood und John Malkovich und »Gegen die Zeit« mit Johnny Depp gedreht (404 S. Figueroa St., www.starwood hotels.com).

Der Financial District frönt nicht nur futuristischer Monumentalarchitektur. In den vergangenen Jahren unternahmen die Stadtplaner auch Anstrengungen, ältere Strukturen zu bewahren bzw. wiederherzustellen, wie etwa den rollenden Oldtimer **Angel's Flight** 12. Bis zur Stilllegung 1969 transportierte die auf Schienen fahrende Standseilbahn mit ihren beiden nach biblischen Bergen benannten

Waggons Olivet und Sinai Passagiere von der Hill Street den steilen Anstieg zur California Plaza hinauf. 1996 entschlossen sich die Stadtväter, die museale Bergbahn zu renovieren und u. a. als Touristenattraktion wieder einzusetzen. Nach einem Unfall im Jahr 2001 war die Neueröffnung für Ende 2008 geplant (351 S. Hill St.).

Die Talstation der Bahn liegt nur Schritte vom **Grand Central Market** 13 entfernt. Das nostalgische Flair des Gestrigen prägt die von 1917 stammende Halle, in der Tag für Tag Berge von Obst, Gemüse, Fleisch und Fisch den Besitzer wechseln. Seit den 1960er-Jahren verkaufen an den rund 50 fest installierten Ständen fast nur noch hispanische Händler ihre Waren. An Imbissbuden gibt es für wenig Geld frisch zubereitete Köstlichkeiten von einer Meeresfrüchtesuppe bis zu gebratenem Hähnchen und gegrilltem Fisch (317 S. Broadway, Tel. 213-624-2378, www.grandcentralsquare.com, tgl. 9–18 Uhr).

1986 durch einen Brand schwer beschädigt, wurde die **Central Library** 14 bis 1993 umfassend renoviert. Die auch hier kaum zur Verfügung stehenden öffentlichen Gelder resultierten z. T. aus dem Verkauf von ›Lichtrechten‹ an Investoren benachbarter Wolkenkratzer, die nun über ursprünglich limitierte Höhen hinaus bauen durften. Heute ist die Bibliothek mit ihren vielfältigen Architekturelementen von byzantinisch über Beaux-Arts bis Art-déco eine exotische Perle mitten im Hochhausdschungel. Die von Dean Cornwell stammenden Wandmalereien in der Rotunde zeigen Szenen aus der Geschichte Kaliforniens. Vor der Hauptfassade mühen sich die mediterran anmutenden **Bunker Hill Steps** an Wasserkaskaden und einer von Palmen bestandenen Parkanlage vorbei in kühnem Schwung bergan (630 W. 5th St., Tel. 213-228-7272, www.lapl.org, Mo–Do 10–20, Fr–Sa 10–18, So 13–17 Uhr).

Pershing Square und Biltmore

Noch vor einigen Jahren war der von Wolkenkratzern eingerahmte **Pershing Square** 15 ein wenig einladender Platz. Dann entschloss sich die Stadtverwaltung, das Areal mit Campanile, Beethovendenkmal, Brunnen, Amphitheater und öffentlicher Kunst u. a. der Kalifornierin Barbara McCarren in einen hübschen Park für sommerliche Jazz- und Popkonzerte zu verwandeln (532 S. Olive St.).

Seit Umbau und Erweiterung erstrahlt das 1923 im italienisch-spanischen Neorenaissancestil erbaute **Millennium Biltmore Hotel** 16 wieder im alten Glanz. Früher einmal eine der luxuriösesten und größten Nobelherbergen des Westens, zählt das grandios ausgestattete Biltmore mit 683 Gästezimmern bis heute zu den elegantesten Hotelpalästen der Stadt. Wer dort nicht absteigt, sollte zumindest einen Blick in den Rendezvous Court werfen, der mit Deckenmalereien und Terrakottaornamenten geschmückt ist. Im Gästebuch tauchen alle US-Präsidenten seit Harry Truman auf, aber auch Berühmtheiten wie Howard Hughes, John Wayne, Barbara Streisand und Nelson Mandela (506 S. Grand Ave., Tel. 213-624-1011, Fax 213-612-1545, www.millenniumhotels.com, DZ ab 225 $).

Der Broadway

Der **Broadway** 17 war in den 1930er-Jahren eine Bühne für die berühmtesten Filmpremieren Amerikas. Bereits 1918 hatte der Theaterbesitzer Sid Grauman mit dem »Million Dollar Theater« den ersten Kinopalast eröffnet (310 S. Broadway). Über ein Dutzend Lichtspieltheater und kleinere Bühnen machten den Straßenzug mit glanzvollen Uraufführungen zur bekanntesten Entertainmentmeile der Westküste. Das prunkvolle Los Angeles eröffnete 1931 mit einer Gala zu Ehren von Charlie Chaplins »Lichter der Großstadt« (615 S. Broadway), während im Loew's State Theater von 1921 normalerweise die von MGM gedrehten Filme vorgestellt wurden (703 S. Broadway). Viele historische Theaterpaläste sind heute geschlossen oder werden für andere Zwecke genutzt. Längst ist die ehemalige Theater- und Lichtspielstraße fest in der Hand der spanisch sprechenden Bevölkerung, die den Broadway in einen riesigen Discountbasar verwandelte. Mit knallbunter Neonkunst beschäftigt sich das **Museum of Neon Art** 18 (136 W. 4th St., Tel. 213-489-

9918 , www.neonmona.org, Do–Sa 12–19, So 12–17 Uhr, Erw. 7 $, unter 12. J. 3 $).

Im Süden von Downtown

Gegenwärtig wird am **Los Angeles Sports and Entertainment District** 19 gebaut, mit dem die Stadt diesem Teil von Downtown durch neue Apartments, Bars, Theater, Kinos, Restaurants und ein Hotel mit über 1000 Zimmern ein neues Gesicht geben möchte. Mit Investitionen in Höhe von ca. 1 Mrd. Dollar soll hauptsächlich die Rolle der Stadt als Kongresszentrum gestärkt werden. Fertig ist bereits das **Nokia Theatre,** in dem große Konzerte und andere Veranstaltungen stattfinden.

Im **Staples Center** 20 sind die beiden NBA-Basketballklubs Los Angeles Lakers und Los Angeles Clippers sowie der NHL-Eishockeyklub Los Angeles Kings zu Hause. Die Los Angeles Lakers gehören zu den erfolgreichsten Teams der Liga und gewannen bis 2002 drei Titel in Folge. Die 20 000 Zuschauer fassende Arena bietet aber nicht nur Sportbegeisterten Platz, sondern auch Musikfans bei großen Konzerten, etwa von Bruce Springsteen, Shakira oder den Rascal Flatts (8655 Figueroa St., www.staplescenter.com).

Exposition Park

In den 1870er-Jahren als Gelände für landwirtschaftliche Messen eingerichtet, verwandelte sich der **Exposition Park** 21 im 20. Jh. mit dem Los Angeles Memorial Coliseum in die populärste Sportstätte von Los Angeles, wo 1932 und 1984 die Olympischen Sommerspiele ausgetragen wurden. Im Laufe der Jahrzehnte kamen mehrere Museen und ein riesiger Rosengarten hinzu, die den Park zu einer viel besuchten Attraktion machten. Präparierte Tiere, die in ihrer nachgebildeten natürlichen Umgebung gezeigt werden, sind im **Natural History Museum of Los Angeles** neben wertvollen Artefakten aus den Kulturen der Mayas, Azteken und Inkas zu sehen. Historisch interessierte Besucher können dort auch in die wechselvolle Vergangenheit Kaliforniens eintauchen (900 Exposition Blvd., Tel. 213-763-DINO, www.nhm.org, Mo–Fr 9.30–17, Sa/So 10–17 Uhr, Erw. 9 $, Kin. 3–17 Jahre 6,50 $, jeden 1. Di im Monat Eintritt frei).

Unter der Woche haben bis um die Mittagszeit häufig Schulklassen das **California Science Center** im Griff. Es gibt zahlreiche interaktive Einrichtungen, u. a. einen Erdbebensimulator und ein durch ein schweres Pendel stabilisiertes Fahrrad auf einem in 13 m Höhe gespannten Hochseil. Im IMAX Theatre werden packende Filme etwa über Kampfpiloten und die fast unerforschte Tiefsee auf eine 7 Stockwerke hohe Leinwand projiziert (700 State Dr., Tel. 323-724-3623, www.california sciencecenter.org, tgl. 10–17 Uhr, Eintritt zu den ständigen Ausstellungen frei, IMAX Theatre Erw. 8 $, Kin. 4–12 Jahre 4,75 $). Mit Dokumenten, Kunstwerken, Kunsthandwerk, Fotografien und Kleidung beleuchtet das **California African American Museum** Kunst und Kultur der afro-amerikanischen Bevölkerung in den USA (600 State Dr., Tel. 213-744-7432, www.caamuseum.org, Di–Sa 10–17, So 11–17 Uhr, Eintritt frei).

Hollywood und Umgebung

Cityplan: S. 174/175, **Reiseatlas:** S. 10, D 2
Kein Ortsname weckt seit Jahrzehnten so sehr Assoziationen mit Glamour, Ruhm, Geld und Macht wie Hollywood. Seit Beginn des 20. Jh. entwickelte sich der Stadtteil zum Dreh- und Angelpunkt der amerikanischen Filmindustrie und zum Mekka eines bis dahin unbekannten Starkults. Kein anderer Platz auf US-Boden verkörpert so sehr den *American Dream*, die Vision von Geld und Ruhm. Und wahrscheinlich klaffen nirgends Realität und Illusion so weit auseinander wie unterhalb des riesigen Schriftzuges in den Hollywood Hills, der schon vor Jahrzehnten zum Markenzeichen der Filmhochburg wurde.

Waren früher Namen wie Charlie Chaplin, Douglas Fairbanks und Marilyn Monroe die Inbegriffe für Hollywood, so sind im beginnenden 21. Jh. Eddy Murphy, Silvester Stallone und Julia Roberts Sympathieträger eines Mediums, das die Geschichte des Stadtteils prägte wie nichts anderes. Natürlich wissen Marketing-Füchse, was sie weltbekannten Stars schuldig sind. 1958 kamen sie auf die geniale Idee eines **Walk of Fame** **21**, um Kinofans möglichst unkompliziert mit den Idolen von Film und Showbusiness in Verbindung zu bringen. Seit damals werden auf dem Hollywood Boulevard zwischen Gower Street und La Brea Avenue sowie auf der Vine Street zwischen Yucca Street und Sunset Boulevard auf einem insgesamt fast 6 km langen Abschnitt sternförmige Steinplatten in die Gehsteige eingelegt, die jeweils einem Leinwandliebling oder einem Kunstschaffenden gewidmet sind und ihren bzw. seinen Namen tragen. Mit Lassie und Rin Tin Tin sind sogar zwei Vierbeiner verewigt. Die Star-Parade ist mittlerweile auf über 2500 Sterne angewachsen. Eine eigens gegründete Bürgerinitiative hat es sich zur Aufgabe gemacht, die VIP-Sterne z. B. von Matt Damon, Michelle Pfeiffer und Michael Caine einmal monatlich auf Hochglanz zu bringen. Den westlichen Beginn des Walk of Fame markiert der Hollywood Gazebo, ein offener Pavillon auf vier Säulen, für welche die Schauspielerinnen Dorothy Dandridge, Dolores del Rio, Mae West und Anna May Wong Modell standen. Auf der Spitze des Gazebo posiert Marilyn Monroe als Statue (www.seeing-stars.com).

Hollywood Boulevard

Das am **Hollywood Boulevard** **22** gelegene Touristenmekka schlechthin haben die meisten Los-Angeles-Besucher schon in den Medien gesehen. Sid Graumann ließ 1927 das pagodenartige **Mann's Chinese Theatre** **23** im China-Look eigens für die von ihm ins Leben gerufenen Filmpremieren bauen. Noch berühmter als das Theater selbst mit seiner Fantasiearchitektur wurde über die Jahrzehnte der Platz davor, wo sich über 200 weltbekannte Stars wie Anthony Hopkins und Tom Cruise mit Fuß-, Hand- und sogar Nasenabdrücken im feuchten Zement verewigten und der Nachwelt damit die Möglichkeit bieten, im Sinne des Wortes in berühmte Fußstapfen zu treten (6925 Hollywood Blvd., Tel. 323-464-8111, www.manntheatres.com).

Schräg gegenüber profitierte das **Hollywood Roosevelt Hotel** **24** jahrzehntelang von der Nähe zu den Stars – und umgekehrt. In diesem Nobelhotel wurden in den 1920er und 1930er-Jahren die begehrten *Academy Awards* (Oscars) verliehen. Damit erschöpft sich die Filmgeschichte des Hotels keineswegs. Alles, was früher Rang und Namen hatte, verkehrte im Roosevelt Hotel und trug zu Hunderten von wahren und erfundenen Geschichten bei, die sich um die mit vielen Memorabilien ausgestattete Herberge und ihre Gäste ranken. Manche schwören, der Geist von Marilyn Monroe gehe in der Suite Nr. 1200 um, während Montgomery Clift manchen Gästen in Zimmer Nr. 928 erschienen sein soll, das er 1952 drei Monate lang bewohnte. Die Tropicana Bar besuchten ›passionierte‹ Kneipengänger wie Humphrey Bogart und Ernest Hemingway (7000 Hollywood Blvd., Tel. 323-466-7000, www.hollywoodroosevelt.com, DZ ab ca. 299 $).

Hollywood and Highland Center

Die größte Veränderung der letzten Jahre hat der Hollywood Boulevard mit dem **Hollywood and Highland Center** **25** erfahren. Der 5-stöckige Entertainment- und Shoppingkomplex umfasst elegante Geschäfte, Modeboutiquen, Restaurants, Nachtklubs, Kinos, das Renaissance Hollywood Hotel und das **Kodak Theatre,** in dem jedes Jahr die Oscarverleihungen stattfinden (Führungen Tel. 323-308-6300, www.kodaktheatre.com, tgl. 10.30–16 Uhr in der Hochsaison, sonst bis 14 Uhr, Erw. 15 $, Kin. unter 12 Jahren 10 $). Gebäudetrakte und Säulen mit Elefantenskulpturen umschließen einen Platz mit Palmen, von dem aus man durch den Bogen in einer frei stehenden Fassade auf das berühmte Hollywood-Zeichen blickt. Vor dem Zentrum flanieren auf dem Walk of Fame Charaktere aus bekannten Filmen von Frankenstein bis Shrek, um Besuchern in Erinnerung zu rufen, dass Hollywood einstmals die größte und berühmteste Filmfabrik der Welt

Das pagodenförmige Mann's Chinese Theatre: Viele interessieren sich ebenso für die Hand- und Fußabdrücke berühmter Filmstars auf dem Platz davor

war (6801 Hollywood Blvd., Tel. 323-817-0200, www.hollywoodandhighland.com, Mo–Sa 10–22, So 10–19 Uhr).

Theater und Museen

Gegenüber macht das historische **El Capitan Theatre** 26 mit einer steinernen Fassade und einem dekorativen Eingang auf sich aufmerksam. Auf der Bühne standen seit der Eröffnung 1926 Stars wie Clark Gable, Buster Keaton, Will Rogers, Henry Fonda und Jason Robards. Mit der Weltpremiere von Orson Welles »Citizen Kane« feierte das im Innern pompös ausgestattete Haus samt gewaltiger Wurlitzer-Orgel einen seiner Höhepunkte. Seit Ende der 1980er-Jahre gehört es zum Disney-Konzern und dient neben Shows für Filmpremieren (6838 Hollywood Blvd., Tel. 818-845-3110, http://disney.go.com/disneypictures/el_capitan).

Requisiten aus berühmten Hollywoodfilmen, darunter die Zelle des Serienkillers Hannibal Lecter aus dem Thriller »Das Schweigen der Lämmer«, machen das **Hollywood Museum** 27 zu einem Mekka der laufenden Bilder. In Filmen benutzte Autos und Kostüme sowie Fotos, Poster, Drehbücher, Filmtrophäen und sogar ein kompletter Schminkraum lassen Jahrzehnte der Filmkunst seit der Zeit der Stummfilme Revue passieren. Natürlich macht Hollywoods goldenes Zeitalter zwischen den 1930er- und 1950er-Jahren einen Hauptteil der ca. 5000 auf vier Etagen verteilten Exponate aus, die hinter den Art-déco-Fassaden des ehemaligen Max Factor Building zu sehen sind. Factor war ein russischer Einwanderer, der es als Maskenbildner etwa für Bette Davis und Jean Harlow zu hohem Ansehen brachte – ihm wird u. a. die Erfindung falscher Augenwimpern zugeschrieben (1660 N. Highland Ave., Tel. 323-464-7776, www.thehollywoodmuseum.com, Mi–So 10–17 Uhr, Erw. 15 $, Kin. unter 12 J. 12 $).

Die Suche des Archäologen Howard Carter Anfang der 1920er-Jahre nach dem Grab von Pharao Tutanchamun in Ägypten inspirierte das Architektenduo Meyer & Holler, sich

Hollywood: Cityplan

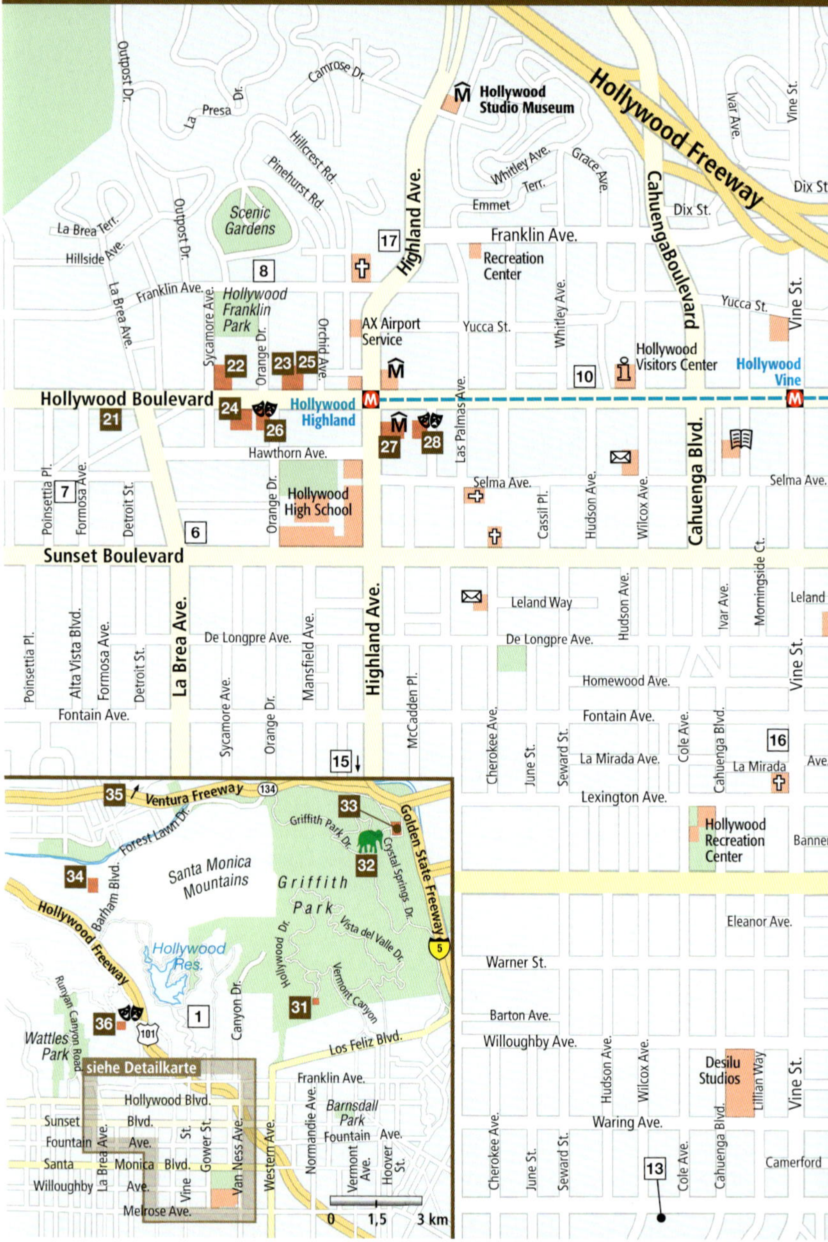

Sehenswürdigkeiten

- 21 Walk of Fame
- 22 Hollywood Boulevard
- 23 Mann's Chinese Theatre
- 24 Hollywood Roosevelt Hotel
- 25 Hollywood and Highland Center
- 26 El Capitan Theatre
- 27 Hollywood Museum
- 28 Egyptian Theatre
- 29 Paramount Pictures
- 30 Hollywood Forever Cemetery
- 31 Griffith Observatory
- 32 Los Angeles Zoo
- 33 Gene Autry National Center
- 34 Universal Studios
- 35 Warner Bros. Studios
- 36 Hollywood Bowl

Übernachten

- 1 Hotel Bamboo
- 2–5 s. S. 166/167
- 6 Travelodge
- 7 Elaine's Hollywood B & B
- 8 Hollywood Celebrity Hotel
- 9 s. S. 166/167
- 10 Motel 6

Essen und Trinken

- 11–12 s. S. 166/167
- 13 Providence
- 14 s. S. 166/167
- 15 Ammo
- 16 El Floridita
- 17 Shintaro
- 18–19 s. S. 166/167
- 21 Red Corner Asia
- 22 Victor's Liquor & Delicatessen

Zum Shoppen und Verweilen: Der Hollywood Boulevard ist ein Erlebnis

beim Entwurf für das **Egyptian Theatre** 28 orientalischer Stilmittel zu bedienen. Gewaltige, von Hieroglyphen verzierte Säulen und zwei Sphinxe umrahmten den Eingang. Wände waren mit ägyptischen Bildmalereien dekoriert, und das Theaterpersonal kleidete sich nach ägyptischen Vorbildern. 1922 erlebte das exotische Lichtspielhaus mit dem Streifen »Robin Hood« mit Douglas Fairbanks in der Hauptrolle seine erste Premiere. Jahrzehntelang stand das Schicksal des Theaters auf der Kippe, ehe es in alter Pracht wiederhergestellt wurde. Jedes Wochenende wird der Film »Forever Hollywood« über die 100-jährige Filmgeschichte von Hollywood gezeigt (6712 Hollywood Blvd., Tel. 323-466-3456, www.egyptiantheatre.com, Führungen Di–So 10.30–16 Uhr, 7 $).

Paramount Pictures

Von den zahlreichen früher in Hollywood ansässigen großen Filmstudios haben im Stadtteil selbst nur die **Paramount Pictures** 29 überlebt. Alle anderen zogen mit ihren Produktionsstätten in andere Gebiete um. Bei Paramount waren früher Weltstars wie Maurice Chevalier, Marlene Dietrich, Gary Cooper, Dean Martin und Jerry Lewis unter Vertrag. In jüngerer Vergangenheit hießen die Zugpferde vor der Kamera Nicolas Cage, Tom Cruise, und Harrison Ford, hinter der Kamera z. B. Steven Spielberg. Auf dem Studiogelände werden zweistündige Touren zu Fuß angeboten, auf denen die Gäste Einblicke in Filmproduktionen bekommen (5555 Melrose Ave., Eingang Gower St., Tel. 323-956-1777, www.paramount.com/paramount.php, Mo–Fr 10 und 14 Uhr, 35 $, Mindestalter 12 Jahre).

Hollywood Forever Cemetery

Wer auf dem Studiogelände von Paramount keine Stars zu sehen bekommen hat, kann ihnen auf dem 1899 eingerichteten **Hollywood Forever Cemetery** 30 nahe kommen**.** Als 1926 Rudolpho Valentino zu Grabe getragen wurde, folgten mehr als 10 000 trauernde Fans seinem Sarg. Außer ihm sind dort Tyrone Power, Edward G. Robinson, John Huston, Douglas Fairbanks und Peter Lorre bestattet. Der Friedhof ähnelt einem gepflegten Park. Mausoleen, Grabsteine, Wasserflächen, Monumente und Obelisken machen aus dem Gottesacker eine Kulissenlandschaft, die in zahlreichen Filmen auf Zelluloid gebannt wurde. Zum angesagten Sommerevent haben sich Filmvorführungen jeden Samstagabend unter freiem Himmel entwickelt. Insider rücken zu den von DJ-Musik begleiteten Veranstaltungen mit Picknickverpflegung an (6000 Santa Monica Blvd., Tel. 323-469-1181, http://hollywoodforever.com und www.cemeteryscreenings.com, 10 $).

Rund um den Griffith Park

Cityplan: S. 174

Auf dem 1700 ha großen Naherholungsgebiet wechseln sich bewaldete Flächen mit Grünzonen, Sport- und Kultureinrichtungen sowie Wanderpfaden ab. In 347 m über Meereshöhe bildet auf einer Felsnase des Mount Hollywood das 2006 umgebaute und erweiterte **Griffith Observatory** 31 einen der schönsten Aussichtspunkte auf die Stadt. Der im Art-déco-Stil errichtete Gebäudekomplex aus den 1930er-Jahren gehört mit einer 26 m hohen kupfergedeckten Observatoriumskuppel zu den architektonischen Erkennungszeichen der Stadt. In der Rotunde macht ein Foucault-Pendel die Erdrotation sichtbar, während zwei Erdbebenschreiber jedes der etwa 30 täglichen, jedoch meist nicht spürbaren Erdbeben im südlichen Kalifornien akkurat registrieren. Mit modernsten technischen Mitteln werden im Planetarium natürliche Phänomene wie Sonnenfinsternis, Planetenbewegungen und Nordlichter auf eindrucksvolle Weise demonstriert. Ein ganz besonderes Erlebnis sind die Lasershows. Kinogänger kennen den Bau aus »Denn sie wissen nicht, was sie tun« mit James Dean (2800 Observatory Rd., Tel. 213-473-0800, www.griffithobservatory.org, Observatorium bzw. Lasershows Erw. 4 bzw. 8 $, Kin. 2 bzw. 7 $).

Im Nordosten des Griffith Park liegt unweit des Golden State Freeway der **Los Angeles Zoo** **32**. Sein Vorgänger entstand an anderer Stelle, als in den Studios Tiere für Filme benötigt wurden und der Stummfilmpionier William Selig eigens dafür einen zoologischen Garten anlegen ließ. Bis 1915 war der Tierpark auf so viele ›Leinwandstars‹ angewachsen, dass Selig ihn aus Kostengründen an die Stadt verkaufen musste. Heute findet man hier ca. 350 Arten, von Säugetieren und Vögeln bis hin zu Amphibien und Reptilien, aber auch bedrohte Tierarten wie etwa der Kalifornische Kondor sind hier zu entdecken. Jeden Tag gibt es spezielle Tiershows, und wer den Safari Shuttle benutzt, braucht nicht zu laufen (5333 Zoo Dr., Tel. 323-644-4200, www. lazoo.org, im Sommer tgl. 10–18 Uhr, sonst kürzer, Erw. 12 $, Kin. 2–12 Jahre 7 $, Safari Shuttle Erw. 4 $, Kin. 2–12 Jahre 2 $).

Das **Gene Autry National Center** **33** besteht aus zwei Teilen. Während sich das **Museum of the American West** mit Geschichte, Kultur und Natur des Westens befasste, dokumentierte das **Southwest Museum of the American Indian** die Kultur der Indianer mit einer der größten Sammlungen im Land. Wegen baulicher Mängel wurde das Museum 2006 zum Teil geschlossen. Bis 2009 soll ein Neubau entstehen (234 Museum Dr., Tel. 323-221-2164, http://autrynationalcenter.org, Teilöffnung der Ausstellungen nur Sa/So 12–17 Uhr, Eintritt frei; Autry National Center, Di–So 10–17, Do im Sommer bis 20 Uhr, Erw. 9 $, Kin. 2–12 Jahre 3 $).

Universal Studios

Eine der größten Studiolandschaften in den USA entstand 1912 mit den **Universal Studios** **34** auf Betreiben des deutschen Stummfilmpioniers Carl Laemmle durch den Umbau einer Hühnerfarm. Heute erstreckt sich das Gelände über eine 170 ha große Fläche mit drei Dutzend einzelnen Studios und über 10 000 Beschäftigten. Zwischen Parkplatz und Parkhaupteingang empfängt der

Sightseeing mit Nervenkitzel: Am Set eines Flugzeugabsturzes in den legendären Universal Studios

kostenlos zugängliche **Universal City Walk** Gäste mit einer Vergnügungsmeile, die neben Livemusikclubs, Souvenirläden und Kinos auch populäre Lokale wie das Hard Rock Cafe, das Pat O'Brien's, das NASCAR Cafe für Rennwagenfans und das französische Nobelrestaurant Emeril's bietet (Tel. 818-622-4455, www.citywalkhollywood.com, So–Do 11–23, Fr–Sa 11–24 Uhr, Eintritt frei).

Die Welt des Films ist dominierendes Thema in den eigentlichen **Universal Studios,** wobei sich Attraktionen bekannte Filmkulissen zunutze machen, um Besucher in spektakuläre Achterbahnen oder virtuelle Shows zu locken wie »Rache der Mumie«, »Jurassic Park«, »Terminator 2« und »Zurück in die Zukunft«. Ein Abenteuer unter freiem Himmel ist »Der weiße Hai«, wobei die Gäste bei einer Bootsfahrt hautnah mit dem Monster der Meere in Kontakt kommen. Bei einer kommentierten Studio Tour werden die Gäste mit einer Bahn durch die Studiolandschaft chauffiert und bekommen im Vorbeifahren die Filmkulissen etwa von »Spider Man« und »Crossing Jordan« zu sehen, aber auch das unheimliche Bates Motel aus dem klassischen Thriller »Psycho«. Beklemmend ist der Anblick einer aus dem Steven-Spielberg-Film »Krieg der Welten« stammenden, von rauchenden Wrackteilen übersäten Wohnsiedlung nach dem Absturz eines Jumbos (100 Universal City Plaza, Tel. 1-800-UNIVERSAL, http://themeparks.universalstudios.com, im Hochsommer tgl. 9–20 oder 21 Uhr, sonst kürzer, Parkplatz 10 $, 2-Tagespass ab 8 J. 67 $, unter 8 J. 57 $, Online-Reservierung 5 $ Ermäßigung. Mit dem Front Line Pass für 129 $ hat man zu allen Attraktionen Zugang ohne Wartezeiten).

Warner Brothers Studios

Vier Brüder gründeten 1923 mit den **Warner Bros. Studios** 35 eine der bekanntesten Filmgesellschaften von Hollywood, die fünf Jahre später an die heutige Stätte nach Burbank umzog. Mit Kassenschlagern und Kult-Movies wie »Casablanca«, »Endstation Sehnsucht«, »Dirty Harry«, »Superman« und zuletzt »Harry Potter« behauptete sich das Unternehmen im umkämpften Markt. Auf gut zweistündigen Touren, bei denen man auf Elektrowagen durch das Gelände fährt, vermittelt sich ein Eindruck von der ruhmreichen Vergangenheit der Studios, besichtigt werden u. a. Kulissen bekannter Filme, Sound Stages und Studiowerkstätten. Im Warner Bros. Museum am Ende der Tour sind zahlreiche Memorabilien bekannter Filme wie Kostüme, Drehbücher und Preistrophäen ausgestellt (VIP Tour Center, 3400 Riverside Dr., Burbank, Tel. 818-972-8687, www2.warnerbros.com/vipstudiotour, Mo–Fr 8.30–16, Mai–Sept. länger, 45 $, Mindestalter 8 Jahre. Der Parkplatz am Gate 6 kostet 5 $. Beim Ticketkauf wird ein Ausweis mit Bild verlangt).

Hollywood Bowl

Kein Naturtheater für moderne und klassische Konzerte ist den Angelenos so ans Herz gewachsen wie die **Hollywood Bowl** 36 mit Sitzplätzen für ein 18 000-köpfiges Publikum. Je nach Programm verwandelt sich das natürliche Amphitheater in einen riesigen Picknickplatz, weil sich die Einheimischen vor längeren Veranstaltungen gerne mit Proviant eindecken. Zwar betrachten das Philharmonische Orchester von Los Angeles und das Hollywood Bowl Orchestra die Anlage als Heimbühne. Doch ließen sich dort auch schon Frank Sinatra, die Beatles, Tom Jones, Luciano Pavarotti und Elton John von ihren Fans feiern (2301 N. Highland Ave., Tel. 323-850-2000, Tickets Tel. 213-480-3232, Tickets online und Veranstaltungskalender unter www.hollywoodbowl.com).

Wilshire Boulevard

Der 25 Meilen lange Wilshire Boulevard beginnt in Downtown und zieht sich in Ost-West-Richtung quer durch Midtown. Den Anfang markiert der **MacArthur Park,** eine Grünanlage mit einem von einer natürlichen Quelle gespeisten See, um den viele unterschiedliche Baum- und Straucharten wachsen.

Wilshire Galleria und Wiltern Theatre

Einige der bemerkenswertesten Art-déco-Gebäude der Stadt lassen erahnen, dass der Boulevard besonders in den 1920er- und 1930er-Jahren eine Nobeladresse war. Zu den Komplexen im Art-déco-Stil gehört die 1928 errichtete **Wilshire Galleria** mit vielen Geschäften und Restaurants (3240 Wilshire Blvd.) sowie das **Wiltern Theatre** von 1931, in dem Künstler wie David Copperfield, Van Morrison und die Rolling Stones auf der Bühne stehen (3790 Wilshire Blvd., Tickets Tel. 213-380-5005, www.livenation.com).

Farmers Market und The Grove

Nördlich des Hancock Park treffen sich Vergangenheit und Gegenwart auf stimmungsvolle Weise. Seit 1934 die Bauern des Umlandes mit Fuhrwerken und Traktoren in die Stadt kamen, um ihre Produkte zu verkaufen, etablierte sich der **Farmers Market** zu einer Institution mit dem Flair einer ländlichen Gartenwirtschaft, und längst liegt das Schwergewicht nicht mehr nur auf Obst, Gemüse, Fleisch, Fisch und Blumen, sondern auch auf frisch zubereiteten Gerichten, die man an Tischen unter freiem Himmel oder an überdachten Stellen zu sich nehmen kann (6333 W. Third St., Ecke Fairfax Ave., Tel. 323-933-9211, www.farmersmarketla.com, Mo–Fr 9–21, Sa 9–20, So 10–19 Uhr).

Gleich nebenan liegt mit dem Einkaufszentrum **The Grove** ein anderer Konsumtempel. Mit einem zentralen Platz samt Brunnen, Gartenanlagen und Café, hübschen Geschäftsfassaden und mehreren Restaurants sieht der Komplex wie ein kleiner Stadtteil aus, in dem selbst eine historische Straßenbahn als Schienenverbindung zum Farmers Market nicht fehlt. Unter den Geschäften sind bekannte Namen wie Banana Republic, Gap, Abercrombie & Fitch, Nike, Nordstrom und Victoria's Secret. Parken kann man in The Grove kostenlos, wenn man sein Ticket in einem der Geschäfte abstempeln lässt (189 The Grove Dr., Tel. 323-900-8080, www.thegrovela.com, Mo–Do 10–21, Fr–Sa 10–22, So 11–20 Uhr).

Miracle Mile und Museums Row

Zwischen La Brea Avenue und Fairfax Avenue trägt der Wilshire Boulevard den Beinamen Miracle Mile (Wundermeile), nachdem der Investor A. W. Ross in den 1920er-Jahren aus einem Stück Farmland einen profitablen Geschäfts- und Einkaufsbezirk gemacht hatte. Heute bezieht dieser Straßenabschnitt seine Attraktivität in erster Linie aus zahlreichen Museen, die an der sogenannten Museums Row entstanden.

Hancock Park

Wo der Wilshire Boulevard verläuft, gab es lange vor Ankunft der ersten Europäer einen indianischen Trampelpfad zu einer Stelle, an der nach wie vor Teer aus der Erde tritt. Die Ureinwohner benutzten die klebrige Masse, um Boote und Hausdächer abzudichten. Ein Zaun umgibt im Hancock Park die offenen **La Brea Tar Pits,** in denen Methangas durch eine dickflüssige Masse blubbert und lebensgroß aus Zement nachgebildete Mastodons am Ufer eine Szene wie in grauer Vorzeit nachstellen. Bei der Untersuchung des Sumpfes fanden Wissenschaftler über eine Mio. durch den Teer konservierte Überreste von 230 verschiedenen Tierarten wie Riesenfaultieren, Säbelzahntigern und Urwölfen, denen der seit 40 000 Jahren existierende Teerpool zum Verhängnis geworden war. Im benachbarten **George C. Page Museum** sind die besten Funde ausgestellt, die von den Beschäftigten angeschlossener Labors wissenschaftlich untersucht werden. Ein kurzer Film dokumentiert die Geschichte der Sammlungen (5801 Wilshire Blvd., Tel. 323-934-7243, www.tarpits.org, Mo–Fr 9.30–17, Sa/So 10–17 Uhr, 7 $, Kin. 13–17 Jahre 4,50 $, jeden 1. Di im Monat Eintritt frei).

Neben Paläontologie sind im Hancock Park Kunst und Kultur zu Hause. Das **Los Angeles County Museum of Art (LACMA)** bildet mit Gemälden, Skulpturen, Grafiken, Fotografien, Trachten, Kostümen und dekorativem Kunsthandwerk aus allen Erdteilen und Epochen eines der größten Kunstmuseen des Westens. Präkolumbische Indianerschätze aus Mexiko, erlesene Glaswaren aus dem alten Rom, Kunstwerke aus islamischen Ländern, Keramiken und Kimonos aus Japan, italienische Mosaiken aus der späten Renaissance, Werke von Albrecht Dürer, Emil Nolde und Käthe Kollwitz und Pop Art aus Kalifornien machen den aus mehreren Gebäuden bestehenden Komplex zu einer sehenswerten Welt der Kunst im Kleinen. Neuester Teil ist das von Renzo Piano entworfene **Broad Contemporary Art Museum** für Wechselausstellungen (5905 Wilshire Blvd., Tel. 323-857-6000, www.lacma.org, Mo, Di, Do 12–20, Fr 12–21, Sa/So 11–20 Uhr. Erw. 12 $, Kin. unter 17 Jahren Eintritt frei).

Kleinere Museen

In wechselnden Ausstellungen geht es im volkskundlichen **Craft and Folk Art Museum** etwa um Karnevalskostüme und -fotos aus Ländern wie Brasilien, Kuba, Haiti, Trinidad, Belgien und Deutschland, um Bilder des armenischen Malers Hagop Hagopian aus dessen Heimat, um kulturelle Traditionen in Lateinamerika, Stickereien aus dem Palästina des 19. Jh. und Webarbeiten aus Korea. Der im Erdgeschoss eingerichtete Museumsshop bietet Kunsthandwerk aus aller Welt von türkischen Teppichen über japanische Tee-Sets bis zu Musikinstrumenten aus Tansania (5814 Wilshire Blvd., Tel. 323-937-4230, www.cafam.org, Di, Mi und Fr 11–17, Do 11–19, Sa/So 12–18 Uhr, Erw. 5 $, Kin. bis 12 Jahre und jeden 1. Mi im Monat Eintritt frei).

Das **Architecture and Design Museum** will der Öffentlichkeit die Bedeutung von Architektur und Gestaltung in einer Stadt vermitteln. Dabei sollen die Besucher zu innovativem Denken ermutigt werden und ein öffentliches Bewusstsein für die Bedeutung der vorgestellten Positionen etwa bei Schulkindern und Lehrern geschaffen werden. In den Ausstellungen geht es um Design und Landschaftsgestaltung, um Modeentwürfe und moderne Produktgestaltung (5900 Wilshire Blvd, Tel. 323-932-9393, http://aplusd.org, Mo–Sa 10–18, So 11–17 Uhr, 5 $).

Schönheiten aus Lack und Blech stehen im **Petersen Automotive Museum** auf drei Etagen im Mittelpunkt. Spannend sind Themenausstellungen wie etwa über Autos und Gitarren in der Zeit des Rock 'n' Roll, den kalifornischen Autodesigner Chip Foose, Automobile in Hollywood-Filmproduktionen oder Staatskarossen, die in Diensten von Präsidenten, Päpsten und Potentaten standen. Neben einem Nachbau der Werkstatt, in welcher das erste Automobil in Los Angeles konstruiert wurde, bekommen Autofreaks neben Oldtimern aus dem vergangenen Jahrhundert auch eine erlesene Sammlung von Motorrädern zu sehen (6060 Wilshire Blvd., Ecke Faifax Ave., Tel. 323-930-CARS, www. petersen.org, Di–So 10–18 Uhr, Erw. 10 $, Kin. 5–12 Jahre 3 $).

Mit einer technisch auf modernstem Stand befindlichen interaktiven Ausstattung dokumentiert das **Museum of Tolerance** kultursoziologische und gesellschaftliche Phänomene wie Intoleranz, religiösen Eifer und Rassismus. Dabei spielen immer wieder auch konkrete politische Ereignisse eine wichtige Rolle, etwa die blutigen Unruhen im Jahr 1992 in manchen Stadtteilen von Los Angeles. Der Schwerpunkt liegt jedoch auf einer Dokumentation der Folgen der Naziherrschaft während des Zweiten Weltkriegs. Besucher können sich u. a. über die Geschichte des Holocaust informieren, über die jüdischen Ghettos und die Konzentrationslager (9786 W. Pico Blvd., Tel. 310-553-8403, www. museumoftol erance.com, Mo–Fr 10–17, So 11–17 Uhr, Sa Ruhetag, Erw. 13 $, Kin. 5–18 J. 10 $).

Beverly Hills

Reiseatlas: S. 10, D 2

Westlich des La Cienega Boulevard beginnt sich die Stadtlandschaft zu beiden Seiten des Wilshire Boulevard an der Stadtgrenze von Beverly Hills zu verändern. Saubere Straßen, exklusive Boutiquen, akkurat gepflegte Rasenflächen, importierte Luxuslimousinen und noble Gastronomie: Die Highsociety im Renommiersalon von Los Angeles geizt nicht mit dem, was gut und teuer ist. Zum Einkaufen am berühmten **Rodeo Drive,** der exklusivsten Shoppingstraße westlich des Mississippi, braucht man in den meisten Boutiquen einen telefonisch vereinbarten Termin, sonst öffnen sich die elektronisch gesicherten Türen nicht. Namen wie Cartier, Dior, Van Cleef, Elizabeth Arden, Gianni Versace, Tiffany & Co. und Gucci bilden die Fixsterne an diesem exklusiven Konsumentenfirmament, an dem berühmte Stars zum Shopping wie Kometen auftauchen und genauso schnell wieder verschwinden. Wer nicht bereit ist, für eine Hose oder einen kleinen Flacon Parfüm einen Monatslohn zu bezahlen, sollte sich besser auf das Schaufenster-Shopping beschränken.

Witch's House

In den 1920er-Jahren logierte in diesem malerischen Hänsel & Gretel-Häuschen die Verwaltung einer Filmgesellschaft. 1930 wurde das in einem richtigen Hexengarten mit Miniaturmühle, Holzbrücke und krummen Bäumen liegende Anwesen mit extrem steilen Satteldächern und schiefen Wänden von seinem ursprünglichen Platz in Culver City an den heutigen Standort in Beverly Hills versetzt. Da es sich heute in Privatbesitz befindet, kann man es nur von der Straße aus besichtigen (516 N. Walden Dr., Ecke Carmelita Ave.).

Paley Center for Media

Auf welch vielfältige Weise Radio und Fernsehen die Kultur der westlichen Welt beeinflusst haben, zeigt das **Paley Center for Media** mit einem Bestand von über 120 000 TV-Programmen von Komödien über Dramen bis hin zu Sportsendungen, Rundfunkprogrammen und Werbung. Besucher können aus dem Archiv Bild- und Tonträger auswählen und an speziellen Plätzen ansehen bzw. hören. Im hauseigenen Kino werden Filme etwa über Leben und Werk des Sängers Johnny Cash oder die Muppets von Jim Hanson gezeigt (465 N. Beverly Dr., Tel. 310-786-1000, www.mtr.org, Mi–So 12–17 Uhr, Erw. 10 $, Kin. bis 14 Jahre 5 $).

J. Paul Getty Center und Getty Villa

Reiseatlas: S. 10, D 2

Das auf einer Anhöhe mit wunderbarem Blick auf Los Angeles liegende Zentrum besteht aus fünf Pavillons aus hellem Travertinstein und einer Parkanlage mit wunderschön angelegten Gärten. Für den Entwurf der Anlage zeichnete der renommierte Architekt Richard Meier verantwortlich.

Die Sammlungen des Getty-Trusts mit ca. 50 000 Einzelstücken wie Gemälden, Skulpturen, französischen Wandteppichen, Zeichnungen, Schmuck, Töpfereien, Manuskripten und Fotografien zählen in den USA zu den wertvollsten Kunstsammlungen überhaupt, darunter unschätzbar wertvolle Werke von Van Gogh, Renoir, Correggio, Veronese, Rubens und Cézanne.

Das gewaltige Vermögen der Getty-Stiftung stammt aus dem Nachlass des Ölmagnaten Jean Paul Getty, der von Hunden und Löwen bewacht vor den Toren Londons in einem riesigen Schloss ein exzentrisches Leben in unermesslichem Reichtum führte. Zu seinem Vermächtnis gehörten nicht nur gewaltige Summen für den Erwerb von Kunstwerken in aller Welt, sondern auch die altruistische Weisung, diese Schätze der Öffentlichkeit kostenlos zur Schau zu stellen.

Im Getty Center bekommt man die Ausstellungen nach einer kurzen Fahrt mit einer computergesteuerten Elektrobahn vom Parkplatz bis zum Kunstolymp auf dem Hügel zu sehen (1200 Getty Center Dr., Westwood, Tel. 310-440-7300, www.getty.edu, Di–Fr und So 10–17.30, Sa 10–21 Uhr, Parkplatz 7 $, Eintritt frei).

Das zweite Getty-Museum im Großraum Los Angeles liegt weiter westlich im Küstenort Pacific Palisades und ist in der umgebauten Getty Villa einquartiert, einem der antiken italienischen Villa dei Papiri nachempfundenen Palast. Die Villa in Herculaneum an der Bucht von Neapel wurde 79 n. Chr. beim Ausbruch des Vesuv von Vulkanschutt und Asche vollständig bedeckt. Im 18. Jh. gruben Wissenschaftler das Anwesen aus und nannten es wegen der Vielzahl der dort gefundenen Papyrusrollen Villa dei Papiri. Der Paul Getty Trust ließ den antiken Bau in Pacific Palisades rekonstruieren, um eines der führenden Museen für antike Kunst in den USA einzurichten (17985 Pacific Coast Hwy, Pacific Palisades, Tel. 310-440-7300, www.getty.edu, Do–Mo 10–17 Uhr, Parkplatz 7 $, Eintritt frei. Besucher müssen vorab einen kostenlosen Besichtigungstermin entweder telefonisch oder online vereinbaren).

Santa Monica

Reiseatlas: S. 10, D 2

Frische Meeresluft, Sonne und breite Sandstrände sind für viele Angelenos Grund genug, bei jeder Gelegenheit an den Pazifiksaum bei Santa Monica zu fahren. Vom palmengesäumten Ocean Boulevard reicht der Blick in nordwestlicher Richtung bis nach Malibu, das sich an den schmalen Küstensaum zu Füßen der Santa Monica Mountains drängt. In dieser Nachbargemeinde wohnen zahlreiche Prominente, die ihre Residenzen und Landhäuser in versteckten Canyons hervorragend geschützt vor der Öffentlichkeit bauen ließen.

Bekannteste und beliebteste Attraktion von Santa Monica ist der fast 300 m ins Meer

Die Strandpromenade in Venice Beach: gleichermaßen ein beliebter Sportparcours wie Laufsteg der Eitelkeiten

ragende hölzerne **Santa Monica Pier** (Ocean & Colorado Ave., Tel. 310-458-8900, www.santamonicapier.org). Mit Souvenirläden, Cafés, Restaurants, Geschäften für Anglerbedarf, einem historischen Karussell aus dem Film »Der Clou« und einer Portion ›Übernatürlichem‹ in Form von Wahrsagern bildet der Steg eine wunderbare Meile zum Bummeln und *people watching*.

Für Abwechslung sorgt der **Pacific Park,** ein Rummelplatz mit 12 Fahrbetrieben, darunter eine 17 m hohe Achterbahn und ein Riesenrad (Tel. 310-260-8744, www.pacpark.com, im Hochsommer 11 Uhr bis Mitternacht, sonst kürzer, 1 Tag unbegrenzte Fahrten Erw. 16,95 $, Kin. 8,95 $). Ruhiger geht es im **Santa Monica Pier Aquarium** zu, das in vielen Becken das Meeresleben in der Santa Monica Bay zeigt (Tel. 310-393-6149, www.healthebay.org, Di–Fr 14–18, Sa/So 12.30–18 Uhr, Erw. 12 $, Kin. unter 12 Jahren Eintritt frei).

Museum of Flying

Die Geschichte der zivilen und militärischen Fliegerei und die bedeutende Rolle, die der Flugzeughersteller Douglas Aircraft Company dabei spielte, ist Thema des neuen **Museum of Flying** auf der Nordseite des lokalen Flughafens. Neben vielen Flugzeugmodellen und zahlreichen Maschinen der kommerziellen Luftfahrt stellt das Museum eine Sammlung von Militärflugzeugen aus dem Zweiten Weltkrieg aus. Von einem Observation Deck können Besucher den Flugverkehr auf dem Santa Monica Airport beobachten (das Museum wird in einem voraussichtlich bis Ende 2009 fertiggestellten Gebäude neu eröffnet).

Beach Communities

Reiseatlas: S. 10, D 2
Parallel zur Küstenstraße führt vom Pier in Santa Monica der gut ausgebaute South Bay

Bicycle Trail immer am Strand entlang bis ins 34 km entfernte Redondo Beach. Durchtrainierte Sportler legen die Distanz auch auf Rollerskatern zurück. Wer es bequemer mag, nimmt das Auto, um die einzelnen Stationen auf der Küstenstraße abzufahren.

Ein erster Stopp bietet sich an der Strandpromenade in **Venice Beach** an. Auf der Stadtseite von Geschäften, Verkaufsständen, Cafés und Restaurants, auf der Pazifikseite von Palmen und Grünflachen gesäumt, hat sich diese Flaniermeile über die Jahre zu einer einzigartigen Showpromenade entwickelt. Nach Venice Beach kommen normalerweise nur zweierlei Menschen: solche, die gesehen werden wollen und mit entsprechenden Signalen nicht gerade sparsam umgehen, und solche, die ihren Spaß an den Auftritten anderer haben. Auf der 3 km langen Straße zeigen Straßenkünstler ihr artistisches oder musikalisches Können, Amateurbildhauer modellieren liegende Schönheiten aus feuchtem Sand, Händler wachen mit Argusaugen über ihre Sonnenbrillenauslagen, während Rentnerduos im Südsee-Look konzertieren, knackige Schönheiten mit wallenden Mähnen teebeutelgroße Bikinis spazieren tragen und kostümierte Batmen auf Rollschuhen durch die Menschenmenge kurven.

Der berühmte **Muscle Beach** bekam bereits vor Jahren das Äußere eines echten Sportzentrums. Unter freiem Himmel stöhnen Muskelmänner und Bizepskönige im Schweiße ihres Angesichts unter Gewichten, während die Gemeinde der Schmalbrüstigen und Fliegengewichte außerhalb auf den Zuschauertribünen hockt und die Kraftdemonstrationen staunend, amüsiert oder kopfschüttelnd verfolgt (www.venicebeach.com). Im Süden des riesigen Jachthafens **Marina del Rey** landen dröhnende Jets aus aller Welt im Minutentakt auf dem Los Angeles International Airport. Auf dem weiteren Weg reihen sich die bekannten Strände von Los Angeles nahtlos aneinander. Entlang **Manhattan Beach** führt eine höher gelegte Promenade, von der man den Ball- und Frisbeespielern am Strand oder den Anglern auf dem Pier wie von einer Tribüne zusehen kann. **Hermosa Beach** wird zwar von eleganten Villen gesäumt, gilt aber bei Insidern als unprätentiöser Strand für jedermann, an dem lokale Mannschaften Volleyballwettbewerbe austragen. Bei **Redondo Beach** endet die Badelandschaft der so genannten South Bay an einem Familienstrand.

Queen Mary

Die Hafenanlagen von San Pedro sind mit denen der 440 000 Einwohner großen Küstenstadt **Long Beach** längst zusammengewachsen. Hauptanziehungspunkt der Stadt ist die seit 1967 in der Queensway Bay liegende **Queen Mary.** Über 30 Jahre lang war der 81 000 BRT große und 310 m lange Luxusliner im Einsatz, ehe er in Long Beach endgültig vor Anker ging. Im Zweiten Weltkrieg wurde das Schiff als Truppentransporter eingesetzt und brachte 750 000 Soldaten auf die Kriegsschauplätze bzw. von dort nach Hause zurück. Ihre letzte, 1001. Reise über den Nordatlantik machte die Queen Mary im September 1967 nach Kalifornien, wohin sie für 3,5 Mio. Dollar verkauft worden war und wo sie heute als Hotelschiff dient (1126 Queens Hwy, Tel. 562-435-3511, www.queenmary. com, tgl. 10–18 Uhr, Erw. 24,95 $, Kin. 5–11 Jahre 12,95 $, Kabine für 2 Pers. ab 119 $).

Aquarium of the Pacific

Einen faszinierenden Einblick in das pazifische Meeresleben bekommen Besucher im Aquarium of the Pacific, in dem 19 unterschiedliche Lebensräume präsentiert werden. Größte Einzelausstellung ist dabei ein tropisches Korallenriff in einem 1,4 Mio. Liter Salzwasser fassenden Becken mit farbenprächtigen Korallenfischen, Meeresschildkröten, Drachenfischen und Clownfischen, die für den Hauptdarsteller des Zeichentrickfilms »Findet Nemo« Pate standen. Mit etwas Glück kann man in einem der großen Bassins Fütterungszeiten erleben, wenn Taucher in die Becken steigen und sich unter Wasser von Zuschauern interviewen lassen (100 Aquarium Way, Tel. 562-590-3100, www.aquariumofpacific.org, tgl. 9–18 Uhr, Erw. 20,95 $, Kin. 3–11 Jahre 11,95 $, Sonderausstellungen 15 $ extra).

Richtig Reisen-Tipp: Die Nacht der Zombies

In der Nacht zum 1. November feiert Amerika mit **Halloween** ein diabolisches Spektakel. Was auf den ersten Blick wie ein Karneval vermischt mit Stephen-King-Horrorelementen aussieht, ist in Wahrheit ein Fest, dessen Ursprung bis in die Keltenzeit zurückreicht und hauptsächlich in Schottland und Irland populär war. Mit ausgehöhlten, beleuchteten Kürbisgeistern beschwichtigten Kinder auf die Erde zurückkehrende Toten. In christlicher Zeit wurde in katholischen Teilen Europas daraus ein Fest für alle Heiligen. Aus dem Vorabend von Allerheiligen machten nach Amerika ausgewanderte Katholiken All Hallows' Even, also Halloween.

Nicht nur sprachlich, sondern auch inhaltlich veränderte sich das Fest in den USA. Ziehen auf dem Land Kinder mit dem Spruch »Trick or treat!« (gib uns etwas, oder wir spielen dir einen Streich) von Tür zu Tür und sammeln Süßigkeiten, haben Großstädter Halloween zum ausgelassenen Straßenfest gemacht, wie etwa die Halloweenparade auf dem **Hollywood Boulevard** in Los Angeles zeigt. Am späteren Abend tauchen immer mehr Kostümierte in abstrusen Verkleidungen auf. Besonders beliebt ist neben Horror-Outfits mit aufgeklebten Wunden knappste Bekleidung, mit der man oder frau sich der polizeilich gerade noch tolerierten Schamgrenze nähert. Gruppen muskelbepackter Bodybuilder tänzeln in blonder Lockenpracht und eng anliegenden Cocktailkleidern daher. Es wimmelt vor entstellenden Gummimasken und gruselig geschminkten Gesichtern. Die Nacht endet erst in den frühen Morgenstunden, wenn Untote und wandelnde Leichen vom Santa Monica Boulevard verschwinden, als wollten sie der Dämmerung entgehen wie lichtscheue Vampire.

Vergnügungsparks

Reiseatlas: S. 10, E 2

Mit **Disneyland** in Anaheim kreierte der legendäre Walt Disney den Prototyp einer Idee, die seit der Eröffnung des Parks 1955 in vielen Teilen der Welt kopiert wurde. Nicht nur in Amerika fand das Unterhaltungskonzept Nachahmer, sondern auch in Japan und Europa. So spontan es in Disneyland auch zugeht: Nichts ist dem Zufall überlassen. Alles unterliegt einer perfekten Planung, bei deren Umsetzung hinter den Kulissen ein gigantischer Hightechapparat Regie führt.

Das Disney-Imperium

Disneyland besteht aus zwei getrennten Teilen: Disneyland Park und California Adventure Park. Der ältere **Disneyland Park** bildet eine Welt aus unterschiedlichen ›Ländern‹ und thematischen Regionen.

Hinter dem Haupteingang führt die von Souvenir- und Imbissständen gesäumte viktorianische Main Street USA nach Fantasyland mit dem Dornröschenschloss. Um diesen zentralen Teil mit für kleinere Kinder geeigneten Märchenthemen wie Peter Pan, Dumbo der Elefant, Pinocchio und Alice im Wunderland gruppieren sich im Uhrzeigersinn weitere Länder. Adventureland lockt mit Dschungelfahrten, Piratenhöhlen, Tarzans Baumhaus und einer spektakulären Indiana-Jones-Achterbahn. In Frontierland ist mit einem Floß die Tom-Sawyer- Insel erreichbar oder man rast mit der außer Kontrolle geratenen Big Thunder Mountain Railroad durch ein Bergwerk. Critter County ist mit Splash Mountain, der ein feuchtes Vergnügen garantiert, hauptsächlich in der warmen Jahreszeit ein Publikumshit. Am Ende der Runde durch den Park steht das futuristischen Tomorrowland, wo Besucher einen simulierten Flug durch die Galaxis oder eine aufregende U-Boot-Fahrt absolvieren.

Der neuere **California Adventure Park** gliedert sich in vier auf Kalifornien bezogene Themenbereiche. In Hollywood Pictures Backlot geht es um das Thema Film, aber auch dort fehlen Fahrbetriebe nicht. Der haarsträubende Tower of Terror lässt Gäste in einem dunklen Fahrstuhl ins Bodenlose fallen. Harmlosere Kirmesattraktionen in *A Bug's Land* sind eher für Kinder geeignet. Achterbahnfreaks kommen in Paradise Pier auf ihre Kosten. Um einen See liegen außer einem Riesenrad etwa der Hochgeschwindigkeits-Rollercoaster California Scream mit einem Spitzentempo von 90 km/h und das Katapult Maliboomer, auf dem man auf einen Sitz geschnallt in nur zwei Sekunden 60 m hoch in den Himmel geschossen wird. Der Bereich *Golden State* hat sowohl das wirtschaftliche Gewicht als auch die Naturschönheiten Kaliforniens zum Thema (1313 Harbor Blvd., Anaheim, Tel. 714-781-4565, www.disney.go.com, tgl. 9–21, Sa bis 24 Uhr, in der Hauptsaison länger, pro Park und Tag Erw. 69 $, Kin. 3–9 Jahre 59 $).

Knotts Berry Farm

Einige Jahre, bevor Mickey-Maus im Orange County heimisch wurde, legte eine Farmerfamilie während der Weltwirtschaftskrise den Grundstein zum Vergnügungspark Knott's Berry Farm. Um Leuten die Zeit zu verkürzen, die am Verkaufsstand der Bäuerin geduldig auf ein preisgünstiges Essen warteten, zimmerte Mr. Knott eine kleine Westernstadt zusammen, die sich im Laufe der Jahre zum Rummelplatz entwickelte. Der heutige Park setzt sich aus sechs Teilen zusammen, in denen es vorrangig um Fahrbetriebe vom Oldtimer-Karussell für kleine Kinder bis zur Highspeed-Achterbahn für Adrenalinsüchtige geht (8039 Beach Blvd., Buena Park, Tel. 714-220-5200, www.knotts.com, Mo–Fr 10–18, Sa 10–22, So 10–19 Uhr, in der Hauptsaison länger, Tagespass Erw. ab 47,99 $, Kin. 3–11 Jahre 22,99 $, nur bei Onlinereservierung).

i **Downtown Los Angeles Visitor Information Center:** 685 S. Figueroa St., Los Angeles, CA 90017, Tel. 213-689-8822, 1-800-228 24 52, www.seemyla.com; **Hollywood Visitor Information Center:** 6801 Hollywood Blvd., Tel. 323-467-6412; **Beverly Hills Visitors Bureau:** 239 S. Beverly Dr., Beverly Hills, CA 90212, Tel. 310-248-1015, www.beverlyhillscvb.com.

Hotel Bamboo [1]: 2528 Dearborn Dr., Tel. 323-962-0270, www.hotelbamboo.com. In den Bergen verstecktes exklusives Nichtraucherrefugium mit 5 Gästezimmern und jeweils eigenem Eingang. Die Designerausstattung schwankt zwischen modern und asiatisch, kostenloser Highspeed-Internetzugang. Prächtiger Garten mit Koi-Teichen und exotischer Bepflanzung. Das Hotel ist wegen fehlender Hinweisschilder von außen als solches kaum zu erkennen. Mindestaufenthalt 2 Nächte. DZ ca. 400 $.

Standard Downtown [2]: 550 S. Flower St., Tel. 213-892-8080, www.standardhotel.com. ›In‹-Hotel mit moderner, betont kühler, aber eleganter Ausstattung. Schaustück des Hauses ist die offene Bar auf dem Dach neben dem Pool mit einer Rundumsicht auf die Wolkenkratzer von Downtown. DZ ab 139 $.

Marriott Downtown [3]: 333 S. Figueroa St., Tel. 213-617-1133, Fax 213-613-0291, http://marriott.com. Businesshotel mit 469 klimatisierten Zimmern und Suiten, Fenster vom Boden bis zur Decke, zwei Restaurants, Health Club, beheizter Pool. DZ ab 139 $.

Miyako Hotel [4]: 328 E. First St., Tel. Tel. 213-617-2000, Fax 213-617-2700, www.miyakoinn.com. Von außen ein unattraktiver Betonklotz, prägt das Innere asiatische Behaglichkeit. Zum hauseigenen Spa gehören Saunen, Fitnessräume, Jacuzzis und Shiatsu-Massage. Wenige Parkplätze. DZ ab 119 $.

Figueroa Hotel [5]: 939 S. Figueroa St., Tel. 213-627-8971, Fax 213-689-0305, www.figueroahotel.com. Das orientalisch anmutende Design mit der exotischen, begrünten Poolbar und dem Restaurant lässt vergessen, dass man sich mitten in Los Angeles befindet. Nicht nur die Casablanca Suite mit Balkendecke, Himmelbett, Perserteppichen und großen Sitzkissen auf dem Boden (265 $) ist eine romantische Bleibe. DZ ab 144 $.

Travelodge Sunset [6]: 7051 W. Sunset Blvd., Tel. 323-462-0905, Fax 323-465-6088, www.travelodge.com. Ordentliche Motelzimmer mit Kaffeemaschine, Kabel-TV, Morgenzei-

Richard Meyers Terrace Restaurant für das Getty Museum erinnert an eine Bühne

tung und Frühstück, Pool und Parkplatz vor der Tür. DZ ab 109 $.

Elaine's Hollywood B & B 7: 1616 N. Sierra Bonita Ave., Tel. 323-850-0766, Fax 323-851-6243, www.elaineshollywoodbedandbreakfast.com. In einer ruhigen Nebenstraße gelegenes Holzgebäude mit einem größeren und einem kleineren Zimmer jeweils mit Queen-Size-Bett, TV und Bad. Hilfsbereite und unterhaltsame Gastgeber. DZ 80 bzw. 100 $.

Hollywood Celebrity Hotel 8: 1775 Orchid Ave., Tel. 323-850-6464, Fax 323-850-7667, www.hotelcelebrity.com. Berühmtheiten des Films wie Dick & Doof, Marilyn Monroe und Charlie Chaplin hängen als Karikaturen in den zum Teil mit Küchen ausgestatteten Zimmern, Fitnessstudio, Internetzugang in der Lobby. Im Sommer DZ ab 110 $, im Winter ab 89 $, inkl. Frühstück.

Ritz Milner Hotel 9: 813 S. Flower St., Tel. 213-627-6981, Fax 213-623-9731, www.milner-hotels.com. Manche Zimmer sind recht klein und nur mit Dusche ausgestattet. DZ 89–129 $, inkl. Frühstück.

Motel 6 Hollywood 10: 1738 Whitley Ave., Tel. 323-464-6006, Fax 323-464-4645, www.motel6.com. Nationale Motelkette mit einfachen Zimmern mit Bad, TV und Data Port, günstige Lage nur Schritte vom Hollywood Boulevard entfernt. DZ 80 $.

Days Inn Downtown 11: 711 N. Main St., Tel. und Fax 213-680-0200, www.daysinn. com. Kettenmotel mit 80 Zimmern zwischen Union Station und El Pueblo, z. T. mit Kühlschrank. Kein großer Komfort, aber das Preis-Leistungs-Verhältnis stimmt. Highspeed-Internetzugang in der Lobby . Für 4 $ kann man den ganzen Tag parken. DZ ab 66 $.

Water Grill 12: 544 S. Grand Ave., Tel. 213-891-0900, www.watergrill.com, Mo–Di 11.30–21, Mi–Fr 11.30–22, Sa 17–21.30, So 16.30–20.30 Uhr. Meeresfrüchte in hervorragender Qualität mit französischer, asiatischer oder kalifornischer Note werden in einem mit warmen Farben gestalteten Ambiente serviert. Pazifischer Thunfisch mit Morcheln, Blumenkohl und Sauce aus geräuchertem Paprika und Foie Gras 38 $, Muschelsuppe mit geräuchertem Speck 14 $. Hauptgerichte 29–48 $.

Providence [13]: 5955 Melrose Ave., Tel. 323-460-4170, www.providencela.com, Lunch Fr 12–14.30, Dinner tgl. 18–22 Uhr. Das von der James Beard Foundation zum besten neuen Lokal der USA erklärte Restaurant ist auf französisch inspirierte Seafood- und Fischgerichte spezialisiert wie hawaiianischer Thunfisch in Trüffelkruste mit französischen grünen Linsen und Speck (58 $) oder wilder Zackenbarsch mit Zucchinipüree und Artischocken (39 $).

Café Pinot [14]: 700 W. 5th St., Tel. 213-239-6500, www.patinagroup.com/cafePinot, Mo–Fr 11.30–14.30 und 17–21.20, Sa 17–22, So 16.30–21 Uhr. An Wochentagen herrscht um die Mittagszeit Hochbetrieb, weil Banker, Börsenmakler und Büroangestellte auf die leichte, schmackhafte Küche etwa mit Rinderfilet, Rôtisserie-Hähnchen oder Thunfischtartar schwören. Hauptgerichte 31–50 $.

Ammo [15]: 1155 N. Highland Ave., Tel. 323-467-3293, www.ammocafe.com, Mo–Do 11–15 und 18–22, Fr bis 23, Sa 10–15 und 18–23, So 10–15 Uhr. Leicht und frisch heißt das Motto in diesem Lokal mit neuer amerikanischer Küche, auch vegetarisch. Es gibt z. B. Carpaccio vom Thunfisch mit Avocado und Ciabatta (15 $), Babyartischocken (15 $) und gegrillte Lammkeule mit Couscous (24 $).

El Floridita [16]: 1253 N. Vine St., Tel. 323-871-8612, www.elfloridita.com, Mo–Fr 11–16, tgl. 16–22 Uhr. Kubanisches Restaurant mit typischen Gerichten nach Rezepten von der Zuckerinsel. An manchen Abenden Livemusik und Tanz. Zu den kulinarischen Klassikern zählen Paëlla Valenciana 22,95 $ und Goldbrassenfilet in Weinsauce mit Tomaten, Zwiebeln und Knoblauch 13,75 $.

Shintaro [17]: 1900 N. Highland Ave., Tel. 323-882-6524, www.shintarosushi.com, Mo–Fr 11.30–14.30 und 17.30–23, Sa 17.30–23 Uhr. Die Sushi-Bar liegt in einer kleinen Einkaufszeile und hat neben ausgezeichneten Speisen 9 unterschiedliche Sake-Arten im Angebot. Sushi pro Teller 2,80–6 $, Hauptgerichte wie Lachs Teriyaki 15,95 $, Chicken Curry Tempura 13,95 $, gegrillte Makrele 10,95.

Yang Chow [18]: 819 N. Broadway, Tel. 213-625-0811, www.yangchow.com, tgl. 11.30–21.30 Uhr. Eines der besten asiatischen Restaurants in Chinatown, das neben den Standards der chinesischen Küche viele Spezialitäten bietet. 8–15 $.

Engine Co. No. 28 [19]: 644 S. Figueroa St., Tel. 213-624-6996, www.engineco.com, Mo–Fr 11–21, Sa–So 17–21 Uhr. Man speist in einer umgebauten Feuerwehrstation von 1912. Was an typischen US-Gerichten auf den Tisch kommt, schmeckt nach Großmutters Lieblingsrezepten. Salate, Suppen, Fleischgerichte aus dem Ofen oder vom Grill, Pasta und Sandwiches. Hauptgerichte ab 12 $.

R-23 [20]: 923 E. Second St., Tel. 213-687-7178, www.r23.com, Mo–Fr 11.30–14 und 18–22, Sa 17.30–22 Uhr. Elegantes Sushi-Restaurant in einem Warenhausviertel mit Stühlen, die von Stararchitekt Frank Gehry entworfen wurden. Zu den preiswerten und ausgezeichneten Gerichten gehört die Sashimi-Platte mit Jakobsmuscheln, Heilbutt, Shrimps, Thunfisch und Calamari für ca. 10 $.

Red Corner Asia [21]: 5267 Hollywood Blvd., Tel. 323-466-6722, www.redcornerasia.com, tgl. 11–23 Uhr. In einem ehemaligen Waschsalon serviert das Personal in schickem Ambiente Thai-Spezialitäten wie marinierte Hähnchenleber mit scharf gewürztem Salat (7 $) oder süß-saure Bangkok Calimari (7 $).

Victor's Liquor & Delicatessen [22]: 1915 N. Bronson Ave., Tel. 323-464-0276, www.victorssquare.com. Delikatessengeschäft in Verbindung mit einem Laden für alkoholische Getränke und ausgezeichneter Weinauswahl. Unter den Gerichten schwärmen Kenner von Penne Vodka. Gerichte ab 6 $.

Fashion District: Der südlichste Teil von Downtown zwischen der 7th St. und der I-10 ist das Terrain der Groß- und Einzelhändler mit vielen Einkaufsmöglichkeiten. Im Cooper Bulding befinden sich ca. 25 Outletgeschäfte, hauptsächlich für Mode (9th & Los Angeles St.).

Third Street Promenade: Fußgängerzone in Santa Monica mit über 200 Fachgeschäften und Restaurants. Das Einkaufszentrum Santa Monica Place entwarf Stararchitekt Frank Gehry (Third St., Bauernmarkt Mi und Sa 8.30–13.30, www.downtownsm.com).

Tonight Show mit Jay Leno: Die TV-Show mit bekannten Stars wird in den NBC Studios in Burbank aufgezeichnet. Kostenlose Tickets kann man persönlich abholen, per Post bestellen oder online ausdrucken (NBC Studios, 3000 Alameda Ave., Burbank, CA 91523, Tel. 323-653-4105, www.tvtix.com/schedule.php).

Ivar: 6356 Hollywood Blvd., Tel. 323-465-48 27, www.industry-la.com. Futuristischer Club mit 7 m hohen Decken, violetter Neonbeleuchtung, 5 Bars, weißen Ledersofas und Innentürmen aus Milchglas. Stark selektierende Türsteher. Do–Sa 21–3 Uhr, Eintritt 20 $.

Level 3: 6801 Hollywood Blvd., Tel. 323-461-2017, www.level3hollywood.com. Mega-Treff für partywütige Nachtschwärmer auf der obersten Etage des Hollywood & Highland Center mit DJ-Musik zum Tanzen. Große Terrasse mit Blick auf die Stadt. Do–Sa 21–3 Uhr, Eintritt 20 $.

Klassische Musik: Die Los Angeles Philharmonic ist in der Disney Concert Hall zu Hause, veranstaltet Konzerte aber auch in der Hollywood Bowl (Tickets unter Tel. 323-850-2000 bzw. 213480-3232, http://www.laphil.com). Die Aufführungen der unter der Leitung von Placido Domingo stehenden Los Angeles Opera finden im Dorothy Chandler Pavilion statt (Tel. 213-972-8001, Tickets online unter www.losangelesopera.com).

Darstellende Kunst: Los Angeles besitzt eine lebhafte Theaterszene, deren Fixsterne das Ahmanson Theatre und das Mark Taper Forum mit Schauspielen, aber auch Broadwaystücken und Musicals sind (Tel. 213-628-2772, www.centertheatregroup.org).

First Thursday San Pedro ART Walk: Jeden 1. Do im Monat öffnen Galeristen, Künstler und Kunsthändler ihre Galerien, Studios und Straßenstände im San Pedro Arts District (Downtown San Pedro zwischen 4th & 8th

Typischer Schnellimbiss an der Promenade in Venice Beach

St., 17–21 Uhr, www.1stthursday.com, die Besichtigung ist gratis).

Einen Kalender mit über 300 Festen und Veranstaltungen im Großraum Los Angeles gibt es unter: www.culturela.org/events.

Feste/Veranstaltungen:

Japanese New Year Celebration (1. Jan.): Japanisches Neujahrsfest »Oshogatsu« in Little Tokyo, www.jaccc.org.

Chinesisches Neujahrsfest (Anfang Febr.): Paraden und Veranstaltungen in Chinatown, www.lachinesechamber.org.

City Marathon (Mitte März): Größter Marathon-Wettbewerb in Kalifornien, www.lamarathon.com.

Fiesta Broadway (Ende April/Anfang Mai): Mexikanisches Nationalfest auf dem Broadway in Downtown (www.fiestabroadway.la).

Los Angeles Film Festival (Juni): Alles dreht sich um »laufende Bilder«, www.lafilmfest.com.

Summer Festival (Juli–Okt.): Unterschiedliche kulturelle Veranstaltungen in Downtown (www.grandperformances.org).

Port of Los Angeles Lobster Festival (Ende Sept.): 3-tägiges Hummerfest in San Pedro (www.lobsterfestival.com).

West Hollywood Halloween Carnival (31. Okt.): Halloween-Parade auf dem West Hollywood Blvd., www.visitwesthollywood.com.

Radtouren: Auf der Internetseite www.bicyclela.org/maps_main.htm findet sich eine Fülle von Informationen über das Radfahren in der Stadt inklusive einer Karte mit Radwegen.

Hollywood Pro Bicycles: 6731 Hollywood Blvd., Tel. 323-466-5890, www.hollywoodprobicycles.com. Kompetentes Geschäft für Radsportler, mit Reparaturwerkstatt und Radausleihe (Tourenrad für die ersten 2 Tage 75 $, Mountain Bike 65 $). Fahrradverleih auch am Strand von Santa Monica, ca. 5 $/Std., 25 $/Tag.

Stadttouren/Downtown: Die gemeinnützige Organisation Los Angeles Conservancy bietet mehrere Führungen zu Fuß durch Downtown mit unterschiedlichen Schwerpunkten an (523 W. 6th St., Suite 826, Tel. 213-623-2489, www.laconservancy.org, 10 $, Reservierung obligatorisch). – Die Rundgänge von Architours sind insbesondere auf Kunst und Architektur ausgerichtet (Tel. 323-294-5821, www. architours.com, ab 25 $). – Redline Tours: historische Rundgänge in Downtown und Hollywood mit Besichtigung historischer Gebäude (Tel. 323-402-1074, www.redlinetours.com, ca. 20 $).

Flugzeug: Der Los Angeles International Airport liegt an der Küste zwischen Marina del Rey und Manhattan Beach. Er wird von US- und internationalen Fluglinien etwa von Frankfurt nonstop oder über Zwischenstopps angeflogen (Tel. 310-646-5252, www.lawa.org/lax, Flugzeit ca. 12 Std.). Pendelbusse verbinden die Terminals. In die Stadt gelangt man mit SuperShuttle (Tel. 310-782-6600, www.supershuttle.com, 15–35 $). Taxis nach Hollywood oder Downtown kosten ca. 35 $. Zwischen Flughafen und Amtrak-Bahnhof Union Station gibt es die direkte FlyAway-Busverbindung (www.LAWA.org, Busse alle 30 Min., von 1–5 Uhr stdl., Fahrtdauer ca. 45 Min., Erw. einfache Fahrt 4 $, Kin. 2–12 Jahre 2 $).

Bahn: Zentraler Bahnhof für Fernverbindungen ist die Union Station (800 N. Alameda Ave., Tel. 1-800-872-7245, www.amtrak.com). Preisbeispiele: Los Angeles – Tucson 38–74 $. Die Regionalzüge von Metrolink bedienen den gesamten Großraum Los Angeles (www.metrolinktrains.com).

Bus: Greyhound Terminal, 1716 E. 7th St., Tel. 1-800-229-9424, www.greyhound.com. Verbindungen in alle Richtungen.

Fortbewegung in der Stadt:

Das Metrosystem umfasst 4 Linien: Blaue Linie: Downtown Los Angeles – Long Beach; Grüne Linie: Norwalk – Redondo Beach; Rote Linie: Downtown – Wilshire Blvd. – Hollywood – San Fernando Valley; Goldene Linie: Union Station – Pasadena. Der Metro Day Pass ist 24 Std. auf allen Bus- und U-Bahn-Linien gültig, 5 $; Einzelfahrt 1,25 $ (www.metro.net). DASH-Busse verkehren in Downtown, Hollywood und der West Side (Tel. 213-808-2273, www.ladottransit.com, pro Fahrt 0,25 $).

Zwischen Los Angeles und San Diego

Reiseatlas S. 10

Auf 120 Meilen säumt zwischen Los Angeles und San Diego die kalifornische Riviera den Pazifik. Schöne Sandstrände und Buchten und einige der besten Surfreviere des Golden State wechseln sich ab mit typisch kalifornischen Küstenstädten, in denen es weniger um historische Spuren oder kulturelle Attraktionen, sondern vielmehr um Lifestyle im Zeichen von Surfen, Sonne, Sand und Meer geht.

Huntington Beach

Reiseatlas: S. 10, E 3

Hartnäckig wird in der 194 000 Einwohner großen Küstenstadt die Geschichte kolportiert, in den 1920er-Jahren habe ein Hawaiianer namens Duke Kahanamoku den Surfsport nach Huntington Beach gebracht – für Einwohner und Stadtväter Grund genug, den Beinamen »Surf City« wie ein Markenzeichen zu kultivieren und zu vermarkten. Unumstritten ist, dass die örtliche Küste wegen der imposanten Brandung zu den besten Surfrevieren an der Westküste zählt, weil der Meeresgrund vor dem 14 km langen Strand flach und sandig ist und kein Riff die ankommenden Brecher stört.

Die Stars der internationalen Surfergemeinde finden sich seit 1959 jedes Jahr im August vor Ort zu den U.S. Open of Surfing ein. Die Meisterschaft, die weltweit zu den größten Surfwettbewerben zählt, verwandelt die Main Street tagelang in die größte Open-air-Party der Westküste (www. usopenofsurfing.com).

Die Surferhochburg weiß, was sie ihren Helden schuldig ist. Das **International Surfing Museum** dokumentiert mit Filmen, Musik und Fotos die Geschichte des ganz besonders im südlichen Kalifornien äußerst populären Sports. Unter den Exponaten befinden sich Surfbretter, Posters und Memorabilien aus den unterschiedlichsten Bereichen (411 Olive Ave., Tel. 714-960-3483, www.surfingmuseum.org, im Sommer tgl. 12–17 Uhr, sonst Mo–Fr, 2 $).

Wo die Main Street auf den Pacific Coast Highway trifft, steht ein weiteres Surfer-Walhalla. Die **Surfers' Hall of Fame** ist keine Ruhmeshalle, sondern eine Außenanlage um ein aus schwarzem Stein geschlagenes Denkmal des Pioniers Duke Kahanamoku, der dem Küstenort zu seinem profitablen Image verhalf. Zu seinen Füßen haben sich die berühmtesten seiner Nachfolger mit Hand- und Fußabdrücken bzw. mit Autogrammen in Steinplatten verewigt. In die Gehsteige wurden nach dem Vorbild des Walk of Fame in Hollywood Gedenkplatten für die Champions des Surfsports eingelassen. Folgt man dem Surfing Walk of Fame Richtung Meer, kommt man zum **Municipal Pier**, dem mit 560 m längsten Betonpier der USA (tgl. 5–24 Uhr).

i **Huntington Beach Conference & Visitors Bureau:** 301 Main St., Huntington Beach, CA 92648-5171, Tel. 714-969-3492, Fax 714-969-5592, http://www.surfcityusa.com.

Sunset Beach B & B: 16401 Pacific Coast Hwy, Sunset Beach, Tel. 562-592-1666, www.sunsetbeachbedandbreakfast.com. Zehn mit schönem altem Mobiliar ausgestattete, klimatisierte Zimmer mit offe-

nem Kamin, Minibar, WLAN und eigenem Bad. Das Haus liegt nur wenige Schritte vom Strand entfernt. DZ 165–325 $.
Huntington Surf Inn: 720 Pacific Coast Hwy, Tel. 714-536-2444, www.huntingtonsurfinn.com. Kleines Motel mit nur 9 Zimmern, nur einen Steinwurf vom Surfstrand entfernt. DZ ab ca. 89 $.
Camping:
Bolsa Chica State Beach: 17851 Pacific Coast Hwy nördlich der Stadt, Tel. 714-846-3460, www.parks.ca.gov. Attraktiv gelegener Platz nur für Campmobile. Keine Zelte. Stellplatz im Hochsommer 34–44 $.

Duke's: 317 Pacific Coast Hwy, Tel. 714-374-6446, www.dukeshuntington.com, Lunch Di–Sa, Dinner tgl., So Brunch. Beim Pier gelegenes Lokal mit Blick auf Strand und Meer und hawaiianischem Ambiente. Neben frischem Fisch und Seafood werden auch unterschiedliche Fleisch- und Geflügelspeisen serviert. 16–30 $.
Hurricanes Bar & Grill: 200 Main St., Tel. 714-374-0500, www.hurricanesbargrill.com, tgl. 11–2 Uhr. Lokal für Gäste, die sich beim Abendessen gerne von Bands, Interpreten und Shows unterhalten lassen. Die Küche bietet typisch amerikanische Gerichte, aber auch Klassiker wie Filet Mignon und New York Steaks. 10–20 $.

Mit dem Autor unterwegs

Lebende Gemälde

Das jeden Sommer veranstaltete **Festival of Arts & Pageant of the Masters** in Laguna Beach gehört zu den außergewöhnlichsten Festen Kaliforniens. Einwohner in Kostümen stellen vor arrangierten Kulissen einzeln oder in Gruppen ausgesuchte Gemälde berühmter Maler nach (s. S. 194).

Küstenpfad mit Aussicht

Von der Brandung ausgehöhlte und vom salzigen Wind gezeichnete Klippen säumen den Coastal Walk in **La Jolla,** der wie ein Lehrpfad für Küstenflora und -fauna dem berückenden Pazifiksaum folgt. Eine ganz besondere Attraktion ist die Robbenkolonie im sogenannten Children's Pool, der früher einmal eine Badebucht für Kinder war (s. S. 197 f.).

Newport Beach

Reiseatlas: S. 10, E 3
Einer der ersten Investoren im 80 000 Einwohner großen Newport Beach war in der Nachkriegszeit John Wayne. 1966 zog die Westernlegende in die per Helikopter nur Flugminuten von Hollywood entfernte Küstengemeinde und trug mit Finanzspritzen zum Ausbau der örtlichen Infrastruktur bei. Bis dahin hatten die Einwohner hauptsächlich von der Vermarktung der landwirtschaftlichen Schätze des Orange County gelebt. Heute verbindet der Ort gepflegte Kleinstadtatmosphäre mit quirligem Geschäftsleben und einer unauffälligen Millionärsszene. Einer der größten Jachthäfen Amerikas mit sündhaft teuren schwimmenden Eigenheimen, exklusiven Clubs und Nobelrestaurants lässt erkennen, dass diese Küste seit den 1980er-Jahren zu beträchtlichem Wohlstand gekommen ist. Am Pro-Kopf-Einkommen von über 60 000 $ gemessen, zählt Newport Beach zu den reichsten Gemeinden der USA.

Wie ein vom Festland abgerissener Splitter zieht sich die **Balboa Peninsula** die Küste entlang. Sowohl auf der dem offenen Meer zugewandten Seite als auch auf der Landseite säumen wunderbare Badestrände den Landzipfel, von dem der Newport Pier und der Balboa Pier ins Meer hinausragen. Zwischen den beiden Piers stellt der Boardwalk eine Verbindung her, der sich über die Jahre zum Rummelplatz für Groß und Klein entwickelt hat.

Newport Beach Conference & Visitors Bureau: 1200 Newport Center Dr., Newport Beach, CA 92660, Tel. 949-719-6100, www.visitnewportbeach.com.

Radausflug im Heisler Park an der reizvollen Küste von Laguna Beach

Roger's Gardens: 2301 San Joaquin Hills Rd., Corona del Mar, Tel. 949-640-5800, www.rogersgardens.com, tgl. 9–18 Uhr. Ein Paradies für Besucher mit ›grünem Daumen‹, die sich Tipps für die Gartengestaltung zu Hause holen wollen.

Fashion Island: 401 Newport Center Dr., www.shopfashionisland.com, tgl. 11–17 Uhr, 1. Do im Monat bis 21 Uhr. Großes, attraktiv angelegtes Shoppingzentrum mit vielen bekannten Designerboutiquen, Restaurants und Unterhaltungsmöglichkeiten.

Laguna Beach

Reiseatlas: S. 10, E 3

Kaum irgendwo drängt sich der Vergleich mit der französischen Riviera so sehr auf wie im 24 000 Einwohner großen Laguna Beach, wenn man etwa vom Heisler Park den Blick über die Küste schweifen lässt. Buchten, von Klippen gesäumte Landvorsprünge, sanfte Strände und zerklüftete Felsen im Wasser machen diesen Pazifikabschnitt zu einem paradiesischen Flecken. Das Städtchen pflegt seit langem seinen Ruf als Boheme-, Schwulen- und Künstlerkolonie und unterstreicht dies mit Dutzenden Galerien und dem renommierten **Laguna Art Museum**, das sich vor allem mit Arbeiten kalifornischer Künstler zwischen dem frühen 19. Jh. und der Gegenwart beschäftigt (307 Cliff Dr., Tel. 949-494-8971, www.lagunaart-museum.org, tgl. 11–17 Uhr, Erw. 10 $, Kin. bis 12 J. Eintritt frei, 1. Do im Monat kostenlos).

Dem Ruf eines Hortes der Kunst wird die Gemeinde auch mit dem im Juli und August seit den 1960er-Jahren veranstalteten **Sawdust Art Festival** gerecht (www.sawdustart festival.org). Es schließt das außergewöhnliche **Festival of Arts & Pageant of the Masters** ein, bei dem kostümierte Einwohner einzeln oder in Gruppen berühmte Gemälde wie z. B. »Das letzte Abendmahl« von Leonardo da Vinci darstellen (während der Festivalzeit jeden Abend 20.30 Uhr, www.foapom.com).

i **Laguna Beach Visitors & Conference Bureau:** 252 Broadway, P. O. Box 221, Laguna Beach, CA 92651, Tel. 949-497-9229, 1-800-877-1115, Fax 949-376-0558, www.lagunabeachinfo.org.

Spa Gaucin: St. Regis Monarch Beach Resort & Spa, 1 Monarch Beach Resort, Dana Point, Tel. 949-234-3367, Fax 949-234-3201, www.stregismonarchbeach.com. Wunderschöne Wellnessoase im Stil der Toskana mit umfangreichem Behandlungsangebot von Schwedischer Massage (155 $) über Reflexzonenmassagen (175 $) bis zu Massagen mit heißen Steinen (180 $).

San Juan Capistrano

Reiseatlas: S.10, E 3
Das wenige Meilen im Küstenhinterland liegende San Juan Capistrano am historischen Mission Trail bietet Gelegenheit, vom Badeleben zu verschnaufen und sich der Landesgeschichte zu widmen. Im historischen Missionsbezirk gründete der Franziskanerpater Junipero Serra 1776 die **Mission San Juan Capistrano**, deren Kirche erst 30 Jahre später fertiggestellt war. Zwei Erdbeben beschädigten sie so schwer, dass vom ursprünglichen Gotteshaus nur noch Ruinen übrig sind. Andere Trakte wurden wiederaufgebaut bzw. renoviert. Um die Missionsstation rankt sich eine Legende, nach der früher jedes Jahr pünktlich am 19. März aus Argentinien die ersten Schwalben ankamen und exakt am 23. Oktober dorthin zurückflogen. Mittlerweile halten sich die Vögel nicht mehr an diese Daten, sondern sind das ganze Jahr über Gäste der Mission (Ortega Hwy, Tel. 949-234-1300, www.sanjuancapistrano.org, tgl. 8.30–17 Uhr, Erw. 7 $, Kin. 4–11 Jahre 5 $).

Oceanside

Reiseatlas: S. 10, F 3
Zwei Sehenswürdigkeiten lohnen einen Aufenthalt in der 167 000 Einwohner zählende Küstenstadt. Mit **San Luis Rey de Francia** besitzt Oceanside eine der schönsten historischen Missionen Kaliforniens. Sie wurde 1798 als 18. Station am Camino Real von Pater Fermin Lasuen errichtet und nach Ludwig IX. (1226–1270), dem König von Frankreich und Schutzherrn des Franziskanerordens, benannt. Auf keinem anderen Missionsgelände des Landes lebten so viele Ureinwohner wie in San Luis, das zu Blütezeiten eine Indianerbevölkerung von über 3000 Menschen aufwies. In einem Garten an der Westseite der heute noch von Padres bewohnten Mission steht der erste in Kalifornien gepflanzte Pfefferbaum, er stammt aus dem Jahr 1830. In den 1950er-Jahren bildete die Anlage die Kulisse für zahlreiche Zorro-Filme (4050 Mission Ave., Tel. 760-757-3651, www.sanluisrey.org, tgl. 10–16 Uhr, Erw. 6 $, Kin. unter 18 Jahren 4 $).

Hauptsächlich bei Sonnenuntergang wird der längste aus Holz gebaute **Pier** an der amerikanischen Westküste seinem Ruf als attraktive Flaniermeile gerecht. Auf einem kurzen Spaziergang über die Planken mit den Namen von spendierfreudigen Bürgern erreicht man auf dem knapp 600 m langen Steg Ruby's Diner. Im letzten Licht des Tages können Gäste in diesem Aussichtslokal eine Fischmahlzeit oder einen Drink genießen und dabei Surfer beim Wellenreiten beobachten (1 Oceanside Pier, Tel. 760-433-7829, tgl. 7–22 Uhr, Hauptgericht ab 14 $).

Carlsbad

Reiseatlas: S. 10, F 3
Apartments und Resorthotels reichen in Carlsbad bis unmittelbar an die Steilküste. An einzelnen Stellen führen Treppen an den flachen, kilometerlangen Sandstrand hinunter. Früher besaß der Ort eine Quelle, deren Wasser offenbar dieselbe mineralische Zusammensetzung hatte wie das Wasser in der böhmischen Kurstadt Karlsbad – daher die Namensverwandtschaft.

Wer heute nach Carlsbad kommt, hat keine Kuren mehr im Sinn, sondern wählt meist **Legoland California** als Ziel. Der hauptsächlich für Kinder geeignete Vergnügungspark besteht aus sechs Themenwelten mit verschiedenen Achterbahnen sowie verkleinerten Nachbauten der Skyline von Manhattan, des Eiffelturms, eines Hafens mit funktionie-

Richtig Reisen-Tipp: Abstecher nach Klein-Afrika

Abseits der Küste liegt in einer hügeligen Weinbauregion das Städtchen Escondido, in dessen Umgebung zahlreiche Winzereien zu Besichtigungen und zum Probieren einladen (Belle Marie Winery, 26312 Mesa Rock Rd., Tel. 760-796-7557, www.bellemarie.com, 5 Proben pro Pers. 5 $; Orfila Vineyards, 13455 San Pasqual Rd., Tel. 760-738-6500, www.orfila.com, Besichtigung und Probe 8 $).

Bekannter ist der Ort allerdings durch ›Klein-Afrika‹, wie man den **San Diego Zoo's Wild Animal Park** auch nennen könnte. Diese Außenstelle des berühmten San Diego Zoo hat mit einem herkömmlichen, durch Käfige und Gitter gekennzeichneten Tierpark keine Ähnlichkeit. Giraffen, Nashörner, Okapi, Antilopen, Thomson-Gazellen, Büffel, Elefanten und Gnus streifen durch ein offenes Gelände, das an ostafrikanische und asiatische Landschaften erinnert und Vergleiche geradezu heraufbeschwört, wenn man etwa über den Kilimanjaro Safari Walk stromert, im Lion Camp die Könige der afrikanischen Savanne durch eine schützende Glasscheibe bewundert oder sich im Nairobi Village auf der Samburu Terrace mit einem Sandwich stärkt und dabei die exotische Pflanzenwelt genießt, die fast vollständig aus ostafrikanischen Setzlingen und Samen gezogen wurde.

An Bord der Wgasa Bush Line Railway können Besucher in offenen Waggons eine von Rangern kommentierte Tour durch den Park unternehmen und dabei Tiere aus nächster Nähe beobachten und interessante Details über ihre Lebensweise erfahren (Abfahrt an der Simba Station im Nairobi Village, Preis im Eintrittsticket eingeschlossen). Andere Attraktionen müssen extra bezahlt werden wie etwa die Balloon Safari mit einem fixierten Heliumballon, der eine fantastische Aussicht auf das Parkgelände aus 120 m Höhe erlaubt (15 $), oder Fotosafaris mit umgebauten Lastwagen (ab 90 $).

Wer sich für die medizinische Versorgung der Stars auf Pfoten und Hufen interessiert, kann sich durch das *Paul Harter Veterinary Medical Center* führen lassen (45 $). Bei der *Cats & Carnivores Tour* bekommt man hinter den Kulissen in Begleitung von Profis Einblicke in das Leben und Verhalten von Raubtieren wie Tigern und Löwen (25 $). Unter diesen Sonderprogrammen rangiert die *Cheetah Run Safari* an vorderster Stelle. Gästen wird vorgeführt, mit welch atemberaubender Geschwindigkeit Geparden als die schnellsten Landtiere der Erde ihrem Jagdtrieb folgen und einer mechanischen Beute ähnlich wie bei Windhundrennen nachjagen (69 $).

---

render Hebebrücke und Fähre; darüber hinaus gibt es zahlreiche Abenteuerspielplätze (1 Legoland Dr., Tel. 760-918-LEGO, www.legoland.com/california.htm, März–Dez. 10–17 Uhr, im Sommer länger, Tagesticket Erw. 59,95 $, Kin. 3–12 Jahre 49,95 $).

i **Carlsbad Convention & Visitors Bureau:** 400 Carlsbad Village Dr., Carlsbad, CA 92008, Tel. 760-434-6093 oder 1-800-227-5722, Fax 760-434-6056, www.visitcarlsbad.com.

Four Seasons Resort Aviara: 7100 Four Seasons Point, Tel. 760-603-6800, www.fourseasons.com/aviara. Romantisches Resort mit Spa. DZ ab 315 $.

Best Western Beach View Lodge: 3180 Carlsbad Blvd., Tel. 760-729-1151, www.beachviewlodge.com. Moderner Bau mit Meerblick. Zimmer z. T. mit Balkon, Deluxe-Zimmer mit Kamin u. Küche. DZ ca. 158 $.

Pelican Cove Inn: 320 Walnut Ave., Tel. 760-434-5995, www.pelican-cove.com. Im neuenglischen Baustil errichtet, bietet die Unterkunft 10 Nichtraucherzimmer mit eigenem Bad. DZ ab 95 $, inkl. Frühstück.

Blue Fire Grill: 2100 Costa Del Mar Rd., Tel. 760-929-6306, www.dineblue

Mit dem Australian Rain Forest ist die Parklandschaft bei Escondido um einen australischen Regenwald reicher geworden. In diesem Dschungel führen Holzstege an tasmanischen Riesenfarnen und gewaltigen Eukalyptusbäumen vorbei, in deren Kronen Wasserzerstäuber und Beregnungsanlagen installiert wurden, um die auf viel Feuchtigkeit angewiesenen Pflanzen mit dem nötigen Nass zu versorgen. Neben afrikanischen, asiatischen und australischen Spezies sind im Park im Teil **Condor Ridge** auch einheimische Arten vertreten. Erfolgreich wurde von den Zooexperten der fast ausgerottete Kalifornische Kondor aufgezogen, der neben Weißkopfadlern, dem amerikanischen Wappentier, Dickhornschafen, einer früher im ganzen Südwesten verbreiteten Papageienart und Wüstenschildkröten in diesem Parkteil zu sehen ist. Einheimische Kiefern und Redwood-Mammutbäume, die sich in einem Koniferenwald sammeln, runden das Bild der kalifornischen Enklave ab (15500 San Pasqual Valley Rd., Tel. 760-747-8702, www.wildanimalpark.org, im Hochsommer tgl. 9–20 Uhr, sonst kürzer, Erw. 34 $, Kin. 3–11 J. 24 $). Zu den besonderen Abenteuern gehören im Park Zeltübernachtungen von ganzen Familien in nächster Nähe der wilden Tiere).

fire.com, Dinner Di–Sa 17–22 Uhr. Feines Restaurant im La Costa Resort. Zu empfehlen ist u. a. das gegrillte Filet Mignon mit karamellisierten Zwiebeln und Spargel für 42 $; Penne Rigate Pasta mit Broccoli und Tomatensauce 22 $. Hauptgerichte im Durchschnitt 31–50 $.

Bellefleur Winery & Restaurant: 5620 Paseo del Norte, Tel. 760-603-1919, www.bellefleur.com, Mo–Do 11–21, Fr–Sa 11–22, So 10-21 Uhr. Fleisch- und Geflügelgerichte, Seafood und eine kleine Auswahl von vegetarischen Speisen. So Brunch mit Buffet und Champagner 10–14 Uhr, 21,95 $. Hauptgerichte 18–33 $.

Encinitas

Reiseatlas: S. 10, F 4
Die auch »Flower Capital of the World« genannte Ortschaft produziert in örtlichen Treibhäusern Blumensetzlinge, die in vielen Teilen des Landes Gärten und Fensterbänke schmücken. Die Quail Botanical Gardens bilden gewissermaßen eine Welt im Kleinen mit typisch kalifornischer Vegetation, Wüstenkakteen, australischen Pflanzen, mediterranen Gärten und Regenwäldern (230 Quail Gardens Dr., Tel. 760-436-3036, www.qbgardens.com, Erw. 10 $, Kin. 3–12 Jahre 5 $).

La Jolla

Reiseatlas: S. 10, F 4
Ungefähr 12 Meilen nördlich von San Diego verteidigt das an den Pazifikklippen gelegene elegante Städtchen La Jolla (spanisch: Das Juwel) seinen Ruf als Nobelgemeinde schon lange mit gepflegten Wohnvierteln im spanisch-mexikanischen Stil. Dr. Jonas Salk, der Erfinder der Polioschutzimpfung, baute dort 1967 sein Forschungsinstitut auf.

Das als ›Village‹ bekannte Zentrum der 40 000-Seelen-Gemeinde liegt zwischen der Küste im Westen, Pearl Street im Süden, Torrey Pines Road im Osten und der von vornehmen Restaurants und edlen Modeboutiquen gesäumten Prospect Street im Norden.

Der für Fußgänger angelegte Coast Walk beginnt in der Nähe der La Jolla Caves und endet an der Torrey Pines Road mit traumhaften Ausblicken auf die zerklüftete Küste, den Scripps Pier und die Sandsteinklippen besonders im Frühjahr ein reizvoller Anblick, wenn gelbe Gänseblümchen blühen. Der von einer Hafenmauer geschützte **Children's Pool** an der Küstenpromenade war früher eine kleine, geschützte Badebucht für Kinder. Mittlerweile haben Robben diesen Küstenabschnitt besiedelt, um sich zu sonnen und sich von Schaulustigen bewundern lassen.

Weiter nördlich ist der **Torrey Pines State Reserve** für seine Ausblicke und schönen Wanderwege, vor allem aber für seine knorrigen Torrey-Kiefern bekannt. Außer an dieser Stelle kommt diese seltene Baumart nur noch auf der Kanalinsel Santa Rosa vor. Im Visitor Center ist ein Museum über die Natur- und Kulturgeschichte des Schutzgebietes eingerichtet (16500 N. Torrey Pines Rd., Tel. 858-755-2063, www.torreypine.org, tgl. 8 Uhr bis Sonnenuntergang, Parkgebühr tgl. 8 $; Sa/So und feiertags kostenlose Rangerführungen mit Schwerpunkt auf Naturthemen, 10 und 14 Uhr).

Am **Torrey Pines Glider Park** lassen sich Drachenflieger von der Meeresbrise in die Lüfte heben (2800 Torrey Pines Scenic Dr.). Ebenfalls an der Küste gelegen, verschafft das **Birch Aquarium at Scripps** Besuchern interessante Einblicke in die Geheimnisse der Meere. Neben einer Sonderschau mit Seepferdchen, Gezeitenpools im Freien und zahlreichen Haiarten hat sich ein offenbar zahmer Tintenfisch zum Publikumsliebling entwickelt. Ein Tauchsimulator namens Deep River simuliert innerhalb von 10 Minuten einen Tauchgang in 1300 m Tiefe. Jeweils am Di und Do finden um 12.30 und sonntags um 10.30 Dive Shows statt, bei denen Taucher in einem 250 000 Liter fassenden Becken in die Kelpwälder absteigen und das Meeresleben erklären (2300 Expedition Way, Tel. 858-534-FISH, http://aquarium.ucsd.edu, tgl. 9–17 Uhr. Erw. 11 $, Kin. 3–17 Jahre 7,50 $).

La Jolla Visitor Center: 7966 Herschel Ave., La Jolla, CA 92037, Tel. 858-454-5718, Fax 619-230-7084, www.lajollabythesea.com.

La Jolla Cove Suites: 1155 Coast Blvd., Tel. 858-551-3411, www.lajollacove.com. Direkt an der Küste liegendes Nobelhotel mit 116 Zimmern, Pool, Business- und Fitnesscenter, Jacuzzi. DZ ab 199 $.
Empress Hotel: 7766 Fay Ave., Tel. 858-454-3001, www.empress-hotel.com. Sehr geschmackvoll eingerichtete Zimmer, Fitnesscenter, Spa und Sauna. DZ ab 169 $.
Buena Vista B & B: 5446 Candlelight Dr., Tel. 858-454-9646, Fax 858-454-5360, www.inntravels.com/usa/ca/buenavista.htm. Vom Patio mit Pool blickt man auf das Meer und die Stadt. Die beiden Gästezimmer mit Bad sind ebenso wohnlich ausgestattet wie die Gemeinschaftsräume. DZ 95–125 $.

The Crab Catcher: 1298 Prospect St., Tel. 858-454-9587, www.crabcatcher.com, Mo–Sa 11.30–15, tgl. 17.30–22, So Brunch 10.30–15 Uhr. Das mit Blick auf die Küste gelegene Restaurant ist auf frisches Seafood wie Jakobsmuscheln, Heilbutt, Königslachs und Gelbflossen-Thunfisch spezialisiert. Hauptgerichte 22–40 $.
Jack's La Jolla: 7863 Girard Ave., Tel. 858-456-8111, www.jackslajolla.com. Komplex, der drei Restaurants beherbergt: Im ungezwungenen **Jack's Grille** kommen Pizzen, Pasta, Salate und Sandwiches auf den Tisch (tgl. 11.30–2 Uhr, 8–14 $); das elegante **Viaggio** gehört zu den besten Küchen der Stadt (So–Di 17.30–21, Mi–Sa bis 22 Uhr, 7-gängiges Probiermenü 75 $); Sushi, Shrimps, Austern, Steaks und gegrillte Meeresfrüchte werden im **Ocean View Room** serviert (So–Mo 17.30–21, Di–Mi bis 22, Do–Sa bis 23 Uhr, tgl. 11.30–15 Uhr Lunch, Hauptgerichte 18–35 $).

Jeden Sonntagvormittag findet ein **Farmer- und Künstlermarkt** statt, auf dem man frisches Obst, Gemüse, Blumen und Käse, aber auch Modeartikel und Kunsthandwerk kaufen kann. Zu Livemusik wird an Imbissständen für das leibliche Wohl gesorgt (Ecke Girard & Genter St., ab 8 Uhr).

Gaia Day Spa: 1299 Prospect St., Tel. 858-456-8797, www.gaiadayspa.com. Wellnessoase mit unterschiedlichen Anwendungen von Aromatherapie (90 $) bis Shankara, einer Mischung aus Ayurveda und westlicher Hautpflege (100 $).
Torrey Pines Golf Course: 11480 N. Torrey Pines Rd., Tel. 858-452-3226, www. torreypinesgolfcourse.com. Einer der am schönsten gelegenen Golfplätze Kaliforniens mit zwei 18-Loch-Anlagen.

Südkalifornien ist ein Paradies für Surfer, hier stimmt einfach alles

San Diego und die südkalifornische Wüste

Cityplan S. 202/203
Karte S. 211

San Diego hat in jüngerer Vergangenheit eine steile Karriere gemacht. Der früher heruntergekommene Altstadtkern präsentiert sich mittlerweile als attraktives Zentrum mit Häusern aus dem 19. Jh. Neben der gelungenen Sanierung profitiert die Küstenmetropole von ihrer grandiosen Lage an einer geschützten Bucht und von sogar im Winter frühlingshaften Temperaturen. Zudem ist sie ein idealer Ausgangspunkt für eine Autotour durch die südkalifornische Wüste.

5 San Diego

Cityplan: S. 202/203, **Reiseatlas** S. 11 A/B 4

Zum Flaggschiff der innerstädtischen Sanierung seit den 1980er-Jahren wurde mit der **Horton Plaza** 1 ein neues Shopping Center, in dem 130 Kaufhäuser, Hotels, Boutiquen, Geschäfte, Restaurants und Imbissstände auf sechs offenen Etagen um einen lichten Innenhof angeordnet sind, sodass beinahe das Flair eines überdimensionalen Straßencafés aufkommt. Wie von den Planern erhofft, brachte dieser Neubau Geld und Leute in die Stadt und trug wesentlich zur Wiederbelebung des Stadtzentrums bei (324 Horton Plaza, Tel. 619-239-8180, www.westfield.com/hortonplaza, Mo–Fr 10–21, Sa 10–20. So 11–19 Uhr, 3 Std. kostenloses Parken mit abgestempeltem Parkschein).

Gaslamp Quarter

Der Erfolg der Horton Plaza blieb nicht ohne Einfluss auf das angrenzende **Gaslamp Quarter** 2. Im einstmals heruntergekommenen Rotlichtviertel strahlen restaurierte Ziegelgebäude mit attraktiven Fassaden und viktorianische Schönheiten aus dem 19. und beginnenden 20. Jh. Wo früher zwielichtige Kaschemmen mit unmissverständlichen Namen wie »Zum Einäugigen McInery« und »Sieben Eimer Blut« die Kneipenszene prägten, dehnt sich heute auf einem Gebiet von 16 Straßenblocks ein kultiviertes Restaurant- und Einkaufsviertel aus. Entlang der Fifth Avenue pulsiert nach Sonnenuntergang das Leben, wenn Leuchtstrahler Fassaden illuminieren und in exklusiven Lokalen Kellner die Damasttischdecken glätten. Neben Musikclubs und Bars sorgen mehrere Theater und die Oper für abwechslungsreiche Kulturprogramme. Der Kern der Sammlung des **Museum of Contemporary Art** umfasst ca. 3000 Gemälde, Skulpturen, Zeichnungen, Fotografien und Multimediainstallationen aus der Zeit seit 1950. Das Museum bietet hauptsächlich noch wenig bekannten Künstlern aus Kalifornien und dem benachbarten mexikanischen Grenzgebiet eine Ausstellungsmöglichkeit (1001 Kettner Blvd., Tel. 619-234-1001, www.mcasd.org, tgl. außer Di 11–17 Uhr, Erw. 10 $; eine Filiale des Museums befindet sich in La Jolla, 700 Prospect St., Tel. 858-454-3541).

Seit 1915 steht zwischen Gaslamp Quarter und Hafen das historische **Santa Fe Railroad Depot,** ein sehenswerter, anlässlich der Panama-Pazifik-Ausstellung im spanischen Missionsstil erbauter Bahnhof, der als Haltestelle für die Amtrak-Züge dient. In der Nachbarschaft wuchsen Wolkenkratzer aus Glas und Stahl wie riesige Meilensteine auf dem Weg in eine verheißungsvolle Zukunft in den Himmel. Selbst für den sportlichen Ausgleich ist mitten in der Stadt gesorgt. Nur Schritte

Mit dem Autor unterwegs

Reges Nachtleben
Das mit Sorgfalt sanierte **Stadtzentrum von San Diego** mit Restaurants aller Kategorien, Clubs, Theatern und Oper platzt vor allem an Wochenenden nach Sonnenuntergang aus allen Nähten (s. S. 200 f.).

Natur- und Kulturschätze im Balboa Park
Neben Parkanlagen mit vielfältiger Vegetation bietet die grüne Oase wunderschöne Architekturzeugnisse im spanischen Missionsstil, über ein Dutzend Museen und den berühmten San Diego Zoo (s. S. 203 ff.).

Manche mögens heiß
Das **Hotel del Coronado** war 1959 Kulisse der mitreißenden Filmkomödie »Manche mögen's heiß« von Regisseur Billy Wilder mit Marilyn Monroe, Jack Lemmon und Tony Curtis in den Hauptrollen (s. S. 205).

Mission Bay
Bei den sportbegeisterten Einwohnern steht die Mission Bay mit Stränden, Promenaden, Wanderwegen, Segelrevieren, Sportanlagen, Resorthotels und Sehenswürdigkeiten wie SeaWorld hoch im Kurs (s. S. 206 f.).

Coachella Valley
Mitten in der sonnenverbrannten Wüste Südkaliforniens bildet das Tal mit der High-society-Hochburg **Palm Springs** und weiteren acht Kleinstädten eine grüne Oase mit zahlreichen Freizeitangeboten und Konsumtempeln (s. S. 210 ff.).

Joshua Tree National Park
Für Felskletterer, Fotografen, Camper und Mountainbiker gehört der nördliche Parkteil mit seinen seltsamen Granitfelsen und den attraktiven Joshua Trees zu den schönsten Naturszenerien Kaliforniens (s. S. 213 ff.).

vom Bahnhof entfernt entstand unter einer riesigen Netzkonstruktion ein ›Golfkäfig‹, der Sportlern den Weg an den Stadtrand erspart.

Embarcadero
An der **Embarcadero** 3 genannten Wasserkante feiert die Stadt ihre enge Verbundenheit mit dem Meer. Vom Broadway Pier an der Straßenkreuzung West Broadway und Harbor Drive spaziert man an Quais entlang nach Norden, wo Ausflugsschiffe und Fähren nach Coronado ablegen und sich neugierige Seehunde im Wasser tummeln. Widmet sich das **San Diego Aircraft Carrier Museum** mit dem ausgemusterten Flugzeugträger Midway der Kriegsmarine (910 N. Harbor Dr., Tel. 619-544-9600, www.midway.org, Erw. 17 $, Kin. 6–17 Jahre 9 $), so dümpeln im **Maritime Museum** mehrere Oldtimerschiffe im Hafen. Der 1863 in England gebaute Dreimaster Star of India umsegelte die Erde als Frachtschiff mehrmals. Über 60 Jahre lang pendelte die über 100-jährige Fähre Berkley in der Bucht von San Francisco und brachte nach dem Erdbeben 1906 Tausende Menschen in Sicherheit. 1904 lief die luxuriöse Motoryacht »Medea« vom Stapel, die einem schwerreichen schottischen Landbesitzer für Ausflüge diente (1492 N. Harbor Dr., Tel. 619-234-9153, www.sdmaritime.com, Erw. 14 $, Kin. 6–17 Jahre 8 $).

Am südlichen Abschnitt des Embarcadero lädt das direkt am Wasser liegende **Seaport Village** 4 mit fünf Dutzend Boutiquen, Souvenirläden und Galerien sowie Restaurants, Cafés und Imbissbuden zum Flanieren und Einkaufen ein. An Wochenenden platzt das im Stil eines neuenglischen Fischerdorfes erbaute Village aus allen Nähten, wenn Rock- und Pop-Gruppen Konzerte geben, Steinkünstler mit ruhiger Hand Felssplitter und Kiesel aufeinandertürmen und Familien in den Zuckerwatterausch verfallen. Am B Street Pier legen Ausflugsschiffe zu Hafenrundfahrten (ca. 15 $) und Walbeobachtungstouren ab (849 W. Harbor Dr., www.spvillage.com).

San Diego: Cityplan

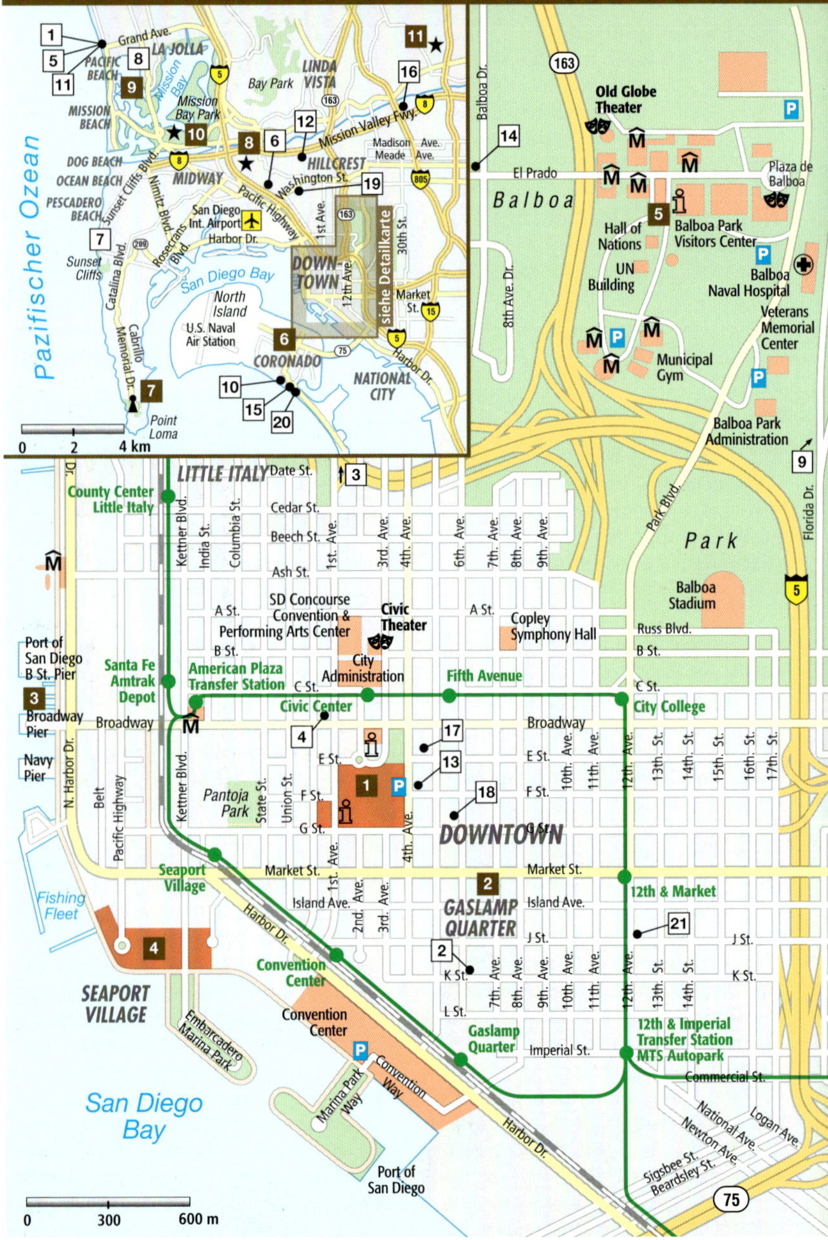

Sehenswürdigkeiten

- 1 Horton Plaza
- 2 Gaslamp Quarter
- 3 Embarcadero
- 4 Seaport Village
- 5 Balboa Park
- 6 Coronado
- 7 Cabrillo National Monument
- 8 Old Town
- 9 Mission Bay
- 10 SeaWorld
- 11 Mission San Diego de Alcala

Übernachten

- 1 Pacific Terrace Hotel
- 2 San Diego Marriott Gaslamp Quarter
- 3 Bankers Hill Manor
- 4 Bristol Hotel
- 5 Capri Beach Accomodations
- 6 A Victorian Heritage Park
- 7 Inn at Sunset Cliffs
- 8 Beach Hut B & B
- 9 Carole's B & B Inn
- 10 Coronado Village Inn
- 11 Mission Bay Motel
- 12 Hotel Circle Drive

Essen und Trinken

- 13 Georges on Fifth
- 14 Laurel Restaurant
- 15 Primavera Ristorante
- 16 Todai Restaurant
- 17 Dakota
- 18 Buca di Beppo
- 19 Hash House A-Go-Go
- 20 Miguel's Cocina
- 21 Mission Soma

Balboa Park

Nordöstlich des Zentrums dehnt sich mit dem **Balboa Park** 5 eine grüne Oase aus, die den Einheimischen besonders ans Herz gewachsen ist. Anlässlich der Fertigstellung des Panama-Kanals fanden dort 1915/1916 die Panama-Pazifik-Ausstellung und 1935 die California-Pacific International Exposition statt. Heute bildet das 560 ha große Gelände ein attraktives Naherholungsgebiet mit subtropischen Bäumen und überbordenden Gärten, aber auch mit 15 Museen und 85 Kultureinrichtungen größtenteils in Gebäuden im Stil der spanischen Kolonialzeit mit wunderschönem Fassadenschmuck, wie die **Casa del Prado** zeigt (Balboa Park Visitors Center, House of Hospitality, 1549 El Prado, Tel. 619-239-0512, www.balboapark.org, Zugang zum Park gratis, Museen 4–15 $; der Passport to Balboa Park kostet 65 $ und gilt für 13 Hauptattraktionen. Im wechselnden Turnus ist der Eintritt für jeweils ausgewählte Museen jeden Di frei).

Museen

Schon von weitem ist die 1915 erbaute **Casa de Balboa** an ihrem 60 m hohen ziselierten Turm zu erkennen. Das dort eingerichtete **Museum of Man** widmet sich der Kulturgeschichte der Pueblo-Indianer (Tel. 619-239-2001, www.museumofman.org, tgl. 10–16.30), während das **Museum of Photographic Arts** (Tel. 619-238-7559, www.mopa.org, Di–So 10–17, Do bis 21 Uhr) Fotokunst u. a. von Ansel Adams und Imagen Cunningham ausstellt und sich das **Museum of San Diego History** mit der wechselhaften Geschichte der Metropole beschäftigt (Tel. 619-232-6203, www.sandiegohistory.org, tgl. 10–17 Uhr). Freunde von Modell-Eisenbahnen kommen im **San Diego Model Railroad Museum** auf ihre Kosten (Tel. 619-696-0199, www.sdmrm.org, Di–Fr 11–16, Sa–So 11–17 Uhr). Neben interaktiven naturwissenschaftlichen Einrichtungen unterhält das **Reuben H. Fleet Science Center** Besucher mit im IMAX-Kino auf Großleinwand projizierten Filmen über Tiefseeabenteuer, griechische Inseln oder die Welt der Fledermäuse (Tel. 619-238-1233, www.

SAN DIEGO
MUSEUM OF ART

rhfleet.org, tgl. geöffnet ab 9.30 Uhr, wechselnde Schließzeiten).

Hinter einer neogotischen Fassade verbirgt sich das **Museum of Art** mit wertvollen Werken internationaler Künstler wie etwa Gemälden aus der Zeit der italienischen Renaissance und des spanischen Barock. Eine gesonderte Abteilung beschäftigt sich mit asiatischer Kunst. Dem Skulpturengarten ist ein Café zum Ausruhen angeschlossen (Tel. 619-232-7931, www.sdmart.org, Di–So 10–18, Do bis 21 Uhr).

Europäische Meister wie Rembrandt, Rubens und Cézanne, aber auch private Sammlungen russischer Ikonen werden im **Timken Museum of Art** vorgestellt (Tel. 619-239-5548, www.timkenmuseum. org, Di–Sa 10–16.30, So 13.30–16.30 Uhr). Zu den populärsten Ausstellungen im Park zählt das **Air & Space Museum.** Es schlägt einen Bogen über die Geschichte der Fliegerei von den Pionierflügen der Gebrüder Wright bis zur modernen Raumfahrt. Unter gut fünf Dutzend fliegenden Kostbarkeiten befindet sich eine Nachbildung der »Spirit of St. Louis«, mit der Charles Lindbergh 1927 den Nordatlantik überquerte (Tel. 619-234-8291, www.sandiegoairandspace.org, tgl. 10-16.30 Uhr).

Um eine mit bemalten Steinplatten ausgelegte Plaza gruppiert sich das aus einer Ansammlung niedriger, blumengeschmückter Häuschen bestehende **Spanish Village.** An die 300 Künstler und Kunsthandwerker wie Maler, Töpfer und Bildhauer unterhalten in diesem malerischen Dorf Studios und arbeiten an ihren Werken. Dabei lassen sie sich von Besuchern gerne über die Schulter schauen.

San Diego Zoo

Größte Attraktion im Balboa Park ist der weltberühmte **San Diego Zoo** mit über 800 Tierarten, der einen festen Platz unter den besten Tierparks der Welt besitzt. Im Tiger Valley mit einer asiatischen Dschungelwelt sind majestätische Sumatratiger nicht durch Gitterstäbe, sondern künstlich angelegte Schluchten von Zuschauern getrennt. Auch Gorillas leben nicht in Gehegen, sondern in Regenwäldern wie im östlichen Zentralafrika.

Die kunstvolle neogotische Fassade des Museum of Art im Balboa Park

Sowohl Eisbären wie auch Flusspferde kann man durch große Unterwasserfenster auf ungewohnte Weise beobachten. Wer auf ermüdende Fußmärsche lieber verzichtet, kann mit der Skyfari Aerial Tram in luftiger Höhe über das Gelände fahren. Weltweite Aufmerksamkeit hat der Zoo durch zum Teil schwierige Aufzuchtprogramme für bedrohte Tierarten wie etwa Große Pandas auf sich gezogen (2920 Zoo Dr., Tel. 619-231-1515, www.sandiegozoo.org, tgl. 9–16, im Hochsommer 9–20 Uhr, Erw. 28,50 $, Kin. 3–11 Jahre 18,50 $,).

Coronado und Point Loma Peninsula

In kühnem Schwung führt von Downtown die 3,5 km lange Coronado Bridge nach **Coronado** 6 hinüber, eine mitten im Hafen liegende Sandbank. Den nördlichsten Teil nimmt eine Marinefliegerbasis ein, an die sich Wohnviertel mit noblen Villen und Residenzen in schmucken Gartenanlagen anschließen. Am bekanntesten wurde dieser Stadtteil durch das 1888 im viktorianischen Stil erbaute Hotel del Coronado am Pazifikstrand. Die knapp 400 Zimmer große Luxusherberge mit unverkennbaren Türmchen, roten Ziegeldächern und schneeweißen Fassaden diente zahlreichen Filmen als Kulisse, darunter Billy Wilders unvergesslicher, 1959 gedrehter Filmkomödie »Manche mögen's heiß« mit Marilyn Monroe, Jack Lemmon und Tony Curtis (1500 Orange Ave., Tel. 619-435-6611, www.hoteldel.com, DZ ab 205 $).

Cabrillo National Monument

Von diesem vom Wind gezeichneten, 16 km langen Höhenzug mit steil abfallenden Klippen genießt man einen fantastischen Blick auf den Pazifik im Westen und die Stadt im Osten. Das **Cabrillo National Monument** 7 neben dem Besucherzentrum ist dem portugiesischen Seefahrer Juan Cabrillo gewidmet, der im September 1542 als erster Europäer kalifornischen Boden betrat und das Gebiet für die spanische Krone in Besitz nahm. An der höchsten Stelle der Halbinsel steht das kleine Point Loma Lighthouse, das bis 1891 Schiffen mit seinem bis in 100 km Entfernung erkennbaren Signallicht den Weg wies. Häufiger Nebel in der Höhe veranlasste die Küstenwache später, direkt am Meer eine neue Station aufzubauen. Die Point Loma Peninsula ist eine der besten Aussichtsstellen, um zwischen Dezember und April Grauwale auf ihrer alljährlichen Wanderung zwischen Eismeer und Baja California zu beobachten (1800 Cabrillo Memorial Dr., Tel. 619-557-5450, www.nps.gov/cabr, Pkw 5 $).

Old Town

Wo der historische Kern von San Diego 1860 als erste Siedlung im spanischen Adobestil entstand, existiert heute unter dem Namen **Old Town** 8 ein Staatspark mit mehreren aus der Pionierära stammenden Gebäuden. Die Geschichte der Stadt reicht jedoch viel weiter zurück. 1542 segelte der portugiesische Seefahrer Juan Rodriguez Cabrillo als erster Europäer in die Bucht von San Diego. Danach verging ein weiteres halbes Jh., ehe der Spanier Sebastian Vizcaino an gleicher Stelle vor Anker ging und den Hafen nach seinem Schiff Saint Didacus be-nannte, wovon sich San Diego ableitet. Eine erste Landexpedition stieß von Neuspanien 1769 nach Südkalifornien vor, wo der Franziskanermönch Junipero Serra mit San Diego de Alcala die erste von 21 kalifornischen Missionen gründete.

Seit 1968 steht die Touristenattraktion Old Town um die Plaza de las Armas unter Denkmalschutz. Unter den Gebäuden, welche ein Großfeuer im Jahr 1872 überstanden, ist etwa das **Robinson-Rose House** mit der Parkverwaltung. Einblicke in den Lebenswandel einer begüterten Familie im Jahr 1872 gibt **La Casa de Estudillo**. Aus etwa derselben Zeit stammen die **Seeley Stables**, deren Besitzer eine Postkutschenlinie betrieb. Zum Park gehört außerdem eine Schule, eine Schmiede und eine Zeitungsredaktion. Um Old Town herum hat längst der Kommerz die Regie übernommen, während die Geschichte von Souvenirshops und mexikanischen Restaurants immer mehr in den Hintergrund gedrängt wurde (4002 Wallace St., Tel. 619-220-5422, www.parks.ca.gov, tgl. 10–17 Uhr, Eintritt frei).

Mission Bay

Für die Einheimischen gehört die **Mission Bay** 9 zu den bevorzugten Outdoor-Revieren. Es handelt sich um einen von vielen Wasserarmen durchzogenen, von Menschenhand angelegten Küstenpark zum Schwimmen, Bootfahren, Wasserskifahren, Segeln, Angeln und Picknicken. An mehreren Marinas liegen über 2000 Boote und Jachten vor Anker. Mit Wassersportlern teilen sich Jogger, Radfahrer und Golfer das Terrain. Zahlreiche luxuriöse Resorts bieten Gästen komfortable Orte zum Entspannen und Wohlfühlen (Besu- cherzentrum Tel. 619-276-8200, www.sandiego.gov/park-and-recreation/parks/missi onbay).

Seaworld

Bekannteste Besucherattraktion in der Mission Bay ist der Meereszoo **SeaWorld** 10. Das nach eigenem Bekunden größte Ozeanarium der Welt unternimmt einen Balanceakt zwischen maritimem Tierpark und Vergnügungspark. Dabei profitiert das Unternehmen in erster Linie von populären Shamu-Adventure-Shows mit Killerwalen, die in einer offenen Arena stattfinden. Im Unterschied dazu handelt es sich bei der Seelöwen- und Otter-Show eher um eine auf das amerikanische Publikum zugeschnittene Veranstaltung, bei der es vor allem um Entertainment geht und Tiere nur eine untergeordnete Rolle spielen.

In einem Unterwassertunnel aus Acryl kommen sich Besucher vor wie auf dem Meeresboden in einem Hai-Revier. In Manatee Rescue geht es um vom Aussterben bedrohte Seekühe, während im kalifornischen Gezeitenpool Seeigel, Seegurken, Muränen, Langusten und Fische beobachtet werden können. Zu einer beliebten Attraktion hat sich das Dolphin Interaction Program entwickelt, bei dem man zu Delfinen ins Wasser steigen und die Meeressäuger unter professioneller Anleitung mit Trainingssignalen dirigieren darf. Achterbahnfreaks kommen bei der Journey to Atlantis auf ihre Kosten, bei der man im Höllentempo durch Fabellandschaften jagt und bei einem ›Absturz‹ über eine Höhe von acht Stockwerken den Adrenalinspiegel explodieren fühlt (500 SeaWorld Dr., Tel. 1-800-827-4268, www.seaworld.com, im Hochsommer 9–23 Uhr, sonst kürzer, Tagesticket Erw. 61 $, Kin. 3–9 Jahre 51 $).

Mission Valley

Ursprünglicher Standort der ersten, 1769 aufgebauten kalifornischen **Mission San Diego de Alcala** 11 war der Presidio Hill bei Old Town. Zwistigkeiten mit den Soldaten des nahegelegenen Fort Stockton veranlassten den Gründer, Pater Junipero Serra, die mit einem 15 m hohen Glockenturm ausgestattete Station 1774 sechs Meilen weiter nach Osten ins Mission Valley zu verlegen. Die von 1931 stammende Missionskirche hatte vier Vorgänger, die allesamt den Zeitenwechsel nicht überstanden. An der jetzigen, ca. 50 m langen Kirche fällt ihre geringe Breite von nur 10 m auf. Dieses Konzept wurde den Baumeistern aufgezwungen, weil keine längeren Deckenbalken verfügbar waren. Im Chor ist Father Luis Jayme zur letzten Ruhe gebettet, der erste christliche Märtyrer Kaliforniens, der 1775 von Kumeyaay-Indianern umgebracht worden war. In einem kleinen Museum dokumentiert eine Ausstellung die Eroberung Kaliforniens und die Ausrottung der Indianer (10818 San Diego Mission Rd., Tel. 619-281-8449, www.mission sandiego.com, tgl. 9–17 Uhr, 3 $, Kin. 1 $).

i **San Diego Convention & Visitors Bureau:** West Broadway & Harbor Dr., San Diego, CA 92101, Tel. 619-236-1212, www.sandiego.org; www.sandiegogetaway.com.

Pacific Terrace Hotel 1: 610 Diamond St., Mission Bay, Tel. 858-581-3500, Fax 858-274-3341, www.pacificterrace.com. Direkt am Strand gelegenes luxuriöses Resorthotel mit 73 Zimmern zum Teil mit Balkon und Blick aufs Meer, attraktive Poollandschaft, Spa mit Massageangeboten. DZ ab ca. 300 $.

San Diego Marriott Gaslamp Quarter 2: 660 K St., Tel. 619-696-0234, www.sandiego gaslamphotel.com. 22 Stockwerke hohes Stadthotel mit eigenem Restaurant und Bar auf dem Dach für Gäste mit hohen Ansprüchen. Die komfortablen Zimmer sind mit modernsten Unterhaltungs- und Kommunikationsmitteln und Kaffeemaschine ausgestattet. Auch die Morgenzeitung fehlt nicht. DZ ab 249 $.

Bankers Hill Manor 3: 2947 First Ave., Tel. 619-293-0375, www.bankershillmanor.com. Drei stilvoll eingerichtete Gästezimmer bzw. Suiten für einen romantischen, gemütlichen Aufenthalt mit üppigem Frühstück. Die Gastgeber bevorzugen Gäste ohne kleine Kinder. DZ 195–236 $.

Bristol Hotel 4: 1055 First Ave., Tel. 619-232-6141, Fax 619-232-0118, www.thebrist olsandiego.com. Gediegene Stadtunterkunft mitten im Gaslamp Quarter mit modern und farbenfroh eingerichteten Zimmern samt Highspeed-Internetzugang. DZ ab 179 $.

Capri Beach Accomodations 5: 628 Missouri St., Tel. 858-483-6000. Direkt am Strand gelegene Ferienhäuser mit beheiztem Swimmingpool, Jacuzzi, Sauna und Küche mit Mikrowelle. DZ 80–168 $.

A Victorian Heritage Park 6: 2470 Heritage Park Row, Tel. 619-299-6832, www.heritage parkinn.com. B & B in einer viktorianischen Villa aus dem 19. Jh. mit zeitgenössischer Innenausstattung, zum Teil mit Himmelbetten. DZ ab 125 $.

Inn at Sunset Cliffs 7: 1370 Sunset Cliffs Blvd., Point Loma, Tel. 619-222-7901, Fax 619-222-4201, www.innatsunsetcliffs.com. 25 geräumige Zimmer direkt an der Küste mit Terrasse zum Meer hin, beheizter Pool, Küchen, TV, WLAN und Parkplatz. DZ ab 125 $.

Beach Hut B & B 8: 3761 Riviera Dr., Tel. 858-272-6131, Fax 858-483-3671, www.be achhutbb.com. Kleines Cottage für 2 Pers.

mit eigenem Pool, Küche, TV, Telefon, Internetanschluss und Frühstück. DZ ab 129 $.

Carole's B & B Inn 9: 3227 Grim Ave., Tel. 619-280-5258, www.carolesbnb.com. Die 8 geräumigen Zimmer sind zum Teil etwas kitschig, aber nicht unbequem eingerichtet. DZ ab 69 $.

Coronado Village Inn 10: 1017 Park Pl., Coronado, Tel. 619-435-9318, www.coronado villageinn.com. Dreistöckiges B & B im spanischen Stil in einer ruhigen Nebenstraße einen Block vom Strand entfernt. 15 Gästezimmer mit antikem Mobiliar, Telefon, TV, kleinen Bädern und Frühstück. DZ 85–95 $.

Mission Bay Motel 11: 4221 Mission Blvd., Tel. 858-483-6440, www.missionbaymotel.com. Einfache Zimmer, in denen man nicht für die Ausstattung, sondern für die Lage nur einen Straßenblock vom Strand entfernt bezahlt. Keine Klimaanlage, aber TV, Pool und Parkplatz vor dem Haus. DZ ab ca. 75 $.

Hotel Circle Drive 12: Parallel zur I-8 verläuft im Mission Valley der Hotel Circle Drive mit preisgünstigen Motels (Holiday Inn, Days Inn, Travelodge, Comfort Inn, Super 8, Vagabond Inn. DZ ab ca. 65 $).

Georges on Fifth 13: 835 Fifth Ave., Tel. 619-702-0444, www.georgeson fifth.com, Mo-Do und So 17–22, Fr–Sa 17–23 Uhr. Das exquisite Lokal ist für seine hervorragenden Steaks bekannt. Nach einem gepflegten Dinner können Gäste in einem Nebenraum Memorabilien an den berühmten US-Marshall Wyatt Earp besichtigen, der dort in den 1880er-Jahren eine Bar betrieb. Mi–Sa gibt es Pianomusik. Steaks 19–63 $.

Laurel Restaurant 14: 505 Laurel St., Tel. 619-239-2222, www.chiverestaurant.com/laurelrestaurant.html, tgl. 17–22, Fr–Sa bis 23 Uhr. Gourmetküche mit Seafood-Paëlla 28 $, Ziegenkäse-Ravioli 23 $ und neuseeländischem Lamm mit japanischen Auberginen und Wildreis 32 $.

Primavera Ristorante 15: 932 Orange Ave., Coronado, Tel. 619-435-0454, www.prima vera1st.com, tgl. 17–22.30 Uhr. Mehrfach als bestes italienisches Lokal in San Diego ausgezeichnet. Im kleinen, gemütlichen Gastraum kommen Gerichte wie Rosmarien-Hähnchen, gebratener Schwertfisch und leckere Desserts auf den Tisch. Hauptgerichte 17–40 $.

Todai Restaurant 16: 2828 Camino del Rio South, Tel. 619-299-8996, www.todaisan diego.com, tgl. 11.30–15 und 17–21 Uhr. Gutes japanisches All-You-Can-Eat Seafood-Buffet mit über 40 Sushis und vielen Hauptgerichten, Dessert- und Obstbar. Lunch 17–19 $, Dinner 26–28 $.

Dakota 17: 901 5th Ave., Tel. 619-234-5554, www.cohnrestaurants.com, Mo–Fr 11.30–14.30 und 17–22, Sa 17–23, So 17–21 Uhr. Im Grillrestaurant kommen neben knackigen Salaten Lachs in Meerettichkruste mit Spinat oder Lammkeule mit Granatapfelsauce auf den Tisch. Hauptgang 10–32 $.

Buca di Beppo 18: 705 6th Ave., Tel. 619-233-7272, www.bucadibeppo.com, Mo–Do 17–22, Fr bis 23, Sa 12–23, So 12–22 Uhr. Kenner kommen nicht nur wegen Fettuccine Supremo mit Hähnchenfleisch und guter Pizzen, sondern v. a. wegen der urgemütlichen Atmosphäre. Nachteil: Der Service kommt häufig kaum nach. Hauptgang 12–20 $.

Hash House A-Go-Go 19: 3628 5th Ave., Tel. 619-298-4646, www.hashhouseagogo.com, tgl. 7.30–14 und 17–21, Fr–Sa 17–22 Uhr. Deftige, schmackhafte Portionen zum fairen Preis wie Krabbenkuchen mit Kürbisgemüse, Hähnchen in Ahornsirup und gegrillter Lachs mit Ziegenkäse und Kartoffelbrei. Hauptgerichte 10–20 $.

Miguel's Cocina 20: 1333 Orange Ave., Coronado, Tel. 619-435-4166, www.brigantine.com, Mo–Sa 11–21, So 10–21 Uhr. Neben dem Hotel Del Coronado gelegenes mexikanisches Lokal mit einschlägigen Gerichten wie Carne Asada, Jalapeño Shrimp oder Chimichanga. 8–15 $.

Mission Soma 21: 1250 J St., Tel. 619-232-7662, http://themissionsoma.signonsandiego.com, tgl. 7.30–14 Uhr. Als mexikanisches Frühstückslokal ist das Café im Stil einer alten Plantage eine Institution. Besonders schmackhaft sind die Quesadilla (7,50 $) und das Zen Breakfast mit Rührei, Tofu, braunem Reis, Zucchini und Tomaten (8,50 $).

Hillcrest Farmers' Market: auf dem DMV-Parkplatz, Lincoln Ave. & Normal St., www.hillquest.com/hba/farmersmarket.htm, So 9–13 Uhr. Bauernmarkt mit frischem Obst, Gemüse und Blumen.

Fashion Valley Rd.: 7007 Friars Rd., Mission Valley, http://gothere.com/sandiego/Fashion Valley, Mo–Sa 10–21, So 11–19 Uhr. Riesiges Einkaufszentrum mit Kaufhäusern wie Nordstrom, JC Penney und Macy's sowie vielen Fachgeschäften und Restaurants.

Wear It Again Sam: 3823 5th Ave., Tel. 619-299-0185, www.wearitagainsamvintage.com. Das schicke Geschäft hat sich auf die Mode der 1920er- bis 1950er-Jahre spezialisiert.

Croce's Restaurant & Nightclubs: 802 5th Ave., Tel. 619-233-4355, www.croces.com, tgl. ab 17 Uhr. Die Witwe von Jim Croce betreibt neben dem Restaurant eine Jazz-Bar und den auf Blues spezialisierten Klub Croce's Top Hat, in dem hin und wieder der Sohn des verstorbenen Sängers und Songwriters am Piano sitzt.

The Bitter End: 770 5th Ave., Tel. 619-338-9300, www.thebitterend.com, Do–Sa Cover Charge 5–10 $ nach 21 Uhr. Bar und Nachtclub auf drei Stockwerken mit modernster Hightechausstattung.

Karl Strauss Brewery & Grill: 1157 Columbia St., Tel. 619-234-BREW, www.karlstrauss.com, Mo–Do 11–23, Fr–Sa 11–24, So bis 22 Uhr. Von der Bar blickt man auf die Tanks aus Edelstahl, in denen süffige Biersorten auf durstige Kundschaft warten.

Walbeobachtungstouren: H & M Landing, 2803 Emerson St., Point Loma, Tel. 619-222-1144, www.hmlanding.com/whalewatch.html. Tgl. zwei 3- oder 5-stündige Touren mit hochseetüchtigen Schiffen, Erw. 25 bzw. 50 $, Kin. 2–12 Jahre 17,50 $, 13–17 Jahre 20 $ bzw. 40 $; San Diego Harbor Excursion, beim Broadway Pier, Tel. 619-234-4111 oder 800-44-CRUISE, www.sdhe.com. Hafenrundfahrten und Walbeobachtung.

Radverleih: Mission Hills Bike Shop, 141 W. Washington St., Tel. 619-296-0618; Bike Tours San Diego, 509 5th Ave., Tel. 619-238-2444, www.bike-tours.com.

Petco Park: 100 Park Blvd., Tel. 619-881-6500, www.padres.com. Stadion der Baseballmannschaft San Diego Padres, die in der Major League spielen. Die reguläre Saison dauert von Apr. bis Sept., Plätze ab 13 $.

Flugzeug: San Diego International Airport (Lindbergh Field), Tel. 619-231-2100, www.san.org. In die Stadt gelangt man in 15 Min. mit dem Bus 992 (2,25 $). Das Taxi kostet ca. 8 $; Cloud 9 Shuttle-Bus Tel. 1-800-9-SHUTTL, www.cloud9shuttle.com, 9 $.

Bahn: Santa Fe Station, Broadway & Kettner Blvd., Tel. 1-800-USA-RAIL, www.amtrak.com. Bahnhof für Amtrak-Fernverbindungen.

Bus: Greyhound Terminal, 120 W. Broadway, Tel. 619-515-1100, www.greyhound.com.

Fortbewegung in der Stadt:
Die Blue, Orange und Green Line des lokalen MTS-Trolleysystems verbinden Downtown mit Stadtteilen wie Old Town, Mission Valley, Santee, El Cajon, La Mesa und Lemon Grove sowie National City. An manchen Automaten muss man passend zahlen, Bustickets kosten 1–2,50 $ (www.sdcommute.com).

Tijuana

Reiseatlas: S. 11, B 4
Mit 1,8 Mio. Einwohnern ist das eine halbe Autostunde südlich von San Diego gelegene Tijuana eine der größten Metropolen Mexikos mit der vermutlich am stärksten frequentierten internationalen Grenzstation der Welt, die jährlich 40 Mio. Menschen und 14 Mio. Fahrzeuge passieren. Bis in die Avenida de la Revolución braucht man zu Fuß etwa 10 Minuten und überquert dabei auf einer bemalten Brücke den in einem Betonbett verlaufenden Tijuana River.

Typisch mexikanisch ist das Flair der Stadt nicht. Die Atmosphäre hat sich eher den Imperativen des Massentourismus angepasst. Das Angebot an Kneipen, in denen Bier und Margaritas in Strömen fließen, ist gewaltig. Aus gutem Grund. Vor allem auf junge Amerikaner übt die Stadt magische Anziehungskraft aus, weil man in Tijuana schon im Alter

Kalifornien ist so nah, und doch ist das Überwinden der streng gesicherten Grenze beim mexikanischen Tijuana für viele unmöglich

von 18 Jahren Alkohol konsumieren darf. So wird nach Sonnenuntergang die **Avenida de la Revolución** mit Diskotheken und Neonschildern zum Ziel der Nachtschwärmer. Auf Geländemotorrädern patrouillieren die *Fuerzas Especiales* durch die Straßen. Die Sondereinheiten der Polizei erinnern daran, dass man auf den nächtlichen Straßen auf der Hut sein sollte.

Tagsüber sind Kneipen und Restaurants zwar auch gut besucht, sehen sich aber der Konkurrenz von Einkaufsmöglichkeiten jedweder Art ausgesetzt. Ein populärer Basar für Souvenirs und Kunsthandwerk ist der **Mercado de Artesanías**, ein ganzer Cityblock mit Töpfereien, Lederwaren, Silberschmuck, Kleidung, unvermeidlichen Sombreros, Lackarbeiten wie Schatullen und Tablettendöschen, bunten Decken und Schmuck (Calle 2 & Ave. Negrete). Mit futuristischer Architektur wie einem runden Omnimax-Kino macht das **Centro Cultural Tijuana** auf sich aufmerksam. Der Komplex, im mexikanischen Bundesstaat Baja California das bedeutendste Kulturzentrum, beherbergt außerdem ein Theater, eine Bibliothek, eine Ausstellungshalle, Restaurants und das **Museum of the Californias,** in dem es um alte Indianerkulturen, nautische Ausstellungen und Exponate aus der Kolonialzeit geht (Ave. Paseo de los Héroes & Calle Javier Mina, Zona Río, Tel. 664-687-9600, www.cecut.gob.mx, Mo–Fr 9–19, Sa–So 10–19 Uhr, Erw. 2 $, Kin. 1 $).

Wer Tijuana einen Besuch abstatten will, nimmt am besten den Tijuana Trolley, der zwischen San Diego und dem US-Grenzkontrollpunkt San Ysidro verkehrt (45 Min., Haltestelle direkt an der Grenze, 2 $). Für Mietwagen gibt es in unmittelbarer Nähe mehrere bewachte Parkplätze, wo man das Auto für ca. 7 $ einen Tag lang abstellen kann. Bei der Einreise kontrollieren die mexikanischen Grenzbeamten Fußgänger nicht. Bei der Rückkehr in die USA muss man sich dann ausweisen und das Gepäck wird stichprobenartig kontrolliert.

Die südkalifornische Wüste

Karte: S. 211

Auf einer 500 Meilen langen Autotour durch die faszinierenden Gebiete der Mojave und Sonora Desert im dünn besiedelten Südkalifornien von San Diego bis nach Los Angeles sind das Coachella Valley und Palm Springs reizvolle Etappenziele. Fasskakteen, putzige, wenngleich teuflisch stachelige Teddybear Chollas, Palmenhaine, Dattelplantagen, Dünen, Kleinstädte mit großstädtischen Shopping Malls und zwischen Gemüsefeldern versteckte Provinzdörfer machen den exotischen Wüstentrip zu einer ungewöhnlichen Reise.

Alpine

In keinem anderen Landkreis der USA liegen so viele Indianerreservationen wie im San Diego County. Eine davon ist die nicht einmal 400 Mitglieder zählende Viejas-Reservation in **Alpine** 1 eine halbe Autostunde östlich von San Diego (www.viejasbandofkumeyaay.org). Das dort liegende **Viejas Casino** war der erste indianische Gamblingtempel in Kalifornien, der mit Münzen gefütterte Spielautomaten im Stil von Las Vegas betreiben durfte. Heute ist das Kasino mit 2240 Automaten und 66 Spieltischen für Poker, Black Jack und Baccarat ausgestattet. In sechs Restaurants und an diversen Imbisstheken können sich Spieler von ihren Verlusten erholen oder ihre Gewinne feiern (5000 Willows Rd., Tel. 619-445-5400, www.viejas.com, 24 Std. geöffnet). Nebenan befindet sich ein **Outlet Center** mit 60 Boutiquen, Fachgeschäften, Gourmetlokalen und Schnellrestaurants. Auf einer Showbühne im Stil eines Indianertipi finden regelmäßig Konzerte mit Rock-, Pop- und Countrygrößen statt (www.shopviejas.com, Mo–Sa 10–21, So 10–19 Uhr).

Anza Borrego Desert State Park

Über die hoch in den Bergen liegende Apfelhochburg **Julian** 2**,** in der es zur herbstlichen Erntezeit nach frisch gepresstem Apfelmost duftet, erreicht man das von rot blühenden Kerzensträuchern, Feigenkakteen mit Blüten in Rot und Gelb und stacheligen Mi-

Die südkalifornische Wüste

Die Imperial Sand Dunes: populäres Outdoor-Eldorado für Sandbuggyfahrer

ckey-Maus-Ohren, Agaven, Wildgräsern und im Frühjahr einer Blütenorgie vieler Wildblumenarten geschmückte Naturparadies **Anza Borrego Desert State Park** 3. Alle Register seiner Attraktivität zieht der mit 2500 km² größte Wüstenpark Amerikas zwischen Ende Februar und April, vor allem wenn in den Monaten zuvor genügend Regen gefallen ist. Über eine Wildblumen-Hotline kann man sich über den jeweiligen Stand der Blüte und die schönsten Stellen informieren (Tel. 760-767-4684).

Die Ortschaft Borrego Springs, wo sich das Besucherzentrum und die Parkverwaltung befinden, hat sich zu einem respektablen Urlaubszentrum mit Resorthotels, Motels, Restaurants, Einkaufsmöglichkeiten, zwei Tankstellen, Golfplätzen und Tenniscourts entwickelt (http://borregosprings.org).

i **Anza Borrego Desert State Park:** Visitor Center, 200 Palm Canyon Dr., Borrego Springs, CA 92004, Tel. 760-767-5311, www.anzaborrego.statepark.org, Pkw 5 $.

Borrego Valley Inn: 405 Palm Canyon Dr., Tel. 760-767-0311, www.borregovalleyinn.com. Im indianischen Pueblostil erbautes Hotel. Zimmer zum Teil mit Küche und offenem Kamin, Pool und Spa. DZ wochentags 95–145, Sa–So 110–155 $, inkl. Frühstück.

Borrego Springs Resort: 1112 Tilting T Dr., Tel. 760-767-5700, Fax 760-767-5710, www.borregospringsresort.com. Gut ausgestattetes Urlauberhotel mit Zimmern und Suiten, von denen man auf die Santa Rosa Mountains oder den Pool blickt. Frühstück inklusive. Zum Hotel gehören drei 9-Loch-Golfplätze. DZ ab 100 $.

Camping: Anza Borrego gehört zu den wenigen US-Parks, in denen man mit einer entsprechenden Genehmigung in freier Wildbahn campen darf.

Algodones

Im Dreiländereck von Kalifornien, Arizona und Mexiko liegt mit **Algodones** 4 ein 4000 Einwohner großes mexikanisches Städtchen, das einem auf den ersten Blick wie eine reichlich überdimensionierte Zahnarztpraxis vorkommt. Ein unübersehbarer Schilderwald preist Doktoren an, die Dentalarbeiten preisgünstiger als in den USA erledigen. Vor allem im Winter, wenn eine Million sog. *Snowbirds* aus kalten US-Bundesstaaten bei Quartzsite in Arizona ihre Campmobilferien verbringen, haben die Praxen in Algodones Hochkonjunktur. In den übrigen Jahreszeiten machen Touristen Stippvisiten in Mexiko, wo gleich hinter der Grenze Sprühdosenkünstler Bilder, Souvenirhändler Reiseandenken und Straßenhändler Billigzigaretten anbieten.

Imperial Valley

Zwischen dem Südufer des Salton Sea und der mexikanischen Grenze dehnt sich das Salton Basin aus, besser bekannt unter dem Namen **Imperial Valley** 5. Flach und heiß wie ein Backblech wäre dieser unbarmherzige Teil der Sonorawüste ohne Wasserspenden des Colorado River wirtschaftlich nutzlos. Aber seit Beginn des 20. Jh. pumpen Farmer über Bewässerungskanäle wie den American Canal und den Coachella Canal gigantische Mengen Wasser in die Region um das 38 000 Einwohner große **El Centro** 6, die größte Stadt der westlichen Hemisphäre unter Meereshöhe. Wenn sich die Menschen an der Pazifikküste Wintermäntel überstreifen, reifen um die von ständigem Kuhstallgeruch eingehüllte Stadt Orangen, Erdbeeren und Grapefruits.

Von landwirtschaftlicher Nutzung ausgenommen ist ein schmaler, 40 Meilen langer Wüstenstreifen östlich von El Centro, wo Filme wie »Star Wars« und »Mad Max« gedreht wurden. An Wochenenden herrscht in den **Imperial Sand Dunes** 7 an der I-8 Hochbetrieb, wenn Freizeitschumis mit ihren Sandbuggies durch die Dünen rasen.

Coachella Valley

Von Indio bis nach Palm Springs reihen sich im **Coachella Valley** 8 nahtlos neun Städte aneinander. Am Fuß der Santa Rosa Mountains sind Desert Hot Springs, Cathedral City, Rancho Mirage, Palm Desert, Indian Wells und Indio längst zu einem Ballungsraum zusammengewachsen und zu einer Freizeit- und Wohnoase u. a. für Künstler, Prominente aus Film, TV und Showbusiness und gut betuchte Industriebosse geworden. Wo vor 1000 Jahren der mittlerweile ausgetrocknete Coachella Lake den Talboden bedeckte, gedeihen heute Dattelpalmen, Melonen, Grapefruits und Wein.

In **Living Desert** in Palm Desert schlängeln sich Fußwege durch zehn wüstenhafte Ökosysteme, wie sie etwa in Ostafrika, auf der Insel Madagaskar und im amerikanischen Südwesten vorkommen, und machen Besucher mit der dort vorkommenden Pflanzen- und Tierwelt vertraut (47900 Portola Ave., Tel. 760-346-5694, www.livingdesert.org, Sept.–Mitte Juni tgl. 9–17, sonst 8–13.30 Uhr, Erw. im Sommer 11,95 $, im Winter 8,95, Kin. 3–12 Jahre 7,50 bzw. 4,75 $).

Wem nach dem Wüstenabenteuer der Sinn nach einem Konsumabenteuer steht, stattet am besten dem **El Paseo Shopping District** mit über 300 Modeboutiquen, Schönheitssalons, Antiquitätenläden, Kunstgalerien, Schmuckgeschäften, Designerstudios, Pubs und Restaurants einen Besuch ab (El Paseo, www.palmsprings.com/elpaseo, manche Kaufhäuser 24 Std./7 Tage).

Joshua Tree National Park

Karte: S. 211

Der 2250 km² große **Joshua Tree National Park** 9 bekam seinen Namen von fotogenen Joshua-Bäumen *(Yucca brevifolia)*, einem bis über 10 m hohen Agavengewächs, das überwiegend in den über 900 m hoch gelegenen Parkgebieten im Norden vorkommt. Zwischen den Orten Joshua Tree und Twentynine Palms verlässt man den Highway 62 und fährt auf dem asphaltierten Park Boulevard durch den schönsten Teil des Nationalparks, der zur etwas kühleren Mojavewüste gehört. Joshua Trees mit Büscheln spitzer Blätter werden bis zu 900 Jahre alt, wobei ihre Altersbestimmung schwierig ist, weil sie nicht wie andere Bäume Jahresringe bilden. Von März bis Mai tragen sie weiße Blüten.

Ein zweites Kennzeichen des nördlichen Parks sind abgerundete, übereinandergeschichtete Granitblöcke, die aussehen wie von Giganten zusammengeklaubte Riesenkiesel. Sie bilden verstreute, seltsam wirkende Inselberge, die sich unmittelbar aus den Ebenen aus trockenem Gras erheben. Hin und wieder fallen bunte Flecken in den Vertikalen der Felsen auf: Kletterer aus aller Welt, die in schwierigen Passagen und ungewöhnlichen Formationen ihr Können beweisen. Im Hochsommer meiden Sportler die Felsen, denn sie sind so heiß, dass man sich an ihnen die Finger verbrennen würde.

i **Joshua Tree National Park:** Oasis Visitor Center, 74485 National Park Dr., Twentynine Palms, CA 92277, Tel. 760-367-5500, Fax 760-367-6392, www.nps.gov/jotr, Pkw 15 $/7 Tage.

29 Palms Inn: 73950 Inn Ave., Twentynine Palms, Tel. 760-367-3505, www.29palmsinn.com. Aus Lehmziegeln erbaute Cottages mit Restaurant und Pool. DZ wochentags 75–115 $, Sa–So 110–155 $, im Hochsommer preisgünstiger.

Spin and Margie's Desert Hide-a-Way: Sunkist Rd., Joshua Tree, Tel. 760-366-9124, www.spinandmargiesdeserthideaway.com. Die Unterkunft im Stil einer kleinen Hazienda besteht aus vier farbenfroh eingerichteten Suiten mit Doppelbett, Küche, Geschirrspüler, TV und Grill im Freien. DZ 125–145 $.

Camping:
Im Nationalpark gibt es ein knappes Dutzend einfache Campingplätze. Informationen im Oasis Visitor Center (s. o.). Wer Wert auf fließendes Wasser legt, sollte versuchen, auf dem **Black Rock** oder dem **Cottonwood Campground** unterzukommen. Auf allen anderen gibt es kein Wasser.

Palm Springs

Selbst im tiefsten Winter renommiert **Palm Springs** 10 mit Temperaturen wie im Frühling und lockt das Jahr über mit 330 Sonnentagen. Kein Wunder, dass das Wüstenmekka schon lange den Ruf eines Tummelplatzes für sonnenhungrige Millionäre und urlaubsreife Stars besitzt. Mit Swimmingpools, Tennisplätzen und geschniegelten Golfanlagen hat es sich zu einem Outdoor-Paradies entwickelt, in dem man nicht nur bergsteigen, reiten, schwimmen und wandern, sondern auch beim Polo zusehen kann. Galerien, Theater, erstklassige Einkaufsmöglichkeiten und Restaurants wie Sand am Meer sorgen für viel Abwechslung.

In der Umgebung von Palm Springs macht die Natur ihrem Namen alle Ehre

Wenn Palm Springs im Hochsommer in der Hitze schmort, bringt eine Seilbahnfahrt mit der **Palm Springs Aerial Tramway** zur 2600 m hoch gelegenen Bergstation auf dem Mount Jacinto Abkühlung. Der 3300 m hohe Gipfel trägt noch im Frühsommer Schnee, wenn im Tal längst die Badesaison eröffnet ist. Je nach Saison bietet die Bergwelt Hiking Trails oder Langlaufloipen (1 Tramway Rd., Tel. 760-325-1391, www.pst ramway.com, im Halbstundentakt Mo–Fr 10–20, Sa–So 8–20 Uhr, Erw. 22,25 $, Kin. 3–12 Jahre 15,25 $).

Wanderer haben die Qual der Wahl und müssen sich zwischen dem Palm, dem Andreas und dem Murray Canyon auf dem Territorium der Agua Caliente Indian Reservation entscheiden. Die schönste unter den Indianerschluchten ist unstrittig der 15 Meilen lange **Palm Canyon** mit über 3000 mächtigen Fächerpalmen, die den Lauf eines zwischen schroffen Felswänden mäandernden Baches säumen (South Palm Canyon Dr. am Südende von Palm Springs, tgl. 8–17 Uhr, Erw. 8 $, Kin. 4 $).

Palm Springs Visitors Information Center: 2901 N. Palm Canyon Dr., Palm Springs, CA 92262, Tel. 760-778-8418 und 1-800-347-7746, www.palm-springs.org.

Hotel Zoso: 150 S. Indian Canyon Dr., Tel. 760-325-9676, www.hotelzoso.com. Gäste übernachten in großen Zimmern und können einen Wellnessbereich und einen Swimmingpool in Anspruch nehmen. DZ ab 220 $.
Korakia Pensione: 257 S. Patencio Rd., Tel. 760-864-6411, www.korakia.com. Zwei von blühenden Bougainvilleas umrankte Villen mit Zimmern, die Romantiker verzaubern. DZ ab 139 $.
Coyote Inn: 234 South Patencio Rd., Tel. 760-327-0304, www.coyoteinn.net. Die Nichtraucherbleibe ist mit einem traumhaften Pool und geschmackvollen Studios ausgestattet. DZ im Sommer ab 89 $, im Winter ab 149 $.
Casa Cody: 175 S. Cahuilla St., Tel. 760-320-9346, www.casacody.com. Das romantische Flair der von 1910 stammenden Unterkunft soll schon Charlie Chaplin verzaubert haben. Manche der teureren 23 Gästezimmer sind mit Kamin und Küche ausgestattet. DZ ab 79 $, im Winter ab 89 $.

Johannes: 196 S. Indian Canyon Dr., Tel. 760-778-0017, www.johannesrestaurants.com, tgl. außer Mo 17–22.30 Uhr. Der aus Österreich stammende Küchenchef bietet feine internationale Küche auf hohem Niveau, auch mit Schmankerln aus seiner Heimat. 30–50 $.
Edgardo's Veracruz Café: 494 N. Palm Canyon Dr., Tel. 760-320-3558. Vom hübschen Patio des hervorragenden mexikanischen Restaurants kann man bei Spezialitäten wie Chile Verde (15 $) oder Mole Poplano (Gericht mit scharfer Sauce, 18 $) die Passanten auf dem Palm Canyon Drive beobachten.

Die Shoppingmeile mit der größten Auswahl an Geschäften und Boutiquen ist der South Palm Canyon Drive.
Palm Springs Villagefest: Jeden Do Abend findet auf dem Palm Canyon Drive ein von Musik begleiteter Markt mit Gourmetständen der lokalen Gastronomen, mit Kunstgewerbe und frischen Produkten der Farmer aus dem Coachella Valley statt (zwischen Amado Rd. und Baristo Ave., 18–22 Uhr).

Spa Resort Casino: 140 N. Indian Canyon Dr., Tel. 760-325-1461, www.sparesortcasino.com. Von lokalen Cahuilla-Indianern betriebenes Kasino mit Poker, Black Jack, Münzautomaten und Videospielen, Restaurants und Bars, tgl. 24 Std.

Fabulous Palm Springs Follies: 128 S. Palm Canyon Dr., Tel. 760-327-0225, www.psfollies.com. 3-stündige tempo- und abwechslungsreiche Broadway-Show.
International Film Festival (Jan.): Filmfestival mit vielen Hollywoodstars, www.psfilmfest.org.
Dinah Shore Weekend (Ende März): Großes Lesbenfest,www.dinahshoreweekend.com.
Film Noir Festival (1. Wochenende im Juni): das jeweilige Programm und weitere Informationen findet man unter www.palmspringsfilmnoir.com.

Reitausflüge im Palm Canyon: Von Cowboys geführte Reitausflüge können im Palm Canyon Kiosk am Beginn der Schlucht vereinbart werden, Tel. 760-325-3400.

Flugzeug: Palm Springs International Airport, 3400 E. Tahquitz Canyon Way, Tel. 760-318-3800, www.palmspringsairport.com.
Bahn: Amtrak-Bahnhof, N. Indian Ave. & Palm Springs Station Rd., Tel. 1-800-872-7245, www.amtrak.com. Der Sunset Limited fährt einmal pro Tag von Los Angeles über Palm Springs nach Osten. Los Angeles – Palm Springs 32 $.
Bus: Greyhound Busbahnhof, 311 N. Indian Canyon Dr., Tel. 760-325-2053, www.greyhound.com. Regelmäßige Verbindungen.

Auch Kakteen und Felsen prägen das Landschaftsbild von Palm Springs

Einsame Landstraße im nördlichen Nevada –
im Hintergrund die Ruby Mountains südlich von Elko

Kapitel 2

Nevada

Auf einen Blick: Nevada

Tausendundeine Nacht in der Wüste

Nevada liegt im staubtrockenen Great Basin zwischen der Sierra Nevada und den Rocky Mountains, das mit einer halben Mio. km² größer ist als Deutschland, Österreich und die Schweiz zusammen. Schroffe, über 3000 m hohe Bergketten, glitzernde Salzseen und fast menschenleere Landschaften prägen diese größte Wüste Nordamerikas. Verbindungen wie der Highway 50, Amerikas einsamste Überlandstraße, führen durch Provinznester und alte Bergwerkssiedlungen und machen Amerikareisende mit Verkehrsverhältnissen vertraut, wie man sie auf dem Mond erwarten würde. Malerische Geisterstädte halten die Erinnerung an längst vergangene Zeiten wach, in denen der Goldrausch gottverlassenen Gegenden wirtschaftliche Properität bescherte. Aber Nevada hat auch eine andere Seite. Neben Neonreklamen ist der Baukran zum Wahrzeichen von Las Vegas geworden. In atemberaubendem Tempo hat die Wüstenmetropole nicht nur ihr Gesicht, sondern auch ihr Geschäftsprinzip verändert. Roulette und Black Jack, Poker und Spielautomaten locken zwar Jahr für Jahr ca. 40 Mio. Besucher in die Glücksspielpaläste. Aber seit mit Caesar's Palace im Design des antiken Rom die Ära der Themenkasinos begann, hat die Stadt neben dem Gambling einen profitablen und immer konsequenter durchgesetzten Geschäftszweig entdeckt: das Amüsement. Die neue Philosophie wird von luxuriösen Hotelkasinos umgesetzt, die Gäste nach Paris, Venedig, ins antike Ägypten, in den Orient und nach Manhattan versetzen. Eine Garde berühmter Küchenchefs sorgt in Spitzenrestaurants und an Gourmetbuffets für kulinarische Streicheleinheiten, während wie Opernpaläste gestylte Konsumtempel und wie Kino-

kulissen ausstaffierte Shoppingmeilen unter künstlichem Himmel Einkaufsbummel zum Event machen.

Highlight

6 **Las Vegas:** Die seit Jahrzehnten rund um die Uhr geöffnete Hochburg des Glücksspiels sammelt anscheinend Superlative. Sie gehört nicht nur zu den am schnellsten wachsenden Städten Amerikas. Sie stellt auch im Hinblick auf Bettenkapazitäten sowie der Anzahl und Ausstattung ihrer Glücksspielpaläste Rekorde auf. Am eindrucksvollsten präsentiert sich die Königin der Wüste nach Einbruch der Dunkelheit, wenn die Straßenzüge im Licht erstrahlen (s. S. 222 ff.).

Empfehlenswerte Routen

Von Las Vegas in die Geisterstadt Bodie: Zwischen Las Vegas im Süden und Bodie im Norden liegen mehrere sehenswerte Geisterstädte, z. B. Rhyolite und Gold Point, deren Besuch eine Reise in die Bergbauvergangenheit von Nevada ist (s. S. 238 ff.).

Die Interstate 80 von Reno nach Wendover: Schnellste Straßenverbindung durch das Great Basin ist die I-80, die durch typische Wüstenorte wie Winnemucca, Elko und Wendover Richtung Salt Lake City in Utah führt (s. S. 244 ff.).

The Loneliest Road in America: Highway 50, Amerikas einsamste Landstraße, führt von Nevadas Hauptstadt Carson City quer durch die größte zusammenhängende Wüste des Landes mit kleineren Orten in den Great Basin National Park und weiter nach Utah (s. S. 250 ff.).

Reise- und Zeitplanung

Ein Urlaub in Nevada beginnt meist in Las Vegas. Niemand kann die Stadt in ein, zwei Tagen abhaken. Selbst ausgekochte Gamblingmuffel lässt das Riesenangebot an Amüsement und Sehenswertem drei oder vier Tage bleiben. Nach dem turbulenten Citylife kann man in der stadtfernen Provinz verschnaufen. Auf dem Weg nach Reno finden sich windschiefe Geisterstädte, die wie ein Schaufenster in den Wilden Westen wirken. Die 450 Meilen Entfernung sind mit dem Auto in 8 bis 9 Stunden zu bewältigen. Aber diverse Abstecher in *ghost towns* können gut 3 Tage in Anspruch nehmen. Ähnliches gilt für den Highway 50. Nur Raser absolvieren die 520 Meilen zwischen Reno und Salt Lake City in Utah am Stück. Wer die einsamste Straße Amerikas oder die Interstate 80 wirklich kennenlernen will, lässt sich besser 3 Tage Zeit.

Richtig Reisen-Tipps

Lukull regiert Las Vegas: Waren früher das auf Coupon zu beziehende Gratisfrühstück, kostenlose Drinks und Billigbuffets ein Markenzeichen von Las Vegas, sind es heute Starköche, exquisite Gourmetrestaurants und traumhafte Kasinobuffets, die der Stadt das kulinarische Image der Spitzengastronomie verschaffen (s. S. 232).

Abenteuerspielplatz für UFO-Jäger: Seit Jahren lockt der Extraterrestrial Highway im südöstlichen Nevada Aliengläubige in die menschenleere Wüste, weil dort die Chancen auf ›unheimliche Begegnungen der dritten Art‹ besonders groß sein sollen (s. S. 255).

Klima und Reisezeit

Im Sommer herrschen im Wüstenstaat Nevada gnadenlose Temperaturen. In Las Vegas und Reno findet man in klimatisierten Kasinos und Hotelpools Abkühlung. Bei Überlandfahrten stellt man sich besser auf die lokalen Verhältnisse ein (genügend Wasser nicht vergessen). Oder man legt seinen Urlaub in kühlere Monate. Im Winter muss man im Norden mit Eis und Schnee rechnen, Highway 50 etwa führt über fast 2300 m hohe Pässe.

6 Las Vegas und Umgebung

Cityplan S. 224/225

Hotelzimmer zum Schnäppchenpreis, Gratisfrühstück, ermäßigte Showtickets ... Die Ära der Billigangebote in Las Vegas ist längst vorbei. Mittlerweile bietet der größte und facettenreichste Amüsementbetrieb des Planeten exquisite VIP-Lounges, Edelrestaurants, noble Einkaufszentren und immer aufwendigere Themenkasinos. Paris, Rom, Rio, Venedig, New York und das alte Ägypten an einem einzigen Tag? Las Vegas macht es möglich.

Las Vegas ist rettungslos dem Größenwahn verfallen. Gigantismus und Maßlosigkeit sind die Norm, Superlative das Maß aller Dinge. In der Wüstenmetropole gibt es mit knapp 150 000 fast sechsmal so viele Hotelzimmer wie in München und mit 40 Mio. jährlich viermal so viele Besucher wie in Rom. Unter den 20 größten Hotels der Welt mit den meisten Gästezimmern befinden sich 18 in Las Vegas. Die Rangliste führt das Venetian Hotelcasino mit knapp 7200 Zimmern an (Stand: 2008). Zahlenjongleure haben ausgerechnet, dass ein Besucher über 300 Jahre benötigen würde, um in jedem Hotelzimmer der Stadt einmal zu übernachten.

Dabei verdankt die Neonmetropole ihre Existenz keinem ausgeklügelten Entertainment-Masterplan, sondern dem Eisenbahnbau. Als zu Beginn des 20. Jh. ein Schienenweg durch die Wüste von Nevada gelegt werden sollte, trat eine Ranchbesitzerin einen Großteil ihres Grund und Bodens an die Eisenbahngesellschaft ab. Die wiederum brachte das in Parzellen aufgeteilte Gelände entlang der Bahntrasse als Baugrund 1905 bei einer großen Auktion unter den Hammer und legte damit den Grundstein der Stadt. Schon wenig später verkümmerte die Bahnlinie durch die aufkommende Autoindustrie, und das Schicksal von Las Vegas wäre vermutlich besiegelt gewesen, wäre 1931 nicht im Zuge des Baus des Hoover-Damms dort ein Arbeitercamp entstanden und gleichzeitig das Glücksspiel legalisiert worden. Nach dem Zweiten Weltkrieg erlebte die Stadt unter der Ägide von Mafiabossen ihren ersten richtigen Entwicklungsschub, als millionenteure Glücksspielpaläste entstanden und der »Rat Pack« um Frank Sinatra, Sammy Davis Jr. und Dean Martin die Showbühnen eroberte. 1966 stieß Caesar's Palace mit dem Bau des ersten Themenkasinos im Stil des antiken Rom das Tor zu einer neuen Ära auf. Danach dauerte es Jahre, ehe andere Kasinos wie Excalibur, Paris, Venedig oder Luxor die Themenidee aufgriffen und die Stadt in eine Welt im Miniaturformat verwandelten.

Auf dem ›Strip‹, wie der Las Vegas Boulevard im Volksmund heißt, ist die Kopie verglichen mit dem Original absolut von gleichem Wert. Landwirte aus Iowa und Buchhalterinnen aus Arkansas lassen sich vor dem Paris Las Vegas Casino per Fahrstuhl auf den 140 m hohen Eiffelturm hieven und sind der festen Überzeugung, dass das Erlebnis in der Metropole Frankreichs auch nicht anders wäre. Italienische Gondolieri schippern im Venetian zwischen Edelboutiquen und Gourmetrestaurants frisch verliebte Turteltauben aus Oklahoma über den künstlichen Canale Grande und versetzen ihre Passagiere in den Glauben, sich dadurch eine Reise ins ferne Venedig ersparen zu können. Selbst Bildungsbürger aus der Alten Welt reiben sich im Luxor Casino verwundert die Augen beim Gang durch das Tutenchemun-Museum mit einer exakten Nachbildung des berühmten Pharaonengrabes.

Parallel zur Interstate 15 zieht sich der Strip wie ein von Neontransparenten beleuchteter Königsweg von Downtown im Norden bis in die südlichen Vororte durch Las Vegas. Wie Perlen auf einer Kette sind die renommiertesten Kasinos, die alle in Straßenkleidung frei zugänglich sind, an dieser mehrspurigen Illusionsmeile aneinander gereiht. Allgegenwärtige Sicherheitskräfte halten sich dezent im Hintergrund und sorgen für ein reibungsloses Cityabenteuer. 1954 entstand die erste Neonreklame. Heute kommt kein Kasino mehr ohne riesige Leuchttafeln und glitzernde Neonfassaden aus, wobei neuere Glücksspieltempel auf Videowänden für sich werben lassen. Als Epizentrum der Unterhaltung hat sich in jüngerer Vergangenheit der mittlere und südliche Abschnitt des Strip etwa zwischen Sahara Avenue und Russell Road auf Höhe des Flughafens herausgebildet. Ähnlich wie der Walk of Fame in Hollywood (s. S. 172) ist der dort im Entstehen begriffene **Walk of Stars** eine Hommage an Berühmtheiten aus Entertainment, Sport, Literatur und Geschichte, die allesamt irgendwann in Las Vegas zu Ruhm gekommen waren. Wer nach der Beurteilung durch ein Komitee die Ehrung verdient hat, bekommt als Zeichen der Wertschätzung einen 80 kg schweren Stern aus poliertem Granit ins Gehsteigpflaster eingelassen. Unter den ausgewählten Top 100 rangieren Frank Sinatra, Dean Martin, Sammy Davis Jr., Paul Anka, Celine Dion, Andre Agassi, The Beatles, Burt Bacharach, Elvis Presley und Fats Domino.

Mit dem Autor unterwegs

Das Grab des Pharao

Neben leichter Unterhaltung werden in Las Vegas auch Kunst und Kultur immer populärer. Das zeigt z. B. das **King Tut's Grave,** eine getreue Nachbildung des Grabes von Pharao Tutenchamun im Luxor Hotel (s. S. 231).

Las Vegas bei Nacht

Von der Lounge des **Restaurants Mix** im Mandalay Bay Casino hat man bei Sonnenuntergang einen überwältigenden Blick auf das Lichtermeer der Stadt (s. S. 231, S. 236).

Steinerne Kinokulisse

Entlang des Lake Mead gelangt man in das **Valley of Fire,** wo dramatische Felsformationen viele Regisseure animierten, Filmszenen in den Naturkulissen zu drehen (s. S. 234 f.).

Der nördliche Strip

Cityplan: S. 224/225

Stratosphere Tower

Das nördliche Ende des ca. 4,5 Meilen langen Kasinozentrums markiert unübersehbar der 356 m hohe **Stratosphere Tower** **1**. Auf der 108. Etage hält der Hochgeschwindigkeitsaufzug beim Drehrestaurant Top of the World und bei der Aussichtsplattform, auf der man sich vom stolzen Eintrittspreis von 13,95 $ erholen und den Blick auf die Stadt genießen kann – vor allem abends ein Erlebnis. Um das Observation Deck kreist mit X Scream das höchste Karussell der Welt in 270 m Höhe um den Turm. Wem der damit verbundene Adrenalinschock noch nicht die Knie weich gemacht hat, kann sich mit Big Shot 48 m bis fast an die Spitze des Turms katapultieren lassen und nachempfinden, wie sich Astronauten beim Shuttle-Start fühlen. Bei Insanity werden Fahrgäste an einer spinnenähnlichen Metallkonstruktion fast 300 m über dem Erdboden im Freien ›verquirlt‹ (2000 Las Vegas Blvd. S., Tel. 702-380-7777, www.stratospherehotel.com, jede Fahrt 12–13 $).

Circus Circus

»Manege frei« heißt die Devise im **Circus Circus** **2**, dem kinder- und familienfreundlichsten Hotelkasino der Stadt, in dem große und kleine Gäste von 11 bis 24 Uhr von Clowns, fliegenden Menschen an Trapezen, Jongleu-

Las Vegas: Cityplan

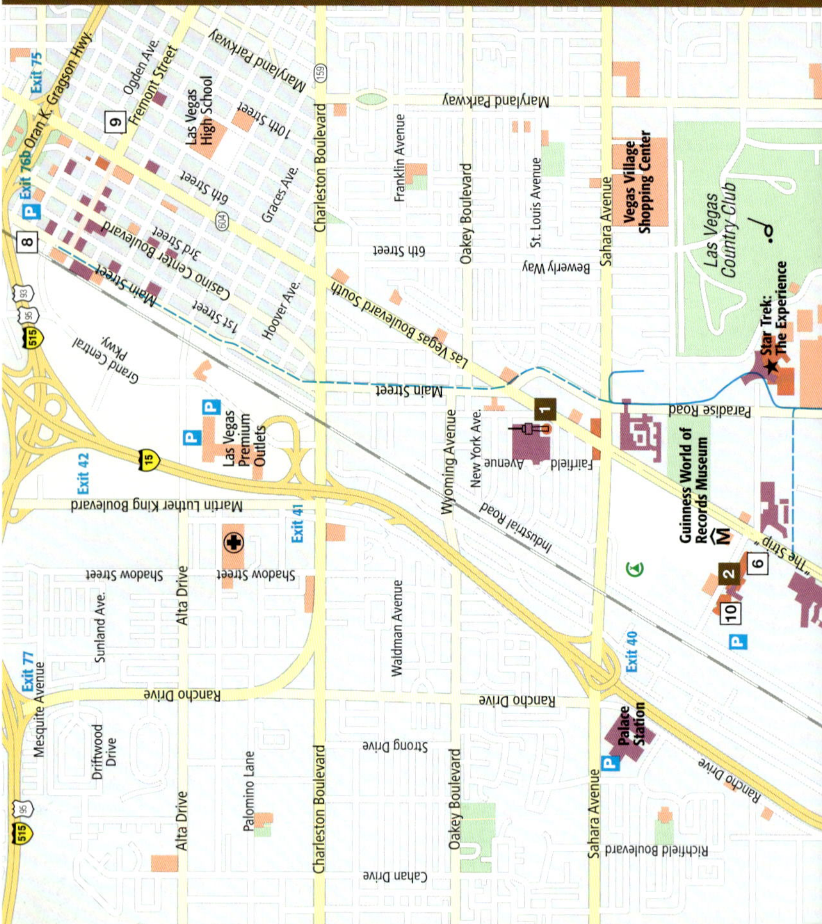

Sehenswürdigkeiten

1 Stratosphere Tower
2 Circus Circus
3 Treasure Island
4 Wynn Las Vegas
5 The Venetian
6 Mirage
7 Imperial Palace
8 Caesar's Palace
9 Bellagio
10 Paris Las Vegas
11 Planet Hollywood
12 New York New York
13 MGM Grand
14 Excalibur
15 Luxor
16 Mandalay Bay

Übernachten

1 Wynn Las Vegas
2 THEhotel at Mandalay Bay
3 The Venetian
4 Caesar's Palace
5 Paris Las Vegas
6 Circus Circus
7 Hooters
8 Main Street Station
9 El Cortez Hotel and Casino
10 Circusland RV Park

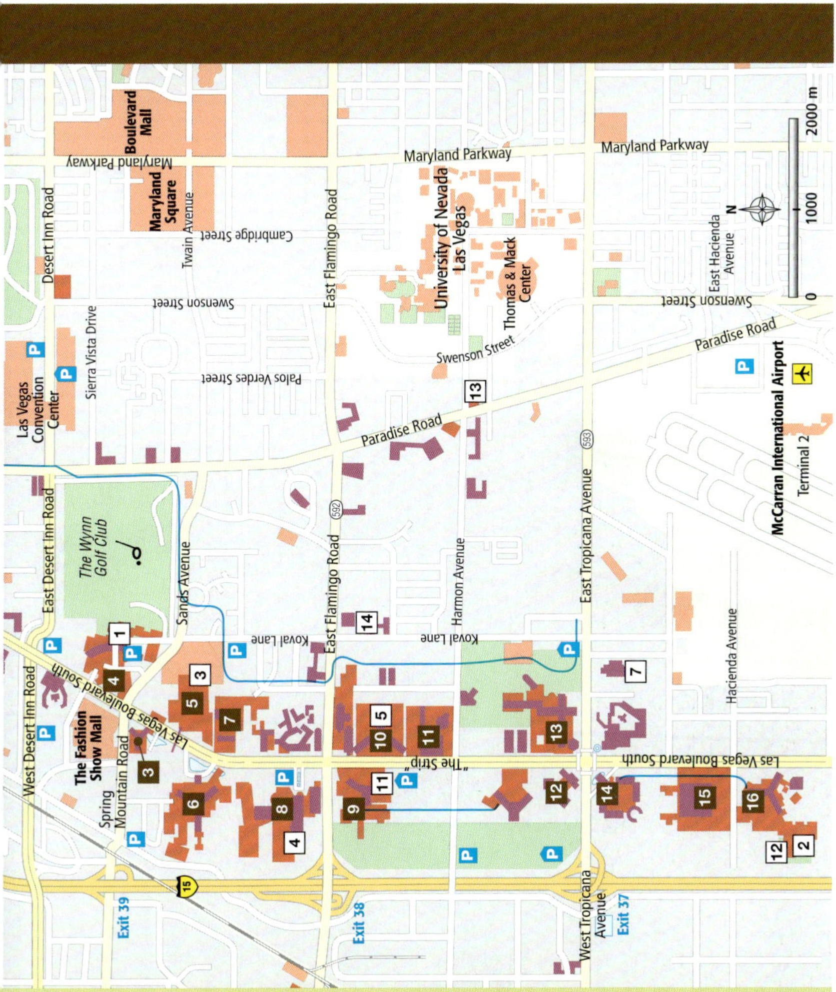

Essen und Trinken

11 Picasso
12 Mix
13 Hofbräuhaus
14 Ellis Island Casino

NEW YORK
NEW YORK

ren und Zauberern kostenlos unterhalten werden. Zum überdachten Rummelplatz gehört mit Adventuredome einer der größten geschlossenen Vergnügungsparks der USA mit nervenkitzelnden Attraktionen wie der Achterbahn Canyon Blaster mit Doppelloop und Doppelschraube (tgl. 10–24 Uhr, www.adventuredome.com, Tagespass für alle Attraktionen Erw. 24,95 $, Kin. 14,95 $). Wer in Circus Circus übernachten will, kann unter knapp 3800 Zimmern aussuchen oder sich mit dem Wohnmobil auf einen dafür reservierten Platz stellen (2880 Las Vegas Blvd. S., Tel. 702-734-0410, www.circuscircus.com).

Treasure Island

Noch vor wenigen Jahren dachten Reisende beim Anblick der Piratenbucht vor **Treasure Island** **3** an den Roman »Die Schatzinsel«. Eine neue Sirenen-Show verpasste der malerischen Bucht nun ein eher einfältiges Design, das tagsüber einer Baustelle ähnelt und nur nachts im Licht der Scheinwerfer zu beeindrucken vermag. Mehrmals pro Abend lassen sich in der Lagune bei einer kostenlosen Openair-Show Piraten durch die Gesänge bildschöner Sirenen verführen und müssen dies mit dem Untergang ihres Segelschiffs in einem fürchterlichen Sturm büßen. Hinter der Bucht erhebt sich das Hotelkasino mit 2900 Zimmern und einer Einrichtung im Piraten-Stil (3300 Las Vegas Blvd. S., Tel. 702-894-7111, www.treasureisland.com).

Wynn Las Vegas

Wenn der Sonnenuntergang die gebogene 50-stöckige Fassade von **Wynn Las Vegas** **4** zum Glühen bringt, strahlt der Riesenbau in Kupferrot mit seinem Wasserfall neben dem Haupteingang wie ein Denkmal der Jahrtausendwende. Mit Baukosten von 2,7 Milliarden Dollar durfte sich das Spielerparadies des Investors Steve Wynn nach der Fertigstellung 2005 als eines der teuersten Hotels der Welt bezeichnen. Auch sonst fällt es aus dem Rahmen, weil es keinem Thema gewidmet ist, sondern – wie manche behaupten – »neofeudalistischer Exklusivität«, denn die elitären Angebote zielen auf die gehobenen Ansprüche einer Klientel, die sich vorzugsweise mit Golf, Kunst, Nobelkarossen und Haute Couture beschäftigt. Kein Zimmer ist kleiner als 58 m² und preisgünstiger als 298 $. Wer es sich leisten kann, darf sich auf 650 m² ausbreiten. In 18 Restaurants sorgen international renommierte Starköche als Teil der 9000-köpfigen Belegschaft für kulinarische Extravaganzen, und geradezu selbstverständlich ist das Wynn das einzige Hotel der Stadt mit einem 18-Loch-Golfplatz. Nicht nur durch seine Ausstattung hat sich das Megaresort von einer in Las Vegas eingeübten Tradition verabschiedet. Im Gegensatz zur Konkurrenz bildet nicht das Spielkasino, sondern eine exklusive, mit Blumenbeeten und illuminierten Bäumen gestaltete Lobby das Zentrum des Hotels. Den Boden ließ Kunstkenner Wynn mit bunten Blumenmosaiken nach Matisse-Motiven auslegen. An seiner privaten Kunstsammlung mit Werken von Manet, van Gogh, Cézanne, Gauguin, Picasso und Warhol dürfen sich in einer kleinen Kunstgalerie auch Gäste berauschen (15 $). Das gilt auch für die Shoppingmeile Esplanade mit Filialen von Louis Vuitton, Chanel, Dior, Cartier und Brioni. Dass die Befindlichkeiten der Gäste im Wynn oberstes Gebot sind, beweist das Hotel in seinen Aufzügen. Weil in Japan die Zahl 4 als Unglückszahl betrachtet wird, wurden die Nummern der Stockwerke 40 bis 49 rücksichtsvoll ausgelassen (3131 Las Vegas Blvd. S., Tel. 702-770-9966, Fax 702-770-1571, www.wynnlasvegas.com).

Der Blick aus der Mix Lounge zeigt das nächtliche Las Vegas von einer unnachahmlichen Seite

The Venetian

Markusplatz, Dogenpalast, Rialtobrücke, Canale Grande – als amerikanische Dependance der italienischen Lagunenstadt kommt auch **The Venetian** **5** nicht ohne die weltberühmten Wahrzeichen aus. Im Innern spannt sich ein künstlicher Himmel über azurblaue Kanäle, auf denen Arien von Verdi schmetternde Gondolieri mit blau-weiß gestreiften

Venedigs Dependance in der Wüste Nevadas: das Hotelkasino The Venetian am Strip

Hemden und Strohhüten Besucher aus aller Welt an vornehmen Geschäften, Galerien, Boutiquen und Restaurants entlanggleiten lassen. Im Wachsfigurenkabinett **Madame Tussaud's** warten in einer langen Reihe erlauchter Stars aus Film, Musik, Showbusiness und Sport etwa John Wayne, Britney Spears und Prinzessin Diana auf neugierige Besucher (Tel. 702-862-7800, www.mtvegas.com, tgl. 10–22 Uhr, Erw. 25 $, Kin. 15 $). Natürlich kommt auch das Venetian nicht ohne exklusive Shoppingadressen aus. Die Grand Canal Shoppes ziehen sich mit vielen Edelboutiquen am Canale Grande entlang, der außerdem von reizenden Restaurants und Cafés gesäumt wird, in denen man sich fast vorkommt wie in der originalen Lagunenstadt in Italien.

Mirage

Einen Erlebnispark für Erwachsene mit tropischer Vegetation, feuerspeiendem Vulkan, weißen Tigern und einem Haifischbecken hinter der Rezeption hatten die Planer und Bauherren mit dem 1989 fertiggestellten **Mirage** 6 im Sinn. Dass der Komplex in die Jahre gekommen ist, sieht man ihm nicht an. Nach wie vor gehört das ›Wunder‹ am Strip zu den stilvollsten Gamblingtempeln der Stadt, in dessen kuppelförmiger Lobby ein echter Regenwald mit tropischen Bäumen, blühenden Orchideen und über 1000 unterschiedlichen Bromelien die Gäste empfängt. Weltberühmt wurde das Hotel durch die Magiershow von Siegfried & Roy. Im Oktober 2003 endete die Karriere der deutschen Entertainer und ihre Show abrupt, nachdem Roy von einer seiner Großkatzen angegriffen und lebensgefährlich verletzt worden war (3400 Las Vegas Blvd. S., Tel. 702-791-7111, Fax 702-791-7446, www.mirage.com).

Imperial Palace

Das Hotelkasino **Imperial Palace** 7 ist hauptsächlich unter Autoliebhabern eine bekannte Adresse. Im hauseigenen Automuseum sind ca. 250 Oldtimer, Klassiker und Raritäten zu sehen, die zum Teil von Reichen, Berühmten und Berüchtigten gefahren wurden. Zu den Stars aus Lack und Blech gehört etwa der 1914 gebaute Rolls Royce von Zar Nikolaus II., der Packard des japanischen

Kaisers Hirohito aus dem Jahr 1935 und der vier Jahre jüngere Mercedes von Adolf Hitler. Zwischen historischen Zapfsäulen und Musikboxen aus den 1950er-Jahren verstecken sich die Dienstwagen mehrerer US-Präsidenten, der aus den 1930er-Jahren stammende V-16 Cadillac von Gangsterboss Al Capone und Autos, die in Filmen etwa von Marilyn Monroe und Nicolas Cage gefahren wurden (3535 Las Vegas Blvd. S., Tel. 702-731-3311, Fax 702-735-8328, www.imperial palace. com, tgl. 9.30–21.30 Uhr, 8,95 $. Unter www.autocollections.com bekommt man einen Überblick über die rollenden Stars).

Caesar's Palace

Neben dem Mirage gehört **Caesar's Palace** **8** zu den Klassikern der Hotel- und Kasinoszene in Las Vegas. Im altrömischen Stil 1966 eröffnet, war es das erste Spielerparadies, das einem bestimmten Thema verpflichtet war. Noch heute blickt Julius Cäsar von einer Säule auf den Stop-and-go-Verkehr, der zu seinen Füßen auf dem Strip Tag und Nacht vorbeirauscht. In kleinen Pavillons stehen antike Skulpturen und römische Legionäre aus Fleisch und Blut, gerüstet mit Brust- und Kettenpanzern, Montefortino-Helmen samt Federschmuck und spanischen Kurzschwertern. Hin und wieder schreitet im Kasino Kleopatra am Arm von Marc Anton durch die Reihen der Videoautomaten, um die Spieler bei Laune zu halten.

Unter den Einkaufspassagen der Stadt gehören die Forum Shops mit prunkvollen römischen Brunnen, Piazzas und klassischen Skulpturen zu den außergewöhnlichsten. Über 160 Geschäfte, Galerien, Restaurants, Bars und noble Boutiquen säumen die Shoppingmeile unter einem künstlichen Himmel, der den Tagesablauf von der Morgendämmerung bis zum Abend simuliert. Die Festival Fountain erwacht jede volle Stunde zum Leben. Bei einer Lasershow beginnt sich der nur vermeintlich aus Stein geschlagene Bacchus zusammen mit Venus, Apollo und anderen plötzlich zu bewegen und ein fröhliches Fest zu feiern. Neuester Teil ist ein mehrstöckiger Palast mit einer spiralförmigen Rolltreppe im eleganten Atrium, dessen Etagen von riesigen römischen Statuen getragen werden. Vor dem Gebäude wird nachts eine Kopie des Trevi-Brunnens in Rom illuminiert (3570 Las Vegas Blvd. S., Tel. 702-731-7110, www.harr ahs.com).

Der südliche Strip

Hotel Bellagio

Beim Bau des mondänen **Bellagio** **9** stand die Landschaft um den Comer See Pate. Vor dem Riesengebäude dehnt sich ein 12 ha großer, von Menschenhand angelegter See aus, auf dem jeden Tag grandiose, computergesteuerte Wassershows die Zuschauer fesseln. Eine 300 m lange Wasserorgel mit 1200 Düsen schießt zu klassischen Arien in Scheinwerferlicht getauchte Fontänen bis zu 150 m hoch in den Himmel. Die grüne Oase **Conservatory & Botanical Gardens** wechselt ihr Gesicht je nach Jahreszeit und ist mit zum Teil exotischen Bäumen und Pflanzen, hin und wieder aber auch mit eher kitschig wirkendem Dekor oder nationalen Emblemen ausgestattet. Die Poollandschaft im Stil eines klassischen italienischen Gartens mit Becken, weißen Marmortreppen, klassischen Statuen, Pinien, Zitrusbäumen und Poolcafés macht sogar heiße Hochsommertage erträglich (3600 Las Vegas Blvd. S., Tel. 702-693-7111, Fax 702-693-8585, www.bel lagio.com).

Paris Las Vegas

Unübersehbar weist eine zwar verkleinerte, aber fast exakte Kopie des Eiffelturms den Weg nach **Paris Las Vegas** **10**. Ob man auf der 11. Etage im Restaurant kulinarische Köstlichkeiten oder auf der Spitze den Panoramablick genießt: französische Impressionen sind nicht weit. Mit der Louvre-Fassade, dem Pariser Rathaus, der Oper, dem Arc de Triomphe bietet das Hotel Kennern der französischen Hauptstadt ein Déjà-vu-Erlebnis, das im Innern durch Pflastergassen mit Baguette-Bäckereien sowie Käse- und Weinhandlungen noch verstärkt wird. Auf Authentizität wird allenthalben Wert gelegt, selbst wenn man radelnde Croissantlieferanten mit Baskenmützen auf dem Kopf in Frankreich vermutlich weniger häufig antrifft als am Strip in Las Vegas (3655 Las Vegas Blvd. S., Tel. 702-967-4401, Fax 702-967-4925, www.parislasvegas.com, Eiffelturm tgl. 9.20–0.30 Uhr 10 $, abends 12 $, Hotelgäste bekommen zwei Tickets zum Preis von einem).

Planet Hollywood Resort & Casino

Wo bislang das Aladdin Casino inmitten von orientalischem Ambiente residierte, zog mit dem **Planet Hollywood Resort & Casino** **11** ein neuer Besitzer ein – und ein neues Design, das sich nicht mehr an Tausendundeiner Nacht, sondern an der Filmmetropole Hollywood orientiert. So wurde nicht nur das ehemalige Aladdinkasino nach dem neuen Konzept umgestaltet und ein zeitgemäßes Konzept für Gastronomie und Entertainment umgesetzt. In Kooperation mit Westgate Resorts nahmen die neuen Besitzer mit den Planet Hollywood Towers auch den Bau von zusätzlichen 1200 Zimmern bzw. luxuriösen, 4 Mio. teuren Eigentumswohnungen auf den vier obersten der 50 Stockwerke hohen Türme in Angriff. Das frühere morgenländische Design der in Miracle Mile umbenannten Einkaufsstraße Desert Passage mit 140 Geschäften wurde ebenfalls dem südkalifornischen Hollywoodthema angepasst (3667 Las Vegas Blvd. S., Tel. 702-785-5555, www.planethollywood.com).

New York New York

In Las Vegas ist die Freiheitsstatue näher an die Skyline aus Wolkenkratzern und an die Brooklyn Bridge gerückt als im originalen Big Apple, und an die verwegene Achterbahn Manhattan Express (14 $) um das Chrysler bzw. Empire State Building können sich New-York-Reisende nicht so recht erinnern. Von derartigen Kleinigkeiten abgesehen, trifft das Hotelkasino **New York New York** **12** die Atmosphäre einiger Stadtteile in Manhattan nicht schlecht. In engen Straßenzeilen mit Hydranten, Graffitis auf Mauern und Fassaden, Mülltonnen, Verkehrs- und Reklameschildern sowie kleinen Cafés kommt Greenwich-Village-Stimmung auf, wenn man sich seinen Weg durch die bummelnden Menschenmengen bahnt. Selbst aus Kanaldeckeln aufsteigenden Dampf haben die Kasinoplaner nicht vergessen (3790 Las Vegas Blvd. S., Tel. 702-740-6969, Fax 702-740-6700, www.nynyhotelcasino.com).

MGM Grand

Ein gewaltiger, vor dem grünen Riesenkomplex sitzender Bronzelöwe erinnert daran, dass das **MGM Grand** **13** nach dem berühmten Hollywoodstudio Metro-Goldwyn-Mayer benannt wurde, dessen Markenzeichen ein brüllender König der Savanne ist. Folgerichtig bildet das **Lion Habitat** eine der zugkräftigen Attraktionen. Mitten zwischen Automaten und Pokertischen wurde im Kasino ein Plexiglaskäfig mit typischer Savannenlandschaft eingerichtet, in der sich Tag für Tag mehrere Löwen den Besuchern zeigen. Nicht erst seit seiner jüngsten Erweiterung ist das MGM Grand eines der größten Hotels der Welt mit knapp 6900 Unterkünften für Gäste. Auch der Spielbetrieb mit 165 Tischen und über 3000 Automaten zeigt sich rekordverdächtig. In der 17 000 Zuschauer fassenden Garden Arena finden große Konzert- und Sportveranstaltungen statt, die zuweilen vom Fernsehen in viele Länder übertragen werden (3799 Las Vegas Blvd. S., Tel. 702-891-1111, www.mgmgrand.com).

Excalibur

Wer eine Vorliebe für märchenhafte Szenerien hat, wird die bunte, nachts attraktiv angestrahlte Türmchenkulisse des **Excalibur** **14** mit Burggraben und Zugbrücke für einen Bilderbuchanblick halten. Geheimnisvolle Zauberer, Burgfräulein mit spitzen Hüten, Gaukler und Minnesänger lassen die Illusion eines mittelalterlichen Schlosses entstehen, in dem sich nicht die Ritter der Tafelrunde versammeln, sondern Touristen aus aller Herren Länder. Jeden Abend sind Gäste zum Tournament of Kings in einen großen Speisesaal eingeladen, in dem zu Dragon's Blood (Tomatensuppe) sowie Brathähnchen und Beilagen eine vom Mittelalter inspirierte Dinner-Show mit Schwert- und Gladiatorenkämpfen, pyrotechnischen Vorführungen, Drachen und Hexen serviert wird, an der sich die Zuschauer beteiligen können (3850 Las Vegas Boulevard S., Tel. 702-597-7600, www.excalibur.com, tgl. außer Di 18 und 20.30 Uhr, 61 $).

Luxor

Schwarz und riesig fällt die Stahl- und Glaspyramide des **Luxor** **15** schon von weitem im Stadtbild auf. Zwischen akkurat gewachsenen Palmen bewacht eine riesige Sphinx mit kosmetisch korrigierter Nase den Hotel- und Kasinoeingang, hinter dem sich eine gewaltige Lobby mit Gipskopien altägyptischer Statuen und Obelisken aus Theben und Karnak öffnet. Neben 4400 Gästezimmern, einem halben Dutzend Restaurants, einer Poollandschaft, IMAX-Kino und einer Einkaufsgalerie gibt es das **King Tut's Tomb & Museum** mit einer exakten Nachbildung der Grabkammer des Pharaos Tutenchamun, die 1922 vom britischen Archäologen Howard Carter in Oberägypten entdeckt worden war (tgl. 11–22 Uhr, 10 $). Nicht so ganz ins antike Bild passt die Blue Man Group, die hier seit Jahren auftritt. Nachts befingert ein auf der Pyramidenspitze installierter 315 000 Watt starker blau-weißer Lichtstrahl den Himmel über der Wüste, als müsse er unentschlossenen Gamblern den Weg ins Kasino weisen. Die Stromrechnung allein für das Lichtbündel, das Astronauten aus dem All erkennen können, beläuft sich auf 51 $ pro Stunde (3900 Las Vegas Blvd. S., Tel. 702-262-4444, Fax 702-262-4809, www.luxor.com).

Mandalay Bay

Mit Fassaden wie aus schierem Gold setzt **Mandalay Bay** **16** den letzten Meilenstein am südlichen Ende des Strip. Vor dem dreiflügeligen Riesenkomplex lassen in einer burmesischen Dschungellandschaft liegende Pseudoruinen das asiatisch-orientalische Thema der Anlage erahnen. Zu den Attraktionen gehört eine attraktive Badelandschaft mit zwei Pools, Wellenbad, künstlichem Schnorchelriff, Wasserfällen, Palmen und Sandstrand. Auf dem Schlauchbootkanal Lazy River kann man sich gemütlich treiben lassen. Im orientalisch und sehr farbenfroh eingerichteten House of Blues treten regelmäßig bekannte Interpreten und Gruppen auf, unter denen in der Vergangenheit Stars wie Macy Gray und James Brown waren (3950 Las Vegas Blvd. S., Fr–Sa ab 23 Uhr, Tickets unter Tel. 702-632-7600, www.mandalaybay.com, Ticketpreise je nach Veranstaltung). Die Restaurants und Lounges des Kasinos zählen zu den extravagantesten Gastronomieerlebnissen der Stadt. Neben dem Kasino entstand mit THEhotel eine exklusive Luxusunterkunft mit dem Restaurant und der Lounge Mix auf der obersten Etage, von wo sich Las Vegas nach Sonnenuntergang als umwerfender glitzernder Lichterteppich zeigt (s. u.).

Downtown

Jahrelang führten die Hotelkasinos in Downtown Las Vegas ein Aschenputteldasein, weil weiter südlich am Strip attraktivere Themenhotels die Masse der Stadtbesucher anzogen. Daran hat sich im Grunde genommen bis heute nichts geändert. Downtown-Hotels sind nach wie vor weniger in Mode, dafür aber auch preisgünstiger. Als die zentrale Fremont Street 1995 mit ihren 10 Kasinos und 60 Restaurants in eine Fußgängerzone verwandelt und mit **Fremont Street Experience** eine bis dahin nie dagewesene Show installiert wurde, machte dies den alten Stadtkern fast über Nacht zu einer viel besuchten Sehenswürdigkeit. Wo früher nur Kasinoreklamen und die aus Neonröhren gefertigten Cowboy- bzw. Cowgirlfiguren Vegas Vic und Sassy Sal die sogenannte Glitter Gulch (Glitzerschlucht) beleuchteten, überspannt heute eine auf Pfeilern stehende gewölbte Metallkonstruktion mit 12,5 Mio. synchronisierten Leuchtdioden die Fremont Street. Bis zu 5-mal pro Abend findet in regelmäßigen Abständen ein kostenloses computergesteuertes Licht- und Klangspektakel statt, bei dem 7 Minuten lang atemberaubende Animationen und Clips über das ›Dach‹ der Fremont Street laufen, das in 30 m Höhe einen riesi-

Richtig Reisen-Tipp: Lukull regiert Las Vegas

Brathähnchen mit Pommes und Roast Beef mit Kartoffelbrei sind out. Sushi, Beef Wellington, Osso Buco und Crab Legs sind in. Vorbei sind die Zeiten, da sich Horden ausgehungerter Discountreisender für eine Handvoll Dollar über Berge amerikanischer Durchschnittskost hermachten, Eiscreme, Limonade und Kaffee inklusive. Zwar gibt es die eine oder andere Vielfraßtheke (fast) zum Selbstkostenpreis immer noch. Zahlreiche Buffets und Restaurants eroberten sich jedoch unter der Kochlöffelregie preisgekrönter Küchenchefs wie Wolfgang Puck, Emeril Lagasse oder Bradley Ogden längst einen Stammplatz im Gourmethimmel über Las Vegas. Die besten Buffets werden aus hochwertigen Zutaten komponiert und von Food Designern kunstvoll gestaltet, ehe hungrige Las-Vegas-Besucher über die einzelnen Schlaraffenländer herfallen und Tag für Tag etwa fast 30 000 kg Shrimps und ganze Gebirge von Saftbraten und Lachs verputzen.

Gaumenfreuden sind bekanntlich Geschmackssache. Aber gemeinhin werden das **Bellagio Buffet** (Tel. 702-693-8111, Gourmet Dinner 35,95 $), das **Spice Market Buffet** (Tel. 702-785-9005, Dinner 24,95 $) und **Le Village Buffet** im Paris Las Vegas Casino (Tel. 702-946-7000, Dinner 24,95 $) zu den besten Buffets gezählt. Aber auch das **MGM Grand Buffet** (Tel. 702-891-3110, Dinner 27,99 $), das **Cravings** im Mirage (Tel. 702-791-7355, Dinner 22,50 $), das **Carnival World Buffet** im Rio Casino (Tel. 702-252-7777, Dinner 23,99 $) und das **Bayside Buffet** im Mandalay Bay Hotel (Tel. 702-632-7402, Dinner 26,99 $) haben einen guten Ruf.

Mit bloßer Nahrungsaufnahme haben diese Self-Service-Tafelfreuden nichts zu tun. Eher handelt es sich um lukullische Schwelgereien auf höchstem Niveau. Ganz besonders trifft das auf die zahlreichen Sonntagsbrunches zu. Im eleganten Steakhouse im Bally's Hotel-Casino verdient sich der sündhaft teure **Sterling Brunch** seinen guten Ruf u. a. mit Räucherlachs, Kaviar, Lammkoteletts und Roast Beef (3645 Las Vegas Blvd. S., Tel. 702-967-7999, So 9.30–14.40 Uhr, 65 $). Der **Champagne Brunch** am Carnival World Buffet im Rio Hotel steht qualitativ ebenfalls auf hohem Niveau, kostet aber nicht einmal die Hälfte (3700 W. Flamingo Rd., Tel. 702-252-7777, Sa–So 10.30–15.30 Uhr, 23,99 $). Großer Ansturm herrscht meist auch beim **Champagne Brunch** im Las Vegas Hilton (Tel. 702-732-5111, Sa–So 8–14.30 Uhr, 17,99 $). Kein Wunder, dass einschlägige Denkschmieden bereits nach neuen Begriffen für diese Art von kulinarischen Events suchen und sie nicht mehr der Gastronomie, sondern dem Amüsement zuordnen.

Auch in den Restaurants achtet man mittlerweile auf allerhöchste Qualität. Wolfgang Puck etwa hat sich mit **Spago** und **Chinois** in den Forum Shops von Caesar's Palace, im **Postrio** im Venetian und mit der **Trattoria del Lupo** im Mandalay Bay Casino populäre Filialen geschaffen (www.wolfgangpuck.com). Superstar Thomas Keller hält den Küchenstandard im Restaurant **Bouchon** im Venetian hoch, während der New Yorker Chef Charlie Palmer im geradezu futuristisch wirkenden **Restaurant Aureole** und im **Charlie Palmer Steakhouse** im Mandalay Bay Kasino zaubert. Mit Emeril Lagasse ist die französische Küchenprominenz in **Emeril's New Orleans Fish House** (800 Tchoupitoulas St.) und im **Delmonico Steakhouse** im Venetian vertreten. Sein berühmter Kollege Joël Robuchon zaubert im **L'Atelier de Joël Robuchon** im MGM Grand und lässt sich dabei in seiner Showküche von den Gästen auf die Finger schauen. Das **Bradley Ogden Restaurant** in Caesar's Palace trägt nicht nur im Namen die Handschrift des bekannten Küchenchefs, sondern beweist auch mit französisch und italienisch inspirierten Kreationen sein Können.

Backstage in Las Vegas: Hauptsache die Haare und das Make-up sitzen perfekt

gen, vier Blocks langen Videoscreen bildet (www.vegasexperience. com).

Shows

Das Angebot an Musik-, Tanz- und Magiershows, Theateraufführungen, Musicals, Kabaretts, erotischen Darbietungen und burlesken Veranstaltungen ist kaum zu überblicken. Jedes Kasino, das etwas auf sich hält, bietet mindestens ein solches Bühnenereignis an. Tickets bekommt man in jedem Hotel. Da viele Shows aber schon Wochen im Voraus ausverkauft sind, sollte man zuvor über die Internetseite www.vegas4you.de reservieren. Die kanadische Truppe **Cirque du Soleil** präsentiert sich in der Stadt gleich mehrfach mit unterschiedlichen fantastischen Zirkusnummern von Akrobaten, Tänzern und Clowns: Im Treasure Island mit **Mystère** (Mi–Sa 19.30 und 22.30, So 16.30 und 19.30 Uhr, 95 $), im Bellagio mit dem Wasserspektakel **O** in einem 6 Mio. Liter fassenden Becken (Mi–So 19.30 und 22.30 Uhr, 99–150 $) und im MGM Grand mit **KA**, einem Mix aus Multimedia-Performances, Akrobatik und Feuerwerken (Di–Sa 19.30 und 22.30 Uhr, 69–150 $). Als provokativ wird **Zumanity** im New York New York Casino eingeordnet. Tragende Elemente der 90-minütigen Show, bei der ein halbes Hundert Musiker und Tänzer auf der Bühne stehen, sind erotische Akrobatik und Bewegungsspiele zu exotischen Rhythmen (Fr–Di 19.30 und 22.30 Uhr, 85–95 $, ab 18 Jahren). Das Mirage Hotel präsentiert die Zirkusshow **Love,** die eine gelungene Kombination von Akrobatik, Tanz und visuellen Effekten inklusive Beatles- Soundtrack darstellt (www.mirage.com, Do–Mo 19 und 22 Uhr, 69–150 $).

Die 1987 gegründete **Blue Man Group** wurde u. a. durch ihre Mitwirkung in Werbespots berühmt. Las Vegas ist weltweit eine von nur fünf Städten, in denen das optisch überwältigende und musikalisch außergewöhnliche Spektakel mit den drei stumm agierenden, kahlköpfigen und blau gefärbten Hauptdarstellern und ihrer Begleitband aufgeführt wird (Hotel Venetian, www.blueman.com, tgl. 19 Uhr, Fr–Sa auch 22 Uhr, Tickets ab 76,50 $). Zwei Magier haben es in Las Vegas zu Ruhm und Ansehen gebracht. Der berühmte **David Copperfield** begeistert im Hotel MGM Grand große und kleine Zuschauer mit Zauberkunststücken und fantastischen Illusionen (Showdaten unter www.mgmgrand.com, 99 $). **Lance Burton** entführt sein Publikum im Hotel Monte Carlo in die Welt der Fantasterei und Magie (Di und Sa 19 und 22, Mi–Fr 19 Uhr, 66,50–72,55 $). Eine echte, glamouröse Las-Vegas-Revue mit hübschen Tänzerinnen in knappen, farbenprächtigen Kostümen bekommen Gäste im Tropicana Casino mit **Folies Bergère** zu sehen, der am längsten laufenden Show der Stadt (www.tropicanalv.com, Mo, Mi–Do, Sa 19.30 und 22, Di und Sa 20.30 Uhr, 64,90 $ für 2 Pers.). Noch freizügiger und nur für Erwachsene geeignet sind **Bite** im Stratosphere Tower Kasino, die **Chippendales** im Rio Casino, **Thunder From Down Under** im Excalibur und **Fantasy** im Luxor Hotel.

Im Mirage Hotel tritt seit längerer Zeit **Danny Gans** mit einer populären Comedy-Show auf, während im Wynn Hotelcasino mit **Le Reve** ein fantasievolles Bühnenabenteuer aufgeführt wird. Unter den prominenten Entertainern treten **Bette Midler** und **Barry Manilow** die Nachfolge von Celine Dion und Elton John an.

Ausflüge von Las Vegas

Ungefähr 30 Minuten westlich von Las Vegas liegt mit dem **Red Rock Canyon National Conservation Area** eine spektakuläre, 330 km² große, von zerklüfteten Felsen und Canyons geprägte Westernlandschaft, die hauptsächlich im ersten und letzten Licht des Tages ihren Zauber entfaltet. Eine 13 Meilen lange Panoramastraße (Achtung Einbahnstraße) mit zahlreichen Aussichtspunkten führt durch dieses faszinierende Farbkaleidoskop aus roten und grauen Felsen, in der wilde Schafe und Esel zwischen über 600 unterschiedlichen Pflanzenarten wie etwa Joshua Trees ein ungestörtes Leben führen. Von mehreren Parkplätzen sind auf kürzeren Pfaden die steinernen Naturszenerien zu Fuß erreichbar (Rte. 159, Red Rock Canyon Visitor Center, Tel. 702-515-5367, www.redrockcanyonlv.org, tgl. 6 Uhr bis Sonnenuntergang, Pkw 5 $).

Unter den vier Bergketten, die im Umkreis von Las Vegas liegen, ist **Mount Charleston** 35 Meilen nordwestlich der Stadt eine Ausnahmeerscheinung. Mit 3632 m bildet er nicht nur die mit Abstand höchste Erhebung. Mit Nadelwäldern an seinen Flanken hebt er sich auch deutlich von den anderen grauen Wüstenbergen ab. Kein Wunder, dass die Bergwildnis hauptsächlich in den heißen Sommermonaten für viele Stadteinwohner zum kühlen Fluchtpunkt wird, wo die Temperaturen häufig 15 Grad niedriger sind als in der Ebene. Wanderer teilen sich die reizvolle Landschaft mit wilden Eseln und Wildpferden, die seit langem in diesem Gebiet leben. Im **Fletscher Canyon** kann man sich in den Sattel schwingen und auf dreieinhalbstündigen Touren die Natur genießen (Visitor Center, SR 157, Tel. 702-515-5400, im Sommer tgl. 9–16 Uhr, im Winter kürzer).

Eine Autostunde nordöstlich von Las Vegas haben über Millionen von Jahren Wind und Wetter im grandiosen **Valley of Fire** bizarre Formationen aus rotbraunem Sandstein geschaffen und eine Märchenlandschaft hinterlassen, die schon viele Filmregisseure veranlasste, die Naturkulisse für ihre Werke zu nutzen. Verstreute Petroglyphen lassen darauf schließen, dass die Gegend schon vor 2000 Jahren von Anasazi-Indianern bewohnt war. Wanderwege führen zu versteinertem Holz und zu außergewöhnlichen Felsformationen wie etwa den Seven Sisters, Poodle Rock, White Domes, den Beehives und dem Elephant Rock, der einem Elefantenkopf samt Rüssel frappierend ähnelt (Valley of Fire State Park, P. O. Box 515, Overton, NV 89040, Tel. 702-397-2088, http://parks.nv.gov/vf.htm, Besucherzentrum tgl. 8.30–16.30 Uhr, Park durchgehend zugänglich).

i **Las Vegas Visitor Information Center:** 3150 Paradise Rd., Las Vegas, NV 89109, Tel. 702-892-0711, www.visitlasvegas.com.

Das Valley of Fire: dramatische Felsformationen in flammendem Rot

Faustregel: Von So bis Do sind die Zimmerpreise häufig um die Hälfte günstiger als Fr und Sa. Sonderangebote findet man im Internet (www.vegas.com).

Wynn Las Vegas 1: 3131 Las Vegas Blvd. S., Tel. 702-770-9966, Fax 702-770-1571, www.wynnlasvegas.com. Wenngleich sich das Hotel gerne als Luxusherberge apostrophieren lässt, ist der Komfort in den Zimmern kaum größer als in anderen guten Hotelkasinos. Mit einer Ausnahme: Die Bäder sind geräumig, mit flachen TVs und tiefen Badewannen ausgestattet. Aber die Extras haben ihren Preis. DZ ab ca. 250 $.

THEhotel at Mandalay Bay 2: 3950 Las Vegas Blvd. S., Tel. 702-632-7777, Fax 702-632-7234, www.thehotelatmandalaybay. com. 5-Sterne-Top-Hotel mit mehr als 1000 Suiten mit Designer-Interieur. Die edle Ausstattung reicht von der in den Farben Schwarz und Elfenbein gehaltenen Lobby bis in die mit Plasma-TVs ausgestatteten Marmorbäder der Gästeunterkünfte. Im Spa können Gäste zwischen Sauna, beheizten Whirlpools, Eukalyptusdampfbad, Entspannungslounge und Fitnessraum auswählen. Suiten ab 189 $.

The Venetian 3: 3377 Las Vegas Blvd. S., Tel. 702-414-1000, Fax 702-414-1100, www.venetian.com. Das Kasinohotel hat mit seinem italienischen Vorbild eines gemein: Man muss tief in die Tasche greifen. Die Suiten bestehen aus Schlaf- und Wohnraum mit viel Platz und komfortabler Ausstattung. DZ im Durchschnitt ca. 180 $.

Caesar's Palace 4: 3570 Las Vegas Blvd. S., Tel. 702-731-7110, Fax 702-731-6636, www.harrahs.com. Opulente Ausstattung, Luxus und Komfort sollen an die Dekadenz des alten Rom zur Zeit von Nero und Caligula erinnern. DZ 120–1000 $.

Paris Las Vegas 5: 3655 Las Vegas Blvd. S., Tel. 702-946-4251, Fax 702-946-4405, www.harrahs.com. Große, mit allen Annehmlichkeiten ausgestattete Gästezimmer. Poollandschaft auf dem Kasinodach im Stil eines französischen Gartens mit Schwimmbad und Whirlpools. Neben zahlreichen Bars und Lounges mit Live-Unterhaltung können sich Gäste im Wellness-Fitnesscenter sowie auf 8 Tennisplätzen in Form halten. DZ 110–600 $.

Circus Circus 6: 2880 Las Vegas Blvd. S., Tel. 702-734-0410, Fax 702-734-5897, www.

circuscircus.com. Riesenhotel direkt am Strip mit kitschigem Zirkusthema, aber günstigen Preisen auch am Buffet. DZ ab ca. 60 $.
Hooters [7]: 115 E. Tropicana Ave., Tel. 702-739-9000, Fax 702-736-1120, www.hooterscasinohotel.com. Ca. 200 der bekannten Hooter Girls in Hot Pants sind die Attraktionen des Hauses. Am Pool trägt das weibliche Personal knappe Bikinis. Moderne helle Räume im Floridastil für junge und jung gebliebene Gäste. DZ ab ca. 70 $.
Main Street Station [8]: 200 N. Main St., Tel. 702-387-1896, Fax 702-386-4466, www.mainstreetcasino.com. Kleines viktorianisch ausgestattetes Kasinohotel nahe der Fremont Street. Relativ kleine Zimmer zu kleinen Preisen. Wer eine einfache Unterkunft sucht, ist hier gut aufgehoben. DZ ab 40 $.
El Cortez Hotel and Casino [9]: 600 Fremont St., Tel. 702-385-5200, Fax 702-474-3626, www.elcortezhotelcasino.com. Über 400 einfache Gästezimmer mit dem Flair des Gestrigen in Downtown, mehrere Restaurants und Schnellküchen im Haus und das Licht- und Tonspektakel der Fremont Street direkt vor der Haustür. DZ ab 35 $.
Camping:
Circusland RV Park [10]: großer Stellplatz für Campmobile direkt neben dem Hotel mit Versorgungsanschlüssen, Pools, Supermarkt, Saunas, Kinderspielplatz und Gemeinschaftsraum. 22–80 $.

Picasso [11]: 3600 Las Vegas Blvd. S., Bellagio Hotel, Tel. 702-693-7223, www.bellagio.com, Mi–Mo 18–21.30 Uhr. Eines der stilvollsten Restaurants der Stadt, in dem der preisgekrönte Küchenchef Julian Serrano für kunstvolle südfranzösische Kreationen und internationale Gaumenfreuden wie australische Schwertfischmedaillons oder kanadisches Heilbuttfilet mit peruanischem Kartoffelcarpaccio und Pilzen sorgt. 4-Gang-Menü 90 $, 5-Gang-Menü 100 $.
Mix [12]: 3950 Las Vegas Blvd. S., THEhotel at Mandalay Bay, Tel. 702-632-9500, www.mandalaybay.com, tgl. 18–23 Uhr. Edelrestaurant des Starkochs Alain Ducasse auf der 43. Etage mit offener Terrasse und elegantem Ambiente. Klassische französische Spezialitäten, aber auch Hummer aus Maine und Bisonbraten. Der grandiose Blick auf die Stadt ersetzt jedes Dessert. Ab 31 $.
Hofbräuhaus [13]: 4510 Paradise Rd., Tel. 702-853-2337, www.hofbrauhauslasvegas.com, tgl. ab 11 Uhr. Originalgetreue Kopie des Münchner Vorbildes drei Blocks vom Strip entfernt. Zu zünftiger bayerischer Humpah-Musik gibt es Schmankerln wie nahrhafte Brotzeitteller, Nürnberger Rostbratwürstl oder Bierkutschersteak. Dass die unterschiedlichen Sorten von ›flüssigem Brot‹ von Münchner Kindl Weißbier bis zum Oktoberfestbier aus der bayerischen Metropole importiert werden, versteht sich von selbst. Ab 10 $.
Ellis Island Casino [14]: 4178 Koval Lane, Tel. 702-733-8901, www.ellisislandcasino.com, 24 Std. Im Restaurant können Gäste unter vielen preisgünstigen Gerichten auswählen. Auch die Getränke sind preiswert.

Las Vegas Fashion Show Mall: 3200 Las Vegas Blvd. S., www.thefashionshow.com, Mo–Sa 10–21, So 11–19 Uhr. Größtes Einkaufszentrum in Nevada mit futuristischer Architektur und 250 Geschäften, Kaufhäusern, Restaurants und einem Food Court. Fast täglich gibt es Modenschauen und andere Veranstaltungen.
Las Vegas Outlet Center: 7400 Las Vegas Blvd. S., www.premiumoutlets.com, Mo–Sa 10–21, So 10–20 Uhr. Über 150 Geschäfte mit Mode etwa von Tommy Hilfinger, Calvin Klein und Boses sowie zwei Food Courts.
Boulevard Mall: 3528 S. Maryland Pkwy, www.boulevardmall.com, Mo–Sa 10–21, So 11–18 Uhr. Die Kaufhäuser Sears, JC Penny, Dillards und Macy's bilden zusammen mit vielen Einzelhandelsgeschäften und Boutiquen eine große Mall.

Eine Zusammenstellung zahlreicher Nachtclubs findet man im Internet: www.lasvegas.com/nightclubs.
Jimmy Buffett's Margaritaville: 3555 Las Vegas Blvd. S., Tel. 702-733-3302, www.margaritavillelasvegas.com, tgl. ab 11 Uhr. Vor

Heiraten
Wer heiraten will, muss mindestens 18 Jahre alt sein und im Marriage Bureau persönlich eine Heiratserlaubnis (*marriage licence*, 55 $, Barzahlung) beantragen. Ausländer benötigen einen Reisepass. Terminvereinbarungen sind nicht notwendig. Die eigentliche Hochzeit schließen die meisten Aspiranten in einer Hochzeitskapelle in einem Kasinohotel (201 Clark Ave., Tel. 702-671-0600, Fax 702-385-8911, www.co.clark.nv.us, tgl. 8–24 Uhr, auch an Feiertagen).

allem bei jüngeren Leuten beliebtes Lokal im karibischen Stil mit schnellen Rhythmen im Flamingo Las Vegas Hotel.
Ivan Kane's Forty Deuce: im Mandalay Bay Resort (s. o.), Tel. 702-632-9442, www.fortydeuce.com, tgl. außer Di und Mi ab 23.30 Uhr. Burleske Striptease-Show zu Livemusik. Eintritt 20 $.

Karten für Musicals und Shows am gleichen Tag erhält man oft mit großem Preisnachlass bei: TIX4TONIGHT, Tel. 1-877-849-4868, Hawaiian Marketplace, in der Fashion Show Mall oder Fremont St., Four Queens Hotel, tgl. 11–20 Uhr. In der kostenlosen Broschüre What's on Las Vegas Guide findet man viele nützliche Adressen und Coupons für verbilligte Shows und Museen.
Feste/Veranstaltungen:
America's Party (31. Dez.): Riesige Silvesterparty mit Feuerwerk auf dem Strip.
City of Lights Jazz Festival (April): Jazzfestival im Desert Breeze Park (www.yourjazz.com).
Helldorado Days (April/Mai): Stadtfest mit vielen Veranstaltungen und großer Parade (www.elkshelldorado.com).

VIP-Bustouren von Vegas zum Grand Canyon: Rock Star Tours, Tel. 702-252-8687, www.rockstartoursoflasvegas.com. 14-stündige Tour in einem mit Ledersofas, Bar, Plasma-TV und Hightech-Soundsystem ausgestatteten VIP-Bus über den Hoover-Damm zum Grand Canyon inklusive Frühstück, Lunch und Ranchbesuch. Erw. 399 $., Kin. 369 $.
Wellness: Red Rock Spa & Fitness Center, 11011 Charleston Blvd., Tel. 702-797-7878, www.redrocklasvegas.com, tgl. 6–20 Uhr, ab 16 Jahre. Massagen, Haut- und Gesichtstherapien sowie ein Wellness- und Fitnessbereich im harmonischen, luxuriösen Ambiente eines ruhigen, modern eingerichteten Kasinohotels am Stadtrand. Massagen und Gesichtsbehandlungen ab 80 $, Personal Fitness Training ab 55 $ (25 Min.).

Flugzeug: McCarran International Airport liegt nur 1 Meile vom südlichen Strip entfernt und wird von 40 nationalen und internationalen Fluglinien angeflogen, darunter mehrmals wöchentlich nonstop von Condor ab Frankfurt (5757 Wayne Newton Blvd., Tel. 702-261-5211, http://mccarran.com). Taxis zum Strip kosten zwischen 12 und 20 $. **Bell-Trans-Shuttlebusse** fahren vom Flughafen zum Strip (Tel. 702-739-7990, www.bell-trans.com, 6 $).
Bahn: Las Vegas wurde zwar durch eine Eisenbahngesellschaft gegründet, besitzt aber keinen Bahnanschluss mehr.
Bus: Greyhound Lines, 200 S. Main St., Tel. 702-384-9561, www.greyhound.com. Zentraler Busbahnhof.
Fortbewegung in der Stadt:
Auf dem Strip verkehren öffentliche **CAT-Busse** zwischen Downtown und dem südlichen Strip 24 Stunden am Tag (Erw. 2 $, Sen. ab 62 Jahre sowie Kin. 5–17 Jahre 0,60 $, es ist passend zu zahlen). Der auf Oldtimer getrimmte **Las Vegas Strip Trolley** pendelt auf dem Strip südlich des Sahara Hotels und des Las Vegas Hilton (alle 15 Min. von 9.30–2 Uhr, Erw. 1,75 $, Kin. unter 5 Jahre gratis, es ist passend zu zahlen). Die automatisierte Hochbahn **Monorail** verkehrt auf der 4 Meilen langen Strecke zwischen MGM Grand und Sahara Casino (Einzelfahrt 5 $, Tagespass 12 $, www.lvmonorail.com). Zwischen Mirage und Treasure Island sowie zwischen Excalibur, Luxor und Mandalay Bay gibt es kostenlose Kasinobahnen.

Goldgräber- und Geisterstädte

Reiseatlas S. 6, 14

Viele der pittoresken Geisterstädte scheinen im Westen Amerikas dem Untergang geweiht. Unbarmherzig holt sich die Natur zurück, was ihr Goldschürfer, Abenteurer und Pioniere im 19. Jh. mühsam abtrotzten. Den Rest erledigen Souvenirsammler und Siedler auf der Suche nach Baumaterial. Doch mittlerweile gibt es Initiativen, um der Nachwelt historische Relikte als Schaufenster in die Vergangenheit zu erhalten.

Rhyolite

Reiseatlas: S. 6, D 1

Heute ist kaum mehr vorstellbar, dass der eine Autostunde nördlich von Las Vegas liegende Ort einmal über 10 000 Einwohner besaß, von drei Eisenbahnlinien frequentiert wurde, über ein eigenes Elektrizitätswerk, drei Zeitungen, vier Dutzend Bergwerke, ein Opernhaus, mehrere Krankenhäuser, ein öffentliches Schwimmbad, zwei Schulen, viele Hotels und zahlreiche Geschäfte und Märkte verfügte. Die Anfänge von Rhyolite gehen auf die beiden Prospektoren Frank ›Shorty‹ Harris und Ernest L. Cross zurück, die 1904 an einer Hügelflanke auf eine Edelmetallader gestoßen waren. Der Goldrausch hielt aber nur drei Jahre an. Dann machte sich bereits Katerstimmung breit, weil finanzielle Engpässe die Schließung erster Geschäfte nach sich zogen. 1916 verlöschten die letzten Lichter in der Stadt. Erst Jahrzehnte später tauchte der Ort wieder als Touristenziel auf den Landkarten auf, weil sich gelegentlich Besucher des nahe gelegenen Tals des Todes in die Geisterstadt mit dem 1906 aus über 50 000 Bier- und Whiskyflaschen gebauten **Bottle House** oder dem ehemaligen **Bahnhof** der Tonopah-Rhyolite Railroad ›verirrten‹. Außer den beiden Gebäuden hat der Zahn der Zeit nur Ruinen wie etwa die Fassade der **Cooks Bank** mit ihren blinden Fensteröffnungen übrig gelassen. In den 1980er-Jahren machte eine Gruppe belgischer Künstler den Wüstenflecken mit einigen modernen Skulpturen zum Freilichtmuseum, darunter die weißen, mit Acryl überzogenen Gipsfiguren von Albert Szukalski, die Leonardo Da Vincis »Letztes Abendmahl« darstellen sollen (4 Meilen westlich von Beatty am Hwy 374 Richtung Death Valley, www.rhyolitesite.com).

Goldfield

Reiseatlas: S. 14, D 4

Zu Beginn des 20. Jh. gegründet, erreichte der Bergbauboom in Goldfield schon drei Jahre später seinen Höhepunkt, als in der Gemeinde ca. 30 000 Menschen lebten und kein Geringerer als die Westernlegende Virgil Earp für Recht und Ordnung sorgte. Sein noch berühmterer Bruder Wyatt arbeitete in einem Spielkasino mit einem riesigen, von 80 Barkeepern bedienten Tresen. 1908 stampften Bautrupps mit dem Goldfield Hotel eine Nobelunterkunft aus dem Boden, die sich mit jeder anderen Luxusherberge zwischen San Francisco und Chicago messen konnte. Fenster und Türen des viergeschossigen Stein- und Ziegelbaus sind seit langem verriegelt und verrammelt. Fingerdick liegt in der Lobby Staub auf Kristallleuchtern und Golddekor an Wänden und Decken. Goldfield war der strahlendste Stern unter den Bergbaustädten Nevadas und holte sich deshalb 1905 mit der

Boxweltmeisterschaft im Leichtgewicht ein sportliches Megaereignis in die Stadt. Dafür wurde eigens eine 8000 Plätze große Arena errichtet. Der Wettkampf machte Geschichte. Er dauerte 42 Runden und war damit einer der längsten der Boxgeschichte. Schon um 1918 zeichnete sich der Niedergang des lokalen Bergbaus ab. Fünf Jahre später läuteten der ehemaligen Königin der Bergbaustädte die Totenglocken, als gegenüber vom Goldfield Hotel eine Schnapsbrennerei explodierte und sich das Feuer 13 Stunden lang durch die Häuserzeilen fraß und 27 Straßenblocks in Schutt und Asche legte (www.ghosttowns.com/states/nv/goldfield.html).

In jüngerer Vergangenheit erwachte der Ort nur einmal aus seiner ›Totenstarre‹, als dort mit den »Goldfield Files« eine Folge der TV-Serie »Akte X« spielte, in der es zwei ehemalige FBI-Agenten mit mysteriösen Vorkommnissen zu tun bekamen. Goldfield bot sich für den Thriller an, weil es nicht weit entfernt vom geheimnisumwitterten Sperrgebiet Area 51 liegt, wo US-Militärs angeblich experimentelle Waffen und Flugzeuge testen und – so wollen es hartnäckige Gerüchte – Flugobjekte von Außerirdischen untersucht haben sollen (www.crystalinks.com/area51.html).

Santa Fe Saloon: Fifth Ave., Tel. 775-485-3431. Ältester von 1905 stammender Saloon im Ort, der jedem Western als Kulisse Ehre gemacht hätte. Zu den ersten Wirten gehörten die Westernlegende Virgil Earp und der Boxer Jack Dempsey. Die originale Bar aus Eichenholz war aus dem Bundesstaat Maine herangeschafft worden.

Gold Point

Reiseatlas: S. 14, D 4

Der gelernte Tapezierer Herb Robbins kam zu Beginn der 1980er-Jahre durch Zufall nach Gold Point, erwarb nach und nach einige halb verfallene Hütten samt Grundstücken und begann, die ca. 40 Bauten unter Verwendung alter Materialien herzurichten. Von der Sammelleidenschaft beseelt, trug er im Umland alles an Gerätschaften zusammen, was nach Ende des Bergbaubooms zurückgelassen worden war. Herb schwebte eine Geisterstadt vor, die Originalität bewahrt und dennoch als Touristenziel dient, zumindest für jene Besucher, die einige Tage lang Nähe zum Goldgräberleben suchen – einfach, ein bisschen unbequem und romantisch, auf jeden Fall ohne Schnickschnack. Mittlerweile hat der *ghost-town*-Liebhaber seinen Traum erfüllt. Gold Point, das früher den Namen Hornsilver trug, ist zu einer stattlichen Geisterstadt mit von Wind und Wetter ausgebleichten Hütten, benzinloser Oldtimertankstelle, Postbüro und Hütten zum Übernachten herangewachsen. Jedes letzte Maiwochenende findet ein großes Volksfest mt einem Chilikochwettbewerb, Musik und Preisverleihung statt (www.goldpointghosttown.com).

Mit dem Autor unterwegs

Santa Fe Saloon in Goldfield

Kein Museum spiegelt die alten Wild-West-Zeiten besser als die über 100 Jahre alte Kneipe mit einer Innenausstattung wie anno dazumal (s. S. 239).

Berlin-Ichthyosaur State Park

Saurierfunde machen die Fahrt in die abgelegene Bergbausiedlung Berlin zu einem lohnenden Unternehmen (s. S. 240).

Geisterstadt Bodie

Mehrere Dutzend Holz- und Ziegelgebäude bilden einen **historischen State Park,** der zu den schönsten Erinnerungen an die Bergbauvergangenheit des amerikanischen Südwestens zählt – ein Paradies für historische Spurensucher und Fotografen (s. S. 240 f.).

Old Miner's Cabins: Ungefähr 30 Meilen südwestlich von Goldfield am Highway 774, Tel. 775-482-4653, www.goldpointghosttown.com. Einfach eingerichtete nostalgische Häuschen für 1 oder 2 Pers., 94 $, Frühstück inkl.

Radkie House: Adresse wie Old Miner's Cabins. Suite mit fließendem Wasser, Badewanne, Küche, Kühlschrank, Kaffeemaschine, Mikrowelle und Klimaanlage. 134 $.

Berlin

Reiseatlas: S. 14, D 3
Überbleibsel aus der im Jahr 1863 begonnenen Bergbauära wie eine noch intakte Goldmühle für die Zerkleinerung von Gestein, Bergwerksstollen, Pulvermagazin und ein ehemaliger Maschinenraum haben in der Geisterstadt Berlin einer viel älteren historische Sehenswürdigkeit den Rang abgelaufen. Der **Ichthyosaur State Park** präsentiert die seit 1954 ausgegrabenen, zum Teil hervorragend erhaltenen fossilen Überreste von 40 gigantischen Meeresbewohnern mit dem Namen Ichthyosaurus, die bis vor ca. 60 Mio. Jahren wahrscheinlich einmal zu den größten Meeresechsen der Welt zählten. Einige der fast 20 m langen ›ungemütlich‹ aussehenden Meeresräuber sind in einem festen Unterstand ausgestellt, der die freigelegten Knochen vor Wind und Wetter schützt. Wie man sich die Urviecher zu Lebzeiten vorzustellen hat, zeigt am Eingang zum Ichthyosaur Fossil Shelter eine in eine Betonwand eingelassene Nachbildung.

Rund um Berlin dehnt sich in der Toiyabe-Gebirgskette von Horizont zu Horizont eine endlose Landschaft aus Beifußbüschen aus, die von nur wenigen Autopisten zerschnitten wird. Die Szenerie könnte zu einem unbewohnten Stern passen, hörte man nicht gelegentlich ein entferntes ›Blob-Blob‹ aus der südlich gelegenen Nellis Air Force Range, wo das amerikanische Militär in der fast totalen Abgeschiedenheit dieser Region Kriegswaffen testet (Berlin-Ichthyosaur State Park, 23 Meilen östlich von Gabbs, Route 844, HC 61 Box 61200, Austin, NV 89310, Tel. 775-964-2440, http://parks.nv.gov/bi.htm, 40-minütige Führungen tgl. Ende Mai–Anfang Sept., Mitte März–Ende Mai nur Sa–So, sonst nur nach Reservierung, Rangerführungen durch die Ausgrabungsstätten Erw. 3 $, Kin. 6–12 Jahre 2 $, Parkeintritt inkl. Besichtigung des Bergbaucamps 4 $).).

Camping: Anlage mit 14 großen Stellplätzen für Wohnmobile mit offenem Grill, überdachten Picknicktischen, Toiletten und Entsorgungsstation sowie Trinkwasser (nur Mitte April–Okt., 15 $ pro Fahrzeug).

Belmont

Reiseatlas: S. 14, D 3
Versteckt zwischen den parallel verlaufenden Bergketten Toqiuma Range und Monitor Range liegt im südlichen Zentralnevada die Bergbau-Geisterstadt Belmont weit entfernt von städtischer Zivilisation. Wahrscheinlich machten sich um 1866 weiße Prospektoren auf die Suche nach Erz, weil schon die alten Shoshonen-Indianer Silberadern auf der Spur gewesen waren. Die Geschäfte im Ort mit Silber und Blei liefen in den 1880er-Jahren so gut, dass Belmont als Verwaltungszentrum des Nye-Landkreises ausgewählt wurde. 1876 entstand das Gerichtsgebäude, das wegen seiner Bauweise aus Stein und Ziegeln bis heute überlebt hat und zum Teil zur Besichtigung offen steht (Belmont Courthouse State Historic Park, c/o Fallon Region Headquarters, 16799 Lahontan Dam, Fallon, NV 89406, Tel. 775-867-3001, http://parks.nv.gov/bc.htm, 45 Meilen nordöstlich von Tonopah). In der näheren Umgebung liegen zahlreiche Überreste von Häusern und Bergbauanlagen.

Belmont Inn: Tel. 775-482-2000, www.belmontinn.com. Gäste kommen in diesem B & B in fünf Zimmern oder in einem Schlafsaal mit 10 Betten unter. Womöglich entscheidet man sich auch für die rustikale Miner's Cabin. Zum Inn gehört ein Saloon. Eine eigene Quelle garantiert die Wasserversorgung, Strom wird durch Solaranlagen produziert. DZ ab 110 $. Dinner ab 20 $.

Bodie

Reiseatlas: S. 13, C 3
Die Schriftzüge auf der braunen Bretterfassade sind verblichen. Ein von Eisenrohren ge-

Malerischer als Bodie zeigt keine Geisterstadt Nevadas Vergangenheit

stütztes Vordach wirft seinen Schatten auf blindes Fensterglas. Auf einem Regalbrett hat der Zeitenwechsel Flaschen und Dosen mit Staub überzogen. Neben dem windschiefen Laden reckt sich ein rissiger Telegrafenmast mit durchhängenden Drähten in den Himmel. »Das von Gott vergessene Land« nannten die früheren Einwohner das gut 2500 m hoch gelegene, gewellte Plateau mit struppigen Beifußbüschen, auf dem sich die Geisterstadt Bodie wie ein Symbol der Vergänglichkeit ausdehnt. Einen Steinwurf von der Bretterkirche mit ihrem Minitürmchen entfernt liegt eine umgekippte Schubkarre im Gras. Als die ersten Goldgräber in den 1850er-Jahren in diese gottverlassene Gegend zogen, mussten sie das Bauholz für die Häuser und zum Abstützen der Stollen aus der einzigen Sägemühle im 35 km entfernten Bridgeport holen. 1881 ließen die Bergwerksgesellschaften sogar eine Schmalspurbahn verlegen, um den Nachschub zu gewährleisten.

Nachdem 1857 Mormonen den Boden auf der Suche nach Gold aufgerissen hatten, entdeckte man zwei Jahre später so reiche Vorkommen, dass sich zwischen 1863 und 1868 die ersten beiden Großkonzerne vor Ort niederließen. Aber erst in den 1870er-Jahren stieg Bodie zum neuen Minenstar des Westens auf. In einem einzigen Monat förderte die Bodie Company Gold und Silber im Wert von 600 000 Dollar. Natürlich profitierte auch die Siedlung vom Boom und bestand schon bald aus 2000 Gebäuden, 65 rund um die Uhr geöffneten Saloons und einer 10 000-köpfigen Bevölkerung aus Goldschürfern, Spielern, Abenteurern, Prostituierten, Spekulanten und Wucherern. Dass die Lebensumstände zum Gotterbarmen waren, hatte u. a. seinen Grund im gnadenlosen Klima mit sibirischen Wintern. Hygiene und medizinische Versorgung waren Fremdwörter, die Wohnungen bestenfalls behelfsmäßig und die Lebenshaltungskosten exorbitant, weil alles Notwendige über lange Wege herangeschafft werden musste. Keine Woche verging ohne Mord oder Raubüberfall. 1879 wurden in einer einzigen Woche 6 Männer umgebracht. Der für das Seelenheil zuständige Reverend F. M. Warrington traf wahrscheinlich den Nagel auf den Kopf, als er Bodie ein »vom Sturm der Lust und Leidenschaft gepeitschtes Meer der Sünde« nannte.

Zeitreise: Der Museumsladen konserviert ein Stück Geschichte

Schon in den 1880er-Jahren begann die Reputation von Bodie in dem Maße zu schwinden, wie der Minenertrag nachließ. Dennoch schrieb das Gold- und Silberkaff 1892 nochmals Geschichte. Erstmals in den USA ließ sich mit der Standard Company eine Industrieanlage über eine Fernleitung mit am 20 km entfernten Wasserkraftwerk Green Creek produzierten elektrischen Strom versorgen. In den 1930er-Jahren lebten noch gut 100 Menschen in Bodie, unter ihnen ein gewisser Billy Godward. Weil er bei einem Kindergeburtstag statt Eiscreme nur süße Gelatine bekommen hatte, machte er großes Geschrei, bekam dafür Prügel und wurde nach Hause geschickt. Die kindliche Rache folgte auf dem Fuß. Mit einer Schachtel Zündhölzer steckte er eine Matratze in Brand. Wenige Stunden später lag der größte Teil von Bodie in Schutt und Asche.

Die bergbaulichen Aktivitäten endeten in den 1950er-Jahren, als die Standard Company ihre letzte Mine schloss und die abgelegene Ortschaft sich auf den Weg in die Bedeutungslosigkeit begab. 1962 übernahm der Staat Kalifornien die Aufsicht und begann die Überreste als State Park vor Souvenirjägern und Vandalen zu schützen, die den Gebäuden bis dahin schon zugesetzt hatten. Im Unterschied zu anderen Bergbausiedlungen wurde Bodie aber nicht restauriert, sondern im damaligen Zustand belassen. Aus diesem Grund bildet es heute ein authentisches Zeugnis der Goldgräberzeit, dem die Kommerzialisierung mit all ihren negativen Begleiterscheinungen erspart blieb (nördlich vom Mono Lake an der Grenze zu Kalifornien und Nevada, Tel. 760-647-6445, www.parks.ca.gov, Ende Mai–Anfang Sept. tgl. 8–19 Uhr, Erw. 3 $, Kin. unter 16 Jahre 1 $).

Virginia City

Reiseatlas: S. 13, B 2
Während es in Bodie bislang weder Hamburgerbuden noch T-Shirt-Läden gibt, sind andere ehemalige Minencamps längst vollständig kommerzialisiert und in Touristenspektakel umgewandelt worden, z. B. Virginia City südlich von Reno in Nevada. Kalifornien war nach dem Goldrausch von 1849 bei den

meisten Schürfern bereits abgeschrieben, als drei von ihnen doch noch ihr Glück am Ostrand der Sierra Nevada versuchten und 1859 auf Edelmetall stießen. Nach einem von ihnen, Henry Comstock, bekam die Gegend den Namen Comstock Lode und Virginia City wurde die bedeutendste Silberfundstätte Amerikas im 19. Jh. Innerhalb von wenigen Jahren verwandelte sich das Bergbaucamp in die mit 30 000 Einwohnern damals größte Stadt zwischen San Francisco und Denver. Insgesamt wurden Erze im Wert von mehr als einer Milliarde Dollar abgebaut.

Entlang der C Street reihen sich Cafés, Restaurants, Saloons und Souvenirläden aneinander, die fast alle in Ziegelbauten aus dem 19. Jh. mit reizvollen Fassaden untergebracht sind. Die Gehsteige bestehen aus groben Holzplanken, wie sie im Wilden Westen üblich waren. Vor Chrom und buntem Glas glitzernde Oldtimer-Spielautomaten, gezinkte Kartenspiele und Gamblingmemorabilien sind im **Nevada Gambling Museum** ausgestellt (22 S. C St., Tel. 775-847-9022, tgl. 10–17 Uhr, 1 $). Das **Mackay Mansion Museum** in der ehemaligen Residenz des Bergbaubarons John Mackay zeigt Bergbauexponate, originales Mobiliar und Tiffany-Silber (129 S. D St., Tel. 775-847-0336, www.mackaymansion.com, tgl. 11–18 Uhr, 3 $). Um nostalgische Erinnerungen an die ruhmreiche Bergbauära geht es auch im **The Way It Was Museum** mit historischen Dokumenten und zahlreichen Gegenständen des alltäglichen Lebens (113 N. Centre Sutton Ave., Tel. 775-847-0766, tgl. 10–18 Uhr, 2 $).

Historische Gebäude wie das 1876/77 im viktorianischen Stil erbaute **Storey Court House** mit einer seltenen Justitia-Skulptur ohne verbundene Augen und das gut erhaltene **Piper's Opera House** von 1885 lassen den Lebensstandard erahnen, den die früheren Einwohner pflegten. Die 1869 gebaute **Virginia & Truckee Railroad (V&T)**, die in vielen Filmen neben Stars wie Clark Gable, Randolph Scott, Glenn Ford und Gary Cooper eine Rolle spielte, nimmt Besucher heute zwischen Virginia City und Gold Hill zu einer 2,5 Meilen langen Reise durch Comstock Lode mit. Bis 1938 beförderte die Bahn Gold- und Silbererz ins 21 Meilen entfernte Carson City. Danach verfiel die Schienenstrecke, auf der Züge einen Höhenunterschied von über 500 m überwinden und fünf Tunnels durchfahren mussten. 1941 wurden die Gleise bis auf das Teilstück zwischen Virginia City und Gold Hill abgebaut. Gegenwärtig ist der Ausbau wieder über Gold Hill hinaus im Gang. Wenn der Zeitplan eingehalten wird, könnten Touristen zukünftig im Schlepptau einer 1914 gebauten Mikado-Baldwin-Dampflokomotive bis nach Carson City bummeln (www.steamtrain.org). Am nördlichen Stadtausgang liegt auf einem Hügel ein alter Friedhof mit interessanten Grabsteinen. Besucher können aber auch einer Vergangenheit aus Fleisch und Blut begegnen. Samuel Clemens alias Mark Twain begann seine literarische Karriere in Virginia City in der Redaktionsstube des Territorial Enterprise. Jeden Sommer schlüpft ein Einwohner in die Rolle des berühmten Amerikaners und lässt sich in grauer Mähne und weißem Anzug von Touristen fotografieren.

Virginia City Visitor Center: 86 S. C St., P. O. Box 920, Virginia City, NV 89440, Tel. 775-847-4386, Fax 775-847-7507, www.visitvirginiacitynv.com.

Seven Mile Canyon Ranch: Seven Mile Canyon nordwestlich von Virginia City, Tel. 775-847-7223, www.nevadaduderanch.com. In reizvoller ländlicher Umgebung gelegene Ranch mit mehreren Gebäuden. Die klimatisierten Zimmer bzw. Suiten sind sympathisch rustikal ausgestattet inklusive Satelliten-TV, Kaffeemaschine, Küche und Frühstück. DZ ab 125 $.

Edith Palmers Country Inn: 416 S. B St., Tel. 775-847-7070, www.edithpalmers.com. B & B mit freundlichen, etwas überladen dekorierten Gästezimmern in drei viktorianischen Häusern. DZ 85–125 $.

Trolleybustouren: Virginia City Trolley, 20-minütige kommentierte Trolleytour, Tel. 775-786-0866, Erw. 4 $, Kin. unter 12 Jahren 1,50 $.

Wüstenhighways im Great Basin

Karte S. 250

Zwischen der Sierra Nevada im Westen und den Wasatch Mountains im Osten dehnt sich mit dem Great Basin Nordamerikas größte zusammenhängende Wüste aus. Namenlose Täler, bewaldete Gebirgsinseln, Dünen und trügerische Salzsümpfe verleihen der unwirtlichen Region einen seltsamen Reiz. Endlose Highways garantieren Wüstenfans und Einsamkeitsliebhabern ein besonderes Reiseabenteuer.

Interstate 80

Karte: S. 250

Mitte des 19. Jh. quälten sich im Zuge der großen Westwärtsbewegung endlose Planwagentrecks auf knochenharten Pisten durch den damals noch weitgehend unerschlossenen Westen der mythisch verklärten Pazifikküste entgegen. Die Reise war nicht nur abenteuerlich und kräftezehrend, sondern brachte allein zwischen 1841 und 1859 ca. 20 000 Menschen den Tod, Siedlern und Abenteurern, die sich im nördlichen Nevada auf dem sogenannten California Trail entlang dem Humboldt River auf den Weg nach Kalifornien gemacht hatten. Faules Wasser, Hunger, Erschöpfung, monatelange Plackerei und gelegentliche Konflikte mit Indianern verlangten ihren Tribut. Später folgte die erste transkontinentale Eisenbahnlinie dem Trail, ehe in der zweiten Hälfte des 20. Jh. die Interstate 80 auf derselben Route gebaut wurde und heute die schnellste Ost-West-Autoverbindung durch das Große Becken bildet.

Reno

Karte: S. 250

Westlicher Ausgangspunkt der I-80 ist die Stadt **Reno** 1. Mitten im Zentrum überspannt ein Lichterbogen die Virginia Street, der Auskunft über das Selbstverständnis der Glücksspielhochburg gibt. Abends preisen rote, von Lichterketten umrahmte Neonlettern die nach Las Vegas zweitgrößte Metropole Nevadas als ›Größte Kleinstadt der Welt‹. Tatsächlich besitzt der zusammen mit dem benachbarten Sparks gut 200 000 Einwohner große Ballungsraum nicht annähernd das mondäne Flair von Las Vegas, sondern mutet eher wie eine Provinzgemeinde an, der Kasinohochhäuser im Sinne des Wortes über den Kopf wuchsen. Im Gegensatz zu Las Vegas sind die zahlreichen Spielhöllen nicht zu Themenhotels umgewandelt worden, sondern herkömmliche Gambling-Oasen für ein Publikum geblieben, das auf hektische Betriebsamkeit lieber verzichtet. Abgesehen von klimpernden Automaten und mit grünem Filz überzogenen Spieltischen gilt die Lage der Stadt in knapp 1400 m Höhe am östlichen Fuß der Sierra Nevada als ›Pfund‹, mit dem Reno bei Naturliebhabern wuchern kann.

Im **National Automobile Museum** wollen über 220 Fahrzeuge aus den vergangenen 100 Jahren Automobilgeschichte bestaunt werden, und zwar in einer der jeweiligen Zeit entsprechenden Kulisse. Unter den auf Hochglanz polierten Stars befinden sich ein 1949er Mercury, der von James Dean 1955 im Film »Denn sie wissen nicht, was sie tun« gefahren wurde, ein 1973er Cadillac von Elvis Presley, der 1962 gebaute Lincoln Continental von US-Präsident John F. Kennedy und die 1953er Chevrolet Corvette von John

Wayne (10 S. Lake St., Tel. 775-333-9300, www.automuseum.org, Mo–Sa 9.30–17.30, So 10–16 Uhr, Erw. 10 $, Kin. 6–18 Jahre 4 $).

Reno/Sparks Convention and Visitors Authority: 4001 S. Virginia St., P. O. Box 837, Reno, NV 89502 , Tel. 775-827-7600, www.visitrenotahoe.com.

Siena Hotel Spa Casino: 1 S. Lake St. am Ufer des Truckee River, Tel. 775-327-4362, Fax 775-337-6201, www.sienareno.com. Von den im italienischen Design gehaltenen Gästezimmern blickt man entweder auf die Sierra Nevada oder den Truckee River. Die himmlisch bequemen Betten möchte man am liebsten gar nicht verlassen. Auf dem Dach befindet sich ein Pool. DZ ab 90 $.

Peppermill Hotel & Casino: 2707 S. Virginia St., Tel. 775-826-2121, Fax 775-826-5205, www.peppermillreno.com. Südlich von Downtown gelegener Komplex. DZ ab 75 $.

Camping:

Davis Creek Regional Park: 20 Meilen südlich der Stadt an der US 395, Tel. 775-849-0684. Zur Verfügung stehen 63 Stellplätze auf einem bewaldeten Gelände mit einem Weiher, Picknickstellen und heißen Duschen.

Oceano: Im Peppermill Hotel & Casino (s. o.), tgl. Lunch und Dinner. Das Ambiente des Seafoodlokals besteht aus einer fantastischen Orgie aus Neon, die den Eindruck vermittelt, man säße auf dem Meeresboden, über sich Delfine und Haie aus blaugrünen Leuchtstoffröhren. 10–30 $.

Cactus Creek: im Bonanza Casino, 4720 N. Virginia St., Tel. 775-323-2724, www.bonanzacasino.com, Mi–So 17–22 Uhr. Steakhouse im Stil des Südwestens mit Filet Mignon vom Bison, zarten Lammkoteletts, Enchiladas mit Krabbenfleisch und Pastagerichten. Dinner ab ca. 18 $.

Mit dem Autor unterwegs

Entertainment-Metropole Reno

Die nach eigenem Bekunden »größte Kleinstadt der Welt« ist hinter Las Vegas nicht nur Vizekönigin im Gambling-Imperium von Nevada, sondern auch ein populärer Ausgangspunkt für viele Freizeitaktivitäten in der nahen Sierra Nevada (s. S. 244 f.).

Great Basin National Park

Mitten in der Wüste des Great Basin thront mit dem Mount Wheeler einer der höchsten Berge auf dem zusammenhängenden Staatsgebiet der USA. Im Nationalpark wartet nicht nur eine hochalpine Szenerie, sondern auch ein Höhlensystem auf Besucher (s. S. 254 ff.).

Winnemucca

Unter den meist kleinen Ortschaften entlang der Interstate 80 ist das am Humboldt River gelegene **Winnemucca** 2 mit 6000 Einwohnern eine vergleichsweise ansehnliche Stadt. Sie blühte schon im 19. Jh. auf, weil sie eine Verbindungstelle zwischen zwei bedeutenden Überlandtrails markierte, dem California Trail im Humboldttal und dem weiter nördlich verlaufenden Oregon Trail. Außerdem profitierte sie von der 1869 fertiggestellten transkontinentalen Eisenbahn, für die man in Winnemucca einen Bahnhof einrichtete. Schon wenige Jahre später war aus Winnemucca ein bedeutendes regionales Handelszentrum geworden. Heute lebt der Ort überwiegend von der Landwirtschaft und dem Bergbau. In den umliegenden Bergen wird Silber, Gold, Wolfram und Quecksilber gefördert. In manchen Minen schürft man nach Opalen und Türkisen.

Auf dem **Winnemucca Mountain** nördlich der Stadt gewährt eine mittlerweile geschlossene Radarstation eine grandiose Aussicht sowohl auf die Stadt als auch auf ihre Umgebung. Am Spätnachmittag zeigen sich baumlose Wüstenhügel und Dünenlandschaften am Highway 95 ca. 8 Meilen nördlich der Stadt im schönsten Licht.

Die **Buckaroo Hall of Fame** beschäftigt sich mit der Rolle der Cowboys in der Geschichte der Region und gibt mit Arbeitsge-

Winnemuccas kleinstädtische Hauptverkehrsstraße führt auf die beeindruckenden Grashügel im Norden der Stadt zu

räten, Skulpturen, Gemälden und Skizzen Einblick in Arbeit und Alltag der Viehtreiber (30 W. Winnemucca Blvd., Tel. 775-623-2225, tgl. 8–12 und 13–17 Uhr, Eintritt auf Spendenbasis). Nicht Rinder-, sondern Schafzucht machten Einwanderer aus Nordspanien im frühen 20. Jh. zum großen Geschäft und ließen in Winnemucca gleichzeitig die größte Baskengemeinde der USA entstehen. Jedes Jahr erinnern deren Nachfahren mit dem im Juni veranstalteten Winnemucca Basque Festival an ihre kulturellen Wurzeln.

i **Winnemucca Convention and Visitors Authority:** 50 W. Winnemucca Blvd., Winnemucca, NV 89445, Tel. 775-623-5071, www.winnemucca.nv.us.

Red Lion Hotel & Casino Restaurant: 741 W. Winnemucca Blvd., Tel. 775-623-2565, Fax 775-623-2527, www.redlionwinn.com. Gästezimmer und Suiten mit Jacuzzi im Ortszentrum. Für den Zeitvertreib oder eine Aufstockung der Reisekasse sorgt das hauseigene Kasino. DZ ab 90 $.

Stonehouse Country Inn: Paradise Valley, 35 Meilen nördlich der Stadt am Hwy 290, Tel. 775-578-3530, www.stonehouse.freeservers.com. B & B auf Viehranch abseits jeder Hektik, 8 Zimmern und Restaurant. DZ 80–95 $.

Winnemucca Rodeo: Das älteste und größte Rodeo in Nevada findet im März statt und dauert vier Tage. Es wird von einer Messe und unterschiedlichen Veranstaltungen begleitet und gibt Cowboys Gelegenheit, ihre Professionalität zu beweisen.

Elko

Inmitten der Rinderweiden des nordöstlichen Nevada bildet das fast 17 000 Einwohner große **Elko** 3 ein Kleinstadtzentrum in einer gottverlassenen Wüsten- und Steppenlandschaft. Von der Rolle der Ortschaft als Versorgungsbasis lokaler Farmer und Rancher zeugen nicht nur die Ausstellungen im Northeastern Nevada Museum (www.museumelko.us) und im Western Folklife Center (www.westernfolklife.org). Der Cowboykultur ist alljährlich auch das Cowboy Poetry Gathering gewidmet, bei dem Dichter Geschichten über das Leben auf einer Viehranch und im Sattel erzählen (www.westernfolklife.org/site). Die **Ruby Mountains** 4 südlich der Stadt mit Seen und Wanderpfaden stehen bei den Einheimischen als Naherholungsziel hoch im Kurs. In der kalten Jahreszeit transportieren Hubschrauber Wintersportler auf bis zu 3400 m hohe Gipfel, von denen man Abfahrten im unberührten Schnee genießen kann. Eine 12 Meilen lange Asphaltstraße führt durch den Lamoille Canyon an über 600 m aufragenden Felswänden in die Bergwildnis.

Elko Chamber of Commerce: 1405 Idaho St., Elko, NV 89801, Tel. 775-738-7135, Fax 775-738-7136, www.elkonevada.com.

Once Upon A Time B & B: 537 14th St., Tel. 775-738-1200, www.innsite.com/inns/A003110.html. Drei Gästezimmer mit jeweils einem Queen-Size-Bett, ein Zimmer mit eigenem Bad. Das Haus ist mit Aquarellen und Zeichnungen des Besitzers dekoriert. DZ 65–95 $, Frühstück inkl.

Stampede Motel: 129 W. Idaho St., Tel. 775-738-8471, www.stampedemotel.com. Motel mit großen Zimmern inkl. Kühlschrank, Mikrowelle, TV, Telefon und Bad mit Dusche und Wanne. DZ ca. 40 $.

National Basque Festival (Juli): Das Fest erinnert an die frühen Siedler aus dem Gebiet der spanischen und französischen Pyrenäen.

Das blaue Juwel der Sierra: Lake Tahoe

Nur eine halbe Autostunde südlich von Reno gilt der berühmte Lake Tahoe mitten in der Sierra Nevada schon lange als Lieblingsziel vieler Amerikaner. An Sommerwochenenden steigt die Besucherzahl um die Seeufer nicht selten auf 200 000 Menschen, wodurch hauptsächlich das touristische Epizentrum South Lake Tahoe zum Rummelplatz wird.

Als Mark Twain den See 1862 zum ersten Mal zu Gesicht bekam, war das für ihn »das lieblichste Bild, das die Erde von sich geben kann«. Auf einer Bootsfahrt lernte er neben der idyllischen Szenerie später noch ein anderes Merkmal des Gewässers kennen: »So einzigartig klar erwies sich das Wasser, dass man dort, wo es nur 20 oder 30 Fuß tief war, den Seeboden ganz deutlich erkennen konnte, als treibe das Boot in der Luft darüber«. Tatsächlich enthält das nach dem Crater Lake (Oregon) mit 500 m zweittiefste Gewässer der USA nur wenige Schwebstoffe, sodass eindringendes Sonnenlicht erst in großer Tiefe reflektiert wird und das Wasser intensiv blau erscheinen lässt. Trotz der Lage auf 1900 m Höhe, die ihn zum Wintersportgebiet macht, friert Lake Tahoe wegen des aus der Tiefe aufsteigenden 7 bis 8 °C warmen Wassers nie zu.

Die Grenze zwischen Nevada und Kalifornien verläuft mitten durch den See und macht die 72 Meilen lange Fahrt um das Ufer herum oder die 165 Meilen lange Wanderung auf dem Rim Trail (www.tahoerimtrail.org) zu einer Zwei-Staaten-Tour. Der Nevada-Abschnitt beginnt im Spielkasinomekka Stateline im Süden. Weiter nördlich machen in Zephyr Cove die ›Mississippidampfer‹ M.S. Dixie II und Tahoe Queen auf Fahrten in die malerische Emerald Bay am kalifornischen Ufer Station (www.zephyrcove.com). Im benachbarten Cave Rock fanden im 19. Jh. Kämpfe zwischen Washoe- und Paiute-Indianern um Fisch- und Jagdrechte statt. Mit malerischen Buchten und aus dem Wasser ragenden abgerundeten Granitblöcken prägt sich Sand Harbor State Park bei Naturfotografen ein. Individuelle, informative Kajaktouren organisiert die Tahoe Adventure Company (Tel. 866-830-6125, www.tahoeadventurecompany.com). In eher ungewöhnlichem Rahmen findet im Hochsommer im State Park das Shakespeare Festival statt, zu dem das Publikum wie zum Massenpicknick anreist (Tel. 1-800-747-4697, www.laketahoeshakespeare.com). Wer nach »Othello« Lust auf profanere Genüsse hat, kann sich in Tahoe City für 35 $ bei der Truckee River Raft Company mit einem aufgepumptem Lkw-Reifen oder einem Schlauchboot ausrüsten, sich mit vielen anderen wie bei einer gemütlichen Wasserparty flussabwärts treiben lassen und die mitgebrachte Verpflegung konsumieren (185 River Rd., Tel. 530-584-0123, www.truckeeriverraft.com).

Viele in den See mündende Gebirgsflüsse sorgen dafür, dass die Badetemperaturen an den zahlreichen Uferstränden selbst im Hochsommer kaum über 20 °C steigen. Trotzdem herrscht in der warmen Jahreszeit hauptsächlich am kalifornischen Ufer Hochbetrieb, wo neben reizvollen Badestellen wie etwa dem Baker Beach vor allem die malerische Emerald Bay viele Besucher anzieht. Diese Region war vor 20 000 Jahren von

Thema

Lake Tahoe: Das zweittiefste Gewässer der USA bietet nicht nur zahlreiche Freizeitvergnügungen, sondern auch Naturerlebnisse und Erholung

mehreren hundert Meter mächtigen Eisschichten bedeckt. Mit der zu Ende gehenden Eiszeit flossen die Gletscher durch bereits vorhandene Flusstäler ab und ließen als Resultat ihrer Schürfarbeit diese lang gezogene Bucht mit bewaldeten Ufern zurück. Ein 1,5 km langer Wanderweg führt vom Parkplatz an der Hauptstraße nach Vikingsholm, einem 38 Zimmer großen Prachtbau aus Granit und handbearbeitetem Holz im Stil eines skandinavischen Schlosses. Die aus Norwegen stammende Millionärin Lora J. Knight, die zu großen Teilen den Transatlantikflug von Charles Lindberg finanzierte, ließ sich diese Residenz 1929 an einer Stelle bauen, die sie offenbar an eine skandinavische Fjordlandschaft erinnerte. Nach ihrem Tod kam das Anwesen 1953 in den Besitz des State Park Service, der es der Öffentlichkeit zugänglich machte (Tel. 530- 541-3030, Führungen tgl. 10–16 Uhr, Mitte Juni–Ende Sept., www.vikingsholm.com, Erw. 5 $, Kin. 6–17 Jahre 3 $).

In South Lake Tahoe am kalifornischen Südufer könnte das Angebot an Hotels, Motels und B & B-Unterkünften, aber auch an Freizeitvergnügungen jedweder Art größer kaum sein (www.tahoeinfo.com). Das gilt ebenso für die kalte Jahreszeit, in der die Region um den See zum Wintersportparadies wird. Die Heavenly-Valley-Seilbahn bringt Wintersportler vom Ufer in ein 650 m über dem Ort liegendes Skigebiet, das im Pulverschnee regelmäßig zu ›ertrinken‹ scheint (www.skiheavenly.com).

Wüstenhighways

West Wendover

Über die Ortschaften Wells und Oasis erreicht man auf dem Weg nach Osten die letzte Glücksspielhochburg auf dem Staatsgebiet von Nevada. Mitten in einer wüstenhaften Landschaft, an deren östlichem Horizont sich die gleißend helle Wasserlinie des Großen Salzsees abzeichnet, ragen in **West Wendover** 5 von Neonreklamen illuminierte Kasinopaläste in den Himmel, in denen sich Reisende für die Fahrt durch die große Salzwüste nach Salt Lake City rüsten können. Ein Schild an der Staatsgrenze erinnert daran, dass man in die Mountain Time Zone kommt und in Utah eine Stunde ›verliert‹. Ca. 3 Meilen außerhalb liegt der Rennkurs Bonneville Salt Flats.

Highway 50

Ein gelbes Verkehrsschild mit schwarzer Kuh mahnt zur Vorsicht vor freilaufendem Vieh. Freizeitschützen haben das Blech in ein wahres Sieb verwandelt. Befürchtungen, in der bleihaltigen Luft hätte jemand zu Schaden kommen können, sind unbegründet, denn die nächste menschliche Behausung liegt ca. 30 Meilen entfernt – im Great Basin nichts Ungewöhnliches. Vom Fuß der Sierra Nevada bis zur Grenze des Bundesstaates Utah verläuft quer durch die Wüste eine ungewöhnliche Fernverbindung – 400 Meilen einsamer Asphalt, amerikanischer Westen, wie man ihn aus Filmen, Bilderbüchern und Fernwehträumen kennt, unberührte Naturlandschaften mit Salzflächen, faszinierend monotone Bergketten und nur selten Gegenverkehr, der aus Tagträumen hochschrecken lässt.

Highway 50 – »The Loneliest Road in America«. Amerikas einsamste Landstraße führte ein Dasein im Verborgenen, bis ihr ein Journalist unbeabsichtigt zu nationaler Popularität verhalf. 1986 druckte das amerikanische Life-Magazin eine Reportage über nationale Superlative ab. Darin reagierte ein Redakteur seinen Frust über Highway 50 in einem lapidaren Kommentar ab. Die betroffenen Tourismusämter und Rathäuser reagierten prompt und clever. Es schien, als hätten sie nur auf eine günstige Gelegenheit gewartet, Highway 50 ins Gespräch zu bringen. Schon bald nach dem verbalen Verriss stellten Bauarbeiter entlang der geschmähten Straße Schilder mit dem weithin sichtbaren Prädikat ›Einsamste Straße Amerikas‹ auf und lösten damit einen Medienrummel samt Tourismusboom aus. Mit sogenannten Überlebenssets aus Straßenkarten, Touristeninformationen, Highway 50-Aufklebern und einem Gutschein für eine Portion Speiseeis setzten die Verantwortlichen der Negativwerbung die Krone auf. Lässt man sich ein nicht ganz ernst gemeintes Zertifikat in fünf Hauptorten entlang Highway 50 abstempeln, hat man am Ende Anspruch auf eine vom Gouverneur unterzeichnete Urkunde, die dem Inhaber außergewöhnliche Überlebensfähigkeiten bescheinigen.

Carson City

Die Frage nach dem Namen der Hauptstadt des Bundesstaates Nevada wäre für viele Quiz-Teilnehmer eine harte Nuss. **Carson City** 6 mit einem Kapitol aus dem Jahr 1875 steht hinsichtlich Bekanntheitsgrad und Größe mit 53 000 Einwohnern weit hinter Las Vegas und Reno zurück. Westlich der Durchgangsstraße bilden mehrere viktorianische Bauten aus dem 19. Jh. das historische Zentrum, das man auf dem 4 km langen, mit einer blauen Linie und bronzenen Medaillons markierten Kit Carson Trail erkunden kann. Ein Besichtigungspunkt unter vielen ist das **Nevada State Railroad Museum,** für Dampfloks und Waggons der ehemaligen *Virginia & Truckee Railroad* die allerletzte Haltestelle. Im Mai werden die Eisernen Pferde aus den Schuppen geholt und stehen Eisenbahnliebhabern bis Dezember für Ausflugsfahrten zur Verfügung (2180 S. Carson St., Tel. 775-687-6953, www.nsrm-friends.org, tgl. 8.30–16.30 Uhr, Erw. 4 $, Kin. bis 11 Jahre 2 $).

In einer ehemaligen US-Münze zeigt das **Nevada State Museum** Ausstellungen zur Geschichte, Geologie und Kultur Nevadas. Neben der Nachbildung einer Geisterstadt bekommen Besucher einen Bergwerksstollen zu sehen und können sich über die Münzproduktion in der früheren Prägeanstalt informieren (600 N. Carson St., Tel. 775-687-4810, http://nevadaculture.org/docs/museums/cc/carson.htm).

i **Carson City Convention & Visitors' Bureau:** 1900 S. Carson St., Suite 100, Carson City, NV 89701, Tel. 775-687-7410, Fax 775-687-7416, www.visitcarsoncity.com.

Plaza Hotel: 801 S. Carson St., Tel. 775-883-9500, www.carsoncityplaza.com. 168 wohnlich ausgestattete Zimmer in zentraler Lage; Pool, Fitness-Einrichtungen, kostenloser Parkplatz, WLAN. DZ ca. 80 $.

Quality Inn Trailside Inn: 1300 N. Carson St., Tel. 775-883-7300, Fax 775-885-7506, www.bestwestern.com/trailsideinncarsoncity. Motel mit 67 Zimmern, überwiegend für Nichtraucher; ein beheizter Pool, Föhn und Bügeleisen gehören zur Ausstattung. DZ 50–210 $.

Camping:

Washoe Lake State Recreation Area: 4855 E. Lake Blvd., Tel. 775-687-4319. Von der Anlage im Washoe Valley mit 50 Campingparzellen blickt man auf die berückende Bergszenerie der Umgebung.

Casino Fandango: 3800 S. Carson St., Carson City, NV 89701, Tel. 775-885-7000, www.casinofandango.com, Lunch Mi–Fr 11–14, Sa–So 9–14 (Brunch), Dinner Mi–So 16.30–21 Uhr. Spielhalle im tropischexotischen Stil. Das Rhum Jungle Buffet zählt zu den besten der Stadt und bietet eine Riesenauswahl an ausgezeichneten Speisen in einem edlen Ambiente in den Farben Grün und violett mit künstlichem Blumendekor und verspiegelten Decken. Buffet 25 $.

Dayton

Nördlich von Highway 50 liegt in **Dayton** 7 ein kleiner historischer Ortsteil. Wegen seiner roten Fassadenfarbe ist der repräsentative **Odeon Hall & Saloon** von 1863 nicht zu übersehen. Wo schon Mark Twain übernachtete, war im Jahr 1879 auch der berühmte General Ulysses Grant zu Gast, damals in seiner Funktion als Präsident der USA. Eine Zeit lang war im Gebäude ein mittlerweile geschlossenes Restaurant untergebracht. Wer Hunger verspürt, kann sich ein paar Schritte weiter im **Compadres Mexican Restaurant** typisch mexikanische Gerichte servieren lassen. Sowohl vor als auch hinter dem weiß getünchten Holzhäuschen können Gäste im Freien sitzen (165 Pike St., Tel. 775-246-8226. Lunch Di–Sa 11.30–14.30, Dinner Di 16.30–20.30, Mi–Sa 16.30–21 Uhr, So/Mo geschl.).

Das verschlafene Dayton bildete 1960 die Kulisse für den Film »Nicht gesellschaftsfähig«, für den Marilyn Monroe und Clark Gable zum letzten Mal gemeinsam vor der Kamera standen.

Fallon

Das 7500 Einwohner große Städtchen **Fallon** 8 trägt den Beinamen Brotkorb Nevadas nicht, weil sich nach Osten Reisende dort für die folgenden 300 Meilen letztmals in einem Supermarkt verpflegen können, sondern weil das Wasser hinter dem 1914 erbauten Lahontan-Staudamm die Wüste um die Stadt in saftige Wiesen, grüne Weideflächen, Äcker, Getreidefelder und Viehfarmen verwandelte. **Fallon's All-Indian Rodeo & Stampede** bietet alljährlich im August eine gute Gelegenheit, Amerikas beste Rodeoreiter im Sattel zu sehen. Die Veranstaltung wird von einem indianischen Kulturprogramm mit traditionellen Tänzen, Wettbewerben und Kunsthandwerksausstellungen begleitet. Mit Mode aus viktorianischen Zeiten, Hüten, Hochzeitsschuhen, hübsch dekoriertem Geschirr, Memorabilien an das Bergbauzeitalter und Artefakten der Paiute-Indianer wirbt das **Churchill County Museum** für sich (1050 S. Maine St., Tel. 775-423-3677, www.ccmuseum.org, März–Nov. Mo–Sa 10–17, So 12–17 Uhr, sonst bis 16 Uhr).

Sand Mountain Recreation Park

Östlich von Fallon beginnt die Einsamkeit des Highway 50. Salzflächen, unter denen zäher Schlamm lauert, dehnen sich zu beiden Seiten der Straße bis an den Fuß grauer Bergketten aus. Eine Piste biegt zum **Sand Mountain Recreation Park** 9 ab, wo Amerikas einsamstes öffentliches Telefon wie eine allerletzte Verbindung in die Zivilisation neben der Fahrbahn steht. Im Park rasen Offroadbegeisterte mit Quads, vierrädrigen Fahrzeugen mit breiten Reifen, durch eine 3 km lange und bis zu 200 m hohe Dünenlandschaft. Hauptsächlich am Labor Day (1. Wochenende im Sept.) verwandeln mehrere tausend Motorsportler den Freizeitpark in ein riesiges Fahrerlager. Verpflegungsmöglichkeiten gibt es nicht. Was Mensch und Maschine brauchen, muss selbst mitgebracht werden.

Middle Gate Station

Alte Dokumente erwähnen **Middle Gate** 10 1861 als Station des Pony Express. Der im Stil einer Reiterstafette organisierte Postdienst transportierte 1860/61 pro Reiter ca. 10 kg schwere Satteltaschen mit Eilpost auf der 3200 km langen Strecke zwischen St. Joseph in Missouri und Sacramento in Kalifornien. »In der Mitte von nirgendwo« steht neben der Tür der heutigen Bar, in der Diana Power über eine seit damals vermutlich nur unwesentlich veränderte Gastronomie-Oase herrscht: an die Balkendecke geheftete Dollarnoten mit persönlichen Widmungen, Batterien von Ketchupflaschen und Senfspender um den Tresen, eine mit militärischen Abzeichen und Fliegerfotos dekorierte Wand als Erinnerung an die nahe gelegene Naval Air

Station, verstaubtes Zaumzeug, Cowboyhüte und Highway-50-Insignien um zwei Gästetische mit pflegeleichtem Wachstuch in Blümchenmuster. Vom Tresen blicken die Gäste durch ein großes Fenster mit hübschem Glasschliff an den Rändern über die Uralt-zapfsäulen einer Tankstelle auf die Wüstenlandschaft, in der einige Meilen weiter mit dem **Shoe Tree** 11 eine Berühmtheit neben der Straße steht.

Aus der Entfernung sieht die Amerikanische Pappel aus wie das Übernachtungsquartier von Fledermäusen. Aus der Nähe entpuppen sich die dunklen Flecken in der Baumkrone jedoch als in den Ästen hängendes Schuhwerk von Cowboystiefeln über Tennisschuhe, Sandalen, bis hin zu Ballettschuhen, Pumps und Rollerblades in allen erdenklichen Farben und Größen. Über die Entstehungsgeschichte des Schuhbaumes kursieren die wildesten Geschichten. In Wahrheit handelte es sich vermutlich um einen irgendwann begonnenen Spaß, an dem offenkundig viele Gefallen gefunden haben.

Austin

Über den 1960 m hohen Railroad Pass erreicht Highway 50 mit **Austin** 12 den ersten richtigen Ort seit Fallon mit einer Ansammlung von Ziegelgebäuden aus der zweiten Hälfte des 19. Jh. entlang der Main Street und dem aus Granitblöcken errichteten Lander County Courthouse. In auf alt getrimmten Holzschuppen etablierte sich ein bescheidenes Tourismusgewerbe wie etwa in der Little Bluebird Mine, hinter deren mit Wagenrädern, Rinderschädeln und Bergwerksgerät dekorierter Fassade Silber- und Türkisschmuck ausliegt. Das ehemalige Minenzentrum Austin entstand nach den ersten Silberfunden 1862. Heute leben dort nur noch ca. 300 Einwohner.

Eureka

Von den einst Dutzenden Spielhöllen, Bars, Hotels und drei Opernhäusern ist im früher einmal als ›Pittsburgh des Westens‹ apostrophierten **Eureka** 13 nicht mehr viel zu sehen. Von stattlichen 11 000 zu Boomzeiten schrumpfte die Bevölkerung auf wenige hundert zusammen, nachdem ein Silber- bzw. Bleibergwerk nach dem anderen von ursprünglich 50 Bergbaubetrieben schließen musste. Lediglich das von 1880 stammende, im Innern vor einigen Jahren nach Originalplänen komplett renovierte Eureka Opera House an der Durchgangsstraße und einige wenige andere Gebäude lassen noch den Glanz ehemaliger Zeiten erahnen. Lediglich bei Festen wie regelmäßig wiederkehrenden Rodeos erwacht die Winzlingsgemeinde zum Leben, wenn sich Farmer und Rancher aus der Umgebung einfinden.

Kein einziges öffentliches Telefon stellt die Verbindung zur Außenwelt her, und ebenfalls der Handybetrieb ist Glückssache. Das **Eureka Sentinel Museum** im 1879 aus Ziegeln erbauten ehemaligen Zeitungsgebäude inspiriert Besucher mit seinen Ausstellungen über das ehemalige Minengeschäft, die örtliche Zeitungsdruckerei und das Alltagsleben in der damaligen Zeit zu einer Reise in Eurekas Vergangenheit (www.co.eureka.nv.us/tourism/museum01.htm).

Eureka Inn: 251 N. Main St., Tel. 775-237-5247, Fax 775-237-5155, www.bestwestern.com. Gut ausgestattetes Best Western mit 39 Zimmern und 3 Suiten, Kabel-TV und Kaffeemaschine inklusive. DZ ab 79 $.

Sundown Lodge: 60 N. Main St., Tel. 775-237-5334, Fax 775-237-5332, keine Website. Alle 27 Zimmer sind mit Telefon, TV, Klimaanlage und Bad bzw. Dusche/WC ausgestattet. DZ ab 40 $.

Owl Club: 61 N. Main St., Tel. 775-237-5280, www.eurekaowlclub.com, tgl. 5.30–21.30 Uhr. Sehr einfaches Lokal mit typisch amerikanischer Speisekarte. Zum Restaurant gehört ein kleines Kasino mit Spielautomaten. Ab 6 $.

Pony Espresso Deli: 101 Bullion St., Tel. 775-237-7663, tgl. ab 7 Uhr. Frische Backwaren wie Cinnamon Rolls (Zimtschnecken), verschiedene Sandwiches, Salate und Suppen. Ab 4 $.

Ely

Die 4000-Seelen-Gemeinde **Ely** 14 erlebt gegenwärtig eine Renaissance. Nachdem die Kennecott Copper Mines 1978 schlossen und 400 Beschäftigte entließen, machte sich *ghost-town*-Stimmung im White-Pine-Landkreis breit. Der Bau eines Hochsicherheitsgefängnisses 1989 brachte auch keinen wirtschaftlichen Aufschwung. Erst als 2004 im benachbarten **Ruth** ein wieder in Betrieb genommenes Bergwerk 400 Beschäftigten neue Jobs anbot, kam für Ely die Wende. Seither registriert die örtliche Handelskammer ein zunehmendes Interesse von Menschen aus anderen Landesteilen am provinziellen Lebensstil im Großen Becken, wo Kriminalität so gut wie keine Rolle spielt, gesunde Lebensbedingungen herrschen und Immobilien noch bezahlbar sind. Neue Hotels und in den vergangenen Jahren entstandene Wandmalereien polierten das ramponierte Image von Ely sichtbar auf. Die einzige Sorge, welche die Einwohner gegenwärtig umtreibt, ist die Angst, dass Las Vegas seinen politischen Einfluss geltend machen könnte, um das Grundwasser von Ely anzuzapfen.

In den 1940er-Jahren war das Hotel Nevada, in dem schon Leinwandstars wie Ingrid Bergmann, James Stewart und Gary Cooper nächtigten, mit 6 Stockwerken das höchste Gebäude in Nevada. Heute lohnt sich ein Gang durch das Kasino auch für GamblingMuffel, weil viele präparierte Wildtiere dem Spielbetrieb die Aura eines Naturkundemuseums verleihen.

Zur populärsten lokalen Touristenattraktion wurde ein Relikt aus der Vergangenheit. Das aus einem halben Hundert historischer Gebäude bestehende **Nevada Northern Railway Museum** ist auf dem alten Bahnhofsgelände der Nevada Northern Railway eingerichtet, mit der man knapp zweistündige Ausflüge auf zwei Routen unternehmen kann (1100 Ave. A, Tel. 775-289-2085, http://nevadanorthernrailway.net, ganzjährig, Kombinationsticket für beide Strecken mit unterschiedlichen Zügen Erw. 35 $, Kin. 4–12 Jahre 20 $).

White Pine County Chamber of Commerce: 636 Aultman St., Ely, NV 89301, Tel. 775-289-8877, Fax 775-289-6144, www.whitepinechamber.com.

Richtung Baker liegen am Highway 50 mehrere Motels, Supermärkte und Tankstellen.

Jailhouse Motel: 211 Fifth St., Tel. 775-289-3033, www.jailhousecasino.com. Zentral gelegenes Hotel, wo früher das Gefängnis stand. 61 Zimmer, Spa, zwei Restaurants und ein Spielkasino. DZ im Winter ab 58 $, im Sommer ab 60 $.

Hotel Nevada: 501 Aultman St., Tel. 775-289-6665, www.hotelnevada.com. Der Charme des Gestrigen prägt die fast museal eingerichteten Zimmer. Am bequemsten kommen Gäste in der Kennecott Suite mit zwei Schlafzimmern und drei TVs für 89 $ unter. Motorradfahrern gewährt das Haus einen Rabatt von 10 %. Normale DZ ab 36 $.

Camping:

Ely KOA Kampground: 3 Meilen südlich von Ely am Hwy 50, Tel. 775-289-3413, www.koa.com, ganzjährig. Der Platz liegt zum Teil im Schatten von Bäumen und bietet für Zelte einen Rasen. Es gibt auch Cabins.

Cell Block Steak House: im Jailhouse Motel s. o., tgl. 17–21 Uhr. Kenner schwören auf die sehr guten Steaks. Ab 16 $.

Great Basin National Park

60 Meilen östlich von Ely erhebt sich in der Wüste mit dem auf einer Berginsel gelegenen **Great Basin National Park** 15 ein ganz besonderes Naturschutzgebiet. Vom 25-Seelen-Dorf **Baker** 16 führt eine Zugangsstraße zum Besucherzentrum (tgl. 8–16.30 Uhr) und zum Wheeler Peak Scenic Drive, der sich 12 Meilen weit durch Wälder aus Wacholderbäumen, Kiefern und Espen bergan windet. Alle 500 Fuß (150 m) wird auf kleinen Tafeln die Höhe angezeigt, bis die Serpentinenstraße schließlich auf einem Parkplatz bei 10 000 Fuß (3048 m) endet. An dieser Stelle

Richtig Reisen-Tipp: Abenteuerspielplatz für UFO-Jäger

Was einsame Mondlandschaft und geringe Verkehrsdichte anbelangt, kann es die State Route 375 leicht mit dem Highway 50 aufnehmen. Allerdings hat es die ca. 100 Meilen lange Strecke zwischen **Crystal Springs** im Südosten und der Straßenkreuzung Warm Springs im Nordwesten nicht mit solchen Prädikaten, sondern als Extraterrestrial Highway zu nationaler Berühmtheit gebracht. Schon vor Jahren schürten die Abgelegenheit dieser Gegend und die Nähe der Straße zur streng geheimen Nellis Air Force Base mit der geheimnisumwitterten Area 51 Gerüchte über das Auftauchen unbekannter Flugobjekte. Kühle Köpfe vermuteten dahinter Tests neu entwickelter Flugzeuge und Waffen, während Fantasten schnell eine andere Erklärung zur Hand hatten: UFOs. Bis 1996 war das Phänomen so weit gediehen, dass sogar staatliche Stellen reagierten und die State Road 375 offiziell in Extraterrestrial Highway umbenannten.

»Erdlinge sind willkommen« steht über der Tür des berühmten Little A'Lee'Inn, in dem jeder Reisende zumindest auf ein Getränk einkehrt. In der blau-weiß getünchten Wellblechbude führt Connie West Regie, trotz fortgeschrittenen Alters mit Hippieblumenschmuck im Haar. Hinter dem Tresen Nevadaschilder mit der Aufschrift »Area 51« oder »For Aliens«. Aus einem Regal starren schwarze, leere Augen aus aufblasbaren Aliengesichtern. Jede Menge Aufkleber mit Sprüchen belegen, dass vor Ort eher stockkonservative Menschen den Ton angeben. Am Tresen schmückt sich eine Einheimische mit einem T-Shirt-Aufdruck »Nach Hundejahren gezählt, wäre ich tot« und legt die Vermutung nahe, dass in Rachel ein ganz besonderes Völkchen zu Hause ist. An den Wänden dokumentieren bis zur Unkenntlichkeit unscharfe Fotos UFO-Beobachtungen aus aller Welt. Selbst die Speisekarte hat sich mit Alien Burgers und dem Hausdrink Beam Me Up, Scotty speziell für Raumschiff- Enterprise-Fans auf das Thema Science-Fiction eingelassen. Letzte Zweifel an der Ernsthaftigkeit der UFO-Gemeinde in Rachel beseitigt ein vor dem Little A'Lee'Inn geparkter Abschleppwagen, der eine Fliegende Untertasse auf dem Haken hat (www.littlealeinn.com).

Ein Wüstenerlebnis der besonderen Art: die Fahrt auf dem Extraterrestrial Highway

Uralte, von Wind und Wetter gemarterte Grannenkiefern wachsen im Great Basin National Park auf felsigem Untergrund

machen sich Wanderer vorbei an Seen und Gletschern auf den Weg zum 3981 m hohen Wheeler Peak, dessen Gipfel nur 400 m niedriger ist als der höchste Berg auf dem zusammenhängenden Staatsgebiet der USA. Noch populärer als der Summit Trail ist der **Bristlecone Pine Trail**, auf dem man nach 2,3 km und einem Anstieg von 180 m einen Hain mit den ältesten Pflanzen auf dem Planeten Erde erreicht. Die Flanken des Mount Wheeler ge-hören zu den wenigen Flecken auf dem US-Staatsgebiet, auf denen Grannenkiefern *(Bristlecone Pines – pinus aristata var. longaeva)* gedeihen und nach wissenschaftlichen Erkenntnissen bis zu 4700 Jahre alt werden. Ein kurzer Naturpfad mit informativen Schautafeln führt in einem von Felsblöcken übersäten Gelände durch die von Wind und Wetter zerzausten Bäume, die wie hölzerne Skulpturen in den Himmel ragen (s. Thema S. 21).

Der Nationalpark bietet nicht nur in luftiger Höhe, sondern auch unter der Erde Attraktives. Die **Lehman Caves** sind ein ausge-

dehntes System von Tropfsteinhöhlen mit einer ständigen Temperatur von nur 10 °C. Sobald man das unterirdische Märchenreich durch einen künstlichen Tunnel betreten hat und sich die Augen an die Dunkelheit gewöhnt haben, tauchen aus Ecken und Winkeln die Konturen von tropfsteinverzierten Wänden auf. Verschnörkelte Pfeiler und ziselierte Kolonnaden, gesprenkelte Simse und mehrfach übereinandergeschichtete Wälle verwandeln die Gänge der Höhle in ein Märchenreich. Farbabstufungen zwischen Ocker und Beige machen hin und wieder glauben, in einem unterirdischen Schlaraffenland seien Crème-Torten zerlaufen, Töpfe mit Schokoladenglasuren übergekocht und Vanille-Eisbecher umgestürzt und in der Kälte erstarrt (tgl. 8–16.30 Uhr, im Hochsommer länger. Besichtigungen nur im Rahmen von 60- bzw. 90-minütigen Führungen, Erw. 8 bzw. 10 $, Kin. 5–15 Jahre 4 bzw. 5 $).

Superintendent Great Basin National Park: Hwy 487, Baker, NV 89311, Tel. 775-234-7331, www.nps.gov/grba und www.greatbasinpark.com.

Border Inn Motel: Hwy 50, an der Nevada-Utah-Staatsgrenze 13 Meilen östlich von Baker, Tel. 775-234-7300, www.greatbasinpark.com/borderinn.htm. 29 klimatisierte, spartanisch eingerichtete Motelzimmer mit TV, eigenes Restaurant (6–22 Uhr), Spielautomaten, Tankstelle und Platz für Wohnmobile. DZ 30–50 $.
Silver Jack Inn & Lectrolux Café: in Baker, Tel. 775-234-7323, www.silverjackinn.com. Kleines Motel und Café mit großer Wein- und Bierauswahl und einer Kunstgalerie, tgl. 8.30–20.30 Uhr. DZ im Motel ab 55 $.
Camping:
Whispering Elms Trailerpark: Hwy 487, Baker, Tel. 775-234-9900, www.greatbasinpark.com/whisperingelms.htm. Motel mit karg eingerichteten Zimmern, DZ 42–47 $. Zum Anwesen gehören eine Bar und ein Campground bzw. Stellplatz für Wohnmobile.
Im Nationalpark liegen vier Campgrounds, die man vorab nicht reservieren kann.

T & D's Country Store & Restaurant: in Baker, Tel. 775-234-7264, www.greatbasinpark.com/td.htm, ganzjährig geöffnet. Der größte Supermarkt in der Gegend bildet die beste Basis für Selbstversorger. Im angeschlossenen Restaurant wird Mittag- und Abendessen serviert. Ab ca. 7 $.
Lehman Caves Café: bei den Lehman Caves, Tel. 775-234-7221, www.greatbasinpark.com/lehmangifts, April–Okt. Kleineres Lokal zum Frühstücken und Lunch. Ab ca. 7 $.

Das am Südufer des Great Salt Lake aufgeschichtete Salz wird für gewerbliche Zwecke verwendet

Kapitel 3

Das nördliche Utah

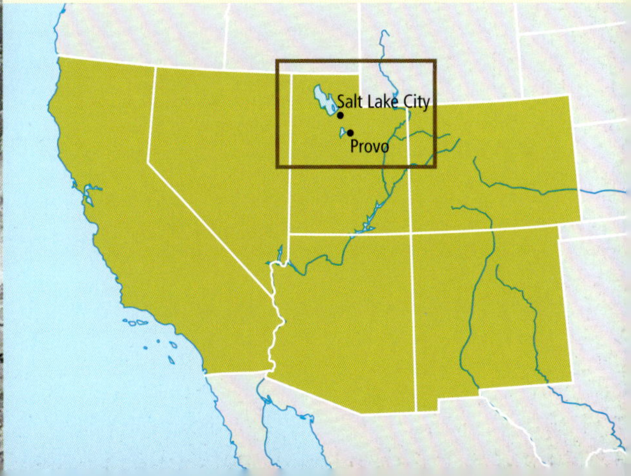

Auf einen Blick: Das nördliche Utah

Der Salzrand des Südwestens

Schon ein flüchtiger Blick auf die Landkarte gibt im nördlichen Utah zwei dominierende Landschaftsformen zu erkennen: den Großen Salzsee und das Bergland zwischen Salt Lake City und der Grenze von Utah und Colorado. Tatsächlich bedeckt der riesige Great Salt Lake mit Wasserflächen und gewaltigen Salzebenen um die Ufer nahezu den gesamten Nordwesten des Landes und macht aus dieser Region eine weiße Wüste.

Die weiter östlich liegenden Gebirgszüge der Wasatch und Uinta Mountains sind Teil der Rocky Mountains mit über 4000 m hohen, aus zum Teil völlig unerschlossenen Waldgebieten aufsteigenden Gipfeln. Wanderern, Campern und Anglern ist hauptsächlich in den Uinta Mountains weit abseits jeglicher Zivilisation ein ungestörtes Freizeitabenteuer garantiert. Wegen der Wintersportverhältnisse in der Wasatch Range propagiert Utah auf Autokennzeichen nicht erst seit den Olympischen Winterspielen 2002 das nicht gerade unbescheidene Motto »Greatest snow on Earth«. Im Osten an der Grenze zu Colorado könnte man das Städtchen Vernal wegen seiner Saurierskulpturen für eine Openair-Kulisse von »Jurassic Park« halten. In Wahrheit sind die aus Beton oder Kunststoff modellierten Urkreaturen unübersehbare Hinweise auf die weltweit größte Ansammlung von fossilen Saurierskeletten, die im Dinosaur National Monument seit Jahrzehnten freigelegt werden.

Zwischen Salzsee und Gebirge verläuft in Nord-Süd-Richtung mit dem Salt Lake Valley das urbane Nervensystem des Mormonenstaates mit der Hauptstadt Salt Lake City. Zwar darf sich die Metropole als größten Ballungsraum zwischen der kanadischen Grenze, Phoenix, Denver und San Francisco bezeichnen. Mit nur 180 000 Einwohnern rangiert sie aber unter den urbanen Zentren des

Landes auf hinteren Plätzen. Ein anderes Bild ergibt sich bei der Fahrt auf der Interstate 15 durch das Salt Lake Valley zwischen Ogden im Norden und Provo im Süden, wo Städte und Ortschaften fast ansatzlos ineinander übergehen. In diesem Korridor leben mit 2 Millionen Menschen ca. 80 % der Einwohner von Utah. Dort schlägt auch das wirtschaftliche Herz des Staates mit Firmen und Instituten der Genforschung und Computertechnologie im Umfeld der Brigham Young University in Provo.

Empfehlenswerte Routen

Rundreise durch die Wasatch Mountains: Utahs Hauptstadt liegt in Sichtweite der imponierenden Wasatch Range, die mit Städtchen wie Park City, Heber City, Sundance und Provo stadtnahe Ausflugsziele bildet (s. S. 271 ff.).

Von Salt Lake City zur Flaming Gorge: Von Salt Lake City führt die Route über den Bear Lake und das südliche Wyoming zum tiefblauen Stausee Flaming Gorge. Nicht nur Angler und Wassersportler, sondern auch Hobbygeologen kommen im Sheep Creek Canyon auf ihre Kosten (s. S. 280 ff.).

Reise- und Zeitplanung

Salt Lake City verfügt über einen kompakten Stadtkern um den zentralen Temple Square, den man am besten zu Fuß besichtigt. Für die weiter außerhalb gelegenen Ziele und Attraktionen ist man entweder auf öffentliche Transportmittel oder ein Auto angewiesen. Wer sich einen Tag Zeit nimmt, kann sich zumindest die wichtigsten Punkte in der Stadt in Ruhe ansehen.

In der reizvollen weiteren Umgebung der Hauptstadt wie etwa am Großen Salzsee, im Outdoor-Paradies Wasatch Mountains und im eher städtischen Salt Lake Valley könnte man Wochen verbringen und hätte vermutlich immer noch nicht alles gesehen. Eine 130 Meilen lange Rundtour von Salt Lake City über Park City, Heber City und Provo zurück zum Ausgangspunkt kann man ohne längere Aufenthalte oder Freizeitaktivitäten in einem Tag absolvieren.

Nimmt man sich den Great Salt Lake zum Ziel, um beispielsweise an die Bonneville Salt Flats zu fahren, lohnt sich eventuell eine Kasinoübernachtung in West Wendover (s. S. 250). Ziele am Salzsee nördlich von Salt Lake City lassen sich in die gut 530 Meilen lange Rundtour durch den Nordosten einschließen, für die man ungefähr drei Tage veranschlagen sollte.

Richtig Reisen-Tipp

Abenteuer Bergbau: Kein Wirtschaftsstandort in Utah demonstriert die Bergbaugeschichte des Landes auf so spektakuläre Weise wie die Besuchern offen stehende Bingham Canyon Mine, die mit über 1200 m Tiefe und 4 km Durchmesser größte Tagebaumine der Welt (s. S. 276)

Klima und Reisezeit

Salt Lake City und das Salt Lake Valley sind das ganze Jahr über ein Reiseziel. In Anbetracht der Höhenlagen der Gebirgsregionen sind diese Ziele natürlich für Wintersportler interessant. Wer nicht auf das weiße Vergnügen erpicht ist, wählt besser die Monate von Juni bis September. Vor allem wenn sich der Herbst ankündigt, zeigt sich der Nordosten Utahs in grandiosen Farben. Das gilt ganz besonders für die zahlreichen Canyons in den Wasatch Mountains, in denen verfärbte Laubbäume und Büsche ein atemberaubendes ›Feuerwerk‹ entfachen. In den weiter westlich liegenden Wüstengebieten und um den schneeweißen Großen Salzsee breitet sich im Hochsommer eine glühende Hitze aus, auf die man sich bei längeren Überlandfahrten einstellen sollte.

Salt Lake City und seine Region

Karte S. 272
Cityplan S. 266

Mit Salt Lake City ist das politische und kulturelle Zentrum des Mormonenstaates gleichzeitig dessen religiöse Zitadelle. In der Stadt um den Temple Square ist der übergreifende Einfluss der »Heiligen der letzten Tage« allenthalben spürbar – etwa bei den strikten Alkoholgesetzen, dem sonntags lahmgelegten Leben und den im öffentlichen Raum platzierten Skulpturen – hier sind sogar unverhüllte Schaufensterpuppen tabu.

Das Stadtzentrum

Cityplan: S. 266

Vom Temple Square einmal abgesehen, besteht das Stadtzentrum aus einer Mischung von hoch aufgeschossenen Banken und Bürohäusern, Hotels, Einkaufszentren und Kultureinrichtungen. Straßen sind im Schachbrettmuster angeordnet und sollen, schenkt man Erzählungen der Mormonen Glauben, so breit angelegt sein, dass ein Ochsenkarren mühelos wenden konnte.

Ein günstiger Ausgangspunkt für eine Stadttour ist der **Salt Palace** 1 mit einem Kongresszentrum (Salt Palace Convention Center, 100 S. West Temple, Tel. 801-534-4777, www.saltpalace.com) und der gut sortierten städtischen Besucherinformation mit Prospekten über die Stadt und alle Reiseregionen des Staates (s. u.). Teil des Komplexes ist auch das **Salt Lake Art Center** 2 mit wechselnden Ausstellungen etwa von Gemälden oder Fotografien (20 S. West Temple, Tel. 801-328-4201, www.slartcenter.org, Di–Sa 11–18, Fr bis 21 Uhr, Gratiseintritt). Wegen ihrer hervorragenden Akustik ist die **Maurice Abravanel Hall** 3 weit über die Grenzen der Stadt hinaus bekannt. Das große Renommee hat seinen Grund aber auch in den Operndarbietungen und zahlreichen Konzerten der Utah Symphony & Opera, die unter diesem Dach ihre von Kennern geschätzten Aufführungen veranstaltet (123 W. South Temple, Tel. 801-533-6683, www.usuo.org).

Energy Solutions Arena

Während der Olympischen Winterspiele wetteiferten in der **Energy Solutions Arena** 4 Eiskunstläuferinnen und -läufer um Medaillen. Heute ist die Sportarena Heimstadion der in der Nationalliga spielenden Basketballmannschaft Utah Jazz, zu deren Begegnungen die 20 000 Sitzplätze nicht selten komplett ausgebucht sind (301 W. South Temple, Tel. 801-325-7328, www.nba.com/jazz). Von sportlichen Ereignissen abgesehen, dient die Riesenhalle Großkonzerten, Kongressen und Banketts als Bühne (www.energysolutionsarena.com).

The Gateway

In der Nachbarschaft des Sportstadions erstreckte sich bis vor einigen Jahren entlang der Eisenbahnlinie noch ein wenig einladendes Viertel. Eine neue Ära dämmerte 2002 mit dem Bau von **The Gateway** 5 herauf. Der zweigeschossige, reizvoll angelegte Riesenkomplex mit über 100 Geschäften, Imbissständen, Restaurants, Brücken und Fußgängerpromenaden wirkt wie ein eigener Stadtteil, in dessen Mittelpunkt ein Brunnen zu passender Musik Wasserfontänen ›tanzen‹ lässt. Teil von The Gateway ist das Kinozentrum **Megaplex 12,** in dem Tag für Tag neue und ältere Filme gezeigt werden (165 S.

Rio Grande St., Tel. 801-304-4636, www.megaplextheatres.com). Hungrige Gäste können sich außer in zahlreichen Restaurants auch in einem zentralen Food Court schnell und preisgünstig verpflegen – über ein halbes Dutzend Schnellküchen mit einem breiten Angebot (90 S. 400 West St., www.shop thegate way.com, Mo–Sa 10–21, So 12–18 Uhr). Im Süden schließt sich an The Gateway das 1908 erbaute **Union Pacific Depot**, das bis in die 1970er-Jahre als Passagierbahnhof diente. Stilvoll umgestaltet, dient die ehemalige Wartehalle mittlerweile für große Empfänge und Hochzeiten. Packende, auf eine Großleinwand projizierte Filme sowie Sternen- und Lasershows zu mitreißender Musik machen das **Clark Planetarium** zu einem populären Freizeitziel (110 S. 400 West St., Tel. 801-456-7827, www.clarkplan etarium. org, tgl. 10 bis ca. 22 Uhr, Erw. 8 $, Kin. unter 12 Jahren 6 $). Das Kindermuseum **Discovery Gateway** bildet mit vielen interaktiven Einrichtungen und täglich angebotenen Workshops zu verschiedenen Themen für junge Besucher ein abwechslungsreiches Ziel (444 W. 100 South St., Tel. 801-456-5437, www.discoverygate way.org, Di–Do und Sa 10–18, Mo und Fr 10–21, So 12–18 Uhr, 8,50 $).

Temple Square

Den unumstrittenen Mittelpunkt der Mormonenmetropole bildet der **Temple Square** 6, im geografischen wie übertragenen Sinn. An der südöstlichen Ecke des Platzes markiert ein Stein den Punkt, von dem aus die Stadt und ihre Straßen von den Pionieren vermessen wurden. Der von einer Mauer umgebene Platz selbst wird vom **Tempel** mit sechs Türmen beherrscht. Schon 1853 waren die Pläne für das Bauwerk aus grauem Granit fertig, doch zog sich die Errichtung des monumentalen Baus über 40 Jahre hin, ehe er eingeweiht werden konnte. Auf dem 68 m hohen Hauptturm fixiert ein Pendel die über 4 m hohe, mit 22 Karat Gold überzogene Statue des Engels Moroni. Nicht-Mormonen haben zum Tempel, in dem die »Heiligen der letzten Tage« ihre religiösen Zeremonien vollziehen, keinen Zutritt. Das Osttor hat sich in der Vergangenheit zu einer häufig in Anspruch genommenen Kulisse für Hochzeitsfotos entwickelt.

Der auf Sandsteinfundamenten ruhende **Tabernakel** mit gewölbtem Dach, ein ovales, 8000 Plätze fassendes Auditorium, existiert seit 1867. Jeden Sonntagvormittag beginnen um 9.30 Uhr vom Rundfunk übertragene Konzerte des Tabernacle-Chors, des wohl bekanntesten musikalischen Ensembles in Utah. Die 360 Mitglieder werden nach stimmlichen Qualitäten, aber auch nach charakterlichen Eigenschaften ausgewählt. Für viele Sängerinnen und Sänger ist die Mitwirkung lang gepflegte Familientradition. Fast jedes Jahr unternimmt der Chor internationale Tourneen, die schon nach Russland, Australien und Japan führten. Schaustück der Halle ist eine gewaltige Orgel mit 11 000 Pfeifen, die seit 1867 mehrfach vergrößert wurde (Chorproben jeweils Do 20–21.30, Eintritt frei).

Die Architektur der 1882 fertiggestellten **Assembly Hall** erinnert an alte College-Ge-

Mit dem Autor unterwegs

Park City

Die Einrichtungen der Winterolympiade 2002 sind mittlerweile öffentlich zu nutzen und werden im Winter wie im Sommer von vielen Besuchern in Anspruch genommen (s. S. 271).

Heber Valley und Provo Canyon

Eine typische Westernlandschaft wie aus dem Bilderbuch erwartet Besucher in diesem Teil der **Wasatch Mountains.** Besonders malerisch sieht die Landschaft im Herbst aus, wenn das Laub der Bäume und Sträucher in warmen Rottönen strahlt (s. S. 271 ff.).

Der Große Salzsee

Neben dem Toten Meer ist der **Great Salt Lake** das salzigste Gewässer der Erde – eine seltsame Landschaft, die vor allem auf dem Rennkurs Bonneville Salt Flats und auf Antelope Island ihren Reiz entfaltet (s. S. 274 ff.).

Hier bestimmen die Mormonen fast alles: Utahs Hauptstadt, Salt Lake City, ist das bedeutende Zentrum einer weltweiten, nicht unumstrittenen Glaubensgemeinschaft

bäude auf einem englischen Universitätscampus. Von Anfang an Versammlungsplatz für die Mormonen der Stadt, wird der 2000 Menschen fassende Bau heutzutage für religiöse Versammlungen, Konzerte und Bestattungsfeiern genutzt.

Neben zahlreichen Monumenten, die überwiegend auf pathetische Weise Familienwerte und Arbeitsmoral der Mormonen lobpreisen, gibt es auf dem Temple Square zwei Besucherzentren mit Ausstellungen, Gemäldegalerien, Informationsschaltern und im nördlichen Visitor Center eine Kuppelhalle samt Firmament mit der Replik einer überdimensionalen Christusstatue aus weißem Marmor des dänischen Bildhauers Bertel Thorvaldsen. An der Westflanke des Temple Square widmet sich das **Museum of Church History and Art** 7 mit Kunstgegenständen, Dokumenten und Artefakten der Geschichte der Mormonen. Ein Planwagen symbolisiert die beschwerliche Reise der ersten Mormonen in den Westen. Wie sich Salt Lake City entwickelte, zeigt ein Modell der Stadt von 1870. Noch weiter in die Vergangenheit zurück reicht das 1847 erbaute Blockhaus von Osmyn Deuel, das vor dem Museum Einblicke in das einfache Leben der Mormonenpioniere gibt (Tel. 801-240-3310, www.lds.org/placestovisit, Mo–Fr 9–21, Sa–So 10–19 Uhr, Eintritt frei).

Joseph Smith Memorial Building

Stuckverzierungen an Decken und Wänden statteten schon das 1911 erbaute Utah Hotel mit geradezu herrschaftlichem Flair aus. Seit die Hotelära endete und das Gebäude als **Joseph Smith Memorial Building** 8 an den gleichnamigen Mormonenpropheten erinnert, hat sich daran nichts geändert. Die 12 Säulen in der großen Eingangshalle, die nach wie vor einer Hotellobby ähnelt, sind nicht nur dekorative Elemente, sondern verkleidete Stahlträger mit Ananas-Symbolen als traditionelle Zeichen der Gastfreundschaft. An einer Seite steht die überlebensgroße, im italienischen Carraramarmor vollendete Statue des Religionsgründers Joseph Smith, die bis 1993 ein Mormonenzentrum in Independence in Missouri schmückte. Die aus Buntglas bestehende Decke der Eingangshalle lässt Tageslicht ins Innere fallen. Lichtquelle ist neben dem Glasdach ein 400 kg schwerer Lüster mit 144 elektrischen Lämpchen. Auf der obersten Etage bietet sich eine Verschnaufpause in einem der beiden Restaurants mit Blick auf die Stadt an. Im Legacy Theater läuft ein 70-minütiger Film über den Religionsstifter Joseph Smith (15 E. South Temple, Tel. 801-240-1266, ww.lds.org/placestovisit, Mo–Fr 9–21, Sa–So 10–17 Uhr).

Lion House und Beehive House

Unter den historischen Kronjuwelen von Salt Lake City sind den Mormonen zwei nebeneinanderliegende Gebäude von besonderem Wert, weniger aus Gründen ihrer Architektur, sondern wegen ihrer historischen Bedeutung. Das **Lion House** 9 von 1855, dessen Name sich von einem Löwenrelief an der Fassade ableitet, diente dem Mormonenführer Brigham Young und seiner aus 27 Frauen und 56 Kindern bestehenden Familie als private Residenz. Man kann das Haus nicht besichtigen, sondern sich nur im Restaurant The Pantry einfache Gerichte wie Hähnchen oder Forelle schmecken lassen (63 E. South Temple, Tel. 801-363-5466, Mo–Sa 11–14, Fr–Sa 17–20.30 Uhr).

Als Brigham Young Präsident der Church of Jesus Christ of Latter-day Saints, wie die Mormonenkirche heißt, und gleichzeitig Gouverneur von Utah war, residierte er im benachbarten **Beehive House** 10, das seinen Namen einem stilisierten Bienenkorb auf dem Dach als Symbol für den Bienenfleiß der Mormonen verdankt. Bei halbstündigen kostenlosen Führungen bekommen Besucher die mit Mobiliar des 19. Jh. ausgestatteten Privat- und Amtsräume zu sehen, in denen seinerzeit Berühmtheiten wie Mark Twain und General William T. Sherman zu Gast waren (67 E. South Temple, Tel. 801-240-2671, Mo–Sa 9.30–16.30, So 10–13 Uhr). Nebenan überspannt das mehrfach umgebaute patinagrüne **Eagle Gate** die State Street, nachdem es früher den Eingang zum Besitz von Brigham Young geschmückt hatte.

City Creek Center

Auf der gegenüberliegenden Straßenseite hatte früher mit der Zion's Cooperative Mercantile Institution nicht nur Amerikas ältestes Kaufhaus, sondern zugleich eine städtische Institution ihren Platz. Im Jahr 2007 wurde sie von Abrissbirnen in Trümmer gelegt, um Platz für das neue **City Creek Center** 11 (www.downtownrising.com) zu schaffen. Dieser gewaltige Komplex, gegenwärtig das monumentalste Bauprojekt in Salt Lake City, der voraussichtlich im Jahr 2012 eröffnet werden soll und im Auftrag der Mormonenkirche entsteht, wird aus unterschiedlichen Ladengeschäften, Boutiquen, Büroräumen, Restaurants, Imbissen, einer offenen Fußgängerzone und Apartmentwohnungen bestehen.

LDS Church Office Building

Nördlich von Lion und Beehive House reckt sich das nüchterne **LDS Church Office Building** 12 in den Himmel, das Verwaltungszentrum der Mormonenkirche. Interessenten wird eine kostenlose Führung durch den Komplex oder durch die Parkanlagen vor dem Gebäude angeboten, wo sich der Tempel in einem Pool spiegelt und Beete im Blumenschmuck fast untergehen. An zahlreichen Skulpturen wird deutlich, was die Heiligen der letzten Tage unter Kunst verstehen. Von den Aussichtsterrassen im 26. Stockwerk des Verwaltungsgebäudes blickt man über die ganze Stadt (50 E. North Temple, Tel. 801-240-2190, www.lds.org, Mo–Sa 9–16.30 Uhr, Okt.–März Sa und ganzjährig So geschlossen, Eintritt frei).

Pioneer Memorial Museum

Auf vier Etagen mit einer kaum zu überblickenden Anzahl von Memorabilien feiern die Mormonen im **Pioneer Memorial Museum** 13 sich selbst und ihre Pioniergeschichte. Mobiliar, selbst gefertigte Kleidung, Quilts, Bücher, Musikinstrumente, Flaggen und Waffen lassen die Geschichte der 143 Männer, 3 Frauen und 2 Kinder aufleben, die Brigham Young auf einer 1300-Meilen-Reise 1847 von den östlichen USA nach Utah führte, um dort eine neue Heimat zu gründen. Dieser Voraus-

Salt Lake City: Cityplan

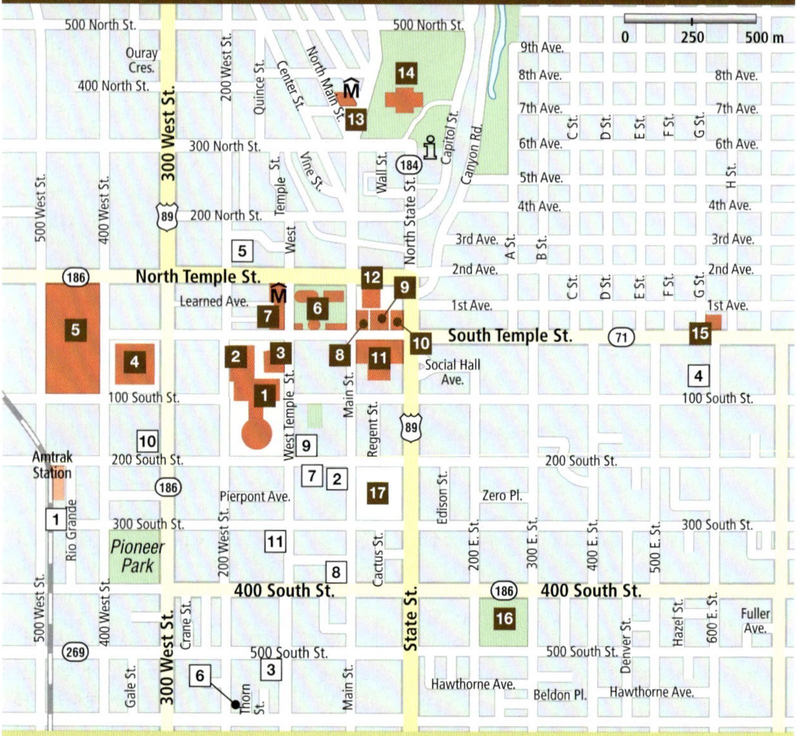

Sehenswürdigkeiten

1. Salt Palace
2. Salt Lake Art Center
3. Maurice Abravanel Hall
4. Energy Solutions Arena
5. The Gateway
6. Temple Square
7. Museum of Church History and Art
8. Joseph Smith Memorial Building
9. Lion House
10. Beehive House
11. City Creek Center
12. LDS Church Office Building
13. Pioneer Memorial Museum
14. Utah State Capitol
15. Governor's Mansion
16. Library Square
17. Gallivan Plaza

Übernachten

1. Homewood Suites by Hilton
2. Hotel Monaco
3. Metropolitan Inn
4. Anton Boxrud B & B
5. My Little Cottage
6. Motel 6 Downtown

Essen und Trinken

7. Bambara
8. Takashi
9. Benihana
10. Lemon Grass Thai Cuisine
11. Sqatter's Pub Brewery

trupp bereitete den Boden für den Aufbau sowohl von Salt Lake City als auch des Mormonenstaates, der 1894 von US-Präsident Cleveland zum 45. Mitglied der Union proklamiert wurde (300 N. Main St., Tel. 801-532-6479, www.dupinternational.org, Mo–Sa 9–17 Uhr, Eintritt frei).

Utah State Capitol

Äußerlich dem Vorbild in Washington D.C. nachempfunden, entstand das **Utah State Capitol** 14 zwischen 1912 und 1915. Unter der 87 m hohen kupfergedeckten Kuppel liegen zu beiden Seiten der gewaltigen Marmorlobby zwei für das Repräsentantenhaus, den Senat und das Oberste Gericht reservierte Flügel. Manche natürlichen Gesteinsmaserungen an den Wänden sehen wie verblasste Gemälde aus und tragen inoffiziell Namen wie Persischer Teppich, Schmetterling und Gähnende Löwen. Unterhalb der Kuppel stellen vier Deckengemälde Szenen aus der Geschichte Utahs dar: die Dominguez-Escalante-Expedition von 1776 als erster spanischer Vorstoß nach Utah, den 1825 nach Utah gekommenen Pionier Peter Skene Ogden, den Entdecker John C. Fremont und den Mormonenführer Brigham Young. In der Kuppel hängt ein 3000 kg schwerer Leuchter an einer noch schwereren 30 m langen Kette. Im barock eingerichteten Golden Room finden Empfänge für Staatsgäste statt. Ein beliebtes Fotomotiv ist die vor dem Kapitol aufgestellte Statue des Indianerhäuptlings Massasoit, der ein Freund der im 17. Jh. in Plymouth (Massachusetts) gelandeten Pilgerväter war. Die Skulptur fertigte der aus Utah stammende Bildhauer Cyrus Dallin (nördliches Ende der State St., Tel. 801-538-3074, www.utahstatecapitol.utah.gov, Mo–Fr 8–20, Sa–So 8–18 Uhr, kostenlose Führungen Mo–Fr 9–16 Uhr).

Governor's Mansion

Mit dem **Governor's Mansion** 15 ließ sich der Kupfermagnat und spätere Senator Thomas Kearns im Jahre 1902 eine noble, von Türmchen und Balkonen geschmückte Residenz bauen, die an ein französisches Schlösschen erinnert. 1937 übereignete die Familie den Besitz dem Staat als offiziellen Amtssitz des jeweiligen Gouverneurs. Ein Brand verursachte 1993 zwar große Schäden, aber das 36 Zimmer große viktorianische Anwesen ist längst wieder instand gesetzt und kann besichtigt werden. Besonders reizvoll zeigt es sich Ende des Jahres in weihnachtlichem Lichterschmuck (603 E. South Temple, Tel. 801-538-1005, www.utah.gov, kostenlose Führungen Juni–Aug. und Dez. Di und Do 14 und 16 Uhr).

Library Square

Mit ihrer 6-stöckigen gebogenen Glasfassade gehört die Main Library auf dem **Library Square** 16 zu den auffälligsten neueren Bauwerken der Stadt. Ein Pool und Brunnen schaffen auf der Piazza eine einladende Atmosphäre, zu der auch zahlreiche Geschäfte und ein Café im Erdgeschoss des Gebäudes beitragen. Darüber liegen die Bibliotheksetagen mit Lesesälen und einem Dachgarten auf dem obersten Stockwerk. An mehreren Computern haben Besucher kostenlosen Zugang zum Internet (210 E. 400 South St., Tel. 801-524-8200, Mo–Do 9–21, Fr–Sa 9–18, So 13–17 Uhr, www.slcpl.lib.ut.us). Zur Attraktivität des Platzes wird spätestens ab Ende 2009 mit dem bis dahin fertiggestellten **Leonardo** ein neues Kunst-, Kultur- und Wissenschaftszentrum beitragen, das gegenwärtig im Bau ist und die alte Stadtbibliothek ersetzen wird (www.theleonardo.org).

Gallivan Plaza

Im Mittelpunkt der **Gallivan Plaza** 17 dehnt sich ein Weiher aus, auf dem im Sommer Kinder Spielzeugboote auf große Fahrt gehen lassen, während frostige Temperaturen den Pool im Winter in eine Eislauffläche verwandeln. Gartenanlagen, Aviarium, Schachspielanlage für jedermann und mehrere Kunstwerke wie etwa »Asteroid nach sanfter Landung« von Kazuo Mazabayashi machen den Platz zu einem populären Stadtpark, in dem während der warmen Jahreszeit häufig Konzerte und kulturelle Veranstaltungen stattfinden (239 S. Main St.).

Außerhalb von Downtown

Östlich des Stadtzentrums liegen am Fuß der Wasatch Mountains im engeren und weiteren Umkreis der University of Utah einige Sehenswürdigkeiten, die einen Besuch lohnen.

»This is the place« State Park

An der Mündung des Emigration Canyon setzten die Einwohner von Salt Lake City ihren Gründervätern im **»This is the place« State Park** ein Denkmal, wo die ersten Mormonen 1847 das Salt Lake Valley erreichten. Nach langer, entbehrungsreicher Reise von Council Bluffs (Iowa) quer durch den Kontinent Richtung Westen kam der Pioniertreck der mormonischen Geschichtsschreibung zufolge an dieser Stelle an. Brigham Young, der den Trupp anführte, soll einen Blick auf die wüstenähnliche Landschaft geworfen und den legendären Satz »This is the place« ausgesprochen haben, mit dem er den Standort des zu gründenden Gottesreiches Deseret bestimmte, aus dem sich später der Bundesstaat Utah entwickelte. Ein Denkmal markiert die Stelle (kostenloser Eintritt). Im über die Jahre ständig erweiterten **Heritage Park**, der mittlerweile über drei Dutzend Gebäude umfasst, stellen kostümierte Laiendarsteller in historischen Häusern und Blockhütten das Leben der ersten Pioniere während der 1850er-Jahre anschaulich dar. Mit einem Minizug kann man durch das Gelände fahren (2601 Sunnyside Ave., Tel. 801-582-1847, www.thisistheplace.org, Mo–Fr 11–20, Di–Do und Sa 11–18 Uhr, Erw. 8 $, Kin. 3–11 Jahre 6 $).

Hogle Zoo

Der Tierpark gibt Gästen nicht nur die Möglichkeit, Arten aus aller Welt von Schneeleoparden bis zu Lemuren und von Giraffen bis zu Trompeterschwänen zu sehen, sondern sich auch über Aufzucht und Pflege bedrohter Tiere zu informieren. Bei speziellen Shows wie »World of Flight« machen Besucher z. B. Bekanntschaft mit abgerichteten Greifvögeln, die mutigen Zuschauern einen Dollarschein aus der Hand nehmen (das Geld wird natürlich zurückgegeben). Des Weiteren kann man mit einem Minizug u. a. die Painted Desert mit ihren Präriehunden kennenlernen (2600 E. Sunnyside Ave., Tel. 801-582-1631, www.hoglezoo.org, März–Okt. 9–18.30, sonst bis 17.30 Uhr, Erw. 8 $, Kin. 3–12 Jahre 6 $).

Utah Museum of Fine Arts

Künstlerische Artefakte aus 5000 Jahren zeigt das einzige allgemeine Kunstmuseum von Utah; zu sehen sind mehr als 15 000 Objekte aus vielen Teilen der Welt. Der Bogen spannt sich von der Kunst des antiken Ägypten über indianische Webarbeiten, afrikanische Masken und europäische Malerei bis zu chinesischem Porzellan. Daneben zeigt die zur Universität gehörende Einrichtung wechselnde Ausstellungen wie etwa über amerikanische Quilts (410 Campus Center Dr., Tel. 801-581-7332, www.umfa.utah.edu, Di–Fr 10–17, Mi 10–20, Sa–So 11–17 Uhr, Erw. 15 $, Kin. 6–18 Jahre 10 $).

i **Visitor Information Center:** 90 S. West Temple, Salt Lake City, UT 84101, Tel. 801-534-4900, www.visitsaltlake.com.
Visit Salt Lake Connect Pass: www.saltlakeconnectpass.com, erhältlich bei der Visitor Information. Pässe für 1–3 Tage von 18–29 $ für viele Attraktionen inklusive Planetarium, Museum of Fine Arts und Hogle Zoo.

An der North Temple Road zum Flughafen reihen sich Hotels und Motels unterschiedlicher Kategorien aneinander. Seit den Olympischen Winterspielen 2002 hat sich die Bettenkapazität der Stadt vervielfacht.
Homewood Suites by Hilton [1]: 423 W. 300 South St., Tel. 801-363-6700, www.homewoodsuitessaltlakecity.com. Hotel in der Nähe der Gateway Mall mit Pool, 124 Suiten mit getrenntem Schlaf- und Wohnzimmer, kostenlosem Internet, voll eingerichteter Küche mit Geschirrspüler, Kühl- und Gefrierschrank, Toaster und Mikrowelle. DZ ab 99 $ (an Wochenenden) bis 229 $, Frühstück inkl.
Hotel Monaco [2]:15 W. 200 South St., Tel. 801-595-0000, www.monaco-saltlakecity.com. Luxuriöses, stilsicher und farbenfroh eingerichtetes Haus mit gutem Restaurant

Im konservativen Salt Lake City stößt profane Kunst nicht überall auf Gegenliebe

(s. u.), Fitnesscenter und WLAN. Die reizende Lobby mit roter Haremscouch gefiel schon den Backstreet Boys. Gäste mit Gardemaß wählen Zimmer mit übergroßen Betten und hohen Türen. Wer des Alleinseins müde ist, leiht einen Goldfisch aus. DZ ab 170 $.

Metropolitan Inn [3]: 524 S. West Temple, Tel. 801-531-7100, http://metropolitaninn.com. Modern eingerichtetes Hotel. Jedes der 60 Zimmer mit Kabel-TV, Klimaanlage, WLAN-Highspeed-Internet, Kaffeemaschine und Bügeleisen. DZ ab ca. 120 $.

Anton Boxrud B & B [4]: 57 S. 600 East St., Tel. 801- 363-8035, www.antonboxrud.com. Historisches B & B aus dem Jahr 1901. Die 7 Zimmer sind mit antiken Möbeln ausgestattet, TV gibt es nur im gemeinsam genutzten Wohnzimmer. Im Garten gibt es einen kleinen Jacuzzi. DZ mit Queen-Size-Bett 85–170 $.

My Little Cottage [5]: 161 N. 200 West St., Tel. 801-347-3155, www.bedandbreakfast.com. Kleines Cottage für Paare in ruhiger Umgebung, mit Gaskamin, Jacuzzi und funktionstüchtiger Küche. Der Besitzer bringt das Frühstück. DZ 89–119 $.

Motel 6 Downtown [6]: 176 W. 600 South St., Tel. 801-531-1252, www.motel6.com. Bewährtes Motel mit Standardzimmern für Anspruchslose. DZ ab 45 $.

Bambara [7]: 202 S. Main St., Tel. 801-363-5454, www.bambara-slc.com, Mo–Fr 7–22, Sa–So 8–23/24 Uhr, Sa–So kein Lunch. Bistro neben dem Hotel Monaco. In Erdtönen und mit Marmor durchgestylte Einrichtung. Der Gast schaut zu, wie in der offenen Küche frische amerikanische Speisen zubereitet werden. Die Bar ist ideal zum *people watching*. Lunch ab 9 $, Dinner ab 24 $.

Takashi [8]: 18 W. Market St., Tel. 801-519-9595, keine Website, Mo–Fr 11.30–14, Mo–Sa 17.30–21.30 Uhr. Edel-Japaner mit kunstvollen frischen Sushi-Spezialitäten. Lunch ab 10 $, Dinner ca. 20 $.

Benihana [9]: 165 S. West Temple, Tel. 801-322-2421,www.benihana.com, Mo–So 11.30–14, 17–21.30 Uhr. Japanische Leckerbissen wie Sushi oder Sashimi, Hibachi-Spezialitäten werden vor den Gästen zubereitet. Lunch Specials ab 7 $, Dinner-Menü ab 23 $.

Lemon Grass Thai Cuisine [10]: 327 W. 200 South St., Tel. 801-596-1778, Mo–Fr 11.30–15, Mo–So 17–21 Uhr. Thailändische scharfe Currys, Wok-Spezialitäten. Große Tom-Kha-Suppe mit Hühnchen und exotischen Gewürzen 9,99 $. Alle Gerichte aus frischen Zutaten.

Sqatter's Pub Brewery [11]: 147 W. Broadway, Tel. 801-363-2739, www.squatters.com, tgl. 10.30–24 Uhr. Frisch gebrautes Bier drinnen oder im Patio, einfache Gerichte wie Buffalo Wings (scharf gewürzte Hähnchenflügel) und Burger aus Bio-Fleisch. Ab 9 $.

Retro Rose: 207 E. 300 South St., Tel. 801-364-7979, www.saltlakecityutah.org/retrorose.htm. Wer dekorative und ausgefallene Mitbringsel für die heimische Wohnung sucht, ist hier am richtigen Platz.

Trolley Square: 602 E. 500 South St., Tel. 801-521-9877. Ehemaliges Straßenbahn depot von 1908 mit Shoppingmöglichkeiten, z. B. bei Ann Taylor, Banana Republic, Sharper Image, Vitamin World. Old Spaghetti Factory, ein Hard Rock Café und die Pub's Desert Edge Brewery sorgen für das leibliche Wohl.

Red Rock: 1003 W. 3160 South St., Tel. 801-973-9350, www.bigrockclothing.com, Mo–Fr 10–18, Sa bis 17 Uhr. Was Kaufhäuser an Markenware nicht verkaufen, wird dort zu Schnäppchenpreisen verschleudert.

The Depot: Union Pacific Train Station, Tel. 801-456-2888, www.depotslc.com, Essen, Trinken, Tanzen auf drei Etagen.

Biergenuss in Utah

In Utah herrschen sehr rigide Alkoholgesetze. Biertrinker müssen mindestens 21 Jahre alt sein. Bier mit maximal 3,2 % wird in normalen Geschäften verkauft. Stärkeres bekommt man nur in den staatlichen Liquor Stores. In Privatclubs gibt es gegen geringes Entgelt Trinklinzenzen. Auch Restaurants dürfen an ihre Gäste alkoholische Getränke ausschenken.

Wine Bar at Baci: 140 W. Pierpont Ave., Tel. 801-328-1333. Riesenangebot an Weinen aus dem In- und Ausland.

Capitol Theater: Das 1800 Zuschauer fassende Theater mit reizvoller Beaux-Arts-Fassade wurde 1913 erbaut und bietet Broadwaymusicals und Aufführungen der Utah Opera (50 W. 200 South St., Tel. 801-355-2787, www.finearts.slco.org/Capitol.htm).

Rose Wagner Performing Arts Center: Drei Theater unter einem Dach, die von Gruppen wie dem Tanztheater Ririe-Woodbury, dem Repertory Dance Theatre und dem Gina Bachauer International Piano Festival genutzt werden (138 W. 300 South St., Tel. 801-355-2787, www.finearts. slco.org).

Feste/Veranstaltungen:

Utah Arts Festival (letzte Juniwoche): Kunst- und Kulturfest mit einem Riesenangebot an verschiedenen Programmen (www.uaf.org).

Days of '47 (Mai–Juli): Großes Fest zu Ehren der Mormonenpioniere von Utah mit Paraden, geschmückten Festwagen, Rodeos und Konzerten (www.daysof47rodeo.com).

Utah State Fair (Sept.): Jährlich wiederkehrende große Landwirtschaftsmesse (www.utahstatefair.com).

Flugzeug: Salt Lake City International Airport, 776 N. Terminal Dr., Tel. 801-575-2400, www.slcairport.com. Der Flughafen liegt ca. 10 Autominuten westlich der Innenstadt. Über ein Dutzend US-Fluglinien bedienen ca. 70 US-Städte. Öffentliche Busse pendeln zwischen Stadt und Airport (Mo–Sa 6–22.30, So bis 17.30 Uhr). Taxis: City Cab (Tel. 801-363-5550, nach Downtown ca. 15 $).

Bahn: Amtrak-Station, 340 S. 600 West St., Tel. 1-800-872-7245, www.amtrak. com. Der Fernzug California Zephyr fährt von der San Francisco Bay über Salt Lake City, Denver und Omaha nach Chicago (Gesamtfahrtzeit 43 Std.).

Bus: Utah Trailways Terminal, 3091 S. Main St., Tel. 801-466-5001, www.utahtrailways.com. Verbindungen im Salt Lake Valley und nach West Wendover in Nevada.

Nahverkehr: Die Utah Transit Authority (Tel. 801-743-3882, www.utabus.com) betreibt ein Bus- und Straßenbahnsystem in und um die Stadt. Im eigentlichen Stadtkern kann man umsonst fahren. Weiter außerhalb kostet jede Fahrt 2 $. Die Straßenbahn Traxx reicht von der North Temple Street bis in den südlichen Vorort Sandy und bindet die im Osten liegende Universität ans Stadtzentrum an.

Die Wasatch Mountains

Karte: S. 272
Jahr für Jahr schinden sich beim Wasatch 100 Mile Race (www.wasatch100.com) zwischen Layton und Midway die härtesten, vielleicht auch die verrücktesten Sportler Amerikas bei einem 20-Stunden-Marathon durch die Szenerie der Wasatch Mountains. Wer keine Sportschuhe bei sich hat, nimmt für einen Ausflug in die Berge besser das Auto.

Park City

Der auf edelmetallhaltigen Quartzschichten stehende Bergbauort **Park City** 1 entwickelte sich in der zweiten Hälfte des 19. Jh. rasch, ehe um die Jahrhundertwende der Verfall des Silberpreises und ein Großbrand den Niedergang der Kleinstadt einleiteten. Erst in den 1950er-Jahren entdeckten clevere Geschäftsleute mit dem Wintersport eine neue Geldquelle. Dabei hatte das Skilaufen vor Ort bereits eine lange Tradition, befanden sich doch unter den früheren Bergleuten Einwanderer aus Skandinavien, die mit Skiern bestens vertraut waren. 1928 entstand die erste Skisprungschanze am Ecker Hill, und Präsident Roosevelts Arbeitsbeschaffungsprogramme während der Weltwirtschaftskrise sahen den Aufbau eines Wintersportzentrums in Park City vor. Diese Entwicklung verschob sich aber um Jahrzehnte, da damals etwa Sun Valley in Idaho eine übermächtige Konkurrenz bildete.

Als Austragungsort von Disziplinen wie Bobfahren, Rodeln und Skispringen bei den Olympischen Winterspielen feierte der 7500 Einwohner große Ort im Jahr 2002 seinen bislang größten Publikums- und Geschäftserfolg. Seit damals finden im **Utah Olympic Park**, wo das ganze Jahr hindurch US-Athleten trainieren, nationale wie internationale Wettbewerbe statt. Freizeitsportler haben u. a. Gelegenheit, sowohl im Sommer wie im Winter Bob- und Rodelbahnen zu testen. Das auf dem Gelände befindliche **Alf Engen Ski Museum** und das **2002 Eccles Olympic Winter Games Museum** dokumentieren den weißen Sport und seine Höhepunkte (3000 Bear Hollow Dr., Tel. 435-658-4200, www.oly parks. com, Museumsbesuche sind im Parkeintritt inbegriffen, Erw. 7 $, Kin. 3–17 Jahre 6 $. 45-minütige Führungen tgl. zur vollen Stunde 10–16 Uhr, 2 $).

Jedes Jahr im Januar strömen neben Wintersportlern Kinoenthusiasten, Produzenten und Schauspieler nach Park City zum **Sundance Film Festival**, das hauptsächlich jungen, unabhängigen Regisseuren und Filmemachern Gelegenheit bietet, neue Produktionen vorzustellen (http://festival.sundance.org).

Heber City

Nur eine Autostunde von Salt Lake City entfernt kommt das Heber Valley dem Bild einer Postkartenlandschaft ziemlich nahe. Kleines, ländliches Zentrum ist das nur gut 7000 Einwohner zählende **Heber City** 2. Der Winter macht in der reizvollen Gegend die gesamte Palette wintersportlicher Aktivitäten möglich, da vom Tal mehrere bekannte Ski Resorts wie Deer Valley mit dem Charme eines österreichischen Bergdorfs und Canyons Resort leicht erreichbar sind. Dort redet man nicht von Pulverschnee, sondern von *champagne powder*. In der warmen Jahreszeit bieten sich Reitausflüge, Campingurlaub, Mountain Biking oder Hiking an. Die historische Heber Valley Railroad verkehrt auf der 16 Meilen langen Schienenstrecke zwischen dem Valley und Vivian Park im Provo Canyon mit Diesel- oder Dampfloks und aus den 1920er-Jahren stammenden Waggons. Im November und Dezember verwandelt sich der Zug in den weihnachtlich dekorierten North Pole Christmas Express (Abfahrt zu dreieinhalbstündigen Ausflügen ab Train Depot, 450 S. 600

Salt Lake Valley und Wasatch Mountains

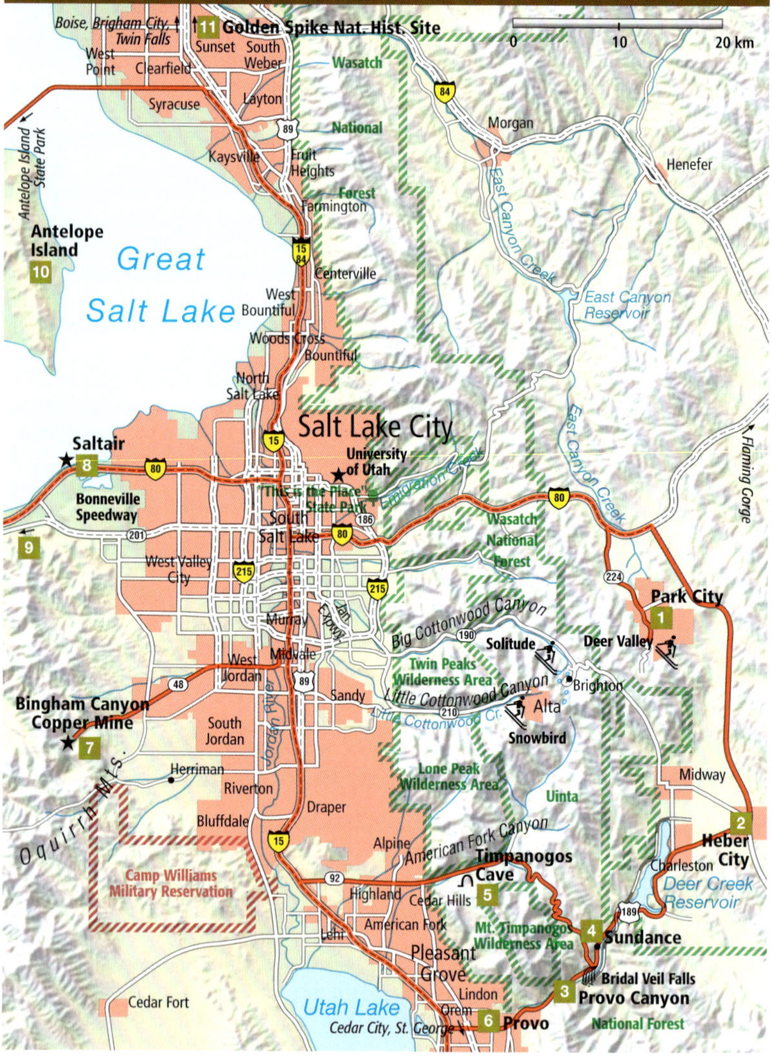

West St., Tel. 435-654-5601, www.hebervalleyrr.org, Erw. 24 $, Kin. 16 $).

Provo Canyon

Zwischen dem Heber Valley und Provo folgt die Straße 189 auf 32 Meilen dem mäandernden Provo River, der in den Utah Lake mündet. Am oberen Ende des **Provo Canyon** 3 liegt im Deer Creek Reservoir State Park ein Stausee, auf dem man Boot fahren, schwimmen, windsurfen und am Ufer campen kann (10 $). Ein Fotostopp sind die ca. 200 m hohen

Bridal-Veil-Wasserfälle wert, die in zwei Stufen in den Provo River stürzen. An ihrer Basis hat sich über die Zeiten ein Becken gebildet, in dessen kaltes Wasser sich nur Abgehärtete trauen. Bis zu einem Erdrutsch 1997 fuhr eine Seilbahn auf den Berg. An einem Eisfall können im Winter Eiskletterer Mut und technisches Geschick beweisen.

Sundance

Mitten im Provo Canyon biegt der Highway 92 nach Norden ab, der Einheimischen als Alpine Scenic Loop bekannt ist. Er führt in den vom Schauspieler Robert Redford gegründeten Urlaubsort **Sundance** 4, den er nach seiner Rolle im Kultwestern »Butch Cassidy and the Sundance Kid« (dt. »Zwei Banditen«) benannte und wo er ein luxuriöses Hotel bauen ließ. Die mit Kamin, handgefertigtem Mobiliar und indianischem Kunsthandwerk eingerichteten Blockhütten fügen sich in den Provo Canyon ein, als seien sie schon immer da gewesen. Redford hatte vor Ort Ende der 1960er-Jahre eine Blockhütte gekauft und bot sein Anwesen Sydney Pollack als Kulisse für dessen Western »Jeremiah Johnson« an.

Timpanogos Cave

Von Sundance aus erreicht man die **Timpanogos Cave** 5 über den im Winter geschlossenen Alpine Scenic Loop (Hwy 92) an den Flanken des Mount Timpanogos. Bevor man die elfenbein- und alabasterfarbenen Tropfsteinformationen in den drei durch Tunnels miteinander verbundenen Räumen des 11 °C kühlen unterirdischen Märchenreichs in Augenschein nehmen kann, ist eine knapp anderthalbstündige Wanderung mit einem Anstieg über 300 Höhenmeter notwendig, bei der man mit schönen Ausblicken auf den American Fork Canyon bei Laune gehalten wird (Visitor Center, American Fork Canyon, Tel. 801-756-5238, www.nps.gov/tica, Mai–Anfang Sept. 7–17.30, danach bis Anfang Okt. 8–17 Uhr, sonst geschlossen, Eintritt in den American Fork Canyon 6 $/Pkw, Höhlenführungen Erw. 7 $, Kin. 6–15 J. 5 $, der American-the-Beautiful-Pass gilt nur für den Canyon, nicht für die Höhle).

Südliches Salt Lake Valley

Im Osten flankieren die bewaldeten Höhenzüge der Wasatch Range das Salt Lake Valley, das sich im Westen in die flachen, von Bergrücken durchzogenen Wüstenebenen des Great Basin öffnet. So ländlich sich die Flanken des Valley auch präsentieren: von Spanish Fork und Springville im Süden bis nach Salt Lake City dehnt sich das Bevölkerungs- und Wirtschaftszentrum von Utah aus.

Provo

Seit den 1990er-Jahren ist **Provo** 6 im Unterschied etwa zum demografisch fast stagnierenden Salt Lake City mit 115 000 Einwohnern rasch zur drittgrößten Stadt in Utah herangewachsen – mit einer jungen Bevölkerung, von der sich ein Drittel im Studentenalter befindet. Viele davon sind an der renommierten, 1875 gegründeten **Brigham Young University** eingeschrieben. Ursprünglich eine Ausbildungsstätte für Lehrer, studieren an dieser Hochschule heute etwa 27 000 junge Leute, davon 98 % Mormonen, nicht nur aus allen US-Bundesstaaten, sondern aus 120 Ländern der Erde.

Auf dem Campus liegen vier Museen, darunter das **Museum of Peoples and Cultures** (http://mpc.byu.edu) mit indianischen Artefakten aus allen Teilen des amerikanischen Doppelkontinents und das **Museum of Art** mit über 12 000 Kunstwerken, darunter Meisterwerke von Rembrandt und Dürer. Einen Besuch lohnt auch das kleine **Earth Science Museum** mit einer bestechenden Saurierausstellung, die zwar auf zeitgemäße Präsentation keinen Wert legt, dafür aber wissenschaftlichen Ansprüchen genügt. Stars unter den Exponaten sind die vollkommen erhaltenen Skelette eines pflanzenfressenden Vogelbecken-Dinosauriers *(Camptosaurus)* und eines Allosaurus, der vor 150 Mio. Jahren zu den gefürchteten Räubern im Tierreich gehörte. Durch ein Fenster kann man Mitarbeiter bei der Bearbeitung von prähistorischem Material beobachten (1683 North Canyon Rd., Tel. 801-378-3680, http://cpms.byu.edu/, Mo–Fr 9–17 Uhr, Eintritt frei). Von Provo aus erreicht man über die I-15 und den New Bingham Hwy die riesige **Bingham Canyon Mine** 7 (s. RR-Tipp S. 276).

Utah Valley Convention and Visitors Bureau: 111 S. University Ave., Provo, UT 84601, Tel. 801-851-2100, Fax 801-851-2109, www.utahvalley.org.

Hines Mansion B & B: 383 W. 100 South St., Tel. 801-374-8400, www.hinesmansion.com. Viktorianischer Ziegelbau vom Ende des 19. Jh. mit 9 geschmackvoll ausgestatteten Zimmern, jedes mit einer 2-Personen-Badewanne und Highspeed-Internetzugang. Ein warmes Gourmetfrühstück macht fit für den Tag. DZ 119–219 $.
Days Inn: 1675 N. 200 West, Tel. 801-375-8600, www.daysinn.com. Alle Zimmer sind klimatisiert und mit Kabel-TV ausgestattet. Im Motel gibt es einen Swimmingpool. Kleines Frühstück ist inkl. DZ 54–79 $.
Camping:
American Campground: 418 E. 620 South St., in American Fork, Tel. 801-756-5502. 50 Stellplätze für Wohnmobile und Zelte.

Ottavio's Ristorante: 69 E. Center St., Tel. 801-377-9555, www.ottavios.com, Mo–Do 11.30–21, Fr 11.30–22, Sa 16–22 Uhr, So Ruhetag. Gerichte wie mit Shrimps und Krabbenfleisch gefüllte Ravioli Pescadora mit Hummersauce (16,50 $) oder Hähnchen mit Knoblauch und Basilikum in einem romantischen Ambiente zwischen bemalten Wänden (14,50 $).

Radfahren: Dem Provo River folgt vom Provo Canyon bis zur Mündung in den Utah Lake ein reizvoller Radweg. Radverleih bei: Mad Dog Cycles, 936 E. 450 North, Tel. 801-356-7025, www.maddogcycles.com.
Naturschutzgebiet: Utah Lake State Park, www.stateparks.utah.gov. Gebiet mit Camping, Picknickstellen und Badeplatz am Süßwassersee, der im Winter zu einer Eislauffläche zufriert. 9 $.
Wasserpark: Seven Peaks Water Park, mit vielen Becken und Rutschen (1330 E. 300 North, Tel. 801-377-4386, www.sevenpeaks.com, Mai–Sept., Mo–Sa 11–20 Uhr, Erw. Mo–Do 20 $, Kin. 4–11 Jahre 15,75 $, Fr–Sa 22 bzw. 16,50 $).

America's Freedom Festival (4. Juli): In Provo feiert man alljährlich eines der größten Feste zum amerikanischen Unabhängigkeitstag.

Der Große Salzsee

Unter den rund 3000 Seen in Utah spielt einer eine besondere Rolle: der Große Salzsee. Mythen und Legenden, Geschichten und Anekdoten in Hülle und Fülle ranken sich um

Wie auf einem ›Planeten der Möven‹: die seltsame Inselwelt am Great Salt Lake

das Gewässer, das wegen seiner Einzigartigkeit und seiner geheimnisumwitterten Natur selbst unter den Bewohnern Utahs als etwas Besonderes gilt. In seiner heutigen Form ist der See nur noch die etwa 170 km lange und 80 km breite ›Restpfütze‹ des alten Bonneville-Sees, der vor 50 000 Jahren Teile des Großen Beckens zu füllen begann. Vor 18 000 Jahren erreichte dieses historische, bis zu 300 m tiefe Gewässer seine größte Ausdehnung und bedeckte weite Gebiete des westlichen Utah wie auch Teile von Nevada und Idaho. Klimaveränderungen ließen es seither schrumpfen und verwandelten es in einen Salzsee mit Zuflüssen, aber ohne Abflüsse, sodass das Wasser durch Verdunstung heute einen Gehalt von 20 bis 25 % Salz aufweist.

Saltair

Schon 1893 hatte am Seeufer eine Eisenbahngesellschaft einen vornehmen Bade- und Amüsierbetrieb aufgebaut, der 1925 einem Großfeuer zum Opfer fiel. In den folgenden Jahrzehnten war das **Saltair** 8 genannte Ufergelände von einem permanenten Auf und Ab gekennzeichnet, bis der seit den 1990er-Jahren wieder einmal steigende Seepegel die Anlage fast verwaisen ließ. Ein ehemaliger Vergnügungspavillon mit Zwiebeltürmchen steht zwar noch. Doch macht das Gelände keinen sehr einladenden Eindruck. Ein ideales Badegewässer ist der Great Salt Lake ohnehin nicht. Wer sich zum Spaß in das stark brackig riechende Wasser begibt, erlebt eine Überraschung: Man geht selbst

Richtig Reisen-Tipp: Abenteuer Bergbau

Wie unglaublich reich Utah an Bodenschätzen ist, demonstriert nordwestlich von Provo ein wahrhaft gigantisches Unternehmen. Dort klafft in der wüstenhaften Landschaft mit der Bingham Canyon Mine die weltgrößte Tagebaukupfermine in der Erde, die so groß ist, dass sie nach Bekunden amerikanischer Astronauten von der Internationalen Raumstation ISS aus mit bloßem Auge zu sehen ist. Das vermutlich größte je von Menschenhand geschaffene Loch auf dem Planeten besitzt einen Durchmesser von 4 km und eine Tiefe von weit über 1 km. Der Betrieb wird vom Kennecott-Konzern aufrechterhalten, der sich im Besitz der international operierenden Rio Tinto Group befindet.

Der Riesentrichter kommt einem trotz seiner gewaltigen Dimensionen vor wie die Miniaturlandschaft einer Modelleisenbahn, in der unglaublich große Superbagger, die aus der Entfernung betrachtet zu Spielzeugautos schrumpfen, täglich 500 000 Tonnen Material bewegen, davon 50 % erzhaltiges und 50 % taubes Gestein. In Spiralen winden sich Straßen über die terrassierten Hänge bis zu einem giftgrünen See am tiefsten Punkt. An seinem Ufer müsste man den Pariser Eiffelturm viermal aufeinanderstellen, um von der obersten Aussichtsplattform über den 1200 m hohen Kraterrand blicken zu können. Ein Ende der Abraumarbeiten ist noch nicht abzusehen. Für Rentabilität zuständige Fachleute gehen davon aus, dass der Tagebau noch über 200 m tiefer in den Erdmantel getrieben werden und selbst dann noch trotz erheblich höherer Schürfkosten profitabel wirtschaften kann. Bis 1988 wurde das Erz per Eisenbahn aus dem Bergwerk transportiert. Heute wird es noch an Ort und Stelle von speziellen Maschinen zerkleinert und über ein 8 km langes unterirdisches Transportband aus der Mine geschafft. Die Aufbereitung des Erzes erfolgt in einer Anlage nördlich von Copperton.

Erz wurde vor Ort in der zweiten Hälfte des 19. Jh. durch Zufall entdeckt. Allerdings ließ die Bergbauindustrie danach noch Jahrzehnte auf sich warten, weil für Mormonen Landwirtschaft und Viehzucht im Vordergrund standen. Ein Geologe machte sich nach 1898 daran, Gesteinsproben auf ihren Metallgehalt zu untersuchen. Als der Bergbaubetrieb 1906 schließlich aufgenommen wurde, ernteten die Unternehmer nur Spott und Hohn. Niemand konnte sich vorstellen, dass die Förderung von Erz mit einem Gehalt von damals nur 2 % jemals lohnend sein könnte. Die moderne Technik hat das Gegenteil bewiesen. Mittlerweile ist der durchschnittliche Kupfergehalt des Erzes sogar auf 0,7 % zurückgegangen.

In den vergangenen gut 100 Jahren ließ der Minenbetrieb einen früher dort befindlichen Berg vollkommen verschwinden. Seit Anbeginn produzierte Bingham über 17 Mio. Tonnen Kupfer und als willkommene Nebenprodukte 23 Mio. Unzen Gold, 190 Mio. Unzen Silber und 440 000 t Molybdän, das mittlerweile bei der Herstellung von Edelstahl Verwendung findet, nachdem es lange als Abfallprodukt erachtet wurde. Durch eine geplante, 170 Mio. $ teure Erweiterung der Mine samt Anschaffung von neuem Material soll der Tagebau vor Ort bis ins Jahr 2017 fortgeführt werden und am Rande des Salt Lake Valley Arbeitsplätze sichern.

Das vom Kraterrand ins Innere der Mine verlegte Besucherzentrum präsentiert zahlreiche Ausstellungen und zeigt in einem 90 Zuschauer fassenden Theater einen 16-minütigen Film über die Kupferproduktion (Hwy 48, New Bingham Highway, die Mine ist am westlichen Ende der Straße ausgeschildert, Tel. 801-252-3234, www.kennecott.com, tgl. 8–20 Uhr, 5 $/Pkw. Die Gebühren aus dem beträchtlichen Besucheraufkommen stellt der Konzern einer wohltätigen Organisation zur Verfügung).

Was ein wenig wie Land-Art wirkt, ist in Wirklichkeit eine gigantische Ausbeutung von Bodenschätzen und ein profitabler Minenbetrieb

ohne Schwimmbewegungen nicht unter. Unbedingt zu empfehlen ist, nach dem Seebad eine Süßwasserdusche zu nehmen, denn das Salz beginnt auf der Haut zu brennen.

Bonneville Salt Flats

Schilder warnen an der Interstate 80 Autofahrer vor dem Einnicken am Steuer. Denn der größte Teil der Strecke bis an die Nevadagrenze verläuft schnurgerade durch die Landschaft. Zu sehen gibt es außer flirrender Hitze wenig – hin und wieder eine Industrieanlage, in der Salzberge auf die Weiterverarbeitung warten. Schätzungen zufolge sind im See 8 Mrd. Tonnen Salz gelöst, aus denen Magnesium, Lithium und Pottasche gewonnen werden. Manche Firmen machten sich in der Vergangenheit an die Förderung von Öl und Erdgas, doch erwiesen sich die Funde als minderwertig oder unergiebig. Kurz vor der Staatsgrenze von Nevada biegt bei Exit 4 eine Stichstraße zu den **Bonneville Salt Flats** 9 ab, wo sich jedes Jahr im August bei der Bonneville Speed Week Hunderte vor PS strotzende Oldtimer und futuristische Boliden zu Rennen treffen (s. S. 278).

Antelope Island

Blickt man vom Damm an windstillen Tagen auf die im Dunst liegende bergige Insel **Antelope Island** 10, könnte man sie für eine zwischen Himmel und Erde driftende Fata Morgana halten. Die Luft riecht oft muffig, und am Ende des Causeway erinnert ein Denkmal an einen Flugzeugabsturz im Jahr 1992, bei dem 12 Menschen ums Leben kamen. Auf den ersten Blick präsentiert sich die Landschaft des State Park als baumlose Prärie, in der sich Wind und Wetter mit tiefen Schrunden und abgerundeten Kuppen verewigt haben.

Die größte von insgesamt zehn Inseln im Salzsee ist 15 Meilen lang, bis 600 Meter hoch und besitzt Frischwasserquellen. Ihr Name rührt von den Pronghorn-Antilopen her, die lange Zeit verschwunden waren, dort aber seit 1993 wieder heimisch sind. Sie teilen sich das Gebiet mit über 600 Bisons, Hirschen, Dickhornschafen und Zweibeinern, die zum Campen, Wandern oder Radfahren in den State Park kommen (Exit 332 von der I-15 bei Layton, Tel. 801-652-2043, www. utah.com/stateparks, 9 $/Pkw).

Treffpunkt heißer Öfen: Die Bonneville Salt Flats

Thema

Man braucht weder Autofreak noch Rennfahrergroupie zu sein, um bei der alljährlich im August stattfindenden Bonneville Speed Week seinen Spaß zu haben. Hinter Gitterzäunen eingesperrtes Publikum? Von Sicherheitspersonal abgeschirmte Fahrer? Am Great Salt Lake geht es lockerer zu als bei der Formel 1.

Das ist keine Tempohatz wie jede andere. Auf dem Salzsee hat jeder Pilot nur einen Gegner: die Uhr. Alle Fahrzeuge starten in bestimmten Kategorien. Einziges Ziel ist es, auf der nur im Hochsommer brettharten Salzpiste eine abgesteckte Distanz mit der höchstmöglichen Geschwindigkeit zu durchfahren, und zwar zweimal innerhalb von 24 Stunden. Das Durchschnittstempo der meist im Eigenbau hergestellten und nicht selten mit exotischem Design ausgestatteten Höllenmaschinen bestimmt, ob das Tempo für einen neuen Rekord reicht oder nicht. Geschwindigkeiten von 400 km/h und mehr sind keine Ausnahme. Und dass, obwohl der Untergrund keineswegs glatt wie eine Glasplatte ist, sondern Rillen und Schrunden aufweist, die hohe Geschwindigkeiten zum Lotteriespiel machen. Auch die Griffigkeit des Salzes lässt zu wünschen übrig und stellt an Reifen besondere Anforderungen.

Drei Bereiche sind für das Publikum interessant. Am attraktivsten und fotogensten geht es am Start zu. Superheiße Öfen warten in langen Reihen, bis der offizielle Starter bei Meile 0 die Flagge hebt und sich die Boliden unter ohrenbetäubendem Krach auf die Reise ins Guiness-Buch der Rekorde machen. Zuschauer mischen sich zum Fachsimpeln zwanglos unter Fahrer und Techniktüftler, die bereitwillig über Turbolader, Kompressoren, Treibstoffgemische, vorgeschriebene Sicherheitsauflagen wie Überrollkäfige, Feuerlöschsysteme, verlegte Benzintanks und Bremsfallschirme Auskunft geben. Zweiter Publikumsbereich ist die sogenannte Pit, wo Teams superschnelle ›Zigarren‹, getunte Oldtimer und harmlos aussehende PS-Protze, einem letzten Test unterziehen. Ungefähr 5 Meilen entfernt liegt hinter einem undurchsichtigen Schleier diesiger Heißluft der Zielbereich versteckt. Dort halten sich die Fahrer in der Regel nicht allzu lange auf, weil die Fahrzeuge nach der Tempohatz für eventuelle weitere Starts überprüft und aufgetankt werden müssen – und zwar in der Kilometer entfernten Pit. Bereits 1914 fuhr Teddy Tetzleff auf dem Salzsee mit 226 km/h die höchste bis dahin inoffiziell gemessene Geschwindigkeit. Mit der technischen Entwicklung im Automobilbau wurde das Tempo immer höher. Im Jahr 1979 sorgte Stan Barrett mit einem von Raketen betriebenen Fahrzeug mit unglaublichen 1022 km/h für eine Bestmarke. Auch im Jahr 2006 raste wieder ein Pilot aufs oberste Treppchen. Der Brite Andy Green, mit 1229 km/h ohnehin Weltrekordler und erster Pilot, der es mit einem Bodenfahrzeug auf Überschall brachte, stellte bei der Speed Week einen neuen Rekord für Landfahrzeuge mit Dieselmotor auf, indem er seinem zigarrenförmigen Streamliner Dieselmax 526 km/h entlockte. Obwohl vermutlich auch dieser jüngste Ruhm vergänglich sein wird, reizt es viele Teams immer wieder aufs Neue, die Bonneville-Geschichte mit neuen Höchstleistungen weiterzuschreiben – und sei es auch nur für ein paar Stunden oder Tage.

Auf den Bonneville Salt Flats muss sich ein jeder vor der sengenden Hitze schützen

Golden Spike National Historic Site

John C. Fremont (1813–1890) führte im Auftrag der Regierung fünf bedeutende Expeditionen des 19. Jh. zur Erforschung des amerikanischen Westens mit dem Ziel durch, Routen für die große Westwärtsbewegung zu finden. 1843 und 1845 vermaß er den Großen Salzsee und erkannte das Hindernis, das er für die nach Westen ziehenden Planwagentrecks darstellte. Auch die Erbauer der ersten transkontinentalen Eisenbahnlinie bekamen es mit dieser geografischen Barriere zu tun und mussten einen Bogen um das Gewässer schlagen. Die von Osten wie von Westen verlegten Schienen der Union Pacific und der Central Pacific trafen sich in Promontory Summit am Nordufer des Sees und wurden im Rahmen eines Festaktes am 10. Mai 1869 feierlich miteinander verbunden. Historische Fotos zeigen Eisenbahnarbeiter und Honoratioren in Frack und Zylinder, wie sie sich vor zwei dekorativ positionierten Dampflokomotiven mit Sektflaschen zuprosteten.

Heute erinnert mit der **Golden Spike National Historic Site** 11 ein im Niemandsland gelegener Flecken an das bahnbrechende Ereignis, bei dem nach knapp vier Jahren Bauzeit mit einem vergoldeten Nagel die Fertigstellung der Schienenverbindung zwischen Atlantik und Pazifik vollzogen wurde. Von den Trassen der Eisenbahn ist am damaligen Schauplatz kaum mehr etwas zu sehen. Zwei Autorundtouren (2 und 14 Meilen) führen durch das Gelände mit Überbleibseln des damaligen Eisenbahnbaus. Hauptattraktion sind zwei detailgetreue Nachbauten der »119« und der »Jupiter«. Mit feuerroten Rädern, putzigen Schornsteinen, Laternen und Glocken sehen die beiden attraktiven Oldtimer aus wie zu groß geratenes Spielzeug. Der echte goldene Nagel ist im Kunstmuseum der Stanford University im kalifornischen Palo Alto ausgestellt (Exit 365 von der I-15 bei Brigham City, Richtung Westen auf Hwy 83, Golden Spike NHS, Visitor Information Center, Tel. 435-471-2209, www.nps.gov/gosp, tgl. 9–17 Uhr, 7 $/Pkw im Sommer, 5 $ im Winter).

Der Nordosten von Utah

Reiseatlas S. 15, 16

Der Ballungsraum um Salt Lake City hat sich entlang der Interstate 15 über Ogden hinaus bis nach Brigham City ausgebreitet. Danach prägen im südlichen Wyoming Provinzlandschaften eine insgesamt 540 Meilen lange Rundtour. Um Vernal locken Knochenfunde von Dinosauriern zahlreiche Touristen in die Region. Auf dem Rückweg in die Hauptstadt bieten sich Abstecher in die unwegsame Bergwildnis der Uinta Mountains an.

Ogden

Reiseatlas: S. 15, C 1

Nördlich von Salt Lake City wird das Salt Lake Valley zwischen den Bergen und dem Salzsee so schmal, dass eben genug Platz für die 78 000 Einwohner von Ogden bleibt. Die Stadt verdankte ihre Entwicklung in der zweiten Hälfte des 19. Jh. ihrer Rolle als Eisenbahnkreuzung. Heute ist sie auf dem Schienenweg gar nicht mehr erreichbar, was in der historischen Union Station von 1924 Platz schuf für Einrichtungen wie das **Browning Firearms Museum** mit über 100 Modellen des genialen Flintenmachers John M. Browning und das **Browning-Kimball Classic Car Museum** mit einer Sammlung von edlen Oldtimern. Zwei weitere Ausstellungen widmen sich der Eisenbahngeschichte der Stadt (2501 Wall Ave., Tel. 801-393-9886, www.theunionstation.org, Mo–Sa 10–18, im Winter bis 17 Uhr, Erw. 5 $, Kin. 3 $).

Der **George S. Eccles Dinosaur Park** macht seinen Besuchern eine Reise in längst vergangene Saurierzeitalter möglich. Ungefähr 100 aus unterschiedlichen Materialien rekonstruierte Exemplare vom 10 m hohen, mit einem fürchterlichen Gebiss ausgestatteten Tyrannosaurus Rex bis zum Minisaurier in Gänsegröße säumen die Wege durch das Gelände. In einem Laboratorium lassen sich Techniker bei der Arbeit an Fossilien über die Schultern schauen (1544 E. Park Blvd., Tel. 801-393-3466, www.dinosaurpark.org, Mo–Sa 10–18 Uhr, So geschl., Erw. 7 $, Kin. 2–12 Jahre 5 $).

Hampton Inn & Suites: 2401 Washington Blvd., Tel. 801-394-9400, www.hamptoninn.com. Klassisch gestyltes Hotel in der Stadtmitte, Zimmer mit Kaffeemaschine und Bügeleisen, Suiten mit Kühlschrank und Mikrowelle. Münzwäscherei, Convenience Store, Whirlpool, Fitnessraum, Restaurant und Bar im Haus, WLAN in der Lobby. DZ 79–125 $, inkl. Frühstück.

The Alaskan Inn: 435 Ogden Canyon Rd., Tel. 801-621-8600, www.alaskaninn.com. Ca. 4 Meilen außerhalb gelegenes luxuriöses B & B im Blockhausstil. Alle Suiten haben einen Whirlpool. Thema der Einrichtung ist Alaska – mit Bären und Huskies aus Plüsch. Urgemütliche 11 Cabins mit Jacuzzi und Namen wie »Trapper« oder »Kodiak«. Warmes Frühstück inkl., Suiten ab 125 $, Cabins ab 175 $.

Bavarian Chalet German Restaurant: 4387 S. Harrison Blvd., Tel. 801-479-7561, Di–Sa 17–22 Uhr. Wer schon lange kein Jägerschnitzel oder keine Schlachtplatte mehr gegessen hat: Hier ist die Gelegenheit. Ab 13 $.

Ruby River Steak House: 4286 Riverdale Rd., Tel. 801-622-2320, www.rubyriver.com,

Mo–Do 11–22, Fr bis 23, Sa 16–23, So 16–21 Uhr. Herzhafte Steaks, knusprige Buffalo Wings, saftige Rippchen und knackige Salate in üppigen Portionen, diverse Biersorten in Western-Ambiente. Ab 8 $.

Kamikazes: 2404 Adams Ave., Tel. 801-621-9138. Privater Club in einem ehemaligen Kirchengebäude mit 2 Tanzflächen, oft spielen lokale Bands.

Logan und Logan Canyon

Reiseatlas: S. 16, D 1

Spätestens in dem Richtung Bear Lake führenden Canyon entlang dem Logan River wird zur Gewissheit, dass Utahs Nordosten keine überlaufene Touristenregion ist. Ungefähr 6 Meilen südwestlich der Stadt betreiben Studenten der landwirtschaftlichen Fakultät der Utah State University im **American West Heritage Center** die R. V. Jensen Living Historical Farm im Stil des beginnenden 20. Jh., scheren Schafe, beschlagen Pferde und bestellen die Felder wie zu Urgroßvaters Zeiten (4025 South St. U. S. 89 & 91, Wellsville, Tel. 435-245-6050, www.awhc.org, Di–Sa 8–17, im Winter 10–16 Uhr, Erw. 7 $, Kin. 3–11 Jahre 5 $).

The Coppermill: 55 N. Main St., Tel. 435-752-0647, Mo–Sa Lunch und Dinner. Steaks, Prime Rib, Seafood und lokale Spezialitäten. Ab ca. 12 $.
Café Sabor: 600 West Center St., Tel. 435-752-8088, Mo–Do 11–22, Fr, Sa 11–23 Uhr. In einem ehemaligen Bahnhof eingerichtetes Lokal mit ausgezeichneten mexikanischen Gerichten nach Originalrezepten. 5–12 $.

Bear Lake

Reiseatlas: S. 16, D 1

Trockenes und warmes Wetter machen den 30 km langen und 13 km breiten Bear Lake auf der Grenze von Utah und Idaho im Sommer zu einem bei einheimischen Familien beliebten Urlaubsflecken. Mehrere Sandstrände laden zum Baden, Sonnen und Bootfahren ein. Der Rendezvous Beach im Bear Lake State Park am Südende des Sees bekam seinen Namen von den jedes Jahr Mitte September stattfindenden Treffen von Mountain Men, die am Ufer mit Zelten, Kochstellen und Old-West-Memorabilien eine Kulisse wie im 19. Jh. entstehen lassen (Tel. 435-946-3343, www.utah.com/stateparks, 8 $). Mit Garden City und Laketown bieten zwei verschlafene Dörfer am Ufer des türkisgrünen Bear Lake wenige Unterkunftsmöglichkeiten und Restaurants. An den Seeflanken gedeihen wilde Himbeeren für himmlische Milchshakes.

Beaver Creek Lodge: 13 Meilen östlich von Garden City, 11808 N. Hwy 89, Tel. 435-945-3400, www.beavercreeklodge.com. Kleine gemütliche Lodge für Sportler. Im Winter kann man Snowmobile mieten und Skilaufen, im Sommer reiten. DZ ab 99 $.
Canyon Cove Inn: 315 W. Logan Rd., Tel. 435-946-3565, www.canyoncove.com. 2-stöckiges Motel mit Innenpool und Jacuzzi. DZ 69–150 $.
Camping:
Bear Lake KOA: 485 N. Bear Lake Rd., Tel. 435-946-3454, www.koacampgrounds.com, April–Okt. Platz mit Pool für Zeltcamper und Wohnmobile.

Mit dem Autor unterwegs

Outdoorparadies Flaming Gorge
Insbesondere für Wassersportler und Angler bildet der 145 km lange Stausee in der **Flaming Gorge National Recreation Area** ein stadtfernes Outdoorparadies. Das Gewässer ist u. a. für rekordverdächtige Forellen bekannt (s. S. 282 ff.).

Einsamkeit der Bergwildnis
Kaum ein Gebirge im Südwesten ist so abgelegen und so wenig erschlossen wie die bis über 4000 m hohen Uinta Mountains, ein Ziel hauptsächlich für erfahrene und ausdauernde Wanderer (s. S. 285).

Pickleville Playhouse: S. Bear Lake Blvd., 3 Meilen südlich von Garden City, Tel. 435-946-2918, www.picklevilleplayhouse.com, Juni–Sept. tgl. ab 18.30. »Western Cookout« mit Musicalshow. Cowboys servieren Steaks, BBQ oder Hühnchen mit Bohnen, Salat und Nachtisch.13 $, mit Show 26 $.

Cisco's Landing: nördlich von Garden City, Tel. 435-946-2717, www.ciscoslanding.com. Kleine Marina mit Restaurant. Mietstelle für Waverunner und andere Wassersportgeräte.

Bear Lake Raspberry Festival (1. Augustwochenende): Himbeerenfest mit Königinnenwahl, Rodeos, Talentwettbewerben und Paraden in Laketown.

Fort Bridger (WY)

Reiseatlas: S. 16, E 1

Wo im südwestlichen Winkel von Wyoming die Interstate 80 eine Ost-West-Verbindung herstellt, verliefen in den 1840er-Jahren die beiden Einwandererrouten Oregon Trail und Mormon Trail, auf denen Zehntausende Menschen über Jahre mit Hab und Gut Richtung Pazifikküste unterwegs waren. In der heutigen Ortschaft **Fort Bridger** baute der berühmte Trapper Jim Bridger 1841 hinter einem Palisadenzaun einen wehrhaften Trading Post, um Neuankömmlinge aus dem Osten mit Lebensmitteln und Werkzeug zu versorgen. Später kam eine Schmiede hinzu. Ein 1858 errichtetes Militärfort für etwa 350 Soldaten sollte der Sicherheit der zwei Jahre später gegründeten Pony-Express-Postlinie und einer Postkutschenlinie dienen. Heute bilden zahlreiche Gebäude ein kleines Dorf, in das im Hochsommer Leben in Gestalt von Freiwilligen zurückkehrt, die den seinerzeit üblichen Alltag nachspielen. Der Handelsposten von Jim Bridger wurde nach Originalplänen wiederaufgebaut. Außer einem historischen Schulhaus, viktorianischen Wohnhäusern und Baracken gehört ein Offiziersquartier aus dem Jahr 1888 samt Museum zur Anlage (Fort Bridger State Historic Site, Tel. 307-782-3842, http://wyoparks.state.wy.us, Juni–Aug. tgl. 9–17.30, sonst kürzer, 2 $).

Flaming Gorge

Reiseatlas: S. 16, E–F, 1–2

Die Ortschaft Manila an der Grenze zu Wyoming liegt in einem grenzenlos anmutenden grünen Tal, das zu beiden Seiten auf benachbarte Hügel ansteigt. Weiter südlich führt der Highway 44 in die **Flaming Gorge National Recreation Area,** die der aufgestaute Green River in eine berückende Canyon- und Seenlandschaft verwandelt. Bereits 6 Meilen südlich von Manila kann man auf einer 11 Meilen langen Schleife in den Sheep Creek Canyon abbiegen, in dem Lachse laichen und durch

Zum Wandern wie geschaffen: die reizvolle Felslandschaft der Flaming Gorge

Erdhebungen bzw. Erosion unterschiedlichste Gesteinsformationen wie in einem geologischen Freilichtmuseum offen liegen.

Zentrum des Flaming-Gorge-Gebietes ist der Green-River-Damm mit einem Besucherzentrum am Highway 191. In den östlichen Uinta Mountains existierten nur primitive Schotterstraßen, als 1957 mit dem Bau des Staudamms begonnen wurde. Nach der Fertigstellung 1964 veränderte die allmähliche Entstehung des Stausees die bis dahin menschenleere Region nachhaltig und schuf ein beliebtes Freizeitgebiet für Angler und Wassersportler. Die 153 m hohe Betonbarriere staut das Wasser des Green River zu einem 145 km langen See, der sich in der knapp 2000 m hoch gelegenen Bergwelt ausbreitet. Ein Wasserkraftwerk produziert Strom selbst für weit entfernt gelegene Städte und Gemeinden. Zu den schönsten Teilen des Gewässers gehört der Red Canyon im Süden, wo die Red Canyon Lodge als eine Unterkunftsmöglichkeit von mehreren hübsche Cabins vermietet und der Red Rock Canyon Overlook von unterschiedlichen Aussichtsstellen einen grandiosen Panoramablick über das gesamte Gebiet bietet (Flaming Gorge NRA Headquarters, P. O. Box 179, Manila, UT

Konzentration: Die Präparierung eines Saurierskeletts verlangt Fingerspitzengefühl

84046, Tel. 435-784-3445, www.utah.com/nationalsites/flaming_gorge.htm).

Vernal

Reiseatlas: S. 16, E 2

Saurier spielen nicht nur in Steven Spielbergs Kinohit »Jurassic Park« die Hauptrolle. Die vor 70 Mio. Jahren ausgestorbenen Urkreaturen geben auch im 7500 Einwohner großen Städtchen Vernal und seiner Umgebung den Ton an. Mehr oder weniger gelungene Nachbildungen sitzen pinkfarben und grinsend an der Straße, halten Motelreklamen in globigen Pfoten oder werben mit einer Schürze um die massigen Lenden für einen Waschsalon. Sie weisen Ortsunkundigen den Weg zum Campingplatz oder lauern Besuchern als Dreiergruppe vor dem örtlichen **Utah Field House of Natural History State Park Museum** auf, das sich nicht nur mit Naturgeschichte, sondern auch mit Archäologie, Anthropologie, Indianerkulturen und Malerei beschäftigt. Hauptattraktion ist der Sauriergarten, in dem lebensgroße Riesenreptilien aus Fiberglas und Kunstharz stehen – allesamt Schöpfungen des aus Utah stammenden Bildhauers Elbert Porter. Die naturgetreuen Kopien reichen vom 26 m langen und 30 t schweren Pflanzenfresser Diplodocus bis zum Fleisch fressenden Tyrannosaurus Rex (496 E. Main St., Tel. 435-789-3799, http://stateparks.utah.gov/parks/field-house, Ende Mai–Anfang Sept. tgl. 9–17 Uhr, Erw. 6 $, Kin. 6–12 Jahre 3 $).

Eine Attraktion in Vernal fällt aus dem Rahmen, weil sie nichts mit Sauriern, sondern mit einer sehr extravaganten Baustofflieferung zu tun hat. Als der Präsident der örtlichen Bank 1916 ein neues Gebäude aus Ziegelsteinen plante, brachte ihn eine Kostenkalkulation auf die Idee, die notwendigen 80 000 Steine in Siebenerpaketen verpackt per Post schicken zu lassen, weil er auf diese Weise Frachtkosten sparen konnte. Das im Volksmund treffend ›Postpäckchenbank‹ genannte Geldinstitut Zion National Bank steht an der Ecke Vernal Avenue und Main Street.

i **Dinosaurland Travel Board:** 55 E. Main St., Vernal, UT 84078, Tel. 1-800-477-5558, Fax 435-789-7465, www.dino

land.com. **Vernal Area Chamber of Commerce:** 134 W. Main St., Vernal, UT 84078, Tel. 435-789-1352, www.vernalchamber.com.

Best Western Dinosaur Inn: 251 E. Main St., Tel. 435-789-2660, www.bestwestern.com/dinosaurinn. Nur einen Katzensprung entfernt vom Dinosauriermuseum; Außenpool, freundliche Zimmer mit Internetanschluss und Kaffeemaschine. DZ ab 90 $. **Econo Lodge:** 311 E. Main St., Tel. 435-789-2000. Standard-Motel mit Münzwäscherei, kleinem Spielplatz und Internetanschluss. Kleines Frühstück inkl. DZ ab 59 $.

Betty's Cafe: 416 W. Main St., Mo–Sa 6–16, So bis 12 Uhr. Idealer Ort für ein Frühstück oder einen guten Burger. Ab 6 $. **7-Eleven Ranch Restaurant:** 77 E. Main St., Tel. 435-789-1170, Mo–Sa 6–22 Uhr. Familiäre Atmosphäre im Westernstil und üppige Portionen, ob Burger oder gebratene Kalbsleber. Sa abends großes Buffet. Ab 6 $.

Dinosaur National Monument

Reiseatlas: S. 16, F 2

Östlich von Vernal liegt mit dem Dinosaur National Monument eine der bedeutendsten Ausgrabungsstätten für Saurier auf amerikanischem Boden. Schon zu Beginn des 20. Jh. interessierte sich das Carnegie Museum von Pittsburgh in Pennsylvania für fossile Skelettteile von Sauriern. 1909 stieß der im Auftrag des Museums tätige Paläontologe Earl Douglass östlich von Vernal auf einen ersten bedeutenden und zugleich bahnbrechenden Fund: acht fossile Schwanzknochen eines Apatosaurus (Brontosaurier). In den folgenden Jahren legten Wissenschaftler um die Fundstelle eine 200 m lange Sandbank, die sich wie ein offenes Lehrbuch des Saurierzeitalters präsentierte, bis zu 24 m tief frei. Nirgends auf der Welt gibt es eine reichere Fundstätte von fossilen Skelettteilen der Riesentiere als im heutigen Dinosaur National Monument etwa 18 Meilen östlich von Vernal auf der Grenze zwischen Utah und Colorado.

Die von Earl Douglass entdeckte Stelle namens Douglass Quarry wurde 1958 in eine Halle des Park Visitor Center integriert, um sie vor Witterungseinflüssen zu schützen. Auf einer Aussichtsplattform haben Besucher diesen uralten ›Friedhof‹ mit ca. 2000 Fossilien direkt vor Augen und können Wissenschaftler bei der akribischen Freilegung von Skelettteilen bzw. der Präparierung von Knochen beobachten. Wer sich mit dem Thema Saurier eingehender beschäftigen will, findet in diesem Ausstellungsraum Modelle, Zeittafeln und vielfältiges Informationsmaterial. Wegen baulicher Mängel ist das Besucherzentrum auf nicht absehbare Zeit geschlossen. Auf einer kurzen Wanderung kann man jedoch unterschiedliche Fossilien sehen.

Dinosaur National Monument – Visitor Center: Hwy 149 östlich von Vernal, Tel. 435-781-7700, www.nps.gov/dino, Ende Mai–Anf. Sept. tgl. 9–18 Uhr, 10 $/Pkw.

Uinta Mountains

Reiseatlas: S. 16, D 2–E 2

In einem Bogen führen die Highways 40 bzw. 35 am Fuß der mächtigen Uinta Mountains von Vernal Richtung Salt Lake City. Die ca. 160 km lange Bergkette um den mit 4123 m höchsten Gipfel Kings Peak ist das einzige größere Gebirge des amerikanischen Westens, die nicht in Nord-Süd-, sondern in Ost-West-Richtung verläuft. Gehören die westlichsten Ausläufer zusammen mit der benachbarten Wasatch Range noch zu den populären Wintersportgebieten in Utah, so handelt es sich bei der High Uintas Wilderness Area um eine alpine Wildnis weit abseits menschlicher Zivilisation, in der bis Mitte Juli große Schneefelder liegen. In einem von Gletschern geschürften Becken bilden Hunderte kleiner Seen eine malerische Szenerie, in der Elche, Hirsche, Schwarzbären, Füchse und Luchse ein vom Menschen ungestörtes Dasein fristen.

Beim Horseshoe Bend: Der Colorado River schiebt seine Wassermassen durch die gewaltigen Schluchten des Colorado Plateaus gen Pazifik

Kapitel 4

Südutah und Nordarizona

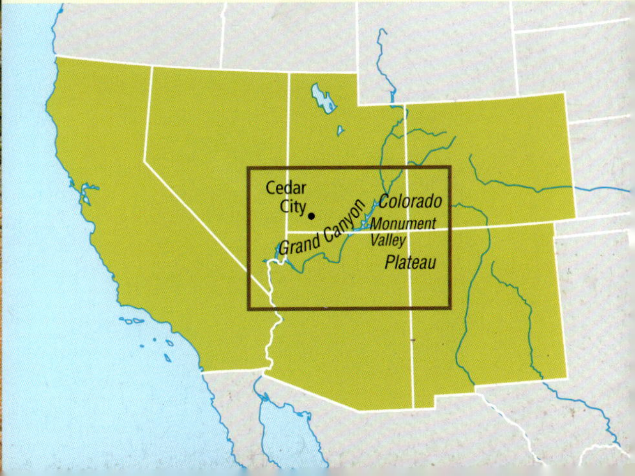

Auf einen Blick: Südutah und Nordarizona

Naturwunder im Indianerland

Grand Canyon, Bryce Canyon, Zion, Arches, Monument Valley ... Mutter Natur tritt in der Region um die Staatsgrenze zwischen Utah und Arizona an zu einer grandiosen Starparade. Längst gelten die landschaftlichen Fixsterne des amerikanischen Südwestens als Synonyme für Erosionslandschaften von seltener Pracht und Dimension. Amerika hat einen Narren gefressen an Höchstleistungen, und selbst Naturwunder mischen bei Superlativen kräftig mit.

Nirgendwo schlagen rote Sandsteinkulissen so spektakuläre Kapriolen wie auf dem größenmäßig mit Deutschland vergleichbaren Colorado Plateau, das sich über den Südwesten Utahs, das nördliche Arizona und über Teile von New Mexico und Colorado erstreckt. Seinen Namen leitet das riesige Gebiet vom Colorado River ab, der mit seinen Nebenflüssen für das Erscheinungsbild vieler majestätischer Schluchten wie z. B. auch des Grand Canyon und der atemberaubenden Felslandschaften verantwortlich ist.

Von Märchenlandschaften abgesehen, die der Film- und Werbeindustrie seit Jahrzehnten als Kulisse dienen, bietet das Plateau noch andere Attraktionen, die es zu einem der sehenswertesten Teile des Südwestens machen. Der dort befindliche Vier-Staaten-Schnittpunkt Four Corners bildet gewissermaßen den Kristallisationspunkt der dichtesten Indianerbevölkerung der USA, um den u. a. mit ca. 200 000 Navajos die größte Indianernation des Landes lebt.

Im Indian Country prägt die jahrhundertealte Kultur der *Native Americans* Land und Leute und bietet Besuchern Gelegenheit, auf den drei Hopi Mesas, bei den Klippenwohnungen der alten Anasazi im märchenhaften Canyon de Chelly oder in Window Rock, der heutigen Verwaltungshauptstadt der Navajo,

in die faszinierende Welt der Indianer einzutauchen.

Wer im Urlaub auf einige erholsame Tage am Wasser Wert legt, ist am Lake Powell auf einem Hausboot oder am Colorado an der Westgrenze von Arizona bestens aufgehoben, wo man in geradezu tropischer Landschaft Wassersport betreiben und gelegentlich einen Abstecher in ein Spielkasino machen kann.

Highlights

7 **Bryce Canyon National Park:** Ein roter Zauberwald aus Steinformationen macht den Park zu einem der außergewöhnlichsten in den USA (s. S. 294 f.).

8 **Arches National Park:** Auf relativ kleinem Gebiet steht die größte Ansammlung an natürlich entstandenen Felsbögen (s. S. 297 f.).

9 **Monument Valley:** Keine Landschaft Amerikas weckt so sehr Assoziationen mit dem Wilden Westen wie diese Kulisse, die in vielen Filmen eine Hauptrolle spielte (s. S. 303 ff.).

10 **Grand Canyon:** Amerikas Naturwunder Nr. 1 ist für viele USA-Reisende der herausragende Höhepunkt auf ihrem Tourenplan (s. S. 309 ff.).

Empfehlenswerte Routen

Durch die berühmtesten Nationalparks: Wer das Colorado Plateau von seiner schönsten Seite kennenlernen will, fährt vom Zion N. P. zum Bryce Canyon N. P., dann über den Capitol Reef N. P. und den Arches N. P. weiter zum Monument Valley und von dort über den Lake Powell zum Grand Canyon (s. S. 290 ff.).

Abstecher ins Indianerland: Kein Gebiet im amerikanischen Südwesten ist so nachhaltig indianisch geprägt wie die Region im Dreieck zwischen Tuba City, Chinle und Window Rock, in der heute ca. 200 000 Navajos und Hopi leben (s. S. 320 ff.).

Richtig Reisen-Tipps

Wandern im Goblin Valley: Tausende seltsame, von Wind und Wetter modellierte Steinskulpturen machen das Wandern im Tal der Kobolde zu einer Freizeitaktivität, bei der man seiner Fantasie freien Lauf lassen kann. Denn in vielen Erosionsformen lassen sich Fabelfiguren erkennen (s. S. 297).

Auf den Spuren der Navajo-Indianer: Die riesige Navajo-Reservation im nordöstlichen Arizona bietet Besuchern vielfältige Gelegenheit, neben den zum Teil berückenden Naturlandschaften auch die Kultur und Lebensweise der dort lebenden Indianer kennenzulernen (s. S. 325).

Reise- und Zeitplanung

Grandiose landschaftliche Szenerien machen vergessen, dass man im Südwesten große Distanzen zurücklegt. Die Tour durch die berühmtesten Nationalparks summiert sich auf ca. 1300 Meilen, und wer die Naturwunder nicht nur vom Auto aus sehen will, sondern sich auf Wanderwege begibt, kann für die Rundreise gut und gerne eine Woche veranschlagen. Von Flagstaff durch das Indianergebiet legt man ca. 600 Meilen zurück, was in drei Tagen zu schaffen ist. Vergleichsweise kurz ist die Strecke von Las Vegas ins Wasserparadies am Colorado River, wo man bis nach Parker ca. 200 Meilen zurücklegt.

Klima und Reisezeit

Beste Reisezeit für die fast allesamt hoch gelegenen Nationalparks ist der Sommer und Herbst. Die kalte Jahreszeit hat auch ihre Reize, wenn etwa die Steinformationen im Bryce Canyon weiße Mützen tragen. Aber die Verkehrswege sind im Winter zum Teil schwierig zu befahren und die Wanderwege da und dort geschlossen.

Die berühmtesten Nationalparks

Karte S. 311

Keine Großregion Amerikas präsentiert ihre Naturwunder auf so bizarre, ungezähmte und fantastische Weise wie das riesige, von Flüssen und Canyons zerfurchte Colorado Plateau. Acht der schönsten und berühmtesten Nationalparks der Vereinigten Staaten machen diesen provinziellen Teil des südlichen Utah und nördlichen Arizona zu einer unvergleichlichen Schatztruhe landschaftlicher Kostbarkeiten und zu einem Abenteuerspielplatz für Aktivitäten unter freiem Himmel.

Zion National Park

Reiseatlas: S. 19, B 2
Von Las Vegas erreicht die Interstate 15 über das Kasinostädtchen Mesquite und die Schlucht des Virgin River nach St. George den Highway 9 und damit die Zugangsstraße zum ersten, weltbekannten Naturschutzgebiet auf der Tour. Herzstück des knapp 600 km^2 großen Zion National Park ist der vom Virgin River gegrabene Zion Canyon mit schroffen, über 900 m aufragenden Felswänden. Vermutlich schon vor 13 Mio. Jahren begann der Fluss sich durch den 120 Mio. Jahre alten Carmel-Kalkstein zu fräsen. Durch den Canyon zieht sich eine 6 Meilen lange, ausschließlich den Bussen der Nationalparkverwaltung vorbehaltene Straße, nachdem sich Besucher früher im Hochsommer regelmäßig nur im Stop-&-go-Rhythmus vorwärtsbewegen konnten. Beim Visitor Center in Springdale fahren vom Parkplatz Pendelbusse ab, die Passagiere an acht Haltestellen aus- bzw. einsteigen lassen.

Das gilt etwa für das **Zion Human History Museum,** das mit Film und Ausstellungen das Leben prähistorischer Indianer dokumentiert und Aufschluss gibt über spanische Padres und anglophone Pelztierjäger, die Zion erkundeten. Isaac Behunin baute als erster Mormone in der Nähe der heutigen Zion Lodge 1862 eine Farm auf, kultivierte Mais und Gemüse und gab dem Canyon seinen heutigen Namen. David Flanigan konstruierte im Jahr 1900 aus 16 km Telegrafendraht eine Seilbahn, die vom 1980 m hohen Cable Mountain hoch über Weeping Rock bis zum Virgin River reichte und über die der clevere Geschäftsmann fast 30 Jahre lang Baumstämme von der Hochfläche ins Tal abseilte, um sie auf dem Fluss weiterzutransportieren. Das Kabel wurde 1930 abmontiert, Teile der oberen Aufhängevorrichtung sind jedoch noch zu sehen (Museum März–Nov. tgl. 9.30–16.30 Uhr). Die zentrale Bushaltestelle im Canyon liegt vor der **Zion Lodge.** Nach einem Brand 1966 entstand sie innerhalb von 100 Tagen neu. 40 Western Cabins (170 $), 6 Suiten (180 $) und 75 Doppelzimmer im Motelstil (154 $) sind die einzigen Übernachtungsmöglichkeiten innerhalb des Parks. Wer im Red Rock Grill speisen will, sollte in der Hochsaison rechtzeitig reservieren (Tel. 435-772-7700, Fax 435-772-7792, www.zionlodge.com).

Über **Weeping Rock,** dem durch Felsen sickerndes Wasser den Namen Weinender Fels verlieh, erreicht die Straße am Ende das gewachsene Felsmonument **Temple of Sinawava.** Ein Wanderweg führt in den immer enger werdenden hinteren Teil des Canyons. Um in die sogenannten **Narrows** zu kommen, muss man im steinigen Bett des Virgin River gehen. Nach Regenfällen bzw. Gewittern wäre die Tour lebensgefährlich. Die Felswände rücken an der schmalsten Stelle so eng zusammen, dass man sie fast mit ausgestreckten Armen berühren kann.

Außer dem eigentlichen Canyon besteht Zion aus zwei weiteren Teilen. Von der I-15 führt südlich von Cedar City die Kolob Canyon Road 5 Meilen weit in die nordwestliche **Kolob Section** des Naturreservats, eine hochwüstenartige, von Canyons zerfurchte Szenerie, die mit Zion Canyon wenig gemein hat. Ein 21 km langer Trail führt von der Parkstraße durch eine abgelegene, kaum besuchte Parkregion zum **Kolob Arch,** einem gigantischen Naturbogen.

Mitten durch den dritten Parkteil führt der Highway 9. Am Ende eines 1700 m langen Tunnels beginnt auf einem kleinen Parkplatz der 1,6 km lange Canyon Overlook Trail. Ein Aussichtspunkt mit grandiosem Blick über Zion liegt am Ende des Weges an einem Steilabbruch. Entlang des Highways zeigt der Park ein durch Wind und Wetter geprägtes Gesicht. Felstürmchen, Pfeiler und wie Pfannkuchen übereinandergeschichtete Steinplatten machen aus der Naturlandschaft einen Abenteuerspielplatz. Manchen Felsflächen hat der Windschliff seltsame Muster verliehen, z. B. bei der berühmten **Checkerboard Mesa,** einer versteinerten Sanddüne mit einem gut erkennbaren Schachbrettmuster aus horizontalen und vertikalen Rissen und Spalten.

i **Zion National Park:** Springdale, UT 84767, Tel. 435-772-3256, www.nps.gov/zion. **Zion Canyon Visitor Center:** State Route 9, Tel. 435-772-3256, www.zionpark.com. 25 $/Pkw.

Zion Mountain Ranch: Hwy 9, am östlichen Parkeingang, Tel. 435-648-2555, Fax 435-648-1039, www.zmr.com. Hotel- und Ferienanlage für Gäste, die reiten, die Natur beobachten, im Indianerdorf die Kultur der *Native Americans* kennenlernen oder den Umgang mit dem Lasso üben möchten. Unterschiedlich große Blockhäuschen liegen am Rand eines großen Büffel-Schutzgebiets. Cabins im Sommer ab 135 $.

Mit dem Autor unterwegs

Traumhafter Canyon

Die **Narrows** sind der schmalste Teil der Schlucht des Virgin River im Zion National Park. Nur bei Niedrigwasser kann man den beschwerlichen Weg durch das steinige Flussbett nehmen. Angemessenes Schuhwerk ist unverzichtbar (s. S. 290 f.).

Freiwillige Erntehelfer

Wer den **Capitol Reef National Park** besucht, kann sich im Herbst in den hübsch gelegenen, historischen Obstgärten als Pfirsich- und Aprikosenpflücker betätigen (s. S. 295 f.).

Nichts für Langweiler

Das Städtchen **Moab** hat sich zu einem Eldorado für Naturliebhaber entwickelt, die sich in den atemberaubenden Landschaften der näheren Umgebung sportlich betätigen wollen (s. S. 300).

Trapperatmosphäre

In der urgemütlichen Lobby des **El Tovar Hotel** im Grand Canyon Village, nur Schritte von der Canyonkante entfernt, kommt in einer exklusiv ausgestatteten Jagdhütte Jack-London-Stimmung auf (s. S. 310).

Majestic View Lodge: 2400 Zion Park Blvd.,Tel. 435-772-0665, Fax 435-772-0308, www.majesticviewlodge.com. Rustikale Lodge im Blockhausstil mit fabelhaftem Blick auf die Zion-Berge. 69 Zimmer und Suiten. DZ ab 110 $.

Pioneer Lodge: 838 Zion Park Blvd., Tel. 435-772-3233, Fax 435-772-3165, www.pioneerlodge.com. Zimmer und Suiten für bis zu 3 Pers., z. T. mit Küche, beheizter Außenpool. DZ ab 81 $.

Camping:

Zion Canyon Campground: 479 Zion Park Blvd., Springdale, Tel. 435-772-3237, www.zioncamp.com. Anlage für 220 Campmobile und Zelte am Virgin River mit Pool, Münzwäscherei und Kinderspielplatz.

Spotted Dog Café: 428 Zion Park Blvd., Tel. 435-772-3244, http://flanigans.com, tgl. 7–11.30 und 17–22 Uhr. Zu Flanigan's Inn gehörendes Lokal im Bistrostil mit saisonaler Speisekarte, auf der häufig Forelle, Lachs, Geflügel und handgemachte Pizzen auftauchen. Dinner ab 13 $.

Tsunami Juice and Java: 180 Zion Park Blvd., Tel. 435-772-3818, tgl. 8–19 Uhr. Café mit guten Sandwiches aus Biozutaten. Kaffee, Espresso und fruchtige Milchshakes schmecken lecker. Ab 4 $.

Radverleih: Zion Cycles Bike Shop, 868 Zion Park Blvd., Tel. 435-772-0400. Tourenräder, Tandems, Mountain Bikes auf Stundenbasis oder länger. Ab 5 $/Std.

Kanab

Reiseatlas: S. 19, B 2

Bei Mount Carmel Junction lohnt sich ein Abstecher in südlicher Richtung vorbei am Dünenparadies **Coral Pink Sand Dunes** in das 3500 Einwohner große Kanab. Regisseure und Schauspieler machten das Städtchen zu einem Klein-Hollywood, als die Produktionskosten in den Filmstudios von Los Angeles nach 1945 dramatisch stiegen. Mit seiner grandiosen Umgebung machte der Ort damals eine Blitzkarriere als erstklassige Westernkulisse. **Parry Lodge** existiert nach wie vor, ein stilvolles Hotel, in dem sich damals Hollywoodgrößen wie John Wayne, Frank Sinatra, Ava Gardner und Clint Eastwood wohlfühlten (89 E. Center St., Tel. 435-644-2601, www.parrylodge.com, DZ ab ca. 70 $).

Ungefähr 8 Meilen östlich von Kanab biegt vom Highway 89 eine Straße in den Johnson Canyon ab. Neben einigen Ranches liegen in diesem beschaulichen Tal auf privatem Gelände die baufälligen Überreste der Filmstadt Dodge City, in der zwischen 1955 und 1975 der TV-Dauerbrenner »Rauchende Colts« gedreht wurde. Man sieht einen Teil der alten Kulissenstadt von der Straße aus.

Der spektakuläre Bryce Canyon N. P.

7 Bryce Canyon N. P.

Reiseatlas: S. 19, B–C 2

In einem sind sich viele USA-Kenner einig: Bryce Canyon ist eines der außergewöhnlichsten Naturwunder Amerikas. Im Zentrum des Parks, dem **Amphitheater,** breitet sich in einem fast runden Becken eine von Wind und Wetter gezeichnete Zauberlandschaft aus mit Tausenden Felsnadeln, Steintürmen und grotesk anmutenden Naturskulpturen, die einem versteinerten Theaterensemble auf einer gewaltigen Openair-Bühne ähneln. Bryce ist trotz des Namens kein Canyon, sondern die verwitternde Kante der Pink Cliffs, einer 50 bis 60 Mio. Jahre alten rosa gefärbten Formation des Colorado-Plateaus. Das Gestein besteht aus feinkörnigen, weichen Sedimenten, die von härterem Kalkstein und dünnen Lagen von erosionsresistenterem Schiefer bzw. Sandstein durchsetzt sind. Folge der inhomogenen Zusammensetzung ist die unterschiedlich schnelle Verwitterung, wodurch die für Bryce typischen *hoodoos* zustande kommen – seltsam geformte Felszinnen, Türme und Felsnadeln, die das Amphitheater in einen Irrgarten von überwältigender Schönheit verwandeln. Neben bizarren Formen faszinieren unterschiedliche Farben des Gesteins. Am häufigsten kommen durch Eisenoxyde verursachte Rotabstufungen vor. Wo das Gestein helle Töne aufweist, ist das Eisen meist nur ausgewaschen. Purpurne und lila Färbungen entstehen durch Mangan.

Jahrtausendelang haben die selbstzerstörerischen Kräfte der Natur Bryce zu einem Wanderparadies gemacht. Traumhafte Wege wie Queen's Garden Trail, Peekaboo Loop Trail und Navajo Trail winden sich durch das rote Amphitheater, in das man von mehreren Punkten an der Canyonkante ca. 150 m tief absteigen kann. Vom einzigen Eingang am Nordende des Parks führt eine für den Autoverkehr freigegebene, für Campmobile gesperrte 35 Meilen lange Panoramastraße zu verschiedenen Aussichtspunkten sowie zum Endpunkt der Straße bei **Rainbow Point** auf 2776 m Höhe.

Spektakuläre Wanderszenerie

Auf einer Wanderung im Amphitheater des Bryce Canyon verbindet man am besten den Queen's Garden Trail mit dem Peekaboo Loop Trail, der am Bryce Point endet (ca. 3,5 Std.). Von dort kehrt man am Canyonrand entlang zur Bryce Canyon Lodge zurück.

i **Bryce Canyon National Park:** Hwy 63, P. O. Box 640201, Bryce Canyon, UT 84764-0201, Tel. 435-834-5322, www.nps.gov/brca. Im Besucherzentrum wird ein 22-minütiger Film gezeigt. 25 $/Pkw.

Mehrere Motels liegen am Highway 12 westlich von Bryce Canyon.

Bryce Canyon Lodge: Bryce Canyon (s. o.), Tel. 435-834-8700, Fax 435-834-8790, www.brycecanyonlodge.com. Außer Campingplätzen einzige Übernachtungsmöglichkeit im Park mit Häuschen zwischen Ponderosakiefern (165 $) und Motelzimmern (DZ ab 125 $).

Ruby's Inn and Campground: 1000 S. Hwy 63, Tel. 435-834-5341, www.rubysinn.com. In der Nähe des Parkeingangs gelegenes Blockhaushotel mit über 360 klimatisierten Zimmern, Restaurant, Pool, Satelliten-TV und großem Campingplatz nebenan. DZ Mai–Sept. ab 120 $, sonst preisgünstiger.

Camping:

North Campground und Sunset Campground: beim Amphitheater, beide mit Sanitäranlagen und fließendem Wasser (www.nps.gov/archive/brca/camping.html).

Bryce Canyon Shuttle: Der kostenlose Pendelbus fährt von Parkplätzen außerhalb des Parks zahlreiche Stopps im Gebiet um das Amphitheater an (Ende Mai–Mitte Sept. tgl. 9–18 Uhr alle 12 Min.).

Highway 12

Reiseatlas: S. 19, C 1–2

Mit Fug und Recht kann man die östlich von Bryce liegende Region als tiefste Provinz bezeichnen. Viel später als das übrige Utah hielt in dieser Gegend das 20. Jh. Einzug. Der den wildromantischen Landstrich entwässernde Escalante River wurde als letzter Fluss auf dem zusammenhängenden Staatsgebiet der USA 1872 entdeckt und erkundet. Die wenigen Siedler, die sich dort im ausgehenden 19. Jh. als Viehzüchter und Farmer niederließen, waren notgedrungen Selbstversorger, weil ihnen die Autarkie durch fehlende Verkehrsverbindungen aufgezwungen war. Was sie zum Leben brauchten, mussten sie selbst herstellen, von der Wolle für Kleidung bis zur Hefe fürs Brot. Highway 12 (www.scenicbyway12.com), die einzige Asphaltstraße im Gebiet, wurde erst 1971 für den Kraftfahrzeugverkehr ausgebaut und gilt als einer der schönsten Scenic Highways in Utah. Über Tropic, Escalante und Boulder führt er in einem Bogen nordwärts Richtung Capitol Reef National Park. In den drei genannten Dörfern hat in den letzten Jahren ein wachsender Tourismus Motels, Restaurants und Läden entstehen lassen, was die Fahrt über die ›12‹ einfacher gemacht hat. Geblieben ist das Gefühl, sich weit abseits der Zivilisation in einer noch heilen Welt zu befinden.

Das heute knapp 1000 Einwohner zählenden, 1875 von Mormonen gegründete **Escalante** liegt am nördlichen Rand des **Grand Staircase Escalante National Monument,** einer wilden, menschenleeren Canyonlandschaft, die sich Richtung Südosten bis an den Colorado River und an die Ufer des Lake Powell erstreckt. Treppenartig fällt diese Gegend von knapp 3000 m Höhe um Bryce bis auf 730 m auf der Talsohle des Grand Canyon ab. Neben Schluchten wie etwa dem fantastischen Paria Canyon nordwestlich von Page kennzeichnen viele Tafelberge die leicht nach Süden geneigte Region (Escalante Interagency Center, 755 W. Main St., Tel. 435-826-5499, www.ut.blm.gov/monument). Außerhalb des Ortes führt eine ausgeschilderte Straße in den **Escalante Petrified Forest State Park,** in dem Besucher auf zwei Wanderpfaden Fundstellen von versteinertem Holz aufsuchen können. Vor allem am **Trail of the Sleeping Rainbows** liegen bis zu 5 m lange und 1,5 m mächtige Exemplare (710 N. Reservoir Rd., Tel. 435-826-4466, www.stateparks.utah.gov, im Sommer 7–22 Uhr, sonst kürzer, Tagesticket 5 $, Camping 16 $).

Die Ortschaft **Boulder** verdankt ihren Namen den dunklen vulkanischen Felsbrocken *(boulders)* auf den Abhängen des Boulder Mountain. Der Ort erhielt als letzte Ortschaft auf US-Boden die Post noch per Maultier. Wo zwischen 1050 und 1200 eine der größten Siedlungen der alten Anasazi-Indianer westlich des Colorado River stand, sind im heutigen **Anasazi State Park** rekonstruierte Hütten zu sehen. Das echte historische Indianerdorf Coombs Site wurde 1958/59 von Archäologen der Universität Utah ausgegraben, dann aber wieder zugeschüttet, um die Strukturen zu erhalten. 20 Jahre später entschied man sich, das alte Dorf originalgetreu nachzubauen. Im Museum sind viele originale Exponate aus der Anasazizeit ausgestellt (Tel. 435-335-7308, http://stateparks.utah.gov/parks/anasazi, im Sommer tgl. 8–17 Uhr, 4 $).

Auf seinem nördlichsten, erst 1985 asphaltierten Teilstück klettert Highway 12 durch Weideflächen und im Herbst zitronengelbe Espenwälder die Flanken des **Boulder Mountain** bis auf fast 3000 m Höhe hinauf. Von einigen Aussichtspunkten wie dem Homestead Overlook reicht der fantastische Blick bis auf die Gebirgszüge im südöstlichen Utah. Im mit Motels gut versorgten Torrey mündet Highway 12 in die Ost-West-Verbindung 24.

Capitol Reef National Park

Reiseatlas: S. 19–20, C–D 1–2
Im Vergleich mit Stars wie Bryce und Zion ist der 1971 gegründete Capitol Reef National Park weniger bekannt und besucht. Das ist umso erstaunlicher, als das Schutzgebiet nicht nur für Wanderer und Hobbygeologen attraktive Überraschungen bietet. Ein echtes Riff, wie der Name vermuten lässt, ist Capitol Reef nicht. Vielmehr handelt es sich um ein den europäischen Alpen ähnliches, vor 60 Mio. Jahren entstandenes Faltengebirge mit dem Namen Waterpocket Fold mit in den

Das Tal der Kobolde mit seinen fantastischen Gesteinsformationen

Himmel ragenden, abgerundeten Gipfeln, die aus der Entfernung an Kuppelbauten ähnlich dem Kapitol in Washington D. C. erinnern.

In den 1880er-Jahren gründeten Mormonenpioniere an Ort und Stelle die Siedlung Fruita und legten heute noch existierende Obstgärten an. Im Herbst können Besucher in der grünen Oase für wenig Geld Aprikosen und Pfirsiche selbst pflücken. Kurz vor der Jahrhundertwende fanden mit einer noch erhaltenen Blockhausschule auch Bildung und Erziehung den Weg in die Provinz. Der schindelgedeckte Bau soll so aussehen, wie ihn die Kinder der 49 Dorfbewohner in den 1930er-Jahren kannten.

Neben dem Fremont River Canyon schneiden zwei weitere größere Schluchten durch die 100 Meilen lange Waterpocket Fold. Der **Grand Wash** bildet einen von schieren Klippen eingerahmten Einschnitt. Schmaler und nur über einen Wanderpfad erreichbar, zieht sich **Capitol Gorge** mitten durch die Gebirgskette. Auf den vom Wasser geglätteten Wänden hinterließen vor über 100 Jahren nach Goldadern suchende Prospektoren ihre Namenszüge (Capitol Reef National Park, HC

Richtig Reisen-Tipp: Wandern im Goblin Valley

Viele Landschaften auf der Nationalparktour bieten der Fantasie jede Menge Anreize. Doch der zauberhafte, kaum besuchte **Goblin Valley State Park** provoziert die Erfindungsgabe des Menschen geradezu. Klein und gedrungen kommen die aus uralten Ablagerungen bestehenden Kobolde daher, nach denen das Tal benannt ist. Manche schmücken sich mit gewaltigen Knubbelnasen, andere tragen breitkrempige Hüte oder Ballonmützen. Hier und da bevölkern seltsam gestaltete Zombies die Ebene, als seien Generationen von Bildhauern damit beschäftigt gewesen, aus dem weichen Entrada-Sandstein Heerscharen von grotesken Figuren zu modellieren. Am frühen Morgen oder im späten Licht des Tages entfaltet das Goblin Valley seinen unvergleichlichen Zauber. Nach Sonnenuntergang legt sich eine unheimliche Atmosphäre über den Park. Man könnte glauben, eine Armee verwegener Gestalten habe sich in der Einöde zu einem mysteriösen Treffen verabredet (Goblin Valley State Park, P. O. Box 637, Green River, Utah 84525-0637, Tel. 435-564-3633, www.stateparks.utah.gov. 21 Meilen nördlich von Hanksville biegt der Zugang zum noch 12 Meilen entfernten Park vom Highway 24 ab, tgl. 7–22 Uhr, 6 $/Pkw).

70 Box 15, Torrey, UT 84775, Visitor Center, Tel. 435-425-3791 ext. 111, Fax 435-425-3026, www.nps.gov/care. 5 $/Pkw).

8 Arches National Park

Reiseatlas: S. 20, E 1

Unter den Nationalparks des Südwestens, die ein unverwechselbares Profil aufweisen, steht Arches mit an vorderster Stelle. Nirgendwo in der Welt kommen durch Naturkräfte entstandene Gesteinsbögen und Felsbrücken so zahlreich, auf so relativ engem Raum und in so fantastischen Formen vor wie in diesem Park. Mehr als 200 Sandsteinbögen wurden bis heute vermessen, angefangen von Felsfenstern mit einer lichten Weite von einem Meter (das galt als Mindestmaß) bis hin zum »König aller Bögen«. Ebenmäßig wie ein uraltes Felstor steht der 20 m hohe und 11 m weite **Delicate Arch** auf einer Felskuppe, als habe man ihn eigens für film- und fotobesessene Touristen an dieser Stelle platziert. Frühe Expeditionsreisende mutmaßten, es handle sich um Architekturruinen einer längst untergegangenen Kultur. Die Geschichte des Skulpturengartens begann vor 300 Mio. Jahren, als sich in der Region ein Binnenmeer bildete. Im Laufe von Jahrmillionen langsam verdunstet, ließ der ausgetrocknete Ozean mehrere 1000 m mächtige Salzlager zurück, über die sich 1500 m mächtige Gesteinsschichten legten. Für deren Gewicht war das Salz eine äußerst instabile Basis. Die tieferen Gesteinsschichten verschoben sich, und dünnere Lagen begannen sich unter dem Auflagedruck zu verformen. In späteren Erdzeitaltern legten Erosionskräfte die Felsenschichten frei und Wind und Wetter taten das Ihrige.

Die meisten Wunderbögen verteilen sich in dem zwischen 1500 und 1700 m hoch gelegenen Nationalpark auf vier Sektionen. Der Balanced Rock neben der Parkstraße ist ein nicht zu übersehender Wegweiser in die **Windows Section.** Ein 3000 Tonnen schwerer Steinblock, der jeden Augenblick von seinem Sockel zu kippen scheint, balanciert seit Menschengedenken in luftiger Höhe. In der Windows Section führen kurze Trails zu imposanten Felsbögen wie Double Arch, Turret Arch sowie North und South Window. 4 km nach der Abzweigung zur Windows Section führt eine Schotterstraße zu den halb verfallenen Überresten der **Wolfe Ranch,** auf der nach 1888 ein Veteran des amerikanischen Bürgerkrieges siedelte. Ein halbstündiger Aufstieg führt über eine glatte Steinflanke zum unverwechselbaren Wahrzeichen von Arches, dem **Delicate Arch,** der wie ein uralter Triumphbogen die Schönheiten des Parks feiert.

Der Parkteil **Fiery Furnace** besteht aus einem Labyrinth schmaler Passagen zwischen hoch aufragenden Felswänden, in dem sich Besucher durch Ranger führen lassen müssen. In den tief eingeschnittenen Spalten, zwischen denen sich wundersame Formationen verbergen, verliert man allzu leicht die Orientierung. Ein anderer Grund für die Rangeraufsicht ist der Naturschutz. Speziell in Fiery Furnace soll die verkrustete Erdoberfläche, die sich aus einer Vielzahl lebender Organismen wie Algen, Flechten, Pilzen und Bakterien zusammensetzt, vor irreparablen Schäden bewahrt werden. Die Parkstraße endet nach 22 Meilen in **Devil's Garden.** Mehrere Wanderwege führen zu etwa einem Dutzend Naturwundern, unter denen der Landscape Arch herausragende Eigenschaften besitzt. Mit einer Spannweite von etwa 100 m zählt das zerbrechlich wirkende Gebilde zu den größten Naturbögen der Welt. Nur am frühen Morgen liegt es in gutem Fotolicht (Arches National Park, P. O. Box 907, Moab, UT 84532-0907, Tel. 435-719-2299, www.nps.gov/arch. Besucherzentrum am Hwy 191 nördlich von Moab, 10 $/Pkw).

Blick durch das North Window auf den Turret Arch in der Windows Section des Arches National Park

Canyonlands National Park

Reiseatlas: S. 20, D–E 1
Nur wenige Meilen trennen Arches vom **Dead Horse Point State Park**, der 1830 m hoch wie eine steinerne Aussichtskanzel an einer Canyonkante liegt, zu deren Füßen sich die zerrissenen und zerfurchten Wüstenränder des **Canyonlands National Park** mit tiefen Schluchten, Felszinnen und Tafelbergen ausbreiten. Direkt unterhalb des Panoramapunktes beschreibt der Colorado River in einem von grauem Schotter flankierten Flussbett eine hufeisenförmige Schleife. Der Name Dead Horse Point geht auf das letzte Jahrhundert zurück, als in der Gegend noch Wildpferde lebten. Cowboys trieben die Tiere in diesen Winkel des Plateaus, von wo sie nicht mehr entkommen konnten. Einer Legende zufolge sollen einige Mustangs ebendort aus unbekannten Gründen verdurstet sein (SR 313 ca. 18 Meilen vom Hwy 191 entfernt, Tel. 435-259-2614, www.stateparks. utah.gov, tgl. 6–22 Uhr, 10 $/Pkw).

Am Dead Horse Point vorbei führt der Weg in den **Island in the Sky** genannten nördlichen Teil des Canyonlands National Park. Diese Himmelsinsel liegt in einem Dreieck zwischen Colorado und Green River und gibt von mehreren Aussichtspunkten einen Blick frei wie vom Dead Horse Point. Im äußersten Süden liegt der Grand View Point dem Zusammenfluss der beiden Ströme am nächsten – mitten in einer atemberaubenden Landschaft aus Schluchten, Tälern, Klippen, zerbröckelnden Plateaus und steinernen Türmen, die aus der Entfernung einem auf die Erde gefallenen Stück der rotbraunen Marsoberfläche ähnelt (2282 SW Resource Blvd., Moab, UT 84532, Tel. 435-719-2313, www.nps.gov/cany, Island in the Sky Visitor Center, Rte 313, tgl. 9–16.30 Uhr, 10 $/ Pkw).

Moab und Umgebung

Reiseatlas: S. 20, E 1

Wie eine grüne Oase liegt Moab inmitten der roten Sandsteinlandschaft. Dank der beiden benachbarten Nationalparks Canyonlands und Arches und des am nördlichen Ortsrand vorbeifließenden Colorado River hat es sich als Urlaubszentrum etabliert und bietet mehr Freizeitaktivitäten an als jede andere Stadt in Utah: Allradtouren durch unwegsames Canyongelände, nächtliche Shows auf dem Colorado, Rafting, Reitausflüge, Mountainbikefahren, Wandern, Golfspielen, Angeln, Fallschirmspringen und Wintersport.

Wer nach Drehorten bekannter Western sucht, von denen um Moab Hunderte liegen (s. Thema S. 301), folgt auf der Straße 128 dem Colorado River bis zu Meile 14. In einer Flussschleife liegt die alte Ranch von George White, auf dessen Grund und Boden John Ford 1950 ein Militärfort für den Film »Rio Grande« mit John Wayne und Maureen O'Hara bauen ließ. Das Gelände befindet sich heute in Privatbesitz, aber man kann die Bauten von der Straße aus sehen. Nach der White Ranch biegt eine Asphaltstraße ins Castle Valley ab, dessen Naturszenerie manchem Kinofilm eine dramatische Kulisse verlieh. Über die Manti-LaSalle-Berge führt die Tour nach Moab zurück. Folgt man von White's Ranch weiter dem malerischen Tal des Colorado, liegen 10 Meilen weiter die Fisher Towers. Die tiefroten Steintürme aus Resten uralter Sedimente kann man auf einem zweieinhalbstündigen Wanderpfad umrunden.

i **Moab Information Center:** Center & Main St., Moab, UT 84532, Tel. 435-259-8825, www.discovermoab.com.

In Moab gibt es Unterkünfte in Hülle und Fülle, zentrale Reservierung ist über www.moabutahlodging.com möglich.

Best Western Canyonlands Inn: 16 S. Main St., Tel. 435-259-2300, Fax 435-259-2301, www.canyonlandsinn.com. Familienfreundliches Haus mit Pool, Picknick-ecke, Spielplatz, Internet, kl. Frühstück. DZ ab 119 $.

Landmark Inn: 168 N. Main St., Tel. 435-259-6147, Fax 435-259-5556, www.landmarkinnmoab.com. Zentral gelegenes zweistöckiges Motel mit Pool und Münzwäscherei, alle Räume mit Kühlschrank, Mikrowelle, Bügeleisen. DZ ab 68 $.

Apache Motel: 166 S. 400 East St., Tel. 435-259-5727, Fax 435-259-5728, www.apachemotel.net. Ruhig gelegenes älteres Motel, in dem sich einst John Wayne von anstrengenden Dreharbeiten ausruhte. Außer der John Wayne Suite gibt es Standardzimmer mit Mikrowelle und Kühlschrank. DZ ab 55 $.

Camping:

Canyonlands Campground: 555 S. Main St., Tel. 435-259-6848, www.canyonlandsrv.com. Im Ortszentrum gelegener Platz für Wohnmobile und Zelte, mit Laden, Pool, Münzwäscherei, Cabins und Spielplatz.

Moab KOA: 3225 S. Hwy 191, Tel.435-259-6682, www.moabkoa.com. Südlich der Stadt gelegener, gut ausgestatteter Platz, u. a. mit 23 Cabins.

Center Café: 60 N. 100 West St., Tel. 435-259-4295, Mo–Fr 11.30–13.30, tgl. 17.30–22 Uhr. Das Lokal gehört zu den besten Restaurants im südlichen Utah und serviert Seafood, Fleischgerichte vom Angusrind und vegetarische Speisen. Lunch 10–20 $, Dinner 18–30 $.

Filmkulisse Colorado Plateau

Thema

Man muss kein Amerikakenner sein, um mit den Landschaften im Südwesten vertraut zu sein. Die Region beschert auch Erstbesuchern Déjà-vu-Erlebnisse am laufenden Band, weil viele spektakuläre Naturwunder seit Jahrzehnten Spielfilmen, Videoclips und Werbespots als Naturkulissen dienen und durch Kino und Fernsehen weltweit bekannt geworden sind.

In den 1950er- und 1960er-Jahren waren spannende Western ohne den Schauplatz Monument Valley fast nicht denkbar. 1938 wählte der berühmte Hollywood-Regisseur John Ford für seinen ersten Leinwandhit »Höllenfahrt nach Santa Fe« die traumhafte Sandsteinszenerie mit bizarren Felstürmen als Drehort. Klassiker wie »My Darling Clementine« (1946) und »Fort Apache« (1948) folgten und machten Monument Valley quasi zum Außenstudio von Hollywood. Auch jüngere Produktionen wollten auf den magischen Reiz des Tales nicht verzichten. Regisseur Robert Zemeckis ließ für »Zurück in die Zukunft« zwischen zwei Mesas einen Schnellimbiss aufbauen, in dem Hauptdarsteller Michael J. Fox ins Jahr 1885 zurückversetzt wurde. Tom Hanks stand in der Schlussszene von »Forrest Gump« 1994 dort vor der Kamera. Auch die Zigarettenwerbung trug jahrelang ihren Teil dazu bei, dass Monument Valley unter Kinogängern heute als Wallfahrtsort gehandelt wird. Eine ebenso von John Ford entdeckte Filmkulisse liegt in der Nähe von Moab im südöstlichen Utah. Ende der 1940er-Jahre drehte der Starregisseur in der roten Sandsteingegend den Western »Wagon-Master«. Zwischen 1949 und 1975 folgten 21 Kinofilme, darunter »Die Schlacht am Apachenpass«, »Rio Grande«, »Warlock« und »Cheyenne«. Vor den bizarren Felsbögen im Arches National Park wurde 1953 der Film »Taza, Sohn des Cochise« in Szene gesetzt, in dem Jeff Chandler den Apachenhäuptling Cochise und Rock Hudson seinen Sohn Taza spielte. Neueren Datums waren Steven Spielbergs »Indiana Jones und der letzte Kreuzzug« (1988) mit Harrison Ford und Sean Connery und die von Walter Hill verfilmte Lebensgeschichte des großen Apachenhäuptlings »Geronimo» (1993) mit Gene Hackman und Robert Duvall.

Der am Rand des Canyonlands National Park liegende Dead Horse Point State Park bildet eine so beeindruckende Felsinsel im Himmel, dass auch Filmregisseure nicht an ihr vorbeikamen. An diesem fantastischen Ausguck auf die zerfurchte Canyonlandschaft stand Henry Fonda in »Warlock« 1958 vor der Kamera, Tom Cruise drehte dort 1999 die Eröffnungssequenz von »Mission Impossible II«, während im berühmten Roadmovie »Thelma & Louise» das Finale von der grandiosen Kulisse profitierte. Am Weg zum Zion National Park biegt am Ortseingang von Rockville die Old Bridge Road ab und führt am Virgin River entlang in die 4 Meilen entfernte Geisterstadt Grafton. Regisseur George Roy Hill wählte den idyllischen Ort für den 1968 in die Kinos gekommenen Kultwestern »Zwei Banditen«, in dem Paul Newman und Robert Redford in die Rollen von Butch Cassidy und Sundance Kid schlüpften. Für die Zugüberfälle der beiden Edelräuber musste die historische Cumbres and Toltec Scenic Railroad in Chama (New Mexico) herhalten.

Jail House Cafe: 101 N. Main St., Tel. 435-259-3900, tgl. 7–12 Uhr. Im ehemaligen winzigen Gefängnis wird drinnen wie draußen gutes Frühstück serviert. Spezialität sind Ingwerpfannkuchen mit Apfelbutter für 7,95 $.
Zax: 96 S. Main St., Tel. 435-259-6555, www.zaxmoab.com, tgl. 11.30–24 Uhr. All-you-can-eat-Pizzabuffet und typisch amerikanische Gerichte, die man auch im Freien verzehren kann. Lunch und Dinner 6–19 $.

Informationen über alle Freizeitaktivitäten inkl. Allradstrecken und Mountainbikerouten unter www.discovermoab.com.
Allradtouren: Farabee Adventures, 1125 S. Hwy 191, Tel. 435-259-7734, www.moabutah.com/farabee. Allradfahrzeuge für Selbstfahrer ab 165 $/Tag.
Mountainbike: Poison Spider Bicycles, 497 N. Main St., Moab, Tel. 435-259-7882, http://poisonspiderbicycles.com. Räder ab 40 $/Tag, Kin. ab 22 $.
Rafting: World Wide River Expeditions, 625 N. Riversands Dr., Moab, Tel. 435-259-7515, www.worldwideriver.com. Raftingtouren mit Gummiflößen auf dem Colorado, Tagestour inkl. Lunch Erw. 49 $, Kin. bis 17 Jahre 36 $.

Needles District

Reiseatlas: S. 20, E 1
An der Ostflanke von Canyonlands führt Highway 163/191 nach Süden und bietet zwei Gelegenheiten zu Abstechern in den sogenannten **Needles District** des Nationalparks. Die erste Stichstraße biegt wenige Meilen hinter dem Wilson Arch ab, die zweite (Highway 211) ca. 32 Meilen südlich von Moab. Die Fahrt lohnt sich nicht nur wegen der Canyonlandschaft am Endpunkt, sondern weil die gesamte Strecke durch eine typische Westernlandschaft führt. Auf etwa halbem Weg versteckt sich unter einer überhängenden Felswand ein prähistorisches ›Zeitungsarchiv‹. Auf dem **Newspaper Rock** hinterließen in den vergangenen 2000 Jahren Indianer und nach Ackerland suchende Pioniere Zeichen und Schriftzüge auf einer in Wind und Wetter nachgedunkelten Felsoberfläche. Bei vielen Einheimischen gilt die Stelle als magischer, für Hochzeiten geeigneter Ort.

Mexican Hat

Eine außerhalb des kleinen Ortes gelegene kuriose Felsformation, die einem Mexikaner mit riesigem Sombrero ähnelt, verlieh der Ge-

Indianische Felsritzzeichnungen auf dem Newspaper Rock

meinde ihren Namen. Im **Goosenecks State Park** grub sich der San Juan River über lange Zeit tief in ein trockenes Plateau und bildet eine sehenswerte Schleife, welche die State-Park-Täufer offensichtlich an einen Schwanenhals erinnerte (State Road 316, www.stateparks.utah.gov, Eintritt und Camping gratis). Im 17. Jh. markierte der Fluss die nördliche Grenze der spanischen Kolonisation. Heute beginnt am Ufer die riesige Navajo-Reservation. Nördlich von Mexican Hat breitet sich das **Valley of the Gods** wie ein kleines Vorprogramm des Monument Valley aus. In einer wüstenhaften Landschaft ragen vereinzelte Felsfinger und Überreste abgetragener Plateaus in den Himmel, die aus der Entfernung wie verlassene Burgruinen aussehen. Nur bei trockenem Wetter ist die 17 Meilen lange Holperpiste durch das Tal befahrbar.

9 Monument Valley

Reiseatlas: S. 20, D 2–3

Keinen anderen Landstrich in den USA machten Film- und Werbeindustrie so sehr zum Sinnbild von Freiheit und Abenteuer wie das legendäre Monument Valley auf der Staatsgrenze zwischen Utah und Arizona. Die Navajo errichteten dort 1959 den Navajo Tribal Park, um die unverwechselbare Naturlandschaft zu erhalten. Eine kräftig sprudelnde Einnahmequelle für die Indianer ist seit Jahren Hollywood, das seit den Tagen des berühmten Westernregisseurs John Ford Dutzende Filme in dieser majestätischen Landschaft drehte. Zu den großen Produktionen gehörte 1970 ebenfalls Sergio Leones Kultwestern »Spiel mir das Lied vom Tod«. Auch die Werbeindustrie zählt Monument Valley seit langem zu ihren Freilichtstudios.

Die Landschaft von Tse'Bii'Ndzisgaii, wie die Navajo das Valley nennen, ist von erhabener Schönheit und vermittelt den Eindruck, als erlebe man die Schöpfungsgeschichte des Planeten Erde hautnah mit. Unermessliche Weite breitet sich zwischen den Sandsteinruinen einer Hochfläche aus, die während der vergangenen 25 Mio. Jahre von den Kräften der Natur aus den Sedimenten eines früheren Meeres ausgegraben wurden. Monument Valley ist kein durch die Auswaschungen eines Flusses entstandenes Tal, wie der Name vermuten lässt, sondern ein durch Wind- und Regenerosion geschaffenes Naturwunder. Wenn am Spätnachmittag Schlagschatten anfangen, die rote Landschaft einzuschwärzen, scheinen bröckelnde Skelette einer schon vor Urzeiten verlassenen Wolkenkratzerlandschaft von einer längst verblichenen Zivilisation zu zeugen.

Dank ihrer Abgelegenheit ist die Gegend lange nicht so überlaufen wie manche Nationalparks. Auf der 17 Meilen langen Rundtour durch das Monument Valley kann man sich selbst während der Hauptsaison ungestört fühlen, weil sich viele Autofahrer durch die im ersten Teil steile, kurvige und von badewannengroßen Löchern übersäte Piste abschrecken lassen. Der Rest ist bei gutem Wetter zwar staubig, aber meist problemlos befahrbar. Indianer bieten mit Kleinbussen geführte Touren auch über Strecken an, die für Selbstfahrer gesperrt sind.

Monument Valley Navajo Tribal Park Visitor Center: Monument Valley, Utah 84536, Tel. 435-727-5874, www.navajonationparks.org, Mai–Sept. tgl. 6–20 Uhr, sonst kürzer, 5 $/Pers., Kin. unter 9 Jahren frei.

Goulding's Lodge: 1000 Main St., Tel. 435-727-3231, www.gouldings.com. Zimmer mit Blick auf das Monument Valley mit Kabel-TV, Klimaanlage und Kaffeemaschine. DZ ab 73 $, Juni–Okt. 180 $.

View Hotel: Monument Valley, www.monumentvalleyview.com. Das einzige Hotel innerhalb des Monument Valley soll im Winter 2008/2009 eröffnet werden. Alle Zimmer mit nach Osten gerichteten Balkons.

Offroadtouren: Black's Monument Valley Tours, Hwy 163, Tel. 928-429-0637, www.blacksmonumentvalleytours.com. Touren mit Jeeps, geführte Wanderungen und Reitausflüge, auch mit Übernachtung.

Von erhabener Schönheit zeigt sich das legendäre Monument Valley

Der Pool der Wahweap Lodge bei Page vor der Kulisse des Lake Powell

Page und Lake Powell

Karte: S. 311

Den meisten Amerikanern war die wüstenhafte Landschaft an der nordöstlichen Utah-Arizona-Grenze vor 50 Jahren so fremd wie ein x-beliebiger Flecken auf dem Mond. Keine einzige Straße führte in die aus verwitterten Hügeln und tief eingeschnittenen Tälern zu beiden Seiten des Colorado River bestehende Einöde, die damals das größte verkehrsinfrastrukturell unerschlossene Gebiet auf dem Boden der kontinentalen USA bildete. Heute leben 7000 Einwohner im 1956 gegründeten **Page** 1, und der **Lake Powell** 2 am Stadtrand staute sich zum zweitgrößten künstlichen See Amerikas und zu einem der reizvollsten Wassersportparadiese im Südwesten auf. Den Wandel leitete mit dem zwischen 1957 und 1964 erbauten Glen-Canyon-Staudamm am Colorado ein wahrhaftiges Jahrhundertereignis ein, weil sich die gesamte Großregion in den folgenden Jahrzehnten völlig veränderte. Wie Polypenarme greifen die 96 größeren Seitencanyons des Sees in die umliegenden Trockenzonen hinein und statten ihn mit einer 3000 km langen Uferlinie aus, die länger ist als die amerikanische Pazifikküste.

Lake Powell mit dem berühmten Naturbogen Rainbow Bridge am Südufer liegt im Zentrum eines Einzugsgebietes von ca. 30 Mio. Menschen, die das Hausbootmekka innerhalb eines Tages per Auto erreichen können. In den 1990er-Jahren schien es noch so, dass der See durch die Wassersport treibenden Menschenmassen ökologisch aus dem Gleichgewicht geraten könnte. Mittlerweile treiben den zuständigen National Park Service andere Sorgen um, weil der Seepegel seit damals um mehrere Meter absank – nicht nur wegen zunehmender Trockenheit in der Region, sondern auch weil die Anrainerstaaten aus dem Colorado zu viel Wasser abzweigen. Aussichten auf Besserung gibt es in beiden Fällen nicht. Deshalb, so prophezeien Wissenschaftler, sind die Tage des blauen Wüstenwunders auf lange Sicht gezählt.

Wahweap Marina in der Nähe des Glen-Canyon-Dammes ist die größte Bootsanlegestelle am See, wo Urlauber auf Jetboats oder Hausbooten Freizeitkapitän spielen und den Lake Powell unter den Kiel nehmen können. Das nur einen Katzensprung entfernte Page entstand in den 1950er-Jahren als Arbeitercamp für die Beschäftigten der Talsperre am Glen Canyon und spielt heute eine wichtige Rolle als Versorgungsbasis am Lake Powell. Über die weiter zurückliegende Geschichte der Region und deren indianische Urbevölkerung informiert das **John Wesley Powell Museum,** das den Namen des ersten, mit wissenschaftlichem Anspruch arbeitenden Entdeckers des Colorado River trägt. In den Ausstellungen geht es um Powells Durchquerung des Grand Canyon 1869 und 1871 (6 N. Lake Powell Blvd., Tel. 928-645-9496, www. powellmuseum.org, Mo–Fr 9–17 Uhr, 5 $, Kin. 5–12 Jahre 1 $).

Im 1997 von einer indianischen Historikerin gegründeten **Navajo Village Heritage Center** bekommen Besucher einen Einblick in Alltagsleben und Kultur der Navajo. Das Dorf besteht aus einem authentischen Nachbau eines traditionellen Navajo-Heims mit Frauen- bzw. Männerhogan (typische sechseckige Indianerhäuser mit gewölbtem Lehmdach), Backofen und Schwitzhütte. Besucher nehmen an einem Abendprogramm mit Tänzen und Abendessen teil (1253 Coppermine Rd. hinter dem Big Lake Trading Post, Tel. 928-660-0304, www.navajo-village.com, Erw. 50 $, Kin. 6–13 Jahre 30 $).

Wenige Autominuten von Page entfernt wurde der erst vor einigen Jahren vom Tourismus entdeckte **Antelope Canyon** 3 (siehe Umschlagklappe vorn) mittlerweile eine Hauptattraktion, für dessen Besichtigung sich die Indianer fürstlich bezahlen lassen. Die im Lake Powell Navajo Tribal Park liegende Schlucht ist zwar nur 120 m lang und 20 m tief und macht von außen einen unattraktiven Eindruck. Im Innern aber wusch reißendes Wasser eine einzigartige Märchenwelt aus den nur wenige Meter auseinanderliegenden Sandsteinwänden. Je höher die Sonne steht und je direkter Licht in den schmalen Canyon fällt, desto hinreißender wird das Farbenspiel (Antelope Canyon Park Office, P. O. Box 4803, Page, AZ 86040, Tel. 928-698-2808, www.navajonationparks.org, April–Okt. 8–17 Uhr, sonst geschlossen, 6 $, Kin. unter 7 Jahren frei, Canyonbesuch ausschließlich im Rahmen von geführten Touren, Erw. 20 $, Kinder 6–12 J. 15 $).

Page Lake Powell Chamber of Commerce: 608 Elm St., Suite C, P. O. Box 727, Page, UT 86040, Tel. 928-645-2741, www.pagelakepowellchamber.org und www.pagelakepowelltourism.com. **Glen Canyon National Recreation Area (Lake Powell):** Tel. 928-608-6404, www.nps.gov/glca.

Canyon Colors B & B: 225 S. Navajo Dr., Tel. 928-645-5979, www.canyoncolors.com. Zwei nett eingerichtete Gästezimmer, warmes Frühstück inkl. Wer will, kann auf der Terrasse grillen. Im Sommer DZ 95 $.

Best Western Arizona Inn: 716 Rim View Dr., Tel. 928-645-2466, Fax 928-645-2053, www.bestwestern.com/arizonainn. Zimmer mit Blick auf den See oder den Canyon-Damm, beheizter Pool, Fitnessstudio und Frühstück. DZ 79–109 $.

Lake Powell International Hostel: 141 8th Ave., Tel. 928-645-3898, Fax 928-645-3898, www.hostelz.com/hostel/3837-Lake-Powell-International-Hostel. Jugendherberge mit Betten im Schlafsaal (15–18 $) und Zimmern (ab 35 $).

Hausbootferien: Ob Hausboot, Fischerboot, Jet Boat, Wasserski, Angler- oder Tauchausrüstung: Der Konzessionär in Wahweap Marina vermietet alles, was der Mensch zum Wasserurlaub braucht. Bei Hausbooten kann man unter Typen und Ausstattungen wählen. Standard sind 3 Doppelbetten, voll eingerichtetes Bad und Kochgelegenheiten (www.lakepowell.com).

Lee's Ferry

Im 19. Jh. gab es nur eine einzige Möglichkeit, den Colorado River im Marble Canyon zu überqueren. Der sogenannte Honeymoon Trail, auf dem viele Mormonenpaare aus Arizona zu ihrer Hochzeit in den Tempel nach St. George in Utah reisten, überquerte bei **Lee's**

Ferry 4 den Fluss. Noch heute ist das breite, flache Ufer eine wichtige Stelle, die sich für Vorbereitungen zu einer Floßfahrt durch den Grand Canyon bestens eignet. Im Sommer kann man dort häufig Teams beobachten, die ihre Gummiboote mit allem beladen, was man auf einem mehrtägigen oder sogar mehrwöchigen Canyonabenteuer braucht. Von der Navajo Bridge führt eine Asphaltstraße in Flussnähe durch eine abwechslungsreiche Talsohle bis nach Lee's Ferry.

10 Grand Canyon

Wenn es im Westen der USA touristische Pflichtziele gibt, rangiert der bis zu 1800 m tiefe Grand Canyon, die mit Abstand gewaltigste und spektakulärste Schlucht auf amerikanischem Boden, auf dem Spitzenplatz. Vom Canyonrand auf ca. 2300 m Meereshöhe blickt man über ein Ehrfurcht einflößendes Reich aus erodierten Gesteinsstufen, Plateaus, Klippen und Canyons auf das weit entfernte, silbrig glänzende Band des Colorado River, der sich mit Ausdauer immer tiefer in die Erdkruste gräbt. Während tagsüber meist Dunst das zeitlose Panorama in milchiges Licht taucht, treten am frühen Morgen und vor Sonnenuntergang Konturen und Farbschattierungen klarer zutage.

Dass es sich beim Grand Canyon nicht lediglich um ein Naturphänomen, sondern um ein Weltwunder handelt, gilt für jeden Amerikaner und jede Amerikanerin über alle ethnischen, rassischen und regionalen Gegensätze und Rivalitäten hinweg als sicher. Deshalb scheinen auch alle den inneren Antrieb zu verspüren, wenigstens einmal in ihrem Leben nach Nordarizona zu pilgern, um im Angesicht des eindeutigsten Beweises amerikanischer Größe den tieferen Sinn des gängigen Slogans »America First« in vollen Zügen zu genießen. Die nationale Begeisterung der Einheimischen ist nachvollziehbar, wenn man von Nordosten kommend bei **Desert View** an der **South Rim** 5 erstmals Bekanntschaft mit dem Volksliebling Nr. 1 macht. Der Punkt ist schon von weitem an einem gemauerten, Anfang der 1930er-Jahre errichteten Aussichtsturm zu erkennen. Die Wandmalereien im Innern stammen u. a. vom Hopi-Künstler Fred Kabotie und stellen mythologische Szenen und Zeremonien der Hopi dar. Vor allem bei professionellen Fotografen ist der Desert View Campground ein beliebter Übernachtungsplatz, weil die South Rim bei Sonnenaufgang hier im schönsten Licht liegt.

Die South Rim des Grand Canyon

Grand Canyon Village

Von Desert View führt Highway 64 an der Südkante des Canyons mit mehreren lohnenden Aussichtspunkten wie Yaki, Moran und Grandview Point vorbei und erreicht nach 25 Meilen mit dem **Grand Canyon Village** 6 das touristische Zentrum der South Rim. 2100 m hoch zwischen Ponderosakiefern und Wacholderbüschen gelegen, verfügt es über Unterkünfte, Campingplätze, Restaurants, Tankstelle, Bank und Supermarkt. Wie sehr sich Armeeleutnant Joseph Ives auf der ersten Coloradoexpedition 1857 mit der Einschätzung täuschte, er und seine Begleiter seien mit Sicherheit die letzten Weißen gewesen, die sich in diese völlig wertlose Gegend vorwagten, zeigt heute der sommerliche Hochbetrieb im aus allen Nähten platzenden Village. Doch zunächst schien es so, als sollte Ives recht behalten. Auch zwei wissenschaftliche Expeditionen unter der Leitung von John Wesley Powell in den 1860er- und 1870er-Jahren vermochten den Grand Canyon nicht aus seiner Anonymität zu wecken. Erst nachdem Mitglieder von Powells zweiter Expedition 1871 Goldstaub gefunden und Zeitungen die Nachricht im Land verbreitet hatten, brachen über die bislang unberührte Naturlandschaft mit Hacken und Schaufeln bewehrte Prospektorenmassen herein.

Eine andere Entwicklung im ausgehenden 19. Jh. sollte sich am Ende aber als viel lukrativer erweisen als der Bergbau: das Geschäft mit Urlaubern. Künstler wie Thomas Moran und Geologen wie Clarence Dutton schärften das öffentliche Bewusstsein für die

Schönheit der Natur. Am 17. September 1901 erreichte der erste Eisenbahnwaggon über eine Nebenstrecke von Williams den Südrand des Grand Canyon. Damit waren die Weichen für das heranbrechende Touristenzeitalter gestellt. Die Bright Angel Lodge existierte damals bereits. Das luxuriösere El Tovar, heute Flaggschiff der Gastronomie und Hotellerie an der South Rim, öffnete 1905 seine Pforten. Nachdem die Bahnlinie aufgrund des zunehmenden Autoverkehrs 1968 stillgelegt worden war, nahm sie genau aus demselben Grund 1989 ihren Betrieb mit historischen Oldtimerloks wieder auf, da die Parkverwaltung der Blechlawine nicht mehr Herr wurde.

i **Grand Canyon National Park:** P. O. Box 129, Grand Canyon, AZ 86023, Tel. 928-638-7888, Fax 928-638-7797, www.nps.gov/grca. 25 $/Pkw. **Canyon View Center:** zentrales Besucherzentrum gegenüber dem Mather Point, tgl. 8–17 Uhr.

Im Grand Canyon Village gibt es zahlreiche Unterkünfte, die man im Sommer mehrere Wochen im Voraus buchen sollte. Alle Reservierungen auch an der North Rim werden vom Konzessionär Xanterra Parks & Resorts abgewickelt (Tel. 303-297-2757, Fax 303-297-3175, www.grandcanyonlodges.com). Zusätzliche Hotels findet man in Tusayan am südlichen Parkeingang.

El Tovar Hotel: Grand Canyon Village. Alle 78 Nichtraucherzimmer und -suiten sind mit Kabel-TV, Telefon, Bad und Klimaanlage ausgestattet. Auch wer nicht im El Tovar logiert, sollte einen Blick in die mit Jagdtrophäen dekorierte Lobby im Blockhüttenstil werfen. DZ 174–268 $, Suiten 321–426 $.

Bright Angel Lodge: Grand Canyon Village. Populärste Unterkunft in der Nähe des Bright Angel Trail. Manche Zimmer ohne eigenes Bad, alle Cabins sind mit TV und eigenem Bad ausgestattet, hauseigenes Familienrestaurant. DZ 79–90 $, Cabin 111–174 $.

Yavapai Lodge: bei der Market Plaza im Village. Größte Unterkunft im Park mit Zweibettzimmern inkl. Telefon und TV. DZ 107–153 $.

Phantom Ranch: einzige Unterkunft auf dem Canyonboden am Colorado-Ufer. Die Ranch ist nur per Maultier oder zu Fuß zu erreichen. Aus Stein und Holz bestehendes Hauptgebäude mit Betten im Schlafsaal und rustikale, einfach ausgestattete Cabins. Mahlzeiten müssen bestellt werden. Betten im Schlafsaal 37 $/Pers., Cabins nur für Reittouristen.

Camping:

Mather Campground: im Grand Canyon Village, Tel. 301-722-1257, http://recreation.gov. Platz für Zelte und Wohnmobile ohne Versorgungsanschlüsse, von April–Nov. Reservierung empfehlenswert. Im Sommer 18 $/Platz.

Trailer Village: neben dem Mather Campground, Tel. 928-638-2631, http://recreation.gov. Wohnmobilanlage mit Versorgungsanschlüssen. 30 $ für 2 Pers.

Alle genannten Unterkünfte im Park besitzen ein Restaurant bzw. eine Cafeteria. Am elegantesten speist man im aus lokalem Stein und Kiefernholz gebauten **El Tovar Dining Room,** in dem ein legerer Dress Code gilt (tgl. 6.30–22 Uhr, 8–30 $).

Für längere Wanderungen und Übernachtungen im Canyon unter freiem Himmel muss man sich eine kostenlose Genehmigung des Backcountry Information Center besorgen (Parking Area E, Tel. 928-638-7875).

Wandern: Bright Angel Trail, der populärste Wanderweg, als Tagestour nicht empfehlenswert, führt vom Startpunkt bei der Bright Angel Lodge 1680 m tief an den Colorado River. Für den Wiederaufstieg muss man mindestens die doppelte Zeit wie für den Abstieg einkalkulieren.

Rafting: Floßtouren im Canyon dauern 3 bis 21 Tage und werden von zahlreichen kommerziellen Unternehmen angeboten. Rechtzeitige Reservierung ist unabdingbar. Halb- oder Ganztagestouren werden zwischen Glen-Canyon-Damm und Lee's Ferry veranstaltet (Adressen von über einem Dutzend Anbietern unter: www.nps.gov/grca/planyourvisit/whitewater-rafting.htm).

Grand Canyon National Park

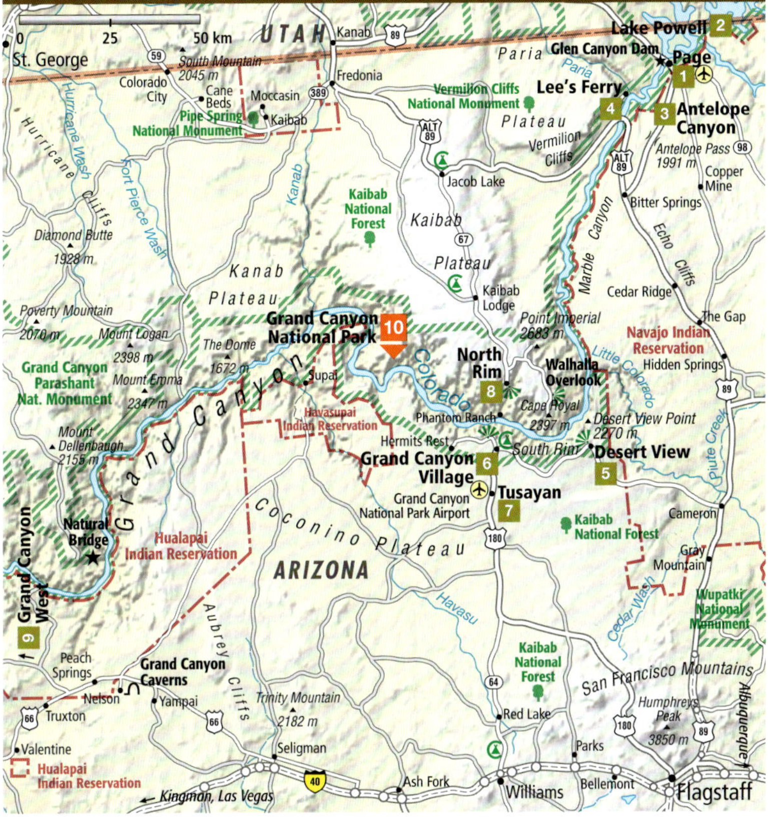

Maultiertouren: 7-stündiger Ritt zum Plateau Point oder 2-Tages-Tour mit Übernachtung auf der Phantom Ranch (Reservierungen: Xanterra Parks & Resorts, Tel. 303-297-2757).

Flugzeug: Grand Canyon National Park Airport, Tusayan, Tel. 928-638-2446, tgl. Flüge von und nach Las Vegas.
Bahn: Grand Canyon Railway, 233 N. Grand Canyon Blvd., Williams, AZ 86046, Tel. 1-800-THE-TRAIN, www.thetrain.com. Ende Mai–Anfang Sept. tgl. 2 Züge hin und zurück, sonst ein Zug, Erw. je nach Klasse ab 70 $, Jugdl. 35 $, Kin. 20 $. Die Bahn bietet unterschiedliche Packages inkl. Übernachtung an.
Bus: Shuttlebusse von Open Road Tours fahren tgl. 2-mal vom Bahnhof in Flagstaff zum Grand Canyon (1 E. Route 66, Tel. 928-226-8060, www.openroadtours.com, hin und zurück 54 $ plus 6 $ Parkeintritt). – Kostenlose Pendelbusse verkehren im Grand Canyon Village, auf der Kaibab Trail Route und der Canyon View/Mather Point Route.
Auto: Die Straße zum Aussichtspunkt Hermits Rest an der westlichen South Rim ist für private Pkw lediglich von Anfang Dezember bis Ende Februar geöffnet. Zwischen März und November stehen Besuchern dann die kostenlosen Pendelbusse auf dieser Strecke zur Verfügung.

Tusayan

Da das Grand Canyon Village für die Jahr für Jahr anreisenden 5 Mio. Besucher längst zu klein geworden ist, entstand mit **Tusayan** 7 am südlichen Parkeingang ein Ort mit zusätzlichen Hotels bzw. Motels, Restaurants, Imbissketten und Läden. Mit großem Erfolg läuft im örtlichen IMAX Theater seit Jahren der Naturstreifen »Grand Canyon – The Hidden Secret« (im National Geographic Visitor Center, Hwy 64, Tel. 928-638-2468, www.explorethecanyon.com).

North Rim

Im Gegensatz zur South Rim führte **North Rim** 8, die Nordkante des Grand Canyon, schon immer ein Schattendasein, weil sie schwerer zu erreichen und durch Verkehrswege weniger gut erschlossen ist. Wer mit dem Auto vom Grand Canyon Village zum per Luftlinie nicht einmal 20 km entfernten Besucherzentrum an der North Rim fahren will, braucht für den 344 km langen Umweg über die Navajo Bridge südlich von Page gut 5 Stunden. 1928 entstand als erstes Hotel die nach wie vor existierende Grand Canyon Lodge. Im Winter ist die ca. 300 m höher gelegene Nordkante in der Regel wegen ausgiebiger Schneefälle von November bis Mai geschlossen. Auf dem 23 km langen North Kaibab Trail sind der knapp 1800 m tiefer gelegene Colorado River und die Phanton Ranch erreichbar, von der man über den Bright Angel Trail zum Grand Canyon Village aufsteigen kann (Gästezimmer im Motelstil oder Cabins, nur Nichtraucher, Restaurant, Café, Saloon und Souvenirladen. DZ im Durchschnitt 126 $).

Grand Canyon West

Das Reservat des 1500 Mitglieder zählenden Hualapai-Stammes am westlichen Grand Canyon war lange Zeit nur Eingeweihten als Naturparadies bekannt. Mit dem Jahr 2007 änderte sich das. Die Indianer ließen in **Grand Canyon West** 9 am Eagle Point mit dem sogenannten Skywalk eine riesige, hufeisenförmige Glasplattform 20 m über den Canyonrand hinaus bauen, die von Statikern auf eine maximale Belastung von 35 000 Tonnen berechnet wurde. An den Schuhen vorbei können Besucher durch den durchsichtigen Boden 1200 m tief auf die Talsohle des Grand Canyon blicken – für nicht Schwindelfreie eine Horrorvorstellung, für andere ein echter Nervenkitzel und für wieder andere ein schlüssiger Beweis dafür, dass die Sucht nach Superlativen im 200 km entfernten Las Vegas nun auch schon auf Naturwunder abfärbt.

Wer sich für die Kultur der Indianer interessiert, besucht ein indianisches Dorf und einen Markt der Hualapai-Indianer oder die im Westernstil gebaute Hualapai Ranch, in der man sich in den Sattel schwingen oder Ausflüge mit Planwagen unternehmen kann. Im Planungsstadium befindet sich eine Seilbahn vom Canyonrand ans Colorado-Ufer (Hualapai Indian Reservation, P. O. Box 359, Peach Springs, AZ 86434, Tel. 928-769-2219, Fax 928-769-2637, 30 $).

Hoover Dam

Der Anlass zum Bau des 221 m hohen und 380 m langen Hoover-Staudamms zwischen 1931 und 1935 war nicht der Strombedarf von Las Vegas, denn zu Baubeginn war die Glitzermetropole noch ein uninteressantes Kaff. 1905 hatte eine riesige Überschwemmung große Teile des Südwestens unter Wasser gesetzt. Um solche Katastrophen in Zukunft auszuschließen, wurde beschlossen, dem Colorado River in Form eines Staudamms eine Zwangsjacke anzulegen, was gleichzeitig die Möglichkeit bot, Elektrizität für die ganze Region zu produzieren. Innerhalb von nur vier Jahren gossen die Bautrupps aus 2,5 Mio. Kubikmeter Beton den gewaltigen Damm, der heute den 185 km langen und bis zu 170 m tiefen Lake Mead staut. Besucher können das monumentale Bauwerk besichtigen. Nachts darf er zu Fuß nicht betreten werden (Hoover Dam Visitor Center, tgl. 9–17 Uhr, **Powerplant Tour** Erw. 11 $, Kin. 7–16 Jahre 6 $, Parkplatz 7 $).

Der untere Colorado River

Karte S. 316

Zwischen Mojavewüste im Westen und Sonorawüste im Osten markiert der untere Colorado River die Grenze zwischen Kalifornien bzw. Nevada und Arizona. Der Fluss hat sich südlich vom Hoover-Damm auf einem subtropisch anmutenden Abschnitt zu einem vom internationalen Tourismus bislang noch nicht entdeckten Wassersportparadies mit einem breiten Freizeitangebot für Aktivitäten auf dem Wasser ebenso wie an Land verwandelt.

Das Colorado-Tal

Reiseatlas: S. 7, A 3–4
Vom Hoover-Staudamm bei Las Vegas bis zum Davis-Damm bei Bullhead City zieht sich der 108 km lange und bis zu 6 km breite Lake Mohave wie ein blaues Band durch eine nur schwer zugängliche Wüstenlandschaft aus dunklen, zerklüfteten Bergen, in die auf dem Landweg nur selten ein Mensch vordringt. Zu Wasser schippern Freizeitkapitäne auf der Suche nach versteckten Stränden und Picknickbuchten über den merkwürdigen See, der im Sommer bei tropischen Temperaturen einerseits einladend, andererseits seltsam unnahbar wirkt.

Nur eine Handvoll Zufahrtsstraßen führen ans Ufer, wie etwa zum Cottonwood Cove Resort 14 Meilen östlich von Searchlight und nach Katherine's Landing nördlich von Bullhead City. Populärer, weil leichter zu erreichen, ist das Colorado-Tal südlich des 1953 fertiggestellten Davis-Dammes. Auf einigen Uferabschnitten reihen sich zwischen dekorativen Palmen und blühenden Bougainvillea-Büschen kleine Ferienhäuschen und respektable Zweitwohnsitze aneinander. Um Bootsstege und Landeplätze käme am glitzernden Wasser Südseeatmosphäre auf, wären da nicht Wüstenberge mit schroffen Flanken, die bei Sonnenauf- bzw. untergang in magisches Licht getaucht werden.

Nicht nur landschaftliche Reize machen das Tal des Colorado River zu einer lang gezogenen, attraktiven Oase. Das Klima könnte in einer Ferienregion günstiger kaum sein. Selbst im tiefsten Winter tummeln sich Wasserskiläufer und Scooterfahrer bei frühlingshaften Temperaturen auf dem Fluss. Und wenn zwischen Juni und September die Backofenhitze auf landesweite Spitzenwerte steigt, wertschätzen die Anrainer den Colorado als kollektives ›Kühlsystem‹ umso mehr. Von überspanntem Beachlife und Schickimicki-Szene ist nichts zu spüren. An Kaliforniens Ost- und Arizonas Westküste herrscht unaufgeregte, provinzielle Partystimmung.

Laughlin

Karte: S. 316
Vor einigen Jahrzehnten noch auf keiner Straßenkarte verzeichnet, entwickelte sich **Laughlin** 1 am Colorado River zu einer kleinen Glücksspielhochburg. Bis Mitte der 1980er-Jahre ein verschlafenes Nest, betonierten seit damals Investoren ein Dutzend Kasinohotels in den Himmel und verhalfen dem südlichsten Zipfel von Nevada quasi aus dem Nichts zu einer typisch amerikanischen Blitzkarriere. 1987 entstand mit Colorado Belle direkt am Flussufer ein Gambling-Tempel in Gestalt eines Mississippi-Dampfers, auf

Mit dem Autor unterwegs

Riverside-Glücksspielhochburg

Laughlin im äußersten Süden von Nevada besteht zwar nur aus einem Dutzend Spielkasinos, besitzt aber eine Attraktion, mit der selbst Las Vegas nicht aufwarten kann: Es liegt direkt am Ufer des Colorado (s. S. 313 f.).

Wassersportmekka

Sowohl **Lake Havasu City** als auch der **Parker Strip** zwischen Parker-Staudamm und der Ortschaft Parker zählen zu den attraktivsten und lebhaftesten Partymeilen am unteren Colorado River (s. S. 317 ff.).

dessen Terrasse man sich vorkommt wie auf einem Schiffsdeck. Verglichen mit den Hightech-Attraktionen in Las Vegas wirkt das Flaggschiff der lokalen Kasinoszene allerdings wie ein Fundstück aus der Mottenkiste – für viele Besucher jedoch kein Manko. Denn wer in Laughlin ein Spielchen wagt oder am südlichen Colorado Urlaub macht, zieht den gemächlichen Lauf der Dinge ohnehin dem hektischen Großstadtbetrieb vor. Außerdem gelten im Ort noch Preise, wie es sie in der großen Schwesterstadt zuletzt vor 20 Jahren gab. An Wochenenden sind die Kasinohotels nicht selten ausgebucht. Viele Gäste weichen dann in Quartiere in Bullhead City am gegenüberliegenden, über eine Brücke zu erreichenden Arizona-Ufer aus. Kürzer und vergnüglicher ist der Weg mit einem der zahlreichen Wassertaxis zwischen den beiden Orten.

Colorado Belle Hotel & Casino: 2100 S. Casino Dr., Tel. 702-298-4000, www.coloradobelle.com. Das traditionell ausgestattete Kasino liegt wie ein Mississippidampfer am Flussufer und gibt vom Arizona-Ufer aus ein dekoratives Bild ab. DZ unter der Woche ab 15 $, am Wochenende 49 $.

Harrah's Casino Hotel: 2900 S. Casino Dr., Tel. 702-298-4600, Fax 702/298-6896, www.harrahs.com. Über 1500 Zimmer großes Hotel mit mexikanisch geprägter Ausstattung am Flussufer mit eigenem Badestrand, Spa, Einkaufsgelegenheiten und Unterhaltungsprogrammen. DZ So–Do 35 $, Fr–Sa 65 $.

Hickory Pit Steakhouse: im Edgewater Hotel & Casino, 2020 S. Casino Dr., Tel. 702-298-2453, tgl. ab 17 Uhr. Außer exzellenten Steaks werden Gerichte wie Seafoodpasta, Hummerschwänze, Kalb und BBQs serviert. Vor 18 Uhr wird Gästen eine Art Happy-Hour-Tarif gewährt. Hauptgerichte nach 18 Uhr ab 20 $.

Mark Twain's: Im Colorado Belle Casino, 2100 S. Casino Dr., Tel. 702-298-4000, Fr–Di 16–22 Uhr. Gutes Restaurant, dessen Angebot sich auf Rippchen in Soße, gegrillte Hähnchen, Steaks und Meeresfrüchte konzentriert. Ab ca. 9 $.

Bullhead City

Bullhead City 2 ist das, was Laughlin nicht ist: eine richtige Stadt mit knapp 40 000 Einwohnern. Obwohl sie an Sehenswürdigkeiten nichts Besonderes zu bieten hat, taucht ihr Name fast jeden Tag in den Medien auf. Sie ist im Sinne des Wortes heißester Anwärter auf einen vorderen Platz in den von überregionalen Zeitungen veröffentlichten nationalen Klimatabellen. Im August 1983 machte sie ihrem Ruf, die heißeste Stadt der USA zu sein, mit einer im Schatten gemessenen Rekordtemperatur von 55 °C alle Ehre. Bullhead City ist ein typisches Versorgungszentrum für das nordwestliche Arizona mit den größten Einkaufszentren der Region. Außerdem eignet es sich als Etappenziel, wenn Laughlin etwa an Feiertagen oder Wochenenden ausgebucht ist. Wenige Meilen nördlich der Stadt liegt mit **Katherine's Landing** ein populärer, mit Restaurants und Resort ausgestatteter Urlaubsflecken am Südufer des Lake Mohave, wo man Boote und Wasserskier ausleihen und campen kann (www.nps.gov.lame).

Von Oatman nach Parker

Von Kingman bis nach Topock am Colorado River verläuft im wüstenhaften Bergland von

Die legendäre Route 66 bei Oatman scheint direkt in den Wilden Westen zu führen

Arizona die historische Route 66, an der mit **Oatman** 3 ein ehemaliger Bergbauort und ein mittlerweile sehenswertes Wildwestnest liegt. Ehe der letzte Stollen in den umliegenden Ute Mountains 1942 geschlossen wurde, hatten Prospektoren in jahrzehntelanger Knochenarbeit rund 2 Mio. Unzen Gold aus den umliegenden Bergen gegraben. Anfang der 1940er-Jahre noch 12 000 Einwohner groß, erlebte die Stadt einen rapiden, unerwarteten Niedergang, als der Kongress angesichts der Kriegslage die Förderung von nichtstrategischen Bodenschätzen untersagte.

Und heute? Geisterstadt? Touristenfalle? Nostalgiewinkel mit Bergbauvergangenheit? Oatman mit seinen windschiefen Fassaden im Westernstil hat mittlerweile von allem etwas. Souvenirläden und T-Shirt-Stände sind ein untrüglicher Beweis dafür, dass der Ort sein wirtschaftliches Heil im Fremdenverkehr sucht. Wilde Esel streunen durch das Dorf und betteln bei Touristen um einen Kanten Brot oder Süßigkeiten. Sobald am späteren Nachmittag die Gäste verschwunden sind, kehrt auf der Hauptstraße die Stille einer *ghost town* ein und niemand würde vermuten, dass der abgelegene Flecken ein einziges Mal in seiner Geschichte eine richtige Schlagzeile produzierte. Nachdem sie 1939 in Kingman geheiratet hatten, verbrachten der »Vom Winde verweht«-Hauptdarsteller Clark Gable und Carole Lombard am 19. März 1939 im **Oatman Hotel** in der Honeymoon Suite die Hochzeitsnacht. Clark Gable kehrte in den Jahren danach öfters in die Einsamkeit des Mojave County zurück, um in Oatman mit Goldschürfern und anderen harten Jungs den Pokertisch zu teilen. 1961 drehte John Ford vor Ort den 160 Minuten langen Spielfilm »Das war der Wilde Westen« mit einem erlesenen Staraufgebot, darunter James Stewart, Gregory Peck, Karl Malden, Henry Fonda, Spencer Tracy, Eli Wallach, John Wayne, Richard Widmark und Debbie Reynolds. Die Flitterwochensuite im Obergeschoss des Oatman Hotel wurde seit Clark Gables Zeiten zwar einige Male in neue Farbe getaucht. Aber die romantische Bleibe im nostalgisch-romantischen Großmutterstil ist ebenso wie die übrigen Zimmer auf dem mit Clark-Gable-Fotos dekorierten Flur ein hübsches Beispiel für den damals üblichen Hotelstandard (181 N. Main St., Tel. 928-768-4408, Besichtigung gratis).

Wie man Besucher zu Stippvisiten in die alte Goldgräbersiedlung animiert, haben die Einwohner von Oatman längst gelernt und veranstalten das Jahr über eine Reihe publikumswirksamer Feste, über deren tieferen Sinn nachzudenken nicht lohnt. Der Reigen beginnt am zweiten Sonntag im Januar mit einem ziemlich ausgefallenen Event. Aus jeweils fünf Teilnehmern bestehende Teams rasen bei einem Wettrennen die abschüssige Hauptstraße des Ortes hinunter – und zwar in festlich dekorierten Betten. Ende März feiert der Ort übers Wochenende die Clark Gable Carole Lombard Days u. a. mit einem Wettbewerb, bei dem siegt, wer den beiden Prominenten am ähnlichsten sieht. Und am 4. Juli geht es anlässlich des amerikanischen Unabhängigkeitstages beim traditionellen Sidewalk Egg Fry darum, wer am Straßenrand mit Sonnenhitze das beste Spiegelei brät.

Fort Mohave Indian Reservation

Zwischen dem Davis-Damm und der Ortschaft Needles fließt der Colorado River auf 17 Meilen durch die **Fort Mohave Indian Reservation 4**, deren Territorium größtenteils in Arizona liegt, aber auch nach Nevada und Kalifornien reicht. Jahrelang verfochten die 1100 dort lebenden Indianer vor Gericht ihr Recht auf den Einstieg ins Glücksspiel und konnten sich in den 1990er-Jahren damit schließlich durchsetzen. Mit dem 455 Zimmer großen **Avi Resort & Casino** unterhalten sie heute eine mitten in der Flusslandschaft liegende Urlaubsoase mit einem Badestrand an einer Lagune, einem Platz für Wohnmobile und dem malerischen Mojave Resort Golf Club mit vom Wind geriffelten Sanddünen auf dem Grün.

Galten die Mohave-Indianer früher als einer der ärmsten Stämme des Westens, so erschlossen sie sich mit dem Einstieg in Glücksspiel und Hotellerie neue Verdienstquellen, aus denen Arbeitsplätze schaffende Infrastrukturmaßnahmen finanziert werden. Teile der Reservation wurden an weiße und aus Mexiko stammende Farmer verpachtet, die auf dem indianischen Grund und Boden Baumwolle, Mais und Soja anbauen (10000 Aha Macav Pkwy, Tel. 702-535-5555, www.avi-casino.com).

Needles

Im Süden von **Needles 5** ragen einige Bergzacken in den Himmel, die dem am kalifornischen Colorado-Ufer liegenden 5000-Seelen-Ort seinen Namen verliehen. Der Ort entstand im 19. Jh. als Bahnstation, und noch heute verdankt er seine Existenz der Lage an der Amtrak-Bahnlinie zwischen Chicago und Los Angeles. Außerdem kreuzen sich dort mit der Interstate 40 bzw. der historischen Route 66 und dem Highway 95 zwischen der kanadischen und der mexikanischen Grenze zwei wichtige Fernverbindungen. Ähnlich wie Bullhead City macht im Hochsommer auch Needles hin und wieder mit Spitzentemperaturen von sich reden. Aber nicht nur klimatisch ist der Ort eine Ausnahmeerscheinung. Wer dort ohne Sprit strandet, wird sich an einer der zahlreichen Tankstellen verwundert die Augen reiben. Kaum irgendwo in der gesamten Region sind die Benzinpreise so extrem hoch.

Lake Havasu City

Hätte vor Jahrzehnten nicht ein Industrieller der Ortschaft mit einer raffinierten Werbeshow einen festen Platz auf der Landkarte eingeräumt, wäre **Lake Havasu City** 6 wahrscheinlich heute noch ein vor Hitze glühender, anonymer Wüstenflecken. Als in London eine zum Abbruch vorgesehene Themse-Brücke zum Verkauf angeboten wurde, erwarb der Kettensägenhersteller Robert McCulloch das Bauwerk, ließ es Stein für Stein nummeriert nach Übersee schicken und in der Nähe seines Testgeländes wieder aufbauen. Mit der ›London Bridge‹ hoffte er, das Urlauberinteresse auf den zwischen Davis-Damm und Parker-Damm aufgestauten Lake Havasu zu lenken, nachdem er 1963 auf die Idee gekommen war, im Niemandsland neben seinem Firmengelände eine Ferienkolonie zu gründen. Nach zweijähriger Bauzeit konnte das aus der Alten Welt importierte Stückchen England 1971 eingeweiht werden und schlägt heute einen Bogen vom Festland auf eine im Lake Havasu liegende Insel mit Badestränden, Hotels und Campingplätzen im Lake Havasu State Park.

Seit den Gründerzeiten entwickelte sich Lake Havasu City zu einer respektablen Stadt mit 42 000 Einwohnern. Die London Bridge sollte nicht die einzige PR-Aktion bleiben, die Lake Havasu City bei der Selbstvermarktung half. Die der Stadt vorgelagerte Insel entstand von Menschenhand durch den ca. eine Meile langen, künstlich angelegten Bridgewater Channel, der die frühere Halbinsel vom Festland trennte. Heute ist der Kanal um die Brücke mit dem benachbarten English Village das populärste Partyrevier am Unterlauf des Colorado. An Wochenenden treffen sich dort Bootsbesitzer aus dem ganzen Land, die mit gut gefüllten Kühlboxen an Bord auf dem Wasserweg ›cruisen‹ und zusammen mit Hunderten Gleichgesinnter ihre Freizeit auf dem Wasser oder an Land um in Duftwolken von gebratenen Steaks und Würstchen gehüllte Grillstellen verbringen. Wettbewerbe für Segel- und Moorboote locken vor allem im Januar, März und Dezember Besucher in das Wassersportparadies. Die London Bridge Regatta im April gilt als größter Segelbootwettbewerb im Binnenland der USA.

Wer den Colorado River abseits von Menschenmassen kennenlernen will, findet im **Havasu National Wildlife Refuge** auf einem 30 Meilen langen Flussabschnitt zwischen Needles und Lake Havasu City ein ideales Revier. Sowohl zu Wasser wie an Land, wo man ausschließlich zu Fuß unterwegs sein darf, stößt man in eine Wildnis vor, in der es nicht einmal ausgewiesene Wanderpfade gibt und in der Tiere wie Reptilien, Füchse, Kojoten, Waschbären, Hasen, Wildschweine und Esel noch größtenteils unter sich sind (www.fws.gov/southwest/refuges/arizona/havasu). Für Ausflüge auf dem Wasser kann man sich geführten Touren anschließen oder für ›Expeditionen‹ auf eigene Faust Kanus bzw. Kajaks mieten (Jerkwater Canoe & Kayak Co., P. O. Box 800, Topock/Golden Shores, AZ 86436, Tel. 928-768-7753, www.jerkwater.com).

i **Lake Havasu City Convention and Visitors Bureau:** 314 London Bridge Rd., Lake Havasu City, AZ 86403, Tel. 928-453-3444, Fax 928-453-3344, www.golakehavasu.com.

Heat Hotel: 1420 McCulloch Blvd. N., Tel. 928-854-2833, http://heathotel.com. 25 Gästezimmer, neben der London Bridge mit moderner Ausstattung. DZ ca. 140 $.

Hampton Inn: 245 London Bridge Rd., Tel. 928-855-4071, www.zmchotels.com. Großes Hotel mit Pool, alle Räume mit Kühlschrank, Mikrowelle, Kaffeemaschine und Bügeleisen. DZ ab 95 $, Frühstück inkl.

Bei Wassersportlern sehr beliebt: der Colorado River südlich des Parker-Stausees

Krystal's Steakhouse: 460 El Camino Way, Tel. 928-453-2999, www.krystalshavasu.com, tgl. 16–22 Uhr. Steaks, Rippchen-Hähnchen-Kombination (16,95 $), Seafood und Geflügelgerichte wie gebratene Hähnchenleber mit Zwiebeln und Knoblauch (10,95 $).

Mudshark Brewing Company: 210 Swanson Ave., Tel. 928-453-2981, http://mudsharkbrewingco.com, tgl. 11–23 Uhr. In der lebhaften Brauerei mit Biergarten serviert man typisch amerikanische Kost wie Burger, Pasta, Pizza, Steak und Sandwiches. Ab 9,50 $.

Javelina Cantina: 1420 McCulloch Blvd., So–Do 11–22, Fr–Sa bis 23 Uhr. www.javelinacantina.com. Scharfe mexikanische Tacos, Rellenos, Burritos, Tortillas und kühle Margaritas an der London Bridge. Ab 8 $.

Parker Dam

Fünf bis sechs Mio. Jahre lang folgte der Colorado seinem Weg von den schneebedeckten Höhen der Rocky Mountains bis zum Golf von Kalifornien in Mexiko, ehe der Mensch damit anfing, ihm eine Zwangsjacke in Form von Dämmen anzulegen. Diese künstlichen Hürden verfolgen den Zweck, Elektrizität zu

erzeugen und Wasser für künstliche Bewässerung und die Trinkwasserversorgung der schnell wachsenden Städte parat zu halten. Denn ohne die Versorgung durch den Colorado River wäre das Leben im Südwesten in seiner heutigen Form gar nicht möglich. Über die Verteilung kam es in der Vergangenheit zu teils schweren Auseinandersetzungen. 1934 ließ der Gouverneur von Arizona an der Grenze zu Kalifornien sogar die Nationalgarde aufmarschieren.

Zu den wichtigsten Talsperren am unteren Colorado zählt der über 60 Jahre alte **Parker-Damm** 7. Von ihm zweigen zwei Wasserleitungen ab, von denen eine Los Angeles und das südliche Kalifornien mit Trinkwasser versorgt, über die andere das Leben spendende Nass in den Großraum Phoenix in Arizona gepumpt wird. Neben Lake Havasu City gehört der Abschnitt zwischen Parker-Damm und Parker zu den quirligsten Partymeilen am Fluss – und landschaftlich zu den reizvollsten, weil dunkle, vegetationslose Wüstenberge bis unmittelbar an den Colorado reichen. Sowohl am kalifornischen wie am Arizona-Ufer folgt ein River Drive dem sogenannten Parker Strip mit Resorts, Kneipen, Golfanlagen, Campingplätzen und Wassersportzentren (http://parkerareatourism.com).

Parker

Die gut 3000 Einwohner große Ortschaft **Parker** 8 hat sich mit Haut und Haaren dem Tourismus verschrieben. Zwar kultivieren im Umland Farmer Weizen, Gerste, Melonen, Salat, Baumwolle und Alfalfaklee. Am lukrativsten hat sich für die Gemeinde aber der Fremdenverkehr herausgestellt, weil die Gegend das ganze Jahr vom Klima verwöhnt wird und der Colorado River von März bis November zu den bevorzugten Wassersportzielen im Südwesten gehört. Im Mittelpunkt steht dabei der traumhaft gelegene **Buckskin Mountain State Park** 11 Meilen nördlich von Parker am Arizona-Ufer: In der grünen Oase ist neben Camping jede Art von Wassersport angesagt. Mehrere Wanderwege führen am Fluss entlang bzw. in die Berge (www.stateparks.com/buckskin_mountain.html).

i **Parker Area Chamber of Commerce:** 1217 California Ave., Parker, AZ 85344, Tel. 928-669-2174, www.parkerareachamberofcommerce.com.

Blue Water Resort & Casino: 11300 Resort Dr., Tel. 1-888-243-3360, www.bluewaterfun.com. Indianisches Hotelkasino nördlich der Stadt mit Konferenzzentrum, einem halben Dutzend Restaurants und Cafés, Marina, Spielkasino und komfortablen Gästezimmern bzw. Suiten mit Balkon oder Patio. DZ ab ca. 60 $.

Das Land der Hopi und Navajo

Karte S. 326

Mit ca. 50 000 km^2 etwas größer als die Schweiz, erstreckt sich die Navajo-Reservation mit den Hopi Mesas vom nordöstlichen Arizona in die Nachbarstaaten Utah und New Mexico. Grandiose Landschaften wie der Canyon de Chelly, historische Stätten und nicht zuletzt 200 000 *Native Americans* mit ihrer jahrhundertealten Indianerkultur machen das gewaltige Territorium zu einer touristischen Ausnahmeerscheinung im Südwesten der USA.

Flagstaff

Karte: S. 326

Sehr gerne lässt sich **Flagstaff** 1 inoffizielle Hauptstadt des nördlichen Arizona nennen, weil es mit 53 000 Einwohner größter Ballungsraum der Region und Sitz der Landkreisverwaltung ist. Ein weiteres Merkmal kommt noch hinzu: Am Fuß der San Francisco Mountains auf 2140 m gelegen, belegt die Stadt einen der vorderen Plätze unter den höchsten Städten Amerikas. Klimatisch kommt das in vier unterscheidbaren Jahreszeiten u. a. mit relativ gemäßigten Sommertemperaturen und schneereichen Wintermonaten zum Ausdruck. An den Flanken des Humphreys Peak, mit 3854 m die höchste Erhebung in Arizona, findet in der kalten Jahreszeit ein bunter Schneezirkus statt.

Seit auf der legendären Route 66, in Arizona über weite Strecken identisch mit der Interstate 40, Kolonnen Arbeit suchender Menschen aus dem Südosten der USA Richtung Kalifornien zogen, hat sich Flagstaff zu einer Verkehrsdrehscheibe und mit dem Grand Canyon und der Navajo-Reservation in der Umgebung zu einem touristischen Etappenziel gewandelt. Downtown liegt um die Heritage Plaza, wo Bänke zum Ausruhen nicht auf Beinen, sondern als Reminiszenz an den 1881 erfolgten Anschluss an die Eisenbahn auf Waggonrädern stehen. Dieser optischen Erinnerung hätte es nicht bedurft, weil sich die heutigen Züge bei der Fahrt mitten durch die Stadt mit einem Höllenlärm bemerkbar machen. Architektonisches Wahrzeichen im Zentrum ist das dreistöckige Hotel Weatherford vom Ende des 19. Jh mit einem hübschen umlaufenden Balkon. Auf Plätzen und Straßen prägen meist junge Leute das Ortsbild, und auch die Kneipenszene lässt auf die Präsenz der Studenten der Northern Arizona University schließen. Um den historischen Kern hat sich ein Gürtel aus Motels, Restaurants, Tankstellen und Supermärkten gelegt, womit die Stadt ihrer modernen Rolle als Verkehrsknotenpunkt gerecht wird.

Um zwei der Hauptsehenswürdigkeiten zu besuchen, muss man an den Stadtrand fahren. Das ca. 3 Meilen nördlich von Downtown gelegene **Museum of Northern Arizona** führt seine Besucher mit Ausstellungen über Geologie, Biologie, Archäologie, Ethnologie und Kunst durch die wechselvolle Geschichte des Colorado-Plateaus, in der Saurier ebenso eine Rolle spielten wie feuerspeiende Vulkane und prähistorische Menschen (Fort Valley Rd., Rte 4, Tel. 928-774-5213, www.musnaz.org, tgl. 9–17 Uhr, Erw. 5 $, Kin. 7–17 Jahre 2 $). Westlich des Stadtzentrums errichtete Dr. Percival Lowell auf dem Mars Hill 1894 ein Observatorium zur Beobachtung des Sonnensystems. Durch das Teleskop machte er in der klaren Luft während seiner nächtlichen Sitzungen ›Kanäle‹ auf dem Mars aus, von denen er irrtümlich auf die Existenz von Leben auf dem Roten Planeten schloss.

Unzweifelhaft verifiziert wurde im **Lowell Observatory** hingegen 1930 eine andere wissenschaftliche Hypothese, die von der Existenz eines bislang verborgenen Planeten im Sonnensystem ausging: Pluto war entdeckt. In jüngerer Vergangenheit spielte das Observatorium im Rahmen des bekannten Voyagerprojekts der NASA eine Rolle (1400 W. Mars Hill Rd., Tel. 928-774-3358, www.lowell.edu, Besichtigungen Nov.–Febr. 12–17, März–Okt. 9–17, Sept.–Mai Mi, Fr und Sa ab 19.30, Juni–Aug. Mo–Sa ab 20 Uhr, Erw. 6 $, Kin. 5–17 Jahre 3 $).

Flagstaff Visitor Center: 1 E. Route 66, Flagstaff, AZ 86001, Tel. 928-774-9541, Fax 928-774-9541, www.flagstaffarizona.org. – **Flagstaff Chamber of Commerce:** 101 W. Route 66, Flagstaff, AZ 86001-5598, Tel. 928-774-4505, Fax 928-779-1209, www.flagstaffchamber.com.

Comfi Cottages: 1612 N. Aztec St., Tel. 928-774-0731, www.comficottages.com. In einem Wohnviertel gelegene hübsche Häuschen nicht weit von Downtown entfernt mit bester Ausstattung vom TV bis zum Grill im Freien und vom Fahrrad bis zum Kühlschrank. DZ 120–260 $.

Starlight Pines B & B: 3380 E. Lockett Rd., Tel. 928-527-1912, www.starlightpinesbb.com. Am Stadtrand gelegenes viktorianisches Anwesen mit vier individuell eingerichteten Gästezimmern samt TV, Internetanschluss und freistehenden Badewannen auf Löwenfüßen. DZ 145–169 $.

Hotel Weatherford: 23 N. Leroux St., Tel. 928-779-1919, www.weatherfordhotel.com. Seit der berühmte Landschaftsmaler Thomas Moran hier abzusteigen pflegte, hat das Traditionshaus viel von seiner Reputation eingebüßt. Die Zimmer sind klein, die Badezimmer noch kleiner. Aber das Hotel mit drei Kneipen und dem guten Restaurant Charly's hat Atmosphäre. DZ 50–55 $.

Mit dem Autor unterwegs

Stadtleben

Größere Städte sind im nordöstlichen Arizona dünn gesät. Doch **Flagstaff** bietet eine gute Gelegenheit, das von Studenten geprägte Leben im kleinen Altstadtkern zu genießen (s. S. 320 ff.).

Traumziel

Auf dem Talboden des **Canyon de Chelly** bildet das frische Grün von Bäumen und Büschen einen grandiosen Kontrast zu den zerklüfteten roten Felswänden. Man hat den Eindruck, als sei die Zeit auf diesem Flecken Indianerland schon vor langer Zeit stehen geblieben (s. S. 325 ff.).

Versteinerter Wald

Millionen Jahre vergingen, ehe Wind und Wetter Stämme von vor Urzeiten umgestürzter Bäume wieder sichtbar werden ließen. Das nun versteinerte Holz wird im **Petrified Forest N. P.** von den Parkrangern gehütet wie ein Schatz von Edelsteinen (s. S. 328 f.).

Little Thai Kitchen: 1051 S. Milton Rd., Tel. 928-226-9422, Mo–Sa Lunch und Dinner. Das kleine, in einer Einkaufspassage liegende Lokal mag auf den ersten Blick nicht überzeugen, doch äußerst schmackhafte exotische Gerichte wie Rindfleisch-Limonen-Salat und viele vegetarische Speisen beweisen die hohe Qualität der Küche. 5–12 $.

Macy's European Coffeehouse: 14 S. Beaver St., Tel. 928-774-2243, http://macyscoffee.net, tgl. Frühstück und Lunch. Populäres Café mit Selbstgebackenem und vegetarischen Gerichten. Unter 10 $.

Wandern im Arizona Snowbowl: Das Gebiet in den San Francisco Mountains ist ein ganzjähriges Freizeitparadies. Im Winter können Skifahrer unter zahlreichen Pisten und Abfahrten wählen. Im Sommer wird die Gegend zur Wanderoase. Der hin und zurück

14 km lange Humphreys Peak Trail führt durch Kiefern- und Espenwälder und auf dem letzten Teilstück oberhalb der Baumgrenze zum höchsten Gipfel Arizonas mit spektakulärer Aussicht (Hwy 180 und Snowbowl Rd., Tel. 928-779-1951, Schneebericht Tel. 928-779-4577, www.arizonasnowbowl.com).

Naturschutzgebiet Arboretum at Flagstaff: Ein Naturlehrpfad führt durch das Gelände, auf dem besonders auch die über 2000 Wildblumenarten begeistern (4001 S. Woody Mountain Rd., Tel. 928-774-1442, www.thearb.org, Anfang April–Ende Okt. tgl. 9–17 Uhr, Erw. 6 $, Kin. 6–17 Jahre 3 $).

Sunset Crater

12 Meilen nördlich von Flagstaff biegt eine Nebenstrecke vom Highway 89 Richtung Osten zum **Sunset Crater** 2 ab. Zwischen Nadelwäldern und Sonnenblumenwiese zeugt eine Landschaft aus schwarzer Lava und Geröllschutt von einem gewaltigen, von Wissenschaftlern auf die Jahre 1064/65 datierten Vulkanausbruch. Die damaligen Eruptionen stießen gigantische Mengen von flüssigem Gestein und Aschepartikeln aus, die schließlich eine Fläche von 2200 km² bedeckten und die dort siedelnden Sinagua-Indianer aus ihren Dörfern vertrieben. In den folgenden zwei Jahrhunderten kam es immer wieder zu kleineren Ausbrüchen, doch sind seit dem 14. Jh. keine Nachweise über Aktivitäten mehr vorhanden. Vom Besucherzentrum führt ein 1,5 km langer Pfad durch die zerborstene Lavalandschaft (Sunset Crater-Wupatki Loop Rd., Tel. 928-526-0502, www.nps.gov/sucr, Mai–Sept. 8–17, sonst 9–17 Uhr, 5 $/Pers.).

Wupatki National Monument

Sobald die nach Norden abbiegende Loop Road das Vulkangebiet verlassen hat, öffnet sich das Grasland zu einer weiten, vom Little Colorado durchflossenen Ebene. Im Graugrün der kargen Landschaft entdeckt man hie und da rotbraune Flecken, die sich als Ruinenanlagen zu erkennen geben. Ein halbes Dutzend Pueblo-Überreste der alten Anasazi- und Sinagua-Indianer bilden das 145 km² große **Wupatki National Monument** 3, das erst in den 1980er-Jahren von Archäologen gründlich unter die Lupe genommen wurde. Am Ende dokumentierten die Wissenschaftler Funde wie bis zu 11 000 Jahre alte Speerspitzen und Felszeichnungen aus verschiedenen Epochen. Größte Pueblo-Ruine ist **Wupatki Pueblo,** der ebenso wie etwa **Lomaki Pueblo** isoliert steht und dessen Mauerwerk die handwerklichen Fähigkeiten der alten Baumeister erkennen lässt (am Hwy 89, Tel. 928-679-2365, www.nps. gov/wupa, tgl. 9–17 Uhr, 5 $/Pers.).

Tuba City

Nördlich von Wupatki markiert der 1921 m hohe Gray Mountain östlich des Highway 89 den Beginn der riesigen Navajo- und Hopi-Reservation, deren erster größerer Ort **Tuba City** 4 ist. Auf indianischem Boden stehend, wurde der Ort 1875 von Mormonen gegründet, die ihr Baumaterial zum Teil in noch existierenden prähistorischen Ruinenanlagen beschafften. Die über 8000 lokalen Einwohner sind fast ausschließlich Indianer. Hinter dem Chapter House findet jeden Freitag ein Flohmarkt statt, auf dem nicht nur allerlei Tand, indianisches Kunsthandwerk und Schmuck, sondern auch nach indianischen Rezepten gekochte Gerichte angeboten werden. Je nach Jahreszeit gilt in Tuba City eine andere Zeit als im nichtindianischen Arizona. Während der Großteil des Bundesstaates in der warmen Jahreszeit die in allen anderen Staaten geltende Daylight Savings Time ignoriert, macht die Navajo-Reservation die um eine Stunde verschobene Sommerzeit mit.

Die Hopi Mesas

Östlich von Tuba City breitet sich entlang Highway 264 die Welt der Hopi aus, die zur Gruppe der westlichen Pueblo-Indianer gehören. Wahrscheinlich wählten die Vorfahren

Der gewaltige Sunset Crater geht auf einen Vulkanausbruch im 11. Jh. zurück

der heute dort lebenden ca. 10 000 *Native Americans* die sogenannten drei **Hopi Mesas** 5 als Lebensraum aus, um sich auf den isolierten Hochflächen besser gegen feindliche Stämme schützen zu können. An zahlreichen Stellen lassen Felsritzzeichnungen jedenfalls darauf schließen, dass dieser Teil Arizonas schon Jahrhunderte vor der Ankunft der ersten Weißen besiedelt war.

Das Hopi-Land macht nicht den Eindruck einer Region, in der Milch und Honig fließen. Man fragt sich bei der Fahrt über die ausgedörrten, fahlgelben Hochebenen, wie die abgeschieden lebenden Menschen dem kargen Boden überhaupt etwas abringen können. Auf den 2500 m hohen Mesas liegt ein Dutzend Dörfer mit einfachen Häusern aus Stein oder Adobe. **Oraibi** auf der Third Mesa gilt als eine der ältesten ständig bewohnten Siedlungen auf dem Boden der USA. Wie eh und je leben die Einwohner auf dem unwirtlichen Plateau ohne Strom und fließendes Wasser. Autowracks und zerbeulte Benzinfässer liegen wie Skelettreste einer modernen Zivilisation zwischen den Behausungen, deren Wellblech- und Plastikplanendächer von Felsbrocken und Autoreifen am Davonfliegen gehindert werden.

Wer sich ein Bild von der Lebensweise der Hopi machen will, schließt sich am besten einer indianischen Führung an (s. S. 324). Besichtigungen auf eigene Faust sind in den meisten Dörfern tabu. Ein rigider Verhaltenskodex verbietet grundsätzlich das Fotografieren, Filmen und Tonaufnahmen. Selbst Zeichnungen und Notizen sind nicht erlaubt. Die Hopi schotten sich von der weißen Zivilisation ab, mit der sie in der Vergangenheit keine allzu guten Erfahrungen machten. Als Käufer von Kunsthandwerk sind nichtindianische Besucher hingegen höchst willkommen.

Touristisches Zentrum der Hopi ist die zweite Mesa, wo bei Shungopavi das **Hopi Museum and Cultural Center** den zentralen Anlaufpunkt für Besucher bildet. In den Ausstellungen sieht man typisches Hopi-Kunsthandwerk wie geflochtene Körbe, Töpfereien, Webarbeiten, Kachina-Puppen und Silberschmuck, aber auch Artefakte aus der Geschichte (Hwy 264, Second Mesa, Tel. 928-734-2401, Fax 928-734-6651, www.hopiculturalcenter.com, tgl. 9–18 Uhr).

Office of Community Planning & Economic Development: The Hopi Tribe, P. O. Box 123, Kykotsmovi, AZ 86039, Tel. 928-734-3242, Fax 928-734-3248.

Hopi Cultural Center: P. O. Box 67, Second Mesa, Arizona 86043, Tel. 928-734-2401, Fax 928-734-6651, www.hopiculturalcenter.com. Das im Adobestil erbaute Zentrum bietet Standardgästezimmer an. Okt.–März So–Do DZ 70 $, Fr–Sa 75 $; März–Okt. jeweils 95 bzw. 100 $. Zm Anwesen gehört ein Restaurant (im Winter 7–20, sonst 6–21 Uhr).

Führungen auf den Hopi Mesas: Village of Walpi Tour, Walpi, 1-stündige Führungen unter indianischer Leitung, Tel. 928-737-2262, ab Ponsi Hall Visitor Center in Sichomovi, im Sommer tgl. 9.30–17, sonst 10–15 Uhr, Erw. 8 $, Kinder 6–17 J. 5 $. – First Mesa Tour, Polacca, Tel. 928-737-2262, im Sommer tgl. 9–17, im Winter 9.30–16 Uhr, Tourbuchung im Ponsi Hall Visitor Center in Sichomavi, 45-minütige Führungen, Erw. 8 $, Kin. 5–17 Jahre 5 $).

Die Navajo Nation

Dass im deutschsprachigen Raum in jüngerer Vergangenheit die Kenntnis über Geschichte und Lebensweise der Navajos zugenommen hat, ist nicht Karl May, sondern dem Krimischriftsteller Tony Hillerman zuzuschreiben. Seine Geschichten über Massenmörder und Entführungen bzw. die Aufklärungsarbeit der beiden Navajo-Polizisten Jim Chee und Joe Leaphorn spielen an tatsächlich existierenden Orten innerhalb der Reservatsgrenzen. Das Hauptquartier von Joe Leaphorn etwa befindet sich in Tuba City. Was aber von noch größerer Bedeutung ist: Die ca. 20 Hillerman-Bücher sind gewissermaßen spannende Schnellkurse über Mythen, Riten und Lebensweise der Indianer. Wer den einen oder anderen Roman kennt, wird sich auf einer Reise durch die Navajo Nation an viele Örtlichkeiten erinnern. Mittlerweile gibt es bereits mehrtägige Hillerman Country Tours, die Teilnehmern das Indian Country aus dem Blickwinkel von Hillermans Romanhelden zeigen (Detours of Arizona, P. O. Box 11956, Tempe, AZ 85234, Tel. 480-633-9013, www.detoursaz.com).

Die Powwow-Tracht sollte nicht täuschen – diese Indianer leben im 21. Jh.

Richtig Reisen-Tipp: Auf den Spuren der Navajo-Indiander

Mit knapp 56 000 km² ist das Stammesgebiet der ca. 200 000 im nordöstlichen Arizona lebenden Navajos die größte Indianerreservation auf dem Boden der USA. Das größtenteils unwirtliche Gebiet ist durch zahlreiche Straßen relativ gut erschlossen. In einigen größeren Orten wie Chinle und Window Rock können sich Reisende einen Eindruck vom Leben der *dineh* (Menschen) machen, wie sich die Navajos selbst nennen.

Sprachlich sind sie mit den Athabaska-Indianern in Alaska und Nordkanada verwandt, von wo sie spätestens seit dem 15. Jh. in den Südwesten einwanderten. Dort kamen sie in Kontakt mit den Spaniern, von denen sie das Pferd als Transportmittel sowie Schafzucht und Ackerbau übernahmen. Wie dies in den nachfolgenden Jahrhunderten ihr Leben und ihre Wirtschaftsweise veränderte, zeigt das Navajo Nation Museum in Window Rock, in dem ein authentischer *hogan* (Navajo-Rundhütte), archäologische Fundstücke, historische Dokumente, Kunst und Gebrauchsgegenstände zu sehen sind (Loop Rd., Tel. 928-871-7941, http://ggsc.wnmu.edu/mcf/museums/nnm.html, Mo–Fr 8–17, Mi bis 20, Sa 9–17 Uhr, So geschlossen, Eintritt frei).

Die Ausstellungen schlagen aber auch eines der dunkelsten Kapitel der Navajogeschichte auf. 1864 beschloss die US-Kavallerie, die letzten 8000 frei lebenden Navajos auf den Langen Marsch in ein Internierungscamp in New Mexico zu schicken.

Diese menschenverachtende Deportation, die 1500 Navajos nicht überlebten, ist Thema auf Indianertouren im Canyon de Chelly in Chinle. Die Führungen auf umgebauten Lkw schließen den Navajo Fortress Rock ein, auf dem sich im Winter 1864 die Navajos vor Kit Carson und seinen Truppen vergeblich verschanzten (Tourreservierungen über Thunderbird Lodge, am Eingang zum Canyon, P. O. Box 548, Chinle, AZ 86503, Tel. 928-674-5841, www.tbirdlodge.com. Ganztägige Touren Frühjahr bis Ende Herbst inkl. Lunch 74 $; Halbtagestouren ganzjährig Erwachsene 46 $, Kin. 12 Jahre und jünger 34,50 $). Neben dem malerischen Can-yon ist auch das 5500 Einwohner große Chinle selbst einen Besuch wert. Der Ort lässt den äußerst bescheidenen Lebensstandard der Navajos erkennen, die dort eine Existenz am Rande der weiß dominierten Überflussgesellschaft führen.

Canyon de Chelly

Indianerkinder bauen im Bett des seichten Rio de Chelly Sandburgen. Im Schatten mächtiger Baumkronen ziehen zwei Mädchen in knöchellangen Kleidern gefärbte Nüsse auf Schnüre und basteln hübsche Halsketten daraus. Gescheckte Indianerpferde weiden am Fuß der über 300 m hohen Sandsteinklippen, in die der Zeitenwechsel tiefe Schrunden eingravierte. Man könnte vermuten, die moderne Zivilisation sei spurlos an dieser entrückten Naturszenerie vorbeigegangen, wenn es im Frühjahr aus den Cottonwood-Bäumen weiße Wattebäusche schneit und die Blüten der Ölweiden ihren unnachahmlichen Duft verströmen. Es fällt schwer, sich angesichts der Postkartenidylle die blutige und brutale Geschichte des **Canyon de Chelly** 6 zu vergegenwärtigen.

Chelly wird »schee-i« ausgesprochen, weil es sich um eine spanische Verballhornung der Bezeichnung *tsegi* (Navajo: Felsenschlucht) handelt. Der malerische Hauptcanyon teilt sich mit Canyon de Chelly, Black Rock Canyon und Canyon del Muerto in drei Seitenarme. Alle Verzweigungen mitgerechnet, kommt das rote Labyrinth auf eine Länge von 170 km. Die Wasserläufe auf dem Talboden entspringen im nordöstlichen Arizona in den Chuska Mountains, in denen Hillermans literarische Figur Jim Chee zur Welt kam. Jahrmillionen vergingen, ehe der Canyon in den tiefroten Sandstein des Colorado-Pla-

Navajo-Reservation

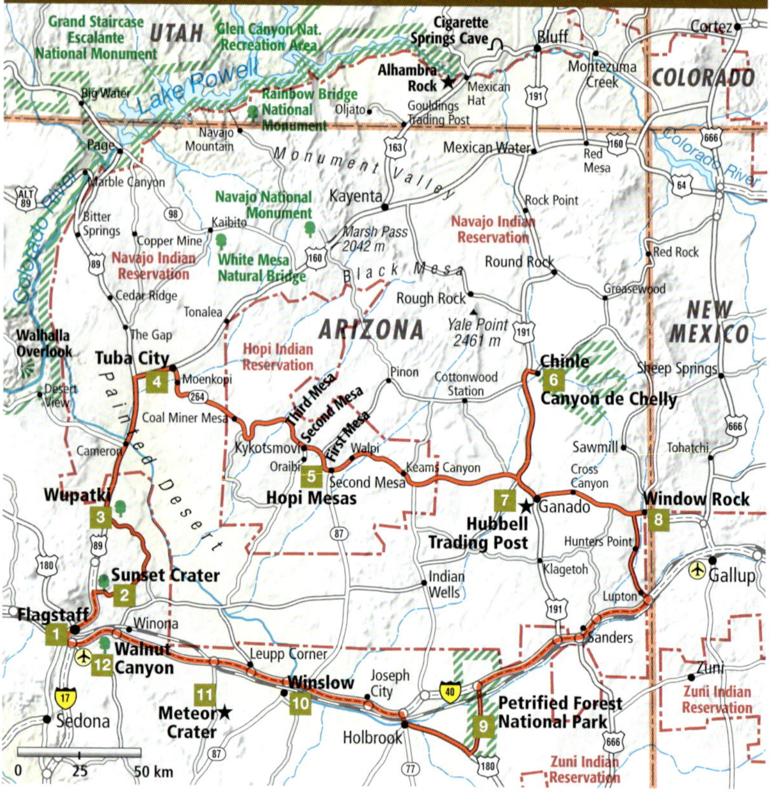

teaus gefräst war. Auf umgebauten Armeetrucks führt die von Indianern veranstaltete Canyontour Besuchern nicht nur eine atemberaubende Naturszenerie vor Augen, sondern dokumentiert mit Felszeichnungen (Petroglyphen), Bilderschriften (Piktografien) und längst verlassenen Klippenhäusern als Relikte einer 2000-jährigen Besiedlung auch die Geschichtsträchtigkeit des Canyons.

Seine ersten Bewohner waren halbnomadische Anasazi-Indianer, die auf dem Canyongrund fruchtbaren Boden und Wasser vorfanden und sich seit dem 1. Jh. dort niederließen. Seit der um 1100 beginnenden klassischen Pueblo-Phase zogen die Anasazi wahrscheinlich aus Sicherheitsgründen in auf Kanten und Absätzen senkrechter Felswände errichtete Klippenhäuser, die meist nur über Steigpfähle bzw. in den Stein geschlagene Grifflöcher erreichbar waren. First Ruin, Junction House Ruin, Ledge Ruin, Antelope House Ruin und White House Ruin sind unter den mehreren hundert halb verfallenen Wohnanlagen nur einige wenige, die man auf einer Rundfahrt besichtigen kann. Die häufig in der Nähe dieser *cliff dwellings* zu findenden Felszeichnungen gelten als die ältesten im Canyon. Über ihre Bedeutung liegen wenig gesicherte Erkenntnisse vor. Jedenfalls geht die Wissenschaft davon aus, dass es sich bei den Wandbildern nicht nur um singuläre Symbole, sondern um Darstellungen von vermutlich komplexer Bedeutung handelt. Zwischen 1250 und 1300 setzte im Canyon de Chelly wie auch in anderen Gegenden des Südwestens der bis heute rätselhafte Exodus der Anasazi ein. Mehr als 400 Jahre vergingen danach, ehe mit den aus dem Norden zuwandernden Navajos eine neue permanente Besiedlung des Canyon de Chelly begann. Die Hopi, von deren Anwesenheit ebenfalls Wandbilder zeugen, hielten sich hier wahrscheinlich nur temporär auf (die einzigen Touren veranstaltet die Thunderbird Lodge, s. u.).

Am südlichen Canyonrand führt mit der Route 7 ein Panoramaweg entlang, von dem man an mehreren Aussichtspunkten ins Innere des malerischen Canyons blicken kann. Hillerman-Lesern mag eine Szene im Roman »Tod am heiligen Berg« in den Sinn kommen, in welcher der Romanheld Joe Leaphorn, ehemaliger Polizist der Navajo Tribal Police, an der South Rim sitzt und über die Schönheit der Landschaft sinniert. Der beste View Point liegt genau über dem **Spider Rock,** einem 240 m hohen, gespaltenen Felsturm, auf dem der Mythologie der Navajos zufolge die sogenannte Spinnenfrau lebt, die den Menschen das Spinnen beibrachte und bei den Indianern aus diesem Grund hohes Ansehen genießt.

i **Canyon de Chelly National Monument:** P. O. Box 588, Chinle, AZ 86503, Tel. 928-674-5500, Fax 928-674-5507, www.nps.gov/cach.

Thunderbird Lodge: am Eingang zum Canyon, Tel. 928-674-5841, Fax 928-674-5844, www.tbirdlodge.com. Alle Zimmer mit Klimaanlage, eigenem Bad und TV. Man kann im hauseigenen Restaurant essen, das in einem 1896 erbauten Trading Post eingerichtet wurde. DZ ab 111 $.
Best Western Canyon de Chelly: 100 Main St., Chinle, AZ 86503, Tel. 928-674-5875, Fax 928-674-3715, www.canyondechelly.com. Hotel mit 73 Gästezimmern und Innenpool. Die Rezeption kann Jeeptouren und Reitausflüge arrangieren. DZ 75–120 $.

Camping:
Spider Rock Campground: 10 Meilen östlich des Visitor Center, Route 7, Tel. 928-674-8261, www.spiderrockcampground.com. Man übernachtet im Navajo-Hogan. 1–3 Pers. 25 $.

Hubbel Trading Post

Hätte es im 19. Jh. im Indian Country einen Supermarkt gegeben, wäre **Hubbel Trading Post** 7 bei der Ortschaft Ganado ein solcher gewesen. Der aus New Mexico stammende John Lorenzo Hubbel gründete die Handelsstation 1876 und lebte in den folgenden Jahrzehnten aufs Engste mit den Navajos zusammen, mit denen er ein freundschaftliches Verhältnis pflegte. Außer als Händler machte er sich als Lehrer, Rechtsberater, Streitschlichter und Kreditgeber verdient. Als 1886 eine Pockenepidemie im Indianergebiet wütete, kümmerte sich Hubbell aufopferungsvoll um die Kranken und richtete in seinem Haus ein Hospital ein. In seinem Trading Post, der heute noch dem historischen Vorbild ähnelt, tauschte er von den Indianern gelieferte Wolle, Teppiche, Decken, Silber, Schmuck und Vieh gegen Lebensmittel u. a. Der National Park Service betreibt die pittoreske, aus Sandsteinplatten gemauerte Handelsstation heute als historische Stätte (an der Kreuzung der Hwys. 191 und 264 bei Ganado, Tel. 928-755-3254, www.nps.gov/hutr, im Sommer tgl. 8–18, sonst bis 17 Uhr, 2 $).

Window Rock

Exakt auf der Staatsgrenze zwischen Arizona und New Mexico liegt mit dem gut 3000 Einwohner großen **Window Rock** 8 die Hauptstadt der Navajo-Reservation. In der einem überdimensionalen *hogan* (traditionelle 6- oder 8-eckige Navajo-Behausung) nachempfundenen **Navajo Nation Council Chamber** trifft sich der aus 88 Delegierten bestehende gewählte Stammesrat jedes Jahr mehrere Male zu Beratungen. Wenn keine Sitzungen stattfinden, können Besucher das mit Wandmalereien geschmückte Innere des

Sandsteingebäudes besichtigen (Termine für Führungen unter Tel. 928-871-6417, www.navajo.org). Window Rock leitet seinen Namen von einem natürlichen, in einer roten Sandsteinformation klaffenden Felsfenster ab, das zum Tribal Park in der Nähe des Navajo Nation Administration Center gehört. In der mit zahlreichen indianischen Symbolen ausgestatteten Anlage steht auch ein Memorial für die im Vietnamkrieg gefallenen Navajos und ein Denkmal für die legendären Navajo Code Talkers (s. S. 42).

Quality Inn: 48 W. Hwy 264, Tel. 928-871-4108, Fax 928-871-5466, www.choicehotels.com. Das Motel mit 56 blitzsauberen Zimmern dient u. a. der Ausbildung von indianischem Gastronomienachwuchs, was dem Service zugute kommt. DZ ca. 72 $.

Navajo Nation Fair (2. Septemberwoche): Auf den Navajo Nation Fairgrounds findet die größte Indianermesse der USA mit Powwows, Tänzen, Musik, Rodeos, Kunsthandwerk und Paraden statt (www.navajonationfair.com).

Petrified Forest N. P.

Vor Urzeiten waren große Teile von Arizona von dichten Wäldern bedeckt. Umgestürzte Bäume wurden im Erdreich zum Teil in Sandbänken so luftdicht zugeschüttet, dass die Stämme nicht verrotteten, sondern über Mio. von Jahren durch Einlagerung von Silikaten in den Zellen einem Versteinerungsprozess ausgesetzt waren. Die Verfärbungen ergaben sich dabei durch unterschiedliche Mineralien im umgebenden Gestein.

Im **Petrified Forest National Park** 9 sind ganze Stämme, zerbrochene Blöcke und kleinste Teilchen über die Parkfläche verteilt wie auf einem prähistorischen Waldfriedhof. Die nördliche Hälfte des Naturschutzgebiets besteht größtenteils aus den östlichen Ausläufern der Painted Desert mit vielfarbigen Streifenmustern auf den Resten abgetragener Hügel und Berge. Südlich der Interstate 40 dehnt sich ein wahrer Paradiesgarten von versteinertem Holz aus, das von Rangern gehütet wird, als handle es sich um persönliches Hab und Gut. An der 27 Meilen langen Parkstraße liegen zahlreiche Parkplätze, von denen Wege zu Fundstellen von versteinertem Holz abzweigen.

Es gibt innerhalb des Parks aber auch Spuren von Menschen, die diese Gegend schon vor 2000 Jahren bewohnten. Ruinenanlagen wie die **Puerco Indian Ruin** und die Felsmalereien am **Newspaper Rock** zeugen davon. Am südlichen Ende des Parks am Highway 180 strahlen im **Rainbow Forest Museum** die ausgestellten Stücke von versteinertem Holz tatsächlich in allen Regenbogenfarben.

Petrified Forest National Park: 1 Park Rd., P. O. Box 2217, Petrified Forest, AZ 86028, Tel. 928-524-6228, Fax 928-524-3567, www.nps.gov/pefo, im Sommer 7–18 Uhr, sonst kürzer. Keine Übernachtungsmöglichkeit im Park. 10 $/Pkw.

Wigwam Village Motel: 811 W. Hopi Dr., Holbrook, Tel. 928-524-3048. Unübersehbar steht an der Straße eine Reihe von betonierten Indianer-›Zelten‹, in denen Nostalgiker bequem unterkommen. Die Unterkünfte sind wie Motelzimmer ausgestattet, von den Betten aus groben Fichtenstämmen abgesehen. Vor jeder Tür steht ein Oldtimer. DZ 65–80 $.

Winslow

Die Eisenbahn machte die 10 000 Einwohner zählende Gemeinde **Winslow** 10 zu einem Transportzentrum, schon bevor auf der historischen Route 66 der Wagentreck Richtung Kalifornien einsetzte. Damals machte die Architektin Mary Coulter ihren Berufstraum wahr und baute 1930 mit dem **Posada Hotel** Amerikas letztes Eisenbahnhotel, das in jüngster Zeit renoviert wieder anspruchsvolle Gäste beherbergt. Auch wer nicht im Posada nächtigt, kann sich die gediegene, gemütliche Lobby anschauen oder im Turquoise Room die fabelhafte Küche probieren (303 E. Se-

Überreste eines versteinerten Holzstamms im Petrified Forest

cond St., Tel. 928-289-4366, Fax 928-289-3873, www.laposada.org, DZ ab 99 $).

Nicht weit vom Hotel entfernt steht ein anderes Denkmal. In den 1970er-Jahren landeten die Eagles mit »Take it easy« einen Hit, in dem die Textzeile »Well, I was standing on a corner in Winslow, Arizona …« vorkommt. Die Stadtväter reagierten prompt und ließen in Downtown die Bronzestatue eines Gitarrenspielers aufstellen, die längst zum Wallfahrtsort vieler Eagles-Fans wurde – nicht nur anlässlich des alljährlich veranstalteten Standin' On The Corner Park Festival im September.

Meteor Crater

Durch Meteoriteneinschläge verursachte Narben gibt es auf der Erde an vielen Stellen. Aber nur wenige sind so gut erhalten wie der **Meteor Crater 11**, dem offensichtlich das relativ trockene Klima Arizonas zugute kam. Wissenschaftler fanden heraus, dass vor etwa 50 000 Jahren ein vermutlich 300 000 Tonnen schwerer Meteorit mit einer Geschwindigkeit von über 60 000 km/h auf der Erdoberfläche aufschlug und einen Krater mit einem Durchmesser von 1,6 km und einer Tiefe von 170 m schuf. Wer gutes Schuhwerk besitzt, kann sich an Führungen am Kraterrand beteiligen. Das Stück Mondlandschaft ist seit langem Trainingsareal für die NASA. Im Besucherzentrum informieren Ausstellungen und interaktive Einrichtungen über das Sonnensystem, Meteoriten und Asteroiden. Im hauseigenen Theater läuft zweimal stündlich der packende Film »Kollisionen und ihre Auswirkungen« (I-40, Exit 233, Tel. 928-289-5898, Ende Mai–Mitte Sept. 7–19, sonst 8–17 Uhr, Erw. 15 $, Kin. 6–17 Jahre 7 $).

Walnut Canyon

Im **Walnut Canyon National Monument 12** am östlichen Stadtrand von Flagstaff sind über 300 z. T. gut erhaltene Wohnstätten der Sinagua-Indianer in steilen Kalksteinklippen einer Schlucht versteckt. Etwa zwei Dutzend der Ruinen kann man auf dem 1,6 km langen befestigten Island Trail besichtigen, auf dem man ca. 60 m tief ab- und wieder aufsteigen muss. Die Wohnstätten vermitteln einen Eindruck vom Leben der Indianer in diesem Canyon zwischen 1120 und 1250 (Exit 204 von der Interstate 40, Tel. 928-526-3367, www.nps.gov/waca, Mai–Okt. 8–17, sonst 9–17 Uhr, Erw. 5 $, Kin. unter 17 Jahren frei).

Die Gegend rund um den grandiosen Cathedral Rock eignet sich hervorragend für Outdoor-Aktivitäten wie Wandern oder Mountainbikefahren

Kapitel 5

Zentral- und Südarizona

Auf einen Blick: Zentral- und Südarizona

Amerikas bezauberndes Nadelkissen

Endlose Kakteenwälder im **Saguaro National Park,** geheimnisumwitterte Gebirge wie die **Superstition Mountains,** um die sich alte Geschichten von legendären Goldfunden ranken, historische Stätten von spanischen Missionsstationen bis zu Wildwestfriedhöfen, auf denen man heute noch den Pulverdampf längst vergangener Zeiten zu riechen glaubt, wüstenhafte Landstriche, in die teils noch kein Mensch den Fuss gesetzt hat, und über allem ein zum Greifen naher Nachthimmel, in dem schon John Steinbeck glaubte, mit den Fingern nach den Sternen tasten zu können: Im zentralen und südlichen Arizona erstreckt sich in einem zauberhaften Ozean aus Stacheln und Dornen eine äußerst facettenreiche Landschaft, die dem Reisenden grandiose Naturerlebnisse bietet.

Alte Zeugnisse längst untergegangener Kulturen wie etwa die **Casa Grande Ruins** der Hohokam-Indianer existieren in der Nachbarschaft modernster Hightech-Schmieden, die sich in **Phoenix** in Glas- und Stahlpalästen in den Himmel recken. Zwischen den Wolkenkratzern spielt sich um trendige Restaurants und luxuriöse Hotels ein dynamisches Citylife ab, das keine Vergleiche mit anderen Metropolen des Landes zu scheuen braucht – auch wenn die Dimensionen des Ganzen eher als kleinstädtisch zu charakterisieren sind. Dichte Ballungsräume mit vibrierendem Großstadtleben wie das Valley of the Sun oder der Großraum **Tucson** gehen in fast menschenleere, urwüchsige Naturlandschaften über, in denen Stauseen wie vergossenes Himmelblau aus staubtrockenen Einöden glitzern und heißer Wüstenwind z. B. an der mexikanischen Grenze durch Dattelplantagen und jene Landstriche fegt, die im 19. Jh. noch zu den Jagdgründen der berühmten Indianerhäuptlinge Geronimo und Cochise gehörten.

Highlight

11 **Sedona:** Freizeitaktivitäten, stimmungsvolle Hotels, gepflegte Restaurants, eine quirlige Kunstszene und eine atemberaubende Naturkulisse um das Städtchen herum machen die 10 000 Einwohner kleine Ortschaft zu einem verlockenden Ziel (s. S. 343 ff.).

Empfehlenswerte Routen

Auf dem Apachenpfad: Von Apache Junction aus umrundet diese Route die wilden Superstition Mountains, an deren Rand Stauseen, Indianerruinen und Kleinstädte liegen (s. S. 341 ff.).

Von Ajo nach Tucson: Kakteenliebhaber kommen auf diesem Streckenabschnitt in den stachligen Wäldern entlang der mexikanischen Grenze voll auf ihre Kosten (s. S. 351 ff.).

Rundreise durch Südostarizona: Unverkennbar mexikanisch ist das Flair entlang der Strecke von Tucson über Nogales, Tombstone, Bisbee und Douglas zurück zum Ausgangspunkt (s. S. 360 ff.).

Reise- und Zeitplanung

Phoenix mit dem Valley of the Sun bildet ein gewaltiges Gebiet mit mehreren Städten, zahlreichen Museen und umliegenden Attraktionen. Selbst wer das ›Asphalttreten‹ mehr liebt als das aktive Genießen von Naturlandschaften vor Ort, sollte sich für die schönsten Ziele 2 Tage Zeit nehmen. Auf dem Apachenpfad kann man, ohne dass Langeweile aufkäme, einen ganzen Tag verbringen, aber auch eine Tour mit dem Auto bietet durchaus die Möglichkeit, die schöne Naturszenerie zu genießen. Für die zwischen Phoenix und Flagstaff liegenden Städte und Ortschaften sollte man ca. 3 Tage einplanen, wovon man die meiste Zeit wegen der spektakulären Landschaft in und um Sedona verbringen kann.

Der Südwesten von Arizona ist ein wahrhaft weites Land, in dem es größere Fahrstrecken zu absolvieren gilt, zwischen denen Etappenziele wie das Organ Pipe Cactus National Monument, Yuma an der mexikanischen Grenze und Quartzsite weit im Westen liegen. Wer keine allzu langen Besichtigungen einlegt, kann die Strecke an einem Tag fahren. Mehr Zeit nehmen Tucson und der Südosten in Anspruch, weil dort die Sehenswürdigkeiten zahlreicher sind. Tucson und Umgebung allein beanspruchen mindestens einen Tag. Für die übrige Region und ihre Sights benötigt man 2 bis 3 Tage.

Richtig Reisen-Tipps

Geheimnisvolle Casa Grande Ruins: Wer sich für die wechselhafte Geschichte Amerikas interessiert und Nachweise für beeindruckende Kulturleistungen längst untergegangener Indianerzivilisationen sucht, wird im Casa Grande Ruins National Monument zwischen Phoenix und Tucson fündig. Dort steht ein ca. 700 Jahre altes Gebäude, das den Hohokam-Indianern wahrscheinlich als Observatorium diente (s. S. 344).

Unterirdisches Märchenreich: Besucher der Kartchner Caverns lernen auf geführten Touren eine fantastische ›Unterwelt‹ aus Tropfsteinformationen kennen, in der man allerdings aus Naturschutzgründen auf das Fotografieren verzichten muss (s. S. 365).

Klima und Reisezeit

Generell gehört Arizona zu den von der Sonne geradezu im Übermaß verwöhnten Teilen Amerikas. Vor allem im Valley of the Sun steigen die Temperaturen im Hochsommer häufig auf über 40 °C und machen höher gelegene Orte wie etwa Prescott oder Tombstone zu populären ›Fluchtburgen‹. Wer der zum Teil gnadenlosen Hitze lieber ausweicht, sollte den Urlaub auf das späte Frühjahr oder den Herbst legen.

Phoenix und der Südwesten von Arizona

Karte S. 342
Cityplan S. 336

Phoenix ist mit Abstand die größte, nicht an der Küste gelegene Stadt im amerikanischen Westen und bildet mit einer Handvoll Nachbarstädten das Valley of the Sun, einen im Sommer in brütender Hitze geradezu glühenden Ballungsraum. Eine Autostunde entfernt zeigt Arizona sein provinzielles Gesicht mit grandiosen Landschaften wie etwa um Sedona und mit fast menschenleeren Wüstenregionen wie im äußersten Südwesten des Bundesstaates.

Phoenix

Cityplan: S. 336, **Reiseatlas:** S. 19, 23

Im Valley of the Sun, gleichbedeutend mit dem Großraum Phoenix, hat es eine Juxpostkarte zu Kultstatus gebracht. Sie zeigt zwei in der unbarmherzigen Sonne von Zentralarizona schmorende menschliche Skelette in Liegestühlen, wobei das eine Skelett mit seinem Nachbarn die Erkenntnis teilt, es handle sich zumindest um trockene Hitze. Tatsächlich hat das Klima um die Hauptstadt einen legendären Ruf und lässt vermuten, dass der heutige Ballungsraum mit ca. 4 Mio. Einwohnern wahrscheinlich noch ein anonymes Provinzdasein fristen würde, wäre nicht die Klimaanlage erfunden worden. Im Januar, dem kältesten Monat im Jahr, kühlt es gerade einmal auf 17 °C ab, was die Stadt zu einem bevorzugten Winterziel macht.

Um Phoenix selbst gruppieren sich Städte wie Mesa, Tempe, Scottsdale, Chandler und Glendale, die alle längst über die 150 000 Einwohner zählen. Die Stadtgrenzen sind fließend. Wer das Valley of the Sun etwa in Ost-West-Richtung durchquert, ist auf einer Distanz von ca. 40 Meilen nur in urbaner Umgebung unterwegs, von zahlreichen grünen Oasen wie Parks und Golfanlagen einmal abgesehen.

Dabei fing Phoenix nach Ende des Bürgerkrieges 1865 bescheiden als Armeeposten Camp McDowell an. Die Soldaten hatten die Aufgabe, das Tal des Salt River vor den häufigen Angriffen der Pinal- und Tonto-Apachen zu schützen. Viehzüchter und Farmer zogen nach, sobald die Gegend als sicher galt. 1870 rückten Landvermesser an und teilten den Standort der künftigen Stadt in Parzellen auf, was heute noch den Straßenplan im Schachbrettmuster bestimmt. Da Holz ein knapper Baustoff war, entstanden mit Adobegebäuden hauptsächlich Häuser nach dem Prinzip der alten Hohokam-Indianer. Phoenix, nach dem Vogel aus der ägyptischen Mythologie benannt, erhob sich nicht aus der Asche, sondern aus den Überbleibseln dieser Indianerkultur, die 400 Jahre zuvor aus unerklärlichen Gründen verschwunden war.

Downtown

Befand sich das ursprüngliche Stadtzentrum um den Schnittpunkt von Central Avenue und Washington Street, so liegt um diese Koordinaten heute noch Downtown Phoenix. Östlich davon ist **Old State Capitol** **1** an einer 15 Tonnen schweren Kupferkuppel erkennbar, über der sich eine weiße Figur mit Flügeln erhebt, die sich im Wind dreht. Für Bürokraten und Aktenberge längst zu eng geworden, wurde der 1901 errichtete Bau schon vor Jahren in ein historisches Museum umfunktioniert. Die recht konventionell aufgebauten Ausstellungen beschäftigen sich mit regionalen Themen wie z. B. mit der Arbeit der Highwaypolizei, Fragen der Landwirtschaft oder dem Kunsthandwerk der Hopi (1700 W. Washington St., Tel. 602-542-4675, www.lib.az.us/museum, Mo–Fr 8–17, Sa 11–16 Uhr, Gratiseintritt). Vor dem Kapitol erstreckt sich mit der **Wesley Bolin Memorial Plaza** **2** eine Parkanlage, deren Gestaltung in nachdrücklichster Weise patriotisch ausgerichtet ist, gibt es dort doch zwei Dutzend Memorials und Gedenkstätten.

Wenige Schritte vom alten Kapitol entfernt hat an der Government Mall das **Arizona Mining & Mineral Museum** **3** seinen Platz. Die Schatztruhe mit ca. 3000 Felsproben, Mineralien und Fossilien aus Arizona empfängt Besucher in der Lobby mit einem 150 kg schweren tiefblauen Azurit mit intensiv grünen Malachit-Einschlüssen. Außerhalb des Museums ergänzt Bergbaugerät wie eine Maschine zum Zermahlen von Gestein und eine 1882 in Pennsylvania gebaute winzige Schmalspurlokomotive, die früher Erzloren aus der Coronado Mine in Morenci zog, die Ausstellungen (1502 W. Washington St., Tel. 602-771-1605, http://mines.az.gov, Mo–Fr 8–17, Sa 11–16 Uhr, 2 $).

Heard Museum

Als Flaggschiff der örtlichen Museumsszene gehört das renommierte **Heard Museum** **4** zu den faszinierenden Attraktionen im Stadtzentrum. Seit seiner Gründung 1929 zogen die Ausstellungen über Geschichte, Lebensweise, Kunst und Kultur hauptsächlich der im Südwesten lebenden Indianer Generationen von Besuchern in ihren Bann. Über Jahre hinweg vergrößerte der im spanischen Missionsstil errichtete Komplex seine Ausstellungs-flächen um ein Vielfaches, sodass auf den mittlerweile über 10 000 m^2 auch Wechselausstellungen über andere Ureinwohner wie etwa die Inuit oder Präsentationen mit speziellen Schwerpunkten wie z. B. indianische Fußbekleidungen oder Schmuckdesign aus den Pueblos in New Mexico gezeigt werden können (2301 N. Central Ave., Tel. 602-252-8848, www.heard.org, tgl. 9.30–17 Uhr, Erw. 10 $, Kin. 6–12 Jahre 3 $).

Mit dem Autor unterwegs

Indianermuseum

Das **Heard Museum** in Downtown Phoenix gehört mit seinen Ausstellungen über Leben und Kultur der *Native Americans* zu den sehenswertesten Indianermuseen der Vereinigten Staaten (s. S. 335).

Indianergeschichte

Auf dem **Apachenpfad** und bei **Camp Verde** präsentiert sich die jahrhundertealte Kultur der Indianer mit eindrucksvollen Ruinen von gut erhaltenen Klippenwohnungen (s. S. 341 und S. 343).

Traumkulisse

Das Städtchen **Sedona** liegt in einer der schönsten Landschaften von Arizona und ist deshalb zu einem Mekka für Freizeitaktivitäten geworden – und zum Eldorado der Esoterik, deren Anhänger hier Stätten magischer Kräfte ausgemacht haben (s. S. 343 ff.).

Phoenix Art Museum

Mit über 16 000 Kunstwerken aus Nord- und Südamerika, Europa und Asien und Exponaten, die bis ins 14. Jh. zurückführen, gehört das seit 1959 bestehende **Phoenix Art Museum** **5** zu den größten Kunstmuseen im Südwesten der USA. Neben den Werken großer Meister ist die Fashion Design Gallery mit Abendkleidern aus den vergangenen 100 Jahren ein Besuchermagnet. Eine weitere Sonderausstellung zeigt Skulpturen und Gemälde sog. Westernkünstler (1625 N. Central Ave., Tel. 602-257-1222, www.phxart.org, Di 10–21, Mi–So 10–17 Uhr, Erw. 10 $, Kin. 6–17 4 $, Di 10–21 Uhr Eintritt frei ab 15 Uhr).

Heritage and Science Park

In Eintracht existieren Vergangenheit und Moderne im **Heritage and Science Park** **6** nebeneinander (der Heritage & Science Park Passport ist ein Kombinationsticket für alle 3 Sehenswürdigkeiten im Park, Erw. 15 $, Kin. 9 $). Mit dem **Rosson House** **7** feiert Phoe-

Phoenix: Cityplan

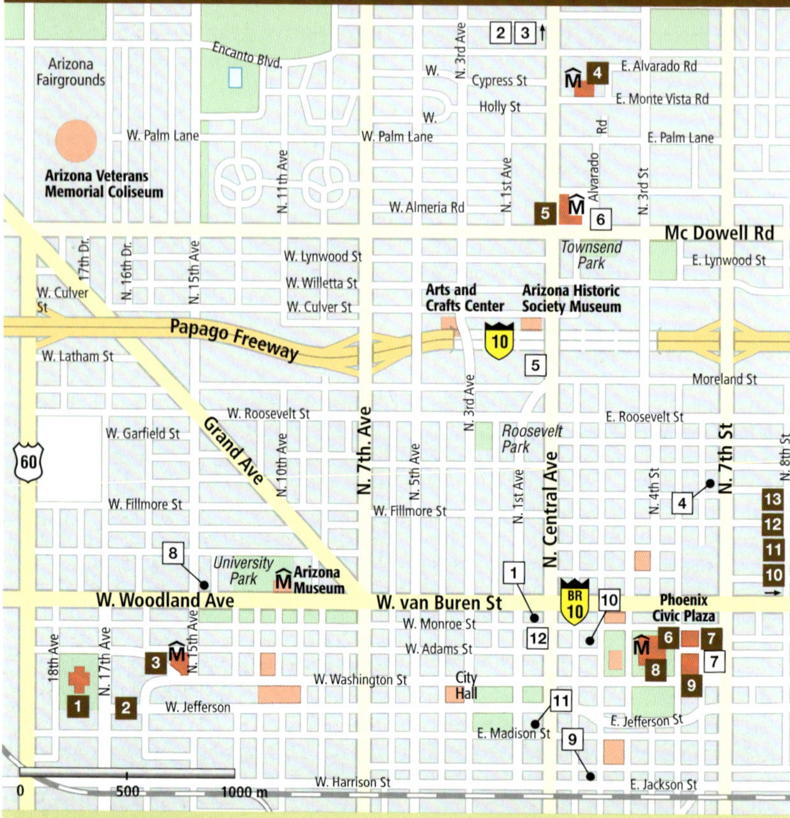

Sehenswürdigkeiten

1 Old State Capitol
2 Wesley Bolin Memorial Plaza
3 Arizona Mining & Mineral Museum
4 Heard Museum
5 Phoenix Art Museum
6 Heritage and Science Park
7 Rosson House
8 Phoenix Museum of History
9 Arizona Science Center
10 Pueblo Grande Museum
11 Hall of Flame
12 Desert Botanical Garden
13 Phoenix Zoo

Übernachten

1 San Carlos Hotel
2 Maricopa Manor B & B Inn
3 Fairfield Inn
4 Holiday Inn Express
5 Best Western Central Phoenix Inn
6 Quality Inn Downtown

Essen und Trinken

7 Pizzeria Bianco
8 Golden Moon Palace
9 Alice Cooperstown
10 Steve's Greenhouse Grill
11 Sing High
12 Downtown Deli

nix die viktorianische Baugeschichte des 19. Jh. Das mit Türmchen geschmückte Anwesen gehörte einem Arzt, der gleichzeitig das Amt des Bürgermeisters bekleidete (115 N. 6th St., Tel. 602-262-5029, www.rossonhousemuseum.org, Führungen Mi–Sa 10–16, So 12–16 Uhr, Erw. 5 $, Kin. 6–12 Jahre 2 $). Im kleinen **Arizona Doll & Toy Museum** haben Familien Spaß an Ausstellungen über Puppen und Spielzeug von heute, aber auch aus der Zeit, als Großmutter noch mit Teddybären spielte (602 E. Adams St., Tel. 602-253-9337, www.azcama.com/museums/doll_toy. html, Di–Sa 10–16, So 12–16 Uhr, Mo und im Aug. geschlossen).

Mit der Stadtgeschichte beschäftigt sich das **Phoenix Museum of History** 8 und erklärt mit unterschiedlichen Ausstellungen die Entwicklung vom unbedeutenden Wüstenflecken zur modernen Hightech-Metropole. Dabei geht es um kulturelle Artefakte der prähistorischen Indianer des Valley of the Sun ebenso wie um Waffen, Musikinstrumente, Kleidungsstücke unterschiedlicher Epochen, Gemälde, Transportmittel, Haushaltsgegenstände und Mobiliar (105 N. 5th St., Tel. 602-253-2734, www.pmoh.org, Di–Sa 10–17 Uhr, So/Mo geschlossen, Erw. 6 $, Kin. 7–12 Jahre 3 $).

Neueste Einrichtung auf dem Parkgelände ist mit dem **Arizona Science Center** 9 eine mittlerweile populäre Attraktion, die mit über 300 interaktiven Einrichtungen vor allem jüngere Besucher anspricht. Im IMAX-Kino auf Großleinwand werden Filme beispielsweise über die Tour de France und das Tauchen in abenteuerlichen Korallenriffen gezeigt. Außerdem gibt es in einem Planetarium Weltallshows. Das Atomic Café bietet sich für eine Besichtigungspause an (600 E. Washington St., Tel. 602-716-2000, www.azscience.org, tgl. 10–17 Uhr, Museum Erw. 9 $, Kin. 3–12 Jahre 7 $, IMAX-Kino 8 bzw. 7 $, Planetarium 8 bzw. 7 $).

Pueblo Grande Museum and Archaeological Park

Das heutige Salt River Valley war von der Zeitenwende bis zur Mitte des 15. Jh. von Hohokam-Indianern besiedelt. Zwischen 50 000 und 100 000 Menschen sollen dort einmal gelebt haben. Ihrer Kultur und Wirtschaftsweise widmet sich das **Pueblo Grande Museum** 10 auf einem 1500 Jahre altem originalen Siedlungsplatz. Überreste eines alten Bewässerungssystems zeugen von erstaunlichen landwirtschaftlichen Fähigkeiten. Schon vor mehr als 2000 Jahren waren weit verzweigte Wasserkanäle die Vorausstzung für eine intensive Feldwirtschaft; neben den klassischen indianischen Feldfrüchten Bohnen, Mais und Kürbis kultivierten die Indianer auch Baumwolle (4619 E. Washington St., Tel. 602-495-0901, http://phoenix.gov/parks/ pueblo. html, Mo–Sa 9–16.45, So 13–16.45 Uhr, Erw. 5 $, Kin. 6–17 Jahre 3 $).

Hall of Flame

Von uralten Löschsystemen für Handbetrieb bis zu chromglänzenden Löschzügen der jüngeren Vergangenheit, von Schlauchaufrollsystemen bis zur umfangreichen Sammlung an Feuerwehrhelmen und von Feuerwehruniformen aus unterschiedlichen Zeiten bis zu Lithografien, Gemälden und Plänen zeigt die **Hall of Flame** 11 alles um das Thema Feuerbekämpfung. Dabei geht es bei den Exponaten nicht nur um Gerätschaften aus den USA, sondern auch aus England, Frankreich, Österreich und Japan (6101 E. Van Buren St., Tel. 602-275-3473, www.hallofflame.org, Mo–Sa 9–17, So 12–16 Uhr, Erw. 6 $, Kin. 6–17 Jahre 4 $).

Desert Botanical Garden

Was in den Wüsten Amerikas gedeiht und auch in Trockenregionen anderer Teile der Welt vorkommt, versammelt sich im **Desert Botanical Garden** 12 im Papago Park. Die über 50 000 meist stachligen Schönheiten sind zum Teil im Kakteen- und Sukkulentenhaus der Anlage, aber auch im Freigelände zu sehen, durch das sich fünf Pfade winden. Jeder von ihnen widmet sich einem bestimmten Thema wie etwa den Wildblumen der Wüste oder der Frage, wie der Mensch am besten in einem heißen, trockenen Wüstenklima lebt. Die Anlage ist auch nach Sonnen-

Trotz häufigem Smog bietet die Skyline von Phoenix im Abendlicht ein beeindruckendes Bild

untergang ein reizvolles Ziel, weil viele Kakteen abends durch versteckte Lichtstrahler illuminiert werden (1201 N. Galvin Pkwy, Tel. 480-941-1225, www.dbg.org, Okt. –April 8–20, Mai–Sept. 7–20 Uhr, Erw. 10 $, Kin. 3–12 Jahre 4 $).

Phoenix Zoo

In der Nachbarschaft des Wüstengartens setzt sich der **Phoenix Zoo** 13 aus unterschiedlichen Themenbereichen zusammen und präsentiert Säugetiere, Fische, Vögel, Reptilien und wirbellose Tiere in den passenden Lebensräumen. Auf drei Trails können sich Besucher der afrikanischen, der tropischen oder der Tierwelt in Arizona widmen. Dass sich der Tierpark auch erfolgreich um die Aufzucht gefährdeter Tierarten bemüht, zeigte in jüngerer Vergangenheit die Geburt einer Mhorr-Gazelle. In den 1980er-Jahren galt diese Tierart in freier Wildbahn als ausgestorben (455 N. Galvin Pkwy, Tel. 602-273-1341, www.phoenixzoo.org, tgl. 9–17 Uhr, Erw. 16 $, Kin. 3–12 Jahre 7 $).

i **Downtown Phoenix Visitor Information Center:** 125 N. Second St., Suite 120, Phoenix, AZ 85004, Tel. 602-452-6282, www.visitphoenix.com.

Über **Arizona Trails B & B,** Tel. 480-837-4284, www.arizonatrails.com kann man auch B & B-Adressen außerhalb von Downtown Phoenix finden.

San Carlos Hotel 1: 202 N. Central Ave., Tel. 602-253-4121, Fax 602-253-6721, www.hotelsancarlos.com. Von 1928 stammendes, 2003 z. T. renoviertes historisches Hotel, zu dessen Blütezeit Hollywoodstars im glamourösen Ambiente abzusteigen und sich am Pool auf dem Dach zu sonnen pflegten. DZ im Durchschnitt ab 170 $.

Maricopa Manor B & B Inn 2: 15 W. Pasadena Ave., Tel. 602-274-6302, Fax 602-266-3904, www.maricopamanor.com. Ruhig gelegene, geschmackvoll ausgestattete Suiten mit viel Platz und komfortablen Betten sind in separaten Gebäuden auf dem Gartengelände mit Pool untergebracht. DZ 129–239 $.

Fairfield Inn 3: 2520 N. Central Ave., Tel. 602-716-9900, Fax 602-716-9909, www.marriott.com/hotels/travel/phxas-fairfield-inn-and-suites-phoenix. Klimatisierte Zimmer, Restaurant im Haus, Pool im Freien, Fitnesseinrichtungen, Highspeed-Internetzugang im Preis inbegriffen, kostenloser Shuttle vom und zum Flughafen. DZ ab 99 $.

Holiday Inn Express 4: 620 N. 6th St., Tel. 602-452-2020, Fax 602-2522909, www.icho

telsgroup.com. 90 Zimmer großes, neueres Hotel mit Swimmingpool, Whirlpool und Fitnessstudio. Kabel-TV, Kaffeemaschine und Bügeleisen sind hier Standard. DZ ab 99 $.

Best Western Central Phoenix Inn 5: 1100 N. Central Ave., Tel. 602-252-2100, Fax 602-252-2731, http://book.bestwestern.com. Von außen klotzig wirkender Bau mit komfortabler Ausstattung im Innern. Kostenloser Highspeed-Internetzugang, Kabel-TV und Kaffeemaschine in allen Zimmern, Außenpool mit Sauna, Waschmaschinen. DZ ab 79 $.

Quality Inn Downtown 6: 202 E. McDowell Rd., Tel. 602-528-9100, Fax 602-258-7259, www.choicehotels.com. Budgetmotel mit kostenlosem Parkplatz, Standardzimmer inkl. kleinem Frühstück, Außenpool, Waschmaschinen, WLAN, manche Zimmer mit Teeküche. DZ ab 79 $.

Pizzeria Bianco 7: 623 E. Adams St., Tel. 602-258-8300, www.pizzeriabianco.com, Di–Sa 17–22 Uhr. Um den häufig wartenden Gästen die Zeit zu vertreiben, hat der Besitzer nebenan eine Bier- und Weinbar eröffnet. Die Pizzen haben einen legendären Ruf. Die Speisekarte ändert sich häufig. 10–13 $.

Golden Moon Palace 8: 1408 West Van Buren St., Tel. 602-254-9229, Mo–Fr 11–21, Sa/So 16–21 Uhr. Lokal für unverfälschte chinesische Kost. Man kann sich ein Probiermenü zusammenstellen lassen, zu dem etwa Hummer mit Ingwer und grünen Zwiebeln gehört. Ab 12 $.

Alice Cooperstown 9: 101 E. Jackson St., Tel. 602-253-7337, www.alicecooperstown.com, So–Do 11–22, Fr–Sa 11–23 Uhr. Ausgeflipptes Lokal des Starrockers und Sportenthusiasten Alice Cooper mit perfektem Video- und Soundsystem, Riesen-TV für Sportübertragungen und unzähligen Rock- und Sportmemorabilien. Die Speisekarte reicht von Bo's Gesetzlosen-Hähnchen bis zu Albtraum-Nachos (7,99 $). Drinks wie Britney Spears' Crème de Mocha (7,50 $) und Ozzy Osbourne's Devil Dog (7,50 $) machen gesprächig.

Steve's Greenhouse Grill 10: 139 E. Adams St., Tel. 602-252-2742, keine Website, Mo–Mi 6.30–20.30, Do–Sa 6.30–23, So 6.30–19 Uhr. Auf der Speisekarte stehen gebratener Lachs, Thunfisch, aber auch Burger aus magerem Straußenfleisch. Do–Sa Abend Livemusik (Rock oder Jazz). Ab 9 $.

Sing High 11: 27 W. Madison St., Tel. 602-253-7848, keine Website, Mo–Do 11–21, Fr/So 12–23 Uhr. Kein herausragendes Chinarestaurant, aber das Preis-Leistungs-Verhältnis stimmt, wenngleich das Lokal recht karg eingerichtet ist. Die Speisekarte bietet gut zubereitete Klassiker der fernöstlichen Küche. Unter 10 $.

Downtown Deli 12: 130 N. Central Ave., Tel. 602-258-3069 , www.bickoffsdowntowndeli.com, tgl. 7–15 Uhr. Populärer, seit einem halben Jahrhundert bestehender Familienbetrieb mit großem Angebot an Sandwiches, heißen Würstchen, Salaten, Suppen und vor allem Frühstücksspezialitäten, auch für Gäste, die morgens schon mexikanische Klassiker vertragen können. Ab ca. 7 $.

Biltmore Fashion Park: 2502 E. Camelback Rd., Tel. 602-955-8400, www.shopbiltmore.com, Mo–Mi 10–19, Do–Fr bis 20, Sa bis 18, So 12–18 Uhr. Escada, Cartier und Sak's Fifth Avenue gehören zu den rund 70 Shops der schicken Openair-Mall.

Heard Museum Shop & Bookstore: 2301 N. Central Ave., Tel. 602-252-8848, www.heardmuseumshop.com, tgl. 9.30–17 Uhr. Große Auswahl an authentischer indianischer Kunst. Der Erlös geht direkt an die Künstler.

Axis and Radius: 7340 E. Indian Plaza, Tel. 480-970-1112, www.axis-radius.com, Mi–Sa 21–2 Uhr. Die beiden populären Topclubs sind durch eine gläserne Passage miteinander verbunden. Prominente aus Film, Showbusiness und Sport lassen sich häufig blicken. Im Axis orientiert sich die Musik an den jeweiligen Charts, im Radius ist Techno angesagt. Eintritt 5–10 $, Do für Damen Eintritt frei. Dress Code obligatorisch.

Char's Has The Blues: 4631 N. 7th Ave., Tel. 602-230-0205, www.charshastheblues.com, tgl. ab 19.30 Uhr. Seit Jahren gehört der in einem alten Haus in Downtown eingerichtete

Club zu den besten Blueslokalen der Stadt, in dem lokale Gruppen und Interpreten aus Arizona auftreten. Eintritt 4 $.

Die Internetseite www.showup.com ist eine wertvolle Quelle für Informationen über kulturelle Veranstaltungen, Events und Museen.

Symphony Hall: 225 E. Adams St., Tel. 602-495-1999, www.phoenixsymphony.org. Das 2400 Zuschauer fassende, 1972 eingeweihte Auditorium ist die Spielstätte der Phoenix Symphony, die unter der Leitung von Michael Christie das Jahr hindurch zahlreiche Konzerte gibt, keineswegs nur im Klassikbereich (Spielzeit Sept.–Juni).

Orpheum Theatre: 203 W. Adams St., Tel. 602-262-7272, ttp://phoenix.gov/STAGES/orpheum.html. Das von 1929 stammende ehemalige Kino und Varietétheater im spanischen Neobarock dient nach einer Komplettrenovierung hauptsächlich als Bühne für Theateraufführungen und Broadwaymusicals.

Phoenix Jazz & Blues Festival (April/Mai): Zum Teil bekannte Bands und Interpreten aus den gesamten USA und aus dem Ausland.

Arizona State Fair (Okt): Messe mit Ausstellungen, Konzerten, Rodeos, Rennen und großem kulinarischen Angebot (www.azstatefair.com).

Flugzeug: Phoenix Sky Harbor International Airport, 3 Meilen östlich von Downtown, Tel. 602-273-3300, http://phoenix.gov/skyharborairport. Einer der am stärksten frequentierten Airports in den USA. Zwischen den 3 Terminals gibt es einen kostenlosen Pendelbusverkehr. Von den mit »City Bus Stop«-Schildern markierten Haltestellen fahren öffentliche Busse in die Stadt. Mit dem Supershuttle (Tel. 602-244-9000) kostet die Fahrt nach Downtown ca. 7 $–14 $. Taxis: AAA Cab (Tel. 602-437-4000), Allstate (Tel. 602-275-8888) und Discount (Tel. 602-266-1110) nach Downtown ca. 13 $.

Bahn: Phoenix besitzt keinen Anschluss an das Schienennetz.

Bus: Die Downtown Area Shuttles (DASH) fahren Mo–Fr 6.30–23 Uhr. An der Strecke liegen das State Capitol und der Heritage and Science Park.

Scottsdale

Reiseatlas: S. 23, B 2

Die Nachbarstadt von Phoenix ist die bekannteste Touristenadresse im Valley of the Sun. In erster Linie liegt das an einer Reihe von Luxusresorts und Superhotels mit Golfplätzen und Sportanlagen am Stadtrand, die zum Exklusivsten gehören, was die Arizona-Hotellerie zu bieten hat. Der eigentliche Kern von Scottsdale zwischen 68th Street und Bronson Avenue, Second Street und Indian School Road überrascht nicht mit einem himmelstürmenden Wolkenkratzerzentrum, sondern mit Straßenzügen voller niedriger Häuser hin und wieder im Westernstil. Entsprechend konzentriert sich das touristische Warenangebot auf Lederstiefel und breitkrempige Hüte, indianisches Kunstgewerbe und Freizeitkleidung. ›Kunstgalerien‹ gibt es wie Sand am Meer.

Das vornehme Einkaufszentrum **The Borgata** im Stil eines italienischen Dorfes mit Springbrunnen, Arkaden und Türmchen wird in den heißen Sommermonaten zur angenehm kühlen Fluchtburg der Einwohner. Während an den zuweilen unerträglich heißen Nachmittagen auf den Straßen kaum jemand zu sehen ist, herrscht im klimatisierten Borgata Hochbetrieb (6166 N. Scottsdale Rd., www.borgata.com, Mo–Sa 10–19, So 12–18 Uhr).

Mitten in der Sonorawüste ließ Architekturpapst Frank Lloyd Wright (1867–1959) seit 1937 in **Taliesin West** aus in Arizona vorhandenen Materialien neben seinem Wohnhaus u.a. eine Schule für Architektur bauen. Die Einrichtungen dienen heute noch als Wohn- und Arbeitsstätten und vermitteln einen faszinierenden Einblick in die Philosophie und Architektur des berühmten Baumeisters (Cactus Rd. & Frank Lloyd Wright Blvd., Tel. 480-860-2700, www.franklloydwright.org, Anmeldung zu Touren und Informationen unter bevhart@franklloydwright.org).

Scottsdale Convention & Visitors Bureau: Galleria Corporate Center, 4343 N. Scottsdale Rd., Suite 170, Scottsdale, AZ 85251, Tel. 480-421-1004, Fax 480-421-9733, www.scottsdalecvb.com.

Hyatt Regency Scottsdale at Gainey Ranch: 7500 E. Doubletree Ranch Rd., Tel. 480-444-1234, www.scottsdale.hyatt.com. Luxusresort mit 10 Swimming-Pools, großer Gartenanlage zum Relaxen, Spa und diversen Restaurants, wobei das Vu (s. u.) zu den besten in Scottsdale gehört. DZ 139–450 $.
Motel 6: 6848 E. Camelback Rd., Tel. 480-946-2280, www.motel6.com. Einfaches Standardmotel. DZ 66–76 $.

Flemings Prime Steakhouse: 6333 N. Scottsdale Rd., Tel. 480-596-8265, www.flemingssteakhouse.com, tgl. Dinner ab 17 Uhr. Ausgezeichnete Fleischgerichte, Seafoodspezialitäten wie australischer Hummerschwanz und göttliche Nachspeisen. Ab ca. 25 $.
Los Sombreros: 2534 N. Scottsdale Rd., Tel. 480-994-1799, tgl. 17–21 Uhr, Fr–Sa bis 22 Uhr. Gute Auswahl frischer und original mexikanischer Gerichte. Hervorragend sind die Guacomole und das Schweinefleischgericht Puerco en chipotle. Ab 8 $.
Pinnacle Peak Patio: 10426 E. Jomax Rd., Tel. 480-585-1599, www.pppatio.com, Mo–Do 16–22, Fr–Sa 16–23, So 12–22 Uhr. In dieses Lokal geht man nicht nur zum Essen, sondern zum Vergnügen: Rustikale Westernatmosphäre mit Livemusik, an manchen Abenden bekommen 4000 Gäste Burger und Steaks mit Bohnen aufgetischt. Vorsicht: Die Kellner machen mit Scheren Jagd auf Krawatten, deswegen ist es besser, legere Kleidung zu tragen. Ab 12 $.
Cowboy Ciao: 7133 E. Stetson Dr., Tel. 480-946-3111, www.cowboyciao.com, Lunch tgl. 11.30–14.30, Dinner 17–22, Fr–Sa bis 23 Uhr. Leckere italienische und typische amerikanische Gerichte werden in lockerer Atmosphäre serviert. Die Weinauswahl kann sich sehen lassen. Hauptgerichte ab ca. 20 $.

Barcelona: 15440 Greenway-Hayden Loop, Tel. 480-603-0370, www.barcelonaarizona.com, Mo–Do 16–23, Do–Sa bis 2 Uhr. Schickes Ambiente mit Restaurant, großem Patio und Dance Club.

Scottsdale ist ein Einkaufsparadies. Zahllose Spezialgeschäfte und Malls verlocken zu ausgedehntem Shoppen.
In Celebration of Golf: 7001 N. Scottsdale Rd., Tel. 480-951-4444, www.celebrategolf.com, Mo–Sa 10–18 Uhr. Der Ausstatter lässt die Herzen aller Golfer höher schlagen.
Saba's: 7254 Main St., Tel. 480-949-7404, www.sabaswesternwear.com, Mo–Sa 10–18 Uhr. Cowboykleidung von Boots bis Hut.
My Sister's Closet: 6204 N. Scottsdale Rd., Tel. 480-443-4575, www.mysisterscloset.com, Mo–Sa. 17–18 Uhr. Seconhandladen mit Designerlabels.

Der Apachenpfad

Karte: S. 342
Eine halbe Autostunde östlich von Phoenix grassiert bei **Apache Junction** 1 seit über 100 Jahren das Goldfieber. Angefangen hat die ›Epidemie‹ mit einem gewissen Jakob Waltz, der in den 1870er-Jahren mit einem Goldfund helle Aufregung auslöste. Wo sich die legendäre Mine des Dutchman, wie Waltz genannt wurde, befand, verriet der Deutsche nie. Er nahm sein Geheimnis 1891 mit ins Grab. Bis heute fesselt die Legende der Lost Dutchman Mine Goldsucher und Schatzjäger gleichermaßen. Dass Geologen im Gestein der wildromantischen **Superstition Mountains** keine Goldadern vermuten, hat der Jagd nach dem sagenumwobenen Schatz keinen Abbruch getan.

In Apache Junction zweigt Highway 88 in nordöstlicher Richtung von der Durchgangsstraße 60 ab und markiert den Anfang des Apache Trail. Fünf Meilen entfernt liegt die Westernstadt **Goldfield** 2. Ende des vergangenen Jahrhunderts für kurze Zeit ein Goldschürfercamp, verwandelten Investoren die ehemalige Geisterstadt schon vor Jahren in

Apachenpfad

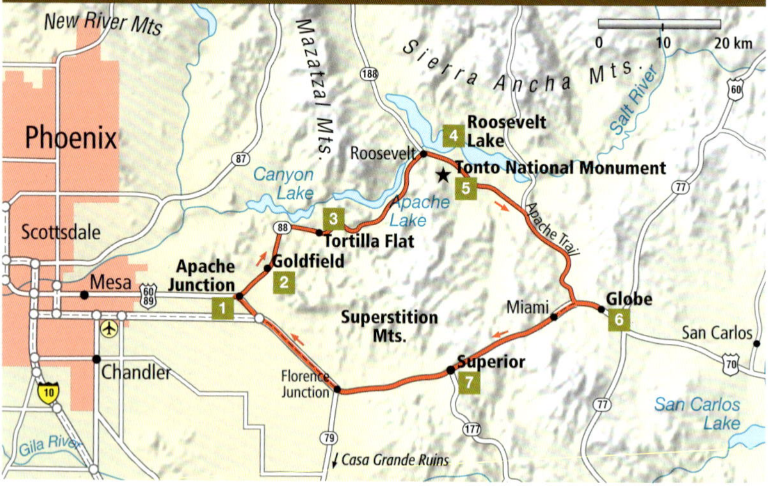

ein Freilichtmuseum für altes Bergbaugerät und rostige Oldtimer und machten aus ihr eine Touristenattraktion mit Schmalspurbahn, Saloon und filmreifen Schießereien (www.goldfieldghosttown.com, tgl. 10–17 Uhr).

Vermutlich schon vor über 600 Jahren war der Apache Trail durch das zerklüftete Bergland von Zentral-Arizona ein häufig benutzter Weg der Salado-Indianer ins Tal des Salt River, um mit den dortigen Hohokam-Indianern Waren auszutauschen. Später attackierten die Apachen über diese Route die Pima- und Papago-Indianer, die an den Ufern des Salt River ihre Felder bewirtschafteten. Nach dem Ende der Indianerkriege um 1890 benutzten weiße Siedler 1905–1911 den zu einer Straße umgebauten Trail für den Materialtransport zum Bau des Roosevelt-Staudamms. Die Schotterstraße machte nicht nur Schlagzeilen wegen ihrer spektakulären Trasse durch schwieriges Terrain, sondern hauptsächlich wegen der damals immensen Kosten in Höhe von 500 000 Dollar. Baumaschinen waren noch unbekannt, sodass die gesamte Strecke im wahrsten Sinne des Wortes von Hand hergestellt wurde, von echten Pferdestärken und Dynamitexplosionen einmal abgesehen. Von 20 Mauleseln gezogene Karren brachten das Material auf geradezu abenteuerliche Weise an den abgelegenen Damm, hinter dem mit dem aufgestauten Salt River ein Trinkwasserdepot für den Großraum Phoenix entstand.

Am Canyon Lake entlang, auf dem das Dolly Steamboat kommentierte Ausflüge und Dinnerfahrten anbietet (Arizona Steamboat Cruises, Tel. 480-827-9144, www.dollysteamboat.com), führt der vermutlich schon vor über 600 Jahren von den Salado-Indianern als Handelsweg benutzte Pfad nach **Tortilla Flat** 3. Der Ort besteht aus einer Handvoll Brettergebäuden mit dem einfachen Superstition Saloon, einem Laden und verstreuten Memorabilien wie etwa einer Badewanne, in der sich schon Wyatt Earp den Staub des Westens vom Rücken gebürstet haben soll. Fünf Meilen hinter Tortilla Flat macht die Asphaltstraße am Fish Creek Hill einer staubigen Schotterpiste mit engen Kurven Platz, die zum Roosevelt Lake führt. Die 1911 von US-Präsident Theodore Roosevelt eingeweihte 86 m hohe Talsperre ist einer der größten gemauerten Dämme der Erde. Dahinter breitet sich mit dem **Roosevelt Lake** 4 der mit 7000 ha größte See am Salt River aus. An den Ufern liegen Campingplätze und eine Marina, wo man Boote ausleihen kann. Ab Roosevelt-Damm ist die Straße wieder asphaltiert und erreicht nach 3 Meilen die Abzweigung zum **Tonto National Monument** 5. In den ockerfarbenen Klippen über den von Kakteen bestandenen Bergflanken verstecken sich Überreste von Klippendörfern der Salado-Indianer, die um 900 von Norden in das Tonto Basin einwanderten und dort bis um 1400 lebten. Sowohl die Lower Ruin, eine Wohnanlage von ca. 19 Räumen in einer natürlichen Höhle und einem angrenzenden Komplex mit 13 Räumen, als auch die noch größere Upper Ruin sind nur auf einem Wanderweg zu erreichen (Besucherzentrum Tel. 928-467-2241, www.nps.gov/tont, tgl. 8–17 Uhr, Erw. 3 $, Kin. unter 15 Jahre gratis).

Das 6000 Einwohner große Städtchen **Globe** 6 entstand in den 1870er-Jahren im Zuge eines kurzen Silberbooms. Wer sich die Wanderung im Tonto National Monument erspart hat, kann sich im **Besh-Ba-Gowah Archaeological Park** in den rekonstruierten Häusern eines 700 Jahre alten Pueblos über die Kultur der alten Salado-Indianer informieren (150 N. Pine St., Tel. 928-425-4495, www.globemiamichamber.com, tgl. 9–17 Uhr, 3 $, Kin. unter 12 Jahren gratis).

Westlich des Bergbauortes **Superior** 7 liegt das **Boyce Thompson Arboretum**, das der Bergwerksbesitzer und Philanthrop William Boyce Thompson in den 1920er-Jahren gründete. Im Smith Interpretive Center erfährt man alles Wissenswerte über die Anlage mit Tausenden unterschiedlicher Pflanzen, dem Ayers Lake, einem Eukalyptusgarten mit Kräutern, die für kosmetische oder medizinische Zwecke verwendet werden (37615 U.S. Hwy 60, Tel. 520-689-2811, http://arboretum.ag.arizona.edu, im Sommer 6–15, sonst 8–16 Uhr, Erw. 7,50 $, Kin. 5–12 Jahre 3 $).

Camp Verde

Reiseatlas: S. 23, B 1

Auf halber Strecke zwischen Phoenix und Flagstaff geht das 10 000 Einwohner große Städtchen Camp Verde auf eine Befestigung zurück, die in den 1860er-Jahren von einer Art Bürgermiliz zum Schutz von Pionieren gegen die Apachen errichtet wurde. Dass die Gegend allerdings schon Jahrhunderte zuvor besiedelt war, beweisen die Ruinen einer 5-geschossigen Klippenwohnung im **Montezuma Castle National Monument.** Der 30 m über dem Beaver Creek in einen senkrechten Felsabbruch gebaute Komplex soll im 12. und 13. Jh. durch Sinagua-Indianer errichtet und mit ca. 20 Räumen ausgestattet worden sein, die z. T. durch Leitern miteinander verbunden waren. Die Ruinen selbst sind zwar nicht zugänglich, aber man kann die Anlage von einem Wanderweg aus gut sehen (Exit 289 von der I-17, Montezuma Castle Hwy, Tel. 928-567-3322, www.nps.gov/moca, im Sommer 8–18, sonst bis 17 Uhr, 5 $ – im Besucherzentrum gibt es eine Ausstellung).

Am Fuß des Mingus Mountain nordwestlich von Camp Verde hat sich die Trockenlandschaft von Arizona in ein Stückchen afrikanische Savanne verwandelt. Im **Out of Africa Wildlife Park** leben Pumas, Panther, Bengalische und Sibirische Tiger, Löwen, Zebras, Giraffen, Gnus, Bären und Wölfe einträchtig mit- und nebeneinander. Die 45-minütige Serengeti Safari führt per Unimog mitten durch das Tiergehege, in dem man nach Herzenslust fotografieren und manche Tiere füttern kann (4020 N. Cherry Rd., Tel. 928-567-2840, www.outofafricapark.com, Mi–So 9.30–17 Uhr, Erw. 32 $, Kin. 3–12 Jahre 20 $).

11 Sedona

Reiseatlas: S. 19, B 4

Jahr für Jahr statten zwischen 2 und 4 Mio. Reisende der nur 10 000 Einwohner zählenden Kleinstadt einen Besuch ab und beweisen damit nicht nur das Marketinggeschick der örtlichen Tourismusstrategen, sondern die geradezu magische Anziehungskraft der Gemeinde und ihrer grandiosen Umgebung. Lernt man die rote Bergwelt um den Ort kennen, wundert man sich nicht, warum gerade Sedona als mystisches und spirituelles Zen-

Richtig Reisen-Tipp: Geheimnisvolle Casa Grande Ruins

Im Jahr 1694 entdeckte der Jesuitenmissionar Eusebio Francisco Kino neben einigen anderen Ruinen südöstlich vom heutigen Phoenix ein seltsames Gebäude, dessen Funktion ihm rätselhaft war. Damit hätte er sich noch Jahrhunderte später in guter Gesellschaft von Wissenschaftlern unterschiedlicher Disziplinen befunden, in deren Kreisen bis heute Unklarheit darüber herrscht, welchem Zweck die sogenannte **Casa Grande Ruins** diente. Zweifellos handelt es sich um ein viergeschossiges, aus der Zeit um 1350 stammendes Gebäude im Pueblostil, das auf Baumeister aus den Reihen der alten Hohokam-Indianer zurückgeht. Dennoch unterscheidet sich die aus einem Gemisch von Sand, Tonerde und Kalk errichtete Ruine nicht nur in ihrer Größe, sondern auch in ihrer Konzeption deutlich von anderen bekannten Hohokam-Bauten. Der quadratische Grundriss ist akkurat nach den Himmelsrichtungen angelegt, was kaum ein Zufall sein kann. Einige runde Öffnungen in den Wänden der Obergeschosse scheinen mit Sonnen- und Sternbewegungen in Beziehung zu stehen, sodass die Forscher davon ausgehen, dass es sich um eine Art Observatorium handelte, mit dessen Hilfe eventuell bestimmte jährlich wiederkehrende Zeitpunkte etwa für die Aussaat, die Ernte bestimmter Feldfrüchte sowie religiöse Feste festgelegt wurden. Um die Anlage vor dem Verfall zu schützen, wurde sie schon in den 1930er-Jahren mit einer Metallkonstruktion überdacht (1100 Ruins Dr., am Hwy 87 ca. 1 Meile nördlich von Coolidge, Tel. 520-723-3172, www.nps.gov/cagr, tgl. 8–17 Uhr, 5 $, Kin. bis 15 Jahre gratis).

trum Karriere machte und schon vor Jahren von einer Welle von Wunderheilern, Naturheilpraktikern, Wahrsagern, Medizinmännern, Hellsehern, Psychoanalytikern, New-Age-Jüngern und Therapeuten überschwemmt wurde. Viele von ihnen glauben an die spirituellen Kräfte mancher Stätten – oder sind selbst als Kartenleger, Hypnotiseure und Reinkarnationsexperten am Vermarktungskarussell der irdischen und kosmischen Energiezentren beteiligt. In Sedona nennt man solche Plätze *vortex,* was eigentlich so viel wie Strudel oder Wirbel bedeutet, im lokalen Jargon aber bestimmte Stellen mit scheinbar ungewöhnlichen, paranormalen Eigenschaften bezeichnet.

Man muss keine übersinnlichen Phänomene bemühen, um dem magischen Reiz etwa des **Bell Rock** südlich von Sedona zu erliegen. Bei diesem Felsen beginnt eine Tour, die man mit dem Auto oder Rad fahren kann und an der die meisten der landschaftlichen Höhepunkte liegen (eine Karte gibt es im Visitor Center). An der 70 m hohen, in einer Felswand stehenden **Chapel of the Holy Cross** vorbei bietet sich ein Abstecher in die von roten Felsen umrahmte **Schnebly Hill Road** an. Die **Airport Mesa** zählt zu den besten Aussichtspunkten auf die Stadt und ihre Umgebung und wird sowohl bei Sonnenauf- wie -untergang zum Wallfahrtsziel von Vortexgläubigen. Die Yavapai-Indianer verehren den roten **Boynton Canyon** als heiligen Platz, weil sie sich durch die Felsformationen Kachina Man und Kachina Woman an ihre religiösen Symbole erinnert fühlen. Zu den wirklich beeindruckenden Plätzen um Sedona gehört **Red Rock Crossing,** wo sich der grandiose **Cathedral Rock** mit seinen vier Türmen im Wasser des Oak Creek spiegelt und Esoteriker ein ganz besonderes Kraftzentrum vermuten. Längst ist diese Felskathedrale zum Sedonasymbol geworden, das Poster und Kalenderblätter ziert (http://sedonadrivetours.com).

Fast jede Straße außerhalb von Sedona könnte als *Scenic Drive* apostrophiert werden. So etwa Highway 89A in nördlicher

Richtung durch den **Oak Creek Canyon.** Die landschaftlich reizvolle Nebenstrecke nach Flagstaff führt am Slide Rock State Park vorbei, in dem der Oak Creek über glatt polierte Felsen stürzt und einen populären Badeplatz bildet. Am oberen Ende des bewaldeten Canyons liegt ein reizvoller Aussichtspunkt, an dem Indianer Schmuck und Kunsthandwerk verkaufen. Die majestätische Landschaft unter makellos blauem Himmel ließ schon in den 1950er-und 1960er-Jahren Hollywoodidole nach Sedona umziehen, um dort insbesondere Western zu drehen. Künstler folgten den Spuren der Leinwandstars und ließen eine Kolonie von Kunstschaffenden und Galerien entstehen. Max Ernst siedelte sich mit seiner Frau Dorothea Tanning bereits 1946 vor Ort an und blieb bis 1953. Einige Galerien sowie auch öffentlich aufgestellte Kunstwerke finden sich in **Tlaquepaque,** einem hübschen Viertel mit Pflastergassen, Brunnen und Höfen im mexikanischen Stil, das mit Restaurants, Schmuckgeschäften und Modeboutiquen Besucher lockt (336 Hwy 179, www.tlaq.com).

Tuzigoot National Monument

Die auf einem Hügel liegenden Ruinen einer aus über 110 Räumen bestehenden Wohnanlage der alten Sinagua-Indianer steht im Tuzigoot National Monument außerhalb der Stadt unter Denkmalschutz. Nach wissenschaftlichen Erkenntnissen war die Siedlung der Ackerbau treibenden Menschen von 1100 bis 1425 bewohnt, wovon Töpfereien, Reste von Textilien, Muscheln, Werkzeuge und Schmuckstücke zeugen, die dort gefunden wurden und heute im Besucherzentrum ausgestellt sind.

In den auf zwei Stockwerken liegenden 92 Räumen sollen ca. 300 Einwohner gelebt haben. Archäologen beschäftigten sich seit den 1930er-Jahren mit Ausgrabungen im Pueblo und sorgten für die teilweise Rekonstruktion, ehe US-Präsident Franklin D. Roosevelt die Anlage 1939 zum National Monument erklärte (bei Cottonwood, Tel. 928-634-5564, www.nps.gov/tuzi, im Sommer 8–18, sonst bis 17 Uhr, 5 $).

Sedona-Oak Creek Chamber of Commerce: 331 Forest Rd., Sedona, AZ 86336, Tel. 928-282-7722, Fax 928-204-3916, www.sedonachamber.com.

Casa Sedona B & B: 55 Hozoni Drive, Tel. 928-282-2938, www.casasedona.com. Ruhig gelegenes, romantisches Nichtraucher-B & B mit schöner Gartenanlage. Alle Räume im Südwestdekor mit Badewanne für 2 Pers., Kamin, Kühlschrank, Terrasse oder Balkon und Blick auf die Felslandschaft. Üppiges Frühstück und kleine Häppchen am Nachmittag. DZ 175–275 $.
Amara Resort and Spa: 310 N. Hwy 89, Tel. 928-282-4828, www.amararesort.com. Modernes Resort mit Aussicht auf die Felsen, Pool, Spa, Fitnessraum und Spitzenrestaurant Gallery on Oak Creek. DZ 155–285 $.
Sky Ranch Lodge: Airport Rd., Tel. 928-282-6400, www.skyranchlodge.com. Lodge mit schönem Garten zu vernünftigen Preisen. DZ mit Standardausstattung 80 $, mit Kamin, Terrasse und Kitchenette 134–194 $.

Gallery on Oak Creek: (s. Amara Creekside Res.) tgl. Dinner und Lunch. Spitzenweine und kreative Küche auf einer romantischen Terrasse mit Feuerstelle, z. B. gegrillte Lamm-T-Bones in Soja, Zitrone und Honig marinert, oder Lachs à la Thai in rotem Curry. Wein pro Glas ab 9 $, Gericht ab 21 $.
Cowboy Club Grille & Spirits: 241 N. Hwy 89A, Tel. 928-282-4200, www.cowboyclub.com, tgl. 11–16, 17–22 Uhr. Nicht nur Cowboys gefällt die rustikale Atmosphäre mit Westernmotiven. Mutige Gäste ordern Klapperschlange oder frittierten Kaktus, andere geben sich mit Büffelfleischburgern, Steak, Hähnchen oder Salat zufrieden. Ab 9 $.
Oaxaca Restaurante & Cantina: 321 N. Hwy 89A, Tel. 928-282-4179, www.oaxacarestaurant.com, tgl. 8–21 Uhr. Authentische mexikanische Gerichte und Margaritas. 6–15 $.
Coffee Pot: 2050 W. Hwy 89A, Tel. 928-282-6626, tgl. 6.15–14.15 Uhr. ›Der‹ Ort für gutes Frühstück. 101 Omelettevarianten machen die Auswahl schwer. Ab 6 $.

Vortex Creekside Center: 181 State Route 179, Tel. 928-203-9222. Ein lohnendes Ziel für den spirituellen Einkaufstrip: Kristallkugeln, New-Age-Kleidung usw.
Sedona Prime Outlets: 6601 S. Hwy 179, Mo–Sa 9–19, So 10–18 Uhr. Shoppen bei Tommy Hilfiger, Jones of New York, Nine West, Izod und Gap.

Shakespeare Sedona (Juli): Theaterfestival mit unterschiedlichen Produktionen (www.shakespearesedona.com).

Offroadtouren: Pink Jeep Tours, 204 N. Hwy 89A, Tel. 928-282-5000; www.pinkjeep.com. Die traumhafte Westernlandschaft ›erfährt‹ man am besten bei einer 2-stündigen Tour in pinkfarbenen Jeeps.
Wildbeobachtung: Arizona Safari Jeep Tours, Tel. 928-282-3012, www.safarijeeptours.com. Safaritouren in der Umgebung von Sedona.
Radtouren: Sedona ist ein Paradies für Mountainbiker. Radverleih: Mountain Bike Heaven, 1695 W. Hwy 89A, Tel. 928-282-1312, www.mountainbikeheaven.com; Sedona Bike and Bean, 6020 Hwy 179, Tel. 928-284-0210, www.bike-bean.com.
Trolleybustouren: Sedona Trolley Tours, Tel. 928-282-4211, www.sedonatrolley.com. Die ca. 1-stündigen Touren bieten eine gute Gelegenheit für einen Überblick über Sedona. Abfahrt ab Canyon Breeze Restaurant, 276 N. Hwy 89A. Erw. 12 $, Kin. bis 12 Jahre 6 $.
Wellness: Therapy on the Rocks, 676 N. Hwy 89A, Tel. 928-282-3002, www.myofascialrelease.com. Unterschiedliche Massagen und Entspannungsbäder.

Jerome

Reiseatlas: S. 23, B 1
Der wie ein Schwalbennest an einer Bergflanke hängende 400-Seelen-Ort war schon lange vor Ankunft der ersten Europäer in Arizona wegen seiner Bodenschätze den Indianern bekannt, die Gold, Silber und Kupfer aus den reichen Adern der benachbarten Anhöhen buddelten. Der New Yorker Geschäftsmann Eugene Jerome investierte 1882 fast eine Viertelmillion Dollar in die lokale United Verde Mine und begründete damit den Ruf der Ortschaft als gefeierte Stadt des Bergbaus mit schon bald über 15 000 Einwohnern und war in den 1920er-Jahren fünftgrößte Stadt Arizonas. Der Boom dauerte jedoch nur bis zur Weltwirtschaftskrise 1929. Vor allem nach Schließung der letzten örtlichen Kupferminen in den 1950er-Jahren erlebte Jerome einen rasanten Abstieg zur Beinahe-Geisterstadt. 1600 m hoch über dem Verde Valley gelegen, ist es in den engen Straßenzügen längst still geworden, wenngleich hin und wieder neugierige Touristen durch das ehemalige Bergbaumekka stromern. In der Gold King Mine lebt die Vergangenheit in einer Mischung aus Bergwerk, Museum und Schrottplatz weiter (tgl. 9–17 Uhr, www.azjerome.com, 2 $). Auf den Schienen, auf denen früher metallhaltige Erze abtransportiert wurden, unternimmt heute die Panoramabahn Verde Canyon Railroad im benachbarten Clarkdale 4-stündige Ausflugsfahrten entlang dem Verde River vorbei an alten Indianerruinen durch eine Landschaft von betörendem Reiz (300 N. Broadway, Clarkdale, Tel. 1-800-320-0718, www.verdecanyonrr.com, 55 $).

Unter den ›Kraftzentren‹ von Sedona messen viele dem Cathedral Rock besondere Eigenschaften zu

Prescott

Reiseatlas: S. 23, B 1
Wegen ihrer Lage in einem 1600 m hohen, im Sommer angenehm kühlen Becken nennen die Einheimischen ihre 31 000 Einwohner große Heimatstadt The Mile-High Town. Das provinzielle Leben in Arizonas ehemaliger Hauptstadt schlägt nur einmal im Jahr in Hektik um, wenn Amerika am 4. Juli den Unabhängigkeitstag und Prescott die Frontier Days feiert. Das 5-tägige Fest ist einem historischen Ereignis gewidmet, welches das Städtchen im ganzen Land als Austragungsort des ersten nach sportlichen Regeln ver-

Geronimos Enkel werden Hoteliers

Thema

Im Südwesten zeichnet sich ein neuer Trend ab. Mit Gewinnen aus Spielkasinos steigen Indianer in den bislang von Weißen beherrschten Hotelmarkt ein und bauen noble Resorts, die als Schaufenster indianischer Kultur und Geschichte dienen und nicht zuletzt als eine ausgesprochen profitable Einnahmequelle.

Zu den Indianerresorts gehört das Sheraton Wild Horse Pass Resort in der Gila River Indian Reservation südlich von Phoenix. Zwecks Management schlossen die beiden Stämme der Akimel O'Odham und Pee Posh (die Spanier nannten sie Pima und Maricopa) mit einer international operierenden Hotelgruppe einen Kooperationsvertrag, nach dessen Beendigung die Indianer selbst für den Betrieb verantwortlich sein werden.

Indianische Elemente dominieren allerorts. Authentizität offenbart sich auch als Lieblingsthema von Ginger Sunbird Martin. Die Akimel O'Odham-Indianerin ist als »Cultural Concierge« für den Brückenschlag zwischen indianischer und nichtindianischer Welt zuständig. Quasi als Kulturbotschafterin macht sie Hotelgäste mit Geschichte, Brauchtum, Kunst und Alltagsleben in der Gila River Indian Reservation vertraut. Und natürlich mit dem indianischen Ambiente ihrer Arbeitsstätte. Wie bei einer traditionellen indianischen Rundbehausung öffnet sich der Hoteleingang nach Osten. In der mit Wasserfall ausgestatteten Lobby stellt ein rundes Kuppelgemälde Szenen aus Leben, Kultur und Vorstellungswelt der *Native Americans* dar (5594 W. Wild Horse Pass Blvd., Tel. 602-225-0100, www.wildhorsepassresort.com).

Nach ähnlichem Muster bauten *Native Americans* in Arizona und New Mexiko Luxusresorts wie das Hyatt Regency Tamaya im Santa Ana Pueblo in New Mexico. Im umbauten Innenhof empfängt ein Brunnen mit indianischen Skulpturen die Gäste, während die Lobby mit indianischen Malereien und Kunsthandwerk wie ein kleines Museum wirkt (1300 Tuyuna Trail, Tel. 505-867-1234, Fax 505-771-6180, http://tamaya.hyatt.com). In der Reservation der Mescalero-Apachen in New Mexico liegt das Inn of the Mountain Gods. Von der Lobby blicken die Gäste durch eine Glasfassade auf den künstlich aufgestauten Lake Mescalero und den fast 4000 m hohen vergletscherten Sierra Blanca Peak. Ein zwischen den beiden Läufen einer Freitreppe aufgestellter überdimensionaler Medizinkorb, wie ihn Apachen bei Zeremonien verwenden, deutet an, dass es sich um kein übliches Luxusresort handelt. Letzte Zweifel räumen bronzene Skulpturen von Apache Crown Dancers aus, die vor dem Haupteingang um einen Brunnen tanzen (287 Carrizo Canyon Rd., Mescalero, NM 88340, Tel. 505-464-7777, www.innofthemountaingods.com). Auch nichtindianische Luxusherbergen lassen sich von indianischem Design inspirieren. Im Skulpturengarten des Hyatt Regency in Scottsdale stehen neben Feigenkakteen und stachligen Schwiegermuttersitzen bronzene und marmorne Werke des Apachen-Künstlers Craig Dan Goseyun. Der Hopi-Indianer Albert Sinquah engagiert sich als »Cultural Interpreter« und demonstriert Gästen im Learning and Environmental Center z. B. die traditionelle Schmuckherstellung (7500 E. Doubletree Ranch Rd., Tel. 480-444-1234, Fax 480-483-5550, http://scottsdale.hyatt.com).

anstalteten Rodeos der Welt bekannt machte. Die Verbundenheit der Bürger mit dem Pferd wird mitten in der Stadt auf der zentralen Plaza deutlich. Zwischen hohen Ulmen erinnert vor dem aus viktorianischer Zeit stammenden **Courthouse** ein Reiterdenkmal des berühmten Bildhauers Solon Borglum an den legendären Bürgermeister, Abenteurer und Journalisten William ›Buckey‹ O'Neill, der im Spanisch-Amerikanischen Krieg 1898 starb.

Borglums Werke bereichern die Sammlungen im **Sharlot Hall Museum.** Mehrere Skulpturen zeigen typische Reiter- und Westernmotive, die der Künstler 1899 während seiner Flitterwochen in der Crow Creek Sioux Reservation in South Dakota kennengelernt hatte. Das nach Prescotts bekanntester Dichterin und Historikerin benannte Museum besteht aus mehreren historischen Gebäuden und Exponaten aus der Vergangenheit der Stadt. So dokumentieren alte Fotos ein verheerendes Großfeuer im Jahre 1900, das ein gesamtes Geschäftsviertel um die sogenannte **Whiskey Row** in der Nachbarschaft des Gerichtsgebäudes vernichtete. Die überwiegend aus Kneipen bestehende Straße wurde 1901 wieder aufgebaut und gilt heute noch als längster Tresen der Stadt. Das aus Prescotts Gründerzeit stammende Governor's Mansion, ein zweigeschossiges Blockhaus auf dem Museumsgelände, diente der ersten gesetzgebenden Versammlung des Arizonaterritoriums als Sitzungsort. Im 1875 erbauten Fremont House wohnte der Entdecker John C. Fremont von 1878 bis 1881, als er das Amt des Gouverneurs von Arizona innehatte (415 W. Gurley St., Tel. 928-445-3122, www.sharlot.org, Mo–Sa 10–16, So 12–16 Uhr, Erw. 5 $, Kin. bis 18 Jahre gratis).

Smoki Museum

Das einzige Indianermuseum in Prescott, das **Smoki Museum,** ist eine Einrichtung mit einer äußerst bemerkenswerten Entstehungsgeschichte. Zu Beginn der 1920er-Jahre gründeten weiße Geschäftsleute mit dem Smoki-Stamm eine weiße ›Indianergruppe‹, die alljährlich in selbst kreierten Kostümen zu einem großen Zeremoniell mit Schlangentänzen auftrat, um das provinzielle Stadtleben um eine Attraktion reicher zu machen. Schon in den 1980er-Jahren regte sich Widerstand gegen die Smokis seitens echter *Native Americans,* welche die Folklorisierung und Kommerzialisierung des religiösen Schlangentanzes der Hopi-Indianer als einen Affront erachteten. Nachdem es beim letzten öffentlichen Smoki-Zeremoniell 1990 zu Protesten vieler Indianer kam, schaffte der weiße Stamm unter dem Druck der öffentlichen Meinung das Schlangenspektakel ab und betreibt jetzt nur noch das Smoki Museum – allerdings mit echten Indianerexponaten (147 N. Arizona St., Tel. 928-445-1230, www.smokimuseum.org, Mo–Sa 10–16, So 13–16 Uhr, Erw. 5 $, Kin. unter 12 Jahren gratis).

i **Prescott Chamber of Commerce:** 117 W. Goodwin St., Prescott, AZ 86303, Tel. 928-445-2000, Fax 928-445-0068, www.prescott.org.

Log Cabin B & B: 3155 N. Hwy 89, Tel. 928-778-0442, www.prescottlogcabin.com. Urgemütliches modernes Blockhaus mit 4 Räumen und Blick auf die Granite Mountains. Beim Frühstück kann zwischen Atkins- und South-Beach-Diät, Vegetarisch oder Amerikanisch gewählt werden. DZ ab 119 $, Suite Solitude für bis zu 4 Personen mit Gaskamin und TV ab 159 $.

Pleasant Street Inn: 142 S. Pleasant St., Tel. 928-445-4774, www.pleasantbandb. com. Elegantes B & B im historischen Stadtkern mit Zimmern und Suiten. DZ 130–185 $.

Prescott Pines Inn: 901 White Spar Rd., Tel. 928-445-7270, www.prescottpinesinn.com. Viktorianisches B & B auf einem bewaldeten Gelände mit 11 Gästezimmern (DZ 100–150 $) und einem 3-Bett-Chalet (289 $).

Hassayampa Inn: 122 E. Gurley St., Tel. 928-778-9434, www.hassayampainn.com. Historisches Hotel von 1927 mit 64 geschmackvoll eingerichteten Zimmern, Restaurant, Bar bei der Whiskey Row. DZ ab 129 $, Frühstück inkl.

The Rose: 234 S. Cortez St., Tel. 928-777-8308, www.theroserestaurant.com,

Dinner Mi–So 17–21, Brunch So 10–14 Uhr. Festliche Atmosphäre in viktorianischer Umgebung. Feine Pasta-, Fisch- und Fleischgerichte, Duck à l'Orange mit frischer Grand-Marnier-Sauce 27 $.

Dinner Bell Café: 321 W. Gurley St.,Tel. 928-445-9888, Mo–Fr 6.30–14, Sa–So 7–14 Uhr. Seit 1939 bestehender Frühstückstreff im Stil eines traditionellen Coffee Shops mit guter Auswahl an Omelettes. Zum Lunch gibt es jeweils ein Special für 6,50 $. Frühstück 4–8 $.

Prescott Gateway Mall: 3250 Gateway Blvd., www.theprescottgatewaymall.com, Mo–Sa 10–21, So 11–18 Uhr. Mall mit 80 Geschäften, u. a. Sears, Dillards, JC Penney.

Black Arrow Indian Art: 130 W. Gurley Street, Tel. 928-776-4092, www.blackarrowindianart.com, Mo–Sa 10–18 Uhr. Indianerkunsthandwerk wie Masken und Schmuck.

Bucky's Casino: Hwy 96 und Heather Heights, Tel. 928-776-1666, www.buckyscasino.com. Auf einem Hügel gelegenes Kasinohotel mit teurem Restaurant und Café Im Thumb Butte Room Dinner ab ca. 25 $.

Wickenburg

Reiseatlas: S. 23, B 1

In **Wickenburg** ist von städtischer Hektik nichts zu spüren. Aus der Bergbaugeschichte des 19. Jh. sind im Umland des 5000 Einwohner großen Landstädtchens einige Minencamps übrig geblieben, wie südlich von Wickenburg die **Vulture Mine** mit windschiefen Schuppen und rostigen Zahnrädern (Vulture Mine Rd., Winter 8–16 Uhr, Sommer kürzer).

Das **Desert Caballeros Western Museum** informiert Besucher mit einem rekonstruierten historischen Straßenzug, Mineralien und indianischen Artefakten über die Geschichte der Stadt. Außerdem sind Werke berühmter Westernkünstler wie George Catlin, Thomas Moran, Albert Bierstadt, Frederic Remington und Charles M. Russell zu sehen. Glanzstück ist eine umfangreiche Sammlung von über 600 Ausrüstungsgegenständen wie Sporen, Sättel, Zaumzeug und Waffen, wie sie von Cowboys zwischen 1870 und 1960 bei ihrer tagtäglichen Arbeit benutzt wurden (21 N. Frontier St., Tel. 928-684-2272, www.westernmuseum.org, Mo–Sa 10–17, So 12–16 Uhr, Erw. 7,50 $, Kinder unter 16. J. frei).

Nur Schritte vom Museum entfernt kennt jedes Schulkind das kuriose Freilichtgefängnis von Wickenburg, einen etwa 200 Jahre alten Mesquite-Baum, an dem Verbrecher und Desperados in Ermanglung entsprechender Räumlichkeiten angekettet wurden.

Westlich von Wickenburg liegt abseits des Highway 71 **Robson's Arizona Mining World** mit historischen Holzhäusern und Bergen von Bergbaugerät. In einem typischen Krämerladen des 19. Jh. verstauben Schachteln, Flaschen und Büchsen in den Regalen. Im Friseursalon halten zwei lederbezogene Sessel und ein Spucknapf alte Erinnerungen aufrecht, während die Dorfstraßen von zahlreichen Überbleibseln alter Gerätschaften und Maschinen gesäumt werden (Rte 60 westlich Richtung Aguila, dann rechts abbiegen auf die Rte 71, Tel. 928-415-0983, www.robsonsminingworld.com, nur Okt.–Mai tgl. 10–17 Uhr. Im B & B auf dem Gelände kann man übernachten, DZ ab 85 $).

Quartzsite

Reiseatlas: S. 12, F 2

Das 2000-Seelen-Dorf besitzt zwei sehr unterschiedliche Gesichter. Im Sommer brüten die zahlreichen Mineraliengeschäfte, die den Ort zu einem Mekka für Mineraliensammler machten, in unbarmherziger Hitze. Im Winter verwandelt sich der Flecken in eine aus Wohnmobilen bestehende Riesenstadt mit einer in die Hunderttausende gehenden temporären Bevölkerung. Die sogenannten Snowbirds kehren in der kalten Jahreszeit ihrer Heimat in den nördlichen Bundesstaaten den Rücken, um im warmen Quartzsite die Rückkehr des Frühlings abzuwarten.

Auf dem alten Friedhof erinnert ein pyramidenförmiger Grabstein an eine Episode der US-Geschichte. In den 1850er-Jahren bemühte sich die US-Armee um effektivere

Transportmittel in den Wüstenregionen des Südwestens und importierte aus dem Mittleren Osten 80 Kamele nebst Kameltreibern. Unter ihnen befand sich ein gewisser Hadji Ali, aus dessen Namen die Soldaten Hi Jolly machten. Während des Sezessionskrieges verlor der Kameltransport seinen Reiz, und Hi Jolly versuchte wie viele andere sein Glück im Bergbau – mit bescheidenem Erfolg. Als er unter einer kleinen Pyramide zur letzten Ruhe gebettet wurde, belief sich sein Vermögen auf magere 60 Cents.

Yuma

Reiseatlas: S. 12, E 4

Am Zusammenfluss von Gila und Colorado River und an der Grenze zu Kalifornien und Mexiko gelegen, ist Yuma ein von der Sonne verwöhntes Handels- und Agrarzentrum von 85 000 Einwohnern. Einen Blick auf den Colorado hat man vom historischen **Yuma Territorial Prison**, 1876 gebaut und bis 1909 Verwahranstalt für 3040 männliche und 29 weibliche Gesetzesbrecher. Die zum Teil an schwere Eisenringe geketteten Insassen büßten nicht selten bei über 40 °C für ihre Verfehlungen. Heute stehen die Zellentüren Besuchern offen. Ein kleines Museum präsentiert neben der ehemaligen ›Gästeliste‹ viele zum Teil kuriose Gefängnisdokumente (1 Prison Hill Rd., Tel. 928-783-4771, www.pr.state.az.us, tgl. 8–17 Uhr, Erw. 4 $, Kin. bis 12 Jahre gratis). Beim Gefängnis dehnt sich der **Yuma Crossing State Historic Park** mit Gebäuden aus der lokalen Vergangenheit wie dem **Yuma Quartermaster Depot** aus, einem 1864 am Colorado-Ufer erbauten Versorgungszentrum für die in Arizona im Einsatz befindlichen US-Truppen (www.pr.state.az.us).

Nur durch den Fluss und zwei Brücken vom Territorial Prison getrennt, liegt auf kalifornischem Staatsgebiet die Fort Yuma Indian Reservation mit der **Missionskirche St. Thomas** von 1922 und einem davor stehenden religiösen Denkmal. In der Nachbarschaft geht es profaner zu. Im **Paradise Casino California** betreibt der Stamm über 400 Spielautomaten, Poker- und Blackjacktische sowie das Seahorse Restaurant (450 Quechan Dr., Tel. 1-888-777-4946, http://500nations.com/casinos/caParadise.asp).

Direkt an der Interstate 8 entstand im Stadtzentrum von Yuma mit **Yuma Palms** ein neues, modern gestaltetes Stadtviertel aus Kaufhäusern, Modeboutiquen, Hotels, Restaurants und Kinos, das sich zu einem beliebten Treffpunkt entwickelt hat.

i **Yuma Visitor Information Center:** 139 S. Fourth Ave., Yuma, AZ 85364, Tel. 928-783-0071, Fax 928-783-1897, www.visityuma.com.

An der South Fourth Avenue liegen zahlreiche Hotels und Motels unterschiedlicher Preiskategorien.

La Fuente Inn: 1513 East 16th St., Tel. 928-329-1814, www.lafuenteinn.com. Angenehme Unterkunft mit begrüntem Innenhof und Pool, wo Gäste an Grillstellen ihr Mitgebrachtes selbst zubereiten können. DZ ab 99 $.

Shilo Inn: 1550 S. Castle Dome Ave., Tel. 928-782-9511, www.shiloinns.com. 134 Zimmer in der Nähe von Yuma Palms mit WLAN, Kaffeemaschine, Kühlschrank und Mikrowelle. Angenehme Gartenanlage mit Pool und Jacuzzi, Restaurant und Sportsbar. DZ ab 120 $, inkl. Frühstück.

Garden Café and Rio Colorado Co: 250 Madison Ave., Tel. 928-783-1491, Okt.–Mai Di–Fr 9–14.30, Sa–So ab 8 Uhr. Hübscher Platz zum Frühstücken oder Lunchen mitten in einem Garten mit Volieren exotischer Vögel. Ab 8 $

Lute's Casino: 221 N. Main Street, Tel. 928-782-2192, Mo–Do 9–20, Fr–Sa bis 21, So 10–18 Uhr. Wilde Ausstattung mit viel Neon in einem alten Billard-Saloon, ein Muss nicht nur für Hamburger-Fans! Hausspezialität ist der Cheeseburger mit Hot Dog und Salsa. Ab 5 $.

Ajo

Reiseatlas: S. 23, A 3

Offensichtlich hat die Stadt ihre besten Zeiten hinter sich. In den vergangenen Jahren verschwanden immer mehr Geschäfte aus dem Zentrum um die von Arkaden umgebene Plaza mit Rasenflächen, schlanken Palmen und Blumenrabatten. In der Nachbarschaft zieht die schneeweiß getünchte Kirche der Unbefleckten Empfängnis Blicke auf sich. Ohne die jährlich in der kalten Jahreszeit einströmenden ›Winterflüchtlinge‹ hätte der Ort wahrscheinlich schon längst den Weg in die Vergessenheit angetreten. Denn die Zeiten als Bergbauzentrum sind vorbei. Ein an der Esplanade Avenue gelegener Aussichtspunkt gibt den Blick frei auf eine gewaltige, 1985 stillgelegte Tagebaumine, die Ajo jahrzehntelang am Leben erhalten hatte.

Organ Pipe Cactus National Monument

Reiseatlas: S. 23, B 3

Der 1320 km^2 große Wüstenpark erstreckt sich 22 Meilen südlich der Straßenkreuzung Why bis an die mexikanische Grenze. Temperaturen zwischen 35 und 40 °C sind im Hochsommer keine Ausnahme. Erträglicher ist ein Aufenthalt zwischen Oktober und April. Am schönsten schmückt sich die Vegetation im Frühjahr während der Kakteenblüte. Die im Naturreservat häufig vorkommenden, bis zu 6 m hohen Orgelpfeifenkakteen zeigen sich ebenso wie die Saguaros im Mai und Juni von ihrer schönsten Seite. Auch Kreosotebüsche, Mesquitebäume und viele Opuntienarten machen das Parkterrain zu einer sehenswerten Trockenlandschaft (Hwy 85, Tel. 520-387-6849, www.nps.gov/orpi, Kris Eggle Visitor Center tgl. 8–17 Uhr, 8 $).

Kitt Peak

Reiseatlas: S. 23, B 3

Zwischen Why und der Straßenkreuzung Three Points westlich von Tucson durchquert Highway 86 eine nur dünn besiedelte, reizvolle Westernlandschaft mit bis an den Horizont reichenden Saguaro-Wäldern. Der gesamte Streckenabschnitt verläuft durch die riesige Tohono O'Odham Indian Reservation, nach der Navajo-Reservation das größte Indianerterritorium in Arizona. Seit der Zeit der Spanier nannten sich die Stammesmitglieder Papago, was auf Spanisch Bohnenmenschen bedeutete und ein Hinweis auf die bevorzugte Ernährung dieser Menschen war. Später nahm der zur uto-aztekischen Sprachgruppe gehörende Stamm seinen traditionellen Namen Tohono O'Odham an. Entlang Highway 86 liegen verschiedene Indianersiedlungen, u. a. Sells als Verwaltungssitz der Reservation. In manchen Läden werden schöne Korbflechtarbeiten angeboten.

Am östlichen Rand der Reservation führt eine 12 Meilen lange asphaltierte Nebenstre-

Saguarokakteen sorgen im südlichen Arizona für eine malerische Wildwestkulisse

cke zum 2100 m hoch gelegenen Kitt Peak National Observatory, das schon von weitem an der weißen Kuppel seiner Beobachtungsstation erkennbar ist. Nirgendwo auf dem zusammenhängenden Staatsgebiet der USA ist der Nachthimmel so klar und für astronomische Beobachtungen so geeignet wie über den Quinlan Mountains, wo die Wissenschaftler mit über 20 Teleskopen tief in den Orbit hineinblicken, ohne durch künstliches Licht oder Luftverschmutzung beeinträchtigt zu werden. Sogar das 50 Meilen entfernte Tucson verzichtet auf große nächtliche Beleuchtung mit Rücksicht auf die Sternengucker auf dem Kitt Peak. Ein ganz besonders wertvolles Instrument ist allen Astronomiebegeisterten das Mayall Teleskop mit einem Durchmesser von knapp 4 m, mit dem selbst Himmelskörper erkannt werden können, deren Licht bis zur Erde etwa 10 Mrd. Jahre benötigt. Fachleute führen Besucher auf einstündigen Touren durch die Anlagen und erklären die Aktivitäten im Observatorium (Kitt Peak National Observatory Visitor Center, Tel. 520-318-8726, www.noao.edu, tgl. 9–15.45 Uhr, Eintritt 2 $, Führungen tgl. 10, 11.30 und 13.30 Uhr, Erw. 4 $, Kin. 6–12 Jahre 2,50 $).

Tucson und der Südosten

Karte S. 362
Cityplan S. 356

Mit 500 000 Einwohnern rangiert in Arizona Tucson als Ballungsraum auf dem zweiten Platz hinter Phoenix und wirkt trotzdem nicht großstädtisch unnahbar. Wahrscheinlich liegt das auch an der Lage in einer attraktiven Kakteenlandschaft, die eine reizvolle Alternative zum Stadtleben bildet. Ansonsten erinnert der Südosten von Arizona an spanische Missionare, feiert vergangene Wildwestzeiten und lässt die Nähe zu Mexiko deutlich spüren.

Tucson und Umgebung

Cityplan: S. 356

Im Zentrum der Stadt schrauben sich Hochhäuser aus Glas, Stahl und Beton als Zeitzeugen der Moderne in den Himmel. Und natürlich sind die Stadtväter stolz auf die Entwicklung von Tucson zu einer modernen und aufstrebenden Metropole. Aber wichtig scheint ihnen auch zu sein, das historische und kulturelle Erbe weder zu verlieren noch zu verfälschen. Der charmante Retro-Look vergangener Tage blieb hier und da erhalten und mischt sich heute mit modernen Elementen zu einem abwechslungsreichen Ganzen, das den hispanischen Einfluss in der nur ca. 100 km von der mexikanischen Grenze entfernt gelegenen Stadt weder verbergen will noch kann. Das hat auch damit zu tun, dass ca. 36 % der Bevölkerung aus Lateinamerika stammen. Außerdem lebt im stark latinisierten Charakter der Stadt ihre Geschichte fort.

Südarizona samt Tucson stand unter spanischer Herrschaft, bis Mexiko mit der Revolution 1821 das spanische Kolonialjoch abwarf und unabhängig wurde. Für Arizona hatte der Flaggenwechsel politisch kaum spürbare Konsequenzen, da Mexiko City weit war und sich mit dem Amerikanisch-Mexikanischen Krieg (1846–48) schon bald neue Zeiten anbahnten. Mexiko musste nach seiner Niederlage Ansprüche auf große Gebiete in Arizona an die USA abtreten, die fünf Jahre später zudem den südlichen Landesteil mit Tucson für 10 Mio. Dollar kauften. Danach vergingen weitere zwei Jahre mit Grenzziehungen und bürokratischen Maßnahmen, ehe das Sternenbanner über der Stadt eine neue Ära signalisierte. Das junge Mexiko hatte vor dem Landhunger der expandierenden USA zwar politisch kapituliert; kulturell blieb aber der mexikanische Einfluss in Südarizona beherrschend. Weiße Einwanderer knüpften in ihren Lebensweisen an von Einheimischen schon lange praktizierte Bräuche an, ob es sich um Essgewohnheiten handelte oder um Bautechniken. Heiraten zwischen Latinos und Weißen förderten eine ethnisch-kulturelle Vermischung, die noch heute ein Kennzeichen nicht nur von Tucson, sondern des ganzen südlichen Arizona ist. Besonders deutlich wird dies daran, wie überschwänglich die Einwohner den mexikanischen Feiertag Cinco de Mayo feiern.

Downtown und Campus

Als Ausgangspunkt einer Citytour wählt man am besten das **Placita Village** **1**, ein in kräftige Farben getauchtes Viertel um eine hübsch gestaltete Plaza, auf der die Stadt ein Visitor Center eingerichtet hat (Broadway Blvd. & Church St.). Teil des benachbarten Tucson Convention Center ist mit dem **Sosa-Carrillo-Fremont House** **2** ein Adobegebäude aus den 1870er-Jahren, das sich mit seinen Ausstellungen dem Leben der ersten hispanischen Pionierfamilien widmet (151 S. Granada Ave., Tel. 520-622-0956, www.arizonahistoricalsociety.org, Mi–Sa 10–16 Uhr, Erw. 3 $, Jugd. 12–18 Jahre 2 $). 1896 erbaut, gehört die katholische **St. Augustine Church** 3 zu den reizvollen architektonischen Zeugnissen aus dem 19. Jh. (Stone Ave.).

An seiner schönen Mosaikkuppel leicht erkennbar, bildet das 1928 errichtete **Pima County Courthouse** 4 ein Beispiel für maurisch, spanisch und mexikanisch beeinflusste Architektur. Im Obergeschoss des Südflügels ist hinter Glas ein Stück der originalen Presidiomauer aus der Gründerzeit der Stadt ausgestellt. Zur Exotik des Ensembles tragen Grünflächen und Palmen des angrenzenden **El Presidio Park** bei, in dem am 20. August 1775 der Grundstein für den Bau einer Militäranlage gelegt und gleichzeitig die Stadt Tucson gegründet wurde. Ein Brunnen und mehrere öffentliche Kunstwerke wie etwa eine J.-F.-Kennedy-Büste tragen zum Flair der Parkanlage bei.

Neben häufig wechselnden Ausstellungen konzentriert sich das **Tucson Museum of Art** 5 in erster Linie auf nord- und südamerikanische Kunst, wobei die Ausstellungen einen Bogen schlagen von Artefakten präkolumbischer Indianer über Relikte der spanischen Kolonialzeit bis zu Malereien, Zeichnungen und Fotografien des Grand Canyon (140 N. Main Ave., Tel. 520-624-2333, www.TucsonMuseumofArt.org, Di–Sa 10–16, So 12–16 Uhr, Mo Ruhetag, Erw. 8 $, Kin. unter 13 Jahre gratis, jeden 1. So im Monat kostenlos). Weiter nördlich steht mit dem **Owl's Club Mansion** 6 ein 1902 erbautes Anwesen, dem ein Entwurf des berühmten Chicagoer Architekten Louis Sullivan als Bauplan gedient haben soll. Früher die Residenz einer Bruderschaft, ist das Gebäude mit einer steinernen Eule in einer Fassadennische heute eine Privatwohnung (378 N. Main Ave.). Die im **Museum of Contemporary Art** 7 präsenten Künstler tragen noch keine berühmten Namen. Trotzdem sind die in einem umgebauten Lagerhaus eingerichteten Ausstellungen interessant, weil sie junge Kunst abseits der etablierten Szene zeigen (149 N. Stone Ave., Tel. 520-624-5019, mocatucson.org, 5 $). Das neuere **Southern Arizona Transportation Museum** 8 hat die Transportgeschichte des südlichen Arizona zum Thema und hebt dabei besonders die Veränderungen hervor, die der Anschluss der Stadt 1880 ans Schienennetz bewirkte. Zu den Paradestücken gehört eine 1900 gebaute Dampflokomotive (414 N. Toole Ave., Tel. 520-623-2223, www.TucsonHistoricDepot.org, Di–Do und So 11–15, Fr–Sa 10–16 Uhr, Eintritt frei).

Außerhalb von Downtown lohnt sich ein Besuch hauptsächlich der drei Museen auf

Mit dem Autor unterwegs

Stachlige Attraktion

Der östliche und westliche Teil des **Saguaro National Park** zeigt sich besonders schön im frühen bzw. späten Licht des Tages. Selbst nach Sonnenuntergang liefert die Gegend mit ihrer faszinierenden Kakteenlandschaft fantastische Naturerlebnisse (s. S. 357 ff.).

Reizvolles Naturreservat

Dass die Wüste lebt, beweist das **Arizona-Sonora Desert Museum** westlich von Tucson, in dem Flora und Fauna der Sonorawüste auf attraktive Weise vorgestellt werden (s. S. 358).

Spuren der Missionsgeschichte

Mit **San Xavier del Bac** und **Tumacacori** liegen südlich von Tucson zwei sehenswerte historische Missionen, die ein Licht auf die Geschichte Arizonas im 18. und 19. Jh. werfen (s. S. 360 f.).

Stippvisite im Wilden Westen

Nirgends in Arizona lebt der Wilde Westen auf so authentische Weise weiter wie in **Tombstone,** wo niemand an den Spuren von Wyatt Earp und Doc Holiday vorbeikommt (s. S. 362 ff.).

Tucson: Cityplan

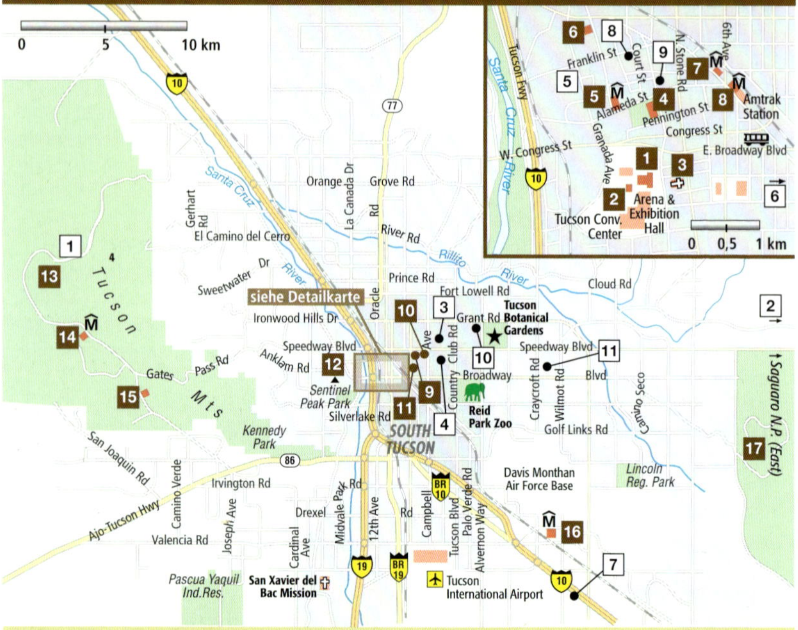

Sehenswürdigkeiten

1 Placita Village
2 Sosa-Carrillo-Fremont House
3 St. Augustine Church
4 Pima County Courthouse
5 Tucson Museum of Art
6 Owl's Club Mansion
7 Museum of Contemporary Art
8 Southern Arizona Transportation Museum
9 University of Arizona Art Museum
10 Center for Creative Photography
11 Arizona State Museum
12 Sentinel Peak
13 Saguaro National Park West
14 Arizona-Sonora Desert Museum
15 Old Tucson
16 Pima Air and Space Museum
17 Saguaro National Park East

Übernachten

1 White Stallion Ranch
2 Tanque Verde Ranch
3 Arizona Inn
4 Adobe Rose Inn
5 El Presidio B & B
6 Roadrunner Hostel
7 Voyager RV Resort

Essen und Trinken

8 El Charro
9 La Cocina
10 Las Margaritas
11 Seri Melaka

Die Adobe-Bauten haben in Arizona bis heute nichts von ihrem Reiz eingebüßt

dem Campus der University of Arizona. Das **University of Arizona Museum of Art** 9 spannt den Bogen von Gemälden spanischer Meister aus dem 14. Jh. bis zu Kunstwerken von Edward Hopper, Emil Nolde und Jackson Pollock (1031 N. Olive Rd., Tel. 520-621-7567, http://artmuseum.arizona.edu, Di–Fr 9–17, Sa–So 12–16 Uhr, Eintritt frei). Ein riesiger Bestand an Fotografien steht dem **Center for Creative Photography** 10 zur Verfügung, das in wechselnden Präsentationen nicht nur Bilder ausstellt, sondern in erster Linie als Forschungseinrichtung der Universität dient (1030 N. Olive Rd., Tel. 520-621-7968, www.creativephotography.org, Mo–Fr 9–17, Sa/So 12–17 Uhr, Eintritt frei). Bereits 1893 wurde mit dem **Arizona State Museum** 11 das heute größte und älteste anthropologische Museum im Südwesten der USA eingerichtet, dessen besonderer Stolz eine beeindruckende Sammlung von teilweise sehr alten indianischen Töpfereien aus der Region ist (1013 E. University Blvd., Tel. 520-621-6302, www.statemuseum.arizona.edu, Mo–Sa 10–17, So 12–17 Uhr, 3 $).

Im Westen von Tucson

Der **Sentinel Peak** 12 ist schon von weitem an einem überdimensionalen Buchstaben A zu erkennen. Schon vor 1000 Jahren hielten Indianer vom Berg Ausschau nach möglichen Feinden. Heute ist der Hügel eine Aussichtsstelle für Besucher, die sich aus der Vogelschau einen Eindruck von Lage und Umgebung der Großstadt verschaffen wollen. Jedes Jahr rücken die Studenten der lokalen Universität mit Pinsel und Farbe aus, um das A mit frischer Farbe zu versehen. 1915 feierte eine örtliche Fußballmannschaft mit diesem ›Kunstwerk‹ einen Sieg, und seit damals hat sich das jährliche Prozedere eingebürgert.

Saguaro National Park West

In der Verlängerung des Speedway Boulevard führt die Gates Pass Road über den Kamm der Tucson Mountains in den westlichen Teil des **Saguaro National Park West** 13 – ein wahrhaft paradiesischer Flecken der Sonorawüste nicht nur mit den namengebenden Saguarokakteen, sondern einer sehr vielfältigen, meist stachligen Vegetation. Die

Die acht Meilen lange Strecke durch den Saguaro National Park West eignet sich hervorragend zum Radfahren

bis über 12 m hohen Saguaros beginnen erst im Alter von etwa 70 Jahren erste Arme auszubilden. Im Juni schmücken sie sich mit weißen Blüten, die in manchen Indianerreservaten zu einem Getränk vergoren werden. Vor allem bei Sonnenuntergang präsentiert sich der Park, in dem es ein Besucherzentrum gibt, im besten Fotolicht (Kinney Rd., Tel. 520-733-5158, www.nps.gov/sagu, tgl. 7 Uhr bis Sonnenuntergang, 10 $/Pkw).

Arizona-Sonora Desert Museum

An der südlichen Zufahrt zum Nationalpark befinden sich zwei der bekanntesten Attraktionen von Tucson. Im **Arizona-Sonora Desert Museum** 14 geht es gar nicht museal zu. Im Gegenteil, statt lebloser Exponate erwarten Besucher ca. 300 quicklebendige, für Arizona typische Tier- und 1200 Pflanzenarten in einer Kombination von Zoo und botanischem Garten. Dort sprießt, kreucht und fleucht so ziemlich alles, was außerhalb der Museumsmauern in natürlicher Umgebung vorkommt, vom Teddybär-Kaktus bis zum Palo-Verde-Baum und vom Gila Monster bis zum Puma. Dozenten bieten hautnahen Anschauungsunterricht mit lebenden Taranteln, Schlangen oder Vögeln (2021 N. Kinney Rd., Tel. 520-883-2702, www.desertmuseum.org, März–Sept. tgl. 7.30–17, Okt.–Febr. 8.30–17 Uhr, Erw. je nach Saison 9,50–13 $, Kin. 6–12 Jahre 2,25–4,25 $).

Old Tucson

1939 ließen Columbia Pictures als Drehort für den Western »Arizona« eine Kulissenstadt bauen. In den folgenden Jahrzehnten entstanden in der malerischen Openair-Kulisse mehr als 100 Kinofilme und Dutzende von Fernsehproduktionen mit den bekanntesten Hollywoodstars. Dann legte ein Großfeuer **Old Tucson** 15, das mittlerweile in eine populäre Touristenattraktion umgewandelt worden war, in Schutt und Asche. Im neu entstandenen Westerndorf herrscht jedoch längst wieder Wildwest-Atmosphäre (201 S. Kinney Rd., Tel. 520-883-0100, www.oldtucson.com, tgl. 10–18 Uhr, Erw. 16,95 $, Kin. 4–11 J. 10,95 $).

Pima Air and Space Museum

Über 250 unterschiedliche Flugzeugtypen dokumentieren im **Pima Air and Space Mu-**

seum 16 die Epochen der Fliegerei in Amerika. Das größte Luft- und Raumfahrtmuseum westlich der Rocky Mountains beginnt seine Geschichte mit der Zeit vor den ersten erfolgreichen Flugversuchen der Gebrüder Wright und lässt sie mit den neuesten Forschungsergebnissen über die Marsmissionen enden. Die Exponate sind in 5 Hangars und auf einem Freigelände zu sehen (6000 E. Valencia Rd., Tel. 520-574-0462, www.pimaair.org, tgl. 9–17 Uhr, Juni–Okt. 9,75 $, sonst 11,75 $, Kin. 7–12 Jahre 6 bzw. 8 $).

Saguaro National Park East

Ähnlich wie der westliche Teil erstreckt sich auch der **Saguaro National Park East 17** über eine attraktive, gewellte Kakteenlandschaft an den Flanken der Rincon Mountains. Durch den Park führt der 8 Meilen lange Cactus Forest Drive, für die sportlichen Einwohner von Tucson eine der schönsten Radstrecken im Umkreis. Man kann die asphaltierte Straße auch mit dem Auto fahren (3693 S. Old Spanish Trail, Tel. 520-733-5153, www.nps.gov/sagu, Zeiten und Eintritt s. o.).

i **Metropolitan Tucson Convention and Visitors Bureau:** 100 S. Church St., Tucson, AZ 85701, Tel. 520-624-1817, Fax 520-884-7804, www.visittucson.org.
Tucson Visitor Center: La Placita Village, Broadway Blvd. & Church St., Tel. und Postadresse s. o. – Arizona stellt von April bis Okt. nicht auf Sommerzeit um.

Am Exit 258 von der Interstate 10 liegen mehrere Motels unterschiedlicher Kategorien.
White Stallion Ranch 1: 9251 W. Twin Peaks Rd., Tel. 520-297-0252, Fax 520-744-2786, www.wsranch.com. 45 Zimmer und Suiten, beheizter Pool und Landleben pur inmitten einer von Kakteen geprägten Landschaft. DZ inkl. Mahlzeiten, Ausritte und Wanderungen ab 160 $ pro Person und Nacht.
Tanque Verde Ranch 2: 14301 E. Speedway Blvd., Tel. 520-296-6275, Fax 520-721-9426, www.tanqueverderanch.com. 1868 gegründete, noch im Betrieb befindliche Edelranch mit vielen Freizeitmöglichkeiten, Swimmingpools, Sportanlagen, Sauna und Vollpension inklusive. Im Durchschnitt DZ über 350 $.
Arizona Inn 3: 2200 Elm St., Tel. 520-325-1541, www.arizonainn.com. Denkmalgeschütztes historisches Hotel von 1930 mit wunderschöner Ausstattung im Stil des Südwestens, Schwimmbad, Tennisplätze, eigenes Restaurant. DZ ab 169 $.
Adobe Rose Inn 4: 940 N. Olsen Ave., Tel. 520-318-4644, www.aroseinn.com. Bei der Universität in einem ruhigen Wohnviertel gelegenes B & B in einem gepflegten Adobe-Anwesen mit Außenpool. Zimmer mit offenem Kamin, eigenem Bad und WLAN. Die gastfreundlichen Wirtsleute bieten ein Top-Frühstück in stilvoller Atmosphäre an. DZ 100–185 $.
El Presidio B & B 5: 297 N. Main Ave., Tel. 520-623-6151, www.bbonline.com/Az/elpresidio. Adobe-Gästehaus im historischen Kern mit 4 Gästezimmern mit antikem Mobiliar, Küche und WLAN in einem Garten mit mexikanischer Atmosphäre. DZ 120–150 $.
Roadrunner Hostel 6: 346 E. 12th St., Tel. 520-628-4709, www.roadrunnerhostel.com. Budgetherberge mit Betten im Schlafsaal (24 $) und Privatzimmern (48 $), Waschmaschine und Trockner.
Voyager RV Resort 7: 8701 S. Kolb Rd., Tel. 520-574-5000, www.VoyagerRV.com. Mehrfach preisgekrönter Platz mit 9-Loch-Golfanlage, Restaurant, Supermarkt, Spa, Sportgelegenheiten und WLAN im eigenen Wohnmobil.

El Charro 8: 311 N. Court Ave., Tel. 520-622-1922, www.elcharrocafe.com, tgl. ab 17 Uhr. Sehr bunt im mexikanischen Stil eingerichteter Familienbetrieb, in dem Margaritas in stiefelförmigen Gläsern serviert werden. Großen Zuspruch finden die Gerichte mit getrocknetem Fleisch. Dinner 12–25 $.
La Cocina 9: 201 N. Court Ave., Tel. 520-622-0351, www.oldtownartisans.com, Mo–Sa 11–15, So 12–15 Uhr. Besonders stimmungsvoll speist man im verwinkelten Garten unter schattigen Bäumen. Ca. 13 $.

Mexiko lässt grüßen
An der Straßenecke 23rd Street und South 6th Avenue hat ein mobiler Tacostand seinen Platz. Kenner wissen, dass dort die besten *carne asada burritos,* eine mexikanische Spezialität, verkauft werden.

Las Margaritas 10: 3602 E. Grant Rd., Tel. 520-323-9880, www.lasmargaritasinc.com, So–Do 11–21, Fr–Sa 11–22 Uhr. Mexikanische Spezialitäten vom Appetizer bis zum vollen Menü, gute Margaritas. Ab 9 $.
Seri Melaka 11: 6133 E. Broadway Blvd., Tel. 520-747-7811, www.serimelaka.com, tgl. 11–22 Uhr. Eine gute Gelegenheit, die malaysische Küche mit Seafood und vegetarischen Gerichten kennenzulernen. Ab 7 $.

Tucson Mall: 4500 N. Oracle Rd., www.tucsonmall.com, Mo–Sa 10–21, So 11–18 Uhr. Größtes Einkaufszentrum der Stadt mit über 200 Geschäften, Restaurants, Food Court und Kinderkarussell. Wer sich für Kunsthandwerk (Töpfereien, Silber- und Türkisschmuck, Indianerschmuck) interessiert, ist hier an der richtigen Stelle.

Club Congress: 311 E. Congress St., Tel. 520-622-8848, www.hotelcongress.com,tgl. 21–1.30 Uhr. DJ-Musik zum Tanzen, hin und wieder gastieren Rock-Bands.
Mystery Dinner Theater: 2806 N. Camino Principal, Tel. 520-624-0172, www.MysteryMansion.com, tgl. Ab 19 Uhr. Zum 3-gängigen Menü werden zweieinhalbstündige Krimitheaterstücke serviert, bei denen Gäste mitmachen dürfen.

Arizona Theatre Company: Temple of Music And Art, 330 S. Scott Ave., Tel. 520-622-2823, www.arizonatheatre.org. Saison Sept.–Mai.
Tucson Gem & Mineral Show (Anfang-Mitte Febr.): Eine der größten Mineralienausstellungen in den USA (www.tgms.org).
La Fiesta de los Vaqueros (Febr./März): Rodeowoche (www.tucsonrodeo.com).
Downtown Saturday Night: Jeden 1. und 3. Sa im Monat, 19–22 Uhr. Musik- und Kulturprogramme auf den Straßen in Downtown und Gratisbesichtigungen von Galerien.

Flugzeug: Tucson International Airport, www.tucsonairport.org. Der Flughafen (9 Meilen südlich) wird von einem Dutzend vor allem amerikanischer Linien angeflogen. Öffentliche Busse fahren in die Stadt (1 $).
Bahn: Amtrak Station, 400 E. Toole Ave., Tel. 520-623-4442, www.amtrak.com. Der Fernzug Sunset Limited verkehrt 3-mal wöchentlich zwischen Los Angeles und New Orleans.
Bus: Gray Line Tours, 3594 E. Lincoln St., Tel. 520-622-8811, www.graylinearizona.com. Lokale Sightseeingtouren und Fernverbindungen.
Nahverkehr: Old Pueblo Trolley, www.oldpueblotrolley.org. Oldtimer-Straßenbahn zwischen Universität und Shoppingmeile an der 4th Ave. Sun-Tran-Busse verkehren auf unterschiedlichen städtischen Linien (www.suntran.com).

San Xavier del Bac

Karte: S. 362
Weiße Taube der Wüste nennen die Einwohner von Tucson die **Mission San Xavier del Bac** 1, die im Jahr 1700 von Pater Kino gegründet wurde. Im Zuge eines Indianeraufstandes 1751 zerstört, machten sich 32 Jahre später Franziskanerpatres an den Wiederaufbau im byzantinisch-maurischen Stil. Wer die Pläne für den reizenden, auf dem Territorium der Tohono O'Odham Indian Reservation gelegenen Bau anfertigte, ist nicht bekannt. Warum der rechte, östliche Turm des Gotteshauses nicht vollendet wurde, ist ebenfalls ein Rätsel. Jahrelang waren Fachleute damit beschäftigt, die zum Teil schwer beschädigten, zum Teil sehr bunten Wandmalereien und Skulpturen im Innern der Kirche zu restaurieren (1950 W. San Xavier Rd., Tel. 520-294-2624, www.sanxaviermission.org, tgl. 8–17 Uhr, Höhe des Eintritts nach eigenem Ermessen auf Spendenbasis).

Tubac

Auf dem Weg nach Süden führt die Interstate 19 an **Tubac** 2 vorbei, das im 20. Jh. als Farmgemeinde ein provinzielles Dasein führte, bis nach 1945 mit einer Kunstschule eine neue Ära heraufdämmerte. Immer mehr Künstler zogen nach Tubac und verwandelten den Ort in eine Kolonie von Kreativen. Heute ist das Dorf durch und durch kommerzialisiert und macht mit mehreren Dutzend Läden und Galerien den Eindruck eines großen Souvenirgeschäftes. Das Warenangebot reicht von Töpfereien, Schnitzereien und kunstgewerblichen Gegenständen bis hin zu Malereien und aus Blech hergestellten Figuren, alles auf den Touristengeschmack ausgerichtet. Trotzdem lohnt sich ein Besuch, weil im Riesenangebot das eine oder andere hübsche Mitbringsel zu finden ist und das mit Chili-Girlanden, kleinen Gärten und schmiedeeisernen Zäunen geschmückte Dorf ein hübsches Bild abgibt. Der **Tubac Presidio State Historic Park** erinnert daran, dass die Spanier an Ort und Stelle 1752 ein Fort errichteten (Tel. 520-398-2252, http://azstateparks.com, tgl. 8–17 Uhr, Erw. 3 $, bis 12 Jahre gratis).

Tumacacori

Um die Wende vom 18. zum 19. Jh. errichteten spanische Franziskaner eine heute im **Tumacacori National Historic Park** 3 unter Denkmalschutz stehende Mission. Die leider nie ganz fertiggestellte Anlage besteht aus einer beeindruckenden Ruine aus Adobe-Ziegeln, der die meisterliche architektonische Feinarbeit trotz schwerer Schäden und Verwüstungen dennoch deutlich anzusehen ist. Ungeschmückt umfängt der Kirchenraum Besucher.

Es riecht nach altem Mauerwerk und Staub, und der unebene, gestampfte Boden im Mittelgang ähnelt eher einem holprigen Feldweg. Im von mächtigen Mauern umgebenen Garten blühen im Frühjahr für die Sonorawüste typische Bäume und Büsche um alte Wasserzisternen, aus denen umliegende Felder bewässert wurden. Häufige Apachenangriffe und fehlende Finanzen zwangen die Franziskanerbrüder 1848, die Mission aufzugeben (Tumacacori Exit von der I-19, Tel. 520-398-2341, www.nps.gov /tuma, tgl. 8–17 Uhr, 3 $ ab 17 Jahren).

San Xavier del Bac ist mit bedeutenden Malereien und Skulpturen ausgestattet

Tucson und Arizonas Südosten

Nogales

Größte und bedeutendste amerikanisch-mexikanische Grenzstadt in Arizona ist **Nogales** **4**. Wer das Städtchen besucht, kommt nicht wegen bekannter Sehenswürdigkeiten, sondern um bei einem Spaziergang über die Grenze mexikanisches Flair zu schnuppern. Nogales-USA ist mit 20 000 Einwohnern verglichen mit 180 000 Menschen in Nogales-Mexiko ein Winzling. US-Bürger und Touristen kaufen ›drüben‹ gerne ein oder lassen sich in einem der zahlreichen Restaurants echt mexikanisch verköstigen – zu erheblich niedrigeren Preisen als in Arizona. Das Zentrum um die Avenida Obregón ist nicht zu verfehlen, weil dort der größte Betrieb herrscht. Die Geschäfte entlang der Hauptstraße gehen in ihren Sortimenten an Textilien, Töpferwaren, Silberschmuck, Kosmetika, handgefertigten Glaswaren, Antiquitäten und bunten Teppichen fast unter. In Grenznähe kann man das Auto auf Parkplätzen für ca. 6 $ pro Tag abstellen. Mit US-Dollar kann man in Mexiko problemlos bezahlen.

i **Nogales Chamber of Commerce:** 123 W. Kino Park Way, Nogales, AZ 85621, Tel. 520-287-3685, www.nogaleschamber.com.

Best Western Siesta Motel: 673 N. Grand Ave., Tel. 520-287-4671, www.bestwestern.com. Nur 1 Meile von der Grenze entfernt. Außenpool, Internet, Kaffeemaschine, Mikrowelle, Bügeleisen. 24-Std.-Restaurant Dennys nebenan. DZ 80–123 $, inkl. Frühstück.

Holiday Inn: 850 West Shell Rd., Tel. 520-281-0123, www.ichotelsgroup.com. Großes gepflegtes Haus mit Whirlpool und Fitnessraum, Zimmer mit Mikrowelle und Kaffeemaschine. DZ inkl. Frühstück 80–110 $.

La Roca: Calle Elias 91, Tel. 520-375-5750, tgl. 11–24 Uhr. Schickes Lokal östlich der Bahnlinie in einen Felsen gebaut. Spezialität des Hauses u. a. Chicken Mole, Seafood. Do–So Livemusik. Ab 9 $

Tombstone

Auf den ersten Blick scheint sich in den vergangenen 100 Jahren nicht viel verändert zu haben: Scheinfassaden, die Häuser und Geschäfte größer und repräsentativer erscheinen lassen, als sie wirklich sind, verblichene Schriftzüge im Westernstil, ausgetretene Gehsteige aus dicken Holzdielen ... **Tombstone** 5 tut so, als habe sich der legendäre Gesetzeshüter Wyatt Earp eben in einem Gemischtwarenladen mit einem Karton Munition eingedeckt. An allen Ecken und Enden setzt die Westernhochburg ihrer in Pulverdampf gehüllten Geschichte Denkmäler. Bürger, ob alt oder jung, sind sich ihrer Abhängigkeit von der Westernvergangenheit durchaus bewusst und engagieren sich auf erstaunliche Art und Weise. An Sommerwochenenden lassen sie zur Freude ihrer Besucher die Ära der ›blauen Bohnen‹ bei dramaturgisch inszenierten Schießereien mit Platzpatronen aufleben. Und zweimal im Jahr, bei den ›Wyatt Earp Days‹ im Mai und den ›Helldorado Days‹ im Herbst, tritt die Bevölkerung der 15 000 Einwohner großen Stadt zu zwei Westernfestivals an, die sich längst zu zugkräftigen Marketingmaßnahmen ausgewachsen haben. Wer etwas auf sich und die Geschichte seiner Heimat hält, kleidet sich stilecht und historisch korrekt, was die Veranstaltungen zu reizvollen Kostümfesten macht.

Selbst dort, wo Traditionspflege Verpflichtung und Geschäft gleichermaßen bedeutet, hinterlässt das heutige Amerika seine Spuren. Vor Jahren war der örtliche Prominentenfriedhof **Boothill Grave Yard** noch eine Ansammlung ungepflegter Gräber mit schiefen Lattenkreuzen und Inschriften wie »Unbekannt«, »Erschossen«, »Gelyncht«, »Versehentlich umgebracht« und »Gehenkt«. Mittlerweile flanieren Touristen wie auf einem Geschichtslehrpfad durch die aufpolierten Gräberreihen, wo als berühmteste Tote Billy Clanton und seine Mitstreiter Frank und Tom McLaury ihre letzte Ruhestätte fanden (Hwy 80 am nördlichen Stadtrand, Tel. 520-457-3300, Eintritt frei). Am 26. Oktober 1881 waren sie im **O. K. Corral** gegen das Quartett Wyatt, Virgil und Morgan Earp und Doc Holiday angetreten. Das örtliche Mitteilungsblatt Tombstone Epitaph fasste die damaligen Ereignisse in Boulevardpressemanier gerafft zusammen: »32 Schüsse in 27 Sekunden – drei Tote«. Der legendäre Schusswechsel stattete Tombstone mit einem geradezu epochalen Ereignis aus, das zum Symbol des Wilden Westens schlechthin avancierte und von dem die Stadt heute noch zehrt (Allen St. zwischen 3rd und 4th St.). Vielen Westernfilmen diente das Kräftemessen im O. K. Corral als Vorlage für typische Recht-und-Ordnung-Streifen. Der sozio-ökonomische Hintergrund des Shootout blieb dabei meist ausgeblendet. Die Earps standen für eine neue, in Tombstone aufblühende Wirtschaft, den Bergbau. Die Mitglieder der Clanton-Bande hingegen waren Cowboys und vertraten die Interessen der Land besitzenden Vieh-Rancher, die sich in ihren Weideprivilegien nicht beschneiden lassen wollten.

Dem Bergbau verdankt Tombstone seine Existenz. Trotz drohender Apachengefahr begann ein Prospektor namens Ed Schieffelin mitten im Indianergebiet nach Bodenschätzen zu suchen. 1877 stieß er auf eine der reichsten Silberadern des Westens. Bereits vier Jahre später stand an Ort und Stelle ein Bergbaucamp namens Tombstone (engl. Grabstein) mit 14 Tanzsälen, zahllosen Spielhallen und über 100 Saloons, in denen die Schürfer ihre mühselig erwirtschafteten Gewinne unters Volk brachten. Damals war das **Bird Cage Theater** ein Hotspot der Abendunterhaltung. Hauptattraktion waren 14 überdimensionale, von der Decke hängende Vogelkäfige, in denen sich Damen des horizontalen Gewerbes anboten. Heute steht das Etablissement neugierigen Besuchern offen. Das dort eingerichtete Museum ähnelt eher einer Gerümpelkammer und erstickt fast im Staub vergangener Zeiten (6th & Allen St., Tel. 520-457-3421, 5 $).

Um das 1882 fertiggestellte Gerichtsgebäude dehnt sich seit den 1950er-Jahren der **Tombstone Courthouse State Historic Park** aus. Die Räumlichkeiten präsentieren sich zum Teil wie zur damaligen Zeit. In einigen erinnern Memorabilien und historische Fotos an die schießfreudige Prominenz, während sich unterschiedliche Stacheldrahtarten und Dokumente über den Bergbau mit der

Wirtschaft von Tombstone im ausgehenden 19. Jh. beschäftigen (223 Toughnut St., Tel. 520-457-3311, http://azstateparks.com, tgl. 8–17 Uhr, 4 $).

i **Tombstone Chamber of Commerce:** 105 S. 4th St., Tombstone, AZ 85638, Tel. 520-457-9317, Tel. 520-457-3929, www.tombstone.org.

Best Western Lookout Motel: 781 N. Hwy 80, tel. 520-457-2223. www.bestwesterntombstone.com. Kettenmotel mit Pool, Außenanlage mit Feuerstellen und gutem Steak-Restaurant. DZ 75–82 $.
Tombstone Motel: 502 E. Fremont St., Tel. 520-457-3478, www.tombstonemotel.net. Einfaches Motel in der Nähe von Shops und Saloons. DZ mit Frühstück 59–79 $.

Longhorn Restaurant: 501 E. Allen, Tel. 520-457-3405, tgl. 8-20 Uhr. Gute amerikanische und mexikanische Gerichte in Wildwestatmosphäre. Ab 8 $.
Big Nose Kate's Saloon: 417 E. Allen, Tel. 520-457-3107, www.bignosekate.com, tgl. ab 11 Uhr. Saloon von 1880 und ›der‹ Treffpunkt nach den Shootouts. Ab 6 $.

Tombstone Vigilantes: Shootouts im Sommer an jedem 2. u. 4. So im Monat.

Bisbee und Douglas

Die Ära des Bergbaus hinterließ ihre Spuren seit den 1870er-Jahren im südlichen Arizona nirgends deutlicher sichtbar als in **Bisbee** 6. Erst mit der zwischen 1917 und 1929 in Betrieb befindlichen Tagebaumine Sacramento Pit verwandelte sich der Ort in eine bedeutende Bergbaustadt mit 25 000 Einwohnern, gepflasterten Straßen und respektablen Häusern. Brewery Gulch, ein Seitental, bestand damals aus einer geballten Ansammlung von Kneipen, Hotels, Bordellen und Spielsalons. Das noch existierende **Copper Queen Hotel** mitten in der Stadt galt schon damals als bauliches Kleinod und eine der teuersten Nobelherbergen zwischen El Paso und Los Angeles (11 Howell Ave., Tel. 520-432-2216, Fax 520-432-3819, www.copperqueen.com, im Sommer DZ ab 89 $). Auf der **Queen Mine Tour** lernen Besucher hautnah die Knochenarbeit der Kumpels im 19. Jh. bei ständig nur 4 °C kennen (Queen Mine Tour Driveway, Tel. 520-432-2071, www.queenminetour.com, tgl. ab 9 Uhr 5 eineinviertelstündige Touren, Erw. 12 $, Kin. 5–15 Jahre 5 $). Zahlreiche Ausstellungen halten im **Bisbee Mining & Historical Museum** die Erinnerung an die Bergbauära wach (Copper Queen Plaza, Tel. 520-432-7071, www.bisbeemuseum.org, wechselnde Öffnungszeiten).

Am östlichen Ortsausgang liegt mit *Lavender Pit* ein gigantisches Tagebaubergwerk, das von 1951 bis 1974 in Betrieb war. Bisbee wurde in den Jahren danach von Alternativen und Aussteigern entdeckt und verwandelte sich über die Jahre in eine Künstler- und Aussteigerkolonie, die Cafés und Kleinbrauereien, Restaurants und Galerien betreibt.

Unmittelbar an der mexikanischen Grenze ließ die Phelps Dodge Company im Jahr 1900 in **Douglas** 7 eine Anlage zur Kupferverhüttung bauen. Gleichzeitig entstand die heutige Ortschaft. Jahre später wurde mit dem **Gadsden Hotel** eine Nobelherberge errichtet, in der Kupferbosse und Viehbarone abstiegen. Besonders prächtig ist die Lobby mit Tiffanyglas und Blattgoldeinlagen ausgestaltet. Ins Obergeschoß führt eine breite Freitreppe aus weißem Marmor, die der mexikanische Revolutionär Pancho Villa bei einer Stippvisite hinauf geritten sein soll. So jedenfalls erklären die Hotelangestellten eine gut sichtbarer Kratzer im Stein. Die Wände in der hauseigenen World Famous Saddle & Spur Tavern sind mit über 200 Brandzeichen dekoriert (1046 G Ave., Tel. 520-364-4481, Fax 520-364-4005, www.hotelgadsden.com, DZ ab 60 $).

Chiricahua National Monument

Chiricahua National Monument 8 liegt wie eine Insel in der Weite der Sonora- und Chiricahuawüste und bildet eine kühle, feuchte und bewaldete Oase mit außergewöhnlichen Felsformationen. Vor ungefähr 25 Mio. Jahren legten sich nach Vulkanausbrüchen mehrere hundert Meter dicke Ascheschichten über das Land, die sich zu Gestein verdichteten. Durch Erdhebungen zerbrachen die Schichten und wurden von der natürlichen Erosion nach und nach zu seltsamen Felstürmen und Steinsäulen ausgewaschen. Mit dem Bonita Canyon Drive führt eine 6 Meilen lange, für große Campmobile ungeeignete Parkstraße mit mehreren Aussichtspunkten zum 2100 m hoch gelegenen Massai Point, wo mehrere Hiking Trails beginnen (östlich von Hwy 186 & 181, Tel. 520-824-3560, www.nps.gov/chir, Visitor Center tgl. 8–16.30 Uhr, 5 $ pro Pkw).

Visitor Center: 249 E. 4th St., Benson AZ 85602, Tel. 520-586-4293, www.bensonvisitorcenter.com.

Holiday Inn Express: 630 S. Village Loop, Benson, Tel. 520-586-8800, www.bensonaz.hiexpress.com. 8 Meilen von den Kartchner Caverns entfernt. Mit Pool, Fitnessgeräten, Frühstücksraum und geräumigen Zimmern. DZ 80–139 $, Frühstück inkl.
Super 8 Motel: 855 N. Ocotillo Ave., Benson, Tel. 520-586-1530, www.super8.com. Preisgünstiges Kettenmotel mit WLAN in der Lobby und Pool. Nebenan liegt das 24-Std.-Restaurant Dennys. DZ 57–63 $.
Camping:
Benson KOA: 180 Four Feathers Lane, Benson, Tel. 520- 586-3977, ganzjährig, www.koacampgrounds.com. Platz mit Cabins, Pool und Minigolf.

Chute-out Steakhouse & Saloon, 161 S. Huachuca St, Benson, Tel. 520-586-7297, tgl. 16-21 Uhr. Steakhouse mit Bar samt Karaoke am Wochenende. 8-17 $.
Magaly's, 675 W. St., Benson, Tel. 520-586-2027, Mo–Di 11–20, sonst bis 21 Uhr. Preiswerte mexikanische Gerichte, das Restaurant ist mit mexikanischem Kunsthandwerk dekoriert, das verkauft wird. 5–10 $.

Richtig Reisen-Tipp: Unterirdisches Märchenreich

Jahrelang hielten zwei junge Amateurhöhlenforscher ihre bereits 1974 gemachte Entdeckung geheim. Erst in den 1980er-Jahren informierten sie den Gouverneur des Bundesstaates Arizona über ihren sensationellen Fund: ein gewaltiges Höhlensystem, das Fachleute mittlerweile zu den zehn schönsten auf dem Planeten Erde zählen. Heute sind Teile der Kartchner Caverns das ganze Jahr zugänglich. Der Big Room bleibt im Sommer geschlossen. Um die feuchte unterirdische Märchenwelt vor der trockenen Außenatmosphäre zu schützen, baute die Parkverwaltung mit Luftschleusen ausgestattete Tunnel, die für Besucher als Zugänge dienen. Auf zwei Touren können Besucher das verborgene Fabelreich erkunden und sich von den unterschiedlich farbigen Tropfsteinformationen verzaubern lassen (Exit 302 von der I-10, 9 Meilen südlich auf Hwy 90, Tel. 520-586-2283, http://azstateparks.com, tgl. 7.30–18 Uhr, Führungen Rotunda/Throne Room Tour Erw. 18,95 $, Kin. 7–13 Jahre 9,95 $, Big Room Tour 22,95 bzw. 12,95 $).

Colossal Cave

Verglichen mit den **Kartchner Caverns** 9 besitzt die bereits 1879 entdeckt und 1923 für die ersten Besuchertouren geöffnete **Colossal Cave** 10 eine viel ältere touristische Geschichte. Ein weiterer Unterschied ist die Tatsache, dass die ständig 20 °C warme Colossal Cave schon vor Jahrtausenden austrocknete, die Tropfsteinformationen deshalb nicht mehr wachsen und außerdem ihre glitzernde ›Patina‹ verloren haben. 1905 wurde ein Tunnel in die Höhle getrieben, um den Fledermaus-Guano zu fördern, ein Unternehmen, das sich bald als unrentabel herausstellte. Die unterirdischen Touren führen über einen ca. 800 m langen Weg und 363 Stufen (Exit 279 von der I-10 nach Vail, Tel. 520-647-7275, www.colossalcave.com, Höhlenführungen Erw. 8,50 $, Kin. 6–12 Jahre 5 $).

Farbenfrohes Powwow bei den Indianern des Jemez Pueblo in New Mexico

Kapitel 6

New Mexico

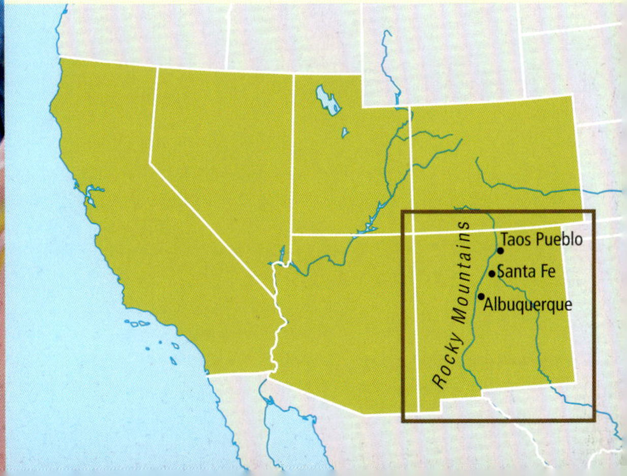

Auf einen Blick: New Mexico

Land der Verzauberung

So multikulturell wie New Mexico zeigt sich kein anderer US-Bundesstaat. Mit insgesamt 315 000 km² etwa so groß wie Deutschland ohne Niedersachsen, aber von nicht einmal 2 Mio. Menschen bewohnt, ist das Land eine schillernde Schatztruhe voller landschaftlicher und kultureller Kostbarkeiten: jahrhunderte- alte Indianerruinen, bewohnte Pueblos, schneeweiße Gipswüsten, Provinzkäffer wie Westernkulissen, Route-66-Reminiszenzen mitten im Großstadtbetrieb, unübersehbar mexikanisch geprägte Gastronomie, wohin das Auge blickt …

Vor diesem Hintergrund wird verständlich, warum sich der Staat den Beinamen Land der Verzauberung *(Land of Enchantment)* gegeben hat und sich die narzisstische Hauptstadt Santa Fe gerne *The City Different* nennen lässt, die etwas andere Stadt. Nicht nur wegen ihrer alles beherrschenden erdbraunen Adobe-Architektur mit abgerundeten Ecken und Kanten sieht die kleinstädtische Metropole so unamerikanisch aus, dass Besucher sich verwundert die Augen reiben. Neben ihrer Architektur unterscheidet sie auch ihr Image als Künstlerkolonie von anderen Orten vergleichbarer Größe.

Santa Fe quillt über vor Galerien, Kunstgewerbeauslagen, Werkstätten von Bildhauern, Töpfereien und Malerateliers, wobei Kunst, Kitsch und Kommerz zu einer nur schwer trennbaren Einheit verschmolzen sind. Selbst vielen Einwohnern sieht man an ihrem von eleganter Westernmode und Türkis- bzw. Silberschmuck geprägten Erscheinungsbild Traditionsverbundenheit und kulturelle Selbstverständnis an.

Natürlich resultiert die besondere Rolle von New Mexico auch aus der Geschichte des Landes. 1540 fuhr der spanische Eroberer Francisco Coronado den Rio Grande hinauf und bereitete der 1598 beginnenden Kolonisierung den Boden. Von knapp zwei Jahr-

zehnten abgesehen, blieb die spanische Herrschaft bis 1821 bestehen, als Mexiko die Unabhängigkeit erlangte und das Gebiet bis zur Annektierung durch die USA 1846 verwaltete. 1912 wurde New Mexico als 47. Bundesstaat in die amerikanische Union aufgenommen, blieb aber durch die gemeinsame Grenze mit Mexiko und die vielen aus Mexiko stammenden Siedler bis heute stark mit dem Nachbarland verbunden. Spanisch ist in New Mexico zweite offizielle Sprache.

Highlights

12 **Santa Fe:** Die Hauptstadt von New Mexico ist gleichzeitig das unumstrittene kulturelle Zentrum des Landes und bildet eines der Hauptreiseziele im Südwesten (s. S. 370 ff.).

13 **Taos Pueblo:** Seit dem 12. Jh. ständig bewohnt, gehört der Pueblo zu den ältesten und ursprünglichsten Indianersiedlungen in der Region (s. S. 379 f.).

14 **Carlsbad Caverns:** Die grandiosen Tropfsteinformationen dieses Höhlensystems halten Vergleichen mit den spektakulärsten Höhlen der Welt stand (s. S. 405).

Empfehlenswerte Routen

Attraktive Nebenstrecke zwischen Gallup und Grants: Von Gallup nach Grants bildet die Interstate 40 eine direkte Straßenverbindung. Südlich der Schnellstraße verläuft über die Highways 602 und 53 eine Nebenstrecke nicht nur mit landschaftlichen Reizen, sondern mit den beiden Sehenswürdigkeiten El Morro National Monument und Acoma Pueblo (s. S. 394 ff.).

Durch das Apachenland in die Heimat von Billy the Kid: Von White Sands erreicht man über Alamogordo Cloudcroft, von wo man durch eine abwechslungsreiche Berglandschaft in das Gebiet der Mescalero-Apachen, das Pferderennsportzentrum Ruidoso und nach Lincoln, Heimat der Westernlegende Billy the Kid, weiterfahren kann (s. S. 401 ff.).

Richtig Reisen-Tipps

Mit dem Dampfross durch die Rockies: Auf der wildromantischen, über einen gut 3000 m hohen Pass führenden Bergstrecke zwischen Chama in New Mexico und Antonito in Colorado verkehrt die Cumbres & Toltec Scenic Railroad mit uralten Dampflokomotiven, Überbleibseln der längst zu Ende gegangenen Bergbauära (s. S. 383).

Die International Balloon Fiesta: Das weltweit größte Treffen von Heißluftballonfahrern findet jedes Jahr im Oktober in Albuquerque statt – es ist ein fantastisches Ereignis, das seit 1972 regelmäßig veranstaltet wird und allen interessierten Besuchern offensteht (s. S. 389).

Reise- und Zeitplanung

Santa Fe ist eine faszinierende Stadt, der man unbedingt zwei Reisetage einräumen sollte. Für die Rundfahrt durch den Nordosten sind ebenfalls zwei Tage angemessen. Wer sich mehr für die nördlichen Pueblos bzw. für die historischen Plätze wie Puye und Bandelier interessiert, muss noch einen zusätzlichen Tag einplanen. Der Nordwesten von New Mexico (ca. 3 Tage) ist ebenso wie der Süden (3–4 Tage) ein weites Land mit größeren Fahrstrecken. Wer sich in Albuquerque auf die Höhepunkte beschränkt, kommt mit 1–2 Tagen aus.

Klima und Reisezeit

In New Mexico wechseln sich hoch gelegene Gebirgsregionen mit wüstenhaften Gebieten ab. Auf Hochlagen bleibt der Schnee manchmal bis in den Mai liegen, im trockenen Süden brennt im Hochsommer die Sonne zum Teil mit 40 °C vom Himmel. Generell gelten Mai und Juni bzw. September und Oktober als die besten Reisemonate.

Santa Fe und der Nordosten

Karte S. 378
Cityplan S. 373

New Mexico wird seinem Ruf als landschaftlich besonders abwechslungsreicher Bundesstaat auch im Nordosten seines Territoriums gerecht. Zwischen der Künstlerhochburg Santa Fe und der Colorado-Grenze liegen die südlichsten Ausläufer der Rocky Mountains, durch die eine 550 km lange Rundtour über Indianerpueblos, Wintersportorte und Stationen einer historischen Handelsroute führt. Die Verbindung zwischen Santa Fe und Albuquerque stellt der Pfad der Türkise her.

12 Santa Fe

Cityplan: S. 373

Märchenhafte Adobe-Bauten, indianische Schmuckmärkte, Hunderte Kunstgalerien, reizende Hotels und eine erlesene Gastronomie machen Santa Fe, die Hauptstadt von New Mexico, zu einem besonderen Stadtabenteuer. Selbst mitten im Zentrum hat sich der reizvolle Adobebaustil durchgesetzt, und mit Argusaugen wacht die Stadtverwaltung über die Einhaltung von Bauvorschriften. Adobe ist nicht nur ein aus zerkleinertem Stroh, Wasser und Lehm bestehendes uraltes Baumaterial, sondern eine Architektur-›Ideologie‹. Fast der gesamte historische Stadtkern besteht aus Bauten in diesem traditionellen Stil der alten Pueblo-Indianer, der sich durch abgerundete Ecken, Kanten und aus Wänden herausragendem, tragendem Gebälk auszeichnet.

Die Plaza

Als Ausgangspunkt für einen Rundgang bietet sich mit der **Plaza** 1 das historische, kulturelle und ›spirituelle‹ Stadtzentrum an. Ein Denkmal aus Granit markiert an der südwestlichen Ecke den Endpunkt des historischen Santa Fe Trail (s. S. 382). An Sommerwochenenden verwandeln Mariachi-Kapellen den von Bäumen bestandenen Platz in eine Freilichtbühne, sodass man sich in einer mexikanischen Kleinstadt wähnt. An Ort und Stelle gründete 1610 der spanische Gouverneur Don Diego de Peralta die Hauptstadt des Territoriums New Mexico. An der Nordseite der Plaza ließ Peralta im selben Jahr mit dem **Palace of the Governors** 2 eines der heute ältesten öffentlichen Gebäude der USA errichten. 1878 bis 1881 schrieb Gouverneur Lew Wallace dort seinen berühmten Roman »Ben Hur«, eines der meistgelesenen Bücher seiner Zeit. Seit 1909 beherbergt das Gebäude ein historisches Museum mit Mobiliar aus der Pionierzeit, Kleidern, Haushaltsgegenständen, Büchern, historischen Fotos, Zeitungen und Landkarten. Im Innenhof findet jeweils im August das sog. *Mountain Man Rendez-vous* statt, das an die früheren Treffen von Händlern, Jägern und Fallenstellern erinnert. Auf dem überdachten Gehsteig vor dem Gebäude verkaufen Pueblo-Indianer selbst hergestellten Schmuck (Tel. 505-476-5100, www.palaceofthegovernors.org, Di–So 10–17 Uhr, 8 $, Fr 17–20 Uhr, Eintritt frei).

Museen im Zentrum

Nur ein paar Schritte vom Gouverneurspalast entfernt ist in einem der schönsten, 1917 erbauten Adobe-Gebäude der Stadt das **Museum of Fine Arts** 3 untergebracht. Zwei gedrungene Türme flankieren den Haupteingang. Neben einer bedeutenden Sammlung von Georgia-O'Keeffe-Werken konzentriert sich das Haus mit Zeichnungen, Gemälden, Skulpturen und Fotografien auf die regionale Kunst des Südwestens (107 W. Palace Ave., Tel. 505-476-5072, www.mfasantafe.org, Di–So 10–17, 8 $, Fr 17–20 Uhr gratis). Mit Georgia O'Keeffe lebte lange Zeit eine der bedeutendsten amerikanischen Künstlerinnen des 20. Jh. auf der Ghost Ranch bei Abiquiu nordwestlich von Santa Fe. Ihre Werke sind u. a. im **Georgia O'Keeffe Museum** 4 zu sehen, das zu den weltweit größten Sammlungen des Amerikanischen Modernismus von 1890 bis in die Gegenwart gehört (217 Johnson St., Tel. 505-946-1000, www.okeeffemuseum.org, Di–So 10–17, Fr 10–20 Uhr, Erw. 8 $, Fr 17–20 Uhr, Eintritt frei). Ebenfalls im Stadtzentrum gelegen, umfassen die Sammlungen des **Institute of American Indian Arts Museum** 5 ca. 7000 Werken zeitgenössischer indianischer Künstler, darunter Gemälde, Töpfereien, Skulpturen, Schmuck und Korbflechtarbeiten unterschiedlicher Gruppen von *Native Americans* (108 Cathedral Pl., Tel. 505-983-8900, www.iaia.edu, Mo–Sa 10–17, So 12–17 Uhr, Erw. 5 $, Kin. unter 16 Jahren gratis).

Flaggschiff der lokalen Hotellerie ist das 1922 erbaute **La Fonda Inn** 6. Ehemals Endpunkt des zwischen Missouri und New Mexico verlaufenden Santa Fe Trail, besticht der Adobebau mit einer Lobby, in deren Mitte das mit einem Natursteinboden ausgelegte und mit Töpfereien geschmückte Plazuela Restaurant durch Wände mit kleinflächig unterteilten, bunt bemalten Glasfenstern abgetrennt ist. Viele hübsche Details wie indianisches Kunsthandwerk, hübsche Lampen, bequeme Sitzgruppen und ein historischer Briefkasten machen die Eingangshalle zu einem gemütlichen Empfangsraum und Museum gleichermaßen (s. S. 375).

Kirchen

Im Pueblo-Ambiente des Zentrums wirkt der neoromanische Baustil der **St. Francis Cathedral** 7 wie ein Fremdkörper. In der dem hl. Franz von Assisi geweihten Kirche von 1869 steht die älteste, 1675 nach New Mexico gebrachte Madonnenstatue der USA

Mit dem Autor unterwegs

Verführerischer Pueblostil

Der historische Stadtkern von **Santa Fe** verdankt seine Einzigartigkeit und Attraktivität in erster Linie den vielen Bauten im typischen Pueblostil (s. S. 370 ff.).

Blick in die indianische Vergangenheit

Moderne Errungenschaften sind an vielen neumexikanischen Pueblos nicht spurlos vorübergegangen. **Taos Pueblo** mit seinen mehrstöckigen Wohnbauten sieht jedoch noch weitgehend so aus, wie die jahrhundertealten Indianersiedlungen des Rio-Grande-Tals einmal errichtet wurden (s. S. 379 f.).

(231 Cathedral Pl., Tel. 505-982-5619, tgl. 8–17.45 Uhr außer während Gottesdiensten). Den Nonnen des Ordens *Sisters of Loretto* ist am Old Santa Fe Trail die 1873 errichtete, heute als Museum dienende **Loretto Chapel** 8 geweiht. Eine Legende besagt, dass die Wendeltreppe im Innern aus Holz angefertigt wurde, das es nirgends in Amerika gibt, und dass der unbekannte Erbauer der freitragenden Konstruktion aus Santa Fe verschwand, bevor er den Lohn für seine Arbeit bekam (207 Old Santa Fe Trail, Tel. 505-982-0092, www.lorettochapel.com, im Sommer Mo–Sa 9–18, So 10.30–17 Uhr, im Winter kürzer, Erw. 2,50 $, Kin. 7–12 Jahre 2 $).

Einige Schritte südlich des Santa Fe River steht mit dem **Oldest House** 9 das vermutlich älteste Anwesen in Santa Fe, dessen Alter allerdings nicht genau bestimmbar ist. Die Fundamente des heutigen Souvenirshops sollen im 13. Jh. von den Einwohnern des Ogapoge-Pueblos gelegt worden sein. Baumringanalysen haben die hölzerne Dachkonstruktion des Adobe-Hauses auf etwa die Mitte des 18. Jh. datiert (215 E. De Vargas St., Tel. 505-988-4127, Mo–Sa 9–18 Uhr, gratis).

Dritte Kirche im Stadtzentrum ist die 1610 von Tlaxcala-Indianern erbaute Missionskirche **San Miguel** 10, die manche für das äl-

Santas Fes moderne Adobe-Architektur gibt der Stadt ein ganz besonderes Flair

teste Gotteshaus in den USA halten. Durch den Indianeraufstand von 1680 erlitt der mit einer sehenswerten Balkendecke ausgestattete Bau so starke Beschädigungen, dass er 30 Jahre später in großen Teilen erneuert werden musste. Die Glocke der Kirche stammt von 1356 und wurde in Spanien gegossen (401 Old Santa Fe Trail, Tel. 505-983-3974, Mo–Sa 9–17, So 10–16 Uhr, 1 $, Kin. unter 6 Jahren gratis).

Canyon Road

Vor Jahrhunderten ein von Indianern benutzter Pfad in die im östlichen Bergland liegenden Pecos-Pueblos, ist die schmale **Canyon Road** 11 im 20. Jh. zum Epizentrum der lokalen Kunstszene geworden. Spanische Siedler bauten seit Anfang des 18. Jh. in der bewaldeten Schlucht entlang dem Santa Fe River Adobe-Wohnungen um Innenhöfe und legten damit ein architektonisches Muster an, dem heute noch zahlreiche Anwesen folgen. Immer schneller verdrängt die voranschreitende Kommerzialisierung das einstige Flair des Bohemiens-Viertels an der Canyon Road, wo längst nicht mehr nur die besten Künstler, sondern vor allem die erfolgreichsten Kunsthändler ihre Niederlassungen haben. Bereits 1916 ließen sich die ersten Kunstschaffenden in Santa Fe nieder, denen Schriftsteller, Poeten und Maler wie die *Cinco Pintores* folgten. Fünf Maler gründeten 1921 mit einem Künstlerkreis die Keimzelle der heutigen Kunstszene in Santa Fe. Längst drängen sich Galerien und Ateliers, Antiquitätengeschäfte und Schmuckstudios, Töpferwerkstätten und Fotogalerien in der Canyon Road aneinander und bilden die größte Künstlerkolonie im Westen der USA.

Museum Hill

Der **Museum Hill** 12 trägt seinen Namen aus gutem Grund. Vier Museen haben dort ihren Standort. Um Kunstwerke aus vier Jahrhunderten und fünf Kontinenten geht es im **Museum of Spanish Colonial Art**. Die Exponate aus dem spanischen Kolonialzeitalter bestehen zu einem großen Teil aus religiöser Kunst von Malereien auf Holz bis zu Skulpturen, aber auch aus Mobiliar, Textilien und einem

Santa Fe: Cityplan

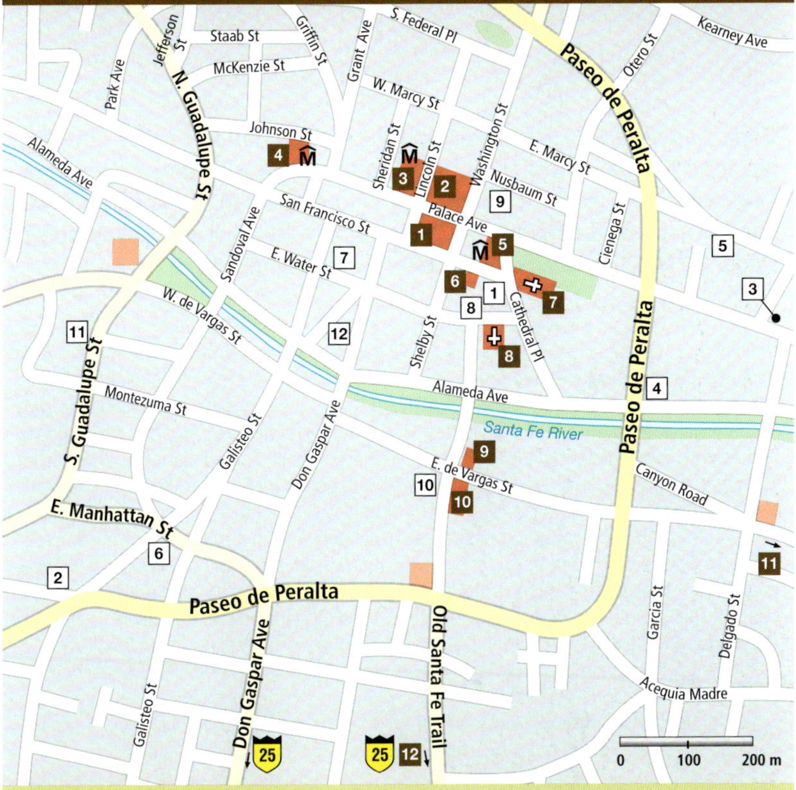

Sehenswürdigkeiten

1 Plaza
2 Palace of the Governors
3 Museum of Fine Arts
4 Georgia O'Keeffe Museum
5 Institute of American Indian Arts Museum
6 La Fonda Inn
7 St. Francis Cathedral
8 Loretto Chapel
9 Oldest House
10 San Miguel
11 Canyon Road
12 Museum Hill

Übernachten

1 La Fonda Inn
2 Hotel Santa Fe
3 Alexander's Inn
4 Inn on the Alameda
5 Hacienda Nicholas
6 El Paradero B & B Inn

Essen und Trinken

7 Coyote Café
8 Plazuela Restaurant
9 Anasazi Restaurant
10 Pink Adobe
11 Zia Diner
12 Del Charro Saloon

Adobe – Philosophie aus Lehm, Stroh und Wasser

Thema

Ganz besonders in New Mexico fällt im Straßenbild vieler Orte die typische Pueblobauweise auf. Als Baumaterial wird dabei ein Adobe genanntes Gemisch aus Lehm, zerkleinertem Stroh, Sand und Wasser benutzt, charakteristisch sind abgerundete Kanten und Ecken sowie tragende Holzbalken, die über Außenwände hinausragen.

Keine andere Stadt im Südwesten pflegt den traditionellen Pueblostil so konsequent wie Santa Fe. Die erdbraunen Gebäude verleihen der Hauptstadt von New Mexico einen unnachahmlichen Reiz, besonders am Morgen und Abend, wenn die tief stehende Sonne Mauern und Fassaden zum Leuchten bringt. Neben dem Baumaterial bezeichnet der Begriff Adobe, den die Spanier offenbar aus dem Arabischen entlehnten, auch ganze Gebäude, die aus Adobeziegeln errichtet wurden. Diese Bauweise prägt den Südwesten schon seit Jahrhunderten, obwohl der einfach herzustellende und billige Baustoff statisch bzw. hinsichtlich der Haltbarkeit nicht mit Beton konkurrieren kann. Häuserwände aus Adobe müssen für einen eingeschossigen Bau etwa einen halben Meter dick sein, um die Last eines Daches tragen zu können. Starke Regengüsse können den Lehm auswaschen und die Mauern brüchig machen. Aber Adobe hat gerade unter den klimatischen Bedingungen des Südwestens auch große Vorteile, die kein anderes Material aufweist. Wissenschaftliche Messungen haben ergeben, dass sich aus Lehm, zerkleinertem Stroh, Sand und Wasser gefertigte Wände unter Sonneneinstrahlung günstig verhalten. Bei großer Hitze schützen sie vor Wärme und vermögen Innenräume besser kühl zu halten als etwa Betonwände. Nachts, wenn die Außentemperaturen sinken, bzw. in der kalten Jahreszeit geben tagsüber aufgeheizte Adobegebäude ihre Wärme ab und halten ein relativ konstantes Raumklima. Die Archäologie lieferte den Nachweis, dass die Anasazi-Indianer schon zur Blütezeit ihrer Kultur im 12. Jh. mit Adobe bauten. Die rund 400 Jahre später eintreffenden Spanier übernahmen dieses Material, veränderten aber das Konstruktionsprinzip. Während die Indianer die teils mit Tierhaaren vermengte Lehmmischung einfach aufeinanderschichteten, begannen die Spanier Adobeziegel in Holzformen herzustellen, die sich exakter verbauen ließen. Diese Bauweise wurde bei zahlreichen historischen Gebäuden sowohl in New Mexico als auch in anderen Bundesstaaten des Südwestens festgestellt.

Die wirtschaftliche Entwicklung New Mexicos nach dem Anschluss ans transkontinentale Bahnnetz im Jahre 1880 blieb nicht ohne Auswirkung auf die traditionelle Architektur. Moderne Baustoffe wie gebrannte Ziegel und Beton erfuhren einen Boom, u. a. weil Adobe nun als etwas Minderwertiges betrachtet wurde. Seit einigen Jahrzehnten erleben Lehmgebäude aber eine wahre Renaissance, woran die Psychologie nicht ganz un-schuldig war. Sie will festgestellt haben, dass die runderen Bauformen der Adobe-Archi-tektur, die keinen rechten Winkel kennt, mehr Wohn- und Lebensqualität vermitteln als die moderne Bauweise mit chemischen Zusätzen im Material. Heute werden Adobe-Ziegel industriell gefertigt und durch Zusätze so präpariert, dass sie Feuchtigkeit abweisen und relativ resistent gegen Regen sind.

außerhalb stehenden Holzhaus aus dem 18. Jh. (Camino Lejo, Tel. 505-982-2226, www.spanishcolonial.org, Di–So 10–17, 8 $, Kin. unter 17 Jahren gratis). Mit etwas Glück fällt ein Besuch im hervorragenden **Museum of Indian Arts and Culture** auf einen Tag, an dem Töpfer, Trommelbauer, Maler oder Kornflechter ihre Kunst demonstrieren. Aber auch an anderen Tagen faszinieren die Ausstellungen mit Kunst von *Native Americans* und interessanten Aspekten des indianischen Alltagslebens wie etwa einem Besuch in einer traditionellen Navajo-Behausung (Camino Lejo, Tel. 505-476-1250, www.miaclab.org, Di–So 10–17, 8 $, Kin. unter 17 Jahren gratis).

Häufig wechselnde Präsentationen zeigen im **Museum of International Folk Art** etwa Bronzeminiaturen aus Indien, Dolche aus Indonesien, Masken aus Nepal oder repräsentative Kleidung bzw. Accessoires von Honoratioren in Schwarzafrika (Camino Lejo, Tel. 505-476-1200, www.moifa.org, Di–So 10–17, 8 $, Kin. unter 17 Jahren gratis). Das **Wheelwright Museum of the American Indian** beschränkt sich auf ältere und zeitgenössische indianische Kunst aus dem Südwesten der USA wie Silber- oder Webarbeiten der Navajo und Schmuck aus neumexikanischen Pueblos (Camino Lejo, Tel. 505-982-4636, www.wheelwright.org, Mo–Sa 10–17, So 13–17 Uhr, Eintritt frei).

i **Santa Fe Convention & Visitors Bureau:** 201 West Marcy St., Santa Fe, NM 87501, Tel. 505-955-6200, Fax 505-955-6222, www.santafe.org.

Hotels und Motels aller Kategorien liegen an der nach Süden führenden Cerrillos Road.

La Fonda Inn [1]:100 E. San Francisco St., Tel. 505-982-5511, Fax 505-988-2952, www.lafondasantafe.com. Verwöhnten bietet La Fonda mit La Terraza einen exklusiven Dachgarten mit 14 individuell gestalteten Luxusräumen und Zugang zu einem heißen Außenpool sowie einem Schwimmbad im Innern. DZ Nov.–März ab 219 $, April–Juni ab 229 $, Juli–Okt. ab 249 $.

Hotel Santa Fe [2]: 1501 Paseo de Peralta, Tel. 505-982-1200, www.hotelsantafe.com. Das Haus im Adobestil gehört dem Picuris-Pueblo und ist geschmackvoll mit Indianerkunst ausgestattet. Das Restaurant serviert einen modernen Mix indianisch-amerikanischer Küche. Auf dem gleichen Gelände liegt die Hacienda, ein 4-Sterne-Haus mit Suiten im Südweststil und offenen Kaminen. DZ 130–253 $, Hacienda ab 219 $.

Alexander's Inn [3]: 529 E. Palace Ave., Tel. 505-986-1431, www.alexanders-inn.com. Gäste nächtigen in einem kleinen romantischen Häuschen *(casita)* mit Mikrowelle und Kühlschrank oder einem Cottage mit Küche, beides im gediegenen Santa-Fe-Stil, zweistöckig und mit Kamin. Zwei Blocks weiter besitzt das Inn noch weitere Casitas für längere Aufenthalte. DZ ab 170 $.

Inn on the Alameda [4]: 303 E. Alameda Ave., Tel. 505-984-2121, Fax 505-986-8325, www.innonthealameda.com. Dem Charme des Anwesens kann man sich nicht entziehen. Alle Zimmer mit gefliesten Bädern, King- oder Queen-Size-Betten und Patio bzw. Balkon. DZ 125–230 $, Suiten 255–375 $.

Hacienda Nicholas [5]: 320 E. Marcy, Tel. 505-986-1431, www.haciendanicholas.com. B & B vom Feinsten mit Südwestcharme, einige Räume mit Kamin. Schöner Garten, grandioses Frühstück, auf Wunsch auch vegetarisch, perfekter Service. DZ 125–260 $.

El Paradero B & B Inn [6]: 220 W. Manhattan Ave., Tel. 505-988-1177, Fax 505-988-3577, www.elparadero.com. In einer ruhigen Nebenstraße in der historischen Altstadt, 14 wohnliche Zimmer und 2 Suiten. Gäste können im Garten frühstücken. DZ 125–180 $.

Coyote Café [7]: 132 W. Water St., Tel. 505-983-1615, www.coyotecafe.com, So–Do 18–21, Fr–Sa 17.30–21 Uhr. Raffinierte Kreationen und bewährte klassische Gerichte, serviert in gestyltem Ambiente. 20–40 $.

Plazuela Restaurant [8]: Im La Fonda Inn (s. o.). Wunderschön im typisch südwestlichen Stil hergerichtetes Lokal. Eine Hausspezialität sind Rellenos de La Fonda, zwei große, mit Käse gefüllte und gebratene Chi-

Typisch neumexikanische Kunstgalerie an der Canyon Road in Santa Fe

lis serviert mit Guacamole und schwarzen Bohnen (14,70 $).

Anasazi Restaurant 9: 113 Washington Ave., Tel. 505-988-3230, www.innoftheanasazi.com, Frühstück 6.30–10.30, Lunch 11.30–14.30, Dinner 17.30–22 Uhr. Elegant-rustikales Lokal mit innovativer, sowohl französisch wie asiatisch beeinflusster Südwestküche. 25–30 $.

Pink Adobe 10: 406 Old Santa Fe Trail, Tel. 505-983-7712, www.thepinkadobe.com, tgl. 11.30–14 und 17.30–21.30 Uhr. Das gerne von Prominenten aufgesuchte Lokal besteht aus mehreren Speiseräumen mit offenen Kaminen. Gegrillter Thunfisch (28 $), Hummer-, Krabben- und Shrimp-Enchiladas mit Schwarzen Bohnen und Guacamole (30 $).

Zia Diner 11: 326 S. Guadalupe St., Tel. 505-988-7008, www.ziadiner.com, tgl. Frühstück, Lunch und Dinner. In einem umgebauten Lagerhaus kommen hauptsächlich mexikanisch inspirierte Gerichte auf den Tisch. Artischockenherzen mit Parmesankäse überbacken (9 $) oder mit Schwarzen Bohnen und Käse gefüllte Tortillas (6 $).

Del Charro Saloon 12: 101 W. Alameda Ave., Tel. 505-982-4333, www.innofthegovernors.com, 11.30–24 Uhr. Das gemütlich eingerichtete Lokal mit überdachter Terrasse um einen offenen Kamin ist ein beliebter Treffpunkt von Einheimischen. Die Küche serviert kleine Gerichte wie Sandwiches und Burger, die Bar sorgt für den Hausdrink Margarita. 4–5 $.

Jackalope: 2820 Cerrillos Rd., Tel. 505-471-8539, www.jackalope.com. Exzellentes Shoppingparadies für Reiseandenken im typischen Stil des Südwestens: bemalte Keramik, dekoratives indianisches Kunsthandwerk, Gewürze, Textilien. In einem Glasbläserstudio kann man dem Meister bei der Arbeit zusehen.

Lucchese: 203 W. Water St., Tel. 505-820-1883. Handgefertigte Stiefel, Gürtel und andere hübsche Accessoires.

Ortega's: 101 W. San Francisco St., Tel. 505-988-1866. Wunderschöner Schmuck aus Silber, Türkisen und polierten Steinen von über 40 Künstlern.

Santa Fe ist kein Paradies für Nachtschwärmer. Die meisten Lokale schließen um 22 Uhr.

Catamount Bar: 125 E. Water St., Tel. 505-988-7222, tgl. ab 17.30 Uhr. Jedes Wochenende Livemusik (Jazz oder Blues), kleine Tanzfläche.

Santa Fe Opera: 7 Meilen nördlich der Stadt abseits Hwy 84, Tel. 505-986-5900, www.santafeopera.org. Die Spielsaison dauert von Ende Juni bis Ende August. Vor jedem Sitzplatz zeigt ein kleiner Bildschirm das entsprechende Libretto an.
Rodeo de Santa Fe (Juni): 4-tägiges Rodeo mit Paraden (www.rodeodesantafe.org).
Santa Fe International Folk Art Market (Juli): Ausstellungen von Künstlern aus 40 Ländern (www.folkartmarket.org).
Santa Fe Indian Market (August): Ca. 1200 indianische Künstler und Kunsthandwerker verkaufen ihre Produkte (www.swaia.org/market.php).
La Fiesta de Santa Fe (August): Seit 1720 veranstaltetes religiöses Fest mit zahlreichen Paraden, Konzerten und einem abwechslungsreichen kulinarischen Angebot (www.santafefiesta.org).
Santa Fe Film Festival (Dezember): Präsentation von Filmen aus aller Welt (www.santafefilmfestival.com).

Radverleih: Mellow Velo, 638 Old Santa Fe Trail, Tel. 505-995-VELO, http://mellowvelo.com
Wellness: Body, 333 Cordova Rd., Tel. 505-986-0362, www.bodyofsantafe.com. Spa, Yoga- und Bewegungsstudio mit großem Spektrum an Massagen und Wellnessprogrammen auch für Kinder.

Museumspass
Für 18 $ ist ein Museumspass zu haben, der an 4 Tagen für 5 Museen gültig ist. 12 $ kostet ein Pass für 2 Museen. Dabei kann man wählen unter 2 Kombinationen: entweder dem Museum of International Fold Art und dem Museum of Indian Arts and Culture oder dem Palace of the Governors und dem Museum of Fine Arts.

Flugzeug: Der Santa Fe Municipal Airport liegt südwestlich des Stadtzentrums und wird nur von kleineren Regionallinien angeflogen (Airport Road, Tel. 505-955-2900). Internationale Fluglinien nutzen den Flughafen in Albuquerque (s. S. 390).
Bahn: Santa Fe besitzt keinen eigenen Anschluss an das Amtrak-Bahnnetz. – Die Santa Fe Southern Railway bietet Ausflugsfahrten auf der 18 Meilen langen Strecke nach Lamy an (410 S. Guadalupe St., Tel. 505-989-8600, www.sfsr.com, Feb. Do und Sa, März–Okt. Fr und Sa, Erw. 32 $, Kin. 18 $, Abendfahrten sind teurer).
Bus: Öffentliche Busse von Santa Fe Trails (Tel. 505-955-2001, www.santafenm.gov/publicworks, Erw. 1 $, Kin. 5–17 Jahre 0,50 $).

Die nördlichen Pueblos

Karte: S. 378
Als die ersten spanischen Konquistadoren im 16. Jh. vom damaligen Neu-Spanien (Mexiko) nach Norden in das Gebiet von New Mexico vordrangen, stießen sie im Tal des Rio Grande auf eine Indianerbevölkerung, die überwiegend in geschlossenen Dörfern (span. Pueblos) lebte und sich durch ein überaus erstaunliches Kulturniveau auszeichnete. Alle Gruppen im Südwesten zusammengenommen, gibt es heute ca. 33 000 Puebloindianer, von denen viele am oberen und mittleren Rio Grande leben.

Von den insgesamt 19 neumexikanischen Pueblos bilden 8 die Gruppe der sogenannten Northern Pueblos und liegen nördlich von Santa Fe. Zu den kleinsten zählt der seit über 700 Jahren bewohnte **Tesuque Pueblo,** der sich zwei Einnahmequellen verschafft hat – das Camel Rock Casino (Tel. 505-984-8414, www.camelrockcasino.com) und den Tesuque Pueblo Flea Market mit über 1000 Verkaufsständen für Kunsthandwerk (Opera Hill am Hwy 84/285, jedes Wochenende Feb.–Dez.). Ebenfalls ein Winzling ist **Pojoaque Pueblo,** der schon vor Jahren das Cities of Gold Casino samt Restaurant, Bar, Einkaufsläden und Hotel eröffnete (Tel. 505-455-3313, www.citiesofgold.com) und sein Kunsthandwerk professionell vermarktet. Insbesondere mit einer attraktiven Naturszenerie und den schönen Nambé-Wasserfällen in den Ausläufern der Sangre de Cristo Mountains lockt der von Bergketten umgebene **Nambé Pueblo**. Jeden 4. Juli findet vor vielen Besuchern das Nambé Falls Ceremonial mit Tänzen und einer Kunstmesse statt.

Dass der **San Ildefonso Pueblo** 1 mit seinen 1500 Einwohnern über die Grenzen von New Mexico hinaus bekannt ist, liegt hauptsächlich am dort hergestellten Kunsthandwerk. In den 1920er-Jahren begannen die Künstlerin Maria Martinez und ihr Mann, die fast in Vergessenheit geratene und heute ebenso berühmte wie kostspielige schwarze Keramik herzustellen, als deren Kennzeichen die *Black-on-Black*-Kreationen gelten, mattschwarze Muster auf poliertem schwarzem Untergrund formschöner Gefäße. Den Pueblo kann man besichtigen (Visitor Center, Tel. 505-455-3549, dort kann man eine Genehmigung zum Fotografieren erwerben). Ebenfalls mit Töpfereien macht der gut 10 000 Einwohner große **Santa Clara Pueblo** 2 Geschäfte. Seine Hauptattraktion ist aber der reizvolle, von Bergen eingerahmte Santa Clara Canyon mit mehreren kleinen Seen, Teichen und Campingplätzen. Die Vorfahren der heutigen Indianer lebten in den historischen **Puye Cliff Dwellings** am Canyoneingang, die bereits zu Beginn des 13. Jh. bewohnt waren. Archäologische Ausgrabungen ergaben, dass die damaligen Menschen rote Keramik töpferten, die heute noch hergestellt und mit farbigen Mustern versehen wird.

Bandelier National Monument

Ähnliche Klippenwohnungen wie in Puye liegen im **Bandelier National Monument** 3 südlich von Los Alamos. Der Schweizer Anthropologe Adolph F. A. Bandelier beschäftigte sich als erster Völkerkundler zwischen 1880 und 1886 mit den Spuren prähistorischer Indianer im Südwesten und stieß auf

Santa Fe und New Mexicos Nordosten

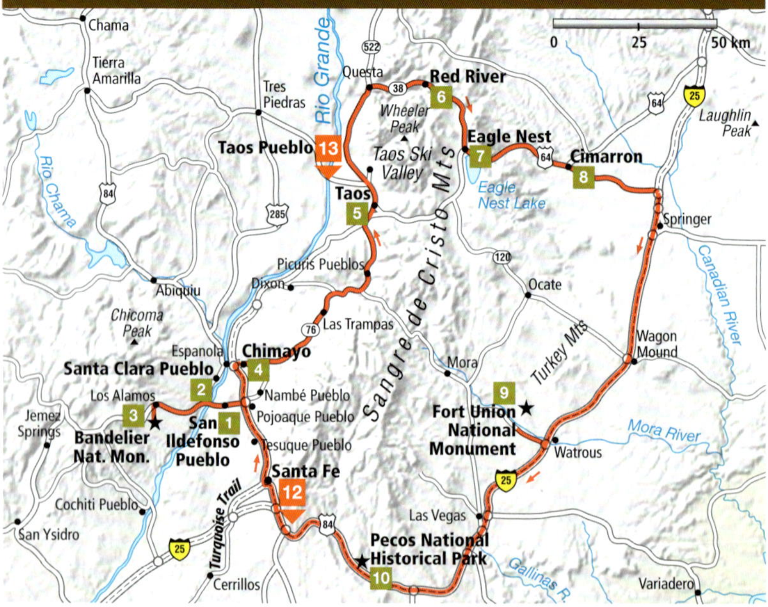

die Cliff Dwellings in dem nach ihm benannten National Monument. Vorfahren der heutigen Pueblo-Indianer besiedelten dieses Gebiet von etwa 1200 bis 1550, wobei sich die ältesten Wohnungen in natürlichen Felshöhlen der Tuffsteinfelsen befanden und erst in späterer Zeit zusätzlicher Raum durch Vorbauten geschaffen wurde, ehe die Menschen dazu übergingen, aus behauenen Steinblöcken frei stehende Häuser zu errichten. Wissenschaftler gehen davon aus, dass die Indianer um die Mitte des 16. Jh. das Bandeliergebiet verließen, um sich im Tal des Rio Grande niederzulassen (Route NM 4, Tel. 505-672-3861, www.nps.gov/band, im Sommer 8–18, im Winter bis 16.30 Uhr, 12 $/Pkw).

Chimayo

Legenden über wundersame Heilungen und ein alter Glaube an die Heilkraft des Lehmbodens machten **Chimayo** 4 schon vor langer Zeit zum Lourdes des Südwestens. Der aus dem heute 2800 Einwohner großen Städtchen stammende Don Bernardo Abeyta, so erzählt man sich, wurde von einer lebensbedrohenden Krankheit geheilt, als er niederkniete und den Boden berührte. Aus Dankbarkeit ließ er zwischen 1813 und 1816 die Wallfahrtskirche **Santuario de Chimayo** bauen. Im Steinboden des Gotteshauses blieb eine Öffnung frei, damit Gläubige auch fortan die heilsame Erde berühren konnten. Die Kapelle wird alljährlich von Zehntausenden besucht, von denen manche den Ort offensichtlich ohne Krücken und Rollstühle verließen (NM 76, Tel. 505-351-4889, Okt.–April 9–16, sonst bis 17 Uhr).

Taos

Nur wenige Ortschaften besitzen eine so schillernde Vergangenheit wie das 6200 Einwohner große **Taos** 5, in dem sich indianische, spanische, mexikanische und amerikanische Spuren überdecken. Die ersten ständigen Bewohner der Gegend ließen sich wahrscheinlich schon um 1000 n. Chr. an der Westflanke der Sangre-de-Cristo-Berge im heutigen Taos Pueblo nieder. Nach der ersten spanischen Erkundung 1540 dauerte es bis 1617, ehe die Kolonisten von der Iberischen Halbinsel erste Niederlassungen gründeten. 1826 kam der später berühmt gewordene Scout Kit Carson (1809–1868) nach Taos und wurde nach seiner Heirat 1843 Bürger der Stadt. Ein weiterer prominenter Einwohner der Stadt war der seit 1919 dort lebende amerikanische Maler Ernest Blumenschein. Das **Blumenschein Home & Museum** soll so wie zu seinen Lebzeiten ausgestattet sein (222 Ledoux St., Tel. 505-758-0505, http://taoshistoricmuseums.com, Mai–Okt. tgl. 9–17, Erw. 7 $, Kin. 3 $). Bereits 1915 hatte Blumenschein zusammen mit vier anderen Künstlern die *Taos Society of Artists* gegründet. Unter ihnen war der russische Maler Nicholai Fechin, dessen ehemaliges Haus in das **Taos Art Museum** umgewandelt wurde (227 Paseo del Pueblo Norte, Tel. 505-758-2690, http://taosartmuseum.org, Di–So 10–17 Uhr, 7 $).

13 Taos Pueblo

Nördlichste Indianersiedlung in New Mexico ist mit **Taos Pueblo** der am besten erhaltene und sehenswerteste Pueblo, kein Museumsdorf, sondern eine seit Jahrhunderten bewohnte Siedlung. Zusammen mit Acoma und Old Oraibi auf der Hopi Mesa in Arizona rivalisiert er um die Reputation als älteste ständig besiedelte Gemeinde auf US-Boden. Um eine vom schmalen Taos Pueblo River zweigeteilte Plaza stehen mehrstöckige und eingeschossige Adobebauten, zwei Kirchen, Gestelle, um Früchte zu trocknen oder Brennholz zu lagern, und mehrere erdfarbene Brotbacköfen, sogenannte *hornos*. Obwohl die Einwohner als besonders traditionsbewusst und religiös gelten und bis heute auf Strom verzichten, erlauben sie Fremden, das Dorf zu besichtigen und nach dem Erwerb einer entsprechenden Genehmigung sogar zu fotografieren und zu filmen, was in vielen anderen Pueblos verboten ist. Als Unesco-Welterbe steht Taos Pueblo unter besonderem Schutz (3 Meilen nördl. von Taos, Tel. 505-758-1028, www.taospueblo.com, tgl. 8–16.30 Uhr

Der Taos Pueblo: Im 12. Jh. gegründet, zählt der Pueblo heute zum Unesco-Welterbe

außer bei Zeremonien, Erw. 10 $, Kin. ab 13 Jahren 5 $).

Taos County Chamber of Commerce: PO Drawer, 108 Kit Carson Rd., Suite F, Taos, NM 87571, Tel. 575-751-8800, www.taoschamber.com.

The Historic Taos Inn: 125 Paseo del Pueblo Norte, Tel. 575-758-2233, Fax 575-758-5776, www.taosinn.com. Historisches Adobeanwesen mit 44 Zimmern und Suiten im Stil des Südwestens zum Teil mit Kamin. Im Sommer Außenpool. Die hauseigene Adobe Bar gilt als lokaler Treffpunkt. DZ 70–190 $.

Adobe Sun God Lodge: 919 Paseo del Pueblo Norte, Tel. 575-758-3162, Fax 575-758-1716, www.sungodlodge.com. Das Boutiquehotel im Adobestil ist um einen großen Hof errichtet. Mit handgemachtem Holzmobiliar, TV und Kaffeemaschine ausgestattete EZ, DZ und Suiten. DZ 82–112 $.

Apple Tree Restaurant: 123 Bent St., Tel. 575-758-1900, www.appletreerestaurant.com, tgl. Lunch und Dinner, So Brunch 11–15 Uhr. Mexikanische Gerichte wie Mango-Rindfleisch-Enchiladas oder Fajitas mit gegrilltem Entenfleisch beweisen den hohen Standard. Exzellente Weinauswahl 14–26 $.

Ginza Restaurant: 321 Paseo del Pueblo Sur, Tel. 575-758-7645, keine Website, Mo–Fr 11.30–14, Mo–Sa 17–21.30 Uhr. Japanische, koreanische und chinesische Gerichte, All-you-can-eat-Buffet 6 $.

Taos Pueblo Powwow (Juli): Großes Indianertreffen mit Tänzen im Taos Pueblo.
Taos Fall Arts Festival (Sept): Kulturfest mit vielen Veranstaltungen (www.taosfallarts.com).

Enchanted Circle

›Verzauberter Kreis‹ nennen die Einheimischen die Route durch die Bergwelt des nördlichen New Mexico. In Questa verlässt die Route 38 das Tal des Rio Grande und windet sich stetig ansteigend durch dichten Hochwald zum Wintersportort **Red River** 6 hinauf, in dem die Sonne selbst Anfang Mai noch nicht alle Schneeflecken aufgetrocknet hat. Vor einem guten Jahrhundert noch ein Bergbaucamp, hat sich der nicht einmal 500 Einwohner große Ort an der nordöstlichen Flanke des Viertausenders Mount Wheeler zum Skiparadies entwickelt, das auch im Sommer mit vielen Freizeitmöglichkeiten gut im Geschäft ist (www.redriver.org).

Noch kleiner als Red River ist das in einem knapp 2600 m hohen Tal am Ufer des gleichnamigen Sees gelegene **Eagle Nest** 7. Wer Stille und ungestörten Kontakt mit der Natur sucht, ist in dieser Gegend an der richtigen Stelle. In den umliegenden Bergen suchten Prospektoren im 19. Jh. nach Gold. Heute sieht die kleine Gemeinde aus, als sei sie von der modernen Zeit vergessen worden. Durch den Cimarron Canyon mit 200 m hohen Granitwänden führt der Highway 64 in das 23 Meilen weiter östlich liegende **Cimarron** 8 in die westlichen Ausläufer der Great Plains, die sich über Texas bis nach Oklahoma ausbreiten. Der ehemals bedeutsame Handelsposten entwickelte sich aus einer 1848 eingerichteten Postkutschenstation an einer Gabelung des historischen Santa Fe Trail. Zwischen 1821 und 1879 war diese Route die wichtigste Handelsverbindung zwischen dem US-Bundesstaat Missouri und dem Südwesten. Im Zuge der großen Westwärtsbewegung zogen Händler und Missionare, Abenteurer und Indianer, Soldaten und Entdecker über diesen Trail.

In der bewegten Vergangenheit von Cimarron spielte das **St. James Hotel** eine Hauptrolle. Der Franzose Henri Lambert, unter den Präsidenten Ulysses S. Grant und Abraham Lincoln Chefkoch des Weißen Hauses, ließ die Herberge in den 1870er-Jahren errichten. In seinem Etablissement verkehrte eine illustre Gesellschaft vom Schlage eines Pat Garrett, Buffalo Bill und Wyatt Earp. In Zimmer 3, wo einst Sheriff Bat Masterson nächtigte, dient ein Pumafell als Bettvorleger. In Nr. 5 pflegte der Desperado Jesse James abzusteigen, der 1882 von einem seiner eigenen Leute hinterrücks erschossen wurde. Löcher in der Decke zeugen in der Hotelbar von Meinungsverschiedenheiten, die 26 Männer das Leben kosteten (17th & Collinson St., Tel. 505-376-2664, www.stjamescimarron.com. Zum Anwesen gehört ein Moteltrakt mit 10 Standardzimmern. Stilecht kommt man im alten Hotel zwischen Blümchentapeten, gerafften Vorhängen und viel Plüsch unter. DZ 80–120 $.

Fort Union National Monument

Hauptaufgabe der in **Fort Union** 9 stationierten Soldaten war es, den Santa Fe Trail während des Bürgerkrieges (1861–1865) vor den Konföderierten in Texas sowie vor Jicarilla-Apachen und Ute-Indianern zu schützen. Außerdem diente die 1851 erbaute und bis 1891 besetzte Anlage als Nachschubbasis für Truppen in kleineren Forts der Region. Was Wind und Wetter von der historischen Befestigung übrig gelassen haben, wird heute vom National Park Service als National Monument verwaltet. Am Spätnachmittag beginnen die verstreuten Gebäuderuinen in der schräg stehenden Sonne zu leuchten. Von den größtenteils aus Holz erbauten Kasernen gibt es meist nur noch aus rotbraunen Ziegeln gemauerte Kamine (Exit 366 bei Watrous von der I-25, 8 Meilen nördlich auf der NM 161, Tel. 505-425-8025, www.nps.gov/foun, tgl. im Sommer 8–18, im Winter 8–16 Uhr, 3 $, Kin. unter 16 Jahren gratis).

Pecos National Historical Park

Hernando de Alvarado, ein Mitglied der spanischen Coronado-Expedition, stattete dem Pueblo 1540 einen Besuch ab und zeigte sich von den Gebäuden sehr beeindruckt. Der Wohlstand ergab sich aus der günstigen Lage zwischen den Rio-Grande-Pueblos im Westen und den Plains-Indianern im Osten. Im frühen 17. Jh. errichteten Franziskanerpatres eine Missionsstation mit mehreren Wirtschaftsgebäuden. Heute stehen die Ruinen der imposanten, mehrgeschossigen Bauten im **Pecos National Historical Park** 10 unter Schutz. Ein 2 km langer Pfad führt durch die Überreste (Exit 299 von der I-25, Tel. 505-757-7200, www.nps. gov/peco, im Sommer tgl. 8–18, im Winter 8–17 Uhr, 3 $, Kin. unter 16 Jahre gratis. Im Besucherzentrum wird ein kurzer Film gezeigt).

Turquoise Trail

Reiseatlas: S. 21, B 4 – S. 25, B 1

Als alternative Straßenverbindung zur Interstate 20 zwischen Santa Fe und Albuquerque bietet sich der 52 Meilen lange, auch Pfad der Türkise (www.turquoisetrail.org) genannte Highway 14 an. Wo früher Indianer Türkissteine aus Bergwerksstollen brachen und später spanische Missionare nach Gold, Silber und kultivierbarem Boden suchten, liegen heute verschlafene Ortschaften wie die ehemalige Türkishochburg **Cerrillos,** heute fast eine Geisterstadt. Um die St. Joseph Church scharen sich nur noch wenige Häuserzeilen aus der Vergangenheit. In dieses Bild passt der legendäre **What Not Shop,** der hinter seiner verwitterten Fassade Antiquitäten und Gerümpel anbietet. Bergwerksgeräte, Schürferausrüstungen und Mineralien erinnern im **Turquoise Mining Museum** an Cerrillos bessere Zeiten (17 Waldo St., Tel. 505-438-3008, wechselnde Öffnungszeiten).

Wie Cerrillos war auch **Madrid** nach Ende der Minenära eine Existenz als Geisterstadt beschieden, ehe sich Anfang der 1970er-Jahre Großstadtflüchtlinge und Hippies in den leer stehenden Häusern einquartierten. Heute strömen Ausflügler in den bunten Ort, um in Trödelläden zu stöbern und in Esoterik-Shops die von Duftkerzen und Räucherstäbchen geschwängerte Atmosphäre zu genießen (www.turquoisetrail.org/madrid. htm).

Von San Antonito windet sich eine Nebenstrecke zum höchsten Gipfel der Sandia Mountains hinauf. Zwischen Dezember und Februar fällt auf der 3255 m hohen **Sandia Crest** reichlich Schnee, sodass die Zufahrt hin und wieder gesperrt ist. Eine Alternative ist dann die vom Stadtrand von Albuquerque auf den 3157 m hohen **Sandia Peak** führende Sandia Peak Tramway, die längste Seilbahn der Welt, von deren Bergstation man einen wunderbaren Blick auf Albuquerque und seine Umgebung hat (Exit 167 von der I-40, Tramway Blvd., Tel. 505-856-7325, www. sandiapeak.com, im Sommer 9–21, sonst 9–20, Di 17–20 Uhr, Erw. hin und zurück 17,50 $, Kin. 5–12 Jahre 10 $).

Richtig Reisen-Tipp: Mit dem Dampfross durch die Rockies

Nur einen Katzensprung von der Grenze zu Colorado entfernt liegt auf einem über 2000 m hohen Plateau das 1200 Einwohner große Städtchen Chama. Früher eine bedeutende Minenstadt, ist die historische **Cumbres and Toltec Scenic Railroad** das einzige Überbleibsel aus der Bergbauära. Im Februar 1881 erreichte der erste Zug Chama und trug dazu bei, dass sich der Ort in den folgenden drei Jahrzehnten lebhaft entwickelte. Dem Wachstum fielen damals gewaltige Waldflächen zum Opfer, sodass Chama heute in einem für die Viehzucht geeigneten Grasland liegt.

Seit Jahren ist die historische Schmalspureisenbahn mit einem Depot in Chama und einem zweiten Bahnhof in Antonito (Colorado) eine beliebte Touristenattraktion, die u. a. durch etwa ein Dutzend Kinofilme wie »Indiana Jones und der letzte Kreuzzug« einem breiten Publikum bekannt geworden ist. Mit Kohle gefütterte Dampfloks schleppen offene und geschlossene Passagierwaggons auf einer wildromantischen Bergstrecke bis ins 64 Meilen entfernte Antonito in Colorado. Der Schienenweg überquert dabei den 3053 m hohen Cumbres Pass, die höchste auf Schmalspur ausgelegte Schienenstrecke in den USA, an der manche Passagiere in den ungeheizten Waggons selbst im Hochsommer ins Schlottern kommen. Auf halbem Weg zwischen Chama und Antonito legen alle Züge eine Rast ein. Der Fahrplan bietet zahlreiche Kombinationsmöglichkeiten von Zug und Bus, um die reizvolle Bergstrecke bequem vom Waggon aus kennenzulernen und die Rückreise zum Ausgangspunkt einer Oldtimerfahrt eventuell über eine alternative Straßenverbindung per Bus anzutreten (Informationen und Reservierungen: Tel. 1-888-286-2737, www.cumbrestoltec.com, Betriebszeiten Ende Mai–Mitte Okt. tgl.).

Im Eisenbahndepot von Chama werden die betagten Loks der Scenic Railroad instand gehalten. Ihre Waggons ziehen sie bis auf eine Höhe von 3053 m

Albuquerque und der Nordwesten

Cityplan S. 386

Auf über 1500 m Höhe im Tal des Rio Grande gelegen, hat Albuquerque, mit 480 000 Einwohnern größte Stadt in New Mexico, in den vergangenen Jahrzehnten eine erstaunliche Entwicklung durchlaufen. Ihr städtisches Gewicht kommt in der Region umso mehr zur Geltung, als der restliche Nordwesten aus wenigen Kleinstädten und menschenleeren, wüstenhaften Landstrichen besteht, in denen vereinzelt Ruinenstätten präkolumbischer Indianer liegen.

Albuquerque

Cityplan: S. 386

Auf den ersten Blick weicht das Stadtbild um keinen Deut von der amerikanischen Norm ab – meilenlange, im Schachbrettmuster angelegte Straßenzüge, ein hoch aufgeschossenes Banken- und Büroviertel, Wälder von Reklameschildern, Autokarawanen auf dem durchs Zentrum führenden Coronado Freeway ... Erst in **Old Town** **1** zeigt die Stadt ihr neumexikanisches Gesicht. Um die kleine Don Luis Plaza liegen niedrige Bauten im Pueblostil mit Galerien und Andenkenläden, Kunsthandlungen und Restaurants. Gassen und Passagen führen in hübsche Innenhöfe, denen nicht einmal das durch und durch touristische Warenangebot etwas von ihrer Atmosphäre nehmen kann.

Auf Schnüre gezogene, getrocknete Chilischoten, Schaufenster voller Silber- und Türkisschmuck, indianische Skulpturen, kleine Restaurants hinter erdbraunen Adobemauern um die Kirche San Felipe de Neri, deren älteste Teile von 1793 stammen. Die damals nur 50 Menschen Platz bietende Kapelle wurde über die Zeiten zu einem Gotteshaus mit zwei Türmen und reizvollen Gartenanlagen ausgebaut. Dort gedeihen heute noch Reben, aus denen frühere Patres Wein kelterten.

Mag sein, dass Old Town äußerlich mit dem ursprünglichen Stadtkern nur noch weitläufig verwandt ist. Aber man kann sich vorstellen, wie Albuquerque in den ersten Jahrzehnten nach seiner Gründung im Jahr 1706 ausgesehen haben mag. Soldaten, Missionare und Offizielle, die über den Camino Real (Königsstraße) von Mexico City nach Santa Fe reisten, machten in der neuen Ortschaft Rast und trugen zu ihrem Wachstum bei. Nachdem 1846 US-Truppen auf der Plaza die US-Flagge aufgezogen hatten, wurde Albuquerque Garnisonsstadt und ein Zentrum für den Vieh- und Wollhandel, ehe ab 1880 die Atchison, Topeka & Santa Fe-Eisenbahn die Stadt mit anderen Landesmetropolen verband.

Museen

Albuquerque besitzt Stätten, die einen Aufenthalt in der Stadt sehr kurzweilig machen können. Das **Turquoise Museum** **2** erzählt mit Türkisen aus 4 Kontinenten und dem Nachbau einer Mine spannende Geschichten über dieses Mineral, das in der Geschichte von New Mexico eine große Rolle spielte (2107 Central Ave. N.W., Tel. 505-247-8650, www.turquoisemuseum.com, Mo–Fr 9.30–17, Sa bis 16 Uhr, 4 $). Eine Reise auf dem Rio Grande bis zu seiner Mündung und weiter in die Meere der Welt macht das kleine **Albuquerque Aquarium** **3** möglich (2601 Central Ave. N.W., Tel. 505-768-2000, cabq.gov, tgl. 9–17 Uhr, Erw. 7 $, Kin. 3–12 Jahre 3 $).

Die weltweit größte Sammlung unterschiedlicher Arten von Klapperschlangen wartet im **American International Rattlesnake Museum** 4 auf Besucher (202 San Felipe N.W., Tel. 505-242-6569, www.rattlesnakes.com, Mo–Sa 10–18, So 13–17 Uhr, Erw. 3,50 $, Kin. 2,50 $). Gegenstände aus der spanischen Kolonialzeit von Waffen über Mobiliar bis zu einem ganzen Haus aus dem 18. Jh. werden im **Albuquerque Museum of Art & History** 5 ergänzt durch Ausstellungen über die lange Geschichte der Stadt, etwa mit Ausrüstungen der ersten spanischen Cowboys in Amerika, und durch Gemälde und Skulpturen von Künstlern des Südwestens (2000 Mountain Rd. N.W., Tel. 505-243-7255, www.cabq.gov/museum, Di–So 9–17 Uhr, Erw. 4 $, Kin. 4–12 Jahre 1 $). Der 50-minütige Film »10 Sekunden, die die Welt erschütterten« gibt im **National Atomic Museum** 6 eine Einführung in die Entwicklung der ersten Atombombe im Rahmen des sogenannten Manhattan-Projekts von Robert Oppenheimer und die erste Nukleardetonation in White Sands im südlichen New Mexico. (1905 Mountain Rd. N.W., Tel. 505-245-2137, www.atomicmuseum.com, Erw. 4 $, Kin. 7–18 Jahre 3 $). Unter dem Namen **National Museum of Nuclear Science & History** sollen erweiterte Ausstellungen im Frühjahr 2009 in einem neuen Gebäude eröffnet werden (beim Sandia Science and Technology Park, Eubank & Southern Blvd.)

Milliarden Jahre gehen die Ausstellungen im **New Mexico Museum of Natural History & Science** 7 in die Geschichte der Entstehung der Erde zurück und verfolgen die Entwicklung des Planeten über unterschiedliche Zeitalter hinweg. Virtuelle Zeitreisen macht das Planetarium LodeStar Astronomy Center möglich, während im DynaTheater spannende Abenteuer über die Geheimnisse des Nil und der Korallenriffe auf eine Großleinwand projiziert werden (1801 Mountain Rd. N.W., Tel. 505-841-2800, www.nmnaturalhis tory.org, tgl. 9–17 Uhr, Erw. 7 $, Kin. 3–12 Jahre 4 $, DynaTheater, LodeStar Astronomy Center und Virtual Voyages kosten extra). Das Wissenschafts- und Kindermuseum **Explora!** 8 lädt mit über 250 interaktiven Einrichtungen zum Mitmachen ein (1701 Mountain Rd. N.W., Tel. 505-224-8300, www.ex plora.mus.nm.us, Mo–Sa 10–18, So 12–18 Uhr, Erw. 7 $, Kin. bis 11 Jahre 3 $).

Mit dem Autor unterwegs

Indianerpueblos

Unter allen Kultureinrichtungen in Albuquerque sticht das **Indian Pueblo Cultural Center** als authentische Vertretung der 19 in New Mexico liegenden Pueblos heraus. An den meisten Wochenenden sind Besucher bei traditionellen Tänzen willkommen (s. S. 385 f.).

Schaufenster in die Geschichte

Von Mesa Verde abgesehen, existieren im Südwesten nirgends imposantere Ruinenanlagen der alten Anasazi-Indianer als im abgelegenen **Chaco Canyon** (s. S. 392 ff.).

Mekka der Westernstars

Das **El Rancho Hotel** in Gallup ist nicht nur eine Traditionsunterkunft mit einer sehenswerten Lobby, sondern als ehemaliger Außenposten der Filmfabrik Hollywood auch eine Art Museum der großen Westernstars (s. S. 394 f.).

Indian Pueblo Cultural Center

Einen guten ersten Einblick in die Indianerkultur von New Mexico verschafft ein Besuch im **Indian Pueblo Cultural Center** 9, das zu den großen Besuchermagneten in Albuquerque zählt. Der Komplex dient in erster Linie als kulturelle Vertretung der 19 auf neumexikanischem Boden existierenden Pueblos, aber auch als historisches Museum und als Markt für kunstgewerbliche Produkte der Indianer. Häufig demonstrieren Weber, Schnitzer, Trommelbauer, Gold- und Silberschmiede und Töpfer ihre Handwerkskunst. An Wochenenden wechseln sich die Pueblos mit

Albuquerque: Cityplan

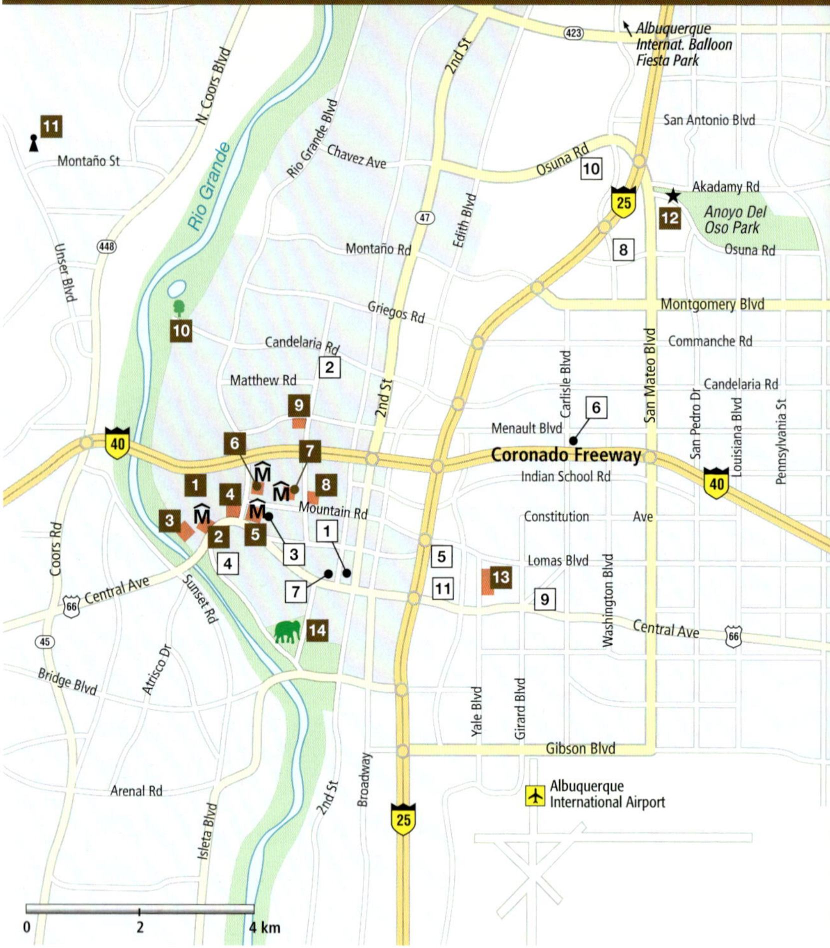

Tanz- und Folklorevorführungen in traditionellen Kostümen im umbauten Innenhof des Zentrums ab (2401 12th St. N.W., Tel. 505-843-7270, www.indianpueblo.org, tgl. 9–16.30 Uhr, Erw. 6 $, Kin. 5–12 Jahre 1 $).

Rio Grande Nature Center und Petroglyph National Monument

Um den Erhalt des ökologischen Gleichgewichts des Rio-Grande-Tals kümmert sich in Albuquerque eine gemeinnützige Organisation, die nördlich von Downtown das **Rio Grande Nature Center** **10** unterhält. Durch das von 100-jährigen Cottonwood-Bäumen bestandene Ufergebiet führen Lehr- und Wanderpfade, auf denen man Vogelarten, Biber, Kojoten, Schildkröten und Eidechsen zu sehen bekommt (2901 Candelaria Rd. N.E., Tel. 505-344-7240, www.rgnc.org, Mo–So 8–17 Uhr, 3 $/Pkw).

Sehenswürdigkeiten

1. Old Town
2. Turquoise Museum
3. Albuquerque Aquarium
4. American International Rattlesnake Museum
5. Albuquerque Museum of Art & History
6. National Atomic Museum
7. New Mexico Museum of Natural History & Science
8. Explora!
9. Indian Pueblo Cultural Center
10. Rio Grande Nature Center
11. Petroglyph National Monument
12. Cliff's Amusement Park
13. University of New Mexico
14. Rio Grande Zoo

Übernachten

1. La Posada de Albuquerque
2. Adobe Nido B & B
3. Bottger Mansion
4. Casas de Suenos
   Old Town Country Inn
5. Plaza Inn
6. Econo Lodge Midtown
7. Route 66 Hostel

Essen und Trinken

8. Outback Steakhouse
9. Zinc Wine Bar & Bistro
10. Vic's Daily Café
11. 66 Diner

Noch weiter außerhalb sind im aus mehreren Abschnitten bestehenden **Petroglyph National Monument** 11 auf Lavagestein, das von einer Vulkaneruption vor rund 1 Mio. Jahren herrührt, ca. 20 000 Felsritzzeichnungen zu sehen, die größtenteils zwischen 400 und 700 Jahre alt sind und wahrscheinlich von den Vorfahren der heutigen Pueblo-Indianer stammen. Einige werden auch spanischen Pionieren zugeschrieben. Ein Weg führt an dieser Galerie entlang und gibt den Blick frei auf die Stadt, hinter der die Sandia Mountains ansteigen – vor allem im Abendlicht ein grandioses Panorama (6001 Unser Blvd. N.W., Tel. 505-899-0205, www.nps.gov/petr, tgl. 8–17 Uhr, nur der Boca Negra Canyon kostet Eintritt, wochentags 1 $, am Wochenende 2 $, die übrigen Teile sind gratis).

Vergnügungsparks

Familien mit Kindern kommen in zwei benachbarten Vergnügungsparks auf ihre Kosten. Im **Cliff's Amusement Park** 12 laden Achterbahnen wie etwa Galaxy oder Rock-O-Plane kleine und große Gäste zu haarsträubenden Fahrten ein. Wer im Hochsommer nach Abkühlung lechzt, kann im **Wasserpark** Fahrbetriebe in Anspruch nehmen, die in jedem Fall feucht-fröhlichen Spaß bieten (4800 Osuna Rd. N.E., Tel. 505-881-9373, www.cliffs.net, Mai–Okt., Erw. 24,95 $, Kin. 19,95 $).

University of New Mexico

Die ca. 24 000 an der **University of New Mexico** 13 immatrikulierten Studenten genießen in ihrer Freizeit den mitten in der Stadt gelegenen Campus, der sich mit seinen typischen Pueblogebäuden als in den USA einzigartig präsentiert. Auf dem Uni-Gelände gibt es 5 Museen, die man alle kostenlos besichtigen kann. Im **Maxwell Museum of Anthropology** demonstriert neben vielen Ausstellungen zur Prähistorie des Südwestens eine aufwendig rekonstruierte archäologische Grabungsstelle, wie Völkerkundler und Archäologen empirisch arbeiten (Tel. 505-277-4405, www.unm.edu/~maxwell, Di–Fr 9–16, Sa 10–16 Uhr). In der Northrup Hall warten das **Geology Museum** (Tel. 505-277-4204) und das **Meteorite Museum** (Tel. 505-277-1644, beide Mo–Fr 8–17 Uhr) mit wunderschönen

Mineralien bzw. einer der größten Meteoritensammlungen der USA auf. Zu den Beständen des **University of New Mexico Art Museum** gehören neben den Gemälden und Skulpturen alter Meister seit dem 15. Jh. auch Werke aus der spanischen Kolonialzeit und eine Sammlung von ca. 10 000 Fotografien aus der Pionierzeit der Fotografie bis ins digitale Zeitalter (Tel. 505-277-4001, http://unmartmuseum.unm.edu, Di–Fr 9–16, Sa–So 13–16, Di auch bis 20 Uhr). Werke des amerikanischen Malers Raymond Jonson (1891–1982) und anderer zeitgenössischer Künstler sind in der **Jonson Gallery** ausgestellt (Tel. 505-277-4967, www.unm.edu/jonsong, Di–Fr 10–16 Uhr).

Rio Grande Zoo

Eisbären, Giraffen, Elefanten, Seelöwen, exotische Vögel, Reptilien und Koalas gehören zu den Einwohnern des 1927 gegründeten **Rio Grande Zoo 14**, den man auf gut 3 km langen Wegen kennenlernen kann. Zwischen dem Tierpark und dem benachbarten Aquarium verkehrt ein Minizug auf der sog. Rio Line. Bis 12 Uhr werden Kombitickets für den Besuch beider Sehenswürdigkeiten verkauft (903 10th St. SW, Tel. 505-764-6200, www.cabq.gov/biopark/zoo, tgl. 9–17 Uhr, Erw. 7 $, Kin. 3–12 Jahre 3 $, Kombiticket 12/5 $).

Visitor Center: Plaza Don Luis, Old Town, P.O. Box 26866, Albuquerque, NM 87125, Tel. 505-842-9918, www.abqcvb.org.

La Posada de Albuquerque 1:125 Second St. N.W., Tel. 505-242-9090, www.laposada-abq.com. Renovierter Klassiker unter den Stadthotels mit einem Brunnen im orientalischen Stil in der wunderschönen Lobby. Alle Zimmer sind mit handgefertigtem Mobiliar ausgestattet. DZ 90–275 $.
Adobe Nido B & B 2: 1124 Major Ave. N.W., Tel. 505-344-1310, www.adobenido.com. Die Innenausstattung einiger Zimmer sieht zwar zusammengewürfelt aus, macht aber dennoch einen behaglichen Eindruck. Alle Zimmer mit eigenem Bad, WLAN und Frühstück, Finnische Sauna im Garten. DZ 119–234 $.
Bottger Mansion 3: 110 San Felipe St. N.W., Tel. 505-243-3639, www.bottger.com. Von 1912 stammendes viktorianisches Anwesen in Old Town mit 8 Gästezimmern und verglaster Veranda. DZ 100–180 $.
Casas de Suenos Old Town Country Inn 4: 310 Rio Grande Blvd. S.W., Tel. 505-247-4560, www.casasdesuenos.com. In überbordenden Gartenanlagen gelegene Unterkunft im Adobestil mit 21 individuell eingerichteten Häuschen mit offenem Kamin. Suiten im Durchschnitt 120 $.
Plaza Inn 5: 900 Medical Arts Ave. N.E., Tel. 505-243-5693, www.plazainnabq.com. 5-stöckiges, modernes Hotel mit 120 Zimmern ca. 1 Meile von der Universität entfernt, Highspeed-Internetzugang, beheizter Innenpool, Fitnessstudio. DZ 99–140 $.
Econo Lodge Midtown 6: 2412 Carlisle Blvd. N.E., Tel. 505-880-0080, www.choicehotels.com. Kettenmotel mit 38 klimatisierten Standardzimmern, Kabel-TV. DZ 55–60 $.
Route 66 Hostel 7: 1012 Central Ave. SW, Tel. 505-247-1813, http://members.aol.com/route66hos/htmlRT66. Herberge mit Schlafplätzen im Schlafsaal (15 $) u. Zimmern (ab 20 $).

Outback Steakhouse 8: 4921 Jefferson St. N.E., Tel. 505-884-8760, http://outbacksteakhouse.com, tgl. ab 17.30 Uhr. Diese australische Insel mitten in Albuquerque hat vermutlich noch kein Gast hungrig verlassen. Die Portionen sind üppig, auch die Qualität der Rippchen, Steaks, Shrimps oder Hähnchengerichte überzeugt. 31–40 $.
Zinc Wine Bar & Bistro 9: 3009 Central Ave. N.E., Tel. 505-254-9462, zincabq.com, So–Fr 11–14.30, Mo–Do 17–22, Fr–Sa 17–23 Uhr, Happy Hour Mo–Sa 17–19 Uhr. Schickes Lokal auf zwei Ebenen mit antiken Spiegeln und Dielenfußboden. Man isst an kleinen Tischen oder an der Bar mit Blick auf die Show-Küche. 3-gängiges Menü 26 $.
Vic's Daily Café 10: 3600 Osuna Rd. N.E., Tel. 505-341-9710, keine Website, Mo–Fr 6.30-14.30, Sa–So 7.30–14 Uhr. Die Qualität der einfachen Gerichte hat das etwas abseits gelegene Lokal zu einem lokalen Favoriten gemacht. Unter 10 $.

Richtig Reisen-Tipp: die International Balloon Fiesta

Im Oktober sieht der Himmel über Albuquerque ein paar Tage lang recht seltsam aus. Kühe mit prallen Eutern hängen am Firmament, Wolkenkratzer steigen in die Lüfte, und selbst Mickey Mouse hat das Fliegen gelernt. Jahr für Jahr lockt die International Balloon Fiesta über 1000 Heißluftballonfahrer aus ca. 40 Ländern nach New Mexico. Die verrücktesten Ballonfiguren beweisen, dass dem Erfindungsreichtum der Konstrukteure offensichtlich keine Grenzen gesetzt sind. Für viele Piloten ist ein Start bei diesem weltgrößten Event, zu dem regelmäßig fast 1 Mio. Schaulustige anreisen, ein Lebenstraum. Und viele begreifen ihr Hobby nicht als Sport, sondern als Lebensart. Wohin die Reise jeweils geht, spielt keine Rolle. Der Weg ist das Ziel.

Manch einem erwartungsfrohen Ballonfahrer hat das Wetter schon einen Strich durch die Rechnung gemacht. Die Organisatoren achten peinlich darauf, dass nur bei idealen Wetterbedingungen gestartet wird. Wenig Wind und klare Sichtverhältnisse sind unverzichbar.

Dass gerade Albuquerque zum Mekka der Heißluftballone wurde, verdankt es dem häufig günstigen Wetter. Im Oktober sind die Tage bereits kühl, und zwischen dem Rio-Grande-Tal und den Sandia Mountains zirkuliert die Luft in der so genannten ›Albuquerque Box‹ so ideal, dass Start- und Landepunkt der Ballone oft fast identisch sind (Balloon Fiesta Park, www.balloonfiesta.com, Erw. 6 $, Kin. bis 12 Jahre gratis, Parkplatz 10 $. Einziger offizieller Anbieter von Ballonfahrten: Rainbow Ryders, Tel. 505-823-1111, www.rainbowryders.com, während der Fiesta 350 $). In der Gipswüste White Sands findet jeden September das White Sands Balloon Invitational statt.

In Albuquerque und White Sands gibt es Mega-Events rund um den Heißluftballon

66 Diner [11]: 1405 Central Ave. N.E., Tel. 505-247-1421, www.66diner.com. Mo–Fr 11–23, Sa 8–24, So 8–13 Uhr. Einer der letzten echten Route-66-Diner im Stil der 1950er-Jahre. Die tägl. wechselnde Blue Plate Special kostet 5,99 $.

Lotus: 211 Gold Ave. S.W., Tel. 505-243-0955, www.o-pmlv.com, Do 21–2, Fr 16–2, Sa 20–2 Uhr. Nachtclub mit asiatisch angehauchtem Dekor.

Midnight Rodeo: 4901 McLeod Rd. N.E., Tel. 505-888-0100, keine Website, Mi–Sa ab 20 Uhr. Riesiger Nachtclub mit einer Tanzfläche, auf der man sich verirren kann. Jeden Abend Musik vom DJ. Zum Etablissement gehört der Hip-Hop-&-Techno-Club Gotham.

New Mexico State Fair (Sept.): Große Messe mit kulturellen Begleitprogramm (www.exponm.com).

Rio Grande Arts and Crafts Festival (2. Märzwoche): Kunst- und Kunsthandwerkausstellung auf den State Fairgrounds (www.rio grandefestivals.com).

International Balloon Fiesta (Okt.): Größtes internationales Treffen von Heißluftballonfahrern der Welt (www.balloonfiesta.com).

Flugzeug: Albuquerque International Sunport, 2200 Sunport Blvd. S.E., Tel. 505-244-7700, www.cabq.gov/airport. Der an das öffentliche Busnetz angebundene Flughafen wird von nationalen wie internationalen Linien angeflogen. Airport Shuttle (Tel. 505-765-1234, www.airportshuttleabq. com).

Bahn: Amtrak Station, 320 First St. SW, Tel. 1-800-872-7245, www.amtrak.com. Albuquerque ist Haltestelle des Fernzuges Southwest Chief auf der Strecke Los Angeles – Chicago.

Bus: Albuquerque Bus Transportation Center, 320 First St. SW, Tel. 505-243-4435, www.greyhound.com. Terminal der Greyhound/Trailways-Busse.

Achtung Schnäppchenjäger

Wer sich mit Secondhand-Mode in Top-Zustand anfreunden kann, hat im Geschäft Buffalo Exchange gut Gelegenheit, sich mit ansonsten teurer Markenware preisgünstig einzudecken (3005 Central Ave. N.E., Tel. 505-262-0098, www.buffaloexchange.com).

Bei den Pueblo-Indianern

Reiseatlas: S. 25, B 1

12 Meilen nördlich von Albuquerque macht der **Sandia Pueblo** mit einem von weitem erkennbaren Kasinoresort auf sich aufmerksam, das neben Spielautomaten komfortabel eingerichtete Gästezimmer und einen 18-Loch-Golfplatz bietet. Vor der Pueblo-Revolte (1680–1692) litt die Siedlung so schwer unter der von den Spaniern erzwungenen Fronarbeit, dass die meisten Einwohner bei den Hopi in Arizona Zuflucht suchten. Erst 1748 wurde das Dorf von Heimkehrern neu gegründet.

Sandia gehört wahrscheinlich zu den von der spanischen Coronado-Expedition 1540–42 besuchten Pueblos. Francisco Vasquez de Coronado stieß als einer der ersten bedeutenden Entdecker ins heutige New Mexico vor und sicherte sich einen Platz in den Annalen auch deshalb, weil er das Pferd in die Neue Welt brachte. In **Bernalillo** erinnert das am Rio-Grande-Ufer gelegene **Coronado State Monument** an das aus ca. 300 Soldaten aus mehreren europäischen Ländern bestehende Expeditionskorps, das die Sieben goldenen Städte von Cibola zu entdecken hoffte. Nach 2-jähriger vergeblicher Suche nach den legendären Indianerschätzen kehrte Coronado mit seinen Männern nach Mexiko zurück. Den Winter 1540/41 verbrachte er im damals bei Bernalillo liegenden, heute zum Teil rekonstruierten Kuaua Pueblo (485 Kuaua Rd., Tel. 505-867-5351, www.nmmo numents.org, tgl. außer Di 8.30–17 Uhr, 3 $).

Nördlich von Bernalillo liegen im Tal des Rio Grande weitere Pueblos wie **San Felipe, Santo Domingo** und **Cochiti Pueblo.** Sie unterscheiden sich von allen anderen neumexikanischen Pueblos durch ihre Keresan-Sprache. Während San Felipe zu den konser-

Kostüme in schrillen Farben sind bei den Powwows der Indianer unverzichtbar

vativsten Dörfern zählt und nur Teile des Pueblos besichtigt werden können, öffnet sich Santo Domingo eher der Außenwelt, weil die Bewohner schon vor Jahrhunderten Handelsbeziehungen etwa mit Mesa Verde (Colorado) und Chaco Canyon (s. 392 f.) pflegten und jedes 1. Wochenende im September den Santo Domingo Arts and Crafts Market mit Verkaufsständen für Kunsthandwerk, indianischem Essen und traditionellen Tänzen veranstaltet. Auffälligstes Gebäude ist die bunt bemalte Kirche mit einer Galerie über dem Haupteingang und einem stufenförmigen Glockenturm (Tel. 505-465-2214, www.indian pueblo.org). In Cochiti sind Tradition und Moderne längst miteinander vermischt. Aus diesem Pueblo stammen die populären Storyteller-Puppen aus Ton, die 1964 von Helen Cordero erfunden wurden und meist eine sitzende Mutter mit vielen Kindern auf dem Schoß darstellen. Cochiti verpachtet einen Teil seines Grund und Bodens an die Ortschaft Cochiti Lake, wo um den vom Rio Grande gespeisten Stausee ein Feriengebiet mit Wassersportmöglichkeiten, Campingplätzen und einem 18-Loch-Golfplatz entstand, der zu den schönsten im Südwesten zählt. Am 14. Juli feiert der Pueblo das San Buenaventura Fest (Tel. 505-465-2244, www. indianpueblo.org).

Die Pueblos **Santa Ana, Zia** und **Jemez** liegen an der von Bernalillo in die Jemez Mountains führende Route 550 bzw. 4. Santa Ana betreibt mit dem Santa Ana Star Casino (www.santaanastar.com) und dem luxuriösen Hyatt Regency Tamaya Resort & Spa inklusive einer Golfanlage (Tel. 505-867-1234, http://tamaya.hyatt.com und www.twinwar riorsgolf. com) zwei moderne Einrichtungen, welche die Finanzsituation des Pueblos in den letzten Jahren erheblich verbesserten. Der historische Kern von Santa Ana ist ein ausschließlich zeremonielles Zentrum und Besuchern nur bei Festen wie dem Feiertag der Namenspatronin am 26. Juli zugänglich (Tel. 505-771-6700, www.santaana.org). Das alte Sonnensymbol des **Zia Pueblo,** das auf vielen kunsthandwerklichen Produkten zu finden ist, ziert als offizielles Staatssymbol auch die Flagge von New Mexico. Besucher können sich tagsüber im Dorf umschauen. Größte Veranstaltung des Jahres ist das Fest Our Lady of the Assumption am 15. August

Die ältesten dieser präkolumbischen Anasazi-Bauten stammen aus dem 10. Jh.

(Tel. 505-867-3304, www.indianpueblo.org). Der etwa 2000 Einwohner große, konservative **Jemez Pueblo** liegt in einer Umgebung aus roten, braunen und ockerfarbenen Steilabbrüchen über dem Jemez River Valley und sieht malerischer aus als die meisten anderen Indianerdörfer in New Mexico. Das Hauptdorf Walatowa steht Besuchern nur an Festtagen offen. Beim Walatowa Visitor Center kann man aber ein rekonstruiertes traditionelles Bauernhaus besichtigen (7413 Rte 4, Tel. 575-834-7235, www.jemezpueblo.com).

Valle Grande Caldera

Reiseatlas: S. 25, B 4
Mitten in den Jemez Mountains bildet die Valle Grande Caldera mit einem knapp 30 km langen und 20 km breiten Becken einen der größten Vulkankrater der Erde. Vor Hunderttausenden Jahren erhob sich an dieser Stelle der weit und breit höchste Berg, dessen dynamisches Innenleben eines Tages zu einer gewaltigen Eruption führte. Durch den Schlot ausgeblasene Vulkanasche breitete sich bis in die Bundesstaaten Oklahoma und Kansas aus. Das nördliche New Mexico versank unter einer etwa 500 m mächtigen Schicht aus schwarzen Aschepartikeln. Nach dem Ausbruch brach die leere, unterirdische Magmakammer in sich zusammen, sodass eine riesige Caldera mit einem beim Redondo Peak 3430 m hohen Kraterrand entstand. Wiesen und Wälder bedecken wie ein grüner Teppich die längst zu Fels verhärtete Vulkanasche.

Chaco Canyon

Reiseatlas: S. 21, A 4
Über eine von Beifußbüschen bewachsene Hochwüste führt die bei trockenem Wetter gut befahrbare Piste 7900 bzw. 7950 wenige Meilen vor dem Nageezi Trading Post am Highway 550 Richtung Südwesten zum Chaco Culture National Historic Park, gewissermaßen der Heilige Gral der archäologischen Pueblostätten auf dem Boden von New Mexico. Seit über 100 Jahren sind die im zerklüfteten Chaco Canyon liegenden Ruinenanlagen der präkolumbischen Anasazi-Indianer bekannt. Zwischen 900 und 1115 entstand vor Ort eine offenbar hoch entwickelte, in neun Großhäusern lebende Gemeinschaft. Die aus vielen hundert Räumen

»Get your kicks on Route 66«

Thema

Zu den wahrhaft legendären Fernstraßen Amerikas gehört die historische Route 66, die von Chicago über rund 3500 km nach Los Angeles und dabei quer durch den Südwesten führt. Nachdem diese transkontinentale Ost-West-Verbindung 1932 auf der gesamten Länge asphaltiert worden war, avancierte sie zu einer der meistbefahrenen Überlandstraßen der USA. Das lag nicht an ihrem guten Zustand allein, sondern hatte auch wirtschaftliche und soziokulturelle Gründe.

Die Weltwirtschaftskrise 1929/30 erschütterte Wirtschaft und Gesellschaft in den USA in ihren Grundfesten. Die Arbeitslosenzahlen explodierten von 1928 bis 1933 von 2 auf über 15 Mio. und stürzten vor allem den mittleren Westen in Hunger und Elend. Für Heerscharen arbeitsloser Bürger wurde die Route 66 zum Fluchtweg und Hoffnungsträger gleichermaßen. Hunderttausende machten sich auf den Weg Richtung Westen, wo man noch am ehesten als Erntehelfer, Fabrikarbeiter oder Wanderarbeiter eine Beschäftigung erwarten konnte. John Steinbeck beschäftigte sich in seinem 1939 erschienenen Roman »Die Früchte des Zorns« mit der sozialen Misere und setzte der Route 66 gleichzeitig ein literarisches Denkmal als Schicksalsstraße Amerikas: »Wagen am Straßenrand, Motorblöcke abmontiert, Reifen geflickt, Wagen, die gleich verwundeten Tieren über die Route 66 humpeln, mühsam und keuchend.« Karrten in den 1930er-Jahren die Armen und Arbeitslosen, Unterprivilegierten und Glücklosen auf der Route 66 ihre Sorgen und Nöte nach Westen, so waren es in der Umbauzeit des amerikanischen Straßensystems in den 1950er- und 1960er-Jahren die jungen Wilden Amerikas, die auf dem Highway zwischen Ost- und Westküste pendelten, um irgendwo das eigene Ich zu treffen. Sie, die Generation vom Schlage eines Jack Kerouac, waren die Unruhigen und die Suchenden. Straßen wie die Route 66 waren für sie Mittel zum Zweck, Rennbahnen in eine durch Sex und Drogen verklärte Freiheit jenseits der saturierten Bürgerwelt. »Get your kicks on Route 66« hieß bezeichnenderweise ein Song von Bobby Troup, der von den Rolling Stones zum Hit gemacht wurde.

Heute liegen weite Strecken der ehemaligen Main Street of America unter vier- oder sechsspurigen Betonbelägen moderner Interstates begraben, die seit den 1950er-Jahren entstanden. Im Südwesten existieren aber noch einige Abschnitte der historischen Route 66, die mittlerweile als Kultobjekt verehrt und von Nostalgikern als museales Attribut gehegt und gepflegt werden. Mitten durch Albuquerque in New Mexico führt mit der Central Avenue noch die alte »66«, wie an manchen Reklameschildern von Kneipen und Motels erkennbar ist. Weiter westlich dokumentiert an der Richtung Arizona führenden Interstate 40 das Route 66 Casino die Verbundenheit mit Amerikas Highwaygeschichte mit alten Zapfsäulen, historischen Straßenschildern und einem Johnny Rocket's Restaurant im Stil der 1950er-Jahre (Exit 140 von der I-40, www.rt66casino.com). Gleich in der Nachbarschaft des Kasinos hat mit der stählernen Rio Puerco Bridge von 1933 ein originaler Teil den Zeitenwechsel überdauert.

bestehenden Bauten sind bis zu fünf Stockwerke hoch und machten Zwischendecken notwendig, für deren tragende Elemente nach Schätzung der Forscher mindestens 210 000 Bäume mit einfachen Steinäxten gefällt, aus den bis zu 80 km entfernten Wäldern in den Canyon transportiert und dort zugehauen werden mussten. Präzise Planung und sorgfältige Bauweise lassen auf die Arbeit sachkundiger Architekten und Baumeister schließen. Das berühmteste und am besten erforschte Großhaus ist der aus etwa 800 Räumen und über 50 Kivas (runde Zeremonialräume) bestehende **Pueblo Bonito** (Schönes Haus). Die Mauern bestehen aus kunstvoll eingepassten Sandsteinplatten, die sich aus statischen Gründen nach oben verjüngen. Der seit etwa 1020 erbaute Komplex **Chetro Ketl** in der Nachbarschaft ist mit ca. 500 Räumen und 16 Kivas die zweitgrößte Anlage.

Lange stellten Forscher Mutmaßungen über die Funktion von Chaco Canyon an. Nach und nach bestätigte sich die Hypothese eines rituellen und ökonomischen Zentrums im Schnittpunkt eines sternförmigen Wegesystems in bis zu 160 km entfernte Gemeinden. Fundstücke wie Türkise, Muscheln und Federn exotischer Vögel ließen darauf schließen, dass die Anazasi Handelskontakte mit den Bewohnern weit entfernter Siedlungen pflegten (Tel. 505-786-7014, www.nps.gov/chcu, Besucherzentrum tgl. 8–17 Uhr, 8 $).

Farmington und Umgebung

Reiseatlas: S. 20, F 3
An der nordöstlichen Grenze der Navajo Indian Reservation gelegen, hat sich die 37000 Einwohner große Landgemeinde Farmington in ihrem Kern eine Reihe von Geschäften und Kinos erhalten, an deren Fassaden sich seit den 1950er-Jahren nicht viel verändert hat. Dass das Städtchen in einer ländlichen Region liegt, beweist die alljährlich im August veranstaltete San Juan County Fair im McGhee Park mit Bullenprämierungen und Viehauktionen.

Dieser Teil von New Mexico ist historischer Boden. Die alten Wohnanlagen im **Aztec Ruins National Monument** in der Ortschaft Aztec gehören zu den am besten erhaltenen Anasazi-Pueblos im Südwesten. Die akkurat gemauerten Gebäude entstanden um das Jahr 1100 zur Zeit der beginnenden Hochkultur der Anasazi. Eine Große Kiva mit Flachdach wurde im Originalstil restauriert (Ruins Rd., Tel. 505-334-6174, www.nps.gov/azru, im Sommer 8–18 Uhr, sonst bis 17 Uhr, 5 $). Aus ungefähr derselben Zeit stammen die **Salmon Ruins** bei Bloomfield, ein halbrunder Komplex als Überreste einer Pueblo-Anlage, die ehemals 750 einzelne Räume, eine Große Kiva und eine Plaza umfasste. Archäologen zählen diesen Pueblo hinsichtlich Architektur, Landwirtschaft und Astronomie zu den am weitesten entwickelten im präkolumbischen Nordamerika (Tel. 505-632-2013, www.salmonruins. com, Mo–Fr 8–17, Sa 9–17, So 12–17 Uhr, Erw. 3 $, Kin. 6–16 Jahre 1 $).

Westlich von Farmington überquert der Highway 64 die Grenze der Navajo Indian Reservation und erreicht **Shiprock.** Die Ortschaft erhielt ihren Namen vom weiter südlich liegenden, 560 m aus der Hochwüste ragenden Shiprock Peak, dem heiligen Berg der Navajo. Sie nennen den Vulkanschlot auch gefiederter Berg, weil ihre Vorfahren der Mythologie zufolge auf dem Rücken eines Riesenvogels in die Region kamen.

Gallup

Reiseatlas: S. 20, E 4
Auf einer Länge von 10 Meilen erstreckt sich die 20 000 Einwohner zählende Gemeinde entlang der parallel zur Bahnlinie verlaufenden Route 66 und gibt sich mit einem Riesenangebot an Unterkünften als ›Schlafstadt‹ an der Interstate 40 zu erkennen. Berühmteste Herberge ist das 1937 erbaute **El Rancho Hotel** (s. u.), das sich wie ein Filmmuseum präsentiert. Die Wände der Lobby und die Flure sind mit Fotos von Stars wie James Stewart, Kirk Douglas, Henry Fonda, William Holden, Lee Marvin und James Cagney

Das historische El Rancho Hotel in Gallup war einst beliebter Spot von Filmstars

›tapeziert‹. In den 1950er- und 1960er-Jahren war das El Rancho eine Art Hauptquartier für Dutzende von Western-Produktionen. Heute nippen in der wunderschönen Blockhauslobby samt umlaufender Empore Touristen an Drinks und bestaunen das Dekor aus Jagdtrophäen und gewebten Navajo-Teppichen.

Hochbetrieb herrscht im El Rancho alljährlich im August, wenn sich Indianergruppen aus ganz Nordamerika im Red Rock State Park treffen, um beim **Inter-Tribal Indian Ceremonial** fünf Tage lang mit Tänzen, Musik, Rodeos, Wettbewerben und Paraden ihre Traditionen zu feiern. Gallup liegt für eine solche indianische Großveranstaltung günstig, denn die Stadt ist auf drei Seiten von der Navajo Indian Reservation umgeben und bildet für den Zuni Pueblo ein wichtiges Versorgungszentrum. Mitglieder dieses Pueblos zeigen bei Sonnenuntergang vor dem Court House häufig traditionelle Tänze.

Gallup Chamber of Commerce: 103 W. Hwy 66, Gallup, NM 87301, Tel. 505-722-2228, www.thegallupchamber.com.

Ramada: 1440 W. Maloney Ave., Tel. 505-726-2700, Fax 505-726-2700, www.ramada.com. In der Nähe eines Einkaufszentrums gelegen, mit Innenpool und Münzwaschmaschinen, alle Zimmer mit Kühlschrank, Kaffeemaschine und Highspeed-Internetzugang. DZ 90–120 $.

El Rancho Hotel: 1000 E. Hwy 66, Tel. 505-863-9311, www.elranchohotel.com (s. o.). DZ 76–128 $.

Red Roof Inn: 3304 W. Hwy 66, Tel. 505-722-7765, Fax 505-722-4752, www.redroof.com. Ordentliches Kettenmotel mit beheiztem Außenpool. DZ 55–61 $, kleines Frühstück inkl.

Earl's: 1400 E. Hwy 66, Tel. 505-863-4201, Sa–Do 6–21, Fr bis 21.30 Uhr, So Ruhetag. Populärstes Lokal in Gallup mit Fast-Food-Ambiente, aber guten und preiswerten Gerichten mit unverkennbar mexikanischer Note. Unter 10 $.

In Gallup gibt es Dutzende Trading Posts und Läden, die Schmuck, Hopi-Töpfereien, Keramik aus Acoma, Inlay-Arbeiten aus dem Zuni Pueblo und Navajo-Teppiche aus den umliegenden Indianergebieten und Pueblos verkaufen. Eine empfehlenswerte Adresse ist das Gallup Cultural Center, 201 E. Hwy 66, Tel. 505-863-4131.

Pueblos im Westen

Reiseatlas: S. 24, D 1–F 1
35 Meilen südlich von Gallup führt der 6000 Einwohner große **Zuni Pueblo** eine von den übrigen Pueblos in New Mexico isolierte Existenz, die sich nicht nur in Traditionen und Brauchtum, sondern auch im Erscheinungsbild des Dorfes niederschlägt. Längst haben typisch amerikanische Zweckbauten die traditionelle Architektur weitgehend verdrängt, und nur noch einzelne *hornos* (Backöfen) erinnern daran, dass man sich in einem Pueblo befindet. Eine Ausnahme bildet auch die 1629 erbaute Missionskirche Our Lady of Guadalupe mit Katchina-Wandgemälden im Innern. Zuni-Kunsthandwerker haben sich mit Einlegearbeiten einen Namen gemacht. Töpferware fällt durch schwarze und rote Pflanzen-, Vogel- und Rehwildornamente auf. Im A:shiwi A:wan Museum & Heritage Center kann man sich über die Kultur der Zunis informieren (Tel. 505-782-4403, www.ashiwi-museum.org).

Nur noch ca. 50 Menschen des 4000 Einwohner großen **Acoma Pueblo** führen auf einem 110 m hohen Tafelberg mit dem Namen Sky City (Himmelsstadt) inmitten einer dünn besiedelten Landschaft eine weltentrückte Existenz. Das seit dem 12. Jh. ständig bewohnte Pueblo umfasst außerdem die Dörfer Santa Maria de Acoma, McCartys und Acomita, in denen die Mehrzahl der Einwohner lebt. Heute verkehren Pendelbusse zwischen dem Sky City Cultural Center & Haak'u Museum in der Ebene und der Hochfläche, wo meist 3-geschossige Adobehäuser die nüchtern ausgestaltete Missionskirche San Esteban del Rey von 1629 umgeben. Einige Familien stellen Töpferware mit hauchdünnen Wänden und geometrischen Mustern in rötlicher oder schwarzer Farbe oder Vogel-, Feder- und Pflanzendekor in Rot, Orange und Schwarz her (Sky City Visitor Center and Museum, am Fuß der Mesa, Tel. 505-470-4966 oder 800 747-0181, www.acomazuni.com/acoma.cfm, Besucherzentrum im Sommer 8–18, sonst bis 17 Uhr, 4 $, Sky Citytouren 10 $).

Laguna Pueblo leitet seinen Namen von einem Mitte des 16. Jh. noch existierenden, mittlerweile verlandeten See ab. Um den historischen Kern Old Laguna Village gruppieren sich neuere Siedlungen wie Paguate, Mesita, Paraje, Encinal und Seama. Die aus Stein erbaute Kirche San Jose de Laguna, deren massive Wände mit einer Tür, einem Fenster und zwei kleinen Scharten im Glockenturm nur vier Öffnungen besitzen, kann besichtigt werden (Tel. 505-552-6654, www.lagunapueblo.org).

El Morro und El Malpais

Die vom Zuni Pueblo nach Osten führende Route 53 folgt einer historischen, nicht nur von der Coronado-Expedition 1540–42 eingeschlagenen Route. Schon lange zuvor diente sie den Zunis als Verbindungsweg zu weiter östlich gelegenen Pueblos. Zu den historischen Reisenden gehörte der erste Gouverneur von Neu-Spanien, Juan de Onate, der 1605 an einer Felswand im **El Morro National Monument** seine Schriftzüge hinterließ. El Morro (span. der Felsvorsprung) ist ein Riesenfelsen, der offenbar schon den Indianern als Orientierungspunkt gedient hatte. Bis in die 1880er-Jahre war ein unterhalb des Felsens gelegenes Wasserloch überlebenswichtig für Reisende. Vor und nach Juan de Oñate ritzten zahllose Entdecker, Pioniere und Missionare ihre Zeichen und Schriftzüge in dieses steinerne Gästebuch. Ein Wanderweg führt auf die Hochfläche des Felsens mit einer z. T. ausgegrabenen historischen Zuni-Ruine (Tel. 505-783-4226, www.nps.gov/elmo, Besucherzentrum tgl. 9–17 Uhr, 3 $, Kin. unter 17 Jahren gratis).

Südlich von Grants an der Interstate 40 dehnt sich mit **El Malpais National Monument** ein 150 000 ha großes Gebiet mit schwarzen, vulkanischen Lavafeldern und unterirdischen Höhlensystemen aus, um welche die vor 2000–3000 Jahren flüssige Magma herumfloss. Petroglyphen und Ruinenreste lassen darauf schließen, dass Indianer in dieser unwirtlichen Gegend siedelten und religiöse Zeremonien abhielten (El Malpais Information Center, 11000 Ice Caves Rd., Grants, Tel. 505-783-4774, www.nps.gov/elma, Besucherzentrum tgl. 8.30–16.30 Uhr).

Das südliche New Mexico

Reiseatlas S. 24, 25/26

Von Albuquerque bis zur mexikanischen bzw. texanischen Grenze erstreckt sich die südliche Hälfte von New Mexico mit meist nur kleineren Städten und außergewöhnlichen Landschaften. In White Sands riffelt der Wüstenwind Gipsdünen wie ein Waschbrett. Weiter östlich ragen über 3000 m hohe Vulkangipfel in den Himmel, und die Carlsbad Caverns führen Besucher in ein unterirdisches Märchenreich von seltener Schönheit.

Im Rio-Grande-Tal

Reiseatlas: S. 25, B 1–A 4

Isleta Pueblo, die südlichste noch bewohnte Indianersiedlung von New Mexico, bessert ihre Kassen seit einigen Jahren mit einem großen Kasinoresort, einer Golfanlage und dem Isleta Lakes Recreational Complex mit Campingplätzen auf (Tel. 505-724-3800, www.isletacasinoresort.com). Das kann aber nicht über die Tatsache hinwegtäuschen, dass Isleta einer der ältesten Pueblos im Land ist. Zu Beginn des 17. Jh. gründeten die Spanier eine Mission, nachdem die indianischen Bewohner sich schon Jahrzehnte zuvor zum Christentum bekehrt hatten. Als sich 1680 im Norden die Pueblo-Revolte an der spanischen Intoleranz gegenüber den religiösen Glaubensvorstellungen der Indianer entzündete, flohen viele konvertierte Pueblo-Bewohner zusammen mit den Spaniern auch aus Isleta und brachten sich in Mexiko in Sicherheit. Die Kirche San Antonio de la Isleta am nördlichen Ende der Plaza ruht auf 1612 errichteten Fundamenten und ist im Innern mit Wandmalereien ausgestattet.

Auf dem Weg von Neu-Spanien im Rio-Grande-Tal nach Norden sollen die Bewohner eines Indianerdorfes dem spanischen Entdecker Juan de Oñate (ca. 1550–1626) ihre Unterstützung angeboten haben. Daraufhin habe der Spanier dem Flecken den Namen Socorro (span. Hilfe) gegeben. Das heute gut 8000 Einwohner zählende Städtchen **Socorro** besitzt um die zentrale Plaza bzw. an der Fisher Avenue hübsche viktorianische Bauten. Wenige Straßenblocks nördlich der Plaza steht die renovierte **San Miguel Mission,** deren Fundamente von einem Vorgängerbau aus dem 17. Jh. stammen. Zwei von Kuppeln gedeckte Türme flankieren die ebenmäßige Fassade mit einem fast gotisch anmutenden Portal. Die Mauern dieses schönen Beispiels spanischer Kolonialarchitektur sind fast 2 m dick und fallen besonders dort auf, wo sie die Basis der beiden Türme seitlich abstützen.

Bosque del Apache

Zwischen der Interstate 25 und dem Rio Grande-Ufer liegt mit dem **Bosque del Apache National Wildlife Refuge** ein lohnendes Gebiet, um eine Autoreise für eine Weile zu unterbrechen. Das Naturschutzgebiet wurde 1939 als Refugium für unterschiedliche, hauptsächlich aus nördlichen Bundesstaaten stammende Zugvogelarten wie Schneegänse und Wasserhühner eingerichtet, die dort die Wintermonate verbringen. Insgesamt zählen die Ranger in diesem von Wasserkanälen durchzogenen Feuchtgebiet über 300 verschiedene gefiederte Arten, daneben auch Wasserschildkröten, Reptilien, Rehwild und Stachelschweine. Mit dem Auto kann man

Mit dem Autor unterwegs

Schneeweiße Wüste

Die Vergleiche mit einer Winterlandschaft hinken in **White Sands** nicht, wo man auf einer Stichstraße mitten durch weiß glitzernde Dünen fahren und reizvolle Wanderungen unternehmen kann (s. S. 401 f.).

Höhlenlabyrinth

Die **Carlsbad Caverns** gehören zu den größten Höhlensystemen auf amerikanischem Boden, ein Märchenreich mit gewaltigen Dimensionen aus atemberaubenden Tropfsteinformationen (s. S. 405).

eine 12 oder 7 Meilen lange Tour durch das Reservat fahren, an der mehrere Aussichtspunkte liegen. Besonders stolz sind die Parkranger auf ihre Erfolge bei der Aufzucht von bedrohten Vogelarten. In den 1940er-Jahren existierten in den USA offiziellen Zählungen zufolge nicht einmal mehr zwei Dutzend Exemplare des Riesenkranichs. Im Jahr 1975 begann in Bosque del Apache ein bislang erfolgreiches Rettungsprogramm (Visitor Center, PO Box 340, San Antonio, NM 87832, Tel. 505-838-2120, www.friendsofthebosque.org, Mo–Fr 7.30–16, Sa–So 8–16.30 Uhr, 3 $).

Camino Real

Die im Tal des Rio Grande nach Süden verlaufende Interstate 25 erweist sich als eher langweilig. Grob dieser Route folgte El Camino Real, eine der ältesten und wichtigsten Überlandrouten in Nordamerika, zur Zeit der spanischen Herrschaft der bedeutendste Zugang von Mexiko auf das Gebiet der heutigen USA. Den Namen Königspfad trugen in den spanischen Kolonien mehrere für Menschen und den Warentransport wichtige Regierungsstraßen, so z. B. auch die Verbindung unter den kalifornischen Missionen zwischen San Diego und San Francisco. Der Camino Real im Tal des Rio Grande verschwand im Eisenbahnzeitalter im letzten Viertel des 19. Jh. von den Landkarten. Im Zuge der 500-Jahr-Feiern der Entdeckung Amerikas durch Kolumbus im Jahre 1992 begannen amerikanische Archäologen, den exakten Verlauf der alten Trasse ausfindig zu machen, sie zu markieren und damit ins öffentliche Bewusstsein zu rücken. Im **El Camino Real International Heritage Center** 35 Meilen südlich von Socorro erinnern Ausstellungen mit aufschlussreichen Exponaten an die große historische Bedeutung der Verkehrsverbindung (Exit 115 von der I-25, P. O. Box 175, Socorro, NM 87801, Tel. 505-854-3600, Fax: 505-854-3609, www.nmmonuments.org, Mi–Mo 8.30–17 Uhr, Erw. 5 $, Kin. bis 16 Jahre gratis).

Las Cruces

Reisestlas: S. 25, A 4

Am historischen Camino Real (Königsweg) von Mexiko City nach Santa Fe gelegen, entwickelte sich Las Cruces im 19. Jh. zu einem wichtigen Versorgungszentrum für unterschiedliche Militärposten des südlichen Landesteils, die für Sicherheit auf den Handelsrouten sorgten. Im 20. Jh. trat im Umland immer mehr die Landwirtschaft in den Vordergrund, obwohl die mit 75 000 Einwohnern zweitgrößte Stadt von New Mexico in einem regenarmen Gebiet liegt. Aber Wasser aus dem Rio Grande lässt heute hauptsächlich im Mesilla Valley Alfalfa-Klee, Chilies, Baumwolle und Pecan-Nüsse gedeihen, während südlich von Las Cruces entlang der Interstate 10 die größten Vieh- und Milchfarmen des Landes liegen.

Der Agrarsektor beschäftigt aber nicht nur Landwirte, sondern auch Wissenschaftler. Die New Mexico State University in Las Cruzes gehört zu den bekanntesten Lehr- und Forschungsanstalten des Westens auf dem Gebiet von Ackerbau und Viehzucht. Einen Überblick über die 3000-jährige Agrargeschichte der Region gibt das **New Mexico Farm and Ranch Heritage Museum** (4100 Dripping Springs Rd., Tel. 575-522-4100, www.nmfarmandranchmuseum.org, Mo–Sa 9–17, So 12–17 Uhr, Erw. 5 $, Kin. 6–17 Jahre 2 $).

Kanadakraniche im Naturschutzgebiet Bosque del Apache

Drei Meilen westlich des Stadtzentrums führt das Dorf **Mesilla** ein sehr ländliches Dasein. Die Straßenzüge sind von Adobehäusern gesäumt, die mit Kakteen geschmückten Fassaden und niedlichen Vorgärten adrett wie Puppenstuben hergerichtet. Pilgerten im Sommer nicht Touristenscharen über die zentrale Plaza, könnte man auf die Idee kommen, im Dorf habe sich seit der Zeit der historischen *Butterfield*-Postlinie kaum etwas verändert. Damals stiegen die Passagiere in der Postkutschenstation ab, um sich an einem einfachen Brunnen den Straßenstaub vom Gesicht zu waschen und einen Happen zu essen. Heute warten Gäste im populären **La Posta Restaurant** geduldig, bis in einem der hübsch eingerichteten und dekorierten Speiseräume ein Tisch frei wird (s. u.).

i **Las Cruces Convention and Visitors Bureau:** 211 N. Water St., Las Cruces, NM 88001, Tel. 575-541-2444, www.lascrucescvb.org.

Lundeen Inn of the Arts B & B: 618 S. Alameda Blvd., Tel. 575-526-3326, Fax 575-647-1334, www.innofthearts.com. Herrschaftliches Anwesen mit 20 Gästezimmern und einem zwei Etagen hohen, mit mexikanischem Mobiliar und Kunstwerken ausgestatteten Gemeinschaftsraum. DZ 82–125 $, Suiten 99–151 $.

Happy Trails B & B: 1857 Paisano Rd., Mesilla, Tel. 575-635-9459, www.htrails.com. Ländliches B & B in einem Ranchhaus; drei rustikal und farbenfroh eingerichtete Gästezimmer mit z. T. bemalten Wänden, Pool im Freien. DZ 85–125 $.

Motel 6: 235 La Posada Ln., Mesilla, Tel. 575-525-2055, Fax 575-525-2155, www.motel6.com. Kettenmotel mit Außenpool, Münzwaschmaschinen, Gratiskaffee. DZ 33–45 $.

Meson de Mesilla: 1803 Ave. de Mesilla, Mesilla, Tel. 575-525-9212, www.mesondemesilla.com, Di–Do und So 17.30–21.30, Fr–Sa bis 22.30 Uhr. Gourmetrestaurant mit Chateaubriand, Lammrücken und Atlantiklachs. Dinner 22–30 $.

La Posta de Mesilla: 2410 Calle de San Albino, Tel. 505-524-3524, www.laposta-de-mesilla.com, tgl. außer Mo 11–21 Uhr. Das sehenswerte Restaurant besitzt eine große Lobby mit Vogelvolieren, Aquarien und Pflanzen. Die Küche verleugnet die Nähe zur mexikanischen Grenze nicht. Dinner 8–15 $.

Whole Enchilada Fiesta (Sept.): 3-tägiges Kultur- und Gourmetfest.

Silver City und Gila Cliff Dwellings

Reiseatlas: S. 24, E 3

Dem 10 500 Einwohner großen Silver City war ein ähnliches Schicksal beschieden wie anderen Bergbaucamps. Der seit den 1860er-Jahren mit Gold-, Silber- und Kupferbergbau reich und groß gewordene Ort verwaiste nach dem Ende des Booms und lässt an zwei Tagebauminen im weiteren Umkreis die ehemalige Bergbauproduktion erkennen. An diese Zeit erinnert auch das in der ehemaligen Residenz eines Silberbergwerksbesitzers eingerichtete **Silver City Museum,** das einen Eindruck vom Leben der ›besseren‹ Gesellschaft des 19. Jh. gibt. Zu den Exponaten gehören auch archäologische Funde der Mogollon-Indianer, die bis ca. 1500 im südwestlichen New Mexico lebten (312 W. Broadway, Tel. 575-538-5921, www.silvercitymuseum.org, Di–Fr 9–16.30, Sa–So 10–16 Uhr, 3 $).

Wer sich ausführlicher über diese Indianerkultur informieren möchte, hat ca. 44 Meilen nördlich von Silver City im **Gila Cliff Dwelling National Monument** Gelegenheit. Eine schmale, kurvige Straße führt durch das unerschlossene Bergland zu sehenswerten indianischen Ruinenanlagen. In fünf natürlichen Felshöhlen liegen am Rande eines Canyons die aus dem 13. und 14. Jh. stammenden Klippenwohnungen der Mogollon-Kultur (Tel. 575-536-9461, www.nps.gov/gicl, Besucherzentrum im Sommer 8–18, sonst bis 16.30 Uhr, 3 $, Kin. unter 12 Jahren gratis).

City of Rocks State Park

Reiseatlas: S. 24, F 3

Manche Besucher sollen sich im **City of Rocks State Park** an die aus der Jungsteinzeit stammende Kultstätte Stonehenge in England erinnert fühlen. Tatsächlich handelt es sich bei den bizarren Felsformationen abseits des nach Deming führenden Highway 180 nicht um Menschenwerk, sondern um ein seltsames Naturphänomen. Die unterschiedlich großen Felspfeiler bestehen aus Tuff, der sich nach einer vor ca. 33 Mio. Jahren erfolgten Vulkaneruption aus verhärteten Aschepartikeln bildete. Wind und Wetter betätigten sich über lange Zeiträume als Bildhauer und schufen diese im Grunde genommen gar nicht so geheimnisvollen Naturskulpturen. Aufmerksame Besucher finden an manchen Stellen Vertiefungen in den Felsen, die von prähistorischen Mimbres-Indianern vor über 3000 Jahren zum Zerkleinern von Getreide benutzt wurden. Wissenschaftler stießen außerdem auf Pfeilspitzen dieser Ureinwohner und auf in Felsen geritzte, von spanischen Konquistadoren stammende Kreuze (P. O. Box 50, Faywood, Tel. 575-536-2800, www.emnrd.state.nm.us/PRD/cityrocks.htm, Visitor Center und Park tgl. 7–21, im Winter 7–18 Uhr, 5 $/Pkw. Auf dem Parkgelände gibt es einen einfachen und einen besser ausgestatteten Campingplatz).

Truth or Consequences

Reiseatlas: S. 25, A 3

T or C, wie die Einheimischen ihre 7200 Einwohner große Heimatstadt nennen, hieß bis Anfang der 1950er-Jahre wegen der dort vorkommenden heißen Quellen Hot Springs und wurde hauptsächlich von unter Arthritis leidenden Menschen aufgesucht, die im heißen Wasser Linderung ihrer Leiden suchten. Im Jahre 1950 bot Ralph Edwards, Moderator der populären Radio Show Truth or Consequences (Sag die Wahrheit) jeder x-beliebigen amerikanischen Stadt, die ihren Ortsnamen auf den seiner Show ändern würde, ein jährliches Festival mit Medienrummel an. Die Stadtväter von Hot Springs führten eine Abstimmung durch, bei der sich die Bürger mehrheitlich für den Namenswechsel entschieden. Ralph Edwards hielt sein Versprechen. Alljährlich findet Anfang Mai eine Fiesta statt, bei der seit 1950 die Namensänderung der Stadt gefeiert wird.

Heiße Bäder und Spas gibt es in der Stadt zwar immer noch. Aber größere Anziehungskraft übt auf Bewohner und Besucher längst das kühle Wasser des **Elephant Butte Lake** aus. Zwischen 1911 und 1916 wurde zu Bewässerungszwecken am Rio Grande ein 91 m hoher und 354 m langer Staudamm errichtet, der diesen heute als Wassersportparadies genutzten größten See auf dem Staatsgebiet entstehen ließ. Seit 1939 produzieren Generatoren am Damm auch hydroelektrische Energie. Im steigenden Pegel ging zu einem Teil nicht nur eine elefantenkopfähnliche Felsformation unter, sondern auch ein Indianerpueblo, den der spanische Entdecker Juan de Oñate 1598 auf seinem Weg nach Norden besuchte. Um das Seeufer liegen mehrere Marinas, Campingplätze und ein State Park mit Freizeiteinrichtungen. Wenn mit dem Memorial Day Ende Mai in Amerika die Feriensaison beginnt, werden der Elephant Butte Lake und die dort liegende Ortschaft Elephant Butte City regelmäßig von Zehntausenden Besuchern ›überfallen‹.

Riverbend Hot Springs Hostel: 100 Austin St., Tel. 575-894-7625, www.riverbendhotsprings.com. Einzige Jugendherberge Amerikas mit heißen Quellen. Man kann in mehreren, unterschiedlich temperierten Pools entspannen oder im Rio Grande baden. Manche mit Küchen ausgestattete Räume hätten eine Renovierung nötig. Betten im Schlafsaal 24 $.

Jornada del Muerto

Reiseatlas: S. 25, A–B 3
Auf der Ostseite des Elephant Butte Lake dehnt sich mit der **Jornada del Muerto** eine sonnendurchglühte Wüstenlandschaft aus, in der es keinen Tropfen Wasser gibt. Dennoch spielte sie in der Geschichte von New Mexico eine Rolle. Als 1680 in den nördlichen Indianersiedlungen die Pueblo-Revolte ausbrach, versuchten sich die Spanier durch eine Flucht quer durch diesen menschenleeren, lebensbedrohenden Landstrich in Sicherheit zu bringen. Auch im 19. Jh. drangen manche Planwagenkolonnen auf der Suche nach einer Abkürzung in den Westen in dieses Gebiet vor, nur um in der unwirtlichen Mondlandschaft häufig ein grausames Ende zu finden. Im äußersten Norden dieser Wüste signalisierte am 16. Juli 1945 die erste Atombombenexplosion eine neue Ära.

Alamogordo und White Sands

Reiseatlas: S. 25, B 3
Am Fuß der Sacramento Mountains gelegen ist Alamogordo mit 35 000 Einwohnern Hauptort des Wüstenbeckens Tularosa Basin und dient kleineren Gemeinden und den in der Nähe liegenden Militärstützpunkten als Versorgungszentrum. Schon von weitem ist am nordöstlichen Stadtrand das **New Mexico Museum of Space History** am Fuß der Berge zu erkennen, das als Hommage an die Pioniere der Weltraumforschung verstanden wird. Der Komplex besteht aus zwei Teilen. Die International Space Hall of Fame in einem 5 Stockwerke hohen gläsernen Würfel führt Besucher durch die unterschiedlichen NASA-Programme der vergangenen Jahrzehnte inklusive der Mondmissionen. Neben Robert Goddard, einem der Väter der Raketentechnologie, kommt etwa Wernher von Braun als Leiter der US-Weltraumprogramme nach dem Zweiten Weltkrieg zu Ehren. Im Clyde W. Tombaugh IMAX Dome Theater werden Filme z. B. über den Mars oder die Tiefsee auf eine kuppelförmige Leinwand projiziert. Auf dem Gelände ist ein Schimpanse namens Ham zur letzten Ruhe gebettet, der noch vor den ersten menschlichen Astronauten die Erde in einer Mercury-Kapsel umrundete und 1982 im Alter von 27 Jahren in einem Zoo in North Carolina starb (NM Hwy 2001, Tel. 575-437-2840, nmspacemuseum.org, tgl. 9–17 Uhr, Eintritt ab 13 Jahre 6 $, Kin. 4 $, IMAX-Kino 6,50 $).

Im **White Sands National Monument** 15 Meilen südwestlich der Stadt führt eine Nebenstrecke durch die größte Gipswüste der Welt, eine einzigartige, aus schneeweißen Dünen bestehende Landschaft, in der Yucca-Palmen und Wüstengräser nur hier und da festen Untergrund finden, um ihre Wurzeln zu verankern. Auf 780 km² breiten sich die flachen Hügel aus puderzuckerfeinen Gipskris-

tallen aus, die sich bei Sonnenauf- und -untergang zartrosa verfärben.

An der 10 km langen Stichstraße stellte der National Park Service an manchen Stellen überdachte Picknicktische auf, weil die Temperaturen im Sommer auf über 40 °C ansteigen können. Die Dünen sind nur ein Teil des Tularosa Basin, das 1945 als Testgelände für die erste Nuklearbombe der Welt diente (Hwy 70, Tel. 575-679-2599, www.nps.gov/whsa, Besucherzentrum 8–19, im Winter bis 17 Uhr, Park bis 22 Uhr, 3 $).

i **Alamogordo Chamber of Commerce:** 1301 N. White Sands Blvd., Alamogordo, NM 88310, Tel. 575-437-6120, Fax 575-437-6334, www.alamogordo.com.

Comfort Inn: 1020 S. White Sands Blvd., Tel. 575-434-4200, Fax 575-437-8872, www.choicehotels.com. 92 Zimmer großes Kettenmotel mit Highspeed-Internetzugang, beheiztem Außenpool und Fitnessgeräten. DZ 81–121 $.

Best Western Desert Aire Hotel: 1021 S. White Sands Blvd., Tel. 575-437-2110, Fax 575-437-1898, http://book.bestwestern.com. Motel mit Pool im Freien, Zimmer mit TV, Kaffeemaschine und Highspeed-Internetzugang. DZ 70–100 $.

Alamogordo Road Runner Campground: 412 24th St., Tel. 575-437-3003, www.roadrunnercampground.com. Zum Teil von Bäumen bestandene Anlage, manche Plätze sind mit Highspeed-WLAN ausgestattet. In Cabins kommen bis zu 4 Pers. unter. 35–37 $.

Am South White Sands Boulevard liegen mehrere Fast-Food-Restaurants von Kentucky Fried Chicken über Pizza Hut bis Dairy Queen.

Pepper's Grill: 3200 N. White Sands Blvd., Tel. 575-437-9717, tgl. außer So 11–14 und 17–21 Uhr. Steakhouse mit gediegenem Ambiente. Hauptgerichte 11–25 $.

Traumhafte Dünenlandschaft in White Sands, der größten Gipswüste der Welt

Wüste und subalpine Regionen erwandern
Ein ca. 16 km langer Abschnitt der ehemaligen Alamogordo & Sacramento Mountain Railroad wurde in Wanderwege umgewandelt, auf denen man fünf unterschiedliche Landschaftsformen von der Wüste bis zu subalpinen Zonen kennenlernen kann (www.nmrailstotrails.org).

Cloudcroft und das Mescalero-Land

Reiseatlas: S. 25, B 3 und C 3
Liegt Alamogordo in einer von der Sonne ausgedörrten Wüstenlandschaft, so ändert sich die Szenerie schon wenige Meilen weiter östlich in den Sacramento Mountains um das Skigebiet bei der 2640 m hoch gelegenen Ortschaft **Cloudcroft.** Pinienwälder mit lauschigen Wanderwegen und sattgrüne Golfplätze umgeben das 800-Seelen-Dorf, in dem die Temperaturunterschiede verglichen mit der Wüste sowohl im Sommer wie im Winter gewaltig sind.

Zwischen Cloudcroft und Ruidoso im Norden dehnt sich um Wiesen und Wälder die **Mescalero Apache Reservation** mit ihrer kleinen Hauptstadt Mescalero aus. In der Nähe von Ruidoso betreibt der Stamm schon seit Jahren das Wintersportzentrum Ski Apache um den 3651 m hohen Sierra Blanca Peak, die höchste Erhebung in den südlichen Rocky Mountains. Ungefähr 55 Abfahrten für Skifahrer und Snowboarder mit Höhenunterschieden bis zu 600 m locken in jeder Saison Wintersportler in dieses Gebiet (Tel. 575-464-3600, Schneebericht Tel. 505-257-9001, www.skiapache.com). Das ›weiße Paradies‹ liegt nicht weit von der bekanntesten touristischen Einrichtung der Indianer entfernt, dem **Inn of the Mountain Gods Resort & Casino.** Der gewaltige, mit Indianerkunst ausgestattete Komplex gibt von seiner Lobby über den künstlich aufgestauten Lake Mescalero hinweg den Blick frei auf den selbst im Hochsommer vergletscherten Sierra Blanca Peak. Nicht nur mit gepflegtem Komfort in den Gästezimmern und einem guten Kasinobuffet, sondern auch mit einem Riesenangebot an Freizeitaktivitäten vom Fliegenfischen bis zur 13 500 $ teuren Hirschjagd kommen die indianischen Hoteliers dem wachsenden Bedürfnis ihrer Gäste nach attraktiven Outdoor-Angeboten nach (287 Carrizo Canyon Rd., Mescalero, Tel. 575-464-7777, www.innofthe mountaingods.com).

Ruidoso und Lincoln County

Reiseatlas: S. 25, C 3 und C 4

Am Rand der Mescalero Apache Reservation führen die beiden Nachbarorte **Ruidoso** und **Ruidoso Downs** mit zusammen knapp 10 000 Einwohnern die meiste Zeit des Jahres ein ruhiges Provinzdasein. Hektisch wird es in der kalten Jahreszeit, wenn sich die Einwohnerzahl durch Wintersportler auf 50 000 erhöht. Von Wäldern und Bergen umgeben zählt die Gegend zu den attraktivsten Urlaubszielen im südlichen New Mexico. Alljährlich im September findet sich Ruidoso Downs in den Schlagzeilen der amerikanischen Sportpresse wieder, wenn auf der lokalen Rennbahn mit dem *All American Futurity* eines der am höchsten dotierten Pferderennen der Welt für *Quarter Horses* (Rennpferde, die über eine Distanz von einer Viertelmeile gehen) stattfindet. Preisgelder von 2,5 Mio. $, wovon allein der Sieger etwa 1 Mio. gewinnt, sind nicht außergewöhnlich.

Die Ortschaft **Lincoln** war von 1878 bis 1881 Schauplatz des berühmt-berüchtigten Lincoln-County-Krieges. In dieser blutigen Auseinandersetzung standen sich Geschäftsleute gegenüber, die in diesem noch weitgehend unerschlossenen Landkreis um möglichst große Marktanteile an der Versorgung der Viehrancher kämpften. Prominente Teilnehmer der Fehde waren die von der Geschichtsschreibung des Wilden Westens längst zu legendären Figuren verklärten Todfeinde Billy the Kid und Sheriff Pat Garrett. Im Bergtal des Rio Hondo gelegen, macht Lincoln heute den Eindruck einer verschlafenen Landgemeinde. Das **Lincoln County Courthouse,** aus dem Billy the Kid entkam und dabei zwei Hilfssheriffs erschoss, hält die Erinnerung an die alten Wildwestzeiten ebenso wach wie der als Museum dienende **Tunstall Store,** der im Rancherkrieg ein wichtiger Schauplatz war (Lincoln State Monument, Tel. 575-653-4372, www.nmstatemonuments. org, tgl. 8–17 Uhr, im Winter sind manche Einrichtungen geschlossen, 5 $).

Die westliche Nachbargemeinde **Capitan** ist in den USA jedem Kind ein Begriff, weil dort mit Smokey Bear das nationale Maskottchen der Waldbrandverhütung zu Hause ist. Bei einem 1950 in den Capitan Mountains ausgebrochenen Buschfeuer fanden Löschtrupps ein Bärenbaby, das sich auf einem Baum vor lodernden Flammen in Sicherheit zu bringen versuchte. Der angesengte Meister Petz wurde gesund gepflegt und in Washington D.C. unter großem Medienrummel als Symbol für Waldbrandverhütung und Naturschutz vorgestellt. An der Durchgangsstraße widmet sich der **Smokey Bear Historical Park** dem Leben des Bären, der nach seinem Tod 1976 neben dem Museum beerdigt wurde (118 W. Smokey Bear Blvd., Tel. 575-354-2748, http://smokeybearpark.com, tgl. 9–17 Uhr, Erw. 2 $, Kin. 7–12 Jahre 1 $).

Roswell

Reiseatlas: S. 25/26, C/D 3

Schon im ausgehenden 19. Jh. war die 45 000 Einwohner große Stadt am westlichen Rand der Great Plains ein wichtiges Viehzuchtzentrum, und noch heute spielt die Agrarwirtschaft eine bedeutende Rolle. Das **Roswell Museum & Art Center** stellt historische Artefakte und moderne Kunst u. a. von Georgia O'Keeffe aus, zeigt im Planetarium interessante Sternenshows und widmet sich in einem speziellen Flügel dem Wissenschaftler Robert Goddard (1882–1945), der in Roswell von 1930 bis 1941 ein Forschungslaboratorium unterhielt und von Flüssigtreibstoff angetriebene Raketen testete (100 W. 11th St., Tel. 575-624-6744, www.roswellmuseum. org, Mo–Sa 9–17, So/Fei 13–17 Uhr, Eintritt frei). Weltweit bekannt wurde die Stadt im Jahr 1947 durch den sogenannten Roswell-Zwischenfall, als ein Rancher behauptete, Teile eines abgestürzten UFOs gefunden zu haben. Das Militär bestätigte den Fund zunächst, dementierte die Nachricht aber wenig später und gab bekannt, nur die Überreste eines abgestürzten Wetterballons geborgen zu haben. Seit damals brodelt die Gerüchteküche, was u. a. zur Gründung des **International UFO Museum & Research Center** führte, in dem es vor Aliens und Spekulationen nur so wimmelt (114 N. Main St., Tel. 505-625-9495, www.iufomrc.com, tgl. 9–17 Uhr, Erw. 5 $, Kin. bis 15 Jahre 2 $).

14 Carlsbad Caverns

Reiseatlas: S. 25, C 4

Südlich von Carlsbad macht sich um White's City Wüstenvegetation breit. Kreosotebüsche und Biberschwanzkakteen, Yucca-Palmen, Agaven und Trockengräser prägen die Gegend, in der nichts darauf schließen lässt, dass diese Landschaft vor 200 Mio. Jahren ein unter dem Meeresspiegel liegendes, 400 Meilen langes Riff war. Über lange Zeit verschwand das Meer, die Region begann sich zu heben, wobei der durch Erdöl und Erdgas erhöhte Säuregehalt des Grundwassers den Kalkstein aufzulösen und unterirdische Gänge und Höhlen zu schaffen begann.

Die schon vor vielen Jahren zum Nationalpark erhobenen **Carlsbad Caverns** zählen heute zu den bekanntesten und schönsten Höhlensystemen der USA. Moderne Aufzüge, die stündlich bis zu 1400 Personen befördern können, bringen Gäste in die feuchte, konstant 13 °C kühle Welt der Schatten in 250 m Tiefe. Dort verschlägt einem weniger die veränderte Temperatur als vielmehr die märchenhafte Pracht der Unterwelt den Atem. Die 2 km lange und etwa 1 Stunde dauernde Standardtour führt in die *Hall of Giants* (Halle der Riesen), die ihren Namen zwei 20 bzw. 13 m hohen Stalagmiten verdankt. Von dort öffnet sich mit *Big Room* (Großer Saal) das Auserlesenste, was die Carlsbad-Höhlen zu bieten haben. Die Dimensionen des riesigen Raumes sind erst fassbar, wenn man auf den befestigten und schwach beleuchteten Wegen eine Weile gegangen ist. *Big Room* ist 550 m lang, 335 m breit und 78 m hoch, sodass neben mehreren Fußballfeldern das Washingtoner Kapitol in voller Größe Platz fände. Durch den Sonnentempel geht es zum Totempfahl, einer dünnen Kalksteinsäule, die sich in den schwarzen Himmel des *Big Room* reckt. Am Ende der Halle, am *Top of the Cross*, halten in einem offenen Auditorium Ranger Vorträge über die Entstehung der Höhle. Mirror Lake (Spiegelsee) ist ein kristallklarer Pool unweit des *Bottomless Pit* (Abgrund ohne Boden), eine unheimliche 43 m tiefe Riesenöffnung, die einen das Fürchten lehrt.

Die Fahrt mit dem Aufzug in die Tiefe der Höhlen ist zwar der einfachste, aber nicht der einzige Zugang in die Märchenwelt. Der natürliche Höhleneingang befindet sich einige Meter vom Besucherzentrum entfernt, und wer dort einsteigt und die normale Besichtigungstour absolviert, braucht 3 Stunden Zeit und sollte wegen der steilen und nassen Wege mit Schuhen mit Profilsohlen ausgerüstet sein. An sommerlichen Spätnachmittagen versammeln sich an diesem Eingang Neugierige zu einem Schauspiel der besonderen Art. Einer schwarzen Wolke gleich dringen Schwärme von ca. 300 000 Fledermäusen wie auf ein geheimes Kommando hin aus der Höhle, um sich auf den Weg in ihre Jagdgründe zu machen, wo sie jede Nacht etwa drei Tonnen Insekten vertilgen (3225 National Parks Hwy, Tel. 505-785-2232, www.nps.gov /cave, im Sommer 8–19 Uhr, sonst kürzer, für die jeweiligen Höhlenabschnitte und Touren gelten unterschiedliche Eintrittspreise).

Bereits seit Jahren sind die Carlsbad Caverns nicht mehr die alleinigen Attraktionen im Nationalpark. Eine Höhlenexpedition stieß 1988 mit den Lechuguilla Caves auf ein bis dahin noch unbekanntes Höhlensystem, das bezüglich Größe die Carlsbad Caverns in den Schatten stellt. Lechuguilla war bis zum Mai 1986 lediglich ein mit Guano gefülltes Erdloch. Dann entdeckten Höhlenforscher nach Grabungen ein fast 190 km langes und bis zu 431 m tiefes Höhlensystem mit riesigen Hallen. Im Unterschied zu Carlsbad ist Lechuguilla der Öffentlichkeit nicht zugänglich.

Bis zu 230 m hoch sind die Dünen im Great Sand Dunes National Park

Kapitel 7

Colorado

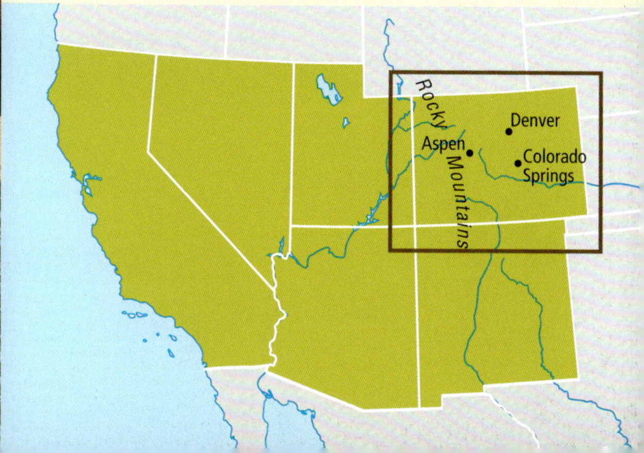

Auf einen Blick: Colorado

Auf dem ›Dach‹ Amerikas

Wie eine natürliche steinerne Barriere ziehen sich die Rocky Mountains in Nord-Süd-Richtung von der kanadischen bis fast an die mexikanische Grenze durch den Westen der USA. Kein US-Bundesstaat wird so sehr mit diesem gewaltigen Gebirgszug in Verbindung gebracht wie Colorado, das mit durchschnittlich über 2000 m höher liegt als alle Nachbarn und mit dem Mount Elbert (4399 m) den höchsten Punkt der amerikanischen Rockies besitzt. Das populärste Gebirge Amerikas kommt am besten im gut erschlossenen Rocky Mountain National Park zur Geltung. Darüber hinaus liegen in Colorado mit dem Black Canyon of the Gunnison, Great Sand Dunes und Mesa Verde drei weitere Nationalparks, von denen die ersten beiden ebenfalls eine Hommage an Mutter Natur sind, während Mesa Verde auf spektakuläre Weise eine ca. 800 bis 1000 Jahre zurückliegende Epoche der indianischen Geschichte präsentiert.

Neben reizvollen Landschaften und historischen Schauplätzen kommt in Colorado das moderne Leben nicht zu kurz. Mit 550 000 Einwohnern (im Ballungsgebiet leben ca. 2,6 Mio. Menschen) bildet Denver das unumstrittene politische, kulturelle und kommerzielle Zentrum des Landes, eine Region, die zugleich die am besten erschlossene Infrastruktur aufweist.

Dass die Einwohnerzahl sowohl der Stadt als auch des Staates seit 1990 um fast 30 % zunahm, lässt Rückschlüsse auf die positive Einschätzung der Lebensverhältnisse auf dem ›Dach‹ Amerikas zu und ist als deutlicher Hinweis auf die Dynamik der Metropole zu verstehen, die ausgezeichnete Einkaufs- und Unterhaltungsmöglichkeiten und eine lebhafte Kulturszene bietet. Außerdem sind die

Einwohner der Hauptstadt außergewöhnlich sportlich, was sich statistisch nachweisen lässt. Denn Denver ist an Highschool- und Collegeabsolventen gemessen nicht nur die ›gebildetste‹, sondern mit nur 20 % Übergewichtigen auch die ›dünnste‹ Großstadt der Vereinigten Staaten.

Noch höher als Denver wird in Sachen Lebensqualität das 369 000 Einwohner große Colorado Springs eingeschätzt. Einer Erhebung des TV-Senders CNN im Jahr 2006 zufolge qualifizierte sich die Stadt südlich von Denver an mehreren Parametern gemessen als Gemeinwesen mit den besten Lebensverhältnissen in den USA.

Richtig Reisen-Tipp

Kulinarischer Wilder Westen: Über 500 Jagdtrophäen von der Bergziege bis zum Berglöwen dekorieren die Wände im Restaurant Buckhorn Exchange, das die älteste Lizenz für Bier- und Weinausschank im Staat besitzt. Zwischen den präparierten Tierschädeln an den Wänden hängen Fotos von Berühmtheiten wie US-Präsidenten sowie zahlreichen Show- und TV-Größen, die sich vom stilechten Westernflair des populären Lokals verzaubern ließen (s. S. 414).

Highlight

15 **Mesa Verde National Park:** Die ca. 900 Jahre alten, wie Schwalbennester in steilen Felsen hängenden Klippenwohnungen der längst verschwundenen Anasazi-Indianer machen den Park zu einem faszinierenden Schaufenster in die untergegangene Kultur dieser *Native Americans* (s. S. 436 f.).

Empfehlenswerte Routen

Auf dem ›Dach‹ Amerikas: Nach einer Fahrt durch den Rocky Mountain N. P. kann man die weiter südlich gelegenen Wintersportparadiese Aspen, Breckenridge und Vail in Augenschein nehmen, wo sich der Aufenthalt auch im Sommer lohnt (s. S. 421 ff.).

Von Colorado Springs zum Great Sand Dunes N. P.: Nach der Fahrt auf den Gipfel des 4300 m (!) hohen Pikes Peak führt die Route über Pueblo und Walsenburg in den Süden von Colorado. Nördlich von Highway 160 dehnt sich mit dem Great Sand Dunes N. P. ein seltsamer Flecken Sandwüste aus, der eigentlich nicht so recht in die Bergwelt des Bundesstaates passen will (s. S. 428 ff.).

Reise- und Zeitplanung

Für Denvers Haupttraktionen benötigt man 2 ganze Tage, sofern man in manchen Museen oder beim Bummeln bzw. Shoppen im Stadtzentrum nicht irgendwo gerne länger verweilen möchte. Fährt man danach weiter in den Rocky Mountain National Park, ist für eine Fahrt durch das Naturreservat ein Tag Zeit einzuplanen, nicht zuletzt um die ein oder andere kleine Wanderung unternehmen zu können. Auch Colorado Springs inklusive einer Fahrt auf den Pikes Peak verdient einen ganzen Tag. Besichtigungen der drei Nationalparks Black Canyon of the Gunnison, Great Sand Dunes und Mesa Verde lassen sich nach Belieben ausdehnen. Auch für die Klippenwohnungen der Anasazi-Indianer in Mesa Verde muss man sich einen Tag Zeit nehmen.

Klima und Reisezeit

Wer zum Wintersport nach Colorado reist, wählt am besten den März, denn er ist der schneereichste Monat des Jahres. Ansonsten bieten sich die Sommer- und Herbstmonate mit idealem Wetter für alle Aktivitäten unter freiem Himmel an. Bei einem Urlaub in diesem Bundesstaat sollte man sich darüber im Klaren sein, dass man sich häufig auf Höhenlagen über 2000 m befindet, was vor allem bei Wanderungen unbedingt berücksichtigt werden muss.

Denver und die Rocky Mountains

Karte S. 417
Cityplan S. 412

Mit Haut und Haaren, so scheint es angesichts der Glas- und Betonriesen im Zentrum, hat sich Denver modernen Zeiten verschrieben und stellt seine Zukunftsperspektive u. a. mit der futuristischen Architektur des neuen Flughafens und des Kunstmuseums unter Beweis. Colorados Metropole lässt sich aber auch gerne als Tor zu den Rockies feiern, weil das gebirgige Freizeitparadies nur eine gute Autostunde vom quirligen Stadtzentrum entfernt liegt.

Downtown Denver

Cityplan: S. 412

Mit gut über einer halben Mio. Einwohner rangiert Denver heute unter den 20 wichtigsten Metropolen Amerikas und wird, wenn das Bevölkerungswachstum anhält, seinen Ranglistenplatz in den kommenden Jahren ständig verbessern. Die Stadt lässt sich gerne Mile High City nennen und weist ihre Höhenlage exakt eine Meile (1609 m) über dem Meeresspiegel mit einer Plakette auf der 15. Stufe einer Außentreppe des **State Capitol** 1 nach. Der Sitz des aus Senat und Repräsentantenhaus bestehenden Staatsparlaments aus dem Jahr 1908 mit einer von 24-karätigem Gold überzogenen Kuppel schlägt im Innern Besucher mit einer 50 m hohen Rotunde in den Bann, die u. a. mit 128 Wandpfeilern und 16 Buntglasfenstern ausgestattet ist, auf denen Persönlichkeiten aus der Historie von Colorado abgebildet sind (200 E. Colfax Ave., Tel. 303-866-2604, www.state.co.us/gov_dir/leg_dir/lcsstaff/Scrollpages/TourScroll.htm, kostenlose 45-minütige Führungen Mo–Fr 9–15.30, im Winter bis 14.30 Uhr).

Schräg hinter dem Kapitol erzählt das **Molly Brown House Museum** 2 die spannende Lebensgeschichte der Molly Brown (1867–1932), deren Familie mit Goldgräberei zu einem beträchtlichen Vermögen gekommen war und sich 1889 die 14 Zimmer große viktorianische Villa hatte bauen lassen. Weltbekannt wurde sie durch ihr beherztes Eingreifen beim Untergang der Titanic 1912, das nicht nur ihr selbst, sondern auch anderen Passagieren das Leben rettete (1340 Pennsylvania St., Tel. 303-832-4092, http://mollybrown.org, Führungen Sept.–Mai Di–Sa 10–15.30, So 12–15.30 Uhr, sonst auch Mo, Erw. 7 $, Kin. 6–12 Jahre 4 $).

Museen

Um Indianerstämme und deren Lebensweise, Bergbau, Cowboys, Viehzucht und die Kultur der spanisch-sprechenden Bevölkerung geht es im **Colorado History Museum** 3, das die wechselvolle Geschichte des Bundesstaates thematisiert (1300 Broadway, Tel. 303-866-3682, www.coloradohistory.org, Mo–Sa 10–17, So 12–17 Uhr, Erw. 7 $, Kin. 6–12 Jahre 5 $). Nicht Historisches, sondern Futuristisches kommt einem beim Anblick des neuesten Erweiterungsflügels des **Denver Art Museum** 4 in den Sinn. Stararchitekt Daniel Libeskind, einen Verfechter des Dekonstruktivismus (s. S. 47), schwebten bei seinem spektakulären Entwurf für das Hamilton Building nach eigenem Bekunden die am Horizont aufragenden Gipfel der Rockies vor. Andere vergleichen den außergewöhnlichen Bau mit einem in den Boden gerammten zerbrochenen Stern. Nicht nur das mit 9000 Titanplatten verkleidete Äußere taucht Betrachter in ein Wechselbad von Bewunderung und Ablehnung. Auch im Innern setzt sich die provokative Architektur in einem riesigen, 40 m hohen Atrium fort. Der Neubau enthält Galerien für moderne und zeitgenössische, afrikanische und ozeanische Kunst sowie Exponate aus dem westlichen Amerika (100 West 14th Ave, Tel. 720-865-5000, www.denverartmuseum.org, Di–Do, Sa 10–17, Fr 10–22, So 12–17 Uhr, Erw. 13 $, 6–18 J. 5 $). In der Nachbarschaft lässt das elegante 1883 errichtete **Byers-Evans House Museum** **5** einen Blick in die High Society von Denver zu Beginn des 20. Jh. zu. Die Backsteinvilla war bis 1981 nacheinander von drei prominenten Familien bewohnt und ist heute als stadthistorisches Museum mit originalen Stilmöbeln, einer Bibliothek und Kunstwerken ausgestattet (1310 Bannock St., Tel. 303-620-4933, www.coloradohistory.org, tgl. außer Mo 11–15 Uhr, Erw. 5 $, Kin. 6–12 Jahre 3 $).

Civic Center Park und Umgebung

Richtung Downtown blickt man nicht nur auf die aus Glas-, Stahl- und Betonriesen bestehende Gegenwart der Stadt, sondern auch auf ihre Vergangenheit. Im **Civic Center Park** **6**, der städtischen ›Bühne‹ für Feste und Veranstaltungen, halten Indianer- und Cowboyskulpturen die Erinnerung an historische Zeiten aufrecht, als sich vor Ort die Wege von Büffeljägern und Armeekundschaftern, federgeschmückten Plains-Indianern und Mountain Men kreuzten, was so lange noch gar nicht her ist. Denn Denver ist selbst für amerikanische Verhältnisse eine junge Stadt, deren Grundstein Goldsucher legten, die 1858 am Zusammenfluss von Cherry Creek und South Platte River auf glänzendes Edelmetall gestoßen waren. Der Boom hielt nicht lange an, aber die Örtlichkeit bewies Vorteile als Handelsplatz, sodass sich das junge Denver spätestens 1866 mit seinem selbst finanzierten Anschluss an die transkontinentale Eisenbahn auf den Weg in eine erfolgversprechende Zukunft machen konnte.

Jahr für Jahr werden in den USA zwischen 11 und 20 Mrd. Münzen geprägt, ein guter Teil davon in der **U. S. Mint** **7** in Denver, eine von insgesamt 6 staatlichen Prägeanstalten. Auf Führungen bekommt man nicht nur die Produktion zu sehen, sondern erfährt viele interessante Details etwa über das Design von Münzen (320 W. Colfax Ave., Tel. 303-405-4761, www.usmint.gov, kostenlose Führungen Mo–Fr 8–15 Uhr, Online-Reservierung obligatorisch, die Mitnahme von Taschen und Kameras ist nicht gestattet).

Wie Brände von den 1860er-Jahren bis nach dem Zweiten Weltkrieg bekämpft wurden, zeigt das in einer ehemaligen Feuerwehrstation eingerichtete **Denver Firefighters Museum** **8** mit historischen Uniformen, Spezialhelmen, Löschgerät mit zum Teil geradezu vorsintflutlichen Apparaturen (1326 Tremont Pl., Tel. 303-892-1436, www.denverfirefightersmuseum.org, Mo–Sa 10–16 Uhr, Erw. 6 $, Kin. bis 12 Jahre 4 $).

16th Street Mall und Nachbarschaft

Rötlicher und grauer Granit bedeckt die 1982 angelegte **16th Street Mall** **9**, das etwa 16 Häuserblocks lange, quirlige Einkaufs- und Geschäftszentrum von Denver mit Boutiquen, Bürohäusern, Hotels, Fachgeschäften und Kaufhäusern hinter verglasten Fassaden, vor

Mit dem Autor unterwegs

Abwechslungsreiche Kultur

Wem vor oder nach einem Abstecher in Colorados herrliche Bergwelt der Sinn nach Kunst und Kultur steht, wird Gefallen finden an der bunten Museumslandschaft, den Theatern und dem Performing Arts Center von **Denver** (s. S. 410 ff.).

Freizeitspaß im Gebirge

Reisende, die einige entspannende Tage in freier Natur verbringen möchten, finden im **Rocky Mountain National Park** eine attraktive Hochgebirgsszenerie zum Wandern, Reiten, Mountainbikefahren oder zu einer Rundfahrt mit dem Auto (s. S. 417 ff.).

Denver: Cityplan

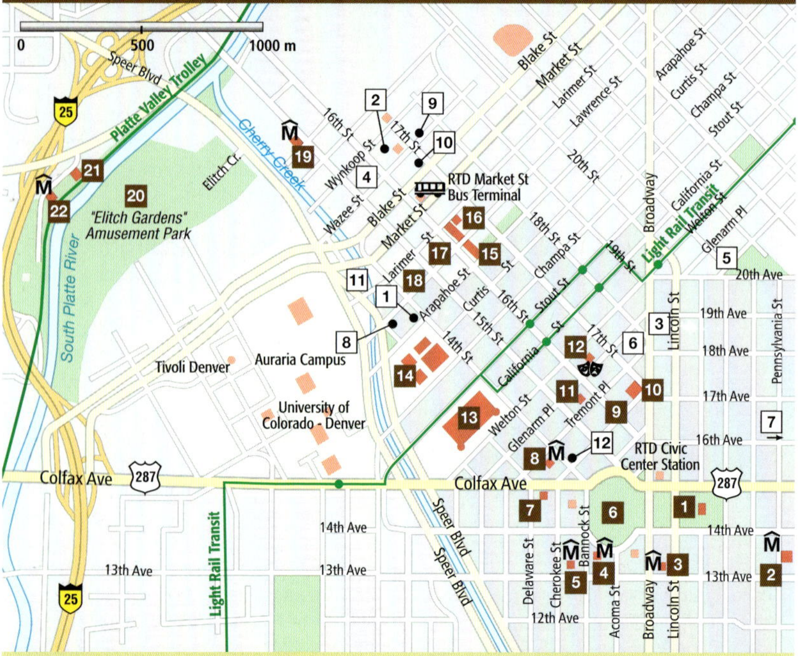

Sehenswürdigkeiten

1 State Capitol
2 Molly Brown House Museum
3 Colorado History Museum
4 Denver Art Museum
5 Byers-Evans House Museum
6 Civic Center Park
7 U. S. Mint
8 Denver Firefighters Museum
9 16th Street Mall
10 Brown Palace Hotel & Spa
11 Denver Pavilions
12 Paramount Theater
13 Colorado Convention Center
14 Denver Performing Arts Center
15 Daniels & Fisher Tower
16 Tabor Center
17 Writer Square
18 Larimer Square
19 Museum of Contemporary Art
20 Six Flags Elitch Gardens
21 Downtown Aquarium
22 Children's Museum

Übernachten

1 Hotel Teatro
2 Oxford Hotel
3 The Brown Palace
4 Jet Hotel
5 Queen Anne B & B
6 Comfort Inn Downtown
7 Denver International Hostel

Essen und Trinken

8 Restaurant Kevin Taylor
9 Sullivan's Steakhouse
10 Jax Fish House
11 Tamayo
12 Cafe Berlin

Hotspot im Zentrum von Denver ist der architektonisch reizvolle Larimer Square

denen Leute in hübsch hergerichteten Cafés in der Sonne sitzen und den improvisierten Konzerten von Straßenmusikern lauschen. Nur die im 90-Sekunden-Takt verkehrenden kostenlosen Shuttle-Busse dürfen die von Bäumen gesäumte Fußgängerzone befahren.

In den Parallelstraßen bzw. in der Umgebung der 16th Street Mall liegen zahlreiche Sehenswürdigkeiten wie etwa das altehrwürdige **Brown Palace Hotel & Spa** **10** von 1892 mit einem sehenswerten Atrium und Arkaden, Galerien und einem riesigen Lüster (s. 415). Nur Schritte entfernt zeigt Downtown mit den **Denver Pavilions** **11** sein modernes Gesicht. In dem Riesenkomplex kann man nicht nur nach Herzenslust einkaufen, sondern auch unter zahlreichen Restaurants auswählen, vom Hard Rock Café bis zum Coyote Ugly Saloon (500 16th St., www.denverpavilions.com, Mo–Sa 10–20, So 12–18 Uhr). Im Art-déco-Stil 1929 erbaut, ist das **Paramount Theater** **12** das letzte von ursprünglich 17 großen Kinopalästen in Denver, das mittlerweile als Zentrum der darstellenden Kunst dient (1631 Glenarm Pl., Tel. 303-623-0106, www.denverparamount.com). Mit modernster Technik ist das **Colorado Convention Center** **13** ausgestattet, das südlich der 16th Street Mall mehrere Häuserblocks einnimmt und mit der Lecture Hall neben zahlreichen anderen Auditorien einen auch für Konzerte genutzten Saal mit 5000 Plätzen besitzt (www.denverconvention.com). In der Nachbarschaft fällt das **Denver Performing Arts Complex** **14** mit seiner Glas- und Betonarchitektur ins Auge. Jahr für Jahr gehen dort Broadwaymusicals, Theateraufführungen und Multimediaveranstaltungen über die Bühne. Außerdem besitzt das Zentrum als einziges in der Welt mit dem National Center for Voice & Speech eine eigene Einrichtung für Stimm- und Sprachausbildung, die in Zusammenarbeit mit dem örtlichen Krankenhaus zugleich eine Vielzahl logopädischer Therapieformen anbietet (1245 Champa St., Tel. 720-865-4220, http://artscomplex.com).

Der ehemalige Höhenrekord des **Daniels & Fisher Tower** **15** mit 100 m wurde von modernen Gebäuden zwar längst überflügelt. Aber der an den Campanile in Venedig erinnernde Turm gehört nach wie vor zu den architektonischen Schmuckstücken im Stadt-

Richtig Reisen-Tipp: Kulinarischer Wilder Westen

Es muss ja nicht unbedingt gebratener Alligatorenschwanz mit Cocktailsauce oder ein Stückchen in rotem Chili mit Limonensaft mariniertes Fleisch der Klapperschlange sein. Die im Restaurant »Buckhorn Exchange« servierten Spezialitäten werfen sowohl ein Licht auf das Selbstverständnis des Küchenchefs als auch auf die Traditionsverbundenheit des Besitzers: In diesem Lokal hat der Wilde Westen allen modernen Anfechtungen standgehalten. Das macht auch das Interieur von Denvers ältestem Gourmettempel deutlich, das mit seinen Jagdtrophäen jedes kleinere Naturkundemuseum aussticht. Schon vor über 100 Jahren schauten dem bedeutenden Indianerhäuptling Sitting Bull beim Büffelfleischessen Antilopen, Schneehasen und Elche über die Schulter. Den musealen Charakter des Restaurants unterstreichen zahllose Fotografien von Berühmtheiten, die sich dort verköstigen ließen, ein Gemälde von Buffalo Bill und Vitrinen mit Schusswaffen, die dem präparierten Wild an den Wänden zum Verhängnis wurden (1000 Osage St., Tel. 303-534-9505, www.buckhorn.com, Lunch Mo–Fr 11–14, Dinner Mo–Do und So 17.30–21, sonst bis 22 Uhr, Dinner 22–50 $).

zentrum, wenngleich Buffalo Bill beklagte, der Riese störe den Blick auf die nahen Rocky Mountains. Die Lobby kann man besichtigen (16th St., Ecke Arapahoe St.). Dutzende Geschäfte, Restaurants, Schnellimbisse, Spielhallen und das Westin Hotel machen das **Tabor Center** 16 zu einem Treffpunkt, dessen gläserner, über dem Erdgeschoss liegender Aufbau am Abend wie ein großes Treibhaus im Licht erstrahlt (1201 16th St., www.taborcenter.com, Mo–Sa 10–19 Uhr, So geschlossen).

Lower Downtown

Auf der Höhe der Arapahoe Street beginnt der historische Stadtteil Lower Downtown (LoDo), der eigentlich der Abrissbirne geopfert werden sollte, sich dann jedoch über die Jahre zum beliebten Szene- und Ausgehviertel entwickelte. Er erstreckt sich in nordwestlicher Richtung über die Union Station hinaus bis zum Platte River und wird im Süden vom Speer Boulevard und im Osten ungefähr von der 22nd Street begrenzt. In zum Teil über 100 Jahre alten Ziegelgebäuden befinden sich mittlerweile über 90 Brauereikneipen, Musikclubs und Restaurants, in die vor allem nach großen Sportveranstaltungen z. B im Stadion Coors Field die Besucher nur so strömen. Herz und Seele von LoDo sind der verwinkelte **Writer Square** 17 mit Geschäften und öffentlicher Kunst (1512 Larimer St., www.writer-square.com) und der **Larimer Square** 18 mit zwischen 1870 und 1890 errichteten viktorianischen Fassaden, hinter denen Geschäfte, Restaurants und Cafés Gäste bewirten (1430 Larimer St., www.larimersquare.com).

Das **Museum of Contemporary Art** 19 befindet sich seit geraumer Zeit in einem neuen Gebäude. Der mit 5 separaten Galerien, einem Skulpturengarten auf dem Dach und lichtdurchlässigen Fassaden ausgestattete Neubau wurde von dem in Ghana geborenen und in London lebenden Architekten David Adjaye entworfen und zählt zu den baulichen Akzenten in LoDo (1485 Delgany St., Tel. 303-298-7554, www.mcadenver.org, Di–So 10–18, Fr bis 22 Uhr, 10 $). Die **Six Flags Elitch Gardens** 20 sind der einzige in einer Innenstadt liegende Vergnügungspark Amerikas mit mehreren Dutzend Fahrbetrieben und einem Wasserpark (2000 Elitch Circle, Tel. 303-595-4386, www.elitchgardens.com, unterschiedliche Öffnungszeiten, Erw. 35 $, Kin. unter 3 J. frei, Onlinetarife 5 $ günstiger, günstigere Onlinetarife). Das **Downtown Aquarium** 21 trägt einen missverständlichen Namen, weil es sich nicht nur den Lebewesen in Meeren und Binnengewässern, sondern etwa und auch der Wüstenfauna im amerikanischen Westen sowie indonesischen Tigern widmet (700 Water St., Tel. 303-561-4450, www.downtownaquariumdenver.com, So–Do 10–21, Fr–Sa 10–

21.30 Uhr, Erw. 13,75 $, Kinder 4–12 Jahre 8,25 $). Vermittlung von Wissen verbindet das **Children's Museum** 22 auf geradezu ideale Weise mit Spaß. Kinder bis ins Alter von ca. 8 Jahren können an vielen Einrichtung spielerisch lernen (2121 Children's Museum Dr., Tel. 303-433-7444, www.mychildsmuseum. org, Mo–Fr 9–16, Sa–So 10–17 Uhr, 7,50 $).

i **Denver Metro Convention and Visitors Bureau:** 1555 California St., Suite 300, Denver, CO 80202, Tel. 303-892-1112, www.denver.org.

Zahlreiche Hotels liegen an der Interstate 70 im Nordosten von Downtown. Preisgünstige Unterkünfte findet man auch an der Colfax Avenue östlich vom Zentrum.
Hotel Teatro 1: 1100 14th St., Tel. 303-228-1100, www.hotelteatro.com. Mit über 100 Zimmern und Suiten großes, luxuriös ausgestattetes Boutiquehotel in zentraler Lage mit zwei hauseigenen Gourmetrestaurants. Auch für Geschäftsreisende bieten die Zimmer alles Notwendige. DZ ab 225 $.
Oxford Hotel 2: 1600 17th Str., Tel. 303-628-5400, www.theoxfordhotel.com. Das historische Juwel im Stadtteil LoDo verbindet viktorianischen Charme mit dem Art-déco-Stil der 1930er-Jahre. Gäste kommen in 80 komfortablen Zimmern unter. Im Hotel befinden sich ein Spa und ein Fitnessclub. DZ 189–249 $.
The Brown Palace 3: 321 17th St., Tel. 303-297-3111, Fax 303-312-5900, www.brownpalace.com. Das Traditionshotel ist im Sinne des Wortes ein Palast, was schon allein die wunderschöne Lobby beweist. Es gibt sogar Gästezimmer mit eigenen Fitnesseinrichtungen. DZ 160–199 $.
Jet Hotel 4: 1612 Wazee St., Tel. 303-572-3300, Fax 303-623-0773, www.thejethotel.com. 19 Zimmer großes, hippes Boutiquehotel in Downtown mit Charme. DZ ab 135 $.
Queen Anne B & B 5: 2147 Tremont Pl., Tel. 303-296-6666, Fax 303-296-2151, www.queenannebnb.com. Alle 14 Gästezimmer mit eigenem Bad und Internetanschluss. Das gediegene B & B ist mit vielen Kunstwerken und Antiquitäten ausgestattet, DZ ab 115 $.
Comfort Inn Downtown 6: 401 17th St., Tel. 303-296-0400, www.denvercomfortinn.com. Preisgünstigere Hotelvariante mit Standardzimmern. DZ 100–149 $.
Denver International Hostel 7: 630 E. 16th Ave., Tel. 303-832-9996, www.youthhostels.com/Denver. Jugendherberge mit kostenlosem Internetzugang, Betten/Schlafsaal 13 $.

Restaurant Kevin Taylor 8: 1106 14th St., im Hotel Teatro, Tel. 303-820-2600, www.restaurantkevintaylor.com, Mo–Do 17.30–22, Fr–So 17–22 Uhr. Preisgekröntes Restaurant im Art-déco-Stil. Bisonsteak mit Rippchen, Schwarzen Bohnen, Mais und Tomatenjus 40 $, Lamm mit Basilikum und Safrankartoffeln 36 $, 4-gängiges Probiermenü 65 $.
Sullivan's Steakhouse 9: 1745-61 Wazee St., Tel. 303-295-2664, http://sullivansteakhouse.com, Mo–Fr 11.30–14.30, 17.30–23, Sa 17–23, So 17–22 Uhr. Mit dunklem Holz ausgestaltetes Top-Lokal mit hervorragenden Fleischgerichten und Meeresspezialitäten. Hauptgang durchschnittl. 35 $.
Jax Fish House 10: 1539 17th St., Tel. 303-292-5767, http://jaxfishhousedenver.com, Mo–Do 16–22, Fr–Sa 16–23, So 16–21 Uhr. Austern, Krabben, Hummer, Schweine- und Rindfleischgerichte stehen auf der Speisekarte des rustikalen, beliebten Lokals. Hauptgericht ca. 24 $.
Tamayo 11: 1400 Larimer St., Tel. 720-946-1433, www.modernmexican.com/tamayo, Mo–Fr 11.30–14 und 17–22, Sa–So 17–22 Uhr. Gegen Abend bietet sich vom Dachrestaurant ein fabelhafter Blick auf die Rockies. Die Küche ist auf mexikanische Köstlichkeiten spezialisiert, der Barkeeper mixt sagenumwobene Margaritas. Hauptgericht ca. 22 $.
Cafe Berlin 12: 323 14th St., Tel. 303-377-5896, www.cafeberlindenver.com, Di–Fr 11–21, Sa–So 16–21 Uhr. Deutsches Lokal mit Gerichten wie Schweinekotelett mit Äpfeln (8,45 $), Kohlrouladen (8,45 $) und Kassler Rippchen (8,95 $). Dazu werden deutsche Biere von Doppelbock bis Weißbier serviert.

Hier kauft auch Eric Clapton ein
Seit über 60 Jahren ist Rockmount Ranch Wear Denver eine bekannte Adresse. Das auf elegante Westernmode spezialisierte Geschäft sorgte schon bei Stars wie Nicholas Cage, Eric Clapton und Bruce Springsteen für das entsprechende Outfit (1626 Wazee St., Tel. 303-629-7777, www.rockmount.com, Mo–Fr 7–17, Sa–So 11–16 Uhr).

West Southwest: 257 Fillmore St. Gute Adresse für modische Accessoires und ausgefallene Geschenke.

Denver Performing Arts Complex: 1245 Champa St., Tel. 720-865-4220, http://artscomplex.com. Zu diesem Komplex aus 10 Theatern gehört ein 1908 erbautes, im Innern mit Kirschholz verkleidetes Auditorium mit einem spektakulären Kronleuchter in Gestalt einer Blume. Führungen tgl. 6 $.
Cuba Cuba Café & Bar: 1173 Delaware St., Tel. 303-605-2822, www.cubacubacafe.com. Vom Patio zeigt sich Denver abends im letzten Licht des Tages. Die kubanischen Leckerbissen reichen von Süßkartoffelchips (6,50 $) bis zu Thunfisch mit Kokoskruste (20 $).

Red Rocks Amphitheatre: Aus dem Felsen wurde ein 9000 Plätze großes Amphitheater herausgeschlagen, heute ein bekannter Ort für Rock- und Popkonzerte (18300 W. Alameda Pwy, Morrison, CO 80465, Tel. 720-865-2494, www.redrocksonline.com, Visitor Center tgl. 8–19, im Winter 9–16 Uhr).
National Western Stock Show and Rodeo (Jan.): Größte von Rodeos begleitete Viehauktion der Welt (www.nationalwestern.com).
Denver Powwow: (März): Traditionelles Treffen von mehreren tausend Indianern verschiedener Stämme mit Tänzen, Trommlerwettbewerben und Paraden (www.denver marchpowwow.org).
Great American Beer Festival (Sept.): Gästen stehen 1600 Biersorten von 380 amerikanischen Brauereien zum Probieren zur Verfügung (www.denver.org/Events).

Zoo: Denver Zoo, 2300 Steele St., Tel. 303-376-4800, www.denverzoo.org, im Winter 10–16, Erw. 11 $, Kin. 3–11 Jahre 7 $, im Sommer 9–17 Uhr, 12 bzw. 9 $. Renommierter Tierpark.
Brauereibesichtigung: Coors, 12th & Ford St., Golden, Tel. 303-277-2337, www.coors.com. Tour durch die größte Brauerei der Welt mit Bierprobe (Mo–Sa 10–16 Uhr, Eintritt frei).

Flugzeug: Denver International Airport, ca. 23 Meilen nordöstlich von Downtown, fertigt jedes Jahr fast 40 Mio. Passagiere ab und wird auch von Lufthansa angeflogen. Nach Downtown fahren öffentliche RTD SkyRide-Busse (Tel. 303-299-6000, www.rtd-denver.com) und mehrere Shuttles wie Super Shuttle International Denver (Tel. 303-370-1300) oder Blue Sky Airport Shuttle (Tel. 303-300-2626). Taxis ins Stadtzentrum kosten ca. 45 $ (8500 Pena Blvd., Tel. 303-342-2000, www.flydenver.com).
Bahn: Amtrak-Bahnhof ist die Union Station, 17th & Wynkoop St., Tel. 303-825-2583, www.amtrak.com. Denver liegt an der Strecke des California Zephyr von San Francisco nach Chicago.
Bus: Greyhound Terminal, 1055 19th St., Tel. 1-800-231-2222, www.greyhound. com. Verbindungen in alle größeren Städte.
Nahverkehr: Die Straßenbahn des RTD-Systems (Regional Transportation District, www.rtd-denver.com) verbindet die Vorstädte mit dem Zentrum (Ticket 1,75–3 $). RTD betreibt auch Busse.

Golden

Reiseatlas: S. 17, C 3
Der westliche Vorort von Denver ist haupsächlich durch zweierlei bekannt: die größte Brauerei der Welt (Coors, s. o.) und das **Buffalo Bill Memorial Museum & Grave**, eine Erinnerungsstätte an eine der legendären Figuren des Wilden Westens. Buffalo Bill alias William Frederick Cody (1846–1917) führte ein Leben wie ein Romanheld. Bereits als 14-Jähriger war er Postreiter beim berühmten

Rocky Mountain National Park

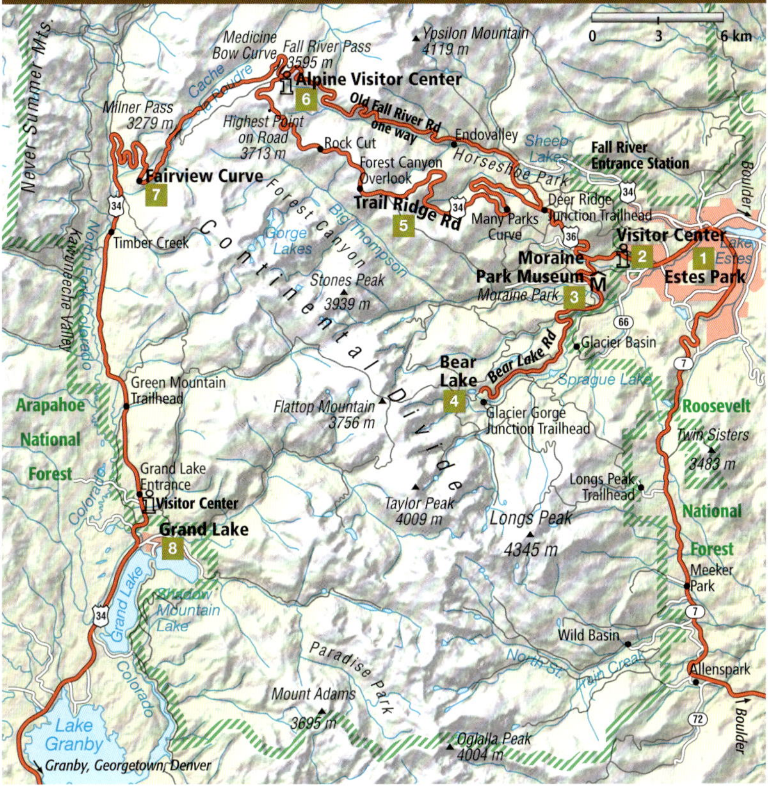

Pony Express, ehe er sich im amerikanischen Bürgerkrieg als Scout verdingte und 1865 als Büffeljäger in die Dienste der Kansas Pacific Railroad trat, für die er zwecks Ernährung der Eisenbahnarbeiter über 4000 Büffel erlegte. Ein Journalist namens Ned Buntline war von Buffalo Bill so angetan, dass er ihn zum Helden eines Groschenromans machte. Als nach dieser Vorlage schließlich ein Theaterstück auf die Bühne kam, schlüpfte William Cody als Schauspieler 11 Jahre lang in seine eigene Rolle. 1883 trat er mit einer eigenen Wild West Show an die Öffentlichkeit und unternahm in den folgenden 30 Jahren sogar Tourneen nach Europa. Buffalo Bill wurde nach seinem Tod auf eigenen Wunsch auf einer Anhöhe bei Golden zur letzten Ruhe gebettet. Im Museum bei seiner Grabstätte sind viele Memorabilien an den Westernhelden ausgestellt (Exit 256 von der I-70, 987-1/2 Lookout Mountain Rd., Tel. 303-526-0747, www.buffalobill.org, Mai–Okt. tgl. 9–17, sonst bis 16 Uhr, Erw. 3 $, Kin. 6–15 Jahre 1 $).

Rocky Mountain N. P.

Karte: siehe oben

Drei gute Gründe haben den Rocky Mountain National Park zu einem populären Naturschutzgebiet gemacht. Die Bergszenerie präsentiert sich im Kalenderformat, der Park ist durch Autostraßen gut erschlossen und liegt nur 75 Meilen von Denver entfernt, dem größten urbanen Ballungsraum im Bundesstaat Colorado. Wer nicht nur fantastische Aussichten genießen, sondern aktiv werden will, ist in diesem Teil der Rockies an der richtigen Stelle.

Von Ski alpin abgesehen bietet der Park die gesamte Palette von Freizeitaktivitäten wie Wandern auf fast 600 km Pfaden, Felsklettern, Campen, Langlaufen in bestens präparierten Loipen, Reiten, Angeln und Mountainbiking. Innerhalb der Grenzen des 1915 gegründeten, 1073 km^2 großen Nationalparks liegen mehr als 60 mindestens 3600 m hohe Gipfel. Der prominenteste unter ihnen ist Longs Peak mit 4346 m. Allerdings vermittelt der Blick von der zentralen Parkstraße, der in Ost-West-Richtung verlaufenden Trail Ridge Road, keine Aussichten auf Felsvertikalen wie etwa auf vergleichbaren Höhenlagen in den Alpen, weil die Gipfel hier über lange Zeiträume hinweg durch Erosion stark abgeflacht wurden. Das Ferienzentrum **Estes Park** 1 mit 5500 Einwohnern bildet das östliche Tor zum Nationalpark und ist auf die alljährlich anreisenden 2,6 Mio. Naturliebhaber mit Unterkünften, Restaurants und Geschäften bestens vorbereitet.

i **Estes Park Chamber of Commerce:** 140 Moraine Ave., Estes Park, CO 80517, Tel. 970-586-4431, www.estesparkresort.com.

Stanley Hotel: 333 Wonderview Ave., Tel. 970-586-3371, www.stanleyhotel.com. Historisches Hotel, 138 elegante Standardzimmer, Suiten oder Villas, Tennis und Spa vor grandioser Kulisse. DZ ab 149 $

Castle Mountain Lodge: 1520 Fall River Road, Tel. 970-586-3664, www.CastleMountainLodge.com. Rustikale Cabins und Cottages am Fluss in der Nähe des Nationalparks, ideal zur Wildbeobachtung. Ab 125 $.

Camping:

Spruce Lake RV Park: 1050 Mary's Lake Rd., Tel. 970-586-2889, www.sprucelakerv.com, April–Mitte Okt. Am Thompson River gelegener Platz mit Pool, nur 1 Meile vom Eingang zum Nationalpark und 1,5 Meilen von Estes Park entfernt.

Estes Park KOA: 2051 Big Thompson Ave., Tel. 1-800-562-1887, www.estesparkkoa.com, Mai–Mitte Okt. Bestens ausgestatteter Platz am Fluss, auch mit Cabins.

Dunraven Inn: 2470 Hwy 66, Tel. 970-586-6409, www.dunraveninn.com, tgl. 17-22 Uhr. Gemütliche Atmosphäre beim Italiener, hier gibt es für jeden Geschmack etwas: Pasta, Steaks, Seafood und feine Desserts wie Raspberry Cheese Cake. Ab 8 $.

Aufsteigender Nebel und entsprechender Sonnenstand schaffen auf den Höhenzügen des Rocky Mountain National Park eine dramatische Stimmung

Molly B: 200 Moraine Ave., Tel. 970-586-2766, www.estesparkmollyb.com, Do–Di 6.30–14 Uhr. Im Sommer auch Lunch und Dinner bis 21 Uhr. Sehr beliebt: deftige Frühstücksspezialitäten, z. B. Eier mit Speck, Bohnen, Chilis, Kartoffeln für 6,95 $.

Lonigans Saloon: West Elkhorn, Tel. 970-586-4346, www.lonigans.com, tgl. 11–1 Uhr. Bar, Grill und Nachtclub mit Livemusik, Happy Hour, Karaoke. Burgers ab 4,50 $.

Colorado Mountain School and Boulder Rock Club: 341 Moraine Ave., Tel. 970-586-4677, www.totalclimbing.com, Mo–Fr 8–17, Sa–So 8–18 Uhr. Kletter- und Bergsteigerschule.

Im Nationalpark

Auf der Straße 36 gelangt man von Estes Park zum **Beaver Meadows Visitor Center** **2**, einem von insgesamt 4 Besucherzentren innerhalb der Parkgrenzen, in dem man ei-nen 20-minütigen, einführenden Film sehen kann (im Hochsommer 8–21 Uhr, sonst kürzer). Ausstellungen über die Entstehungsgeschichte des Parks und die natürlichen Einflüsse, die sein heutiges Gesicht prägten, bekommen Besucher im **Moraine Park**

Museum 3 zu sehen (April–Okt. tgl. 9–16.30 Uhr). Auf der in südwestliche Richtung führenden Bear Lake Road gelangt man mit dem **Bear Lake** 4 zum populärsten See im Nationalpark am Fuß von Hallett Peak und Flattop Mountain. Ein ca. 1 km langer Weg führt um das blaue, in eine reizvolle Bergwelt eingebettete Juwel.

Der Rocky Mountain National Park bleibt zwar das ganze Jahr hindurch geöffnet. Ergiebige Schneefälle machen die **Trail Ridge Road** 5 jedoch von November bis Mai unpassierbar. Kein Wunder, denn die 48 Meilen lange Parkstraße gilt als höchste durchgehende Autostraße der USA. Sie windet sich in vielen Serpentinen zum **Alpine Visitor Center** 6 auf 3594 m hinauf (geöffnet Ende Mai–ca. Mitte Okt. tgl. ab 10.30 Uhr, es gibt von Rangern geführte Touren durch die oberhalb der Baumgrenze liegende Landschaft). Schon bei einem kurzen Spaziergang oberhalb der Baumgrenze auf dem Tundra Nature Trail zu einigen markanten Felsformationen wird der Atem knapp. Besonders dramatisch zeigt sich die Naturkulisse an Spätnachmittagen, wenn sich die Täler mit Wolken füllen, während in der Höhe letzte Sonnenstrahlen die Murmeltierwiesen wärmen. Mit etwas Glück kann man Hirsche und in felsigen Abschnit-ten die putzigen Pfeifhasen *(Pikas)* mit ihren charakteristischen großen Ohren beobachten.

Parallel zur Trail Ridge Road verläuft weiter nordöstlich mit der **Old Fall River Road** eine zweite, enge und kurvige Parkstraße. Sie beginnt in der Nähe der Sheep Lakes und führt 9 Meilen weit, wovon nur die ersten 3 Meilen asphaltiert sind, bis zum Alpine Visitor Center bzw. zur Einmündung in die Trail Ridge Road. Für größere Wohnmobile ist diese Alternativroute gesperrt.

Medicine Bow Curve, wo die Parkstraße eine scharfe Kurve macht, ist ein Punkt mit einem hinreißenden Blick auf das Panorama der Rocky Mountains. Am Poudre Lake vorbei steigt die Strecke über den 3279 m hohen Milner Pass und erreicht mit der **Fairview Curve** 7 einen Aussichtspunkt mit Blick über das Quellgebiet des Colorado River auf die Never Summer Mountains im Westen, von denen einige die Namen von Wolkenformationen wie Cirrus, Cumulus und Stratus tragen.

Die Parkstraße endet kurz nach dem Kawuneeche Visitor Center in **Grand Lake** 8 am gleichnamigen See. Der Ort besteht fast ausschließlich aus Souvenirläden, Schnellimbissen, Motels und anderen Einrichtungen, die man von einem typischen Touristenziel erwartet. Im Winter locken Schneemobilrennen Besucher an, im Sommer kommen die Urlauber zum Angeln, Reiten und Wandern.

i **Rocky Mountain National Park:** 1000 Hwy 36, Estes Park, CO 80517-8397, Tel. 970-586-1206, www.nps.gov/room.

Innerhalb der Parkgrenzen gibt es weder Hotels noch Motels, sondern nur fünf Campingplätze, von denen man bei zwei Plätzen über das Internet unter der Adresse www.recreation.gov reservieren kann.

Kostenlose Pendelbusse verkehren im Sommer im 10- bis 15-Min.-Takt vom Moraine Park Museum zum Bear Lake und im 30-Min.-Takt Richtung Fern Lake und halten auf beiden Strecken an mehreren Stellen, an denen etwa Wanderwege beginnen.

Berg- und Skiparadiese

Reiseatlas: S. 17, B 4 – C 3/4

Wenn im Herbst der berühmte trockene Pulverschnee von Colorado die Hochlagen der Rocky Mountains zu pudern beginnt, macht sich das Fremdenverkehrsgewerbe bereit für die von Dezember bis März dauernde Hochsaison in Weiß. Knapp drei Dutzend Ski- und Snowboardgebiete auf dem Boden von Colorado zählen zum Besten, was die kalte Jahreszeit auf amerikanischem Boden zu bieten hat. Wartezeiten an den Hochgeschwindigkeitsliften sind die Ausnahme, weil die Transporttechnik in der Regel sehr schnell ist und sich der Sportleransturm in den zum Teil riesigen Gebieten gut verteilt.

Aspen

Reiseatlas: S. 17, B 4

Mit 6500 Einwohnern ist **Aspen** zwar nur ein größeres Dorf, besitzt aber einen weit über die US-Grenzen hinaus bekannten Namen als Wintertreffpunkt der internationalen High Society und Schickeria. Das machen u. a. in der Umgebung liegende Villen und Luxuschalets deutlich wie etwa das private Peak House auf dem Gipfel des Red Mountain, das auf einen Wert von 25 Mio. $ geschätzt wird. Die Anfänge des Ortes gehen auf das Ende der 1870er-Jahre zurück, als in den benachbarten Bergen Silber gefunden wurde. Knapp eineinhalb Jahrzehnte später hatte der Ort 12 000 Einwohner, 6 Zeitungen, 4 Schulen, 3 Banken, ein modernes Krankenhaus, 2 Theater, eine Oper und einen kleinen Rotlichtbezirk. Doch auch der 1894 erfolgte Fund des größten jemals auf amerikanischem Boden gefundenen Klumpens Silber mit einem Gewicht von über 1000 kg konnte den langsamen Niedergang des Bergbaus nicht wettmachen. Als internationale Investoren 1935 mit dem Aufbau eines Wintersportgebietes begannen, war die Einwohnerzahl des Ortes auf 700 geschrumpft.

Längst hat sich Aspen als Traumziel des internationalen Wintersports etabliert. Auf 2400 m am oberen Ende des Roaring Fork River-Tales gelegen, wird der Ort mit seinen Ski- und Snowboardpisten selbst Anspruchsvollen gerecht. Im Umkreis von 12 Meilen liegen vier große Skigebiete. Über 7 m Schnee machen den **Aspen Mountain,** von den Einheimischen Ajax genannt, in der kalten Jahreszeit zum Traum jedes Wintersportlers. Expresslifte transportieren Skibegeisterte auf den 3417 m hohen Gipfel, von dem aus man Abfahrten über einen Höhenunterschied von knapp 1000 m genießen kann (www.aspen snowmass.com/aspenmountain). Das Skigebiet **Aspen Highlands** liegt zwischen 2451 und 3559 m Höhe, wird von fünf Lifts bedient und bietet wegen der vorherrschenden Schwierigkeiten meist nur wenig frequentierte Abfahrten für Könner. Auf 3813 m gelegen, besitzt der **Snowmass Mountain** den höchsten Gipfelpunkt im Quartett der vier Skigebiete und zugleich die Abfahrten mit dem größten Höhenunterschied (ingesamt 1343 m, www.aspensnowmass.com/snowmass). **Buttermilk Mountain** am Fuß des majestätischen Pyramid Peak hat eine ausgezeichnete Reputation als Skirevier für Anfänger, weil das Gelände weniger steile Abschnitte besitzt und vor Ort eine Ski- &- Snowboard-Schule Kurse gibt. Nach einem Song von Ozzy Osbourne benannt, bietet der Crazy Train Park eine Superpipe für Snowboarder (www. aspensnowmass.com/butter milk).

Manche behaupten, Aspen erwache zum richtigen Leben, sobald die Skilifte den Betrieb eingestellt haben. Dann zieht die eingeschworene Gemeinde der Après-Ski-Jünger durch die Gourmettempel und absolviert das nächtliche Fitnessprogramm an den Tresen von Bars und Diskotheken. Das lokale Angebot an Edelrestaurants, exklusiven Nachtclubs und Designerboutiquen wie Fendi und Dior kann sich sehen lassen. Wer den Nachhauseweg stilvoll antreten will, nimmt mit dem Ultimate Taxi das verrückteste Taxi Amerikas, eine Disko auf vier Rädern (www.ulti matetaxi.com). Nachdem im späteren Frühjahr die Schneereste auf den Bergflanken getaut sind, verwandelt sich das Wintersportparadies innerhalb weniger Wochen in ein beliebtes Ziel für Sommerurlauber mit attraktiven Wanderpfaden und Mountainbike-Trails.

i **Aspen Chamber Resort Association:** 425 Rio Grande Pl., Aspen, CO 81611, Tel. 970-925-1940, Fax 970-920-1173, www. aspenchamber.org.

Hotel Jerome: 330 E. Main St., Tel. 970-920-1000, Fax 970-920-2050, www.hoteljerome.com. Luxuriöses Traditionshotel von 1889 im Stadtzentrum mit 92 stilvoll ausgestatteten Gästezimmern, 2 Restaurants und 2 Bars. DZ ab 215 $.

Hotel Lenado: 200 S. Aspen St., Tel. 970-925-6246, Fax 970-925-3840, www.HotelLe nado.com. Neuere Unterkunft, die moderne Elemente mit rustikalem Flair mischt. DZ inkl. üppigem Gourmetfrühstück ab 145 $.

Stilvolles Après-Ski vor einem Nobelrestaurant im mondänen Aspen

Snow Queen Victorian B & B Lodge: 124 E. Cooper Ave., Tel. 970-925-8455, Fax 970-925-7391, www.snowqueenlodge.com. Viktorianisches Anwesen in einem kleinen Garten mit nach ehemaligen Silberminen benannten Gästezimmern inkl. eigenem Bad und TV. DZ mit Frühstück ab 129 $.

Matsuhisa: 303 E. Main St., Tel. 970-544-6628, www.nobumatsuhisa.com, tgl. 18–22.30 Uhr. Lokal des japanischen Küchenchefs Nobuyuki Matsuhisa, der auch in New York, London und Los Angeles z. B. Muscheln in scharfer Knoblauchsauce und eine große Auswahl von Sashimi-Varianten anbietet. Im Durchschnitt 35 $.

Montagna: The Little Nell Hotel, 675 E. Durant Ave., Tel. 970-920-4600, www.thelittlenell.com, tgl. 7–22 Uhr. Hoch gelobtes Restaurant, das zu den besten in ganz Colorado gezählt wird. Heilbutt aus Alaska mit Artischocken und Frühlingszwiebeln (33 $); gegrillter Schweinebraten mit Karotten (29 $).

Four Mountain Sports: 76 Boomerang Rd., Tel. 970-544-3013, http://aspensnowmass.com. Hier bekommt der Wintersportler alles, was er mehr oder weniger dringend benötigt.

Cooper Street Pier: 508 E. Cooper Ave., Tel. 970-925-7758. Beliebtes Lokal mit Restaurant und Bar, an der sich hauptsächlich junge Gäste treffen.

Belly Up Aspen: 450 S. Galena St., Tel. 970-544-9800, www.bellyupaspen.com. Nachtclub mit hervorragendem Light-&-Sound-System. Jeden Abend Livemusik, zu der man natürlich auch tanzen kann. An 2 Bars finden Durstige eine große Auswahl an Drinks.

Jazz Aspen Fest (1. Wochenende im Sept.): Jazz-Festival sowohl mit vielen bekannten als auch noch weniger bekannten Musikern (www.jazzaspen.org).
Snowmass Rodeo (Juni–Aug.): Rodeo mit allen Disziplinen und großem BBQ (www.snowmassrodeo.org).

Radverleih: Aspen Velo Bike Shop, 465 N. Mill St., Tel. 970-925-1495, www.aspenvelo.com. Vermietung von Tourenrädern und Mountainbikes (nur im Sommer, Räder für 2 Std. ab 16 $, für 24 Std. ab 40 $).

Breckenridge

Reiseatlas: S. 17, C 3
Die lokale Hotellerie verzeichnete in den letzten Jahren mehr als 1,4 Mio. Übernachtungen pro Saison und bestätigte damit das dem Erfolg zugrunde liegende Fremdenverkehrskonzept. Im Unterschied etwa zu Aspen betrachtet der 3000 Einwohner große Ort nicht Stars aus Film und Showbusiness und Schwerreiche aus Handel und Industrie als Hauptklientel, sondern ›normale‹ Wintersportler, die weniger das Nachtleben in schicken Diskos, sondern eher das weiße Vergnügen in den umliegenden vier Skigebieten im Auge haben, auf denen Profis ebenso wie Anfänger passende Pisten finden und die majestätische Bergwelt genießen können.

Der Ort besitzt den größten historischen Distrikt in Colorado, der aus 250 meist viktorianischen Gebäuden mit farbenfrohen Fassaden besteht. Um diesen historischen Kern hat sich mit 500 Unterkünften und 140 Restaurants bzw. Bars eine moderne touristische Infrastruktur entwickelt. Nach ersten Goldfunden 1859 gegründet, erreichte man Breckenridge 1882 auch mit einer Schmalspurbahn, die bis 1937 in Betrieb war und deren Überbleibsel im **Denver, Leadville & Gunnison Railway Park** ausgestellt sind (189 Boreas Pass Rd.). Drei Bergwerke, die man im Sommer auf geführten Touren besichtigen kann, erinnern an alte Zeiten. Aus einer Ansammlung von Blockhütten und Gerätschaften bestehend demonstriert die **Lomax Mine,** wie an der Erdoberfläche nach aus dem Gestein geschwemmten Goldnuggets gesucht wurde (301 Ski Hill Rd., Tel. 970-453-9022, www.summithistorical.org/LomaxTours. html, Erw. 6 $, Kin. unter 12 Jahre 3 $). Zwischen 1887 und 1945 war die **Country Boy Mine** in Betrieb, in der man die Suche nach Gold im Untertagebau gezeigt bekommt – 300 m unter der Erdoberfläche, wo das ganze Jahr eine Temperatur von 7 °C herrscht (French Gulch Rd., Tel. 970-453-4405, www.countryboymine.com, Führungen im Sommer 10–16 Uhr, im Winter nach Reservierung, Erw. 19 $, Kin. 4–12 Jahre 13 $). Eine Reminiszenz an die Bergbauära ist auch die ca. 20 Autominuten vom Ort entfernt gelegene **Washington Mine** (465 Illinois Gulch Rd., Tel. 970-453-9022, Führungen gibt es von Mitte Juni bis Anfang Sept. Di–Sa 13 Uhr, Erw. 6 $, Kin. 4–12 Jahre 3 $).

Eine neue Ära begann in Breckenridge 1961 mit der Eröffnung des ersten Skigebietes, mit dem der Ort eine bis in die Gegenwart anhaltende Entwicklung in Gang setzte, von der die lokale Geschäftswelt gut leben kann. Die natürlichen Voraussetzungen des über 2900 m hoch gelegenen Ortes mit 300 Sonnentagen im Jahr sind ebenso ausgezeichnet wie die von Menschenhand geschaffenen. Fast zwei Dutzend Highspeedlifte in den Skigebieten Peak 7 bis 10, Schneekanonen, Eislaufflächen, Skistationen mit Heizlampen auf den Terrassen, zwei Hallenschwimmbäder, Kletterwände, Tennisplätze und Fitnesscenter machen den Urlaub zum Vergnügen. Auch im Sommer ist vor Ort mit lauschigen Wander- und Radwegen, Golfanlagen und einem umfangreichen Kulturprogramm dafür gesorgt, dass keine Langeweile aufkommt.

Breckenridge Welcome Center: 311 S. Ridge St., Breckenridge, CO 80424, Tel. 970-453-2913, www.gobreck.com, www.breckenridge.com.

Little Mountain Lodge B & B: 98 Sunbeam Dr., Tel. 970-453-1969, Fax 970-453-1919, www.littlemountainlodge.com. Lodge im Blockhausstil für Nichtraucher, manche Zimmer mit Whirlpool, Highspeed-Internetzugang und wunderschönem Blick auf die majestätische Bergwelt. DZ mit Frühstück 140–230 $.

Ridge Street Inn B & B: 212 Ridge St., Tel. 970-453-4680, www.theinnkeeper.com/bnb/100695. Im historischen Distrikt gelegenes viktorianisches Anwesen von 1890, 6 Nichtraucherzimmer mit eigenem oder Etagenbad. DZ im Sommer ab 70 $, im Winter ab 100 $.

Breckenridge Brewery & Pub: 600 S. Main St., Tel. 970-453-1550, www.breckenridgebrewery.com, tgl. 11–22 Uhr. Brauereigaststätte mit selbst gebrautem Bier und deftiger amerikanischer Kost. Dinner 8–20 $.

Gold Pan Saloon: 103 N. Main St., Tel. 970-453-5499. Älteste kontinuierlich in Betrieb befindliche Bar westlich des Mississippi.

Verleih von Skiausrüstung: Black Tie Ski Rental Delivery, 196 CR 450, Tel. 970-547-4416, www.blacktieskis.com. Sämtliche Skiausrüstung zum Ausleihen.

Radfahren auf dem Mountain Biking Trail: Die Strecke von Frisco nach Copper Mountain ist der populärste Radweg, der durch den Ten Mile Canyon ca. 200 Höhenmeter ansteigt. Weitere Radwege sind Peaks Trail und Colorado Trail. Radverleih im Sommer: Mountain Outfitters, 112 S. Ridge St., Tel. 970-453-2201, www.mtnoutfitters.com, ab ca. 38 $/Tag).

Vail

Reiseatlas: S. 17, C 3

Schon seit langem gibt sich das auf knapp 2500 m gelegene Vail den Anschein eines Wintersportmekkas nach Tiroler Muster mit Hotels im alpenländischen Stil. Seine Karriere als Skigebiet begann zwar erst in den 1960er-Jahren. Aber schon innerhalb kurzer Zeit entwickelte sich der heute 4500 Einwohner zählende Ort zum größten Skigebiet in Nordamerika mit riesigen Tiefschneeparadiesen weit abseits jeglichen Trubels. Auf Besucher ist man mit Unterkünften von rustikalen Pensionen bis zu luxuriösen Resorts und mit Lokalen von Snackbars bis zu Haute-Cuisine-Restaurants bestens eingestellt. Wer sich auf Skiern bzw. auf dem Snowboard noch nicht sicher fühlt, kann in der Vail Ski & Snowboard School, an der über 300 Lehrer in über 30 Sprachen unterrichten, an einem der vielen Skikurse teilnehmen und bei dem reichhaltigen Kursangebot ganz individuell auswählen, was für ihn das Beste ist (Tel. 970-476-9090, www.vail.snow.com). Mit Skiausrüstungen seit Urgroßvaters Zeiten und historischen Fotografien gibt das **Colorado Ski & Snowboard Museum** einen interessanten Überblick über 130 Jahre Skigeschichte in Vail (www.skimuseum.net, www.vail.snow.com).

Vail Valley Chamber & Tourism Bureau: 100 E. Meadow Dr., Suite 34, Vail CO 81657, Tel. 970-476-1000, www.visitvailvalley.com.

Lion Square Lodge: 660 W. Lionshead Pl., Tel. 970-476-2281, Fax 970-476-7423, www.lionsquare.com. Großer Komplex mit komfortabel ausgestatteten Zimmern und Ferienwohnungen mit 1 bis 3 Räumen. DZ ab 220 $.

Park Meadows Lodge: 1472 Matterhorn Circle, Tel. 970-476-5598, Fax 970-476-3056, www.parkmeadowslodge.com. Ferienwohnungen unterschiedlicher Größe und Ausstattung, alle mit Küche und Extrabett. DZ im Winter ab 99 $, im Sommer ab 79 $.

Chap's Grill & Chophouse: 1300 Westhaven Dr., Tel. 970-479-7014, www.vailcascade.com, tgl. 7–22 Uhr. Im Ambiente einer Berglodge serviert das Lokal exzellente Steaks, Wildgerichte, Lammkoteletts, Fischspezialitäten, Salate und Suppen. Abendessen ca. 20–40 $.

Pazzo's Pizzeria: 122 E. Meadow Dr., Tel. 970-476-9026, keine Webpage, So–Do 8–21, Fr–Sa bis 23 Uhr. Ein himmlischer Ort für Pizzaliebhaber. Hausspezialität ist eine griechische Pizza mit Feta, schwarzen Oliven, Tomaten und frischem Basilikum. 8–12 $.

Double Diamond Ski Shop: 520 E. Lionshead Circle, Tel. 970-476-5500. Wer seine Skiausrüstung ergänzen will oder muss: Hier gibt es alles.

Leadville

Reiseatlas: S. 17, C 4

Die 3800 Einwohner zählende Kleinstadt verdankt ihren Bekanntheitsgrad nicht ihrer Bergbaugeschichte, sondern der Höhenlage auf 3094 m über dem Meeresspiegel, womit Leadville sich als höchste Stadt der USA rühmen kann. Die Flaute nach der ersten Entdeckung von Gold 1860 ließ im Ort nur wenige Einwohner übrig. 1880 stießen Glücksritter auf riesige Silbervorkommen, aber der Boom endete bereits 13 Jahre später und bedeutete für Leadville den endgültigen Niedergang, von dem sich die Stadt bis heute nicht erholt hat. Wie damals sowohl über- wie untertage nach Edelmetall gesucht wurde, ist im **National Mining Hall of Fame & Museum** anschaulich dargestellt (120 W. 9th St., Tel. 719-486-1229, www.mininghalloffame.org. Mai–Okt. tgl. 9–17, Nov.–April Mo–Sa 10–16 Uhr, Erw. 7 $, Kin. bis 12 Jahre 4 $).

Was heute noch an die stolzen Boomzeiten erinnert, als manche über Nacht zu Millionären wurden, ist ein halbes Hundert historischer Gebäude mit dekorativen Fassaden wie das Delaware Hotel und die City Hall, die in einer bescheidenen Kleinstadt wie Leadville auf den ersten Blick allzu repräsentativ scheinen, kennt man die Geschichte der Stadt nur wenig oder gar nicht. An der Hauptstraße liegt der opulent ausgestattete Ziegelbau des **Tabor Opera House** von 1879, in dem zur Blütezeit Oscar Wilde Dichterlesungen veranstaltete und sowohl die New Yorker Metropolitan Opera als auch die Chicago Symphony gastierten. Nur ein paar Schritte entfernt steht mit dem **Silver Dollar Saloon** von 1879 ein weiteres Relikt aus der Vergangenheit. Nachdem das Anwesen in den Anfangszeiten als Warenbörse gedient hatte, wurde schließlich eine stimmungsvolle Kneipe daraus, die im Innern heute noch aussieht wie zur Zeit des berühmten Gesetzlosen Doc Holliday, der eine Zeit lang zu den Stammgästen zählte (315 Harrison Ave., Tel. 719-486-9914)

Vom örtlichen Eisenbahndepot kann man auf einer Schmalspurstrecke mit von Dieselloks gezogenen Waggons durch das Tal des Arkansas River in die ehemalige Bergbauregion bis zum 3380 m hoch gelegenen Fremont Pass fahren und die Aussichten auf Mount Elbert (4399 m) und Mount Massive (4396 m) genießen, die beiden höchsten Gipfel in Colorado. Die Fahrten dauern zweieinhalb Stunden (Leadville, Colorado & Southern Railroad Company, 326 E. 7th St., Tel. 719-486-3936, www.leadville-train.com, tgl. Ende Mai–Ende Sept., Erw. 28,50 $, Kin. 4–12 Jahre 16,50 $).

Leadville/Lake County Area Chamber of Commerce: 809 Harrison Ave., P. O. Box 861, Leadville, CO 80461, Tel. 719-486-3900, www.leadvilleusa.com.

Ice Palace Inn: 813 Spruce St., Tel. 719-486-8272, www.icepalaceinn.com. Fünf individuell und sehr geschmackvoll mit Antiquitäten, Sammlerstücken, Badewannen, die teilweise über Eck gebaut sind und besonders viel Platz bieten, sowie einigen mit Himmelbetten ausgestattete Gästezimmer in einem viktorianischen Haus von 1899. DZ 105–179 $, inkl. Frühstück.

Leadville Country Inn B & B: 127 E. 8th St., Tel. 719-966-4770, Fax 719-966-4772, www.leadvilleinn.com. Vom Ende des 19. Jh. stammendes B & B. Gästezimmer mit charmantem Flair, zum Teil mit privatem Eingang. DZ 100–170 $.

Golden Burro Café: 710 Harrison Ave., Tel. 719-486-1239, www.goldenburro.com, So–Do 6.30–21.30, Fr–Sa bis 22.30 Uhr. Das Lokal ist nicht nur wegen seiner 70-jährigen Geschichte eine lokale Institution, sondern auch wegen seiner Küche, deren Angebot sich mit deftigen Gerichten wie Fleischbällchen mit Kartoffelbrei und Sauce oder gebratener Leber mit Zwiebelringen seit der guten alten Zeit nicht wesentlich verändert zu haben scheint. 4–11 $.

Das südliche Colorado

Reiseatlas S. 20, 21, 22

In der Umgebung von Colorado Springs dokumentieren Naturwunder wie der Garden of the Gods und der Pikes Peak die landschaftlichen Reize von Colorados südlicher Hälfte. Tief eingeschnittene Canyons, Sanddünen, in den Bergen versteckte ehemalige Bergbaunester und jahrhundetealte Indianerruinen machen diesen Teil des Bundesstaates zum Höhepunkt einer Tour durch die Rocky Mountains.

Colorado Springs

Reiseatlas: S. 22, D 1

Die grandiose Lage am Ostrand der Rocky Mountains brachte Investoren schon in den 1870er-Jahren auf die Idee, aus dem Flecken einen Luftkurort zu machen. Mittlerweile ist Colorado Springs mit 360 000 Einwohnern zur zweitgrößten Stadt von Colorado herangewachsen, wozu mehrere in der Nähe liegende militärische Einrichtungen schon vor Jahrzehnten beigetragen haben. Als einziges Museum in den USA widmet sich das **Pro-Rodeo Hall of Fame & Museum of the American Cowboy** dem in Amerika populären Rodeosport und seinen zwei- und vierbeinigen Stars. Bereits in der Vorhalle werden Besucher von einer Bronzestatue des neunfachen Rodeoweltmeisters Casey Tibbs begrüßt. Neben vielen Ausstellungen zeigt das Museum im Außenbereich eine echte Rodeoarena (101 Pro Rodeo Dr., Tel. 719-528-4764, www.prorodeohalloffame.com, Sept.–April Do–So 9–17 Uhr, sonst länger, Erw. 6 $, Kin. 6–12 Jahre 3 $). Ganzer Stolz des kleinen **Cheyenne Mountain Zoo** ist neben vielen Tieren wie Gorillas, Präriehunden, Nilpferden und Tigern eine Herde von Giraffen, die Besucher gegen ein Entgelt von 2 $ mit Crackern füttern dürfen. (4250 Cheyenne Mountain Zoo Rd., Tel. 719-633-9925, www.cmzoo.org, im Sommer tgl. 9–18 Uhr, im Winter 9–17 Uhr, Erw. 14,25 $, Kin. 3–11 Jahre 7,25 $).

Die bekannteste Sehenswürdigkeit der Stadt liegt außerhalb. Im **Garden of the Gods** an der westlichen Peripherie fühlt man sich angesichts der bizarren, rötlichen Felsformationen tatsächlich an einen Garten der Götter erinnert. Im Besucherzentrum wird ein 12-minütiger Film über die Entstehungsgeschichte der spektakulären Felsszenerie gezeigt. Die Millionen Jahre alten Sandsteinschichten wurden über lange Zeiträume aufgewölbt, kamen schließlich mehr oder weniger senkrecht zum Stehen und ragen heute als seltsame Felszacken bis zu 150 m hoch in den Himmel. Seither sind sie Wind und Wetter ausgesetzt und erodieren zu immer ungewöhnlicheren Formen (Visitor Center, 1805 N. 30th St., Tel. 719-634-6666, www.gardenofgods.com, im Sommer 9–17, im Winter 8–20 Uhr, Eintritt frei).

i **Colorado Springs Chamber of Commerce:** 515 S. Cascade Ave., Colorado Springs, CO 80903, Tel. 719-635-7506, www.springsgov.com.

The Broadmoor: 19 Lake Ave., Tel. 719-634-7711, www.broadmoor.com. 5-Sterne-Luxushotel von 1918, geschmackvoll renoviert und an einem eigenen See gelegen, mit 15 Restaurants bzw. Cafés, 22 Boutiqen, Swimmingpools mit Wasserrutsche, Golfplatz, Sauna, Fitnesscenter und Spa. DZ ab 225 $, Suiten von 240–310 $.

Crowne Plaza: 2886 S. Circle Dr. , Tel., 719-576-5900, www.sheratoncoloradosprings.com. Eines der beliebtesten Sheratonhotels weltweit. 500 Zimmer mit fabelhaften Betten, Internetzugang, Kaffeemaschine. Tennisplatz, zwei Pools, Sauna, Fitnessraum, Nightclub mit Livemusik, Club Lounge, Café, Country Store und ein Businesscenter gehören dazu. DZ ab ca. 130 $.

Rocky Mountain Lodge & Cabins: 4680 Hagerman Ave., in Cascade, Tel. 719-684-2521, www.rockymountainlodge.com. Rustikales Anwesen im Blockhausstil, Cabins und Cottages mit gemütlicher Ausstattung inkl. Küchen, im Sommer ab 130 $.

Summit: im Hotel The Broadmoor, 19 Lake Circle, Tel. 719-577-5896, www.summitatbroadmoor.com, Di–So Dinner 17–20 Uhr, Bar 16–23 Uhr. Der Name ist Programm: Spitzenköche vereinen amerikanische und europäische Aromen in gestyltem Ambiente. Die Weinkarte lässt keine Wünsche offen, behagliche Bar. Hauptgerichte ab 22 $.

Rock Bottom Brewery: 3316 Cinema Point Dr., Tel. 719-550-3586, www.rockbottom.com, tgl. 11–24 Uhr. Frisch gebrautes Bier, gute Pizza, Pasta, Salate, Burger und Sandwichs. Sehr beliebt und nur zum Dinner erhältlich: Stout Barbecue Ribs mit würziger Sauce und Pommes für 13 $.

Phantom Canyon Brewing Co: 2 E. Pikes Peak Av., Tel. 719-635-2800, www.phantomcanyon.com, Mo–Do 11–24, Fr–Sa 11–2, So 9–22 Uhr. Gemütliche Brauereikneipe in der Altstadt. Serviert werden Rippchen, Lamm und Westernkost. Hauptgerichte 8–18 $.

Manitou Springs

Die Heilkraft der beim 5000 Einwohner großen Städtchen Manitou Springs sprudelnden Mineralquellen war schon den Indianern bekannt, lange bevor die ersten Weißen in diese Gegend kamen. Heute lebt die Ortschaft vom Fremdenverkehr und präsentiert sich mit Pueblobauten, hübschen Geschäften und fantasievoll eingerichteten Galerien im Stil einer Künstlerkolonie. Wie man sich das Leben und die Kultur der zwischen 1100 und 1300 in dieser Gegend lebenden Indianer vorzustellen hat, zeigen die außerhalb gelegenen **Manitou Cliff Dwellings** mit typischen, in einer Felshöhle liegenden Klippenwohnungen der Anasazi und Ausstellungen, die zahlreiche historische Gegenstände präsentieren. Auf einem Naturlehrpfad lernen Besucher einheimische Blumen, Bäume und Kräuter kennen (abseits der Route 24 nach Cascade, www.cliffdwellingsmuseum.com, im Sommer tgl. 9–18, im Winter 10–16 Uhr, Erw. 9,50 $, Kin. 7–11 Jahre 7,50 $).

Die **Cave of the Winds** mit ihren Tropfsteinformationen kann man auf zwei unterschiedlichen Führungen in Augenschein nehmen – an heißen Sommertagen eine willkommene Erfrischung, weil in der Welt der Stalagmiten und Stalaktiten ständig eine Temperatur von nur 12 °C herrscht. Auf der längeren *Lantern Tour*, die durch zum Teil schmale Passagen führt, werden Besucher mit tragbaren Laternen ausgestattet. (Hwy 24, Tel. 719-685-5444, www.caveofthewinds.com, im Sommer tgl. 9–21, im Winter 10–17 Uhr, 45-minütige Führungen Erw. 18 $, Kin. 6–11 Jahre 9 $, 90-minütige Führungen 22 bzw. 12 $).

Mit dem Autor unterwegs

Bergsteigen mit dem Auto

Nirgendwo in den USA kann man auf einer Autostraße dem Himmel so nah sein wie auf dem 4300 m hohen **Pikes Peak** bei Colorado Springs. Ohne Auto gelangt man zu Fuß oder mit der Zahnradbahn auf den Gipfel (s. S. 428).

Spektakuläre Indianerruinen

Mesa Verde ist der einzige amerikanische Nationalpark, der nicht zum Schutz von attraktiven Landschaften, sondern von Wohnanlagen der alten Anasazi-Indianer errichtet wurde, die vor ca. 900 Jahren ihre Klippenwohnungen mit unbekanntem Ziel verließen (s. S. 436 f.).

Pikes Peak

Reiseatlas: S. 22, D 1
Über eine halbe Mio. Besucher erklimmen Jahr für Jahr den 4300 m hohen, im Tundraklima liegenden **Pikes Peak** auf dreierlei Art. Am einfachsten ist der Gipfelsturm mit der höchsten Zahnradbahn der Erde, die für den 8,9 Meilen langen Schienenweg ab Manitou Springs hin und zurück gut 3 Stunden benötigt. Auf der Fahrt bekommen Passagiere häufig die größte Herde von wilden Dickhornschafen in Colorado zu Gesicht (Manitou & Pikes Peak Cog Railway, 515 Ruxton Ave., Tel. 719-685-5401, www.cograilway.com, April–Dez., Erw. 32,50 $, Kin. 3–12 Jahre 17 $, sonst 30,50 bzw. 18 $). Zu Fuß besteigt man den aus rosa Granit bestehenden Riesen auf dem 19 km langen Barr National Recreation Trail, auf dem alljährlich im August ein Marathonlauf veranstaltet wird. Für Autos wurde eine nur teilweise befestigte Mautstraße angelegt, die durch vier Vegetationszonen bis auf den nach dem Entdecker Zebulon Pike (1779–1813) benannten Gipfel führt (Erw. 10 $, Kin. 6–15 Jahre 5 $ oder pro Pkw 35 $). Seit 1916 findet auf dieser Strecke jedes Jahr mit dem International Hill Climb ein Autorennen statt, das auf 2850 m Höhe beginnt und nach 20 km bzw. 156 Kurven und Kehren auf dem Gipfel endet. 1985 stellte Deutschlands zweifacher Rallye-Weltmeister Walter Röhrl mit einer Zeit unter 11 Minuten einen neuen Streckenrekord auf (www.ppihc.com).

In vielen Serpentinen schraubt sich eine Mautstraße zum 4300 m hohen Gipfel des Pikes Peak hinauf

Great Sand Dunes

Reiseatlas: S. 21, C 2
Im San Luis Valley zwischen den San Juan Mountains im Westen und den Sangre de Cristo Mountains im Osten liegt die größte Dünenlandschaft der USA. Auf 100 km^2 breiten sich ca. 4,5 Mrd. m^3 Sand aus, der schon vor Jahrtausenden weiter südlich im Tal des Rio Grande aufgewirbelt und vom Wind in dieses Gebiet getragen wurde. Das graue Gemisch aus Rhyolit, Quarz und Feldspat hat sich vor Ort zu beeindruckenden Dünen aufgetürmt, unter denen die höchsten mit 230 m von keinen anderen in Nordamerika übertroffen werden. Die Landschaft gibt ein grandioses Bild ab, wenn die hoch über den Sandbergen liegenden Gipfel der Sangre de Cristo Mountains Schneemützen tragen. Auf der Ostseite des Nationalparks fließt der Medano Creek je nach Jahreszeit mit so viel Wasser vorbei, dass man mit Schlauchbooten sogar wellenreiten kann. An der Westflanke des Nationalparks breitet sich Grasland als idealer Weidegrund für eine 1000-köpfige Bisonherde aus. Das Gelände gehört zur Medano-Zapata Ranch, die zum Schutz von Flora und Fauna eingerichtet wurde und auf der man Besichtigungstouren unternehmen kann (5303 Hwy 150, Mosca, Tel. 719-378-2356, www.nature.org).

Visitor Center: 11999 Hwy 150, Mosca, CO 81146, Tel. 719-378-6300, www.nps.gov/grsa, tgl. 9–17 Uhr, im Winter kürzer. Die Dünen können jederzeit besichtigt werden. Eintritt 3 $.

Camping:
Pinyon Flats Campground wird vom National Park Service unterhalten und nach dem Grundsatz »Wer zuerst kommt ...« belegt (14 $ pro Platz). Sogenanntes Backcountry Camping ist nur mit einer im Besucherzentrum erhältlichen kostenlosen Genehmigung gestattet.
Great Sand Dunes Oasis Campground: 5400 Hwy 150 N., Mosca, Tel. 719-378-2222, www.greatdunes.com. Kommerzieller Platz am Eingang zum Nationalpark mit heißen Duschen und Versorgungseinrichtungen, Touren in den Nationalpark.

Alamosa

Reiseatlas: S. 21, C 2
Südlich der Great Sand Dunes machte die Denver and Rio Grande Railroad schon in den 1870er-Jahren die Ortschaft **Alamosa** zu einem Eisenbahnzentrum. Heute knüpft das 8000 Einwohner große Städtchen an alte Zeiten an. Ungefähr parallel zum Highway 160 verläuft zwischen Alamosa und La Veta eine alte Eisenbahnstrecke, auf der 1953 der letzte Zug verkehrte. In jüngster Vergangenheit nahm zwischen den beiden Orten der San Luis Express wieder den Betrieb auf, der Tou-

risten nach La Veta fährt und nach einem Mittagessen zum Ausgangspunkt zurückkehrt. Auf einer zweiten Strecke bummelt der Toltec Gorge Limited von Alamosa nach Antonito, wo Passagiere auf die Cumbres & Toltec Scenic Railroad nach Chama in New Mexico umsteigen können (s. S. 383, Fahrplan und Preise unter www.riograndescenicrailroad.com).

Black Canyon of the Gunnison

Reiseatlas: S. 21, A 1

Der durch den Zusammenfluss von East River und Taylor River bei Almont entstehende Gunnison River gräbt sich seit über 2 Mio. Jahren in Schiefer und Gneis und hat auf 53 Meilen Länge, wovon 12 Meilen innerhalb des 1999 gegründeten Nationalparks liegen, eine so enge und bis zu 800 m tiefe Schlucht entstehen lassen, dass große Teile der Seitenwände die meiste Zeit des Tages im Schatten liegen, deshalb auch der Name Schwarzer Canyon. Eine Ausnahme bildet die sogenannte Painted Wall, eine 685 m hohe Klippe mit hellen Einschlüssen, die sich wie Fasern durch das graue Gestein ziehen. Kaum ein Fluss Amerikas eilt mit größerer Geschwindigkeit seinem Ziel entgegen: Der Gunnison River fällt pro Kilometer um 18 m, ehe er bei Grand Junction in den Colorado River mündet.

Verglichen mit anderen Nationalparks wird der Black Canyon of the Gunnison von Besuchermassen bislang verschont, weil er abseits der großen Touristenrouten liegt und weil es keine ausgebauten Wanderwege durch den inneren Canyon gibt. Wer sich in diese abgelegene Wildnis begibt (Genehmigung erforderlich), sollte in exzellenter körperlicher Verfassung und auf unvorhergesehene Schwierigkeiten vorbereitet sein. Die Straße entlang der Südkante der Schlucht ist von April bis Mitte November auf ihrer gesamten Länge geöffnet, sonst nur bis zum Gunnison Point. Die North Rim Road bleibt von Ende November bis Mitte April geschlossen (South Rim Visitor Center, South Rim Rd., Tel. 970-641-2337, www.nps.gov/blca im Sommer 8–18, im Winter 8.30–16 Uhr, 15 $/Pkw).

Östlich des Nationalparks dehnt sich die gewaltige **Curecanti National Recreation Area** um den durch Dämme aufgestauten Gunnison River aus, der mit dem **Blue Mesa Lake** den größten See in Colorado bildet. Lachse und Forellen haben das Gewässer zu einem Anglerparadies gemacht. Die vielen fjordartigen Wasserarme lassen Bootsausflüge zu einem echten Abenteuer werden. Außerdem gibt es Möglichkeiten zum Schwimmen, Picknicken, Angeln, Bootfahren, Reiten und Hiken sowie Campen. Im Elk Creek Visitor Center (16 Meilen westlich von Gunnison am Hwy 50, ganzjährig geöffnet) und im Cimarron Visitor Center (35 Meilen westlich von

Der Blue Mesa Lake hat sich seit der Stauung des Gunnison River zu einem beliebten Freizeit- und Wassersportgebiet entwickelt

Gunnison am Hwy 50, Mitte Mai–Ende Sept.) erhält man alle Informationen (Tel. 970-641-2337, www.nps.gov/cure; www.bluemesalake.com, nur der Eingang am East Portal ist gebührenpflichtig, 15 $).

Ein günstiger Ausgangsort für Ausflüge in den Nationalpark bzw. zum Blue Mesa Lake ist das 5400 Einwohner große **Gunnison**. Das Städtchen liegt in einem breiten, fruchtbaren Tal, das in der kalten Jahreszeit hin und wieder mit den tiefsten Temperaturen auf dem zusammenhängenden Staatsgebiet der USA aufwartet, weil sich der Frost im Tal wie in einer Kühlbox hält. Im **Pioneer Museum** sind mehrere historische Gebäude, darunter eine Schule und ein Postamt, Druckerpressen und eine Schmalspurbahn sowie Eisenbahnwaggons von 1881 erhalten (803 E. Tomichi Ave., Tel. 970-641-4530, www.pioneertrainmuseum.org, Ende Mai–Anfang Sept. Mo–Sa 9–17, So 13–16 Uhr, Erw. 7 $, Kin. 6–12 Jahre 1 $).

i **Gunnison Country Chamber of Commerce:** 500 E. Tomichi Ave., Gunnison, CO 81230, Tel. 970-641-1501, www.gunnison-co.com. **Black Canyon of the Gunnison National Park:** 102 Elk Creek, Tel. 970-641-2337, www.nps.gov/blca.

Quality Inn: 400 E. Tomichi Ave., Tel. 970-641-1237, www.choicehotels.com. Renoviertes Kettenmotel mit kleinem Fitnessraum, Jacuzzi, Frühstück und Internet. Einige Räume mit Küche, alle Zimmer mit

King-Size-Betten haben eine Badewanne für 2 Pers. DZ 59–99 $.
Whater Wheel Inn: 37478 W. Hwy 50, Tel. 970-641-1650, www.waterwheelinnatgunnison.com. Ruhig gelegenes Inn beim lokalen Golfplatz und dem Restaurant The Trough (s. u.) mit Whirlpool und Fitnessraum. 50 Zimmer und zwei Suiten mit Küche, Internet und Frühstück kostenlos. DZ 59–160 $.
Three Rivers Resort & Outfitting: in Almont, 130 CR 742, Tel. 970-641-1303, www.3riversoutfitting.com. Rustikales Resort am Taylor River mit Hotelzimmern oder Cabins bis zu 8 Personen, RV-Park und Sportmöglichkeiten wie Rafting, Angeln, Kayaking, Reiten, Hiken und Klettern. Cabins für 2 Pers. ab 65 $.
Camping:
Gunnison KOA: 105 County Rd. 50, Tel. 970-641-1358, www.gunnisonkoa.com, Mai–Mitte Okt. Für RV und Zelte, mit Cabins, kleinem Geschäft und Fischteich, auf dem man paddeln kann.
Im Nationalpark gibt es zwei Campgrounds, nur der South Rim Campground kann von Mai–Sept. vorab reserviert werden unter www.recreation.gov. Camper benötigen unbedingt geeignete Behältnisse, um Lebensmittel bärensicher wegpacken zu können.

The Trough: 37550 W. Hwy 50, Tel. 970-641-3724, tgl. 17–21 Uhr. Steak, Seafood, BBQ und Wild bei Candlelight. Ab 12 $.
Garlic Mike's: 2674 N. Hwy, Tel. 970-641-2493, www.garlicmikes.com, tgl. 17–21 Uhr. Gemütliche und familiäre Atmosphäre bei Pizza und Pasta. Im Sommer wird auf der Veranda serviert. Ab 10 $.

Cattlemen's Days (Juli): Rodeos im Fred R. Field Western Heritage Center (gunnisoncrestedbutte.com).

Durango

Reiseatlas: S. 21, A 2
Im Tal des Animas River gelegen, hat sich das 14 000 Einwohner zählende **Durango** nach dem Ende des Gold- und Silverbooms einen Namen als Handels- und Vermarktungszentrum gemacht – und als Tor in die reizvolle Welt der San Juan Mountains. Die Berge sind ein wahres Paradies für Wanderer, Wildwassersportler, Mountainbiker, Offroadpiloten und Reiter, die sich für typische Westernlandschaften und ehemalige Bergbaucamps interessieren. Durango selbst hat sich ein historisches Ortsbild mit Häusern aus dem 19. Jh. erhalten. Bis zum Zusammenbruch des Silbermarktes 1893 profitierte die Gemeinde vom Bergbau, was sich in ihrer Architektur niederschlug. In den damaligen Boomzeiten entstand mit dem **Strater Hotel** eine für damalige Verhältnisse außergewöhnlich luxuriöse Nobelherberge, die Durangos Beinamen Denver des Westens mit edlem viktorianischem Interieur alle Ehre machte. Heute bummeln Touristen auf der Suche nach modischen Accessoires oder Souvenirs durch die Straßenzüge mit Galerien, Boutiquen und Fachgeschäften, in denen zum Teil sündhaft teure Westernmode von erlesener Qualität verkauft wird.

Größter Besuchermagnet ist die **Durango & Silverton Narrow Gauge Railroad,** die über eine malerische Bergstrecke in die 45 Meilen entfernte ehemalige Bergbaustadt Silverton fährt. Auf der seit 1882 ständig benutzten Schmalspurstrecke im Tal des Animas River ziehen auf der hin und zurück 9-stündigen Fahrt (Aufenthalt in Silverton 2,5 Stunden) historische Dampflokomotiven hübsch restaurierte Waggons über Brücken und an schieren Felswänden vorbei (479 Main St., Tel. 970-247-2733, www.durangotrain.com, Abfahrten Mai–Okt. tgl. 8.15, im Hochsommer auch 7.30, 9 und 9.45 Uhr. Erw. 75 $, Kin. 5–11 Jahre 45 $.

Durango Area Tourism Office: 111 S. Camino del Rio, P. O. Box 2321, Durango, CO 81302, Tel. 970-247-3500, www.durango.org.

Doubletree: 501 Camino del Rio, Tel.-970-259-6580, www.doubletree.com. Modernes Haus im Westernstil nahe Down-

town, mit Pool, Jacuzzi, kleinem Fitnessraum und Frühstück. DZ ab 130 $.
Strater Hotel: 699 Main Ave., Tel. 970-247-4431, www.strater.com. Prächtiges historisches Hotel von 1887 mit 93 original viktorianisch eingerichteten Zimmern. In den Wilden Westen versetzt fühlt man sich im Diamond Belle Saloon mit seinem kostümierten Personal. DZ mit modernem Bad 110–225 $.

Cyprus Cafe: 725 E. Second Ave., Tel. 970-385-6884, www.cypruscafe.com, tgl. 11.30–15, 17–22 Uhr, im Winter So geschlossen. Lokal mit mediterranem Flair. Fisch, Lamm, Spinatsalat mit Feta, Falafel und Gyros werden aus frischen Zutaten zubereitet. Lunch ab 8 $, Dinner ab 14 $.
Steamworks Brewing Co.: 801 E. Second Ave., Tel. 970-259-9200, www.steamworks brewing.com, tgl. 11–2 Uhr. Lagerbier, scharfe Cajun-Küche und reiche Auswahl an Burgers, Burritos, Salaten, Sandwiches. Ab 8 $.

Modische Kleidung im Westernstil findet man in der Main Avenue in vielen Boutiquen. Außerdem gibt es u. a. Souvenir- und Schmuckläden. Die Hauptöffnungszeiten variieren, meist Mo–Sa 10–18 Uhr.
Stuart's of Durango: 713 Main Ave., Tel. 970-247-0136. Klassische Leder- und Pelzmode, Smokings.
Artesanos: 700 E. Second Ave., Tel. 970-259-5755, www.artesanosdesign.com. Das Geschäft bietet Kunst und Kunsthandwerk in großer Auswahl. Viele Stücke stammen aus Mexiko und anderen lateinamerikanischen Ländern.
Pine Needle Mountaineering: 835 Main Avenue, Tel. 970-247-8728, www.pineneedle.com. Große Auswahl von praktischen Ausrüstungen zum Klettern, Wandern, für den Skisport und das Campen.
Appaloosa Trading Co. & Rough Riders: 501 Main Ave., Tel. 970-385-1722, www.appa loosadurango.com. Outfits für Cowboys und -girls: Accessoires, Jeans und Lederjacken.

Durango Pro Rodeo (Juni/Juli): Bei diesem Rodeo auf den La Plata County Fairgrounds lebt der Wilde Westen auf (www.durangoprorodeo.com).

Durango ist unter Radsportlern für seine atemberaubenden Mountainbiketouren bekannt. Einige Anbieter verleihen Räder oder bieten geführte Touren an.
Mountain Waters Rafting: 643 Camino del Rio, Tel. 970-259-4191, http://durangoraft ing.com. Wildwassertouren unterschiedlicher Schwierigkeit auf dem Animas River.
Dalton Ranch Golf Club: County Road 252, Tel. 970-247-8774. 18-Loch-Golfanlage im Animas Valley, ca. 6 Meilen nördlich von Durango.

San Juan Mountains

Reiseatlas: S. 21, B 2/3
Durango markiert den Beginn des Million Dollar Highway, dessen Name von seinem Baumaterial herrührt, in dem beträchtliche Anteile an Gold- und Silbergestein versteckt sein sollen. Die Straße ist identisch mit Highway 550 und verläuft als Abschnitt der Panoramastraße San Juan Skyway von Durango bis nach Ouray. Die bei **Purgatory** liegenden Skigebiete locken in der kalten Jahreszeit Wintersportler, die sich auf Abfahrten mit Höhenunterschieden bis zu 600 m tummeln.

Über den 3243 m hohen Coalbank Pass erreicht man als erstes Etappenziel das 2836 m hoch gelegene **Silverton.** Die Minen um das Städtchen produzierten zwischen 1882 und 1918 Edelmetall im Wert von 65 Mio. $, was der Ortschaft zu einem gewaltigen Boom verhalf. Der Wohlstand schlug sich u. a. in der Architektur des 1882 erbauten **Grand Imperial Hotel** nieder, das mit seiner opulenten Fassade schon von weitem ins Auge fällt (s. u.). Auch entlang der Blair Street stehen noch zahlreiche viktorianische Häuser mit dekorativen Fassaden. Als Produktionsstätte hauptsächlich von Gold, Blei, Zink und Kupfer war die **Mayflower Mill** zwischen 1929 und 1991 in Betrieb. Die komplett erhaltene Aufarbeitungsanlage für Erze demonstriert heute Besuchern frühere Arbeitsprozesse

Lamatour durch die Berge der San Juan Mountains: Naturgenuss pur

(135 County Rd. 2, Tel. 970-387-0294, Ende Mai–Ende Sept. tgl. 10–16 Uhr, Erw. 6,50 $, Kin. bis 12 Jahre gratis).

Mit einem gelben Elektrozug fährt man auf der **Old Hundred Gold Mine Tour** in ein bis in die 1970er-Jahre in Betrieb befindliches Bergwerk im Galena Mountain und bekommt auf 50-minütigen Führungen gezeigt, wie Gold gewonnen wurde (721 County Rd. 4-A, Tel. 970-387-5444, www.minetour.com, Mai–Mitte Okt. tgl. 10–16 Uhr, Erw. 17 $, Kin. 5–12 Jahre 8 $).

Silverton Chamber of Commerce & Visitors Center: 414 Greene St., Silverton, CO 81433, Tel. 970-387-5654, Fax 970-387-0282, www.silvertoncolorado.com.

Inn of the Rockies: 220 E. 10th St., Tel. 970-387-5336, Fax 970-387-5974, www.innoftherockies.com. Historisches Anwesen vom Ende des 19. Jh. mit viktorianisch eingerichteten Gästezimmern und Suiten, kleiner warmer Pool. DZ ab 90 $, Frühstück inkl.

Grand Imperial Hotel: 1219 Greene St., Tel. 970-387-5527, www.grandimperialhotel.com. Aus dem Jahr 1882 stammendes Traditionshotel für Nostalgiker mit 40 im viktorianischen Stil eingerichteten Gästezimmern und einem heißen Gemeinschaftsbecken im Freien. DZ ab 79 $.

Brown Bear Café: 1129 Greene St., Tel. 970-387-5630, tgl. 7–22 Uhr. Populärer Frühstückstreff für Gäste, die Kraft tanken müssen, um Bäume zu fällen und Berge zu versetzen. 5–16 $.

Pickle Barrel: 1304 Greene St., Tel. 970-387-5713, tgl. 17–22 Uhr. Spezialität des Familienrestaurants ist Prime Rib. Im hinteren Teil des Steingebäudes gibt es eine populäre Bar. Hauptgerichte 8–25 $.

Wintersport: Das Skigebiet Silverton Mountain ist von Nov.–April geöffnet Do–So 9–15.30 Uhr, Tel. 970-387-5706, www.silvertonmountain.com. In der Region wird auch Helikopter-Skiing angeboten: Helitrax (P. O. Box 1560, Telluride, CO 81435, Tel. 970-728-8377, www.helitrax.net).

Ouray

Reiseatlas: S. 21, A 2

Vor den ersten Silberfunden in **Ouray** 1875 war die Berggegend schon wegen ihrer heißen Quellen bekannt. Eine speist das 1927 erbaute Freibad **Ouray Hot Springs Pool,** in dem man sich nach anstrengenden Wanderungen bestens erholen kann. Wer ein luxuriöseres Ambiente bevorzugt, kann sich im **Wiesbaden Hot Springs Spa** verwöhnen lassen, einer reizvollen Wellnessoase mit heißem Pool, Massagen und therapeutischen Anwendungen (625 5th St., Tel. 970-325-4347, Fax 970-325-4358, www.wiesbaden hotsprings.com). Der gesamte historische Kern der Ortschaft, um die sich die sogenannte Schweiz Amerikas ausdehnt, steht unter Denkmalschutz

Das als Bergbaustadt gegründete **Telluride** machte 1889 Schlagzeilen mit einem Überfall von Butch Cassidy auf die San Miguel Valley Bank, womit der berühmte Outlaw eine bemerkenswerte und mehrfach verfilmte Karriere als Bank- und Eisenbahnräuber begann. Heute ist die Stadt eines der bekanntesten Wintersportzentren der USA, das auch im Sommer mit Musik- und Kulturveranstaltungen Besucher anzieht. Viele Bauten wie das San Miguel County Courthouse von 1885 oder das 10 Jahre jüngere New Sheridan Hotel & Opera House, in dem schon Sarah Bernhardt auftrat, zeugen von Zeiten, als die Stadt mit dem Gold- und Silberbergbau viel Geld verdiente. Zwischen Telluride und dem Nachbarort Mountain Village verkehrten früher Busse. Heute dient eine kostenlose Gondelbahn als besseres, schnelleres und vor allem umweltfreundliches Transportmittel (www.telluride.com).

Cortez

Reiseatlas: S. 20, F 2

Im äußersten Südwesten von Colorado hat sich Cortez mit 8000 Einwohnern hauptsächlich als Ausgangspunkt für Besuche im Mesa Verde National Park zu einem kleinen Zentrum entwickelt. Zahlreiche an der Durchgangsstraße aufgereihte Hotels und Motels lassen darauf schließen, dass die Gemeinde vor allem mit Touristendollars ihr Geld verdient, weil sie in Nationalparknähe und günstig an der Straßenverbindung nach Arizona und New Mexico liegt.

Nordwestlich von Cortez dehnt sich bis zur Utah-Staatsgrenze mit dem **Canyons of the Ancients National Monument** ein unwegsames, nur durch wenige Pisten erschlossenes Gebiet aus, das zu den reichsten archäologischen Fundstätten auf amerikanischem Boden gehört. Wissenschaftler stießen auf über 6000 Wohnanlagen, Felsritzzeichnungen und andere Nachweise menschlicher Existenz, von denen zahlreiche im **Anasazi Heritage Center** in der Ortschaft **Dolores** nördlich von Cortez ausgestellt sind. Das interessante, am Ufer des McPhee Reservoir gelegene Museum bedient sich modernster Computer- und Holografietechnik, demonstriert aber auch eine uralte Mörsertechnik, mit der die Anasazi-Indianer ihr Korn zu Mehl zerrieben (27501 Hwy 184, Tel. 970-882-5600, www.blm.gov/co/st/en/fo/ahc.html, März–Okt. tgl. 9–17, 3 $, Nov.–Febr. 10–16 Uhr, Eintritt frei).

i **Colorado Welcome Center:** 928 E. Main St., Cortez, CO 81321, Tel. 970-565-4048, www.swcolo.org.

Best Western Turquoise Inn & Suites: 535 E. Main St., Tel. 970-565-3778, www.bestwestern.com. Zentral gelegenes Hotel, Zimmer und Suiten mit Kaffeemaschine, Bügeleisen, Internet. Innen- und Außenpool. DZ ab 90 $, kleines Frühstück inkl.

Anasazi Motor Inn: 640 S. Broadway, Tel. 970-565-3773, www.anasazimotorinn.com. 83 helle Zimmer, Außenpool und Volleyballplatz, Restaurant im Haus. An Wochenenden Livemusik. DZ 60–80 $.

Camping:

Sundance RV Park: 815 E. Main St., Tel. 970-565-0997, http://sundancervpark.com. Zentral und trotzdem ruhig gelegener RV-Park. Gegenüber liegen der City Park und das Schwimmbad.

Nero's: 303 W. Main St, Tel. 970-565-7366, www.subee.com/neros, tgl. 17–

21.30 Uhr. Italienische Leckerbissen wie Artischockenherzen mit Zitronenparmesan, Linguini oder Filet Mignon mit Gorgonzola. Der Koch Richard Curd hat im CIA (Culinary Institute of America) gelernt. Die Speisekarte gibt es auch auf Deutsch. Ab 11 $.
Homesteaders Restaurant: 45 E. Main St., Tel. 970-565-6253, www.thehomesteaders.com, Mo–Sa 11–21 Uhr. Steaks, BBQ, Burger, Sandwiches und mexikanische Gerichte in gemütlicher Wildwestatmosphäre. Lunch ab 6 $, Dinner ab 9 $.

Cortez Cultural Center: 5 N. Market St., Tel. 970-565-1151, www.cortezculturalcenter.org. Mitte Mai–Ende Aug. Mo–Sa 19.30 Uhr Vorführungen indianischer Tänze und kulturelle Programme der *Native Americans.* Jeden Sa gibt es einen Bauernmarkt.

Mesa Verde Pottery: 27601 E. Hwy 160, Tel. 970-565-4492, www.mesaverdepottery.com. Große Auswahl an Kunsthandwerk des Südwestens wie Navajo Sand Paintings, Töpfereien, Kachina-Puppen und Navajo-Teppiche.
Sutcliffe Vineyards: 12202 Rd. G, Tel. 970-565-0825, www.coloradowineassociation.com, Do–Sa 12–18 Uhr. Die vor Ort angebauten Merlot-, Cabernet- und Chardonnayweine kann man auch probieren.

15 Mesa Verde National Park

Reiseatlas: S. 20, F 2/3
Unter den historischen Indianerstätten im Südwesten ist der Mesa Verde National Park mit seinen markanten Zeugnissen der Hochkultur der Anasazi das Glanzstück. Im späten 19. Jh. entdeckten zwei Cowboys auf einem über 2500 m hohen Plateau auf der Suche nach verloren gegangenem Vieh zufällig eine historische Wohnanlage in der Steilwand eines abgelegenen Canyons. In den folgenden Jahrzehnten stießen Archäologen auf Hunderte kleiner und großer Klippenwohnungen. Die imponierenden *Cliff Dwellings* entstanden zwischen 1100 und 1300 und zeugen von der hoch entwickelten Kultur der Anasazi-Indianer, die sich über mehrere Jahrhunderte und unterschiedliche Stadien herausgebildet hat.

Die Sehenswürdigkeiten von Mesa Verde konzentrieren sich in zwei Parkteilen, der Chapin Mesa und der nur Ende Mai bis Anfang September geöffneten Weatherill Mesa. Über die Chapin Mesa führt eine asphaltierte Autostraße mit zahlreichen Haltestellen, von denen sowohl das Parkmuseum als auch die einzelnen Ruinenanlagen leicht erreichbar sind. Zur 12 Meilen entfernten, weniger besuchten Weatherill Mesa gelangt man vom Far View Visitor Center aus, wo man alle Parktickets persönlich abholen muss, nur per Tram oder Bus. Der Ausflug lohnt sich schon allein wegen der zweitgrößten Ruinenanlage des Parks, dem um eine zentrale Plaza liegenden **Long House.** Neben dem **Step House** aus der Zeit um 1200 zeugen mit dem Komplex des **Badger House** vier sogenannte Grubenhäuser *(pithouses)* aus der Zeit zwischen 500 und 750 n. Chr. von einem älteren Stadium der Anasazi-Kultur.

Die Autostraße über die Chapin Mesa führt gleich zu Anfang an Gebäuden wie dem **Far View House** vorbei, die um etwa 800/900 auf der Hochfläche aus Steinblöcken errichtet wurden. Im **Chapin Mesa Archeological Museum** werden die einzelnen Entwicklungsabschnitte der Anasazi-Kultur in Dioramen und mit archäologischen Funden anschaulich dokumentiert. In den Vitrinen finden sich u. a. aus Fasern hergestellte Sandalen, Decken aus den Federn domestizierter Truthähne, aus Muscheln gefertigter Schmuck, der auf Handelswege zum Ozean schließen lässt, geflochtene Körbe und formschöne Töpferwaren. Ein 25-minütiger Film dient der Orientierung über den Park (tgl. 8–17, im Hochsommer bis 18.30 Uhr).

Unterhalb des Museums liegt in einem Canyon mit **Spruce Tree House** eine Ruinenanlage aus der klassischen Pueblo-Phase zwischen 1100 und 1300. Man braucht nicht viel Fantasie, um sich das alltägliche Leben der ehemaligen Bewohner auf den kleinen Flächen vor ihren Häusern vorzustellen, wie

Frühe Indianersiedlung: Cliff Palace im Mesa Verde National Park

die Frauen Hausarbeiten erledigten und nebenher die Kinder beaufsichtigten, während die Männer aus Baumstämmen neue Decken einzogen oder zu traditionellen Ritualen und Zeremonien in unterirdische Kivas stiegen.

Größte und bekannteste Klippenwohnung im Park ist der **Cliff Palace,** dessen teilweise wieder aufgebaute Räume sich in einer 100 m langen, 27 m tiefen und 18 m hohen natürlichen Höhle in einer Felswand verstecken. Über 200 einzelne Wohn- und Speicherräume sowie 23 Kivas boten in diesem Komplex schätzungsweise bis zu 250 Menschen Schutz und Unterkunft. Welche Funktion die quadratischen bzw. runden Türme hatten, ist bis heute ein Rätsel. Schmale Treppen und steile Leitern sorgen für einen abenteuerlichen Zugang nicht nur zu dieser Anlage. Die Anasazi schlugen zum Teil Grifflöcher und Tritte in den Fels, um den Weg in ihre Behausungen zu erleichtern.

Der abenteuerlichste Zugang führt zum **Balcony House,** das unterhalb des Parkplatzes so in einer Steilwand liegt, dass es von der Straße nicht zu sehen ist. Während die anderen *Cliff Dwellings* der Chapin Mesa frei zugänglich sind, muss man sich im Balcony House einer kostenlosen Führung anschließen. Der Grund: Der Weg führt über eine fast 10 m hohe Holzleiter, die für nicht schwindelfreie Besucher zum Problem werden kann. Am Ende müssen Besucher durch einen engen, 3 m langen Stollen kriechen (Mesa Verde National Park, P. O. Box 8, Mesa Verde, CO 81330-0008, Tel. 970-529-4465, www.nps. gov/meve, ganzjährig 8–17 Uhr, Jan.–Mai 10 $, Juni–Sept. 15 $).

Ute Mountain Indian Reservation

Reiseatlas: S. 20, F 3

Wer von Cortez Richtung Arizona oder New Mexico weiterreist, fährt im äußersten südwestlichen Winkel von Colorado durch die Ute Mountain Indian Reservation. Nur im Bett des dem San Juan River zustrebenden Mancos River finden Bäume und Büsche ausreichend Wasser zum Überleben. Verwaltungssitz der Reservation ist die Ortschaft Towaoc, in deren Nähe das **Ute Mountain Casino Hotel & Resort** mit Spielautomaten und Black-Jack-Tischen den Geschäftssinn der Indianer dokumentiert. Vor dem Kasino finden bei bestimmten Gelegenheiten auf einem eigens eingerichteten Platz Powwows mit Tänzen und Musik statt (Hwys 160/491, Tel. 970-565-8800, www.utemountaincasino.com).

Register

Der Haupteintrag ist **fett** hervorgehoben.

Register

Der Haupteintrag ist **fett** hervorgehoben.

Der Haupteintrag ist **fett** hervorgehoben.

Eugene
Bend
OREGON
Boise
Idaho Falls
IDAHO
Grand Teton National Park
Yellowstone National Park
Cody
Jackson
WYOMING
Medford
Pocatello
Twin Falls
15 / 16
Great Salt Lake
Eureka
13 / 14
Winnemucca
Salt Lake City
Park City
Dinosaur National Monument
Provo
Great Basin
1 / 2
Reno
NEVADA
UTAH
Green
Sacramento
Ely
Arches National Park
Moab
Oakland
San Francisco
Yosemite National Park
San Jose
Bryce Canyon National Park
Capital Reef National Park
19 / 20
Canyonlands National Park
Zion N.P.
Glen Canyon Nat. Rec. Area
Colorado
Monterey
Fresno
Kings Canyon National Park
St. George
Mesa Verde National Park
Sequoia National Park
Grand Canyon National Park
Monument Valley
CALIFORNIA
Las Vegas
Grand Canyon
Death Valley National Park
Plateau
Colorado
Lake Mead Nat. Rec. Area
Petrified Forest National Park
3 / 4
Bakersfield
5 / 6
7 / 8
Flagstaff
23 / 24
Santa Barbara
Glendale
Joshua Tree National Park
Prescott
Anaheim
Los Angeles
Palm Springs
ARIZONA
Phoenix
Mesa
9 / 10
San Diego
Yuma
11 / 12
Tijuana
Mexicali
Organ Pipe Cactus National Monument
Tucson
Pacific Ocean
Golfo de California
MEXIKO

Legende

- Autobahn, gebührenpflichtig (Tollway)
- Autobahn, gebührenfrei (Freeway)
- Schnellstraße
- Fernstraße
- Hauptstraße
- Nebenstraße
- Straße in Bau
- Straße für Kfz gesperrt
- 95 Interstate Highway
- 130 U.S. Highway
- 29 State Highway, State Route
- Tunnel
- Eisenbahn
- Fähre
- Staatsgrenze
- Bundesstaatsgrenze
- Nationalpark; Naturpark
- Reservat, Sperrgebiet
- Internationaler Flughafen
- Nationaler Flughafen
- Grenzübergang
- Sehenswürdigkeit
- Regionalpark, Erholungsgebiet
- Leuchtturm
- Windmühle
- Skigebiet
- Berggipfel
- Pass, Joch

Reiseatlas USA · Der Südwesten

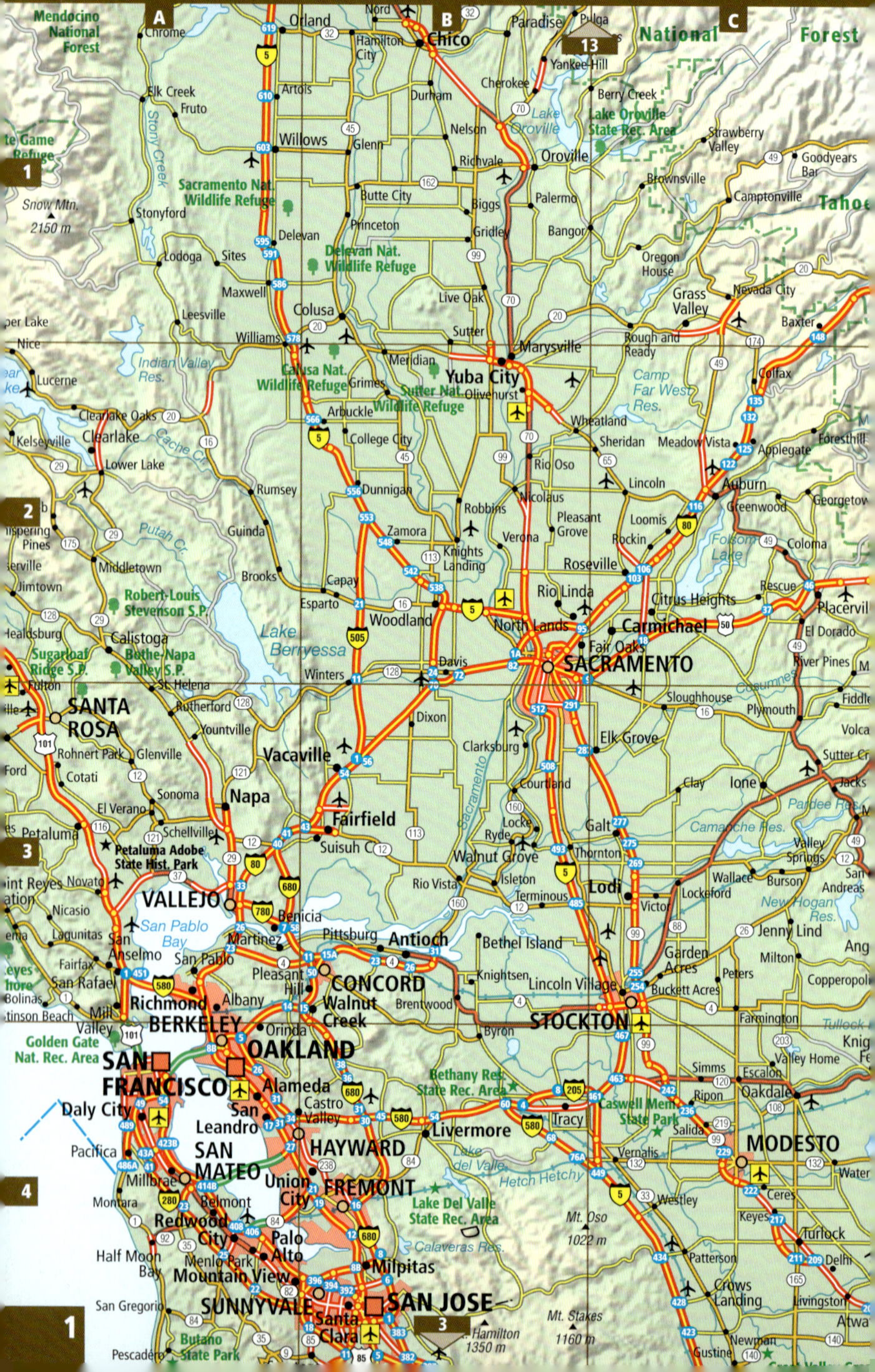

A
B
C
1
2
3
4
13
3
Mendocino National Forest
National Forest
Chrome
Orland
Hamilton City
Nord
Chico
Paradise
Pulga
Yankee Hill
Elk Creek
Fruto
Artois
Durham
Cherokee
Berry Creek
Lake Oroville
Lake Oroville State Rec. Area
Strawberry Valley
Goodyears Bar
Stony Creek
Willows
Glenn
Nelson
Richvale
Oroville
Brownsville
Camptonville
Tahoe
Sacramento Nat. Wildlife Refuge
Butte City
Biggs
Palermo
Snow Mtn. 2150 m
Stonyford
Delevan
Princeton
Gridley
Bangor
Oregon House
Lodoga
Sites
Delevan Nat. Wildlife Refuge
Maxwell
Live Oak
Grass Valley
Nevada City
Leesville
Colusa
Baxter
Williams
Sutter
Marysville
Rough and Ready
Nice
Lucerne
Indian Valley Res.
Colusa Nat. Wildlife Refuge
Meridian
Grimes
Yuba City
Sutter Nat. Wildlife Refuge
Olivehurst
Camp Far West Res.
Colfax
Clearlake Oaks
Arbuckle
Wheatland
Kelseyville
Clearlake
Cache Cr.
College City
Sheridan
Meadow Vista
Applegate
Foresthill
Lower Lake
Rio Oso
Lincoln
Rumsey
Dunnigan
Nicolaus
Auburn
Georgetown
Robbins
Pleasant Grove
Loomis
Greenwood
Putah Cr.
Guinda
Zamora
Verona
Rockin
Folsom Lake
Coloma
Middletown
Knights Landing
Roseville
Brooks
Capay
Rescue
Robert-Louis Stevenson S.P.
Esparto
Rio Linda
Citrus Heights
Placerville
Woodland
North Lands
Carmichael
Calistoga
Lake Berryessa
El Dorado
Healdsburg
Sugarloaf Ridge S.P.
Bothe-Napa Valley S.P.
Davis
Fair Oaks
SACRAMENTO
River Pines
Fulton
St. Helena
Winters
Sloughhouse
SANTA ROSA
Rutherford
Dixon
Plymouth
Yountville
Elk Grove
Rohnert Park
Glenville
Clarksburg
Vacaville
Cotati
Sacramento
Courtland
Clay
Ione
Sonoma
Napa
El Verano
Fairfield
Locke
Galt
Pardee Res.
Petaluma
Schellville
Suisun C.
Ryde
Camanche Res.
Valley Springs
Petaluma Adobe State Hist. Park
Walnut Grove
Thornton
Point Reyes
Novato
Isleton
Wallace
Burson
San Andreas
VALLEJO
Rio Vista
Terminous
Lodi
Lockeford
Nicasio
Benicia
Victor
New Hogan Res.
San Pablo Bay
Martinez
Pittsburg
Antioch
Jenny Lind
Lagunitas
San Anselmo
San Pablo
Bethel Island
Garden Acres
Milton
Fairfax
Pleasant Hill
CONCORD
Knightsen
Lincoln Village
Peters
Copperopolis
San Rafael
Bolinas
Richmond
Albany
Walnut Creek
Brentwood
Buckett Acres
Stinson Beach
Mill Valley
BERKELEY
Orinda
STOCKTON
Farmington
Tullock
Golden Gate Nat. Rec. Area
OAKLAND
Byron
Valley Home
SAN FRANCISCO
Alameda
Bethany Res. State Rec. Area
Simms
Escalon
Oakdale
Daly City
San Leandro
Castro Valley
Caswell Mem. State Park
Ripon
Tracy
Livermore
Salida
HAYWARD
Pacifica
SAN MATEO
Lake del Valle
Vernalis
MODESTO
Millbrae
Hetch Hetchy
Water
Union City
FREMONT
Lake Del Valle State Rec. Area
Ceres
Montara
Belmont
Westley
Redwood City
Mt. Oso 1022 m
Keyes
Turlock
Palo Alto
Calaveras Res.
Half Moon Bay
Menlo Park
Patterson
Delhi
Mountain View
Milpitas
Crows Landing
Livingston
San Gregorio
SUNNYVALE
SAN JOSE
Mt. Stakes 1160 m
Atwater
Santa Clara
Mt. Hamilton 1350 m
Newman
Butano State Park
Pescadero
Gustine

0 15 km 30 km
0 15 mi 30 mi

1 : 1.500.000
1 cm = 15 km
1 cm = 9.3 Meilen

SAN JOSE
Santa Clara
Saratoga
Los Gatos
Mt. Hamilton 1350 m
Mt. Stakes 1160 m
San Gregorio
Pescadero
Butano State Park
Castle Rock State Park
Ano Nuevo State Reserve
Boulder Creek
Felton
Davenport
Wilder Ranch State Park
Santa Cruz
Capitola
Aptos
Corralitos
Freedom
Watsonville
Twin Lakes State Beach
Sunset State Beach
Moss Landing
Monterey Bay
Castroville
Prunedale
Morgan Hill
San Martin
Gilroy
Gilroy Hot Springs
Anderson Res.
Henry W. Coe State Park
San Juan Bautista
Hollister
Tres Pinos
Paicines
Fremont Peak State Park
SALINAS
Marina
Pacific Grove
MONTEREY
Seaside
Carmel
Carmel Mission
Carmel Valley
Chualar
Gonzalez
Soledad
Soledad Mission Ruins
Greenfield
King City
San Lucas
San Ardo
Bradley
Point Lobos State Reserve
Garrapata State Park
Point Sur Lighthouse
Pt. Sur
Andrew Molera State Park
Big Sur
Pfeiffer-Big Sur State Park
Pfeiffer Beach
McWay Cove
Julia Pfeiffer Burns State Park
Monterey Bay National Marine Sanctuary
Ventana Wild Area
Los Padres National Forest
Santa Lucia Memorial Park
San Antonio de Padua Mission
Hunter Liggett Military Reservation
Jolon
Lockwood
San Antonio Res.
Nacimiento Res.
Sierra de Salinas
Gabilan Range
Santa Lucia Range
Diablo Range
Pinnacles National Monument
Panoche Pass 655 m
Panoche
Panoche Hills
New Idria
Ortigalita Pk. 1006 m
Laveaga Pk. 1158 m
Pacheco Pass 422 m
San Luis Res.
San Luis Res. State Rec. Area
Los Banos
Volta
Gustine
Newman
Livingston
Great Valley Grasslands State Park
Fremont Ford State Rec. Area
San Joaquin
Hearst San Simeon State Hist. Mon.
San Simeon
William R. Hearst Mem. State Beach
San Simeon State Beach
Piedras Blancas
Cambria
Harmony
Whale Rock Res.
Pt. Estero
Cayucos
Cayucos State Beach
Morro Bay
Morro Strand State Beach
Baywood Park
Los Osos
Atascadero State Beach
Montana de Oro State Park
Pt. Buchon
Avila Beach
Pismo Beach
Grover City
Paso Robles
Atascadero
Pt. Sal
Benito
Salinas
Nacimiento

0 15 km 30 km
0 15 mi 30 mi
1 : 1.500.000
1 cm = 15 km
1 cm = 9.3 Meilen
D
E
F
2
1
2
3
4
5
9
4
Merced
Winton
Planada
Le Grand
Plainsburg
Chowchilla
Berenda
Madera
Dos Palos
Firebaugh
Trigo
Herndon
Pinedale
Clovis
FRESNO
Biola
Mendota
Kerman
Tranquillity
San Joaquin
Calwa
Malaga
Fowler
Easton
Sanger
Centerville
Squaw Valley
Dunlap
Miramonte
Orange Cove
Parlier
Selma
Reedley
Orosi
Dinuba
Cutler
Kingsburg
Traver
Raisin
Caruthers
Helm
Burrel
Riverdale
Five Points
Hanford
Lemoore
Goshen
Visalia
Ivanhoe
Woodlake
Farmersville
Exeter
Lemoncove
Three Rivers
Tulare
Lindsay
Strathmore
Springville
Porterville
Woodville
Tipton
Poplar
Pixley
Terra Bella
Ducor
California Hot Springs
Posey
White River
Glennville
Woody
Earlimart
Richgrove
Delano
Pond
McFarland
Wasco
Shafter
Oildale
BAKERSFIELD
Edison
Lamont
Arvin
Wheeler Ridge
Ft. Tejon
Maricopa
Taft
Ford City
Fellows
Tupman
McKittrick
Buttonwillow
Lost Hills
Alpaugh
Corcoran
Stratford
Kettleman City
Huron
Coalinga
Avenal
Parkfield
Cholame
Shandon
Creston
Santa Margarita
Pozo
Simmler
San Luis Obispo
Arroyo Grande
Oceano
Nipomo
Santa Maria
Orcutt
Ahwahnee
Oakhurst
Coarsegold
Raymond
Bass Lake
North Fork
O'Neals
Auberry
Prather
Shaver Lake
Dinkey Creek
Trimmer
Piedra
Tulare Lake
Millerton Lake State Rec. Area
Millerton Lake
Pine Flat Res.
Lake Kaweah
Success Res.
Corcoran Res.
Buena Vista Lake
Soda Lake
Twitchell Res.
Goose Lake
Florence Lake
Shaver Lake
Wishon Res.
Mammoth Pool Res.
Yosemite Lake
San Joaquin Valley
Sierra Nevada
Kings River Canal
California Aqueduct
Fresno Slough
Lakeland Canal
Kings
Kettleman Hills
Reef Ridge
Cholame Hills
Temblor Range
La Panza Range
Caliente Range
Carrizo Plain
Cuyama
Polonio Pass 564 m
Caliente Mtn. 1555 m
McPherson Pk.
Kaiser Pk. 3145 m
Nelson Mtn. 3112 m
Corral Mtn. 2955 m
Mt. Goddard 4162 m
Mt. Morgan 13748
Mt. Tom 13652
Castle Pk. 3251 m
Spanish Mtn. 3065 m
Patterson Mtn. 2489 m
Mitchell Pk. 3159 m
Mt. Sillman 3623 m
Shadequarter Mtn. 1249 m
Paradise Pk. 2853 m
Homers Nose 2744 m
Moses Mtn. 2836 m
Pine Mtn. 1245 m
Wilderness Area
National Forest
Sequoia National Forest
Kings Canyon National Park
General Grant Tree
Muir Grove Big Trees
General Sherman
Giant Forest
Garfield Grove Big Trees
Sequoia Crest
Tule River Ind. Res.
Pixley National Wildlife Refuge
Kern National Wildlife Refuge
Colonel Allensworth State Hist. Park
Los Padres National Forest
San Miguel Arcangel Mission

A
B
C
1
2
3
4
5
13
10
Mt. Morgan 13748
Bishop
Keough Hot Springs
Wilderness Area
National
Westgard Pass 2216 m
Magruder Mtn. 2757 m
Gold Point
Last Chance Mtn. 2577 m
Slate Ridge
Gold Mtn. 2487 m
Scotty's Junction
Eureka Valley
Last Chance Range
NEVADA
CALIFORNIA
Sarcobatus
Big Pine
Waucoba Canyon
Mt. Goddard 4162 m
N. Palisade 4340 m
Forest
Tinemaha Res.
Waucoba Mtn. 3390 m
Scotty's Castle
Ubehebe Crater
Grapevine Pk. 2653 m
Wahguyhe Pk. 2618 m
Grapevine Mts.
Kings Canyon
National Park
Castle Pk. 3251 m
Spanish Mtn. 3065 m
Middle Fork
Mt. Pinchot 4113 m
Goat Mtn. 3720 m
Black Mtn. 4060 m
Inyo Mts
Owens Valley
Los Angeles Aqueduct
Death Valley
Dry Mtn. 2643 m
Tin Mtn. 2728 m
Lower Warm Springs
Burro Spring
Titus Canyon
Daylight Pass
Cedar Grove
Independence
Sequoia National Forest
Mitchell Pk. 3159 m
Mt. Brewer 4136 m
Kearsarge Pass 3603 m
Manzanar Nat'l. Hist. Site
Mt. Williamson 4381 m
Saline Valley
Mesquite Flat Sand Dunes
New York Butte 3236 m
Goldbelt Spring
Dodds Springs
Jackass Spring
Panamint
Stovepipe Wells
Tucki Mtn. 2043 m
Salt Creek
Grove Trees
Mt. Sillman 3623 m
General Sherman Tree
Giant Forest
Sequoia
Mt. Whitney 4418 m
Mt. Kaweah 4206 m
Lone Pine
Mt. Langley 4280 m
Keeler
Owens Lake (Dry)
Townes Pass 1510 m
Blackwater Spring
Pinto Pk. 2289 m
Paradise Pk. 2853 m
Mineral King
Inyo
Three Rivers
Homers Nose 2744 m
National Park
National Forest
Panamint Springs
Aguerreberry Point
Garfield Grove Big Trees
Coyote Pk. 3319 m
Kern Pk. 3508 m
Cartago
Olancha Pk. 3695 m
Olancha
Darwin
National
Mahogany Flat
Telescope Pk. 3367 m
Moses Mtn. 2836 m
Little Kern
Sequoia Crest
Black Rock Mtn. 2942 m
Monache Mtn. 2890 m
Coso Pk. 2487 m
Argus
Panamint Valley
Sentinel Pk. 2933 m
Alpine Village
Haiwee
China Lake
Warm Sulphur Spring
Success Res.
Tule River Ind. Res.
Sequoia
Lookout Mtn. 2994 m
Bald Mtn. 2874 m
Fish Meadow
Coso Junction
Louisiana Butte 2097 m
Range
National Forest
Johnsondale
Bella
California Hot Springs
Fairview
Sirretta Pk. 3040 m
South Fork
Little Lake
Volcano Pk. 1628 m
Naval
Weapons Center
Indian Wells Valley
Argus Pk. 1994 m
Slate Range
Black Mtn. 2387 m
Posey
Owens Peak 2583 m
China Lake (Dry)
Argus
Trona
Searles Lake (Dry)
Westend
Brown Mtn. 1563 m
Glennville
Alta Sierra
Kernville
Isabella Res.
Walker Pass 1598 m
Onyx
Woody
Wofford Heights
Lake Isabella
Weldon
Sequoia National Forest
Inyokern
China Lake
Ridgecrest
Lone Willow Spring
China Lake Naval Weapons Center
Pine Mtn. 1245 m
Miracle Hot Springs
Bodfish
Nichols Pk. 1851 m
Sequoia National Forest
Red Rock Canyon State Park
Dome Mtn. 1519 m
Johns Pk. 1488 m
Piute Mts. 2405 m
Pacific Crest Nat'l. Scenic Trail
BAKERSFIELD
Edison
Johannesburg
Randsburg
Red Mountain
Loraine
Slocum Mtn. 1562 m
Cuddeback Lake (Dry)
Dry Lakes
Lamont
Caliente
Nellies Nipple 1416 m
Cantil
Arvin
Keene
Los Angeles Aqueduct
Opal Mtn. 1210 m
Tehachapi Summit
Tehachapi
Monolith
California City
Harper Lake (Dry)
Double Mtn. 2434 m
Mojave
North Edwards
Kramer Junction
Wheeler Ridge
Boron
Hinkley
Barstow
Rogers Lake (Dry)
Rosamond
Willow
395
190
136
178
14
58
155
43
178
180
198
267

0 15 km 30 km
0 15 mi 30 mi

1 : 1.500.000
1 cm = 15 km
1 cm = 9.3 Meilen

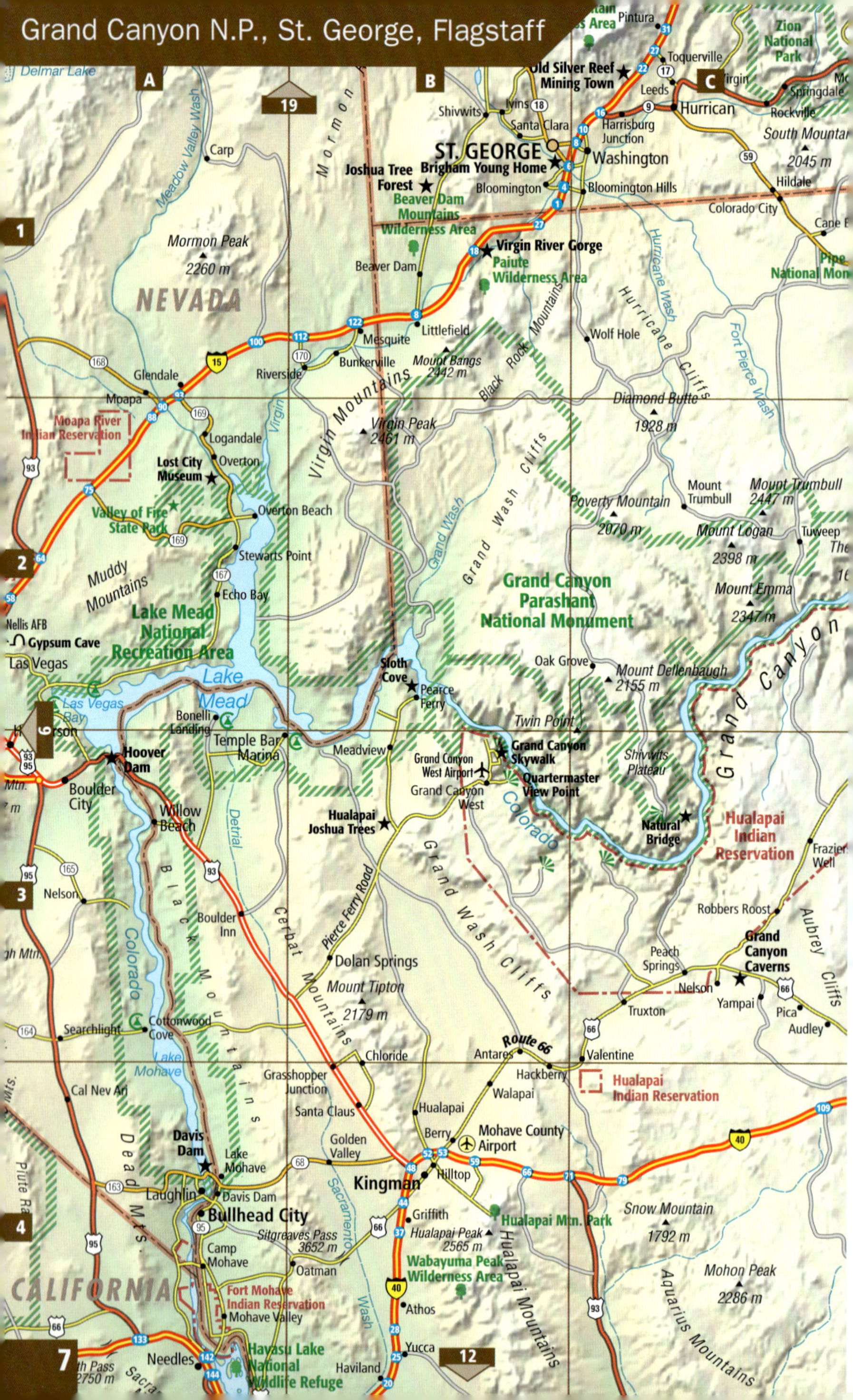
A
B
C
1
2
3
4
19
9
12
7
NEVADA
CALIFORNIA
ST. GEORGE
Washington
Hurricane
Santa Clara
Ivins
Shivwits
Bloomington
Bloomington Hills
Harrisburg Junction
Leeds
Toquerville
Pintura
Virgin
Springdale
Rockville
Zion National Park
Hildale
Colorado City
Cane Beds
Pipe Spring National Monument
South Mountain
2045 m
Old Silver Reef Mining Town
Joshua Tree Forest
Brigham Young Home
Beaver Dam Mountains Wilderness Area
Beaver Dam
Virgin River Gorge
Paiute Wilderness Area
Littlefield
Mesquite
Bunkerville
Riverside
Mount Bangs
2442 m
Virgin Mountains
Virgin Peak
2461 m
Black Rock Mountains
Hurricane Cliffs
Hurricane Wash
Fort Pierce Wash
Wolf Hole
Diamond Butte
1928 m
Mormon Mountains
Mormon Peak
2260 m
Meadow Valley Wash
Carp
Delmar Lake
Glendale
Moapa
Moapa River Indian Reservation
Logandale
Overton
Lost City Museum
Valley of Fire State Park
Overton Beach
Stewarts Point
Echo Bay
Muddy Mountains
Lake Mead National Recreation Area
Nellis AFB
Gypsum Cave
Las Vegas
Las Vegas Bay
Lake Mead
Bonelli Landing
Temple Bar Marina
Hoover Dam
Boulder City
Willow Beach
Nelson
Black Mountains
Boulder Inn
Detrial
Cerbat Mountains
Searchlight
Cottonwood Cove
Lake Mohave
Cal Nev Ari
Davis Dam
Lake Mohave
Laughlin
Bullhead City
Dead Mts.
Camp Mohave
Fort Mohave Indian Reservation
Mohave Valley
Needles
Havasu Lake National Wildlife Refuge
Piute Range
Poverty Mountain
2070 m
Mount Trumbull
Mount Trumbull
2447 m
Mount Logan
2398 m
Tuweep
Mount Emma
2347 m
Grand Wash Cliffs
Grand Wash
Grand Canyon Parashant National Monument
Oak Grove
Mount Dellenbaugh
2155 m
Twin Point
Sloth Cove
Pearce Ferry
Meadview
Grand Canyon Skywalk
Grand Canyon West Airport
Grand Canyon West
Quartermaster View Point
Shivwits Plateau
Colorado
Grand Canyon
Natural Bridge
Hualapai Indian Reservation
Frazier Well
Hualapai Joshua Trees
Pierce Ferry Road
Dolan Springs
Mount Tipton
2179 m
Robbers Roost
Peach Springs
Grand Canyon Caverns
Nelson
Yampai
Truxton
Aubrey Cliffs
Pica
Audley
Chloride
Grasshopper Junction
Santa Claus
Antares
Route 66
Valentine
Hackberry
Walapai
Hualapai Indian Reservation
Hualapai
Berry
Mohave County Airport
Golden Valley
Kingman
Hilltop
Griffith
Hualapai Mtn. Park
Hualapai Peak
2565 m
Hualapai Mountains
Sacramento Wash
Sitgreaves Pass
3652 m
Oatman
Wabayuma Peak Wilderness Area
Athos
Yucca
Haviland
Snow Mountain
1792 m
Mohon Peak
2286 m
Aquarius Mountains

1 : 1.500.000
1 cm = 15 km
1 cm = 9.3 Meilen
0
15 km
30 km
0
15 mi
30 mi
D
E
F
20
Glendale
Orderville
Mount Carmel
Mount Carmel Junction
Vermilion Cliffs
Kanab
Canyon Depot
UTAH
Sixmile Village
Fredonia
Moccasin
Kaibab
Big Water
Greenehaven
Glen Canyon Dam
Page
Antelope Island
Tower Butte 1610 m
Crossing of the Fathers
Lake Powell
Nat'l Mon.
Navajo Mountain 3166 m
Navajo Mountain
Glen Canyon National Recreation Area
Page Municipal Airport
Paria
Paria Plateau
Vermilion Cliffs National Monument
Lees Ferry
Marble Canyon
Vermilion Cliffs
Navajo
Kaibito
Navajo Nation
1
Antelope Pass 1991 m
Jacob Lake
House Rock
Big Springs
Kaibab National Forest
Kaibab Plateau
Bitter Springs
Coppermine
Kaibito
White Mesa Natural Bridge
Echo Cliffs
Marble Canyon
Kanab Plateau
Kaibab Lodge
North Rim Entrance Station
Cedar Ridge
Wildcat Peak 2074 m
Tonalea
The Gap
Grand Canyon National Park
Point Imperial 2683 m
Hidden Springs
Moenave
Tuba City
Moenkopi
2
Supai
North Rim
Walhalla Plateau
Walhalla Overlook
Colorado
Little Colorado
Hualapai Hilltop
Havasupai Indian Reservation
Cape Royal 2397 m
Desert View Point 2270 m
Desert View
Desert View Entrance Station
Piute Creek
Coal Mine Mesa
Hermits Rest
Grand Canyon Village
South Rim Entrance Station
Grand Canyon National Park Airport
Tusayan
Navajo Nation
Cameron
Kaibab National Forest
Coconino Plateau
ARIZONA
Painted Desert
Sand Springs
Gray Mountain
Rose Well Camp
Tin House
Havasu
Valle
Cedar Wash
Wupatki National Monument
Wupatki
3
Kaibab National Forest
San Francisco Mountains
Little Colorado
Trinity Mountain 2182 m
Humphreys Peak 3850 m
Sunset Crater Volcano National Monument
Red Lake
Elden Pueblo
Darling
Winona
Seligman
Parks
Pinaveta
Ash Fork
Williams
Bellemont
Flagstaff
Route 66
Walnut Canyon National Monument
Bill Williams Mountain 2821 m
Picacho Butte 2190 m
Flagstaff Pulliam Airport
Kachina Village
Mountainaire
Mongollan Plateau
Juniper Mountains
Prescott National Forest
Sycamore
Oak Creek Canyon
Lake Mary
Slide Rock S. P.
Rockledge
Mormon Lake
Munds Park
4
Big Chino Wash
Casner Mountain 2083 m
Indian Gardens
Mormon Lake
Lakeview
Kinickinick Lake
Drake
Bear
Perkinsville
Sedona
Paulden
Tuzigoot National Monument
Page Springs
Stoneman Lake
Happy Jack
Clarkdale
Jerome
23
Cottonwood
Cornville
Buck Mountain 2307 m
Chino Valley
Prescott National Forest
Rimrock
8

A
B
C
4
1
2
3
4
Santa Maria
Guadalupe
Pt. Sal
Casmalia
Orcutt
Sisquoc
Purisima Pt.
Los Alamos
La Purisima Mission State Hist. Park
Surf
Vandenberg Air Force Base
Lompoc
Buellton
Solvang
Los Olivos
Santa Ynez
Pt. Arguello
Jalama
Gaviota Pass 280 m
Gaviota State Park
Pt. Conception
Gaviota
Refugio State Beach
El Capitan State Beach
Isla Vista
Goleta
Arroyo Burro State Beach
Montecito
SANTA BARBARA
Summerland
Carpinteria
Carpintera State Beach
San Buenaventura Mission
VENTURA
OXNARD
Port Hueneme
McGrath State Beach
Camarillo
Moorpark
Santa Paula
Fillmore
Oak View
Ojai
Meiners Oaks
Wheeler Springs
Lake Casitas
Lake Cachuma
Refugio Pass 658 m
San Marcos Pass 678 m
Chumash Painted Cave State Hist. Park
San Rafael
San Rafael Mtn. 2010 m
Wild Area
McPherson Pk. 1781 m
New Cuyama
Los Padres
National Forest
Mt. Pinos 2691 m
Frazier Park
Tejon Pass 1292 m
Reyes Pk. 2289 m
Pine Mts.
Sespe Cr.
Piru Cr.
Condor
Sisquo
Santa Ynez
Santa Barbara Channel
Channel Islands National Park
San Miguel Island
Santa Rosa Island
Santa Cruz Island
Anacapa Island
Santa Monica Mountains National Recreation Area
Leo Carrillo State Beach
Channel Islands
San Nicolas Island
Santa Barbara Island

0
15 km
30 km
15 mi
30 mi
1 : 1.500.000
1 cm = 15 km
1 cm = 9.3 Meilen
D
E
F
5
1
2
3
4
10
11
Wheeler Ridge
Tejon Hist. Park
Lebec
Gorman
California Aqueduct
Willow Springs
Rosamond
Edwards
Rogers Lake (Dry)
Air Force Base
Rosamond Lake (Dry)
Boron
Hinkley
Barstow
Daggett
Hi Vista
Helendale
Stoddard Mtn. 1478 m
Fairmont
Lake Hughes
Elizabeth Lake
LANCASTER
Angeles
National
Forest
Quartz Hill
Green Valley
Palmdale
Mirage Lake
VICTORVILLE
Soledad Pass 983 m
Littlerock
Llano
Pearblossom
Rabbit Spring
SANTA CLARITA
Castaic
Acton
Hesperia
Lucerne Valley
Piru
Valyermo
Cajon Summit 4259
Mojave River Forks Res.
Six Flags Magic Mtn.
Angeles National Forest
San Gabriel Mts.
Wrightwood
San Bernardino
SIMI VALLEY
San Fernando
Devils Canyon Bear Canyon Wild Area
Mt. San Antonio (Old Baldy) 3067 m
Silverwood Lake
Mount Baldy
Lytle Creek
SAN BERNARDINO
San Fernando Valley
Burbank
GLENDALE
Crestline
Highland
Westlake Village
PASADENA
Azusa
Glendora
RANCHO CUCAMONGA
Rialto
Redlands
Alhambra
La Verne
Pacific Palisades
Hollywood
Beverly Hills
EL MONTE
Fontana
Colton
Mentone
Malibu
Monterey Park
POMONA
ONTARIO
Yucaipa
Getty Center
Santa Monica
Culver City
Calimesa
Venice
INGLEWOOD
Whittier
Chino
Beaumont
La Habra
RIVERSIDE
LOS ANGELES
Compton
Norwalk
Mira Loma
MORENO VALLEY
El Segundo
FULLERTON
Lake Perris State Rec. Area
Manhattan Beach
Yorba Linda
Corona
Redondo Beach
Buena Park
TORRANCE
ANAHEIM
ORANGE
Lakeview
LONG BEACH
Disneyland
Perris
Hemet
GARDEN GROVE
Cleveland
SANTA ANA
Sun City
Rancho Palos Verdes
Seal Beach
Alberhill
Royal Palms State Beach
HUNTINGTON BEACH
Trabuco Canyon
National
Lake Elsinore
IRVINE
Costa Mesa
Mission Viejo
Wildomar
Newport Beach
Forest
Murrieta
Temecula
San Pedro Channel
Laguna Beach
Channel Islands National Park
Capistrano
Dana Point
Doheny State Beach
De Luz
Rainbow
San Clemente
San Clemente State Beach
San Onofre Mtn.
Fallbrook
Pala
Santa Catalina Island
Avalon
Outer Santa Barbara Channel
Bird Park
Wrigley Estate
San Onofre State Beach
Santa Margarita
Bonsall
Pauma Valley
Vista
Valley Center
OCEANSIDE
Carlsbad
Legoland
San Marcos
Carlsbad State Beach
Moonlight State Beach
Leucadia State Beach
Encinitas
Rancho Santa Fe
San Elijo State Beach
Solana Beach
Del Mar
Gulf of Santa Catalina
San Clemente Island
Torrey Pines State Beach
La Jolla
Santee
La Mesa
Sea World
SAN DIEGO
National City
Coronado
Cabrillo National Monument
CHULA VISTA
Otay
Imperial Beach
TIJUANA

A
B
C
1
2
3
4
6
10
Boron
Rogers Lake (Dry)
Air Force Base
Hinkley
Barstow
Ghost Town
Daggett
Yermo
Newberry
Troy Lake (Dry)
Cady Mts.
Devils Pl.
Bristol
Old Da
Hi Vista
Helendale
Stoddard Mtn. 1478 m
Ord Mts.
Ord Mtn. 1920 m
Ludlow
Lavic Lake (Dry)
Bullion Mts.
Bag
Mirage Lake
VICTORVILLE
Lucerne Lake (Dry)
Fry Mtn. 1310 m
Twentynine Palms
Llano
Rabbit Spring
Hesperia
Lucerne Valley
Valyermo
Cajon Summit 4259
Mojave River Forks Res.
Lucerne Valley
Old Woman Springs
Marine Corps Base
Deadman Lake (Dry)
Wrightwood
Devils Canyon
Bear Canyon
Wild Area
Mt. San Antonio (Old Baldy) 3067 m
Mount Baldy
Lytle Creek
Silverwood Lake
San Bernardino
Big Bear Lake
Big Bear City
Mound Spring
Big Bear Lake
Crestline
SAN BERNARDINO
National Forest
Pioneertown
Twentynine Palms
Joshua Tree
RANCHO CUCAMONGA
Highland
Rialto
Redlands
San Gorgonio Mtn. 3505 m
San Gorgonio Wild Area
Yucca Valley
Twentynine Palms Indian Reservation
Fontana
Colton
Mentone
Morongo Valley
Joshua Tree
ONTARIO
Chino
Yucaipa
Calimesa
Cherry Valley
Beaumont
Banning
White Water
Desert Hot Springs
Lost Horse Mtn. 1664 m
Little San Bernardino Mts.
National
RIVERSIDE
North Palm Springs
Cabazon
San Gorgonio Pass 457 m
Thousand Palms
Colorado River Aqueduct
Hexie Mts.
Mira Loma
Lake Perris State Rec. Area
MORENO VALLEY
Yorba Linda
Corona
San Jacinto Mts.
Palm Springs
Hidden Springs Ranch
ORANGE
Lakeview
Perris
San Jacinto
Cathedral City
Indian Wells
Indio
Cottonwood 1331 m
Cleveland
SANTA ANA
Hemet
Idyllwild
Palm Desert
Trabuco Canyon
Alberhill
Sun City
Mountain Center
La Quinta
Coachella
IRVINE
National
Lake Elsinore
Winchester
San Bernardino
National
Mission Viejo
Wildomar
Sage
Mecca
Forest
Murrieta
Temecula
Anza
Forest
Toro Pk. 2656 m
Capistrano
Rabbit Pk. 1545 m
Salton Sea Recreation
Dana Point
Doheny State Beach
San Clemente
San Clemente State Beach
San Onofre Mtn. 1727
De Luz
Rainbow
Aguanga
Santa Rosa Mts.
Clark Lake (Dry)
Salton C
San Onofre State Beach
Fallbrook
Pala
Santa Margarita
Hot Springs Mtn. 6533
Palomar Mountain
Bonsall
Pauma Valley
Warner Springs
Lake Henshaw
Borrego Springs
Ocotillo Wells State Vehicular Rec. Area
OCEANSIDE
Vista
Valley Center
Carlsbad
Legoland
San Marcos
ESCONDIDO
Santa Ysabel
Julian
Ocotillo Wells
Carlsbad State Beach
Moonlight State Beach
Leucadia State Beach
San Pasqual
Ramona
Pine Hills
Anza Borrego Desert
Vallecito Mts.
San Felipe Cr.
Encinitas
San Elijo State Beach
Solana Beach
Rancho Santa Fe
Fish Creek Mts. 711 m
Gulf of Santa Catalina
Del Mar
Poway
Laguna Recr. Area
State Park
Torrey Pines State Beach
Lakeside
Mount Laguna
Coyote Mts.
Painted Gorge
La Jolla
Santee
La Mesa
Guatay
Pine Valley
Plaster C
Sea World
El Cajon
Cleveland National Forest
SAN DIEGO
National City
Jamul
Morena Lake
Ocotillo
Coronado
Spring Valley
Live Oak Springs
Cabrillo National Monument
Dulzura
Tierra del Sol
Jacumba
CHULA VISTA
Lower Otay Res.
Potrero
Campo
Otay
Imperial Beach
Jalpa
Tecate
Rumorosa
TIJUANA

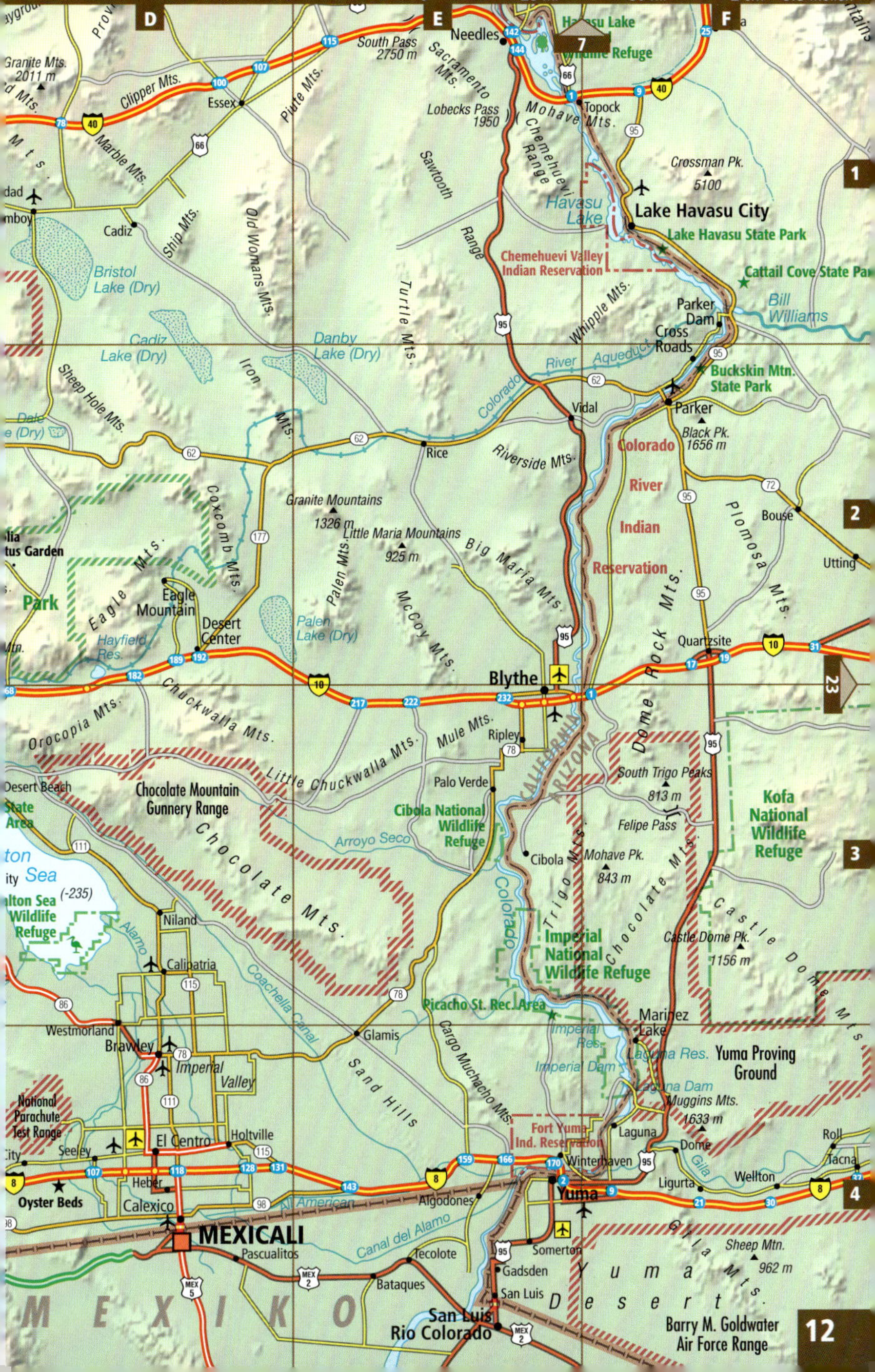
D
E
F
1
2
3
4
7
23
Needles
Havasu Lake
Wildlife Refuge
South Pass
2750 m
Sacramento Mts.
Granite Mts.
2011 m
Clipper Mts.
Essex
Piute Mts.
Marble Mts.
Topock
Mohave Mts.
Lobecks Pass
1950
Chemehuevi Range
Sawtooth Range
Crossman Pk.
5100
Lake Havasu City
Havasu Lake
Lake Havasu State Park
Cadiz
Ship Mts.
Old Womans Mts.
Bristol Lake (Dry)
Turtle Mts.
Chemehuevi Valley Indian Reservation
Cattail Cove State Park
Bill Williams
Parker Dam
Cross Roads
Whipple Mts.
Cadiz Lake (Dry)
Danby Lake (Dry)
Iron Mts.
River
Aqueduct
Colorado
Buckskin Mtn. State Park
Parker
Sheep Hole Mts.
Vidal
Black Pk.
1656 m
Rice
Riverside Mts.
Colorado River Indian Reservation
Coxcomb Mts.
Granite Mountains
1326 m
Little Maria Mountains
925 m
Big Maria Mts.
Bouse
Plomosa Mts.
Utting
Eagle Mts.
Eagle Mountain
Desert Center
Palen Mts.
Palen Lake (Dry)
McCoy Mts.
Dome Rock Mts.
Quartzsite
Hayfield Res.
Park
Blythe
Orocopia Mts.
Chuckwalla Mts.
Mule Mts.
Ripley
CALIFORNIA
ARIZONA
South Trigo Peaks
813 m
Desert Beach
Chocolate Mountain Gunnery Range
Little Chuckwalla Mts.
Palo Verde
Cibola National Wildlife Refuge
Felipe Pass
Kofa National Wildlife Refuge
Arroyo Seco
Cibola
Mohave Pk.
843 m
Chocolate Mts.
Trigo Mts.
Salton Sea
(-235)
Salton Sea Wildlife Refuge
Niland
Alamo
Imperial National Wildlife Refuge
Castle Dome Pk.
1156 m
Castle Dome Mts.
Calipatria
Coachella Canal
Picacho St. Rec. Area
Martinez Lake
Westmorland
Brawley
Glamis
Imperial
Valley
Sand Hills
Cargo Muchacho Mts.
Imperial Res.
Imperial Dam
Laguna Res.
Yuma Proving Ground
Laguna Dam
Muggins Mts.
1633 m
National Parachute Test Range
Fort Yuma Ind. Reservation
Laguna
Roll
El Centro
Holtville
Seeley
Dome
Tacna
Winterhaven
Gila
Wellton
Heber
Ligurta
Oyster Beds
Calexico
All American
Algodones
Yuma
MEXICALI
Pascualitos
Canal del Alamo
Tecolote
Somerton
Sheep Mtn.
962 m
Gila Mts.
Gadsden
Yuma Desert
Bataques
San Luis
MEXIKO
San Luis Rio Colorado
Barry M. Goldwater Air Force Range

A
B
C
1
2
3
4
Red Bluff
Los Molinos
Belden
Westwood
Susanville
Smoke Creek Desert
Gerlach
Empire
Greenville
Keddie
Paradise
Oroville
Pyramid Lake
Winnemucca Lake
Trinity Range
Doyle
Blairsden
Chilcoot
Sutcliffe
Nixon
Gridley
Sierraville
Lemmon Va
RENO
Sparks
Wadsworth
Carson Sink
Marysville
Linda
Grass Valley
Emigrant Gap
Truckee
Mustang
Fernley
Wheatland
Colfax
Silver Springs
Virginia City
Fallon
Stillwate
Meadow Vista
Lincoln
Tahoe City
Lake Tahoe
Dayton
Lahontan Res.
Clipper Gap
Carson City
Carson Lake
Auburn
Pilot Hill
Citrus Heights
South Lake Tahoe
Gardnerville
SACRAMENTO
Placer-ville
Pacific House
Yerington
Walker River Ind. Res
Elk Grove
Drytown
Jackson
Ione
Topaz Lake
Walker River
Walker Lake
Galt
Mokelumne Aqueduct
Avery
Lockeford
Lodi
Devils Gate 2301 m
Gabbs Va
San Andreas
Stanislaus River
Hawthrone
Holt
Stockton
Angels Camp
Sonora Pass 2933 m
Luning
Sonora
Mateca
Bridgeport
Bodie St. Hist. Park
Mina
Tracy
Oakdale
Bodie
Anchorite Pass 2324 m
Tuolumne River
Yosemite
Groveland
Tuolumne Meadows Lodge
Cathedral Range
MODESTO
Mono Lake
Lee Vining
Turlock
Coulterville
National
Half Dome 2693 m
Tioga Pass 3031 m
Mount Montgomery
Basalt
Livingston
El Portal
Coaldale
Newman
Atwater
Mariposa
Park
Benton
Merced
Mammoth Lakes
White Mountains
Ahwahnee
Devils Postpile National Monument
Dyer
Oakhurst
Losa Banos
Coarsegold
Berenda
S. Joaquin River
Starlight
Bishop
Oasis
Madera
San Joaquin Valley
Pine Ridge
CALIFORNIA
Big Pine
Inyo Mountains
FRESNO
Kings Canyon National Park
1/2
3/4
5/6
Sierra Nevada

1 : 2.500.000
1 cm = 25 km
1 cm = 15.5 Meilen
0 25 km 50 km
0 25 mi 50 mi

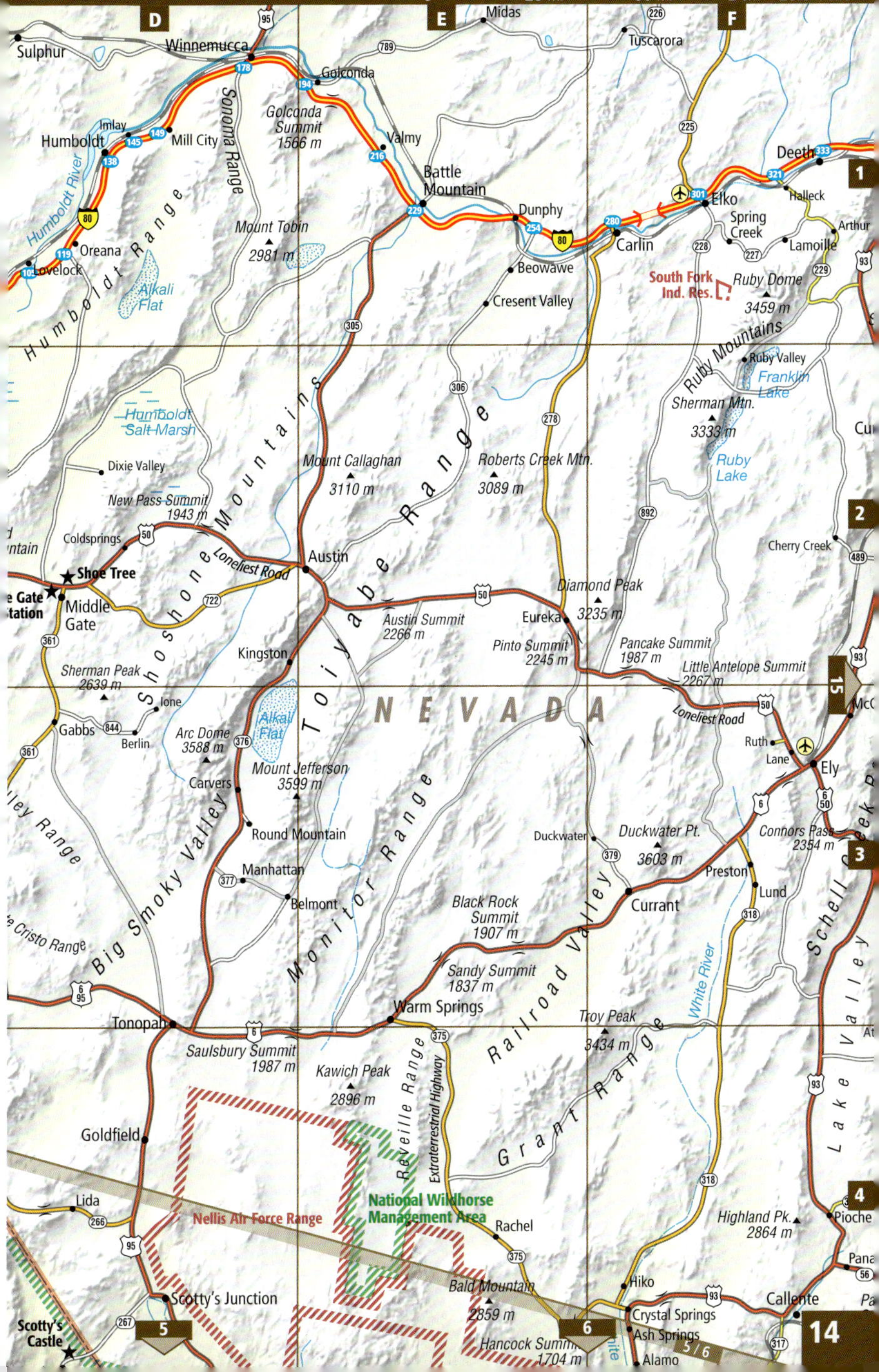

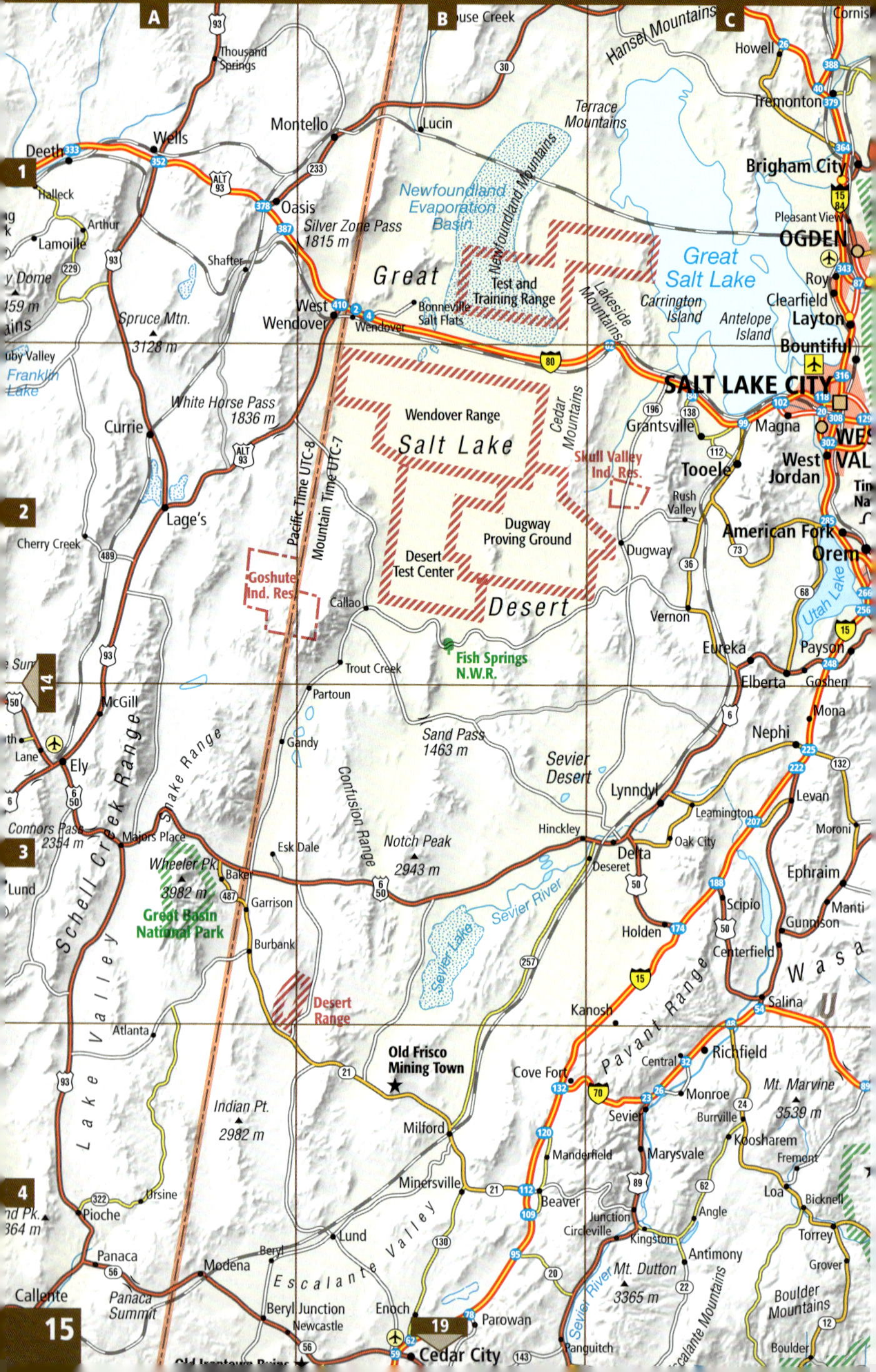
A
B
C
1
2
3
4
Thousand Springs
Wells
Deeth
Halleck
Arthur
Lamoille
Montello
Lucin
Oasis
Silver Zone Pass 1815 m
Shafter
West Wendover
Wendover
Bonneville Salt Flats
Newfoundland Evaporation Basin
Newfoundland Mountains
Great
Test and Training Range
Terrace Mountains
Hansel Mountains
Howell
Tremonton
Brigham City
Pleasant View
OGDEN
Great Salt Lake
Roy
Clearfield
Layton
Bountiful
Carrington Island
Antelope Island
Lakeside Mountains
SALT LAKE CITY
Spruce Mtn. 3128 m
Franklin Lake
Ruby Valley
White Horse Pass 1836 m
Currie
Wendover Range
Salt Lake
Cedar Mountains
Grantsville
Magna
Tooele
West Jordan
Skull Valley Ind. Res.
Rush Valley
Lage's
Cherry Creek
Pacific Time UTC-8
Mountain Time UTC-7
Dugway Proving Ground
Desert Test Center
Dugway
American Fork
Orem
Goshute Ind. Res.
Callao
Desert
Vernon
Utah Lake
Eureka
Payson
Fish Springs N.W.R.
Trout Creek
Partoun
Elberta
Goshen
McGill
Mona
Nephi
Ely
Gandy
Sand Pass 1463 m
Sevier Desert
Lynndyl
Snake Range
Schell Creek Range
Confusion Range
Levan
Leamington
Connors Pass 2354 m
Majors Place
Hinckley
Oak City
Moroni
Esk Dale
Notch Peak 2943 m
Delta
Deseret
Wheeler Pk. 3982 m
Baker
Ephraim
Lund
Garrison
Great Basin National Park
Sevier River
Scipio
Manti
Gunnison
Sevier Lake
Holden
Burbank
Centerfield
Wasatch
Desert Range
Kanosh
Salina
Pavant Range
Atlanta
Lake Valley
Old Frisco Mining Town
Cove Fort
Central
Richfield
Indian Pt. 2982 m
Monroe
Mt. Marvine 3539 m
Sevier
Burrville
Milford
Koosharem
Manderfield
Marysvale
Fremont
Minersville
Beaver
Loa
Bicknell
Ursine
Pioche
Junction
Circleville
Angle
Torrey
Lund
Kingston
Antimony
Panaca
Escalante Valley
Beryl
Modena
Mt. Dutton 3365 m
Grover
Caliente
Panaca Summit
Beryl Junction
Newcastle
Enoch
Parowan
Boulder Mountains
Cedar City
Panguitch
Boulder
14
19
15

0 25 km 50 km
0 25 mi 50 mi
1 : 2.500.000
1 cm = 25 km
1 cm = 15.5 Meilen

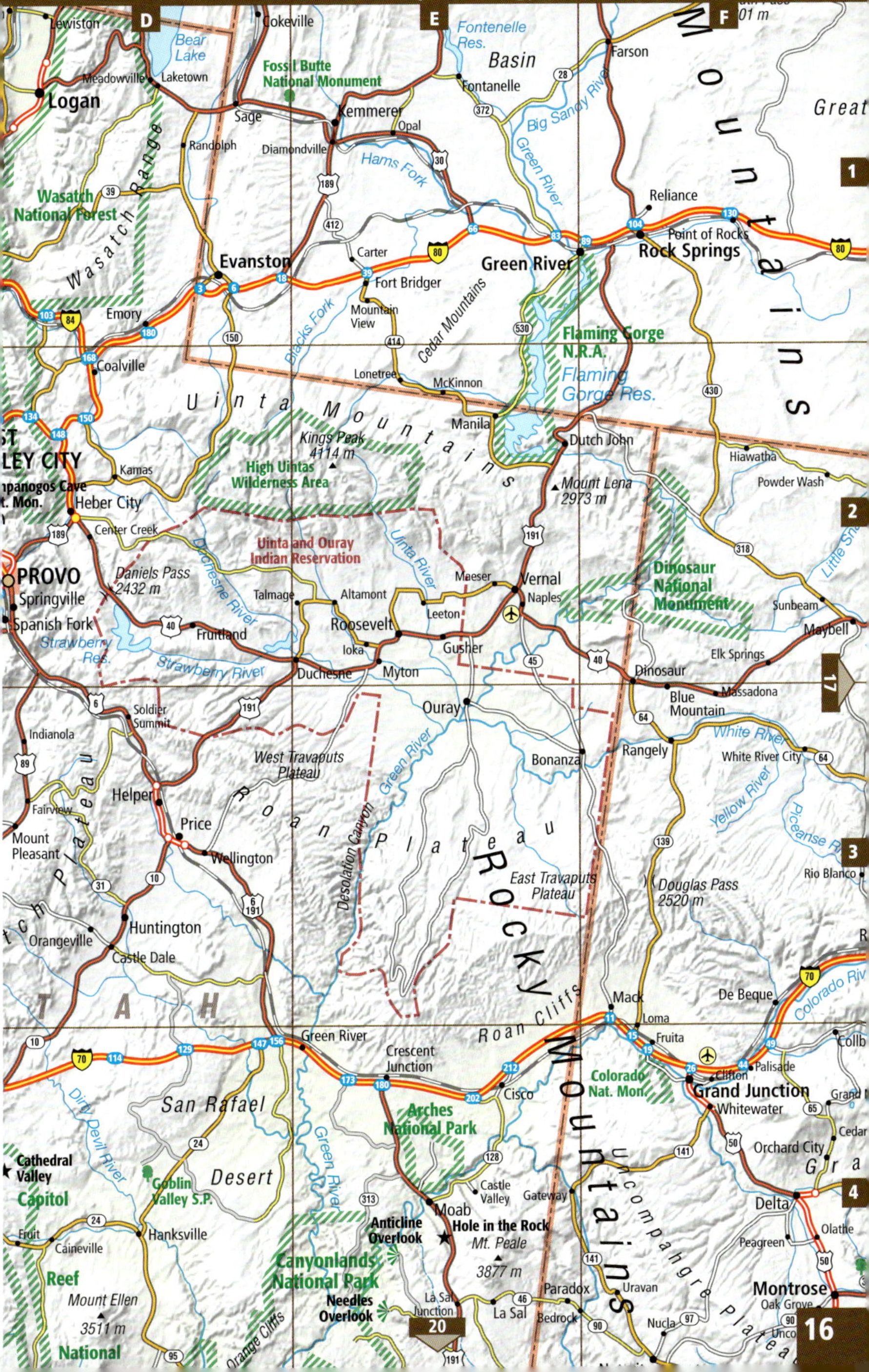

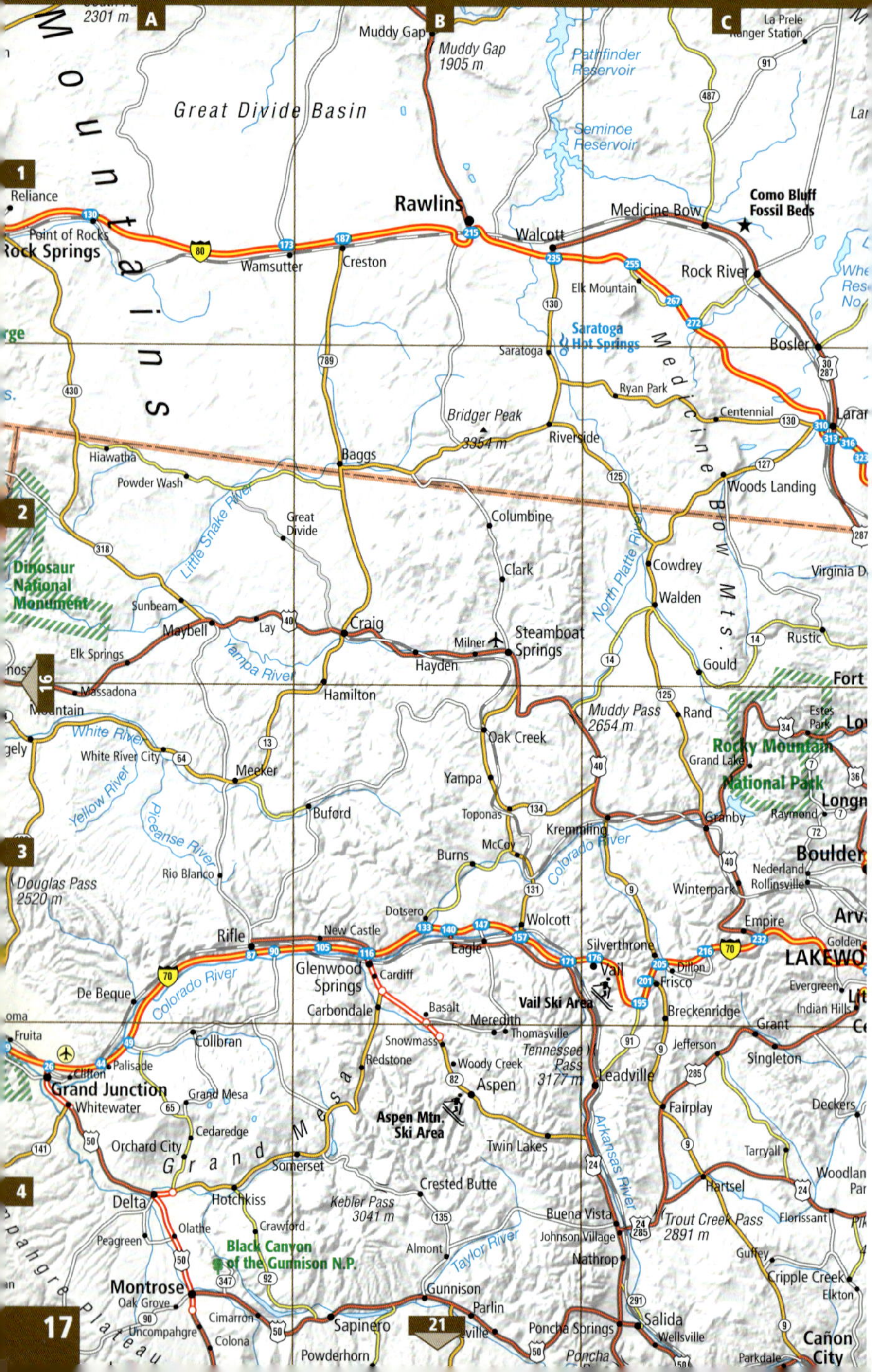
A
B
C
1
2
3
4
Muddy Gap
Muddy Gap 1905 m
La Prele Ranger Station
Pathfinder Reservoir
Seminoe Reservoir
Great Divide Basin
Mountains
2301 m
Reliance
Rawlins
Como Bluff Fossil Beds
Medicine Bow
Walcott
Point of Rocks
Rock Springs
Wamsutter
Creston
Rock River
Elk Mountain
Saratoga Hot Springs
Saratoga
Bosler
Medicine Bow Mts.
Ryan Park
Bridger Peak 3354 m
Centennial
Riverside
Hiawatha
Baggs
Powder Wash
Woods Landing
Great Divide
Columbine
Little Snake River
Dinosaur National Monument
Clark
Cowdrey
Virginia D
Walden
North Platte River
Sunbeam
Maybell
Lay
Craig
Milner
Steamboat Springs
Rustic
Elk Springs
Yampa River
Hayden
Gould
Massadona
Hamilton
Fort
Mountain
Muddy Pass 2654 m
Rand
Estes Park
White River
White River City
Oak Creek
Rocky Mountain National Park
Grand Lake
Meeker
Yampa
Yellow River
Piceanse River
Buford
Toponas
Granby
Longm
Raymond
Kremmling
Colorado River
McCoy
Burns
Boulder
Nederland
Rollinsville
Rio Blanco
Douglas Pass 2520 m
Winterpark
Dotsero
Wolcott
Arv
Empire
New Castle
Rifle
Eagle
Silverthrone
Golden
LAKEWO
Glenwood Springs
Cardiff
Vail
Dillon
Frisco
Evergreen
De Beque
Vail Ski Area
Indian Hills
Carbondale
Basalt
Meredith
Breckenridge
Grant
Fruita
Collbran
Thomasville
Snowmass
Tennessee Pass 3177 m
Jefferson
Singleton
Clifton
Palisade
Redstone
Woody Creek
Grand Junction
Grand Mesa
Aspen
Leadville
Whitewater
Fairplay
Deckers
Cedaredge
Aspen Mtn. Ski Area
Orchard City
Twin Lakes
Tarryall
Somerset
Arkansas River
Woodlan Par
Crested Butte
Hartsel
Delta
Hotchkiss
Kebler Pass 3041 m
Buena Vista
Trout Creek Pass 2891 m
Florissant
Olathe
Crawford
Johnson Village
Peagreen
Black Canyon of the Gunnison N.P.
Almont
Taylor River
Nathrop
Guffey
Cripple Creek
Montrose
Gunnison
Elkton
Oak Grove
Parlin
Salida
Cimarron
Sapinero
Poncha Springs
Uncompahgre
Colona
Wellsville
Cañon City
Powderhorn
Poncha
Parkdale
Uncompahgre Plateau
16
21

0 25 km 50 km
0 25 mi 50 mi

1 : 2.500.000
1 cm = 25 km
1 cm = 15.5 Meilen

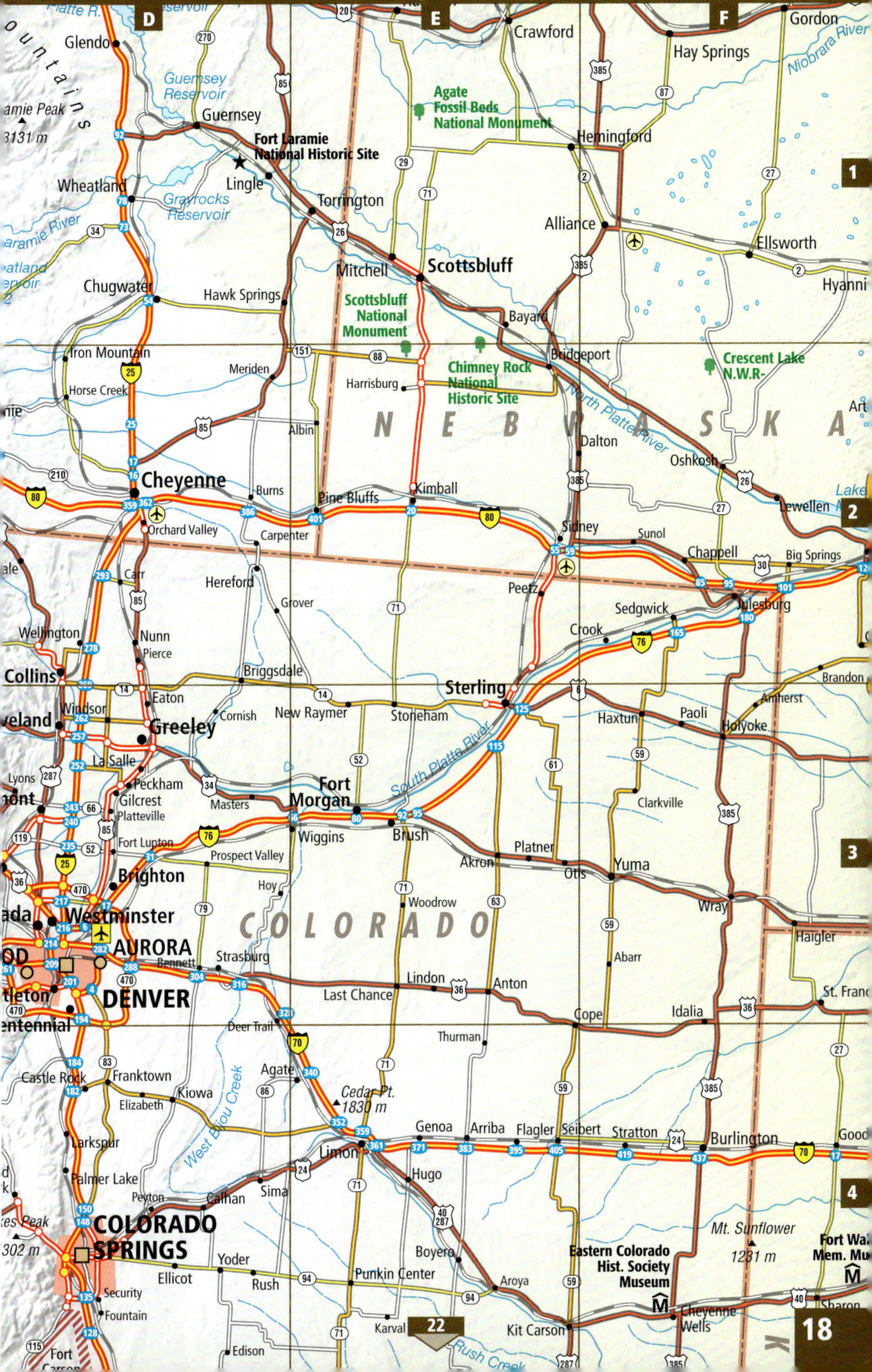

Pioche
Panaca
Panaca Summit
Caliente
Elgin
Carp
Modena
Beryl
Lund
Escalante Valley
Beryl Junction
Newcastle
Old Irontown Ruins
Indian Pt.
2982 m
Old Frisco Mining Town
Milford
Minersville
Cove Fort
Beaver
Manderfield
Sevier
Central
Monroe
Burrville
Koosharem
Mt. Marvine
3539 m
Fremont
Loa
Bicknell
Torrey
Grover
Marysvale
Junction
Circleville
Kingston
Angle
Antimony
Mt. Dutton
3365 m
Sevier River
Escalante Mountains
Boulder Mountains
Boulder
Enoch
Parowan
Cedar City
Panguitch
Hatch
Tropic
Escalante
Rubys Inn
Bryce Canyon
Henryville
Cannonville
Bryce Canyon National Park
Escalante Canyons
Grosvenor Arch
Grand Staircase Escalante National Monument
New Harmony
Long Valley Junction
Veyo
Toquerville
Zion National Park
Leeds
Glendale
St. George
Bloomington
Washington
Hurricane
Springdale
Mount Carmel Junction
Vermillion Cliffs
Hildale
Littlefield
Kanab
Riverside
Kaibab Ind. Res.
Fredonia
Pipe Spring National Monument
Big Water
Lake Powell
Page
Pacific Time UTC-8
Mountain Time UTC-7
Virgin Mountains
Vermillion Cliffs National Monument
Lees Ferry
Jacob Lake
Marble Canyon
Antelope Pass
1991 m
Kaibab Plateau
Grand Canyon
Mount Trumbull
Grand Canyon Parashant National Monument
Bitter Springs
Copper Mine
Kaibito
Echo Cliffs
Navajo Indian Reservation
Kaibab Lodge
South Cove
Grand Canyon National Park
Hualapai Indian Res.
Supai
Colorado River
Cedar Ridge
Grand Canyon Skywalk
Grand Canyon West
North Rim
The Gap
Tonalea
Walhalla Overlook
Painted Desert
Hidden Springs
Hermits Rest
Grand Canyon Village
Desert View
South Rim
Tuba City
Moenkopi
Grand Canyon National Park Airport
Tusayan
Coconino Plateau
Red Butte
2232m
Grand Wash Cliffs
Tipton
Hualapai Indian Reservation
Cameron
Miner Mesa
Peach Springs
Chloride
Hackberry
Grand Canyon Caverns
Yampai
Valle
Hualapai
Valentine
Mt. Floyd
2269 m
Kaibab National Forest
Wupatki Nat. Mon.
Wupatki
Kingman
Seligman
Humphreys Peak
3850 m
Sunset Crater Volcano Nat. Mon.
Juniper Mountains
Ash Fork
Parks
Williams
Flagstaff
Winona
Leupp
Big Sandy River
Aquarius Mountains
Mohon Peak
2286 m
Prescott National Forest
Walnut Canyon Nat. Mon.
Wikieup
Paulden
Perkinsville
Chino Valley
Clarkdale
Tuzigoot Nat. Mon.
Sedona
Meteor Crater
Winslow
Bagdad
Cottonwood
Sherman Lake
19

0 25 km 50 km
0 25 mi 50 mi

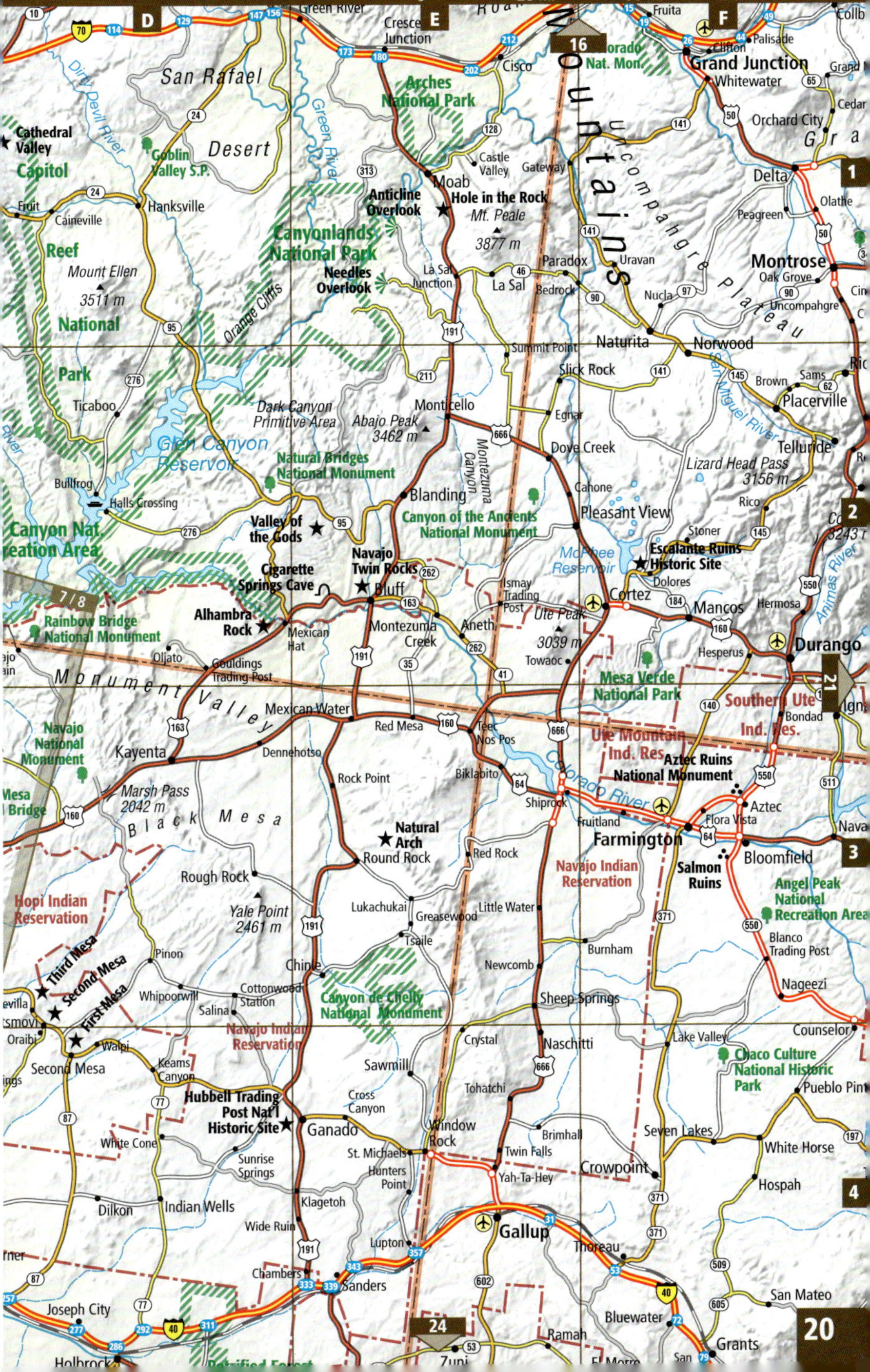

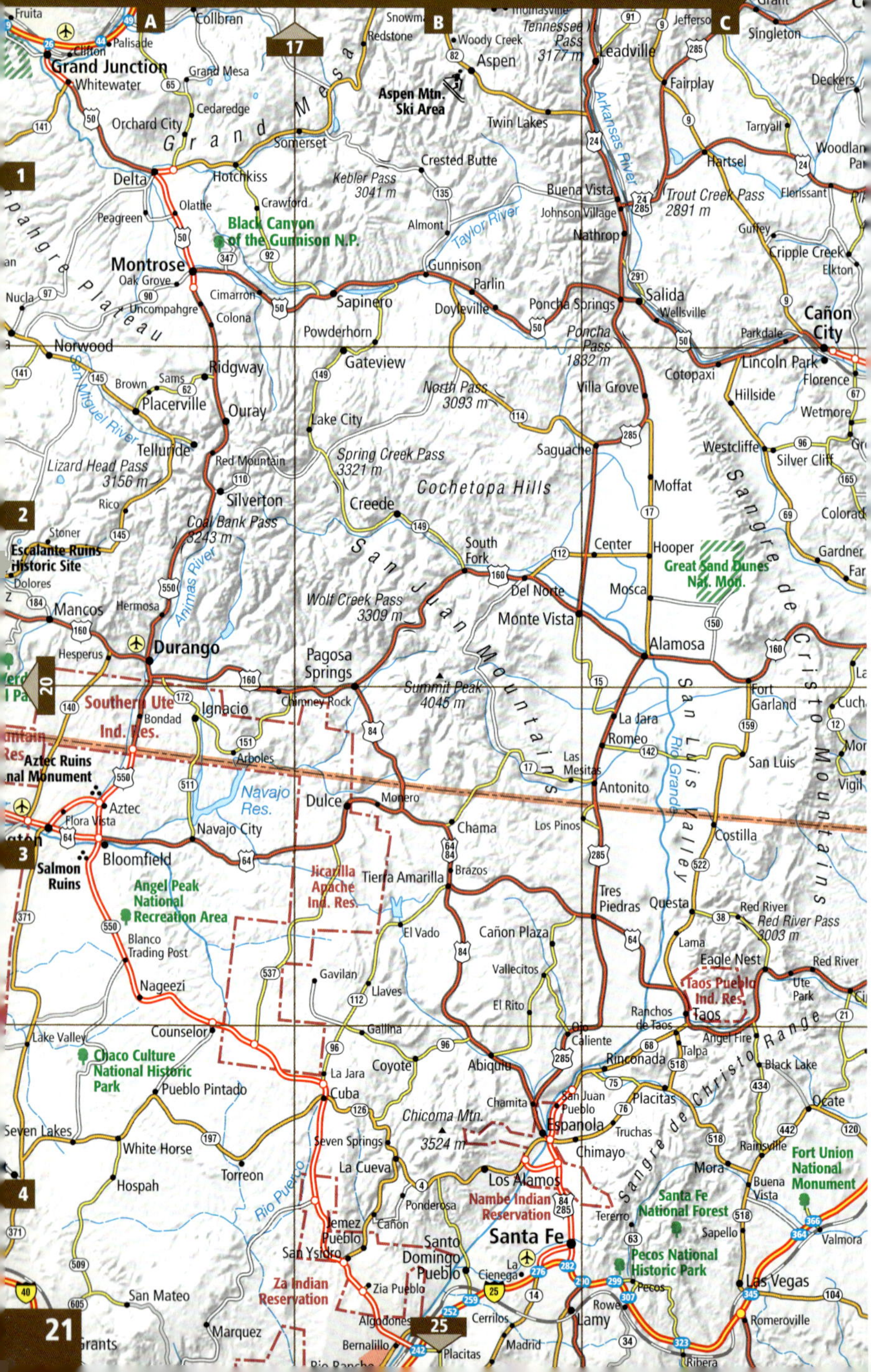
A
B
C
1
2
3
4
17
20
25
Fruita
Collbran
Snowmass
Redstone
Woody Creek
Thomasville
Tennessee Pass 3177 m
Leadville
Jefferson
Evergreen
Indian Hills
Grant
Singleton
Palisade
Clifton
Grand Junction
Whitewater
Grand Mesa
Aspen
Aspen Mtn. Ski Area
Fairplay
Deckers
Cedaredge
Orchard City
Twin Lakes
Tarryall
Somerset
Hartsel
Woodland Park
Delta
Hotchkiss
Crested Butte
Kebler Pass 3041 m
Buena Vista
Trout Creek Pass 2891 m
Florissant
Olathe
Crawford
Johnson Village
Peagreen
Black Canyon of the Gunnison N.P.
Almont
Taylor River
Nathrop
Guffey
Uncompahgre Plateau
Cripple Creek
Elkton
Montrose
Oak Grove
Gunnison
Parlin
Salida
Cimarron
Sapinero
Doyleville
Poncha Springs
Wellsville
Nucla
Uncompahgre
Colona
Cañon City
Poncha Pass 1832 m
Parkdale
Powderhorn
Norwood
Gateview
Cotopaxi
Lincoln Park
Florence
Ridgway
Brown
Sams
Villa Grove
Hillside
North Pass 3093 m
Placerville
Ouray
Wetmore
Lake City
San Miguel River
Saguache
Westcliffe
Telluride
Spring Creek Pass 3321 m
Silver Cliff
Red Mountain
Lizard Head Pass 3156 m
Cochetopa Hills
Moffat
Silverton
Rico
Creede
Sangre de Cristo Mountains
Coal Bank Pass 3243 m
Stoner
South Fork
Center
Hooper
Gardner
Escalante Ruins Historic Site
Great Sand Dunes Nat. Mon.
Dolores
Animas River
San Juan Mountains
Del Norte
Mosca
Mancos
Hermosa
Wolf Creek Pass 3309 m
Monte Vista
Durango
Hesperus
Pagosa Springs
Alamosa
Southern Ute Ind. Res.
Ignacio
Chimney Rock
Summit Peak 4045 m
Fort Garland
Bondad
La Jara
Romeo
San Luis Valley
Rio Grande
Aztec Ruins National Monument
Arboles
Las Mesitas
San Luis
Antonito
Navajo Res.
Aztec
Dulce
Monero
Flora Vista
Navajo City
Chama
Los Pinos
Costilla
Salmon Ruins
Bloomfield
Jicarilla Apache Ind. Res.
Tierra Amarilla
Brazos
Angel Peak National Recreation Area
Tres Piedras
Questa
Red River
Red River Pass 3003 m
El Vado
Cañon Plaza
Blanco Trading Post
Lama
Eagle Nest
Vallecitos
Gavilan
Taos Pueblo Ind. Res.
Ute Park
Nageezi
Llaves
El Rito
Ranchos de Taos
Taos
Lake Valley
Counselor
Gallina
Ojo Caliente
Angel Fire
Chaco Culture National Historic Park
La Jara
Coyote
Abiquiu
Rinconada
Talpa
Black Lake
Cuba
Pueblo Pintado
Chamita
San Juan Pueblo
Placitas
Ocate
Chicoma Mtn. 3524 m
Espanola
Truchas
Seven Lakes
White Horse
Seven Springs
Chimayo
Rainsville
Fort Union National Monument
Torreon
La Cueva
Los Alamos
Mora
Hospah
Rio Puerco
Ponderosa
Nambe Indian Reservation
Buena Vista
Santa Fe National Forest
Jemez Pueblo
Cañon
Tererro
Santo Domingo Pueblo
Santa Fe
Sapello
Valmora
San Ysidro
Pecos National Historic Park
Za Indian Reservation
Zia Pueblo
Cienega
Pecos
Las Vegas
San Mateo
Rowe
Algodones
Cerrillos
Lamy
Romeroville
Grants
Marquez
Bernalillo
Madrid
Placitas
Ribera
Rio Rancho

1 : 2.500.000
1 cm = 25 km
1 cm = 15.5 Meilen
0 25 km 50 km
0 25 mi 50 mi
D
E
F
18
26
1
2
3
4
DENVER
Centennial
Castle Rock
Franktown
Elizabeth
Kiowa
Larkspur
Palmer Lake
Peyton
Calhan
Sima
Agate
Deer Trail
Cedar Pt.
1830 m
West Bijou Creek
Limon
Genoa
Arriba
Flagler
Seibert
Stratton
Burlington
Hugo
COLORADO
SPRINGS
Yoder
Ellicot
Rush
Security
Fountain
Punkin Center
Boyero
Aroya
Karval
Kit Carson
Eastern Colorado
Hist. Society
Museum
Cheyenne
Wells
Mt. Sunflower
1231 m
Sharon
Springs
Rush Creek
Edison
Fort
Carson
Pinon
Horse Creek
Haswell
Galatea
Eads
Sheridan Lake
Tribune
K A N S A S
PUEBLO
Pueblo
Res.
Boone
Blende
Lime
Beulah
Olney
Arlington
Sugar City
Ordway
Cheraw
Big Bend
Wiley
Kornman
Bristol
John
Martin Res.
Rocky Ford
Hawley
Las Animas
Lamar
Carlton
Granada
Holly
Syracuse
Kendall
La Junta
Huerfano River
Timpas
Toonerville
Cheney Center
Walsenburg
Delhi
Thatcher
Apishapa River
Purgatoire River
Ninaview
Fort Carson
Mil. Res.
Two Buttes
Johnson
Big Bow
Ludlow
Model
Springfield
Pritchett
Kim
Utleyville
Segundo
Trinidad
Branson
Campo
Rolla
Raton
Black Mesa
1516 m
Falsom
Des Moines
Capulin Mountain
Nat. Mon.
Keyes
Eva
Hough
Wheeless
Boise City
Grenville
Seneca
O K L A H O M A
Griggs
Carrizo Creek
Sofia
Clayton
Springer
Miami
Farley
Kerrick
Texhoma
Perico
Stratford
Sedan
Ute Creek
Wagon Mound
Roy
Bueyeros
Dalhart
Amistad
Mosquero
Dumas
Sanchez
Trujillo
McCartys
Romero
Conchas
Lake
Gallegos
Channing
Lake
Meridith
Conchas
Nara Visa
Boys Ranch
22

A
B
C
1
2
3
4
19
7/8
11/12
12
Prescott National Forest
Wikieup
Paulden
Perkinsville
Chino Valley
Clarkdale
Tuzigoot Nat. Mon.
Sedona
Jerome
Meteor Crater
Winslow
Bagdad
Cottonwood
Sherman Lake
Prescott
Prescott Valley
Happy Jack
Skull Valley
Groom Creek
Dewey
Hillside
Yava
Alamo Lake
Alamo Dam
Date
Kirkland Junction
Mayer
Camp Verde
Montezuma Castle National Monument
Mongollon Plateau
Strawberry
Pine
Blue Ridge Reservoir
Heber
Yarnell
Wagoner
Arcosanti
Cunningham Pass 2310 m
Congress
Agua Fria National Monument
Merritt Pass 1036 m
Crown King
Payson
Kohls Ranch
Gladden
Wickenburg
Black Canyon City
Seven Springs
Forest Lakes
Vicks-burg
Wenden
Aguila
Salome
Rye
Gisela
ARIZONA
Granite Pass 587 m
Big Horn Mountains
Morristown
Lake Pleasant
Jakes Corner
Circle City
New River
Camp Creek
Young
Fort Apache Indian Reservation
Wittman
Mazatzal Mountains
Sierra Ancha
Tonto Basin
Cave Creek
Eagletail Mountains
Surprise
Sun City
Fort McDowell Ind. Res.
Bartlett Dam
Theodore Roosevelt Lake
Peoria
Eagletail Mountains Wilderness Area
Tonopah
Glendale
Scottsdale
Theodor Roosevelt Dam
Roosevelt
Buckeye
Goodyear
Tortilla Flat
Arlington
PHOENIX
MESA
Apache Junction
TEMPE
Gilbert
Kings Ranch
Gila Bend Mountains
Rainbow Valley
Chandler
Queen Valley
Claypool
Globe
San Carlos
Gila River
Sun Lakes
Miami
Horn
Hyder
Superior
Peridot
Gila Bend
Mobile
Florence Junction
Maricopa
Coolidge Dam
Aztec
Sentinel
Theba
Kelvin
Casa Grande
Coolidge
Florence
Ind. Res.
Stanfield
Kearney
La Palma
Winkelman
M. Goldwater
Force Range
Eloy
Black Mountain 1702 m
Arizona City
Picacho
Childs
Mammoth
North Komelik
Ajo
Friendly Corners
Oracle Junction
Oracle
Coronado National Forest
Red Rock
Biosphere II
Hickiwan
Anegam
Why
Gunsight
Ironwood F. Nat. Mon.
San Pedro River
Schuchuli
Vaya Chin
Santa Rosa
Saguaro Nat. Park
Redington
Organ Pipe Cactus National Monument
Covered Wells
Quijotoa
Tohono O'Odham Indian Reservation
TUCSON
Lukeville
Kerwo
San Luis
Arizona-Sonora Desert Museum
South Tucson
Pia Oik
Pisinemo
Comobabi
Three Points
Saguaro National Park
Sonoyta
Pan Tak
San Xavier Indian Reservation
San Pedro
Sells
Kitt Peak Nat. Observatory
Vail
Colossal Cave
San Xavier
Sahuarita
Cowlic
Topawa
Fresnal Canyon
Green Valley
Benson
Vamori
Continental
Kartchner Caverns S. P.
St. David
Altar
San Miguel
Buenos Aires N.W.R.
Amado
Sonoita
Fairbank
Sasabe
Arivaca
Tubac
Elgin
Huachuca City
MEXICO
El Sasabe
Tumacacori
Patagonia
Sierra Vista
El Tren
Rio Coyote
Nogales
Canelo
El Sahuaro
Nicksville
Los Molinos
NOGALES
Miracle Valley
Saric
Santa Cruz
Vincente Guerrero
Caborca
Cananea

0 25 km 50 km
0 25 mi 50 mi
1 : 2.500.000
1 cm = 25 km
1 cm = 15.5 Meilen

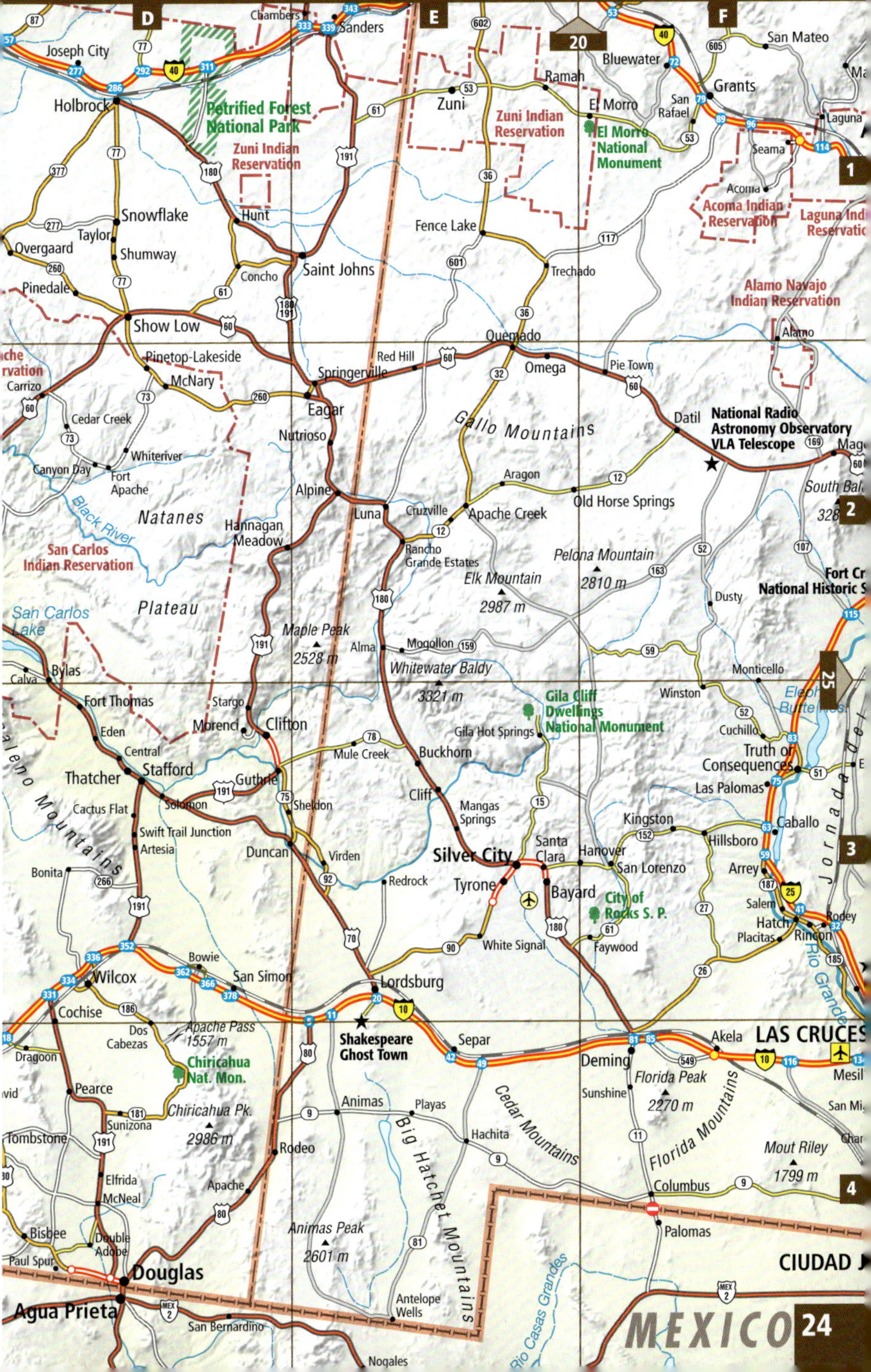

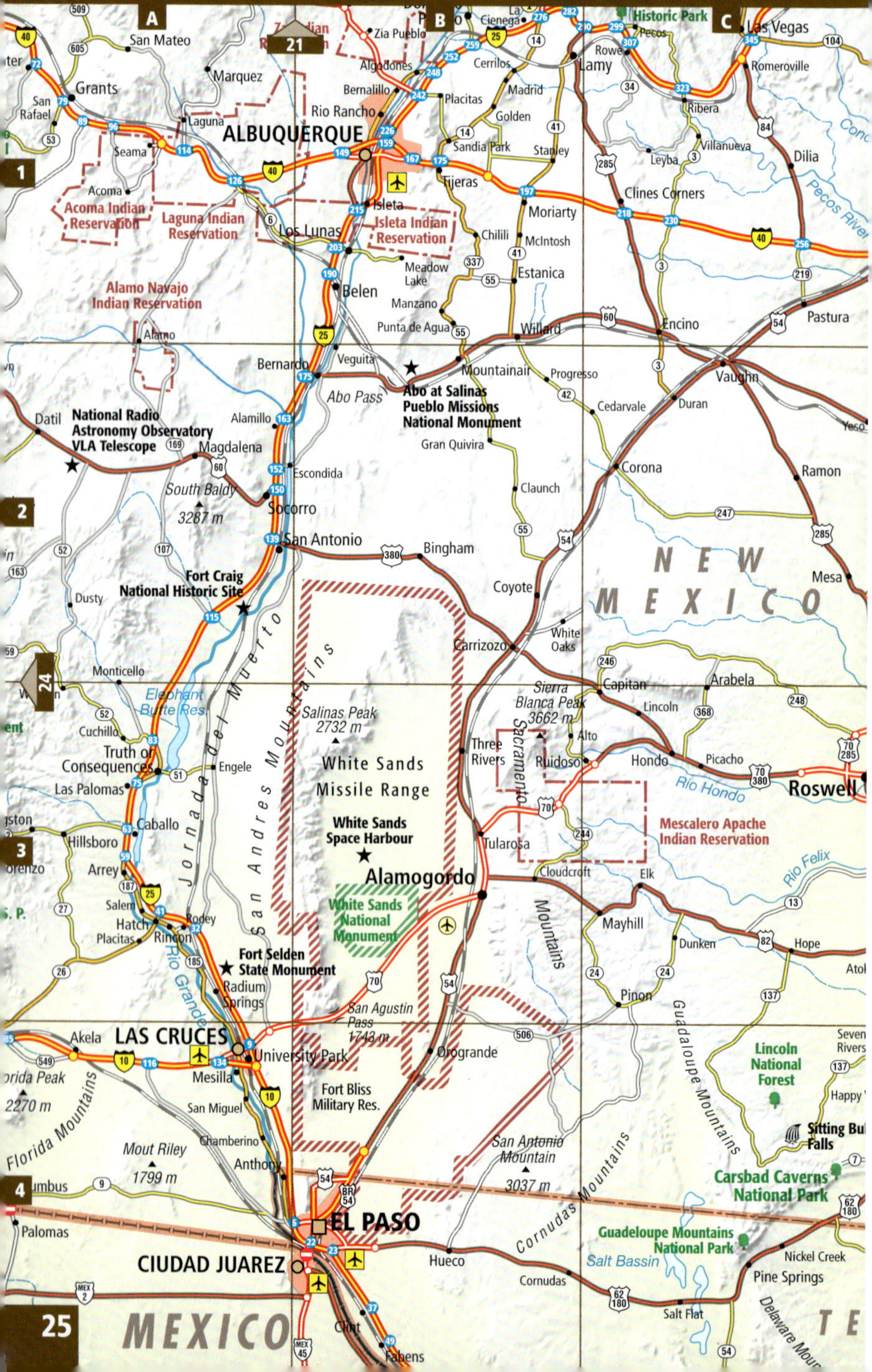
A
B
C
1
2
3
4
21
24
San Mateo
Grants
San Rafael
Marquez
Laguna
Seama
Acoma
Acoma Indian Reservation
Laguna Indian Reservation
ALBUQUERQUE
Zia Pueblo
Algodones
Bernalillo
Rio Rancho
Placitas
Cienega
Cerrilos
Madrid
Golden
Sandia Park
Stanley
Tijeras
Lamy
Rowe
Pecos
Historic Park
Las Vegas
Romeroville
Ribera
Villanueva
Leyba
Dilia
Pecos River
Clines Corners
Moriarty
McIntosh
Estanica
Isleta
Isleta Indian Reservation
Los Lunas
Chilili
Meadow Lake
Belen
Manzano
Punta de Agua
Willard
Encino
Pastura
Alamo Navajo Indian Reservation
Alamo
Bernardo
Veguita
Abo Pass
Mountainair
Abo at Salinas Pueblo Missions National Monument
Progresso
Cedarvale
Duran
Vaughn
Gran Quivira
Datil
National Radio Astronomy Observatory VLA Telescope
Magdalena
Alamillo
Escondida
South Baldy
3287 m
Socorro
San Antonio
Claunch
Corona
Ramon
Bingham
Coyote
Mesa
NEW MEXICO
Dusty
Fort Craig National Historic Site
Jornada del Muerto
San Andres Mountains
Carrizozo
White Oaks
Monticello
Elephant Butte Res.
Cuchillo
Truth or Consequences
Engele
Las Palomas
Caballo
Hillsboro
Arrey
Salinas Peak
2732 m
White Sands Missile Range
White Sands Space Harbour
Sierra Blanca Peak
3662 m
Sacramento
Capitan
Lincoln
Arabela
Alto
Three Rivers
Ruidoso
Hondo
Picacho
Rio Hondo
Roswell
Tularosa
Mescalero Apache Indian Reservation
Cloudcroft
Elk
Rio Felix
Alamogordo
White Sands National Monument
Mayhill
Mountains
Dunken
Hope
Salem
Hatch
Placitas
Rodey
Rincon
Rio Grande
Fort Selden State Monument
Radium Springs
San Agustin Pass
1743 m
Pinon
Guadalupe Mountains
Lincoln National Forest
Seven Rivers
Happy
LAS CRUCES
Akela
University Park
Mesilla
Orogrande
Florida Peak
2270 m
Florida Mountains
San Miguel
Fort Bliss Military Res.
Mout Riley
1799 m
Chamberino
Anthony
San Antonio Mountain
3037 m
Sitting Bull Falls
Carsbad Caverns National Park
Palomas
EL PASO
Cornudas Mountains
Guadeloupe Mountains National Park
CIUDAD JUAREZ
Hueco
Salt Bassin
Nickel Creek
Pine Springs
Cornudas
Salt Flat
Delaware Moun
MEXICO
Clint
Fabens

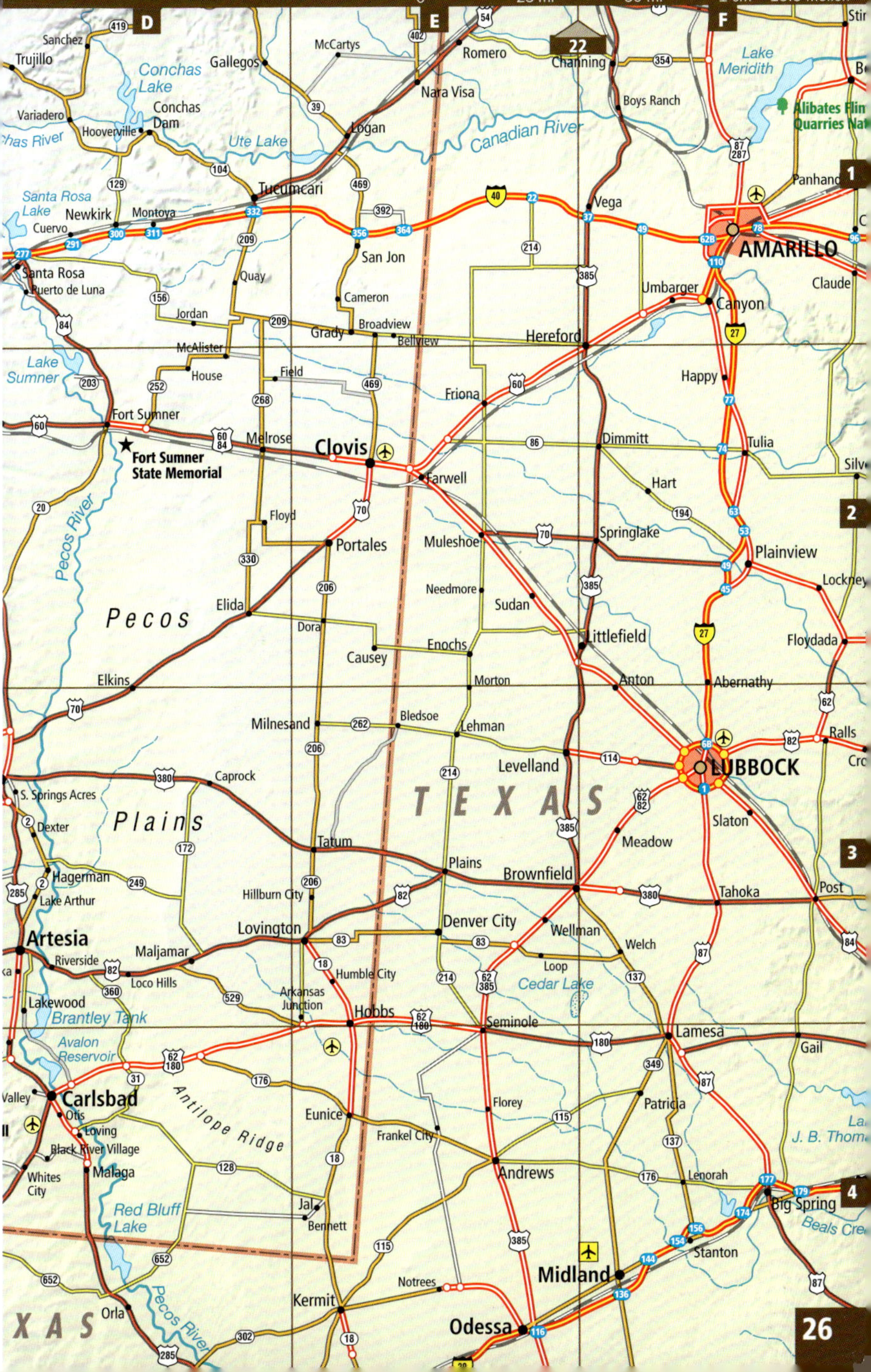
D
E
F
1
2
3
4
Sanchez
Trujillo
Conchas Lake
Gallegos
McCartys
Romero
Nara Visa
Channing
Boys Ranch
Lake Meridith
Alibates Flin
Quarries Nat
Variadero
Conchas Dam
Hooverville
Logan
Canadian River
Ute Lake
Tucumcari
Santa Rosa Lake
Newkirk
Montoya
Cuervo
San Jon
Vega
Panhand
AMARILLO
Santa Rosa
Puerto de Luna
Quay
Cameron
Umbarger
Canyon
Claude
Jordan
Grady
Broadview
Bellview
Hereford
McAlister
Lake Sumner
House
Field
Happy
Friona
Fort Sumner
Melrose
Clovis
Dimmitt
Tulia
Fort Sumner State Memorial
Farwell
Hart
Floyd
Pecos River
Portales
Muleshoe
Springlake
Plainview
Needmore
Sudan
Lockney
Pecos
Elida
Dora
Littlefield
Causey
Enochs
Floydada
Elkins
Morton
Anton
Abernathy
Bledsoe
Milnesand
Lehman
Ralls
Caprock
Levelland
LUBBOCK
S. Springs Acres
Dexter
Plains
TEXAS
Slaton
Meadow
Tatum
Hagerman
Lake Arthur
Plains
Brownfield
Tahoka
Post
Hillburn City
Artesia
Lovington
Denver City
Wellman
Welch
Riverside
Maljamar
Loop
Loco Hills
Humble City
Cedar Lake
Lakewood
Arkansas Junction
Brantley Tank
Hobbs
Seminole
Lamesa
Gail
Avalon Reservoir
Carlsbad
Antilope Ridge
Otis
Loving
Black River Village
Eunice
Florey
Patricia
Frankel City
J. B. Thom
Whites City
Malaga
Andrews
Lenorah
Red Bluff Lake
Jal
Bennett
Big Spring
Beals Cre
Stanton
Midland
Notrees
Orla
Kermit
Pecos River
Odessa
XAS

Abbildungsnachweis

Bildagentur F1_online, Frankfurt: Umschlagklappe hinten (Alex Bartel), 406/407 (Dan Leffel/AGE)

Bild-Archiv Okapia, Frankfurt: S. 87 (C. C. Lockwood)

Bilderberg, Hamburg: S. 115 (Ellerbrock & Schafft)

Catch the Day, Manfred Braunger, Freiburg: S. 1 M., 1 r., 4 o., 5 o., 7 o., 8 o., 8 u., 9 u., 13, 18, 52, 104/105, 116, 122, 136, 140/141, 152, 154/155, 159, 162, 178/179, 184, 190, 194, 204, 212, 218/219, 226, 228, 241, 246/247, 255, 256/257, 258/259, 269, 279, 296/297, 298/299, 302, 306, 318/319, 329, 357, 358, 361, 366/367, 376, 383, 391, 395, 413, 418/419, 428/429, 430/431

Getty Images, München: Umschlag/Titel (Lewis), S. 1 l., 308, 346 (Price), 2 o., 10/11 (Gilhardini), 3 M., 119 (Helsel), 5 u., 102/103 (Bremner), 6 o., 286/287 (Melford), 9 o., 169 (Christensen), 68/69 (Altrendo Travel), 75 (Yeowell), 94/94 (Pistolesi), 124 (Funk), 199 (Faint), 217 (Uchitel), 274/274 (Sartore), 323 (Lloyd), 330/331 (Burcham), 434 (Hiser)

HB-Verlag, Ostfildern/Hackenberg: S. 6 u., 264, 284, 324, 389, 437

Jean-Claude Kuner, Berlin: S. 145

Laif, Köln: Umschlagklappe vorn, S. 2 u., 90 (Bosse), 4 u., 176/177 (Arzt), 7 u., 210, 422 (Heuer), 28/29, 60/61, 392 (Modrow), 45 (Redux), 48/49, 150 (Piepenburg), 79 (Le Figaro Magazine), 188 (Lookatonline), 233, 282/283, 315, 338, 380/381, 399 (Heeb), 372 (Hoa-Qui), 304/305, 402 (Hemispheres)

Ulf Müller-Moewes, Königswinter: S. 277

Naturbildarchiv Harald Mielke, Sachsenried: S. 3 u., 4 M., 7 M., 9 M., 23, 36, 135, 173, 214/215, 242, 352/353

Reise- und Naturbilder Roland Gerth, Thal (CH): S. 3 o., 82/83, 138/139, 156/157, 235, 249, 292/293

Kartografie

DuMont Reisekartografie, Fürstenfeldbrück

Umschlagfotos

Titelbild: Monument Valley (Arizona)

Umschlagklappe vorn: Antelope Canyon (Arizona)

Umschlagklappe hinten: Las Vegas bei Nacht

Über den Autor: Manfred Braunger ist Reisejournalist und Fotograf. Bereits als Student machte er seine erste große USA-Rundreise, kreuz und quer durch das ›Land der unbegrenzten Möglichkeiten‹, und kam seither nicht mehr los von Amerika. Im DuMont Reiseverlag veröffentlichte er verschiedene Reiseführer über die USA – in der Reihe Richtig Reisen erschienen von ihm auch »USA · Der Osten« und »Kalifornien« – und das Reise-Taschenbuch »Elsass«.

Hinweis: Autor und Verlag haben alle Informationen mit größtmöglicher Sorgfalt geprüft. Gleichwohl sind Fehler nicht vollständig auszuschließen. Alle Angaben erfolgen ohne Gewähr. Bitte schreiben Sie uns! Über Ihre Rückmeldung zum Buch und über Verbesserungsvorschläge freuen sich Autor und Verlag:

DuMont Reiseverlag, Postfach 3151, 73751 Ostfildern, E-Mail: info@dumontreise.de

2., aktualisierte Auflage 2009

Grafisches Konzept: Groschwitz, Hamburg
Druck: Rasch, Bramsche
Buchbinderische Verarbeitung: Bramscher Buchbinder Betriebe